Heribert Hirte
Kapitalgesellschaftsrecht

Praxislehrbuch
Wirtschaftsrecht

Kapitalgesellschaftsrecht

von

Dr. Heribert Hirte, LL.M. (Berkeley),
Universitätsprofessor,
Geschäftsführender Direktor des Seminars für Handels-,
Schifffahrts- und Wirtschaftsrecht der Universität Hamburg,
Professor am Centre universitaire de Luxembourg

4., neu bearbeitete Auflage

RWS Verlag Kommunikationsforum GmbH · Köln

Die Deutsche Bibliothek – CIP-Einheitsaufnahme

Hirte, Heribert:
Kapitalgesellschaftsrecht / von Heribert Hirte. –
4., neu bearb. Aufl. – Köln : RWS Verlag
Kommunikationsforum, 2003
    (Praxislehrbuch Wirtschaftsrecht)
    ISBN 3-8145-8115-6

© 2003 RWS Verlag Kommunikationsforum GmbH
Postfach 27 01 25, 50508 Köln
E-Mail: info@rws-verlag.de, Internet: http://www.rws-verlag.de

Alle Rechte vorbehalten. Ohne ausdrückliche Genehmigung des Verlages ist es auch nicht gestattet, das Werk oder Teile daraus in irgendeiner Form (durch Fotokopie, Mikrofilm oder ein anderes Verfahren) zu vervielfältigen.

Druck und Verarbeitung: AALEXX Druck, 30938 Großburgwedel

Vorwort

Mit inzwischen über 800.000 Gesellschaften stellen die *Kapitalgesellschaften* seit langem die wichtigste wirtschaftliche Betätigungsform in Deutschland dar. Die gesellschaftsrechtliche Ausbildung trägt dieser wirtschaftlichen Bedeutung der Kapitalgesellschaften aber nur in bescheidenem Maße Rechnung. So steht in vielen Bundesländern – immer noch – die Personengesellschaft im Mittelpunkt der Prüfungskataloge, während im Bereich des Kapitalgesellschaftsrechts nur „Grundzüge" gelehrt werden müssen und geprüft werden dürfen. Dieser „Wettbewerbsnachteil" der deutschen Juristenausbildung im Vergleich zum Ausland soll durch dieses Praxislehrbuch beseitigt werden, das das Kapitalgesellschaftsrecht in seinen Mittelpunkt stellt. Konkreter Anlass für die Erstellung der 1. Auflage dieses Werkes (ursprünglich erschienen in der RWS-Grundkurs-Reihe) war dabei ein im April 1997 erstmalig durchgeführtes RWS-Seminar zum gleichen Thema; das Buch sucht daher vor allen Dingen auch den Dialog mit der Praxis, indem es die auf den inzwischen mehreren Folgeseminaren geführten Diskussionen umfassend berücksichtigt. Daher sei den Teilnehmern dieser Seminare für zahlreiche Hinweise und Anregungen und den Mitreferenten, den Rechtsanwälten Dr. *Christian Decher*, Düsseldorf, Dr. *Klaus Heinemann*, LL.M., Brüssel, und Dr. *Frank A. Schäfer*, LL.M., Düsseldorf, an dieser Stelle ausdrücklich für den Dialog gedankt.

Die Darstellungsweise in diesem Lehrbuch orientiert sich am Kapitalgesellschaftsrecht als einer *einheitlichen Materie*. Im Gegensatz zu einer an den verschiedenen Rechtsformen ausgerichteten Darstellung werden daher Sachfragen für Aktiengesellschaft, Europäische Aktiengesellschaft und GmbH an ein und derselben Stelle behandelt. Sachlich findet dieser Aufbau seine Begründung darin, dass sich auf der einen Seite das Recht der GmbH und der geschlossenen Aktiengesellschaft immer weiter annähern. Diese Entwicklung wird vom Gesetzgeber, wie das „Gesetz für kleine Aktiengesellschaften und zur Deregulierung des Aktienrechts" vom 2. August 1994 zeigt, bewusst gefördert. Auf der anderen Seite ist im Aktienrecht eine zunehmende Zahl von Sonderregeln für „börsennotierte Gesellschaften" zu verzeichnen und damit eine stärkere Trennung von korporationsrechtlichen und (auch) kapitalmarktrechtlichen Regelungen; auch hier hat der Gesetzgeber mit der Einführung von § 3 Abs. 2 AktG durch das Gesetz zur Kontrolle und Transparenz im Unternehmensbereich (KonTraG) vom 27. April 1998 ein deutliches Zeichen gesetzt. Die gewählte Form der Darstellung erlaubt zugleich eine deutliche Straffung in der Darstellung. Schließlich können so aber auch Gemeinsamkeiten der beiden Rechtsformen und Unterschiede zwischen ihnen besser herausgearbeitet werden.

Ziel dieses Buches ist eine Einführung in die Grundlagen des *Kapitalgesellschaftsrechts*. Nur am Rande vorgestellt werden daher die mit der Rechnungslegung zusammenhängenden Probleme des allgemeinen Unternehmensrechts. Nicht erfasst sind aber vor allem die Fragen der „Typenvermischung" (GmbH & Co. KG und Kommanditgesellschaft auf Aktien) und das Recht der verbundenen Unternehmen (Konzernrecht).

Für die 4. Auflage wurden im Aktienrecht vor allem das Transparenz- und Publizitätsgesetz (TransPuG) vom 19. Juli 2002 und der Deutsche Corporate Governance Kodex berücksichtigt, auf den der auf das Transparenz- und Publizitätsgesetz zurückgehende neue § 161 AktG verweist. Eingearbeitet wurde zudem das neue Spruchgesetz. Im Bereich des europäischen Gesellschaftsrechts werden vor allem die europäische Verordnung sowie die Richtlinie zur Europäischen Aktiengesellschaft vorgestellt. Im Übrigen wurden der Überblick über die europarechtlichen Einflüsse auf das Kapitalgesellschaftsrecht weiter vertieft und das neue Schuldrecht eingearbeitet. Die ausführliche Darstellung der gesellschaftsrechtlichen Fragen zu Einführung von bzw. Umstellung der Kapitalgesellschaften auf Euro wurde beibehalten. Die Rechtsprechung wurde bis Anfang 2003 nachgetragen.

Weitere Informationen und Ergänzungen zu diesem Buch finden Sie im Internet unter der Verlagsadresse http://www.rws-verlag.de Stichwort „Volltext/Kapgesr1.htm".

Dank schulde ich meinen Assistenten, Herrn *Sebastian Mock* und cand. iur. *Andreas Stoll*, für ihre Unterstützung bei der Drucklegung und die Überarbeitung des Sachregisters.

Hamburg, im August 2003   Heribert Hirte

Inhaltsübersicht

Seite

Abkürzungsverzeichnis XVII

Schrifttumsverzeichnis XXIII

§ 1 Grundlagen 1
I. Begriff 1
II. Rechtsquellen 8
III. Bedeutung 21
IV. Aktiengesellschaft oder GmbH? 23

§ 2 Gründung der Kapitalgesellschaft 25
I. Entstehung 25
II. Umfang der Gestaltungsfreiheit 42
III. Inhalt der Satzung 43
IV. Auslegung der Satzung 62

§ 3 Organisationsverfassung 63
I. Überblick 63
II. Geschäftsführer und Vorstand 64
III. Aufsichtsrat und Beirat 120
IV. Verwaltungsorgan der Europäischen Aktiengesellschaft im monistischen System 139
V. Hauptversammlung und Gesellschafterversammlung 141
VI. Zurechnung des Verhaltens und Wissens von Organen zur Gesellschaft 173

§ 4 Mitgliedschaft 177
I. Rechte 177
II. Pflichten 190
III. Erwerb und Übertragbarkeit 191
IV. Verlust 202

§ 5 Finanzverfassung – System des festen Nennkapitals 209
I. Eigen- und Fremdkapital 209
II. Kapitalaufbringung und Kapitalerhaltung 213
III. Haftung der Gesellschafter für Verbindlichkeiten der Gesellschaft 262

§ 6 Satzungs- und Strukturänderungen 271
I. Satzungsänderung 271
II. Kapitalmaßnahmen 275
III. Anpassung der Satzung an den Euro 297
IV. Umwandlung 304

§ 7	**Auflösung und Nichtigkeit der Kapitalgesellschaft**	343
I.	Auflösung	343
II.	Insolvenzrechtliche Auflösung	356
III.	Nichtigkeit	358

Sachregister 361

Inhaltsverzeichnis

Seite

Abkürzungsverzeichnis XVII

Schrifttumsverzeichnis XXIII

§ 1 Grundlagen 1
- I. Begriff 1
  1. Kapitalgesellschaft als Sammelbecken für Eigenkapital 1
  2. Kapitalgesellschaft als Körperschaft 1
  3. Kapitalgesellschaft als juristische Person 3
  4. Kapitalgesellschaft als Außengesellschaft 4
  5. Unterschied zu den Personengesellschaften 5
  6. Realtypen der Gesellschaften 6
     - a) Mitunternehmergemeinschaft versus Publikumsgesellschaft 6
     - b) Kapitalmarktorientierung 7
     - c) Struktur des Gesellschafterkreises 8
  7. Kapitalgesellschaft und unternehmerische Mitbestimmung 8
- II. Rechtsquellen 8
  1. Deutsches Recht 8
  2. Europäisches Recht 9
     - a) Europäische Aktiengesellschaft 9
       - aa) Historische Entwicklung 9
       - bb) Rechtsquellenhierarchie 10
     - b) Grundfreiheiten und Schein-Auslandsgesellschaften 12
     - c) Sonstiger geltender Normenbestand 13
     - d) Künftige Angleichungs- und Rechtsetzungsmaßnahmen .. 17
  3. Selbstregulierung 19
- III. Bedeutung 21
- IV. Aktiengesellschaft oder GmbH? 23

§ 2 Gründung der Kapitalgesellschaft 25
- I. Entstehung 25
  1. Überblick 25
  2. Einpersonengesellschaft 26
  3. Gründungsverfahren von Aktiengesellschaft und GmbH 26
     - a) Vorgründungsgesellschaft 26
     - b) Vorgesellschaft 27
     - c) Eintragung 29
     - d) Rechtsverhältnisse der Vorgesellschaft 30
       - aa) Binnenorganisation 31
       - bb) Außenverhältnis 32
       - cc) Gründerhaftung 33
       - dd) Verhältnis der Vorgesellschaft zur späteren GmbH 34
       - ee) Handelndenhaftung 36
       - ff) Unechte Vorgesellschaft 36

		4. Gründungsverfahren der Europäischen Aktiengesellschaft 37
		a) Verschmelzung 37
		b) Gründung einer Holding-SE 38
		c) Gründung einer Tochter-SE durch Zeichnung ihrer Aktien 38
		d) Gründung durch formwechselnde Umwandlung 38
		e) Beteiligung von Nicht-EU-Gesellschaften an der Gründung 39
		f) Gemeinsamkeiten der primären Gründungsformen 39
		g) Gründung einer Tochter-SE durch eine SE 40
		h) Rechtshandlungen vor Eintragung 40
	5.	Vorratsgründung 41
II.	Umfang der Gestaltungsfreiheit 42
	1.	Aktienrecht 42
	2.	GmbH-Recht 43
III.	Inhalt der Satzung 43
	1.	Mindestinhalt und nichtkorporative Bestandteile 43
	2.	Einzelheiten 55
IV.	Auslegung der Satzung 62

§ 3 Organisationsverfassung 63

I.	Überblick 63
II.	Geschäftsführer und Vorstand 64
	1. Zahl, Zusammensetzung und Organisation 64
	a) Aktienrecht 64
	b) GmbH-Recht 66
	2. Bestellung und Anstellung 66
	a) Bestellung 66
	b) Anstellung 71
	aa) Kein Arbeitsvertrag 72
	bb) Zuständigkeit für Abschluss 73
	cc) Beendigung 73
	3. Aufgaben und Pflichten 76
	a) Pflichten gegenüber der Gesellschaft 76
	aa) Organstellung 76
	bb) Anstellungsvertrag 87
	b) Pflichten gegenüber Geschäftspartnern und Allgemeinheit 95
	4. Haftung des Vorstandsmitglieds/Geschäftsführers 96
	a) Haftung gegenüber der Gesellschaft 96
	aa) § 93 Abs. 2 Satz 1 AktG, § 43 Abs. 2 GmbHG 96
	bb) § 93 Abs. 3 Nr. 6 AktG, § 64 Abs. 2 GmbHG 102
	cc) §§ 823 Abs. 1, 823 Abs. 2, 826 BGB 105
	dd) gegenüber Gesellschaftern 105
	b) Haftung gegenüber Geschäftspartnern und Allgemeinheit 105
	aa) Rechtsschein 105
	bb) culpa in contrahendo (§§ 280 Abs. 1, 311 Abs. 2 BGB) 106
	cc) § 823 Abs. 2 BGB 107
	dd) § 823 Abs. 1 BGB 114
	ee) Europäische Aktiengesellschaft 117
	c) Öffentliches Recht 117
	5. Strafbarkeit 117
	6. Versicherung 119

III.	Aufsichtsrat und Beirat	120
	1. Zahl, Zusammensetzung und Organisation	120
	a) Allgemeines Aktienrecht	121
	b) Mitbestimmungsrecht	122
	aa) Aktiengesellschaft	122
	bb) Europäische Aktiengesellschaft	125
	c) Organisation	127
	aa) Leitung und Beschlussfassung	127
	bb) Organklagen des Aufsichtsrats	130
	cc) Aufsichtsratsausschüsse	131
	2. Bestellung	132
	3. Aufgaben und Pflichten	134
	a) Pflichten gegenüber der Gesellschaft	134
	aa) Kontrollorgan	134
	bb) Verwaltungsorgan	136
	cc) Verschwiegenheitspflicht	137
	b) Pflichten gegenüber Geschäftspartnern und Allgemeinheit	138
	4. Haftung des Aufsichtsratsmitglieds	139
IV.	Verwaltungsorgan der Europäischen Aktiengesellschaft im monistischen System	139
	1. Zahl, Zusammensetzung und Organisation	139
	2. Bestellung	140
	3. Aufgaben und Pflichten	140
V.	Hauptversammlung und Gesellschafterversammlung	141
	1. Zuständigkeit	141
	a) Aktienrecht	141
	b) Europäische Aktiengesellschaft	145
	c) GmbH-Recht	145
	2. Einberufung, Teilnahme, Leitung und Beurkundung	147
	a) Aktienrecht	147
	aa) Einberufung	147
	bb) Teilnahme und Vertretung	149
	cc) Leitung und Beurkundung	152
	b) Europäische Aktiengesellschaft	153
	c) GmbH-Recht	153
	3. Stimmrecht	155
	4. Schuldrechtliche Gesellschaftervereinbarungen	159
	5. Anfechtbarkeit und Nichtigkeit von Beschlüssen der Haupt- oder Gesellschafterversammlung	162
	a) Aktienrecht	162
	aa) Nichtigkeit	162
	bb) Anfechtbarkeit	163
	cc) Rechtsfolgen	169
	b) Europäische Aktiengesellschaft	169
	c) GmbH-Recht	169
	6. Stimmpflicht	172
VI.	Zurechnung des Verhaltens und Wissens von Organen zur Gesellschaft	173
	1. Grundsatz	173
	2. Anwendungsbereich von § 31 BGB	174
	3. Erfasste Organe	175
	4. Wissenszurechnung	175
	5. Europäische Aktiengesellschaft	176

§ 4 Mitgliedschaft ... 177
I. Rechte ... 177
   1. Allgemeine Rechte ... 178
   2. Vermögensrechte ... 178
      a) Gewinnanspruch ... 178
         aa) Grundlage: geprüfter Jahresabschluss ... 179
         bb) GmbH-Recht ... 180
         cc) Aktienrecht ... 180
         dd) Rechtsschutz gegen unangemessene Rücklagenbildung ... 181
      b) Weitere Vermögensrechte ... 182
   3. Verwaltungsrechte ... 183
      a) Mitwirkungsrechte ... 183
      b) Informationsrechte ... 183
         aa) Aktienrecht ... 183
         bb) GmbH-Recht ... 189
II. Pflichten ... 190
   1. Einlagepflicht ... 190
   2. Nebenleistungspflichten ... 190
   3. Treuepflicht ... 191
III. Erwerb und Übertragbarkeit ... 191
   1. Übertragung ... 192
      a) Aktienrecht ... 192
      b) GmbH-Recht ... 194
      c) Vorgesellschaft ... 196
   2. Vinkulierung ... 197
   3. Übernahmen ... 198
   4. Anmeldung bei der Gesellschaft ... 199
      a) Namensaktien und GmbH-Anteile ... 199
      b) Inhaberaktien ... 201
IV. Verlust ... 202
   1. Austritt ... 202
   2. Ausschluss ... 202
      a) Kaduzierung und Zwangseinziehung ... 203
      b) Ausschluss aus wichtigem Grund ... 204
      c) Ausschluss von Minderheitsaktionären ... 205
   3. Beschränkung des Abfindungsguthabens ... 206

§ 5 Finanzverfassung – System des festen Nennkapitals ... 209
I. Eigen- und Fremdkapital ... 209
   1. Allgemeines ... 209
   2. Mischformen ... 210
      a) Wandel- und Optionsanleihen ... 210
      b) Gewinnschuldverschreibungen und Genussrechte ... 212
II. Kapitalaufbringung und Kapitalerhaltung ... 213
   1. Mängel des Systems ... 214
   2. Kapitalaufbringung ... 217
      a) Normalfall ... 217
      b) Aufgeld und Kapitalrücklage ... 222
      c) Sacheinlagen ... 224
         aa) Allgemeines ... 224
         bb) Sachübernahmen und Nachgründung ... 226
         cc) Verdeckte Sacheinlagen ... 227
      d) Kapitalerhöhung ... 231

	3.	Kapitalerhaltung 231
		a) Unterschiede zwischen Aktien- und GmbH-Recht 232
		b) Verdeckte Gewinnausschüttungen 233
		c) Rechtsfolgen 235
		d) Erwerb eigener Anteile 238
		aa) Grundsätzliches Verbot 238
		bb) Ausnahmen 240
	4.	Kapitalersetzende Gesellschafterdarlehen 241
		a) Allgemeines 241
		b) Kodifikation in der GmbH-Novelle 246
		c) Bilanzierung kapitalersetzender Darlehen 248
		d) Erweiterung auf andere Sachverhalte als die Darlehensgewährung 249
		aa) Darlehen Dritter 250
		bb) Stehen gelassene Darlehen 252
		cc) Kapitalersetzende Gebrauchsüberlassung 254
		e) Anwendbarkeit auf die Aktiengesellschaft 257
		f) Kleinbeteiligten- und Sanierungsprivileg (§ 32a Abs. 3 Sätze 2 und 3 GmbHG) 257
		aa) Sanierungsprivileg 258
		bb) Kleinbeteiligtenprivileg 259
		g) Gläubigerspezifische Besonderheiten 261
		aa) Unternehmensbeteiligungsgesellschaften 261
		bb) Kredite von staatlicher Seite 261
		cc) Bundesanstalt für vereinigungsbedingte Sonderaufgaben (früher: Treuhandanstalt) 261
III.	Haftung der Gesellschafter für Verbindlichkeiten der Gesellschaft 262	
	1.	Missbrauch 264
	2.	Vermögens- oder Sphärenvermischung 264
	3.	Unterkapitalisierung 264
	4.	Existenzvernichtender Eingriff 266
	5.	Qualifizierter faktischer Konzern 267

§ 6	Satzungs- und Strukturänderungen 271	
I.	Satzungsänderung 271	
	1.	Allgemeines 271
	2.	Satzungsdurchbrechung 275
II.	Kapitalmaßnahmen 275	
	1.	Kapitalerhöhung 276
		a) Effektive Kapitalerhöhung 276
		aa) Normalfall 276
		bb) Bezugsrecht und Bezugsrechtsausschluss 279
		b) Sonderformen bei der Aktiengesellschaft: Emissionskonsortium, genehmigtes und bedingtes Kapital 286
		aa) Genehmigtes Kapital 286
		bb) Mittelbares Bezugsrecht 288
		cc) Bedingtes Kapital 288
		c) Kapitalerhöhung aus Gesellschaftsmitteln 291
	2.	Kapitalherabsetzung 292
		a) Effektive Kapitalherabsetzung 293
		b) Nominelle (oder vereinfachte) Kapitalherabsetzung 294

III. Anpassung der Satzung an den Euro 297
  1. Aktienrecht 298
     a) Stückaktie 298
     b) Euro-Einführungsgesetz 298
        aa) Umstellung durch reine Umrechnung 298
        bb) Umstellung durch Umrechnung und gleichzeitige
            Glättung 299
  2. GmbH-Recht 302
     a) Umstellung durch reine Umrechnung 302
     b) Umstellung durch Umrechnung und gleichzeitige
        Glättung 303
IV. Umwandlung 304
  1. Einleitung 304
     a) Begriff 304
     b) Historische Entwicklung und Rechtsquellen 305
     c) Aufbau des Umwandlungsgesetzes 306
     d) Europäische Aktiengesellschaft 307
  2. Verschmelzung 308
     a) Verschmelzung unter Beteiligung von
        Aktiengesellschaften und/oder GmbH 309
     b) Ablauf des Verschmelzungsverfahrens 310
        aa) Verschmelzungsvertrag 310
        bb) Verschmelzungsbericht 312
        cc) Verschmelzungsprüfung 313
        dd) Verschmelzungsbeschluss 314
        ee) Eintragung in das Handelsregister 315
        ff) Wirkung der Eintragung 316
     c) Minderheitenschutz 317
        aa) Mehrheitsanforderungen an die Beschlüsse 317
        bb) Anfechtungs- bzw. Nichtigkeitsklage 318
        cc) Spruchverfahren 321
        dd) Sonstige Schadenersatzansprüche 322
        ee) Austrittsrecht 323
        ff) Inhaltskontrolle des Verschmelzungsbeschlusses 324
     d) Gläubigerschutz 324
        aa) Gläubiger der beteiligten Gesellschaften 324
        bb) Gläubiger von Gesellschaftern 325
  3. Spaltung 326
     a) Spaltung unter Beteiligung von Aktiengesellschaften
        und/oder GmbH 327
        aa) Aufspaltung 327
        bb) Abspaltung 328
        cc) Ausgliederung 328
     b) Ablauf des Spaltungsverfahrens 329
        aa) Spaltungs- und Übernahmevertrag bzw.
            Spaltungsplan 329
        bb) Spaltungsbericht 330
        cc) Spaltungsprüfung 330
        dd) Spaltungsbeschluss 331
        ee) Austrittsrecht 332
        ff) Eintragung in das Handelsregister 333
     c) Sonderfall der nicht verhältniswahrenden Spaltung 333
     d) Gläubigerschutz 335
  4. Vermögensübertragung 336

	5. Formwechsel	337
	a) Ablauf des Formwechsels	338
	aa) Umwandlungsbericht	338
	bb) Umwandlungsbeschluss	339
	cc) Austrittsrecht	340
	dd) Eintragung in das Handelsregister	341
	b) Gläubigerschutz	342
§7	**Auflösung und Nichtigkeit der Kapitalgesellschaft**	**343**
I.	Auflösung	343
	1. Allgemeines	343
	2. Auflösungsgründe	343
	a) Gründe für eine freiwillige Auflösung	344
	b) Insolvenzrechtliche Auflösungsgründe	345
	c) Sonstige Auflösungsgründe	346
	3. Liquidationsverfahren	348
	a) Abwicklungspflicht	349
	b) Gläubigerschutz	350
	c) Beendigung der Gesellschaft	350
	d) Fortsetzung der Gesellschaft	352
	aa) Freiwillige Auflösung	352
	bb) Sonstige Auflösungsgründe	353
	4. Abwickler	354
	5. Eintragungen	356
II.	Insolvenzrechtliche Auflösung	356
	1. Gesellschaftsrechtliche Vollabwicklungspflicht nach Aufhebung oder Einstellung des Insolvenzverfahrens	356
	2. Auflösung wegen Vermögenslosigkeit	358
III.	Nichtigkeit	358
Sachregister		**361**

Abkürzungsverzeichnis

Abs.	Absatz
abw.	abweichend
a. E.	am Ende
a. F.	alte Fassung
AcP	Archiv für die civilistische Praxis
AG	Amtsgericht/Aktiengesellschaft/Die Aktiengesellschaft
AGBG	Gesetz zur Regelung des Rechts der Allgemeinen Geschäftsbedingungen
AktG	Aktiengesetz
Alt.	Alternative
AnfG	Anfechtungsgesetz
Anm.	Anmerkung
Art.	Artikel
Aufl.	Auflage
BAFin	Bundesanstalt für Finanzdienstleistungsaufsicht
BAG	Bundesarbeitsgericht
BayObLG	Bayerisches Oberstes Landesgericht
BB	Betriebs-Berater
Bd.	Band
BegrRegE	Begründung Regierungsentwurf
BetrAVG	Gesetz zur Verbesserung der betrieblichen Altersversorgung
BetrVG	Betriebsverfassungsgesetz
BGB	Bürgerliches Gesetzbuch
BGBl	Bundesgesetzblatt
BGE	Entscheidungen des Schweizerischen Bundesgerichts
BGH	Bundesgerichtshof
BGHSt	Amtliche Sammlung der Entscheidungen des BGH in Strafsachen
BGHZ	Amtliche Sammlung der Entscheidungen des BGH in Zivilsachen
BörsG	Börsengesetz
BRAO	Bundesrechtsanwaltsordnung
BT-Drucks.	Bundestags-Drucksache
BVerfG	Bundesverfassungsgericht
BVerfGE	Amtliche Sammlung der Entscheidungen des BVerfG
bzw.	beziehungsweise
CR	Computer und Recht
DAI	Deutsches Aktieninstitut
DB	Der Betrieb

DCGK	Deutscher Corporate Governance Kodex (abrufbar unter www.corporate-governance-code.de)
DepotG	Depotgesetz
ders.	derselbe
d. h.	das heißt(en)
dies.	dieselbe(n)
DMBilG	D-Markbilanzgesetz
DNotZ	Deutsche Notarzeitschrift
DStR	Deutsches Steuerrecht
DtZ	Deutsch-Deutsche Rechts-Zeitschrift
DVBl	Deutsches Verwaltungsblatt
DZWir/DZWIR	Deutsche Zeitschrift für Wirtschaftsrecht
E-	Entwurf
EG	Europäische Gemeinschaft/Vertrag zur Gründung der Europäischen Gemeinschaft
EGAktG	Einführungsgesetz zum Aktiengesetz
EGInsO	Einführungsgesetz zur Insolvenzordnung
EGV	Vertrag über die Europäische Gemeinschaft (alt)
Einl.	Einleitung
EuGH	Europäischer Gerichtshof
EuroEG	Gesetz zur Einführung des Euro (Euro-Einführungsgesetz) vom 9. 6. 1998, BGBl I, 1242
EuZW	Europäische Zeitschrift für Wirtschaftsrecht
e.V.	eingetragener Verein
EWG	Europäische Wirtschaftsgemeinschaft
EWiR	Entscheidungen zum Wirtschaftsrecht
EWIV	Europäische wirtschaftliche Interessenvereinigung
EWIV-AG	EWIV-Ausführungsgesetz
EWIV-VO	Verordnung (EWG) Nr. 2137 des rates vom 25. 7. 1985 über die Schaffung einer Europäischen Wirtschaftlichen Interessenvereinigung, ABl EG Nr. L 199 vom 31. 7. 1985, S. 1 ff
EWS	Europäisches Wirtschafts- & Steuerrecht
f/ff	folgende
FAZ	Frankfurter Allgemeine Zeitung
FGG	Gesetz über die Angelegenheiten der freiwilligen Gerichtsbarkeit
4. FiFöG	Gesetz zur weiteren Fortentwicklung des Finanzplatzes Deutschland (Viertes Finanzmarktförderungsgesetz) vom 21. 6. 2002, BGBl I, 2010
Fn.	Fußnote
GbR	Gesellschaft bürgerlichen Rechts
GenG	Genossenschaftsgesetz
GesO	Gesamtvollstreckungsordnung

GesR	Gesellschaftsrecht
GG	Grundgesetz
ggf.	gegebenenfalls
GmbH	Gesellschaft mit beschränkter Haftung
GmbHG	GmbH-Gesetz
GmbHR	GmbH-Rundschau
GmS-OGB	Gemeinsamer Senat der obersten Gerichtshöfe des Bundes
Großkomm.	Großkommentar
GWB	Gesetz gegen Wettbewerbsbeschränkungen
Halbs.	Halbsatz
HGB	Handelsgesetzbuch
HRefG	Handelsrechtsreformgesetz vom 22. 6. 1998, BGBl I, 1474
hrsg./Hrsg.	herausgegeben/Herausgeber
IAS	International Accounting Standards
IFRS	International Financial Reporting Standards
InsO	Insolvenzordnung
i. S. v.	im Sinne von
i. V. m.	in Verbindung mit
JZ	Juristenzeitung
KapCoRiLiG	Kapitalgesellschaften & Co.-Richtlinie-Gesetz vom 24. 2. 2000, BGBl I, 154
KapErhG	Kapitalerhöhungsgesetz
KapGesR	Kapitalgesellschaftsrecht
KG	Kammergericht/Kommanditgesellschaft
KGaA	Kommanditgesellschaft auf Aktien
KO	Konkursordnung
Komm.	Kommentar
KonTraG	Gesetz zur Kontrolle und Transparenz im Unternehmensbereich vom 27. 4. 1998, BGBl I, 786
krit.	kritisch
KStG	Körperschaftsteuergesetz
KWG	Gesetz über das Kreditwesen
LG	Landgericht
LM	Lindenmaier-Möhring, Nachschlagewerk des BGH
Ls.	Leitsatz
LwAnpG	Landwirtschaftsanpassungsgesetz
Mio.	Million(en)
MitbestG	Mitbestimmungsgesetz
Montan-MitbestErgG	Montan-Mitbestimmungsergänzungsgesetz
m. w. N.	mit weiteren Nachweisen
n. F.	neue Fassung

NaStraG	Gesetz zur Namensaktie und zur Erleichterung der Stimmrechtsausübung (Namensaktiengesetz) vom 18. 1. 2001, BGBl I, 123
n. rkr.	nicht rechtskräftig
NJW	Neue Juristische Wochenschrift
NJW-RR	NJW-Rechtsprechungs-Report Zivilrecht
Nr.	Nummer
NZA	Neue Zeitschrift für Arbeits- und Sozialrecht
OHG	Offene Handelsgesellschaft
OLG	Oberlandesgericht
OLG-NL	OLG-Rechtsprechung Neue Länder
PatAnwO	Patentanwaltsordnung
PartGG	Partnerschaftsgesellschaftsgesetz
RegE	Regierungsentwurf
RGZ	Amtliche Sammlung der Entscheidungen des RG in Zivilsachen
Riv.soc.	Rivista delle società
rkr.	rechtskräftig
Rz.	Randzahl
RWS-Dok.	RWS-Dokumentation
S.	Seite
SE-RL	Richtlinie 2001/86/EG des Rates vom 8. 10. 2001 zur Ergänzung des Statuts der Europäischen Gesellschaft hinsichtlich der Beteiligung der Arbeitnehmer, ABl EG Nr. L 294 vom 10. 11. 2001, 22 ff
SE-VO	Verordnung (EG) Nr. 2157/2001 des Rates vom 8. 10. 2001 über das Statut der Europäischen Gesellschaft (SE), ABl EG Nr. L 294 vom 10. 11. 2001, 1 ff
SpruchG	Gesetz über das gesellschaftsrechtliche Spruchverfahren (Spruchverfahrensgesetz), eingeführt durch Art. 1 des Gesetzes zur Neuordnung des gesellschaftsrechtlichen Spruchverfahrens (Spruchverfahrensneuordnungsgesetz) vom 12. 6. 2003, BGBl I, 838
SpTrUG	Gesetz über die Spaltung der von der Treuhandanstalt verwalteten Unternehmen
StBerG	Steuerberatungsgesetz
StGB	Strafgesetzbuch
SZW/RSDA	Schweizerische Zeitschrift für Wirtschaftsrecht/Revue Suisse de Droit des Afffaires
TransPuG	Gesetz zur weiteren Reform des Aktien- und Bilanzrechts, zu Transparenz und Publizität (Transparenz- und Publizitätsgesetz) vom 19. 7. 2002, BGBl I, 2681
UBGG	Gesetz über Unternehmensbeteiligungsgesellschaften
UmwBerG	Umwandlungsbereinigungsgesetz vom 28. 10. 1994; BGBl I, 3210, Ber. 1995 I 428
UmwStG	Umwandlungssteuergesetz

UmwG	Umwandlungsgesetz
UmwR	Umwandlungsrecht
VEB	Volkseigener Betrieb
VG	Verwaltungsgericht
vGA	verdeckte Gewinnausschüttung
VVaG	Versicherungsverein auf Gegenseitigkeit
vgl.	vergleiche
WG	Wechselgesetz
WiB	Wirtschaftsrechtliche Beratung
w. N.	weitere Nachweise
WpHG	Wertpapierhandelsgesetz
WM	Wertpapier-Mitteilungen
WPO	Wirtschaftsprüferordnung
WpÜG	Wertpapiererwerbs- und Übernahmegesetz
WuB	Entscheidungssammlung zum Wirtschafts- und Bankrecht
ZBB	Zeitschrift für Bankrecht und Bankwirtschaft
ZfIR	Zeitschrift für Immobilienrecht
ZHR	Zeitschrift für das gesamte Handelsrecht
ZGB	(Schweizerisches) Zivilgesetzbuch
ZGR	Zeitschrift für Unternehmens- und Gesellschaftsrecht
ZIP	Zeitschrift für Wirtschaftsrecht
ZPO	Zivilprozessordnung
ZRP	Zeitschrift für Rechtspolitik
zust.	zustimmend

Verzeichnis des abgekürzt zitierten Schrifttums

Wurden mehrere Auflagen eines Werkes verwendet, beziehen sich Nachweise ohne besonderen Zusatz auf die jeweils neueste Auflage.

Baumbach, Adolf/Hueck, Alfred
GmbH-Gesetz, 17. Aufl., 2000 (zit.: *Bearbeiter*, in: Baumbach/Hueck, GmbHG)

Dehmer, Hans
Umwandlungsgesetz/Umwandlungssteuergesetz, 2. Aufl., 1996
(zit.: UmwG/UmwStG)

Geßler, Ernst/Hefermehl, Wolfgang/Eckardt, Ulrich/Kropff, Bruno
Aktiengesetz, Kommentar, 1973 ff
(zit.: *Bearbeiter*, in: Geßler/Hefermehl/Eckardt/Kropff, AktG)

Gottwald, Peter
Insolvenzrechts-Handbuch, 2. Aufl., 2001 (zit.: *Gottwald/Bearbeiter*, InsR HdB)

Goutier, Klaus/Knopf, Rüdiger/Tulloch, Anthony
Kommentar zum Umwandlungsrecht: Umwandlungsgesetz/Umwandlungssteuergesetz, 1996 (zit.: *Goutier/Knopf/Tulloch*, UmwG/UmStG)

Großkommentar zum Aktiengesetz
4. Aufl., 1992 ff (zit.: *Bearbeiter*, GroßKomm. AktG)

Grunewald, Barbara
Gesellschaftsrecht, 5. Aufl., 2002 (zit.: *Grunewald*, GesR)

Hachenburg, Max
Gesetz betreffend die Gesellschaften mit beschränkter Haftung (GmbHG). Großkommentar, 8. Aufl., 1992 ff (zit.: *Hachenburg/Bearbeiter*, GmbHG)

Hirte, Heribert
Das Transparenz- und Publizitätsgesetz. Einführende Gesamtdarstellung, 2003
(zit.: *Hirte*, TransPuG)

Hüffer, Uwe
Aktiengesetz, 4. Aufl., 1999 (zit.: *Hüffer*, AktG)

Kallmeyer, Harald (Hrsg.)
Umwandlungsgesetz. Kommentar. Verschmelzung, Spaltung und Formwechsel bei Handelsgesellschaften, 2. Aufl., 2001 (zit. *Kallmeyer/Bearbeiter*, UmwG).

Kölner Kommentar
zum Aktiengesetz, 2. Aufl., 1986 ff
(zit.: *Bearbeiter*, in: Kölner Komm. z. AktG)

Kölner Kommentar
zum Wertpapiererwerbs- und Übernahmegesetz, 2003
(zit.: *Bearbeiter*, in: Kölner Komm. z. WpÜG)

Kübler, Bruno M./Prütting, Hanns
InsO. Kommentar zur Insolvenzordnung, Loseblatt, Stand: 16. Lfg. 4/03
(zit.: *Kübler/Prütting/Bearbeiter*, InsO)

Kübler, Friedrich
Gesellschaftsrecht: Die privatrechtlichen Ordnungsstrukturen und Regelungsprobleme von Verbänden und Unternehmen. Ein Lehrbuch, 5. Aufl., 1998
(zit.: *F. Kübler*, GesR)

Lutter, Marcus (Hrsg.)
  Kölner Umwandlungsrechtstage. Verschmelzung – Spaltung – Formwechsel nach neuem Umwandlungsrecht und Umwandlungssteuerrecht, 1995 (zit.: *Bearbeiter*, Kölner UmwR-Tage).

Lutter, Marcus (Hrsg.)
  Umwandlungsgesetz. Kommentar, 2. Aufl., 2000 (zit.: *Lutter/Bearbeiter*, UmwG)

Lutter, Marcus/Hommelhoff, Peter
  GmbH-Gesetz. Kommentar, 15. Aufl., 2000 (zit.: *Lutter/Hommelhoff*, GmbHG)

Münchener Handbuch des Gesellschaftsrechts
  Bd. 3. Gesellschaft mit beschränkter Haftung, 2. Aufl., 2003 (zit.: *Bearbeiter*, in: Münchener Handbuch GmbH)

  Band 4. Aktiengesellschaft, 2. Aufl. 1999 (zit.: *Bearbeiter*, in: Münchener Handbuch AG).

Münchener Kommentar zum Aktiengesetz
  2. Aufl., 2000 ff (zit.: MünchKomm-*Bearbeiter*, AktG)

Neye, Hans-Werner (Hrsg.)
  Umwandlungsgesetz – UmwG, Umwandlungssteuergesetz – UmwStG, 2. Aufl., 1995 (zit.: *Bearbeiter*, UmwG/UmwStG)

Raiser, Thomas
  Recht der Kapitalgesellschaften. Ein Handbuch für Praxis und Wissenschaft, 3. Aufl., 2001 (zit.: *Raiser*, KapGesR)

Rowedder, Heinz u. a.
  Gesetz betreffend die Gesellschaften mit beschränkter Haftung (GmbHG), 4. Aufl., 2002 (zit.: *Rowedder/Bearbeiter*, GmbHG)

Semler, Johannes/Stengel, Arndt
  Umwandlungsgesetz, 2003 (zit. *Semler/Stengel/Bearbeiter*, UmwG)

Schmidt, Karsten
  Gesellschaftsrecht, 4. Aufl., 2002 (zit.: *Karsten Schmidt*, GesR)

Scholz, Franz
  Kommentar zum GmbH-Gesetz, Band I, 9. Aufl., 2000, Band II, 9. Aufl., 2002 (zit.: *Scholz/Bearbeiter*, GmbHG)

Wiedemann, Herbert
  Gesellschaftsrecht. Ein Lehrbuch des Unternehmens- und Verbandsrechts, Band I. Grundlagen, 1980 (zit.: *Wiedemann*, GesR I)

Uhlenbruck, Wilhelm
  Insolvenzordnung. Kommentar, 12. Aufl., 2003 (zit.: *Uhlenbruck/Bearbeiter*, InsO)

§ 1 Grundlagen

Literatur: *Henssler*, Die gesetzliche Regelung der Rechtsanwalts-GmbH, NJW 1999, 241; *Hirte*, Die Europäische Aktiengesellschaft, NZG 2002, 1; *Hopt*, Europäisches Gesellschaftsrecht – Krise und neue Anläufe, ZIP 1998, 96; *ders.*, Gemeinsame Grundsätze der Corporate Governance in Europa?, ZGR 2000, 779; *Priester*, Nonprofit-GmbH, Satzungsgestaltung und Satzungsvollzug, GmbHR 1999, 149; *Raiser*, Der Begriff der juristischen Person. Eine Neubesinnung, AcP 199 (1999), 104.

I. Begriff

1. Kapitalgesellschaft als Sammelbecken für Eigenkapital

Gegenstand des Kapitalgesellschaftsrechts sind die „Kapitalgesellschaften". Dazu gehören neben der Aktiengesellschaft und der Gesellschaft mit beschränkter Haftung noch die – hier nicht näher behandelte – Kommanditgesellschaft auf Aktien (vgl. die Legaldefinition in § 3 Abs. 1 Nr. 2 UmwG). Ihr Charakteristikum liegt in der vom Gesetzgeber aufgestellten Verpflichtung, ein bestimmtes **Eigenkapital** aufzubringen und es nur in bestimmter Weise zu verwenden.[1] Dieses Kapital wird bei der Aktiengesellschaft als **Grundkapital** (§ 1 Abs. 2 AktG) bezeichnet, das mindestens EUR 50.000 betragen muss (§ 7 AktG). Es ist in Aktien „zerlegt" (§ 1 Abs. 2 AktG, ebenso Art. 1 Abs. 2 Satz 1 SE-VO). Bei der Gesellschaft mit beschränkter Haftung ist demgegenüber vom **Stammkapital** die Rede, dessen Mindestumfang lediglich EUR 25.000 beträgt (§ 5 Abs. 1 GmbHG). Es setzt sich aus „Stammeinlagen" zusammen (§ 5 Abs. 3 Satz 3 GmbHG).

1.1 Kapitalaufbringung als wichtigstes Charakteristikum

Die Kapitalgesellschaften bilden den **Gegensatz zu den Personengesellschaften** oder – so die Bezeichnung des Gesetzes (vor § 105 HGB) – den Handelsgesellschaften: offene Handelsgesellschaft (§§ 105 ff HGB) und Kommanditgesellschaft (§§ 161 ff HGB). Als erste europäische Gesellschaftsform kommt hier noch die Europäische wirtschaftliche Interessenvereinigung (EWIV) hinzu, die nach § 1 EWIV-AG als Handelsgesellschaft gilt, und für den Bereich des Seehandels die Reederei (§§ 489 ff HGB). Da das Gesetz aber die Kapitalgesellschaften durch Fiktion den Handelsgesellschaften gleichstellt (§ 3 Abs. 1 AktG, § 13 Abs. 3 GmbHG, ebenso jetzt Art. 1 Abs. 2 Satz 1 SE-VO), hatte sich für die Handelsgesellschaften des HGB zunächst die Bezeichnung als „Personalgesellschaften" eingebürgert. Heute überwiegt demgegenüber – anknüpfend an die Legaldefinition in § 3 Abs. 1 Nr. 1 UmwG – die Bezeichnung als „Personenhandelsgesellschaften".[2]

1.2 Personengesellschaften als Gegensatz zu Kapitalgesellschaften

2. Kapitalgesellschaft als Körperschaft

Die Kapitalgesellschaften sind **Körperschaften**. Körperschaften sind Vereinigungen, „deren Zielverwirklichung unabhängig von den Gründern

1.3

---

1) *Raiser*, KapGesR, § 1 Rz. 2; *Wiedemann*, GesR I, S. 101 ff.
2) Dazu *Wiedemann*, GesR I, S. 101 f.

oder anderen Personen gedacht ist".[3] Bei ihnen steht im Gegensatz zu den Personenhandelsgesellschaften der persönliche Einsatz der Mitglieder und ihr Verhältnis zueinander nicht im Vordergrund. Mitglieder von Kapitalgesellschaften sind dabei nur (natürliche oder juristische) Personen. Vor allem im öffentlichen Recht kommen demgegenüber auch Körperschaften vor, bei denen die Mitgliedschaft auf der Zugehörigkeit einer Person oder einer Sache zu einem bestimmten geographischen Gebiet beruht („Gebietskörperschaften").

Unterscheidungsmerkmale von Körperschaften und Personengesellschaften

1.4 Die (Personal-)Körperschaften unterscheiden sich – wie gesagt – von den anderen Personenverbänden vor allem dadurch, dass ihre Existenz unabhängig von der Person der Mitglieder und insbesondere der der Gründer ist. Jedenfalls von Gesetzes wegen sind sie auf freien Ein- und Austritt der Mitglieder und auf einen großen Mitgliederkreis angelegt. Bezüglich der Organisation hat der Gesetzgeber für Körperschaften das **Mehrheitsprinzip** verankert (§ 133 Abs. 1 AktG, § 47 Abs. 1 GmbHG, § 32 Abs. 1 Satz 3 BGB, § 43 Abs. 2 GenG), während bei den übrigen Personenverbänden das Einstimmigkeitsprinzip den Grundsatz darstellt. Nur für die Körperschaften ist schließlich die **Fremdorganschaft** zugelassen, also die Möglichkeit, einen gesellschaftsfremden Dritten zum organschaftlichen Vertreter zu bestellen (§ 76 AktG, § 35 GmbHG, § 26 BGB, nicht aber § 9 Abs. 2 Satz 1 GenG; Ausnahme: Art. 19 Abs. 1 EWIV-VO [Fremdgeschäftsführer auch bei Personengesellschaft]).[4]

Vereinsrecht als Grundform der Kapitalgesellschaften

1.5 Grundform der (Personal-)Körperschaften des Privatrechts ist der eingetragene Verein mit nicht-wirtschaftlicher Zielsetzung („Idealverein"). Seine Regelung in §§ 21 ff, 55 ff BGB – und nicht die der BGB-Gesellschaft in §§ 705 ff BGB – stellt daher auch so etwas wie den „Allgemeinen Teil" des auf die Kapitalgesellschaften anwendbaren Rechts dar. Zahlreiche der dort niedergelegten Grundprinzipien können daher auch im Kapitalgesellschaftsrecht ergänzend herangezogen werden, und einige Normen des BGB-Vereinsrechts haben in Ermangelung spezieller Regelungen in den einzelnen Körperschaftsrechten allgemeine Geltung auch für die Kapitalgesellschaften. Als wohl wichtigste sei schon hier § 31 BGB genannt, nach dem der Verein ohne Entlastungsmöglichkeit für zum Schadenersatz verpflichtende Handlungen seiner Organe haftet, soweit diese „in Ausführung der [diesem] zustehenden Verrichtungen begangen [.]" wurden (dazu unten Rz. 3.312 ff). Umgekehrt können im Vereinsrecht bisweilen auch die deutlich konkreteren Vorschriften der „besonderen" Körperschaften für die Auslegung und Lückenfüllung eine Rolle spielen.

1.6 Weitere Personalkörperschaften des Privatrechts, die nicht Kapitalgesellschaften sind, sind die Genossenschaft und der Versicherungsverein auf Gegenseitigkeit (VVaG). Auch das öffentliche Recht kennt Personalkörperschaften. Genannt seien hier nur die zahlreichen Kammern (Rechtsanwaltskammer, Ärztekammer, Industrie- und Handelskammer), für die darüber hinaus eine Zwangsmitgliedschaft charakteristisch ist.

---

3) So *Wiedemann*, GesR I, S. 90.
4) Überblick über die Unterscheidungsmerkmale bei *Wiedemann*, GesR I, S. 90 ff.

I. Begriff

3. Kapitalgesellschaft als juristische Person

Die Körperschaften sind in aller Regel zugleich **juristische Personen** (§ 1 Abs. 1 Satz 1, § 41 AktG, Art. 1 Abs. 3 SE-VO, §§ 11 Abs. 1, 13 Abs. 1 GmbHG, §§ 21, 22 BGB, § 13 GenG), bei denen nach dem Gesetz für die Verbindlichkeiten des Verbandes nur das Gesellschaftsvermögen haftet (§ 1 Abs. 1 Satz 2 AktG, § 13 Abs. 2 GmbHG). Die darin liegende Verselbständigung der Sphäre des Verbandes gegenüber seinen Mitgliedern wird als **Trennungsprinzip** bezeichnet. Das gilt in beiden Richtungen. Deshalb haften einerseits die Gesellschafter grundsätzlich nicht für Verbindlichkeiten „ihrer" Gesellschaft (zu den Ausnahmen unten Rz. 5.161 ff). Aus dem Trennungsprinzip folgt aber auch das Verbot eines „umgekehrten Haftungsdurchgriffs", also einer Haftung der Gesellschaft für Verbindlichkeiten ihres Gesellschafters; denn dies würde zu Lasten der Gläubiger der Gesellschaft gehen.[5]

1.7 Trennungsprinzip

Ausnahmen vom Auftreten der Körperschaften als juristische Personen ergeben sich nur beim nichtrechtsfähigen Verein, der – obwohl Körperschaft – nicht juristische Person ist (§ 54 Satz 1 BGB) und bei der Kommanditgesellschaft auf Aktien, bei der (mindestens) ein Komplementär persönlich haftet (§ 278 Abs. 1 und 2 AktG; dazu auch unten Rz. 1.16 f). Bezüglich der auf das Gesellschaftsvermögen beschränkten Haftung bildet schließlich die Genossenschaft eine Ausnahme (§ 2 GenG). An die **Rechtsfähigkeit** der juristischen Person knüpft auch das Steuerrecht an: denn die Körperschaften unterliegen als solche der Körperschaftsteuer, während bei den übrigen Personenverbänden die Gewinnanteile der Mitglieder/Gesellschafter besteuert werden. Ebenfalls juristische Person ist die Stiftung (§ 80 Satz 1 BGB). Sie ist jedoch keine Körperschaft, sondern eine verselbständigte Vermögensmasse.

1.8 Ausnahmen vom Trennungsprinzip

Das Gegenstück zur auf das Gesellschaftsvermögen beschränkten Haftung der juristischen Person bilden das Gesamthandsprinzip, nach dem den Gesellschaftern das Vermögen zur gesamten Hand zusteht (§ 719 Abs. 1 BGB), und die neben die Haftung der Gesellschaft tretende persönliche Haftung der Gesellschafter (§§ 128, 161 Abs. 2 HGB, § 714 BGB, Art. 24 Abs. 1 EWIV-VO). Es ist kennzeichnend sowohl für die Personenhandelsgesellschaften und die Partnerschaftsgesellschaft als auch für deren Grundform, die Gesellschaft bürgerlichen Rechts (§§ 705 ff BGB, §§ 105 Abs. 2, 161 Abs. 2 HGB, § 1 Abs. 4 PartGG).

1.9 Unbeschränkte Haftung und Gesamthandsprinzip

Diese gesetzliche Konzeption schließt allerdings nicht aus, auch bei einer Personengesellschaft die Haftung für Verbindlichkeiten der Gesellschaft allgemein oder im Einzelfall auf das Gesellschaftsvermögen zu beschränken – oder dies zumindest zu versuchen. Insbesondere die „Gesellschaft bürgerlichen Rechts mit beschränkter Haftung" (GbR mbH) hatte dabei mehrfach die Gerichte beschäftigt. Bei ihr werden die Vertragspartner der BGB-Gesellschaft auf die gesellschaftsvertragliche Beschränkung der Haftung der Gesellschafter auf das Gesellschaftsvermögen durch „Firmierung" hingewiesen. Dass dieses Vorgehen grundsätzlich zu einer Haftungsbeschränkung auf das Gesellschaftsvermögen

1.10 Unzulässigkeit der GbR mbH

---

[5] BGH und OLG Nürnberg DStR 1999, 1822 (Ls.) *(Goette)* (GmbH); AG Brühl NZG 2002, 584.

führen *kann*, hatte der BGH zunächst implizit bestätigt.[6] Eine *allgemeine* Haftungsbeschränkung, etwa auch für gesetzliche Verbindlichkeiten, lässt sich durch dieses Vorgehen aber nicht erreichen. Denn zum einen ist allein aus der „Firmierung" eine Haftungsbeschränkung nicht hinreichend deutlich erkennbar und dem Geschäftspartner eine Prüfung nicht zuzumuten; zum anderen weckt die Abkürzung Assoziationen an die mit einem Mindeststammkapital ausgestattete GmbH. Eine Haftungsbeschränkung auf das Gesellschaftsvermögen ist daher nur durch individualvertragliche Vereinbarung möglich.[7] Derartigen Haftungsbeschränkungen können darüber hinaus auch aus anderen, insbesondere wettbewerbsrechtlichen Gründen Bedenken entgegenstehen.[8] Sicher ist zudem, dass es sich bei einer „GbR mbH" keinesfalls um eine eigenständige juristische Person handelt.

1.11 Freilich gab es für diese Rechtsfigur solange ein praktisches Bedürfnis, als es Kleingewerbetreibenden wegen § 4 HGB a. F. nicht möglich war, eine Kommanditgesellschaft zu gründen, und die Gründung einer GmbH unverhältnismäßig teuer war; gleiches galt für den praktisch vollständigen Ausschluss einer Möglichkeit der Haftungsbeschränkung bei der beruflichen Kooperation von Freiberuflern, denen weder die KG noch die GmbH offen stand. Durch die Handelsrechtsreform zum 1. Juli 1998 mit ihrer Eintragungsoption für Kleingewerbetreibende hat sich dies für die Gewerbetreibenden geändert, durch die Einführung (und inzwischen schon Reform) der Partnerschaftsgesellschaft (§ 8 PartGG!) und der Rechtsanwalts-GmbH auch für die Freiberufler (dazu unten Rz. 2.61 ff).

1.12 Ungeachtet des Bedürfnisses für eine solche Haftungsbeschränkung kann sie rein faktisch schon dadurch Wirkung entfalten, dass ein Vertragspartner unter Hinweis auf die „Firmierung" von einer Geltendmachung von Ansprüchen gegen das Privatvermögen der Gesellschafter abgehalten wird. Die firmenähnliche Herausstellung des Kürzels „mbH" ist daher zumindest (auch) deshalb zu beanstanden und nach § 37 Abs. 1 HGB zu untersagen, weil sie den Eindruck einer den Vorschriften des GmbHG entsprechenden Kapitalaufbringung erweckt.

4. Kapitalgesellschaft als Außengesellschaft

Abgrenzung Außen- und Innengesellschaft

1.13 Personenhandels- wie Kapitalgesellschaften sind **Außengesellschaften** – also solche, die nach außen für Geschäftspartner und den Rechtsverkehr als Gesellschaften in Erscheinung treten. Insoweit sind sie abzugrenzen von den Innengesellschaften, bei denen die Vergesellschaftung von (in der Regel) Gewinn und Verlust nach außen nicht erkennbar ist. Als Innengesellschaft stellt das Gesetz ausdrücklich nur die stille Gesellschaft (§§ 230 ff HGB) zur Verfügung; ebenfalls in Betracht kommt aber der

---

[6] BGHZ 134, 224 = ZIP 1997, 682 = NJW 1997, 1580 = LM H. 7/1997 § 366 BGB Nr. 26 (*H.P. Westermann*) = DStR 1997, 709 (*Goette*): Teil-, nicht Gesamtschuld zwischen den Haftungsanteilen der einzelnen Gesellschafter (dazu *Hirte*, NJW 1999, 179, 180; *Karsten Schmidt*, NJW 1997, 2201).

[7] BGHZ 142, 315 = ZIP 1999, 1755 (*Altmeppen*) = NJW 1999, 3483 = DStR 1999, 1704 (*Goette*) = NZG 1999, 1093 (*H. Weber*) = EWiR § 705 BGB 2/99, 1053 (*Keil*); im Anschluss an Vorinstanz OLG Jena ZIP 1998, 1797 (*Mutter*) = NJW-RR 1998, 1493 = DStR 1998, 2024 = EWiR § 705 BGB 3/98, 975 (*Bachmann*); dazu *Hirte*, NJW 2000, 3531, 3536 f mit zahlr. w. N. – Zur Möglichkeit eines Einschreitens des Registergerichts wegen Irreführungsgefahr über die Rechtsform BayObLG ZIP 1998, 1959 = NJW 1999, 297 = DStR 1998, 2024.

[8] OLG München ZIP 1999, 535 = NJW-RR 1998, 1728 = DStR 1998, 2026 (Vorinstanz LG München I ZIP 1998, 1800); *Hirte*, Berufshaftung (1996), S. 431 m. w. N.

Rückgriff auf die BGB-Gesellschaft (§§ 705 ff BGB), wenn dort – was nicht zwingend ist – kein Gesamthandsvermögen gebildet wurde.[9)]

Beide Gruppen von Gesellschaften gehören schließlich – was bereits angesprochen wurde – zu den **Handelsgesellschaften** (im weiteren Sinne). Insoweit stehen beide im **Gegensatz zu den Zivilgesellschaften**: für den Bereich der Personenhandelsgesellschaften sind dies die Gesellschaft bürgerlichen Rechts (§§ 705 ff BGB) und die Partnerschaftsgesellschaft (PartGG), für den Bereich der Kapitalgesellschaften der Idealverein (§ 21 BGB).[10)] Einen Sonderfall im Bereich des Körperschaftsrechts bildet insoweit der wirtschaftliche Verein (§ 22 BGB). Sein Zweck ist auf einen wirtschaftlichen Geschäftsbetrieb gerichtet, so dass er nicht mehr zu den Zivilgesellschaften bzw. -verbänden gehört. Gleichwohl gehört er mangels besonderer Vorgaben für die Kapitalausstattung nicht zu den Kapitalgesellschaften. Damit droht die Gefahr, dass durch die Wahl dieser Rechtsform die vor allem gläubigerschützenden Regelungen des Kapitalgesellschaftsrechts unterlaufen werden können. Der Gesetzgeber hat die Wahl dieser Rechtsform daher von einer staatlichen Zulassung abhängig gemacht.[11)]

1.14 Handels- und Zivilgesellschaften

5. Unterschied zu den Personengesellschaften

Die genannten **Unterschiede** zwischen Personengesellschaften bzw. Gesamthandsgemeinschaften und Kapitalgesellschaften bzw. Körperschaften **verlieren allerdings zunehmend an Bedeutung**. Grund dafür ist zum einen die Vertragspraxis, die die Personengesellschaften in vielen Punkten schon lange den Kapitalgesellschaften angenähert hatte: so wurde im Gesellschaftsvertrag von Personenhandels- oder BGB-Gesellschaften schon vor der Reform der entsprechenden Normen im HGB bestimmt, dass die Gesellschaft unabhängig vom Tod (§ 727 Abs. 1 BGB, § 131 Nr. 4 HGB a. F.) oder von der Kündigung eines Gesellschafters (§§ 736 ff BGB, §§ 131 Nr. 6, 138 ff HGB a. F.) fortgesetzt werden soll (vgl. jetzt § 131 Abs. 3 Nrn. 1 und 3 HGB n. F.). Auch wird der Einstimmigkeitsgrundsatz für Beschlüsse durch das Mehrheitsprinzip ersetzt (zur Zulässigkeit § 709 BGB, §§ 114, 119 HGB). Umgekehrt sind auch bei den Kapitalgesellschaften Entwicklungen und Versuche zu verzeichnen, sie strukturell an die Personenhandelsgesellschaften anzunähern. Besondere Bedeutung hat in diesem Zusammenhang etwa die Vinkulierung der Anteile, d. h. das Verbot, die Anteile ohne Genehmigung der Verwaltung auf Dritte zu übertragen (§ 68 Abs. 2 AktG, § 15 Abs. 5 GmbHG).

1.15 Unterscheidung von Kapital- und Personengesellschaften von abnehmender Bedeutung

Fließend sind die Grenzen zusätzlich dadurch geworden, dass eine **Typenvermischung** von Personenhandels- und Kapitalgesellschaften zugelassen wird. Den in der Praxis wichtigsten Fall bildet dabei die **GmbH & Co. KG**, eine Kommanditgesellschaft, deren alleiniger Komplementär

1.16 Möglichkeit der Typenvermischung

---

9) *Karsten Schmidt*, GesR, § 58 III 7, S. 1709, § 59 IV 1, S. 1753 f, § 62, S. 1836 ff.
10) Dazu *Wiedemann*, GesR I, S. 96 ff.
11) Dazu *Wiedemann*, GesR I, S. 99.

eine GmbH ist. Hinzugekommen ist inzwischen die **GmbH & Co. KGaA**, eine Kommanditgesellschaft auf Aktien mit einer juristischen Person als (einzigem) Komplementär; durch den durch das HRefG neu eingefügten § 279 Abs. 2 AktG, der die Firmierung einer solchen Gesellschaft regelt, wurde ihre Zulässigkeit inzwischen sogar gesetzlich anerkannt.[12]

1.17 Beide „Gesellschaftsformen" erlauben schon heute eine Überschreitung der gesellschaftsrechtlich gezogenen Grenzen auch in den Fällen, in denen das Gesetz die entsprechenden Regelungen (noch) nicht zur Disposition stellt.[13] Das gilt etwa für den in den Personenhandelsgesellschaften geltenden Grundsatz der Selbstorganschaft (§ 125 Abs. 1 HGB); bis zur Reform des Firmenrechts durch das HRefG galt es auch für das Gebot einer aus den Namen der Gesellschafter entlehnten Firma (§ 19 Abs. 1 HGB a. F.). Bemerkenswerterweise hat die EWIV – obwohl nach § 1 EWIV-AG wie eine Personenhandelsgesellschaft behandelt – beide Grundsätze bereits mit ihrer Einführung, also vor Inkrafttreten des HRefG, durchbrochen.[14]

6. Realtypen der Gesellschaften

a) Mitunternehmergemeinschaft versus Publikumsgesellschaft

Mitunternehmergemeinschaft und Publikumsgesellschaften als Realtypen

1.18 Von wachsender Bedeutung ist demgegenüber die Unterscheidung nach den **Realtypen** der Gesellschaften, insbesondere nach der **Mitunternehmergemeinschaft** und/oder geschlossenen (Familien-)Gesellschaft und der **Publikumsgesellschaft**.[15] Das Gesetz folgt dieser Unterscheidung nicht; es hat zwar die Aktiengesellschaft als eine (börsennotierte) Publikumsgesellschaft konzipiert, in der den Gesellschaftern nur die Funktion des Geld gebenden **Anlagegesellschafters** zugewiesen ist. Im Gegensatz dazu hat der Gesetzgeber die GmbH ähnlich den Personengesellschaften als **Mitunternehmergemeinschaft** verfasst, die im Gegensatz zu den Personengesellschaften auch ohne die unbeschränkte Haftung (mindestens)

---

12) Für deren Zulässigkeit zuvor BGHZ 134, 392 = ZIP 1997, 1027 = NJW 1997, 1923 = LM H. 8/1997 § 278 AktG 1965 Nr. 1 (*G.H. Roth*) = DStR 1997, 1012 (*Goette*) = DZWiR 1998, 235 (*Kallmeyer*) = EWiR § 278 AktG 2/97, 1061 (*Sethe*); dazu *Hennerkes/Lorz*, DB 1997, 1388; *Ladwig/Motte*, DStR 1997, 1539; zuvor befürwortend OLG Hamburg AG 1969, 259; *Mertens*, in: Kölner Komm. z. AktG, § 278 Rz. 10; *ders.*, in: Festschrift Carl Hans Barz, 1974, S. 253, 259; *Priester*, ZHR 160 (1996), 250 ff; *Sethe*, Die personalistische Kapitalgesellschaft mit Börsenzugang (1996), S. 155 ff (dazu *Karsten Schmidt*, ZHR 160 [1996], 298 f); ablehnend OLG Karlsruhe ZIP 1996, 1787 f = NJW-RR 1996, 1254 = EWiR § 278 AktG 1/97, 57 (*Binz*); LG Hamburg AG 1968, 193; differenzierend *Hirte*, in: Gestaltungsfreiheit im Gesellschaftsrecht, ZGR-Sonderheft 13 (1998), S. 61, 71 (w. N. in der 2. Aufl. dieses Werkes Rz. 20).

13) *Raiser*, KapGesR, § 1 Rz. 4 ff; *Wiedemann*, GesR I, S. 43 ff.

14) Vgl. Art. 19 Abs. 1 EWIV-VO; für die Führung einer Sachfirma war dies bis zum Inkrafttreten des HRefG streitig: bejahend LG Bonn EuZW 1993, 550; verneinend OLG Frankfurt/M. DB 1993, 1182 (zur Regelungskompetenz des einzelstaatlichen Rechts in diesem Bereich EuGH ZIP 1998, 68 = NJW 1998, 972 (*EITO*) auf Vorlagebeschluss des OLG Frankfurt/M. ZIP 1997, 591 = DB 1997, 221 = DZWir 1997, 253 [*Kocker*] = EWiR Art. 5 VO [EWG] Nr. 2137/85 1/97, 283 [*Neye*]).

15) Dazu *Wiedemann*, GesR I, S. 108 ff, 114 ff.

eines Gesellschafters (§ 128 HGB) möglich ist. Es gibt aber keine Verpflichtung, sich an diese gesetzlichen Leitbilder zu halten – und es hat sie nie gegeben. Geschlossene Aktiengesellschaften einerseits und Gesellschaften mbH, die einen relativ großen Gesellschafterkreis haben, andererseits zeugen davon. Der Gesetzgeber hat dem im „Gesetz für kleine Aktiengesellschaften und zur Deregulierung des Aktienrechts" vom 2. August 1994 (BGBl I, 1961) Rechnung getragen und zahlreiche Regelungen des Aktienrechts für den Fall modifiziert, dass es sich nur um „kleine" Gesellschaften – sprich: Mitunternehmergemeinschaften vom Typ der GmbH – handelt. Eine besondere Rechtsform hat das Gesetz – entgegen manchem Missverständnis – allerdings nicht eingeführt.

b) Kapitalmarktorientierung

1.19 Wachsender Einfluss des Kapitalmarktrechts

Auf der anderen Seite steht die – stark rechtsvergleichend und europarechtlich beeinflusste – Entwicklung des **Kapitalmarktrechts**, das die auf Gesellschaften anwendbaren Rechtsregeln vor allem danach bestimmt, ob ihre Anteile an einem öffentlichen Kapitalmarkt gehandelt werden. Die dadurch gezogene Trennlinie entspricht zwar häufig derjenigen zwischen GmbH und Aktiengesellschaft; doch – wie ausgeführt – ist es vor allem bei der Aktiengesellschaft keineswegs zwingend, dass ihre Anteile auch öffentlich gehandelt werden. Die durch das KonTraG neu eingeführte Definitionsnorm des § 3 Abs. 2 AktG zeigt dies deutlich. Andererseits erfasst das Kapitalmarktrecht keineswegs nur die Kapitalgesellschaften, sondern etwa auch Publikums-Kommanditgesellschaften, sofern ihre Anteile öffentlich vertrieben werden.[16] Und auch der „Vertrieb" von Fremdkapital in Form von Schuldverschreibungen wird hier geregelt, während er im Gesellschaftsrecht kaum Beachtung findet. Daher ist auch die neue Begriffsbestimmung „börsennotierter" Aktiengesellschaften in § 3 Abs. 2 AktG als solche, deren Aktien entweder zum amtlichen Handel oder zum geregelten Markt zugelassen sind (also ohne die bloß im Freiverkehr gehandelten Gesellschaften), relativ eng. Das überzeugt nur insoweit, als aus der „Börsennotierung" Privilegierungen gegenüber dem allgemeinen Aktienrecht abgeleitet werden; soweit aus der „Börsennotierung" zusätzliche Pflichten folgen, sollten diese auch auf sonst öffentlich gehandelte Gesellschaften erstreckt werden.

1.20 Fehlende Kapitalmarktorientierung des Gesellschaftsrechts

Allerdings ist der kapitalmarktrechtliche Ansatz nur schwer mit dem herkömmlichen Regelungsansatz des (Kapital-)Gesellschaftsrechts in Einklang zu bringen. Denn hier steht die Regelung der Organisation, dort die des Marktes im Vordergrund. Interessen zukünftiger Gesellschafter etwa werden im gesellschaftsrechtlichen Regelwerk kaum berücksichtigt. Zahlreiche Normen vor allem des Aktienrechts haben aber – zumindest auch – das Funktionieren des Kapitalmarktes im Auge; dies gilt nach überwiegender Auffassung für den geringen Gestaltungsspielraum, den das Aktienrecht gewährt (dazu unten Rz. 2.48 ff).

---

16) Zur fehlenden Unterscheidung in *public* und *private companies* im deutschen Recht auch *Hirte*, in: The European Private Company? (1995), S. 95 ff.

c) Struktur des Gesellschafterkreises

Gesellschafterkreis

1.21 Neben diesen Unterscheidungsmerkmalen kann die Struktur des Gesellschafterkreises als Unterscheidungsmerkmal herangezogen werden. Hierzu zählt etwa der Charakter einer Gesellschaft als Einpersonen- oder Familiengesellschaft, die Präsenz einer fest gefügten Gesellschaftermehrheit oder die (Konzern-)Abhängigkeit der Gesellschaft.

7. Kapitalgesellschaft und unternehmerische Mitbestimmung

Kapitalgesellschaft als Ansatzpunkt der unternehmerischen Mitbestimmung

1.22 Schließlich bildet die Kapitalgesellschaft den Ansatzpunkt der **unternehmerischen Mitbestimmung**. Nur bei ihr wird es wegen der fehlenden persönlichen Verantwortung eines Gesellschafters für vertretbar gehalten, in die Entscheidungsfindung im Aufsichtsrat in verschiedenem Umfang auch Vertreter der Arbeitnehmer einzubeziehen. Diese Form der Mitbestimmung setzt zugleich das Vorhandensein eines Aufsichtsrats voraus, wie er bei einer nationalen Aktiengesellschaft immer vorhanden und bei einer GmbH bei Eingreifen der Mitbestimmungsgesetze zu bilden ist (dazu unten Rz. 3.154 ff); bei der Europäischen Aktiengesellschaft bildet die Integration der Mitbestimmung eine der großen Schwierigkeiten, wenn sie – was zulässig ist – ohne Aufsichtsrat ausgestaltet ist (dazu unten Rz. 3.212).

II. Rechtsquellen

1. Deutsches Recht

Aktiengesetz und GmbH-Gesetz

1.23 Rechtsquellen des Kapitalgesellschaftsrechts sind zunächst vor allem das **Aktiengesetz**, das in seiner heutigen Form auf die Aktienrechtsreform 1965 zurückgeht, seither aber verschiedentlich reformiert wurde, zumeist aber nur in Einzelpunkten. Zahlreiche wichtige Reformen gehen dabei auf die europäische Rechtsangleichung zurück (dazu unten Rz. 1.29 ff, 1.38 ff). Daneben steht das **GmbH-Gesetz**, das im Wesentlichen immer noch dem 1892 erlassenen Gesetz entspricht. Als wichtigste Reform der jüngeren Zeit ist wohl die GmbH-Novelle von 1980 zu nennen.

Vereinsrecht des BGB als Ausgangspunkt

1.24 Neben diesen beiden sondergesetzlichen Regelungen für das Kapitalgesellschaftsrecht ist vor allem die Regelung des **Vereins im Bürgerlichen Gesetzbuch** (§§ 21 ff BGB) von Bedeutung. Als Grundform aller privatrechtlichen Körperschaften können seine Regelungen teilweise jedenfalls dann herangezogen werden, wenn die entsprechenden Sondergesetze keine Regelung enthalten (so etwa § 31 BGB oder für die Notbestellung von Geschäftsführern in der GmbH § 29 BGB, da das GmbHG keine § 85 AktG entsprechende Regelung enthält).

Handelsrecht

1.25 Daneben sind das **Handelsgesetzbuch** und das **Bürgerliche Gesetzbuch** mit ihren Regelungen über die Personengesellschaften (§§ 105 ff HGB) und der BGB-Gesellschaft (§§ 705 ff BGB) vor allem für Kapitalgesellschaften vom Typ der Mitunternehmergemeinschaft von Bedeutung. Insoweit kann auf die entsprechenden HGB- oder BGB-Regeln und insbesondere auf die zu ihnen vorliegende Rechtsprechung zurückgegriffen werden. Dies gilt etwa für Austritt und Ausschluss von Gesellschaftern und die Zulässigkeit einer Beschränkung des Abfindungsanspruchs (dazu unten Rz. 4.82 ff, 4.94 ff). Aus dem Handelsgesetzbuch spielen schließlich die Vorschriften über die Rechnungslegung (§§ 238 ff HGB) eine erhebliche Rolle auch für die Kapitalgesellschaften; als *allgemeines Unternehmensrecht* werden sie aber hier ausgeblendet.

Die Auslegung des nationalen Gesellschaftsrechts (zum europäischen Gesellschaftsrecht unten Rz. 1.38) obliegt im Normalfall den Zivilgerichten, letztinstanzlich also dem BGH. Hier ist für das Gesellschaftsrecht der II. Zivilsenat zuständig; seine Entscheidungen genießen daher im Gesellschaftsrecht die höchste Autorität. Daneben berühren vor allem Entscheidungen aus dem Bereich des Insolvenzrechts (zuständig der IX. Zivilsenat), des Kaufrechts (zuständig der VIII. Zivilsenat) oder des Deliktsrechts (zuständig der VI. Zivilsenat) auch gesellschaftsrechtliche Fragen.

1.26 Auslegung durch die Gerichte

Für Kapitalgesellschaften, die sich an den öffentlichen Kapitalmarkt wenden, gelten zudem die Gesetze des **Kapitalmarktrechts**. Zu nennen sind hier in erster Linie das **Börsengesetz** und das **Wertpapierhandelsgesetz**, das **Wertpapiererwerbs- und Übernahmegesetz** nebst zahlreicher untergesetzlicher Rechtsnormen. Kapitalmarktrecht ist in aller Regel öffentliches Recht, das durch die Bundesanstalt für Finanzdienstleistungsaufsicht (BAFin) mit Sitz in Frankfurt/M. und Bonn umgesetzt wird; bisweilen enthält es auch zivilrechtliche Regelungen oder solche, die jedenfalls nicht mit öffentlichrechtlichen Zwangsmitteln durchgesetzt werden können oder sollen.

1.27 Kapitalmarktrechtliche Normen

Selbstverständlich spielt auch das **Grundgesetz** mit seinen Wertungen im Kapitalgesellschaftsrecht eine Rolle. Von unmittelbarer Bedeutung sind dabei vor allem die **Grundrechte**, und hier in erster Linie die **Vereinigungsfreiheit** des Art. 9 Abs. 1 GG. Auch **Berufsfreiheit** (Art. 12 GG) und **Eigentumsfreiheit** (Art. 14 GG) können betroffen sein.

1.28 Grundrechte

2. Europäisches Recht

a) Europäische Aktiengesellschaft

aa) Historische Entwicklung

Mit Wirkung vom 8. Oktober 2004 (Art. 70 SE-VO) wird die „Europäische Aktiengesellschaft" oder mit der (internationalen) lateinischen Bezeichnung die „Societas Europaea (SE)" (Art. 1 Abs. 1 SE-VO) als weitere Gesellschaftsform in Deutschland zur Verfügung stehen. Die SE wird die zweite europäische Gesellschaftsform bilden, nachdem der europäische Gesetzgeber schon im Jahre 1985 mit Wirkung ab 1. Juli 1989 die EWIV als kleine, der klassischen deutschen Handelsgesellschaft ähnelnde Gesellschaftsform für grenzüberschreitende Kooperationen geschaffen hatte. Die Rechtsetzungsgeschichte der SE reicht zurück bis in das Jahr 1970, als ein sehr ausführlicher Vorschlag vorgelegt wurde, der im Jahr

1.29

1975 überarbeitet wurde.[17] Die seinerzeitigen Vorschläge waren stark von deutschem Einfluss geprägt – das Aktiengesetz war 1965 gerade grundlegend reformiert worden – und enthielten ausführliche Regelungen des Konzernrechts wie zur Stellung der Arbeitnehmer; auch eine eigenständige steuerrechtliche Regelung war vorgesehen. Gleichwohl scheiterte eine Verabschiedung an der Mitbestimmungsfrage. Das gilt auch für den in der Folge vorgelegten erneut überarbeiteten SE-VO-Entwurf, aus dem die Mitbestimmungsregeln wegen des anderen Rechtsetzungsverfahrens als Ergänzungsrichtlinie ausgegliedert worden waren.[18] Erst nach weiteren „Aufweichungen" in der Mitbestimmungsfrage[19] gelang am 20. Dezember 2000 das „Wunder von Nizza", der politische Kompromiss,[20] wie er dem jetzt geltenden Recht der Europäischen Aktiengesellschaft zugrunde liegt. Die Trennung in Verordnung und – die Mitbestimmungsfrage regelnde – Richtlinie wurde dabei aber beibehalten.

bb) Rechtsquellenhierarchie

Rechtsquellen der SE

1.30 Auf die SE finden nebeneinander ganz unterschiedliche Rechtsquellen Anwendung. Dabei soll hier exemplarisch nur die SE mit Sitz in Deutschland betrachtet werden. Rechtsgrundlage bilden dabei auf europäischer Ebene zum einen die „Verordnung über das Statut der Europäischen Gesellschaft (SE)",[21] zum anderen die ergänzende Mitbestimmungsrichtlinie (SE-RL).[22]

Subsidiarität von Satzung und nationalem Recht

1.31 Kraft Anordnung in Art. 9 Abs. 1 SE-VO unterliegt eine SE zunächst den **Bestimmungen der Verordnung** selbst (Art. 9 Abs. 1 a) SE-VO). Soweit die Verordnung es ausdrücklich zulässt, greift sodann die Regelung der **Satzung** ein (Art. 9 Abs. 1 b) SE-VO). Soweit die Verordnung Bereiche nicht oder nur teilweise geregelt hat, greifen zunächst die **Rechtsvorschriften** ein, die die Mitgliedstaaten in Anwendung der **speziell die SE betreffenden** Gemeinschaftsmaßnahmen erlassen, dann die Rechtsvor-

---

17) Vorschlag vom 30. 6. 1970, Dok. KOM (70) 150 endg. = ABl EG Nr. C 124 v. 10. 10. 1970, S. 1 ff. Geänderter Verordnungsvorschlag über das Statut für Europäische Aktiengesellschaften vom 30. 4. 1975, Dok. KOM (75) 150 endg.; ausführlich zur Rechtsetzungsgeschichte *Schwarz*, Europäisches Gesellschaftsrecht (2000), S. 643 ff; *Pluskat*, EuZW 2001, 524 f.

18) Zweiter geänderter Vorschlag für eine Verordnung über das Statut der Europäischen Aktiengesellschaft vom 25. 8. 1989, ABl EG Nr. C 263 v. 16. 10. 1989, S. 41 ff, Dok. KOM (89) 268 endg.; Dritter geänderter Vorschlag für eine Verordnung über das Statut der Europäischen Aktiengesellschaft vom 16. 5. 1991, ABl EG Nr. C 176 v. 8. 7. 1991, S. 1 ff, Dok. KOM (91) endg.; zur seinerzeitigen Kritik siehe die Nachweise bei *Hommelhoff*, AG 2001, 279 Fn. 4.

19) Einzelheiten bei *Schwarz*, ZIP 2001, 1847, 1848.

20) Geänderter Vorschlag des Rates der Europäischen Union für eine Verordnung des Rates über das Statut der Europäischen Aktiengesellschaft – Ausrichtung für eine politische Einigung, Ratsdokument 14886/00 v. 1. 2. 2001.

21) Verordnung (EG) Nr. 2157/2001 des Rates v. 8. 10. 2001 über das Statut der Europäischen Gesellschaft (SE), ABl EG Nr. L 294 v. 10. 11. 2001, S. 1 ff.

22) Richtlinie 2001/86/EG des Rates v. 8. 10. 2001 zur Ergänzung des Statuts der Europäischen Gesellschaft hinsichtlich der Beteiligung der Arbeitnehmer, ABl EG Nr. L 294 v. 10. 11. 2001, S. 22 ff.

schriften der Mitgliedstaaten, die auf eine nach dem **Recht des Sitzstaats der SE gegründete (sonstige) Aktiengesellschaft** Anwendung finden würden, und schließlich die Bestimmungen ihrer **Satzung**, wenn sie auch bei einer nach dem Recht des Sitzstaats der SE gegründeten Aktiengesellschaft eingreifen würden (Art. 9 Abs. 1 c) SE-VO). Das gilt inhaltlich vor allem für die satzungsmäßigen Gestaltungsmöglichkeiten, die der deutsche Gesetzgeber zunehmend den nicht i. S. v. § 3 Abs. 2 AktG börsennotierten Aktiengesellschaften gewährt.

Die speziell für die SE geschaffenen Rechtsvorschriften der Mitgliedstaaten müssen dabei, wie Art. 9 Abs. 2 SE-VO betont, mit den gesellschaftsrechtlichen EG-Richtlinien des Anhangs I zur SE-VO im Einklang stehen; für die „normalen" nationalen Aktienrechte ist dies selbstverständlich, da die Richtlinien selbst hier entsprechende Koordinierungsbefehle enthalten. Zu den Rechtsvorschriften der Mitgliedstaaten dürfte dabei (selbstverständlich) auch das Richterrecht der Mitgliedstaaten zählen.[23] Ausdrücklich auf das **Recht des Sitzstaats** wird für die – durch die Vierte (Bilanz-) und Siebte (Konzernbilanz-)Richtlinie[24] bereits harmonisierte – Aufstellung des Jahresabschlusses (Art. 61, 62 SE-VO) sowie für Auflösung, Zahlungsunfähigkeit und ähnliche Verfahren verwiesen (Art. 63 SE-VO).

1.32 Recht des Sitzstaates als Anknüpfungspunkt

Tatsächlich überlagern sich damit europäisches Recht und nationales Recht in vielfältiger Weise, und es gibt nicht eine einheitliche SE, sondern soviele SE wie EU-Mitgliedstaaten.[25] Rein *rechtlich* betrachtet, sind die Überlappungen sogar noch vielfältiger als für die bislang bestehende Lage nebeneinander bestehender Nationalrechte: denn es bedarf ja einer Verzahnung zwischen europäischem und nationalem Recht, das hier sogar noch besonderes nationales SE-Recht setzen darf.[26] Diese Gemengelage ist der politische Preis dafür, dass die Rechtsform überhaupt erst eingeführt werden konnte, lässt aber sicher Zweifel daran aufkommen, ob die mit der Einführung einer „einheitlichen" Rechtsform bezweckten Ziele dann überhaupt noch erreicht werden können. Es spricht allerdings viel dafür, dass der Markt ebenso wie das Erfordernis kautelarjuristisch verlässlicher vorhersehbarer Lösungen nur eine begrenzte Zahl verschiedener SE herausbilden wird; so konzentriert sich etwa auch der weitaus größte Teil des EWIVs auf Belgien mit der Folge, dass auch dort die tatsächliche Rechtsvielfalt weitaus geringer ist als die rechtlich zulässige. Gleichwohl wird vor Gründung einer SE ein erheblicher Aufwand darauf zu verwen-

1.33 Unterschiedliche SE in den Mitgliedstaaten

---

23) *Hirte,* NZG 2002, 1, 2; zweifelnd *Schulz/Geismar,* DStR 2001, 1078, 1079; *Ulmer,* Gestaltungsfreiheit in der Europa-AG bietet Vorteile, FAZ v. 21. 3. 2001, Nr. 68 S. 30.
24) Nr. 78/660/EWG v. 25. 7. 1978, ABl EG 1978 L 222/11 v. 14. 8. 1978 („Bilanzrichtlinie"); Nr. 83/349/EWG v. 13. 6. 1983, ABl EG 1983 L 193/1 v. 18. 7. 1983 („Konzernbilanzrichtlinie").
25) *Pluskat,* EuZW 2001, 524, 528; *Ulmer,* FAZ v. 21. 3. 2001, Nr. 68 S. 30.
26) So *Hommelhoff,* AG 2001, 279, 285 der aber nicht berücksichtigt, dass solche Konflikte im Hinblick auf die Koordinierung durch die EG-Richtlinien schon jetzt im nationalen Recht bestehen).

den sein zu prüfen, welches Land als Sitzland am besten geeignet ist.[27)] Im Übrigen spricht der Blick auf die Vereinigten Staaten dafür, dass das europäische Recht – vergleichbar dem US-amerikanischen *federal law* – eine eigenständige Dynamik entfalten wird, als deren Folge eine Angleichung auch in den Rechtsbereichen eintreten wird, die formal in die Kompetenz der Einzelstaaten fallen.

Besteuerung und Wettbewerbsrecht als nicht geregelte Bereiche der SE

1.34 Nicht geregelt ist die **Besteuerung** der SE, was als ein besonders großes Defizit angesehen wird; insoweit greift jetzt das Recht des Sitzstaats.[28)] In nationaler Hoheit bleibt auch die Frage, ob die Gründung einer SE jenseits der deutschen Grenze als „Wegzug" mit den entsprechenden negativen steuerlichen Konseqenzen zu qualifizieren ist.[29)] Auch besondere **wettbewerbsrechtliche** Regelungen enthält das Statut nicht (Erwägungsgrund Nr. 21 zur SE-VO).

b) Grundfreiheiten und Schein-Auslandsgesellschaften

Grundfreiheiten

1.35 Für die Kapitalgesellschaften ebenfalls einschlägig sind die **Grundfreiheiten** des EG-Vertrages. Von Bedeutung ist insoweit zum einen die Niederlassungsfreiheit (Art. 43 EG), die nach Art. 48 EG ausdrücklich auch für Gesellschaften gilt; hier sei vor allem auf die Diskussion um die Reichweite der Niederlassungsfreiheit und die Zulässigkeit einer grenzüberschreitenden Sitzverlegung verwiesen (zu Letzterer unten Rz. 1.51, 7.13 ff). Zum Zweiten spielt für das Gesellschaftsrecht die Kapitalverkehrsfreiheit (Art. 56 EG) eine wesentliche Rolle.

„Überseering"-Entscheidung

1.36 Was die **Niederlassungsfreiheit** anbelangt, hat der EuGH in einem Grundsatzurteil in der Sache „Überseering" auf Vorlage des VII. Zivilsenates des BGH[30)] festgestellt, dass es gegen Art. 43 EG und 48 EG verstößt, wenn einer Gesellschaft, die nach dem Recht des Mitgliedstaats, in dessen Hoheitsgebiet sie ihren satzungsmäßigen Sitz hat, gegründet worden ist und von der nach dem Recht eines anderen Mitgliedstaats angenommen wird, dass sie ihren tatsächlichen Verwaltungssitz dorthin verlegt hat, in diesem Mitgliedstaat die Rechts- und damit die Parteifähigkeit vor seinen nationalen Gerichten für die Geltendmachung von Ansprüchen vor dessen nationalen Gerichten aberkannt wird.[31)] Das führt letztlich dazu, dass Gesellschaften, die in EU-Staaten gegründet wurden, die

---

27) Ebenso *Hirte*, FAZ v. 17. 10. 2001, Nr. 241, S. 29; *Schulz/Geismar*, DStR 2001, 1078, 1079.
28) Dazu *Schulz/Geismar*, DStR 2001, 1078, 1082 ff (allerdings aber insoweit unrichtig, als sie sagen, „das Statut" verweise auf nationales Recht).
29) Kritisch zur deutschen Wegzugsbesteuerung in § 12 Abs. 1 KStG *Schulz/Geismar*, DStR 2001, 1078, 1082 ff, 1086 f; ebenso *Hommelhoff*, AG 2001, 279, 285 f (mit Gestaltungsvorschlägen nach dem Vorbild des Umwandlungssteuergesetzes).
30) BGH ZIP 2000, 967 = DStR 2000, 1064 = EuZW 2000, 412 = NZG 2000, 926 = EWiR § 50 ZPO 1/2000, 793 (*Roth*); hierzu *Forsthoff*, DB 2000, 1109; *Meilicke*, GmbHR 2000, 693; *W.H. Roth*, ZIP 2000, 1597.
31) EuGH Slg. 2002, I-9919 = ZIP 2002, 2037 = NJW 2002, 3614 = NZG 2002, 1164 = EuZW 2002, 754 = EWS 2002, 573 (*Hirte*) = EWiR Art. 43 EG 1/02, 1003 (*Neye*); SchlA GA *Colomer* m. Anm. *Eidenmüller*, ZIP 2002, 75; dazu *Eidenmüller*, ZIP 2002, 2233; *Hirte*, NJW 2003, 1090, 1091 f.

dem Gründungsstatut folgen, in Deutschland anzuerkennen sind,[32] während dies in umgekehrter Richtung nicht gilt, da Deutschland kraft nationalen Rechts insoweit die Auflösungsfolge annimmt. Das Urteil dürfte – obwohl es dazu keine ausdrückliche Aussage enthält – wohl auch die Anerkennung von EU-ausländischen Kapitalgesellschaften als beschränkt haftende juristische Personen im Inland erzwingen.[33] Im Ergebnis werden sich damit ausländische Kapitalgesellschaften im Inland neben den deutschen oder europäischen Gesellschaftsrechtsformen etablieren und zu ihnen in Konkurrenz treten.[34]

Die **Kapitalverkehrsfreiheit** (Art. 56 EG) war nach Auffassung des EuGH durch französische und portugiesische Gesetzesbestimmungen verletzt, nach denen der Staat bei bestimmten früheren Staatsunternehmen im Falle eines Kontrollwechsels oder der Überschreitung bestimmter Stimmrechtsgrenzen aufgrund einer ihm zustehenden besonderen Aktie *(golden share)* zustimmen muss oder im Falle der Veräußerung wesentlicher Aktiva Widerspruch erheben kann.[35]

1.37 Golden shares als Verletzung der Kapitalverkehrsfreiheit

c) Sonstiger geltender Normenbestand

Im Übrigen beeinflusst **europäisches Recht** vor allem in Gestalt von **EG-Richtlinien** das Kapitalgesellschaftsrecht. Zahlreiche Bestimmungen des nationalen Gesellschaftsrechts gehen (heute) auf entsprechende europäische Vorgaben zurück.[36] Darauf wird im Rahmen dieses Buchs jeweils hingewiesen. Die Folgen für die Auslegung des nationalen Rechts und die

1.38 Beeinflussung des nationalen Rechts durch Richtlinien

---

32) Nach Auffassung des II. Zivilsenats des BGH sind derartige Gesellschaften jedenfalls als rechtsfähige Personengesellschaft zu behandeln, so dass es – jedenfalls in diesem Punkt – der Entscheidung des EuGH nicht bedurft hätte: BGHZ 151, 204 = ZIP 2002, 1763, 1764 = NJW 2002, 3539 = NZG 2002, 1009 = DStR 2002, 1678 (*Goette*) = EWiR § 50 ZPO 2/02, 971 (*Emde*); anders aber OLG Brandenburg ZIP 2000, 1616 = DStR 2000, 2101 (*Hergeth*) = NJW-RR 2001, 29 = EWiR Art. 43 EG 1/01, 67 (*W. Müller*): keine Parteifähigkeit für in Irland gegründete Gesellschaft mit Verwaltungssitz in Berlin.

33) *Hirte*, EWS 2002, 573 f; *ders.*, NJW 2003, 1090, 1091 f. Für die Annahme einer Durchgriffshaftung gegen die Gesellschafter einer englischen Ltd. mit Verwaltungssitz in Deutschland *unabhängig* von der Geltung der Sitz- oder Gründungstheorie LG Stuttgart NJW-RR 2002, 463.

34) Hierzu plastisch *Hirte*, FAZ v. 22. 1. 2003, Nr. 18, S. 19 = NZG 2003, Heft 3, S. VI.

35) EuGH Slg. 2002 I-4781 = ZIP 2002, 1085 = NJW 2002, 2305 = NZG 2002, 628 = EuZW 2002, 433 – Kommission/Frankreich; EuGH Slg. I-4731 – Kommission/Portugal; Verletzung von Art. 56 EG verneint demgegenüber in EuGH Slg. 2002 I-4809 = ZIP 2002, 1090 = NJW 2002, 2303 = NZG 2002, 624 = EuZW 2002, 429 – Kommission/Belgien, im Hinblick auf die Ausgestaltung des staatlichen Kontrollrechts als Widerspruchsrecht mit der Möglichkeit seiner gerichtlichen Kontrolle; dazu *Bayer*, BB 2002, 2289; *Grundmann/Möslein*, ZGR 2003, 317; *dies.*, BKR 2002, 758.

36) Ausführlicher Überblick bei *van Hulle*, EWS 2000, 521 ff; *Lutter*, Europäisches Unternehmensrecht (4. Aufl., 1996); *Habersack*, Europäisches Gesellschaftsrecht. Einführung für Studium und Praxis (2. Aufl., 2003); *Schwarz*, Europäisches Gesellschaftsrecht (2000); zu bislang aufgetretenen Konfliktfällen *Hirte*, RabelsZ 66 (2002), 553, 554 ff; rechtspolitisch *Hellwig*, EWS 2001, 580. Zum Bild des Gesellschafters im europäischen Gesellschaftsrecht *Schön*, RabelsZ 64 (2000), 1. Zur Entwicklungsgeschichte siehe den Überblick bei *Hopt*, ZIP 1998, 96, 97.

eventuelle Verpflichtung zu einer Vorlage an den Europäischen Gerichtshof (Art. 234 Abs. 3 EG, früher Art. 177 Abs. 3 EGV) wurden an anderer Stelle ausführlich dargestellt.[37]

Publizitäts-
richtlinie

1.39 Sowohl zeitlich als auch programmatisch (in der „amtlichen" Zählung) steht die **Erste (Publizitäts-)Richtlinie** – verabschiedet im Jahr 1968 – an der Spitze.[38] In ihrem Zentrum stehen die Verpflichtung zur handelsrechtlichen Publizität nebst deren Wirkungen sowie die Vertretungsmacht der Vertretungsorgane juristischer Personen samt ihrer Wirkungen. Sie gab Anlass zur ersten und lange Zeit einzigen gesellschaftsrechtlichen Vorlageentscheidung des BGH nach Art. 177 EGV (entspricht dem jetzigen Art. 234 EG).[39] Im niederländischen Vorlagefall *Rabobank* entschied der EuGH hierzu, dass Art. 9 Abs. 1 der Richtlinie keine Koordinierung der nationalen gesetzlichen Vorschriften über die Vertretungsmacht von Organmitgliedern bezwecke – hier ging es um die nach niederländischem Recht beschränkte Vertretungsbefugnis des Vorstands einer Gesellschaft bei Interessenkonflikten mit der Gesellschaft –, sondern nur die Berufung auf von der Gesellschaft sozusagen autonom gesetzte Beschränkungen verbiete.[40] Den bezüglich der Publizität in Deutschland mangelhaft ausgestalteten Sanktionsmechanismus erklärte der EuGH vor einiger Zeit im „Daihatsu"-Urteil für europarechtswidrig,[41] was inzwischen zu einer Reform von § 335a HGB führte. Daneben führte die Richtlinie den Grundsatz der sachlich unbeschränkten Vertretungsmacht der Gesellschaftsorgane ein, was die britischen Inseln zum Abschied von der *ultra-vires*-Lehre zwang. Schließlich beschränkte sie die Möglichkeit der Nichtigkeit einer einmal eingetragenen Gesellschaft auf einen abschließenden Katalog von Gründen.[42] In ihrem Anwendungsbereich erfasst sie sowohl AG, KGaA als auch die GmbH.

Zweignieder-
lassungsrichtlinie

1.40 Eng zusammen mit der Ersten hängt die **Elfte gesellschaftsrechtliche Richtlinie** des Rates **(Zweigniederlassungs-Richtlinie)**, mit der die Offenlegungspflichten für Kapitalgesellschaften auf Zweigniederlassungen ausgedehnt wurden. Zu ihrer Umsetzung wurden in Deutschland durch Gesetz vom 22. Juli 1993 (BGBl I, 1282) vor allem die §§ 13–13g, 325a HGB, § 80 Abs. 4 AktG, § 35a Abs. 4 GmbHG neu gefasst bzw. eingefügt.[43]

---

37) *Hirte*, Wege zu einem europäischen Zivilrecht (1996), S. 41 ff; *ders.*, RabelsZ 66 (2002), 553, 570 ff; *Lutter*, Europäisches Unternehmensrecht (4. Aufl., 1996), S. 31 ff.

38) Nr. 68/151/EWG v. 9. 3. 1968, ABl EG Nr. L 65 v. 14. 3. 1968, S. 8 ff.

39) BGH NJW 1974, 1640 (zur Frage der Eintragung der Befreiung des Geschäftsführers vom Verbot des Selbstkontrahierens in das Handelsregister); EuGH Rs. 32/74 Slg. 1974, 1201 (Firma Friedrich Haaga GmbH).

40) EuGH Slg. 1997, I-7211 = WM 1998, 865 = DB 1998, 67 = NZG 1998, 149 – Rabobank/Minderhoud (betreffend die Tochtergesellschaft „Mediasafe", unter deren Namen der Fall auch zitiert wird).

41) EuGH Slg. 1997, I-6843 = NJW 1998, 129 = ZIP 1997, 2155 (*Schulze-Osterloh*) = JZ 1998, 193 (*Schön*) = DStR 1998, 214 (*Wilken*) – Daihatsu; dazu *Hirte*, NJW 1999, 36 ff; *Leible*, ZHR 162 (1998), 594; *Luttermann*, EuZW 1998, 264; ebenso im Vertragsverletzungsverfahren EuGH Slg. 1998, I-5449 = ZIP 1998, 1716 (*Schulze-Osterloh*), Tz. 64 ff = NJW 1999, 2356 (Ls.) = EuZW 1998, 758 – Kommission/Deutschland.

42) Dazu EuGH Slg. 1990, I-4135 – Marleasing; zur Nichtanwendung dieser Grundsätze auf eine noch nicht im Handelsregister eingetragene Gesellschaft und zur Geltung des nationalen Rechts für diese Frage EuGH Slg. 1988, 4665 – Ubbink Isolatie/Daken Wandtechniek.

43) Richtlinie Nr. 89/666/EWG v. 21. 12. 1989, ABl EG Nr. L 395 v. 30. 12. 1989, S. 36; zur Umsetzung in Deutschland *Seibert*, GmbHR 1992, 738; *ders.*, DB 1993, 1705.

Die wohl ausführlichsten Vorgaben für das Kapitalgesellschaftsrecht enthält die **Zweite gesellschaftsrechtliche (Kapitalschutz-)Richtlinie** der EG,[44)] die allerdings nach ihrem Art. 1 Abs. 1 nur für die Aktiengesellschaft gilt. Neben Fragen der Gründung und des Satzungsinhalts (Art. 2, 3) stehen im Mittelpunkt der Richtlinie Fragen des Garantiekapitals (Art. 6 ff). Ihre Auswirkungen auf das nationale Recht werden im Folgenden verschiedentlich angesprochen.

1.41 Kapitalschutzrichtlinie

Auch das Umwandlungsrecht ist in erheblichem Umfang durch EG-Richtlinien beeinflusst, deren Vorgaben andererseits (ein) Grund für die Neuregelung dieses Komplexes durch den deutschen Gesetzgeber im Umwandlungsgesetz waren (dazu unten Rz. 6.95 ff). Zu nennen sind zum einen die nur die (nationale) Verschmelzung von Aktiengesellschaften betreffende **Dritte gesellschaftsrechtliche (Verschmelzungs-)Richtlinie** und zum anderen die **Sechste (Spaltungs-)Richtlinie**, die die Spaltung – als Gegenstück zur Verschmelzung – freilich nur insoweit verbindlich für Aktiengesellschaften koordiniert, als die nationalen Rechte entsprechende Regelungen vorsahen.[45)]

1.42 Verschmelzungs- und Spaltungsrichtlinie

Einen zusammenhängenden Komplex bilden auch die **Vierte (Bilanz-) und die Siebte (Konzernbilanz-)Richtlinie**. Diese „bilanzrechtlichen" Richtlinien betreffen zwar nach dem heute herrschenden deutschen Verständnis nicht das Gesellschafts-, sondern das Handelsrecht, werden aber in der europäischen Koordinierungsdiskussion gleichwohl zum Gesellschaftsrecht gezählt. Die genannten Richtlinien gelten für (sämtliche) Kapitalgesellschaften, nehmen aber für verschiedene Fragen eine größenabhängige Differenzierung vor.[46)] Zu den Kapitalgesellschaften ist freilich nach der Systematik des deutschen Rechts im Übrigen (vgl. etwa §§ 19 Abs. 2 n. F., 129a, 130a, 172a HGB) auch die GmbH & Co. KG zu zählen. Daher war der deutsche Gesetzgeber seiner Umsetzungsverpflichtung insoweit nicht ordnungsgemäß nachgekommen, als er für Personengesellschaften, deren Gesellschafter nur juristische Personen waren, die Anwendung der (strengeren) Vorschriften über die Rechnungslegung der Kapitalgesellschaften nicht angeordnet hatte. Dies hatte zu einer Kontroverse zwischen ihm und der EG-Kommission über die EG-Rechtswidrigkeit des deutschen Bilanzrechts geführt, die schließlich vonseiten der Europäischen Gemeinschaft mit einer klarstellenden Ergänzungsrichtlinie („**GmbH-&-Co.-KG-Richtlinie**") und einer die Interessen der mittelständischen Unternehmen stärker berücksichtigenden **Mittelstands-Richtlinie** beantwortet wurde; letztere erlaubt Erleichterungen bei der Rechnungslegung für kleine und mittlere Unternehmen.[47)] Aber erst nach Verurteilung Deutschlands durch den EuGH[48)] ist der deutsche Gesetzgeber mit dem Inkrafttreten des Kapitalgesellschaften & Co.-Richtlinie-Gesetzes (KapCoRiLiG) vom 24. Februar 2000 (BGBl I, 154) seiner

1.43 Bilanz- und Konzernbilanzrichtlinie

---

44) Nr. 77/91/EWG v. 13. 12. 1976, ABl EG Nr. L 26 v. 31. 1. 1977, S. 1 ff = *Lutter*, Europäisches Unternehmensrecht (4. Aufl., 1996), S. 114 ff.

45) Dritte gesellschaftsrechtliche (Verschmelzungs-)Richtlinie 78/855/EWG v. 9. 10. 1978, ABl EG Nr. L 295 v. 20. 10. 1978, S. 36 (= *Lutter*, Europäisches Unternehmensrecht [4. Aufl., 1996], S. 131 ff); zunächst durch das Verschmelzungsrichtliniegesetz vom 25. 10. 1982 (BGBl I, 1425) ins AktG a. F. eingefügt (dazu *Priester*, NJW 1983, 1459 f); Richtlinie 82/89 1/EWG v. 17. 12. 1982, ABl EG Nr. L 378 v. 31. 12. 1992, S. 47 = *Lutter*, Europäisches Unternehmensrecht (4. Aufl., 1996), S. 199 ff.

46) Nr. 78/660/EWG v. 25. 7. 1978, ABl EG 1978 L 222/11 v. 14. 8. 1978 („Bilanzrichtlinie"); Nr. 83/349/EWG v. 13. 6. 1983, ABl EG 1983 L 193/1 v. 18. 7. 1983 („Konzernbilanzrichtlinie").

47) Nr. 90/605/EWG v. 8. 11. 1990, ABl EG Nr. L 317 v. 16. 11. 1990, S. 60 („GmbH-&-Co.-KG-Richtlinie"); Nr. 90/604/EWG v. 8. 11. 1990, ABl EG Nr. L 317 v. 16. 11. 1990, S. 57 („Mittelstands-Richtlinie").

48) EuGH Slg. 1999, I-2175, I-2185 = ZIP 1999, 923 = EuZW 1999, 446 = IStR 1999, 317 = DStR 1999, 992 (Ls.) – Kommission/Deutschland.

Umsetzungspflicht nachgekommen.[49] In der Rechtsprechung des EuGH hat die Bilanzrichtlinie für die Frage eine Rolle gespielt, ob die phasengleiche Berücksichtigung von Tochtergewinnen im Jahresabschluss der Muttergesellschaft zulässig ist, was der EuGH bejahte.[50]

Prüferbefähigungsrichtlinie

1.44 In den Komplex der Jahresabschlussrichtlinien gehört schließlich noch die **Achte (Prüferbefähigungs-)Richtlinie** vom 10. April 1984, die die für Abschlussprüfer von Kapitalgesellschaften geltenden Qualifikationsvoraussetzungen regelt.[51] Mit Wirkung ab dem Geschäftsjahr 2005 ist hier die **Verordnung des Europäischen Parlaments und des Rates betreffend die Anwendung internationaler Rechnungslegungsstandards** vom 19. Juli 2002 hinzugekommen, nach der mindestens börsennotierte Gesellschaften ab dem Geschäftsjahr 2005 ihre (jedenfalls Konzern-)Abschlüsse nach den *International Financial Reporting Standards* (IFRS; früher *International Accounting Standards* [IAS]) aufstellen müssen.[52]

Einpersonen-GmbH-Richtlinie

1.45 Den derzeitigen Schlussstein der Angleichung bildet die **Zwölfte gesellschaftsrechtliche (Einpersonen-GmbH-)Richtlinie**, die eine Verpflichtung zur Zulassung von Einpersonen-GmbH unter Ausschluss der persönlichen Haftung des Gesellschafters konstatiert, vor allem um damit auch kleinen und mittelständischen Unternehmen eine unternehmerische Betätigung ohne das Risiko unbeschränkter Haftung und bei gleichzeitigem Schutz des unternehmerischen Privatvermögens zu ermöglichen. Zugleich legt sie die Schutzvorkehrungen zugunsten der Gläubiger einer Einpersonen-GmbH fest, und dies darüber hinaus für den Fall, dass das nationale Recht eine solche Gesellschaftsform auch bei der Aktiengesellschaft gestattet.[53]

Finanz- und kapitalmarktorientierte Richtlinien

1.46 Hinzu kommen noch die speziell **finanz- oder kapitalmarktbezogenen Richtlinien**, die üblicherweise nicht als gesellschaftsrechtlich bezeichnet werden, auch wenn sie erheblichen Einfluss vor allem auf die börsennotierten Aktiengesellschaften haben (es sei insbesondere auf die durchweg europarechtlich induzierten Regelungen des WpHG verwiesen); hier liegen die Dinge auf europäischer Ebene nicht anders als auf der nationalen, wo das Kapitalmarktrecht nicht beim Bundesjustiz-, sondern beim Bundesfinanzministerium ressortiert.

Umsetzung der Richtlinien in nationales Recht

1.47 Bei den vorgestellten Richtlinien ist dabei vielfach streitig, ob und inwieweit sie dem nationalen Gesetzgeber die Schaffung oder Beibehaltung strengeren nationalen Rechts gestatten. Das ist in den gesellschaftsrechtlichen Richtlinien, anders als in den EG-Verbraucherschutzrichtlinien jüngeren Datums, häufig nicht ausdrücklich gesagt; zudem ist bei den gesellschaftsrechtlichen Richtlinien aufgrund ihres „mehrdimensionalen" Schutzzwecks oft gar nicht klar, wann „strengeres" nationales Recht vorliegt. Denn ein strengerer Standard für eine Interessengruppe (etwa die Gläubiger) bedeutet in diesen Fällen gleichzeitig einen

---

49) Dazu *Dieckmann*, GmbHR 2000, 353; *Eisolt/Verdenhalven*, NZG 2000, 130; *Jansen*, DStR 2000, 596; *Luttermann*, ZIP 2000, 517; *Scheffler*, DStR 2000, 529; *Zimmer/Eckhold*, NJW 2000, 1361.

50) EuGH Slg. 1996, I-3133 ff = ZIP 1996, 1168 = NJW 1996, 2362 – Waltraud Tomberger/Gebrüder von der Wettern GmbH; zurückgehend auf Vorlagebeschluss des BGH ZIP 1994, 1259 = NJW 1994, 3375 = EuZW 1994, 834 = EWiR § 246 HGB 1/94, 891 (*Crezelius*) – Tomberger; *Gelhausen/Gelhausen*, WPg 1996, 573; *Schulze-Osterloh*, ZGR 1995, 170.

51) Nr. 84/253/EWG, ABl EG Nr. L 126 v. 12. 5. 1984, S. 20 = *Lutter*, Europäisches Unternehmensrecht (4. Aufl., 1996), S. 232 ff.

52) Verordnung (EG) Nr. 1606/2002 des Europäischen Parlaments und des Rates betreffend die Anwendung internationaler Rechnungslegungsstandards vom 19. 7. 2002, ABl EG Nr. L 243 v. 11. 9. 2002, S. 1 ff = NZG 2002, 1095.

53) Nr. 89/667/EWG v. 21. 12. 1989, ABl EG Nr. L 395 v. 30. 12. 1989, S. 40 = *Lutter*, Europäisches Unternehmensrecht (4 Aufl., 1996), S. 278 ff.

geringeren für eine andere (etwa die Gesellschafter).[54)] Wichtige Beispiele für diese Frage betreffen die Auseinandersetzung um die Vereinbarkeit der Rechtsprechung des BGH zur verdeckten Sacheinlage (unten Rz. 5.64 ff) und zum Bezugsrechtsausschluss bei Einbringung von Sacheinlagen (unten Rz. 6.30 ff) mit europäischem Recht.

d) Künftige Angleichungs- und Rechtsetzungsmaßnahmen

1.48 Strukturrichtlinie

Zukunftsmusik ist – und wird es wohl bleiben – die lediglich die Aktiengesellschaft erfassende **Fünfte (Struktur-)Richtlinie**. Hintergrund ist der ebenso bei der Schaffung der Europäischen Aktiengesellschaft bestimmende Streit vor allem zwischen Großbritannien und Deutschland um das Ob und Wie der unternehmerischen Mitbestimmung. Die Richtlinie wollte die Organstruktur der Aktiengesellschaft regeln und hatte ursprünglich nach deutschem und niederländischem Vorbild die Einführung eines dualistischen Systems von Vorstand und Aufsichtsrat vorgesehen. Der letzte Vorschlag sah freilich ähnlich wie in Frankreich eine Wahl zwischen monistischem und dualistischem System vor, wie sie jetzt auch für die Europäische Aktiengesellschaft gestattet ist (dazu unten Rz. 3.4).[55)] Möglich erscheint daher jetzt, dass man im Rahmen einer Richtlinie diese Wahlmöglichkeit mittelfristig auch für die nationalen Aktiengesellschaften eröffnet.

1.49 Konzernrichtlinie

Etwas wahrscheinlicher erscheint inzwischen wieder der Erlass einer **Neunten (Konzern-)Richtlinie**, zumal das einflussreiche *Forum Europaeum Konzernrecht* unter der Federführung von *Hommelhoff*, *Hopt* und *Lutter* und unter Beteiligung von Rechtswissenschaftlern aus ganz Europa hierzu kürzlich neue Vorschläge vorgestellt und in mehreren Sprachen veröffentlicht hat.[56)] Die Entwürfe der Neunten Richtlinie waren (unter anderem) deshalb auf entschiedenen Widerstand gestoßen, weil neben Deutschland lediglich Portugal über ein kodifiziertes Konzernrecht verfügt. Die meisten anderen Staaten weisen demgegenüber ein – wenngleich nicht unbedingt gesetzlich – kodifiziertes Übernahmerecht auf und sehen damit rechtliche Regeln zwar nicht für den „fertigen" Konzern vor, wohl aber als Schutz vor und bei dessen Begründung, jedenfalls soweit dies über den Kapitalmarkt geschieht. Das hatte als Reaktion auf den Übernahmekampf um die belgische *Société Générale*[57)] zum Entwurf einer **Dreizehnten (Übernahme-)Richtlinie** geführt, der – umgekehrt – auf dem Edinburgher Gipfel der Staats- und Regierungschefs der Europäischen Gemein-

---

54) Dazu im Zusammenhang mit der (Kapitalschutz-)Richtlinie ausführlich *Drinkuth*, Die Kapitalrichtlinie – Mindest- oder Höchstnorm?, 1998.

55) Vorschlag einer fünften Richtlinie zur Koordinierung der Schutzbestimmungen hinsichtlich der Struktur der Aktiengesellschaft sowie der Befugnisse und Verpflichtungen ihrer Organe vom 9. 10. 1972, ABl EG Nr. C 131 v. 13. 12. 1972, S. 49; Geänderter Vorschlag einer fünften Richtlinie des Rates über die Struktur der Aktiengesellschaft sowie die Befugnisse und Verpflichtungen ihrer Organe vom 19. 8. 1983, ABl EG Nr. C 240 v. 9. 9. 1983, S. 2; Zweiter Geänderter Vorschlag einer fünften Richtlinie des Rates über die Struktur der Aktiengesellschaft sowie die Befugnisse und Verpflichtungen ihrer Organe vom 13. 12. 1990, ABl EG Nr. C 7 v. 11. 1. 1991, S. 4; Dritter Geänderter Vorschlag einer fünften Richtlinie des Rates über die Struktur der Aktiengesellschaft sowie die Befugnisse und Verpflichtungen ihrer Organe vom 20. 11. 1991, ABl EG Nr. C 321 v. 12. 12. 1991, S. 9; zum Stand der Diskussion *Hopt*, ZIP 1998, 96, 97 f, 101 ff, 105.

56) *Forum Europaeum Konzernrecht* ZGR 1998, 672 ff; vgl. auch *Hopt*, ZIP 1998, 96, 105; *Wiedemann/Hirte*, in: Festgabe 50 Jahre Bundesgerichtshof, Bd. II, 2000, S. 337 ff.

57) Dazu Cour d'Appel de Bruxelles ZIP 1989, 1290; dazu *Hirte*, ZIP 1989, 1233; *Hopt*, in: Festschrift Zöllner, 1999, S. 253, 255 f.

§ 1 Grundlagen

schaft am 11. und 12. Dezember 1992 unter Verweis auf das Subsidiaritätsprinzip am massiven Widerstand Deutschlands scheiterte.[58]

Übernahmerichtlinie

1.50 Inzwischen haben sich auch in Deutschland die Dinge etwas weiter bewegt, und der Glaube daran, dass unser kodifiziertes Konzernrecht der Weisheit letzter Schluss ist, ist ebenso gewichen wie die Akzeptanz kapitalmarktrechtlicher Regelungen wie des Übernahmerechts zugenommen hat. Das steigerte zunächst die Wahrscheinlichkeit einer Verabschiedung der im Jahre 2000 erneut überarbeiteten Dreizehnten (Übernahme-)Richtlinie[59] und darüber hinaus für ein europäisches Konzernrecht.[60] Im weiteren Verfahren über die Übernahmerichtlinie forderte das Europäische Parlament dann, vor allem auf deutsche Initiative hin, eine vermehrte Zulassung von „Vorratsbeschlüssen" zu Abwehrmaßnahmen. Zudem wurde – insoweit zu Recht – bemängelt, dass die Richtlinie nur eine Neutralitätspflicht für die Verwaltung vorsehe, nicht aber Maßnahmen gleicher Wirkung auf Hauptversammlungsebene wie etwa *golden shares* verbiete und damit zu einer Ungleichbehandlung (unter anderem) Deutschlands im Verhältnis zu den Staaten führe, die hier größere Abweichungen vom Grundsatz *one share – one vote* gestatten; das führe zu ungleichen Wettbewerbsbedingungen im Vergleich zu ausländischen Gesellschaften, die deutsche Gesellschaften leichter übernehmen könnten als diese ausländische.[61] Da der Ministerrat in diesen Punkten nicht einlenkte, scheiterte die Richtlinie letztlich.[62] Inzwischen hat die EU-Kommission jedoch einen neuen Vorschlag einer Übernahmerichtlinie vorgelegt, dem bessere Erfolgsaussichten eingeräumt werden.[63]

Sitzverlegungsrichtlinie

1.51 Hinzuweisen ist weiter auf den am 22. April 1998 vorgelegten Vorentwurf der EU einer „**Vierzehnten Richtlinie** des Europäischen Parlaments und des Rates über die **Verlegung des Sitzes einer Gesellschaft in einen anderen Mitgliedstaat** mit Wechsel des für die Gesellschaft maßgebenden Rechts" (dazu auch unten Rz. 7. 13 ff). Sie könnte eine Vorreiterrolle übernehmen für die schon länger geplante Zehnte Richtlinie zur grenzüberschreitenden Fusion, die bislang nicht über einen Vorschlag aus dem Jahre 1985 hinaus gediehen ist.[64] Hier wie

---

58) Vgl. Europäischer Rat in Edinburgh, Schlussfolgerungen des Vorsitzes, Teil A, Nrn. 5 und 6, sowie Anlage 2, I. b), Bulletin Nr. 140 v. 28. 12. 1992, S. 1277, 1283; dazu *Hopt*, ZIP 1998, 96, 97 f (zum Subsidiaritätsprinzip auch S. 99); Einzelheiten zur Rücknahme der Dienstleistungsrichtlinie bei *Hirte*, Berufshaftung (1996), S. 220 ff.

59) Gemeinsamer Standpunkt (EG) Nr. 1/2001 v. 19. 6. 2000 im Hinblick auf den Erlass einer Richtlinie des Europäischen Parlaments und des Rates auf dem Gebiet des Gesellschaftsrechts betreffend Übernahmeangebote, ABl EG Nr. C 23 v. 24. 1. 2001, S. 1 ff = AG 2000, 289 ff m. Einl. *Neye*; zuvor Dok. KOM(95) 565 endg. = BR-Drucks. 162/96 (abgedruckt in: ZIP 1997, 2172 m. Anm. *Neye*); dazu *Neye*, DB 1996, 1121; vgl. auch *Beckmann*, DB 1995, 2407 ff.

60) Dazu nochmals *Forum Europaeum Konzernrecht* ZGR 1998, 672, 725 ff; *Hopt*, ZIP 1998, 96, 104 f.

61) *Kirchner*, AG 1999, 481, 486 ff; *ders.*, WM 2000, 1821 ff; *Schneider/Burgard*, DB 2001, 963, 964 ff; *Witte*, BB 2000, 2161, 2165; ähnlich *Krieger*, in: Gesellschaftsrecht 2001. S. 289, 306; dazu auch *Wackerbarth*, WM 2001, 1741, 1747 ff; *Hirte*, in: Kölner Komm. z. WpÜG, § 33 Rz. 14; *Winter/Harbarth*, ZIP 2002, 1, 3; abw. *Mülbert/Birke*, WM 2001, 705, 716.

62) Zum Scheitern und den Gründen dafür *Hirte*, in: Kölner Komm. z. WpÜG, Einl. Rz. 60 ff, 65 f; *Lehne*, in: Hirte (Hrsg.), WpÜG, S. 33 ff; *Pluskat*, WM 2001, 1937 ff; *Zinser*, WM 2002, 15; auch *Winter/Harbarth*, ZIP 2002, 1, 2 f.

63) Vorschlag für eine Richtlinie des Europäischen Parlamentes und des Rates betreffend Übernahmeangebote v. 2. 10. 2002, Dok. KOM 2002, 534 endg.; abgedruckt in: ZIP 2002, 1863; hierzu *Seibt/Heiser*, ZIP 2002, 2193.

64) Vorschlag einer 10. Richtlinie des Rates über die grenzüberschreitende Verschmelzung von Aktiengesellschaften vom 14. 1. 1985, ABl EG Nr. C 23 v. 25. 1. 1985, S. 11 = *Lutter*, Europäisches Unternehmensrecht (4. Aufl., 1996), S. 261 ff.

dort liegen die Probleme vor allem im steuerlichen Bereich, nämlich bei der Frage, wie die bislang unversteuerten stillen Reserven bei einer grenzüberschreitenden Sitzverlegung oder Verschmelzung behandelt werden. Mit dem SE-Statut ist allerdings inzwischen jedenfalls zum Zwecke der Gründung einer SE die grenzüberschreitende Verschmelzung mehrerer Gesellschaften zugelassen worden (dazu auch unten Rz. 2.36 f).

Als Letztes sei auf den 1987 vorgelegten Vorentwurf einer ([jetzt wohl Fünfzehnten] **Liquidations-)Richtlinie** verwiesen, die vor allem in Bezug auf den Gläubigerschutz bei der Liquidation das Gegenstück zur Zweiten (Kapital-) Richtlinie bilden würde, die die entsprechenden Fragen für die werbende Gesellschaft regelt.[65]

1.52 Liquidationsrichtlinie

Kodifikationsvorschläge für eine „**Europäische Privatgesellschaft**" wurden von *Boucourechliev/Hommelhoff* vorgelegt. Damit wird (überzeugend) auch die geschlossene Gesellschaft in das Blickfeld der europäischen Rechtsangleichung gerückt, die bislang verglichen mit den aktien- und kapitalmarktrechtlichen Regelungen nur eine Nebenrolle auf der europäischen Bühne spielte.[66] Allerdings dürften die Chancen für eine Realisierung des Projekts deutlich zurückgegangen sein, seit der EuGH die **Niederlassungsfreiheit** für ausländische Gesellschaften deutlich erweitert hat (dazu oben Rz. 1.36).

1.53 Europäische Privatgesellschaft

3. Selbstregulierung

Zunehmende Bedeutung für börsennotierte Aktiengesellschaften erlangen – ausländischen Vorbildern folgend – auch in Deutschland Regelwerke der Martteilnehmer oder Börsen mit Vorgaben für Satzungsgestaltung und tägliche Praxis der dort notierten Aktiengesellschaften.[67] Sie betreffen zunächst bis zum Inkrafttreten des WpÜG am 1. Januar 2002 das Übernahmerecht in Form des **Übernahmekodex** (zuletzt i. d. F. vom 1. Januar 1998). Inzwischen ist die Regelung von Fragen der „**Corporate Governance**" hinzugekommen, soweit sie nicht gesetzlich kodifiziert sind. Unter „Corporate Governance" versteht man die Mechanismen, die Herrschaft und Kontrolle in der (großen börsennotierten) Aktiengesellschaft im Hinblick darauf regeln, dass dort typischerweise Eigentümer (= Aktionäre) und Verwaltung personenverschieden sind. Nachdem zunächst – auch zurückgehend auf internationale Forderungen[68] – zwei ver-

1.54 Selbstregulierung durch Kodizes

---

65) Vorentwurf für eine Richtlinie über die Auflösung und die Liquidation von Gesellschaften von 1987 (!), Dok. XV 43/87-DE = *Lutter*, Europäisches Unternehmensrecht (4. Aufl., 1996), S. 302 ff.

66) *Boucourechliev/Hommelhoff* (Hrsg.), Vorschläge für eine Europäische Privatgesellschaft. Strukturelemente einer kapitalmarktfernen europäischen Gesellschaftsform (1999); dazu *ebo (Bohl)*, FAZ v. 25. 6. 1999, Nr. 144, S. 22; *Hirte*, ZHR 165 (2001), 495; *Hommelhoff/Helms*, GmbHR 1999, 53. Zu weiteren Verordnungsvorschlägen spezieller(er) Gesellschaftsformen *Hopt*, ZIP 1998, 96, 98, 103.

67) Allgemein hierzu *Berg/Stöcker*, WM 2002, 1569 f.

68) Vgl. die OECD Principles of Corporate Governance (zu diesen *Seibert*, AG 1999, 337 ff); vgl. im Übrigen *Peltzer*, Max-Hachenburg-Vorlesung (1998), S. 49 ff; *U.H. Schneider*, DB 2000, 2413 ff.

schiedene Kodizes formuliert worden waren,[69] setzte die Bundesregierung eine **„Regierungskommission Deutscher Corporate Governance Kodex"** („*Cromme*-Kommission", „Kodex-Kommission" oder „Kommission II")[70] mit dem Ziel ein, einen einheitlichen Deutschen Corporate Governance Kodex zu formulieren. Der aus der Arbeit dieser Kommission hervorgegangene **„Deutsche Corporate Governance Kodex"** wurde im Februar 2002 der Presse vorgestellt.

Zweck des Corporate Governance Kodex

1.55 Er bereitet zum einen die (schon vorhandenen) **gesetzlichen deutschen Regeln** zur Corporate Governance so auf, dass der ausländische – und das heißt in der Regel der amerikanische oder englische – Investor weiß, „was in Deutschland Sache ist".[71] Zum anderen enthält er **Empfehlungen und Anregungen** zu „guter Corporate Governance". In Bezug auf die Empfehlungen („soll") muss seit Inkrafttreten des durch das TransPuG eingeführten § 161 AktG jede börsennotierte Aktiengesellschaft **erklären**, ob sie diese eingehalten hat (dazu unten Rz. 3.54).

Kein zwingender Charakter des Corporate Governance Kodex

1.56 Charakteristisch ist damit, dass die in einem Kodex aufgestellten Grundsätze kein zwingendes und mit staatlichen Sanktionen durchsetzbares Recht schaffen. Problematisch ist dabei auch, dass die Regelungen der Kodizes nicht entsprechend den nationalen verfassungsrechtlichen Vorgaben gesetzt werden.[72] Ganz „freiwillig" ist die Beachtung dieser Regelwerke aber auch nicht: denn die Folge ihrer Nichtbeachtung kann im Ausschluss des Handels der Aktie aus bestimmten Marktsegmenten oder ihrer Herausnahme aus Aktienindizes liegen; dies ist angesichts der damit verbundenen negativen Kursauswirkungen eine häufig deutlich schärfere Sanktion. Für den Deutschen Corporate Governance Kodex wird (bislang) aber ausschließlich auf **Kurs- und Marktreaktionen** als Sanktion vertraut. Im Übrigen kann die im Rahmen von § 161 AktG abgegebene

---

69) Zum einen der von der „Grundsatzkommission Corporate Governance – German Panel on Corporate Governance" Anfang 2000 vorgelegte „Code of Best Practice" für börsennotierte Gesellschaften, AG 2000, 106 mit Einf. *U.H. Schneider/Strenger*, zum anderen der im Juni 2000 durch den „Berliner Initiativkreis" vorgelegte „German Code of Corporate Governance", DB 2000, 1573 ff; Überblick bei *Volk*, DStR 2001, 412.

70) Diese Kommission ist zu unterscheiden von der „Regierungskommission Corporate Governance" („*Baums*-Kommission" oder „Kommission I"), aus der die Kommission II zwar hervorgegangen ist, die aber ein weiteres Arbeitsfeld hatte (dazu *Hirte*, TransPuG, Rz. I 2).

71) „Verständigungspapier" insbesondere gegenüber ausländischen Anlegern; so *Cromme* anlässlich der Pressekonferenz nach Übergabe des Deutschen Corporate Governance Kodex in Berlin am 26. 2. 2002 (abrufbar unter www.corporate-governance-code.de); *Däubler-Gmelin*, Ansprache aus Anlass der Übergabe des Kodex der Regierungskommission Deutscher Corporate Governance Kodex am 26. 2. 2002 in Berlin (abrufbar unter www.bmj.bund.de); dazu auch *Bernhardt*, DB 2002, 1841; *Seibt*, AG 2002, 249, 250; *von Werder*, DB 2002, 801 f; kritisch zum Ansatz *Heraeus*, FAZ v. 11. 6. 2002, Nr. 132, S. 19.

72) Dazu *Ulmer*, ZHR 166 (2002), 150, 152 (ansatzweise), 158 ff (ausführlich); *Claussen/Bröcker*, DB 2002, 1199; *Schüppen*, ZIP 2002, 1269, 1278; *Wilsing*, FAZ v. 9. 3. 2002, Nr. 58, S. 21; zur Verteidigung der verfassungsrechtlichen Legitimation *Seibert*, BB 2002, 581, 582.

wahrheitswidrige Erklärung, man habe den Kodex beachtet, **haftungsrechtliche Folgen haben.**[73)]

III. Bedeutung

Die Kapitalgesellschaft – teilweise in Form der GmbH & Co. KG vermischt mit der Personengesellschaft – ist heute die bei weitem dominierende Rechtsform für unternehmerische Betätigung. Die Änderungen des Steuerrechts zum 1. Januar 2001 durch das Gesetz zur Senkung der Steuersätze und zur Reform der Unternehmensbesteuerung (Steuersenkungsgesetz) vom 23. Oktober 2000 (BGBl I, 1433) haben diese Entwicklung noch beschleunigt; dass damit zugleich eine Benachteiligung der vor allem im Mittelstand weit verbreiteten Personengesellschaft verbunden wurde, ist allerdings wenig überzeugend. Diese Bedeutung der Kapitalgesellschaft steht in seltsamem Widerspruch zu der Bedeutung, die das Recht der Kapitalgesellschaften in der juristischen Ausbildung genießt. Wie zur (vorletzten!) Jahrhundertwende steht hier nach wie vor in vielen Bundesländern das Personengesellschaftsrecht im Vordergrund.

1.57 Kapitalgesellschaft als dominierende Rechtsform

Hinsichtlich der Bedeutung führt mit einsamem Abstand die **Gesellschaft mit beschränkter Haftung,** deren Zahl Ende 2001 bei über 850.000 lag.[74)] Ein erheblicher Teil dieser Gesellschaften hat allein die Aufgabe, in einer Kommanditgesellschaft die Rolle des Komplementärs zu übernehmen (ca. 20 %).[75)] Aber auch die **Aktiengesellschaft,** deren Zahl jahrzehntelang um die 2.000 pendelte, hat zunächst durch die Wiedervereinigung, sodann durch das „Gesetz für kleine Aktiengesellschaften und zur Deregulierung des Aktienrechts" und schließlich durch den großen Aufmerksamkeitsgewinn des Börsengangs der Deutschen Telekom AG Ende 1996 zahlenmäßig an Bedeutung gewonnen. Inzwischen hat ihre Zahl gut 14.000 erreicht (Stand Ende Juli 2002);[76)] zugleich ist der Anteil der Aktionäre an der Gesamtbevölkerung von 5,3 % im Jahr 1981 auf 9,7 % im Jahr 2000 gestiegen, um inzwischen aber wieder leicht auf 7,8 % zu fallen.[77)] Die wirtschaftliche Bedeutung der Aktiengesellschaft ist aber weit größer; denn vor allem Großunternehmen haben diese Rechtsform gewählt. So waren im Jahr 2000 77 der 100 größten deutschen Unternehmen in der Rechtsform der Aktiengesellschaft organisiert.[78)] Allerdings trifft nur auf eine ganz geringe Zahl dieser Gesellschaften das Bild zu, das sich das Aktiengesetz von der Aktiengesellschaft gemacht hat – die unabhängige, börsennotierte Publikumsgesellschaft. Vielmehr sind die meisten der

1.58 Bedeutung der GmbH und AG

---

73) Hierzu ausführlich *Hirte*, TransPuG, Rz. I 42 ff m. w. N.
74) Vgl. *Hansen,* GmbHR 2002, 148.
75) *Kornblum/Hampf/Naß,* GmbHR 2000, 1240, 1248 (8,7–15,3 %; unter Verweis auf eine wohl rückläufige Tendenz); *Hachenburg/Ulmer,* GmbHG, Einl. Rz. 11; *Scholz/Westermann,* GmbHG, Einl. Rz. 30.
76) DAI-Factbook 2002, S. 01-1: 14.409.
77) DAI-Factbook 2002, S. 08.3–Zahl-D (ohne Beteiligungen an Investmentfonds).
78) DAI-Factbook 2002, S. 01.8 (insoweit ohne die – vernachlässigenswerte – Kommanditgesellschaft auf Aktien).

14.000 Gesellschaften in irgendeiner Form von anderen abhängig, nur relativ wenige werden am Kapitalmarkt gehandelt (gut 700 sind börsennotiert),[79] und selbst bei den großen Publikumsaktiengesellschaften führen Kapital- und Mandatsverflechtungen dazu, dass kaum eine Gesellschaft von der Zufallsmehrheit der Aktionäre abhängig ist.

Bedeutung der AG in anderen Staaten

1.59 Ganz anders sieht die Lage bezüglich der Aktiengesellschaft im Ausland aus. Vor allem in der Schweiz, aber auch in Frankreich (*société anonyme*) und Italien (*società per azioni*) liegt deren Zahl erheblich höher, was in erster Linie daran liegen dürfte, dass dort die GmbH bzw. eine ihr vergleichbare Rechtsform nicht einen jahrzehntelangen Wettbewerbsvorteil gegenüber der Aktiengesellschaft hatte. Noch umfangreicher ist die Bedeutung der – der Aktiengesellschaft entsprechenden – *public limited company* in Großbritannien, deren Zahl mit etwa 14.000 angegeben wird, von denen fast 2.500 börsennotiert sind.[80] In den Vereinigten Staaten sind allein an der New York Stock Exchange fast 2.000 Gesellschaften, der NASDAQ gut 3.000 und an der American Stock Exchange gut 500 Gesellschaften notiert; hinzu kommen die ausschließlich an Regionalbörsen notierten Gesellschaften und weitere ca. 12.000 Gesellschaften, die außerbörslich gehandelt werden.[81] Auch die Zahl der („normalen") *limited companies* („Ltd.") liegt in Großbritannien mit knapp 1,9 Mio. ebenfalls deutlich höher als in Deutschland, wenngleich der Unterschied nicht ganz so groß ist wie bei der der Aktiengesellschaft vergleichbaren *public limited company*.[82]

Ausnutzung der europäischen Rechtsangleichung

1.60 Die deutlich größere Bedeutung der Aktiengesellschaft (bzw. der ihr entsprechenden Rechtsformen) in den anderen europäischen Staaten hat auch Auswirkungen auf den Umfang der Rechtsangleichung. Denn soweit Maßnahmen der Rechtsangleichung nur die Aktiengesellschaft erfassen (dazu oben Rz. 1.41), haben sie in Deutschland allein deshalb eine deutlich weniger weit reichende Auswirkung als etwa in Frankreich oder im Vereinigten Königreich.

1.61 Während wir im Aktienrecht viel von ausländischen Erfahrungen profitieren können, ist es im GmbH-Recht genau umgekehrt. Die im Jahre 1892 durch den Gesetzgeber – ohne Vorbilder in der Praxis – geschaffene Zwischenform zwischen Aktiengesellschaft und Personengesellschaft wurde ein gesetzgeberischer Exportschlager: mit Ausnahme der Schweiz und der Vereinigten Staaten wurde das deutsche Modell in zahlreichen Staaten kopiert. Und auch in diesen beiden Ländern haben sich in jüngerer Ver-

---

79) DAI-Factbook 2002, S. 02–1 (alle Marktsegmente): 729 (inländische).
80) Statistik August 2003 des Companies House, Cardiff (Angaben bezogen auf England und Wales).
81) DAI-Factbook 2002, S. 02–3: *Börsennotiert* sind mit Stand 9/2002 in den USA 1.903 (New York Stock Exchange), 3.323 (NASDAQ) bzw. 529 (American Stock Exchange), im Vereinigten Königreich 2.424, in der Schweiz 258, in Frankreich 808 (insoweit Stand 2000) und in Italien 287 *inländische* Aktiengesellschaften; ältere Zahlen zu Großbritannien und den Vereinigten Staaten auch bei *Lüttmann*, Kontrollwechsel in Kapitalgesellschaften (1992), S. 44 Fn. 1, 83 Fn. 1.
82) Statistik August 2003 des Companies House, Cardiff (Angaben bezogen auf England und Wales).

gangenheit Gesellschaftsrechtsformen etabliert, die der GmbH durchaus vergleichbar sind.

Mit der **Europäischen Aktiengesellschaft** will der europäische Gesetzgeber eine neue supranationale Rechtsform schaffen, die sich innerhalb der Gemeinschaft unabhängig von nationalen Grenzen entfalten kann. Sie tritt in Konkurrenz zu den weiter bestehen bleibenden, ihrerseits teilweise durch EG-Richtlinien harmonisierten nationalen Rechtsformen. Die vergleichsweise hohen Mindestkapitalanforderungen (dazu unten Rz. 5.32) zeigen aber, dass die SE als Rechtsform für große Unternehmen konzipiert ist.[83] Für die gewünschte Akzeptanz der neuen Rechtsform soll in erster Linie ihre im Wesentlichen einheitliche Rechtsstruktur in ganz Europa sorgen. Zugleich senkt eine einheitliche Rechtsform auch die psychologischen Vorbehalte bei Geschäften mit einem „ausländischen" Unternehmen (Erwägungsgrund Nr. 3 zur SE-VO). Eine einzige einheitliche Geschäftsführung und ein europaeinheitliches Berichtssystem sollen zudem niedrigere Verwaltungskosten ermöglichen. Ob dies der neuen Rechtsform tatsächlich zum erhofften Erfolg verhelfen wird, lässt sich zurzeit noch nicht beurteilen; was den in mancher Beziehung größeren Gestaltungsspielraum angeht, steht die SE aber inzwischen jedenfalls in Konkurrenz zu den Schein-Auslandsgesellschaften, die jetzt zumindest in weiterem Ausmaß zulässig sind als bislang (dazu oben Rz. 1.35 ff).

1.62 Bedeutung der SE

IV. Aktiengesellschaft oder GmbH?

Die Wahl einer der beiden Rechtsformen für Kapitalgesellschaften ist in das Belieben der Gesellschafter gestellt. Ausschlaggebend dafür sind die – sich verringernden – gesetzlichen Unterschiede zwischen den beiden Typen, die schon an dieser Stelle zusammenfassend vorgestellt werden sollen. Während das Aktienrecht – vor allem als Folge von § 23 Abs. 5 AktG – im Wesentlichen **zwingendes Recht** ist, ist es im GmbH-Recht genau umgekehrt: im Zweifel kann der Gesellschaftsvertrag vom Gesetz abweichende Regelungen treffen (dazu unten Rz. 2.48 ff, 2.51 ff). Bei der Organisation fällt der nur für die Aktiengesellschaft vorgeschriebene **Aufsichtsrat** ins Auge. Auch die **Kapitalanforderungen** sind im GmbH-Recht geringer, und zwar sowohl was die absolute Summe des Mindestnennkapitals als was auch die Reichweite der Ausschüttungssperre angeht (dazu unten Rz. 5. 77 ff). Andererseits können nur Aktien zum Börsenhandel zugelassen werden und nur Aktiengesellschaften können sich damit das volle Spektrum des öffentlichen **Kapitalmarkts** erschließen (§§ 30 ff BörsG [= §§ 36 ff BörsG a. F.]: Zulassung nur von Wertpapieren); die Übertragbarkeit von GmbH-Anteilen ist demgegenüber durch das Beurkundungserfordernis des § 15 Abs. 3 und 4 GmbHG sogar bewusst erschwert.

1.63 Zweckmäßige Wahl der Unternehmensform

---

83) *Hirte*, NZG 2002, 1, 9; *Hommelhoff*, AG 2001, 279, 286 f.

§ 2 Gründung der Kapitalgesellschaft

Literatur: *Drygala*, Praktische Probleme der Vor-GmbH, JURA 2003, 433; *Göz/ Gehlich*, Die Haftung des Gesellschafters und Geschäftsführers bei Verwendung eines GmbH-Mantels, ZIP 1999, 1653; *Lutter*, Das neue Gesetz für kleine Aktiengesellschaften und zur Deregulierung des Aktienrechts, AG 1994, 445; *Meller-Hannich*, Verwendung von Vorrats- und Mantelgesellschaften und Prüfung durch das Registergericht, ZIP 2000, 345; *Paschke*, Die fehlerhafte Korporation, ZHR 155 (1991), 1; *Priester*, Kapitalaufbringungspflicht und Spielräume beim Agio, in: Festschrift Lutter, 2000, S. 617; *Karsten Schmidt*, Außenhaftung und Innenhaftung bei der Vor-GmbH, ZIP 1996, 353; *ders.*, Haftung aus Rechtsgeschäften vor Errichtung einer GmbH, GmbHR 1998, 613; *Seibert/Kiem*, Handbuch der kleinen AG, 4. Aufl., 2000; *Ulmer*, Die Einmann-Gründung der GmbH – ein Danaergeschenk?, BB 1980, 1001; *Ulmer/Ihrig*, Die Rechtsnatur der Einmann-Gründungsorganisation, GmbHR 1988, 373; *Weimar*, Entwicklungen im Recht der werdenden Aktiengesellschaft, DStR 1997, 1170; *Wiedemann*, Das Rätsel Vorgesellschaft, Jura 1970, 439.

I. Entstehung

1. Überblick

Während ein Verband früher seine Rechtsfähigkeit durch Verleihung von staatlicher „Gnade" erlangte („Konzessionssystem"), gilt in Deutschland heute das „System der Normativbestimmungen". Danach muss die Satzung bzw. der Gesellschaftsvertrag nur, aber auch mindestens bestimmte Voraussetzugen für Gläubiger und Mitglieder aufweisen, deren Vorliegen durch Registereintrag geprüft und bestätigt wird. Lediglich in der Schweiz gilt heute noch ein der Vertragsfreiheit entsprechendes System der „freien Körperschaftsbildung" (Art. 60 Abs. 1 ZGB).[1]

2.1 System der Normativbestimmungen

Nach dem System der Normativbestimmungen vollzieht sich die Entstehung einer Kapitalgesellschaft – wie bei anderen Körperschaften, insbesondere dem eingetragenen Verein, auch – in **drei Phasen**. Ausgangspunkt ist der Wille der Gründer, eine Kapitalgesellschaft zu gründen. Durch ihn kann zwischen den Beteiligten eine **Vorgründungsgesellschaft** entstehen, die rechtlich als Gesellschaft bürgerlichen Rechts (§§ 705 ff BGB) zu qualifizieren ist; betreibt sie allerdings (schon) selbst ein Handelsgewerbe, bildet sie eine offene Handelsgesellschaft (§§ 105 ff HGB). Mit der notariellen Beurkundung des Gesellschaftsvertrages entsteht die sog. **Vorgesellschaft**. Auf sie sind bereits die Regeln der zukünftigen Gesellschaft anwendbar, soweit diesen nicht gerade die fehlende Eintragung entgegensteht. Mit der **Eintragung** in das Handelsregister schließlich entsteht die Gesellschaft als juristische Person (§ 41 Abs. 1 Satz 1 AktG, Art. 16 Abs. 1 SE-VO, § 11 Abs. 1 GmbHG). Mängel bei der Eintragung können danach nicht mehr geltend gemacht werden: im Interesse der Gesellschaft, des Rechtsverkehrs und der Allgemeinheit kommt nur noch die unter engen Voraussetzungen mögliche Nichtigkeitsklage in Betracht (unten Rz. 7.53 f). Die **Bekanntmachung** der Eintragung richtet sich nach § 10 HGB (für die SE Art. 13 SE-VO); die Eintragung einer SE ist daneben im Amtsblatt der EG bekannt zu machen (Art. 14 Abs. 1 SE-VO).

2.2 Vorgründungsgesellschaft, Vorgesellschaft und juristische Person

---

1) Dazu *Wiedemann*, GesR I, S. 205 ff.

Gründung und
Umwandlung

2.3 Allerdings ist die **Neugründung einer Kapitalgesellschaft selten** geworden: denn in aller Regel vollzieht sich heute die Gründung einer Aktiengesellschaft durch Umwandlung einer GmbH, und auch die Gründung einer GmbH geschieht in zahlreichen Fällen durch Umwandlung einer Personenhandelsgesellschaft (dazu unten Rz. 6.207). Für die Europäische Aktiengesellschaft sind verschiedene Umwandlungsformen die ausschließlichen Gründungsmöglichkeiten (dazu unten Rz. 2.35 ff).

2. Einpersonengesellschaft

2.4 Der gesamte beschriebene Entstehungsvorgang geht vom historischen Leitbild der Gesellschaft als einem Personenverband aus mehreren Mitgliedern aus. Nachdem aber für die spätere Vereinigung aller Anteile in einer Hand[2] schon seit längerem von der Möglichkeit einer **Einpersonengesellschaft** ausgegangen wurde, hat der Gesetzgeber zunächst in § 1 GmbHG und seit 1994 auch in § 2 AktG ausdrücklich die unmittelbare Gründung einer Kapitalgesellschaft durch nur eine Person zugelassen. Diese Gesetzesänderung beruht heute auch auf der Zwölften gesellschaftsrechtlichen (Einpersonen-GmbH-)Richtlinie (dazu oben Rz. 1.45) und damit dem Ziel des europäischen Gesetzgebers, vor allem auch kleinen und mittelständischen Unternehmen eine unternehmerische Betätigung ohne das Risiko unbeschränkter Haftung und bei gleichzeitigem Schutz des Privatvermögens des Unternehmers zu ermöglichen. Wegen der von einer Einpersonengesellschaft ausgehenden **besonderen Gefahrenlage für die Gläubiger** hat der Gesetzgeber aber für eine solche Gründung besondere und zusätzliche Regeln aufgestellt: es ist ein höherer Teil der Bareinlage sofort zu erbringen (bei der GmbH), und für den ausstehenden Rest ist eine Sicherheit zu bestellen (vor allem § 36 Abs. 2 Satz 2 AktG, § 7 Abs. 2 Satz 3 GmbHG). Da die gleichen Gefahren bei einer späteren Vereinigung der Anteile in einer Hand bestehen, ordnet im GmbH-Recht § 19 Abs. 4 GmbHG deren entsprechende Anwendung an, wenn eine solche Vereinigung innerhalb von drei Jahren nach Eintragung der Gesellschaft erfolgt (zur bei Missachtung dieser Norm nach § 60 Abs. 1 Nr. 6 GmbHG eingreifenden Auflösungsfolge unten Rz. 7.11). § 42 AktG normiert eine besondere Meldepflicht gegenüber dem Registergericht für diesen Fall.

3. Gründungsverfahren von Aktiengesellschaft und GmbH

a) Vorgründungsgesellschaft

Beurkundungspflicht für Vorgründungsgesellschaft

2.5 Beschließen die Gründer die Gründung einer Kapitalgesellschaft, kann dies zur Entstehung einer **Vorgründungsgesellschaft** führen, wenn der entsprechende rechtliche Bindungswille schon zum Zeitpunkt dieses Be-

---

[2] Sie war Grund für die Entwicklung der „Strohmanngründung", bei der eine Gesellschaft zwar von zwei Gesellschaftern gegründet wurde, aber zugleich verabredet wurde, dass alle Anteile unmittelbar nach der Eintragung auf einen Gesellschafter übertragen werden sollten; dazu BGHZ 21, 378; 31, 258, 263 ff; *Raiser*, KapGesR, § 26 Rz. 19 f (GmbH).

schlusses vorhanden war. Allerdings bedarf schon diese Vorgründungsgesellschaft der notariellen Beurkundung nach § 23 Abs. 1 Satz 1 AktG, § 2 Abs. 1 Satz 1 GmbHG, wenn sie zur Gründung der Kapitalgesellschaft verpflichten soll,[3] und ihr Gesellschaftsvertrag muss den späteren Satzungsinhalt zumindest in Grundzügen erkennen lassen.[4]

Rechtlich ist sie eine – bei fehlender Beurkundung gegebenenfalls fehlerhafte – BGB-Gesellschaft, für die §§ 705 ff BGB gelten. Betreibt sie selbst ein Handelsgewerbe i. S. v. § 1 HGB n. F., ist sie offene Handelsgesellschaft mit der besonders wichtigen Folge der persönlichen und unbeschränkten Haftung aller Gesellschafter nach § 128 HGB.[5] Gerade dies gilt wegen § 123 Abs. 2 HGB auch dann, wenn der Gesellschaftsvertrag nicht beurkundet war und daher die Gesellschafter nicht zur Errichtung einer Kapitalgesellschaft verpflichtet waren. Handelt jemand für eine solche Vorgründungsgesellschaft, so wird nach den Regeln über unternehmensbezogene Geschäfte dieser Verband verpflichtet, auch wenn „im Namen der GmbH" gehandelt wurde.[6]

2.6 Vorgründungsgesellschaft als GbR oder OHG

b) Vorgesellschaft

Die eigentliche Gründung erfolgt durch **Feststellung der Satzung** bzw. **Abschluss des Gesellschaftsvertrages** seitens der Gründer oder des Gründers (§ 2 AktG, § 1 GmbHG; zum erforderlichen Inhalt unten Rz. 2.56 ff). Dabei hat sich für die Körperschaften und damit auch die Kapitalgesellschaften allgemein der Begriff „Satzung" als Bezeichnung des Gesellschaftsvertrages eingebürgert; § 2 AktG legt dies für die Aktiengesellschaft in einer Legaldefinition ausdrücklich fest.[7] Die Satzung bedarf notarieller Beurkundung (§ 23 Abs. 1 Satz 1 AktG, § 2 Abs. 1 Satz 1 GmbHG). Bei beschränkt Geschäftsfähigen ist zudem die Genehmigung des Vormundschaftsgerichts erforderlich (§§ 1908i Abs. 1 Satz 1, 1822 Nr. 3, 1643 Abs. 1 BGB).

2.7 Feststellung der Satzung

Wenn die Gründer die Aktien (§ 23 Abs. 2 Nr. 2 AktG) bzw. – bei der GmbH durch Abschluss des Gesellschaftsvertrages – die Stammeinlagen übernommen haben und damit ihre Einlageverpflichtung eingegangen sind, ist die Gesellschaft errichtet (dazu unten Rz. 5.32 ff, für die Aktiengesellschaft § 29 AktG). Damit ist zugleich eine **Vorgesellschaft** entstanden. Die Vorgründungsgesellschaft ist wegen Zweckerreichung automatisch aufgelöst (§ 726 Alt. 1 BGB).[8] Doch gehen ihr Vermögen und ihre

2.8 Errichtung der Gesellschaft

---

3) RGZ 156, 129, 138; BGH NJW-RR 1988, 288.
4) RGZ 66, 116, 121; RGZ 156, 129, 138.
5) BGHZ 91, 148, 151 = ZIP 1984, 950 = NJW 1984, 2164; BGH ZIP 1983, 933 = NJW 1983, 2822.
6) BGH ZIP 1998, 646, 647 f = EWiR § 11 GmbHG 4/98, 417 (*Dreher/Kreiling*); BGH ZIP 1998, 1223 = NJW 1998, 2897 = DStR 1998, 1227 (*Goette*) = EWiR § 24 GWB 1/88, 71 (*Oehler*) (daher erst recht keine Haftung des Vertreters, wenn Unternehmensträger statt der erwarteten GmbH eine natürliche Person ist).
7) Dazu differenzierend *Karsten Schmidt*, GesR, § 5 I 2 a, S. 80 f.
8) Abw. *Kießling*, Vorgründungs- und Vorgesellschaft (1999), S. 352 ff, der Fortsetzung annimmt.

Verbindlichkeiten nur dann auf die Vorgesellschaft über, wenn sie rechtsgeschäftlich etwa durch Schuldübernahme nach §§ 414, 415 BGB oder – eine diese umfassende – Vertragsübernahme übertragen werden; ein automatischer Übergang findet also nicht statt. Andernfalls bleiben die Gründer weiter verpflichtet.[9]

2.9 Eine Zustimmung des Vertragspartners zu einer Schuldübernahme durch die (Vor-)GmbH kann dabei nicht allein (konkludent) aus der Tatsache abgeleitet werden, dass er im Zeitpunkt des Vertragsschlusses glaubte, mit einer beschränkt haftenden GmbH zu kontrahieren; denn darin läge die Auswechselung eines unbeschränkt haftenden gegen einen bloß beschränkt haftenden Vertragspartner.[10]

Bestellung des ersten Aufsichtsrates und des ersten Abschlussprüfers

2.10 Nach der Beurkundung sind in der Aktiengesellschaft von den Gründern der erste Aufsichtsrat und der Abschlussprüfer für das erste Geschäftsjahr zu bestellen (§ 30 Abs. 1 Satz 1 AktG; entsprechend für die Bestellung des ersten Aufsichtsorgans einer SE Art. 40 Abs. 2 SE-VO). Auch dies bedarf notarieller Beurkundung (§ 30 Abs. 1 Satz 2 AktG). Der erste Aufsichtsrat bestellt sodann den Vorstand (§ 30 Abs. 4 AktG). In der GmbH sind mangels Aufsichtsrats lediglich der oder die Geschäftsführer zu bestellen, falls sie nicht bereits im Gesellschaftsvertrag bestellt wurden; die Bestellung ist dem Registergericht durch entsprechende Unterlagen wie das Protokoll des entsprechenden – hier aber nicht beurkundungspflichtigen – Gesellschafterbeschlusses (§ 46 Nr. 5 GmbHG) nachzuweisen. Die Bestellung (auch) des Abschlussprüfers ist bei der GmbH nicht schon zu diesem Zeitpunkt vorgeschrieben (arg. § 318 Abs. 1 Satz 3 HGB).

Gründungsbericht

2.11 In einem schriftlichen **Gründungsbericht** haben die Gründer einer Aktiengesellschaft den Hergang der Gründung zusammenzufassen und insbesondere zur Angemessenheit von Leistung und Gegenleistung bei Sacheinlagen oder Sachübernahmen Stellung zu nehmen (§ 32 Abs. 1 und 2 AktG). Die Gründung ist von den Mitgliedern des Aufsichtsrats und des Vorstands (§§ 33 Abs. 1, 34 AktG) und in bestimmten Fällen, vor allem bei der Festsetzung von Sacheinlagen oder Sachübernahmen, auch von einem Gründungsprüfer zu prüfen (§§ 33 Abs. 2, 34 AktG); dies kann nach dem durch das TransPuG neu gefassten § 33 Abs. 3 Satz 1 AktG im Falle der Bargründung nunmehr auch durch den die Satzung beurkundenden Notar erfolgen.[11] Das GmbH-Recht ist hier deutlich weniger streng und verlangt nur bei Gründung mit Sacheinlagen einen **Sachgründungsbericht** (§ 5 Abs. 4 Satz 2 GmbHG).

---

9) BGHZ 91, 148, 151 = ZIP 1984, 950 = NJW 1984, 2164; BGH ZIP 1992, 1303, 1304 = NJW 1992, 2698 = EWiR § 19 GmbHG 5/92, 997 (*Fleck*); BGH NJW-RR 2001, 1042.
10) BGH ZIP 1998, 646, 647 f = NJW 1998, 1645 = DStR 1998, 821 = EWiR § 11 GmbHG 4/98, 417 (*Dreher/Kreiling*).
11) Hierzu ausführlich *Heckschen*, in: Hirte, TransPuG, Rz. III 4 ff; *Hermanns*, ZIP 2002, 1785.

c) Eintragung

Anschließend sind die Bareinlagen in einem bestimmten Umfang, die Sacheinlagen vollständig zur freien Verfügung des Vorstands zu leisten (dazu unten Rz. 5.32 ff). Erst dann kann die Aktiengesellschaft von allen Gründern, Vorstands- und Aufsichtsratsmitgliedern (§ 36 Abs. 1 AktG), die GmbH von sämtlichen Geschäftsführern zur **Eintragung** in das Handelsregister angemeldet werden (§§ 7 Abs. 1, 78 GmbHG).[12] Sowohl bei der Aktiengesellschaft als auch bei der GmbH ist eine etwa erforderliche öffentlich-rechtliche Genehmigung dem Registergericht bereits bei der Eintragung nachzuweisen (§ 37 Abs. 4 Nr. 5 AktG, § 8 Abs. 1 Nr. 6 GmbHG).[13] Bei der SE hat das Gericht zudem nach Art. 12 Abs. 2 SE-VO zu prüfen, ob über die anzuwendende Mitbestimmungsregelung Klarheit besteht; denn im Gegensatz zur nationalen Aktiengesellschaft folgt die Mitbestimmung der Arbeitnehmer bei der SE keiner zwingenden gesetzlichen Regel.

2.12 Eintragung ins Handelsregister

Das Gericht *kann* die Eintragung ablehnen, wenn sich aus den eingereichten Unterlagen und abgegebenen Erklärungen Anhaltspunkte für eine Überbewertung von Sacheinlagen oder Sachübernahmen ergeben (§ 38 Abs. 2 Satz 2 AktG, weitergehend § 9c Abs. 1 Satz 2 GmbHG). Die tatsächliche Häufigkeit verdeckter Sacheinlagen soll aber noch nicht erlauben, grundsätzlich weitere Nachweise zu verlangen, um diese auszuschließen.[14] Bei Fehlern der Errichtung oder der Anmeldung (§ 37 AktG, § 8 GmbHG) *hat* das Registergericht die Eintragung abzulehnen (§ 38 Abs. 2 Satz 1 AktG, § 9c Abs. 1 Satz 1 GmbHG). Dies gilt erst recht bei der Bargründung einer GmbH, wenn das übernommene Kapital im Zeitpunkt ihrer Anmeldung zum Registergericht bereits durch Verbindlichkeiten vorbelastet oder sogar aufgezehrt ist; hier trifft das Registergericht auch eine entsprechende Prüfungspflicht.[15] Daraus resultiert eine erneute registergerichtliche Kontrollpflicht, wenn das Eintragungsverfahren länger als üblich dauert.[16]

2.13 Ablehnung der Eintragung

Die Befugnis des Registergerichts, bei Gelegenheit der Eintragung auch eine weitergehende **materielle Überprüfung der Satzung** vorzunehmen, wurde vom Gesetzgeber des Handelsrechtsreformgesetzes bewusst einge-

2.14 Materielle Satzungsprüfung

---

12) Zum Aktienrecht ausführlich *Terbrack*, Rpfleger 2003, 225.
13) BGHZ 102, 209 = ZIP 1988, 433 = NJW 1988, 1087 = LM § 8 GmbHG Nr. 4 = EWiR § 8 GmbHG 1/99, 371 (*Gustavus*); abw. Vorinstanz OLG Köln DB 1987, 2248 = BB 1987, 2044 = EWiR § 8 GmbHG 1/87, 1209 m. krit. Anm. *Hirte* (Handelsregistereintragung einer Handwerks-GmbH); kritisch auch OLG Karlsruhe EWiR § 179 AktG 1/02, 739 (*Priester*). Eine dem (zukünftigen) Geschäftsleiter der Kapitalgesellschaft *persönlich* erteilte Genehmigung gilt nicht auch für die von ihm gegründete Gesellschaft (OLG Hamm NJW-RR 1997, 1258 [hier für Arbeitsvermittlung]). Zum Umfang der Bindungswirkung der Entscheidung der Genehmigungsbehörde BayObLG ZIP 2000, 2067, 2068 f = NZG 2000, 987 = NJW-RR 2001, 898. Überblick über staatliche Genehmigungserfordernisse bei *Gottwald*, DStR 2001, 944.
14) KG NJW-RR 1999, 762.
15) OLG Düsseldorf ZIP 1996, 1705 = NJW-RR 1997, 738 = EWiR § 7 GmbHG 1/97, 35 (*Weipert*).
16) OLG Düsseldorf NJW-RR 1998, 898 = DB 1998, 250 = DStR 1998, 305.

§ 2 Gründung der Kapitalgesellschaft

schränkt (§ 38 Abs. 3 AktG, § 9c Abs. 2 GmbHG); die möglichen Beanstandungsgründe sind jetzt angelehnt worden an die Gründe, die auch zur Nichtigkeit von Beschlüssen der Gesellschafterversammlung führen (dazu unten Rz. 3.281 ff, 3.299, 3.330). Ob diese Maßnahme der „Deregulierung" und die mit ihr verbundene Verlagerung von Streitigkeiten in den ordentlichen Zivilprozess für die Beteiligten ein Gewinn ist, muss bezweifelt werden.[17] Im Übrigen trägt das Registergericht die Gesellschaft mit dem Inhalt der § 39 AktG, § 10 GmbHG ein.

Anfechtung des Gesellschaftsvertragsschlusses

2.15 Mit der Eintragung der Gesellschaft ist eine Anfechtung des Gesellschaftsvertragsschlusses entgegen der Grundregel der §§ 119, 123 BGB im Hinblick auf den vorrangigen Gläubigerschutz ausgeschlossen; das gilt auch für andere **Formfehler und Nichtigkeitsgründe** mit Ausnahme des Minderjährigen- und Geschäftsunfähigenschutzes.[18]

d) Rechtsverhältnisse der Vorgesellschaft

Persönliche und gesamtschuldnerische Handelndenhaftung

2.16 Zwischen der Beurkundung des Gesellschaftsvertrages und der Eintragung der Gesellschaft kann bisweilen eine beträchtliche Zeitspanne liegen. Drei bis sechs Monate sind normal, aber auch ein Zeitraum von einem Jahr ist möglich, wie dies etwa in den neuen Bundesländern nach der Wiedervereinigung nicht selten war. Dies kann einerseits eine Folge des manchmal langwierigen Verfahrens im Registergericht sein; es kann aber auch darauf zurückzuführen sein, dass die Gründer die erforderlichen Nachweise und Versicherungen nicht oder nicht mit der gebotenen Schnelle beibringen können oder wollen. Solange aber die der Eintragung vorausgehende registergerichtliche Prüfung fehlt, kann im Interesse des Rechtsverkehrs das „Privileg der beschränkten Haftung" (noch) nicht gewährt werden. Gleichwohl haben die Gründer häufig ein (verständliches) Interesse, schon vor der Eintragung der Kapitalgesellschaft die Geschäftstätigkeit aufzunehmen; dies gilt vor allem dann, wenn sie ein bestehendes Unternehmen als Sacheinlage einbringen wollen, das – natürlich – in der Zeit zwischen Beurkundung der Satzung und Eintragung der Gesellschaft nicht seinen Betrieb einstellen kann. Der Gesetzgeber hat dieses Problem nur sehr unvollkommen gelöst und – im Interesse des Rechtsverkehrs – lediglich in § 41 Abs. 1 Satz 2 AktG, § 11 Abs. 2 GmbHG eine persönliche und gesamtschuldnerische Haftung der „Handelnden" für die vor Eintragung der Gesellschaft in ihrem Namen getätigten Geschäfte an-

---

17) Zur Unzulässigkeit der Verweigerung einer zulässigen Eintragung nach Art einer „Registersperre", um auf eine andere Eintragung hinzuwirken, BayObLG ZIP 1996, 2109 = NJW-RR 1997, 485 = EWiR § 54 GmbHG 1/97, 263 (*Bokelmann*); weitergehend zur Prüfungsbefugnis des Registerrichters nach altem Recht *Holzer*, WiB 1997, 290 f; *Wiedemann*, Großkomm. AktG, § 181 Rz. 21 ff, 25.

18) Zur Aktiengesellschaft *Kraft*, in: Kölner Komm. z. AktG, § 23 Rz. 113; zur GmbH *Lutter/Hommelhoff*, GmbHG, § 2 Rz. 19 f; abw. KG ZIP 2000, 2253, 2254 = NZG 2001, 225 = NJW-RR 2001, 1117 (für Geschäftsunfähigkeit des einzigen Gründungsgesellschafters).

geordnet. Damit wollte er eine Betätigung der Vorgesellschaft vor ihrer Eintragung ganz bewusst verhindern.[19)]

Da diese Lösung aber an der wirtschaftlichen Realität vorbeiging, wurden die Vorgesellschaft und ihre rechtliche Struktur weitgehend durch Richterrecht geformt. Im Mittelpunkt standen dabei vier miteinander verknüpfte Rechtskomplexe: die **Binnenorganisation** der Vorgesellschaft, ihre **Außenverhältnisse einschließlich der Haftungsverfassung**, die Frage des **Verhältnisses der Vorgesellschaft zur späteren GmbH** und der Umfang der **Handelndenhaftung** nach § 41 Abs. 1 Satz 2 AktG, § 11 Abs. 2 GmbHG.[20)]   2.17

aa) Binnenorganisation

Kennzeichnend für die Binnenorganisation ist der Zweck der Vorgesellschaft, die Eintragung einer Kapitalgesellschaft herbeizuführen. Deshalb besteht schon lange Einvernehmen darüber, dass sich die Rechte und Pflichten der Gründer und späteren Gesellschafter zueinander schon jetzt möglichst weitgehend nach dem Recht der einzutragenden Kapitalgesellschaft richten sollten. Die Vorgesellschaft wird daher als eigenständige Organisationsform angesehen.[21)]   2.18   *Vorgesellschaft als eigenständige Organisationsform*

Da Drittinteressen bei der Binnenorganisation nicht tangiert sind, ist dies gerade dort auch relativ unproblematisch möglich. Deshalb wird bei einer Vor-GmbH etwa die für **Mehrheitsbeschlüsse** der Gründer erforderliche Mehrheit nach § 47 Abs. 1 GmbHG berechnet; es reicht also die einfache Mehrheit, und es gilt nicht das Einstimmigkeitsprinzip der § 709 Abs. 1 BGB, § 119 Abs. 1 HGB. Dies gilt insbesondere auch für die Bestellung des Geschäftsführers.[22)]   2.19   *Beschlussfassung durch Gesellschaftermehrheit*

Dessen Pflichten im Verhältnis zu den Gründern richten sich schon jetzt nach § 43 GmbHG.[23)] Und deshalb ist es auch Aufgabe der Gründer, seine Rechte und Pflichten und damit seine **Geschäftsführungsbefugnis** zu bestimmen. Sie orientieren sich im gesetzlichen Regelfall am Zweck der Vorgesellschaft, die Eintragung der Kapitalgesellschaft herbeizuführen, und sind zugleich durch diesen Zweck begrenzt. Nur wenn ihm die Gründer ausdrücklich oder konkludent mehr Rechte einräumen, ist er dazu befugt. Dies gilt etwa für den Fall, dass in die zu gründende Gesellschaft ein Unternehmen als Sacheinlage einzubringen ist.[24)] Eine andere Frage ist, welchen Einfluss ein enger oder weiter Zweck der Vorgesell-   2.20   *Begrenzte Geschäftsführungsbefugnisse*

---

19) *Raiser*, KapGesR, § 26 Rz. 94 (GmbH); *Rowedder/Schmidt-Leithoff*, GmbHG, § 11 Rz. 108 m. w. N.
20) Überzeugend *Raiser*, KapGesR, § 26 Rz. 97 (GmbH).
21) BGHZ 45, 338, 347; 51, 30, 32; *Hommelhoff/Freytag*, DStR 1996, 1367 f (auch zur Übertragung der Grundsätze auf die Vor-AG).
22) BGHZ 80, 212, 214 = ZIP 1981, 609 (*Karsten Schmidt*).
23) BGH ZIP 1987, 1050 = WM 1986, 789 = EWiR § 30 GmbHG 1/86, 587 (*Weipert*).
24) BGHZ 80, 129, 139 = ZIP 1981, 394 = NJW 1981, 1373 = LM § 11 GmbHG Nr. 30a (*Fleck*).

schaft auf die Vertretungsmacht des Geschäftsführers hat (dazu unten Rz. 2.23).

Änderung des Gesellschaftsvertrages

2.21 **Änderungen des Gesellschaftsvertrages** sind schließlich schon jetzt nach § 130 Abs. 1 Satz 1 AktG, § 53 Abs. 2 GmbHG beurkundungspflichtig.[25] Streitig ist allerdings, ob auch insoweit schon ein etwa im Gesellschaftsvertrag vereinbartes Mehrheitsprinzip eingreift.

bb) Außenverhältnis

Rechtsfähigkeit

2.22 Für das Außenverhältnis wird der Vorgesellschaft inzwischen eine weitgehend an die Rechtsfähigkeit der eingetragenen Gesellschaft heranreichende **Rechtsfähigkeit** zugestanden. Das bedeutet einerseits eine weitergehende Rechtsfähigkeit als nach § 124 Abs. 1 HGB für die offene Handelsgesellschaft, andererseits eine Missachtung von § 41 Abs. 1 Satz 1 AktG, § 11 Abs. 1 GmbHG. Der Vorgesellschaft wird daher inzwischen neben der Komplementärfähigkeit in einer Kommanditgesellschaft[26] die Grundbuch-,[27] Wechsel- und Scheckfähigkeit, Partei-, Firmen- und Insolvenzfähigkeit zuerkannt.[28] Insgesamt ist sie daher mindestens in weiten Teilen bereits ebenso rechtsfähig wie die spätere GmbH selbst.[29]

Begrenzung der Vertretungsmacht

2.23 Der damit bereits selbständig verpflichtungsfähige Verband haftet zunächst für die in seinem Namen eingegangenen Verbindlichkeiten mit seinem eigenen Vermögen. Umstritten ist allerdings, ob der Geschäftsführer der Vorgesellschaft diese bereits mit im Außenverhältnis unbeschränkter und unbeschränkbarer **Vertretungsmacht** (§§ 35 Abs. 1, 37 Abs. 2 GmbHG) verpflichten kann oder ob – neben der Geschäftsführungsbefugnis (dazu oben Rz. 2.20) – auch die Vertretungsmacht entsprechend den Vorgaben der Gründer beschränkt werden kann, sofern nicht alle Gründer einer Aufnahme der Geschäfte vor Eintragung zugestimmt haben.[30] Die Frage ist allerdings solange nicht erheblich, wie die Gründer dem Geschäftsführer die Fortführung eines einzubringenden Unterneh-

---

25) BGHZ 21, 242, 246; BGHZ 29, 300, 303; BGH ZIP 1983, 299 = WM 1983, 230.
26) BGHZ 80, 129 ff = ZIP 1981, 394 = NJW 1981, 1373 = LM § 11 GmbHG Nr. 30a (*Fleck*).
27) So bereits BGHZ 45, 338, 348.
28) BGH ZIP 1998, 109, 110 = ZfIR 1998, 78 = NJW 1998, 1079 = DStR 1998, 499 (*Goette*); OLG Köln NJW-RR 2000, 490 (auch zur Behandlung einer während des Rechtsstreits entstehenden Vor-GmbH) (aktive Parteifähigkeit); BGHZ 79, 239, 241 = NJW 1981, 873; ebenso schon BAG NJW 1963, 680, 681 (passive Parteifähigkeit); w. N. bei *Raiser*, KapGesR, § 26 Rz. 105 f (GmbH).
29) BGHZ 117, 323 = ZIP 1992, 689 = NJW 1992, 1824 = EWiR § 20 FGG 1/92, 673 (*Kraft*) (zur Beschwerdebefugnis im FGG-Verfahren); weitergehend *Raiser*, KapGesR, § 26 Rz. 105 (GmbH) („vorläufige Rechtsfähigkeit"); *Scholz/Karsten Schmidt*, GmbHG, § 11 Rz. 27; *Grunewald*, GesR, 2.F. Rz. 29 (GmbH), die von vollständiger Rechtsfähigkeit sprechen.
30) Für Beschränkbarkeit BGHZ 80, 129, 139 = ZIP 1981, 394 = NJW 1981, 1373 = LM § 11 GmbHG Nr. 30a (*Fleck*); BGHZ 86, 122, 125 = ZIP 1983, 158; *Grunewald*, GesR, 2.F. Rz. 30 (GmbH); *Hueck/Fastrich*, in: Baumbach/Hueck, GmbHG, § 11 Rz. 19; *Hommelhoff/Freytag*, DStR 1996, 1367, 1368; gegen Beschränkbarkeit *Raiser*, KapGesR, § 26 Rz. 122 (GmbH), jeweils m. w. N.

mens gestattet haben; denn dann ist der Geschäftsführer jedenfalls zu den zu seiner Fortführung notwendigen Geschäften befugt. Handelt es sich um ein handelsgewerbliches Unternehmen i. S. v. § 1 HGB n. F., wäre die Vertretungsmacht ohnehin auch schon in diesem Zeitpunkt nach § 126 Abs. 2 HGB unbeschränkbar. Ansonsten greifen die allgemeinen Grundsätze, insbesondere § 179 BGB.

cc) **Gründerhaftung**

Neben die Haftung der Vorgesellschaft tritt eine **unbeschränkte Haftung der Gründer** für den Fall der Nicht-Eintragung der Kapitalgesellschaft. Diese ist (heute) unabhängig von der Art der Verbindlichkeiten. Zur Begründung dieses Ansatzes verwies der BGH darauf, dass das Bürgerliche Recht wie das Handelsrecht vom Prinzip der unbeschränkten Haftung durchzogen sei und eine Haftungsbeschränkung als Ausnahme einer gesetzlichen Grundlage bzw. einzelvertraglichen Regelung bedarf. Damit besteht jetzt eine einheitliche Gründerhaftung in Form einer bis zur Eintragung reichenden Verlustdeckungshaftung und einer an die Eintragung anknüpfenden Vorbelastungs- bzw. Unterbilanzhaftung. Bei beiden handelt es sich dabei – im Grundsatz – um eine der Vorgesellschaft gegenüber bestehende **Innenhaftung**. Im Falle einer Insolvenz der Vorgesellschaft kann und muss damit der Insolvenzverwalter der Vorgesellschaft im Interesse aller Gläubiger auf die Einlageverbindlichkeiten der Gründer zugreifen.[31] Der BGH erstreckte diese Rechtsprechungsgrundsätze auch auf die Mitglieder einer Vor-Genossenschaft.[32]

2.24

Von diesem Grundsatz sind jedoch Ausnahmen zu machen, die zugleich die Schwäche des Ansatzes offenbaren. Eine solche Ausnahme ist danach nach Ansicht des BAG etwa dann gegeben, wenn die Vorgesellschaft (Vor-GmbH) vermögenslos ist. In diesem Falle trifft die Gesellschafter sogleich eine unmittelbare Außenhaftung für die Verbindlichkeiten der

2.25   Vermögenslose Vorgesellschaft

---

31) BGHZ 134, 333 = NJW 1997, 1507 (*Altmeppen*) = ZIP 1997, 679 = DStR 1997, 625 (*Goette*) = LM H. 7/1997 § 11 GmbHG Nr. 38 (*Noack*) = EWiR § 11 GmbHG 1/97, 463 (*Fleischer*); *Beuthien*, GmbHR 1996, 309; *Dauner-Lieb*, GmbHR 1996, 82; *Gehrlein*, NJW 1996, 1193; *Gummert*, DStR 1997, 1007; *Kort*, ZIP 1996, 109; *Karsten Schmidt*, ZIP 1997, 671; ebenso AG Holzminden NJW-RR 1997, 871; *Carlos Schütz*, GmbHR 1996, 727; sowie für die AG OLG Karlsruhe ZIP 1998, 1961 = NZG 1999, 672 = EWiR § 41 AktG 2/98, 1011 (*Kort*) – Schlachthof (Vorinstanz LG Heidelberg ZIP 1997, 2045 = NZG 1998, 392 = EWiR § 41 AktG 1/98, 51 [*Reiff*]; dazu *Kai-Udo Wiedemann*, ZIP 1997, 2029); *Hommelhoff/Freytag*, DStR 1996, 1367, 1368; abw. (für Außenhaftung) LSG Baden Württemberg NJW-RR 1997, 1463 = ZIP 1997, 1651 (*Altmeppen*) = DStR 1998, 177 = EWiR § 13 GmbHG 1/98, 63 (*Fleischer*) (rkr.: vgl. ZIP 1997, 2201) (dazu *Wilhelm*, DStR 1998, 457); LAG Köln NZA-RR 1997, 375 = ZIP 1997, 1921 = DStR 1998, 178 (*Goette*) = EWiR § 11 GmbHG 2/98, 123 (*Kort*); sowie zuvor etwa OLG Celle GmbHR 1996, 688 = EWiR § 11 GmbHG 3/96, 1083 (*Veil*); kritisch *Altmeppen*, NJW 1997, 3272; *Kleindiek*, ZGR 1997, 427; w. N. und Vorgeschichte der Entscheidung bei *Hirte*, NJW 1998, 2943, 3459 f sowie in der 3. Aufl. dieses Werkes Rz. 79.

32) BGHZ 149, 273 = ZIP 2002, 353 = NJW 2002, 824.

Vorgesellschaft,³³⁾ wobei allerdings zwischen den Senaten des BAG noch ungeklärt ist, ob die Gesellschafter lediglich *pro rata* oder unbeschränkt als Gesamtschuldner haften.³⁴⁾

2.26 Zutreffend dürfte dabei die zweite Auffassung sein, denn es erscheint nicht sachgerecht, durch eine *pro-rata*-Haftung im Außenverhältnis das Abwicklungsrisiko der insolventen Vorgesellschaft zumindest teilweise auf die Gläubiger abzuwälzen. Die Vorfrage, ob man eine Innen- oder Außenhaftung annimmt, hat im Übrigen durch das Inkrafttreten der neuen Insolvenzordnung dadurch an Bedeutung verloren, dass § 92 Satz 1 InsO auch die Geltendmachung der Außenhaftung dem Insolvenzverwalter zuweist.

Gründung der Vorgesellschaft durch einen Treuhänder

2.27 Wird eine Vor-GmbH von einem **Treuhänder** gegründet, kann dieser den Anspruch gegen seine Treugeber auf Freistellung von der ihn gegenüber den Gläubigern der Vor-GmbH treffenden Haftung an diese Gläubiger abtreten; dadurch wandelt sich der zuvor bloße Freistellungs- in einen direkten Zahlungsanspruch mit der Folge um, dass die Gläubiger der Vor-GmbH unmittelbar die wirtschaftlichen Gründer der GmbH auf Zahlung in Anspruch nehmen können.³⁵⁾

dd) Verhältnis der Vorgesellschaft zur späteren GmbH

Vorbelastungsverbot

2.28 Kennzeichnend für das Verhältnis der Vorgesellschaft zur späteren GmbH war lange Zeit das sog. **Vorbelastungsverbot**. Danach durfte die Kapitalgesellschaft im Zeitpunkt ihrer Entstehung – also des Registereintrags – nur mit solchen Verbindlichkeiten belastet sein, die im unmittelbaren Zusammenhang mit der Gründung stehen. Vor allem schied ein automatischer Übergang von Verbindlichkeiten auf die Gesellschaft aus, die von der Vorgesellschaft begründet worden waren.³⁶⁾

2.29 Dieser Grundsatz war für die Gläubiger der neuen Kapitalgesellschaft sehr effektiv: denn er stellte sicher, dass das publizierte Nennkapital im Zeitpunkt des Entstehens der Kapitalgesellschaft vollständig vorhanden war. Aber er führte dazu, dass eine unternehmerische Betätigung der Vorgesellschaft mit erheblichen Schwierigkeiten verbunden war. Denn da ihr Zweck auf die Herbeiführung der Eintragung gerichtet ist, endet sie in diesem Zeitpunkt (§ 726 Alt. 1 BGB), ohne dass die Gläubiger der Vorge-

---

33) BAG NJW 1997, 3331 = NZA 1997, 1053 = ZIP 1997, 1544 = EWiR § 11 GmbHG 2/97, 849 (*Goette*); BAG NJW 1998, 628 = NZA 1998, 27 = ZIP 1997, 2199 = EWiR § 11 GmbHG 3/98, 373 (*Kohte*) (dazu auch *Noack*, LM H. 7/1997 § 11 GmbHG Nr. 38); BAGE 93, 151 = ZIP 2000, 1546, 1548 f = NJW 2000, 2915 = NZI 2000, 612 = EWiR § 11 GmbHG 2/2000, 915 (*Goette*); BAG EWiR § 11 GmbHG 2/01, 759 (*Henze*).

34) Der 10. Senat des BAG (BAG NJW 1997, 3331 = NZA 1997, 1053 = ZIP 1997, 1544 = EWiR § 11 GmbHG 2/97, 849 *[Goette]*) befürwortet eine *pro-rata*-Haftung, während der 9. Senat (BAG NJW 1998, 628 = NZA 1998, 27 = ZIP 1997, 2199 = EWiR § 11 GmbHG 3/98, 373 *[Kohte]*) von einer unbeschränkten Außenhaftung ausgeht.

35) BGH ZIP 2001, 789 = NJW 2001, 2092 = NZG 2001, 561 = DStR 2001, 859 (*Goette*) = EWiR § 11 GmbHG 1/01, 583 (*Armbrüster*).

36) BGHZ 17, 385, 391 (Gen); BGHZ 53, 210, 212; BGHZ 65, 378, 380 f.

sellschaft auf die nunmehr entstandene Schuldnerin hätten zugreifen können. Dies führte zur Entwicklung eines neuen, alternativen Lösungsansatzes, den der BGH in der Leitentscheidung BGHZ 80, 129[37)] aufgriff. An die Stelle der Annahme zweier verschiedener Rechtssubjekte trat die Ansicht, Vorgesellschaft und entstehende GmbH seien **identisch**: mit der Eintragung wandele sich die Vor-GmbH automatisch in die GmbH um (was keine Umwandlung im Sinne des UmwG ist!); zugleich gingen Vermögen und Schulden im Wege der Gesamtrechtsnachfolge auf die entstehende Kapitalgesellschaft automatisch über.[38)]

Die Gläubiger sollen dabei statt durch das Vorbelastungsverbot in der Weise abgesichert werden, dass die Gründer eine **Differenzhaftung** (auch **Unterbilanz- oder Vorbelastungshaftung**) analog § 9 Abs. 1 GmbHG gegenüber der eingetragenen Gesellschaft trifft; danach schulden sie ihr die Differenz zwischen dem tatsächlichen Reinvermögen im Zeitpunkt der Eintragung und dem aufgrund der Einlageverpflichtung geschuldeten Kapitalbetrag, gegebenenfalls zuzüglich des Aufgelds. Da diese Haftung unbeschränkt ist und auch immer unbeschränkt war, bildet sie das Gegenstück zur inzwischen ebenfalls unbeschränkten Gründerhaftung für den Fall der Nicht-Eintragung der Kapitalgesellschaft. Im Aktienrecht findet sich insoweit keine ausdrückliche Regelung; vielmehr ist die Differenzhaftung insoweit auf eine „Kapitaldeckungszusage" zu stützen.[39)]

2.30 Differenzhaftung analog § 9 Abs. 1 GmbHG

Die während des Bestehens der Vorgesellschaft dieser zustehenden Ansprüche werden also mit deren Eintragung zu Ansprüchen der Kapitalgesellschaft selbst. Lediglich die Gründungskosten dürfen – nach wie vor – von der Differenzhaftung in Abzug gebracht werden.[40)] Ausreichend ist demnach, dass die Einlageverpflichtungen im *Zeitpunkt der Anmeldung*, auf den sich die Versicherung nach § 37 Abs. 1 AktG, § 8 Abs. 2 Satz 1 GmbHG bezieht, entsprechend den gesetzlichen Vorschriften erbracht sind. Eine Verschlechterung der Vermögenslage zwischen diesem Zeitpunkt und dem Zeitpunkt der Eintragung führt nicht (mehr) zur Unzulässigkeit der Eintragung, sondern begründet die Differenzhaftung. Etwas anderes gilt nur dann, wenn Zweifel daran bestehen, ob die Gründer ihre Verpflichtungen aus der Differenzhaftung erfüllen können.[41)]

2.31

---

37) BGHZ 80, 129 = ZIP 1981, 394 = NJW 1981, 1373 = LM § 11 GmbHG Nr. 30a (*Fleck*).
38) BGHZ 80, 129, 137 f = ZIP 1981, 394 = NJW 1981, 1373 = LM § 11 GmbHG Nr. 30a (*Fleck*); 80, 182, 183 = ZIP 1981, 516; *Hueck/Fastrich*, in: Baumbach/ Hueck, GmbHG, § 11 Rz. 50 ff.
39) BGHZ 64, 52, 62; BGHZ 68, 191, 195; *Hüffer*, AktG, § 9 Rz. 6.
40) BGHZ 107, 1, 5 f (für die GmbH); für die Aktiengesellschaft § 26 AktG.
41) BayObLG WM 1992, 695, 698 f = EWiR § 8 GmbHG 1/92, 57 (*Bokelmann*); zu den für die Berechnung des Umfangs der Differenzhaftung anzusetzenden Werten in der Vorbelastungsbilanz BGH NJW 1998, 233 = ZIP 1997, 2008 = DStR 1997, 1857 (*Goette*) = LM H. 3/1998 § 11 GmbHG Nr. 39 = EWiR § 8 GmbHG 1/98, 33 (*Wilken*); BGHZ 140, 35 = ZIP 1998, 2151 = NJW 1999, 283 = DStR 1999, 206 (*Goette*) (Ansatz von Ertragswerten zulässig); dazu *Fleischer*, GmbHR 1999, 752; *Hennrichs*, ZGR 1999, 837; *Hirte*, NJW 1998, 2943, 3459, 3460; *ders.*, NJW 2000, 3321, 3327.

ee) Handelndenhaftung

Persönliche Inanspruchnahme der Gründer und Handeldenhaftung

2.32 Neben diesen auf der Grundlage richterlicher Rechtsfortbildung entwickelten Haftungsansätzen ist die Funktion der vom Gesetz vorgesehenen Handelndenhaftung (§ 41 Abs. 1 Satz 2 AktG, § 11 Abs. 2 GmbHG) nicht mehr klar auszumachen. Denn mit der Anerkennung der Rechtsfähigkeit der Vorgesellschaft und der persönlichen Inpflichtnahme ihrer Gründer fehlt es an der Notwendigkeit einer daneben laufenden persönlichen Haftung der „Handelnden".[42] Als Handelnde im Sinne der genannten Normen sind daher nur noch solche Personen anzusehen, die entweder selbst **als Geschäftsführer gehandelt** haben oder als solche aufgetreten sind.[43] **Gesellschafter**, die eine Aufnahme der Geschäfte seitens der Vorgesellschaft gebilligt haben, haften nicht mehr nach § 41 Abs. 1 Satz 2 AktG, § 11 Abs. 2 GmbHG.[44] Insbesondere können die Normen keine Haftung eines handelnden Gesellschafters gegenüber einem (Mit-) Gründer mehr begründen.[45]

Erlöschen der Handeldenhaftung bei Eintragung

2.33 In jedem Fall **erlischt** die Haftung eines Handelnden mit Eintragung der Gesellschaft.[46] Ein in Anspruch genommener Geschäftsführer kann aus seinem Anstellungsverhältnis zur Vorgesellschaft einen Rückgriffsanspruch gegen diese bzw. die eingetragene Gesellschaft haben.[47]

ff) Unechte Vorgesellschaft

Unechte Vorgesellschaft als GbR oder OHG

2.34 Das hier skizzierte Sonderrecht der Vorgesellschaft gilt allerdings nur soweit und nur solange, wie die Gründer tatsächlich die Absicht verfolgen, die Eintragung der Kapitalgesellschaft herbeizuführen. Wird diese Absicht endgültig aufgegeben oder ein Eintragungsantrag endgültig zurückgewiesen und die Gesellschaft gleichwohl fortgeführt, handelt es sich um eine unechte Vorgesellschaft. Auf sie finden die allgemeinen Regeln des bürgerlichen und des Handelsrechts Anwendung; das heißt, dass es sich um eine Gesellschaft bürgerlichen Rechts (§§ 705 ff BGB) bzw. unter den Voraussetzungen des § 1 HGB n. F. um eine offene Handelsgesellschaft (§ 128 HGB) handelt; eine Haftungsbeschränkung wäre im zweiten Fall

---

[42] BGHZ 80, 182, 184 = ZIP 1981, 516; BGHZ 91, 148, 149 = ZIP 1984, 950 = NJW 1984, 2164; *Grunewald*, GesR, 2.F. Rz. 38 (GmbH); *Raiser*, KapGesR, § 26 Rz. 114 (GmbH).

[43] BGHZ 47, 25; BGHZ 91, 148, 149 = ZIP 1984, 950 = NJW 1984, 2164; OLG Hamburg ZIP 1985, 1488, 1490 = EWiR § 11 GmbHG 1/85, 883 (*Weipert*); *Hueck/Fastrich*, in: Baumbach/Hueck, GmbHG, § 11 Rz. 43; *Raiser*, KapGesR, § 26 Rz. 115 (GmbH).

[44] *Hueck/Fastrich*, in: Baumbach/Hueck, GmbHG, § 11 Rz. 43; *Raiser*, KapGesR, § 26 Rz. 115 (GmbH).

[45] LAG Berlin WiB 1997, 311 (*Rendels*) = GmbHR 1996, 686 = EWiR § 11 GmbHG 4/96, 1085 (*Gerd Müller*).

[46] BGHZ 80, 182, 183 ff = ZIP 1981, 516.

[47] BGHZ 86, 122, 126 = ZIP 1983, 158; *Hueck/Fastrich*, in: Baumbach/Hueck, GmbHG, § 11 Rz. 49a; *Raiser*, KapGesR, § 26 Rz. 117 (GmbH).

selbst bei einem entsprechenden Willen der Gründer nicht möglich (§ 176 Abs. 1 HGB).[48]

4. Gründungsverfahren der Europäischen Aktiengesellschaft

Völlig eigenständigen Regeln folgt die Gründung einer SE. Sie kann zunächst in vier von Art. 2 SE-VO vorgesehenen Varianten vollzogen werden. Die entsprechenden Regelungen bilden einen so starken Schwerpunkt der SE-Verordnung, dass diese äußerlich eher dem Umwandlungsgesetz als dem Aktiengesetz gleicht; Grund ist, dass es bislang an – zudem einheitlichen – Vorschriften über grenzüberschreitende Unternehmensverbindungen fehlt, auf die verwiesen werden könnte.[49]

2.35

a) Verschmelzung

Zunächst können Aktiengesellschaften, die nach dem Recht eines Mitgliedstaats gegründet worden sind und die ihren Sitz und ihre Hauptverwaltung in der Gemeinschaft haben, eine Gründung durch Verschmelzung vollziehen, wenn mindestens zwei der zu verschmelzenden Gesellschaften dem Recht verschiedener Mitgliedstaaten unterliegen (Art. 2 Abs. 1 SE-VO; Einzelheiten in Art. 17–31 SE-VO.[50]) Das wird man aber auf den Fall beschränken müssen, dass nicht eine der Gesellschaften von der anderen abhängig ist; denn sonst könnte die an eine Zeitschranke anknüpfende Gründungsmöglichkeit durch Formwechsel (dazu sogleich Rz. 2.40) unterlaufen werden.

2.36 Verschmelzung von Gesellschaften mehrerer Mitgliedstaaten

Die Beibehaltung des nationalen Beurkundungserfordernisses für den Verschmelzungsplan (= -vertrag) ist nach Art. 18 SE-VO jedenfalls zulässig.[51] Im Übrigen erfolt die **Rechtmäßigkeitskontrolle** in einem zweistufigen Verfahren: zunächst ist nach Art. 25 Abs. 1 SE-VO für jede Gründungsgesellschaft eine Kontrolle nach nationalem Aktien- bzw. Umwandlungsrecht durchzuführen; darauf hin ist von der zuständigen

2.37

---

48) BGHZ 22, 240, 244 f; BGHZ 152, 290 = ZIP 2002, 2309 (*Drygala*) = NJW 2003, 429 = NZG 2003, 79 = DStR 2002, 2232 (*Goette*) = JZ 2003, 626 (*Langenbucher*) (abw. als Vorinstanz OLG Bremen ZIP 2000, 2201, 2204 = NZG 2001, 227 = EWiR § 11 GmbHG 3/2000, 1015 *[Münnich]*); BFHE 185, 356 = BStBl II 1998, 531 = ZIP 1998, 1149 = NJW 1998, 2926 = DStR 1998, 1129 (*Goette*) = EWiR § 11 GmbHG 5/98, 745 (*Bork*); BSGE 85, 192 = ZIP 2000, 494 = NZA-RR 2000, 373 = DStR 2000, 741 = EWiR § 11 GmbHG 4/2000, 1055 (*Kort*); OLG Jena NJW-RR 2002, 970.

49) Ähnlich *Schulz/Geismar*, DStR 2001, 1078, 1080.

50) Für die Verschmelzung deutscher Aktiengesellschaften ist insbesondere Art. 25 Abs. 3 SE-VO von Bedeutung, nach dem ein die Eintragung der Verschmelzung nicht hinderndes (Spruch-)Verfahren zur Kontrolle und Änderung des Umtauschverhältnisses der Aktien oder zur Abfindung von Minderheitsaktionären nur dann angewandt werden kann, wenn dies entweder auch in den anderen Staaten vorgesehen ist, denen die zu verschmelzenden Gesellschaften unterliegen oder die Hauptversammlung der anderen Gesellschaft(en) dem nach Art. 23 Abs. 1 SE-VO ausdrücklich zustimmt.

51) Abw. *Schulz/Geismar*, DStR 2001, 1078, 1080, die aus dem Schweigen in Art. 20 Abs. 1 SE-VO zu diesem Punkt von einem Verbot der Statuierung eines Beurkundungserfordernisses ausgehen.

nationalen Stelle eine Bescheinigung auszustellen, aus der zweifelsfrei hervorgehen muss, dass die der Verschmelzung vorangehenden Rechtshandlungen und Formalitäten durchgeführt wurden (Art. 25 Abs. 2 SE-VO). Sodann wird die Durchführung der Verschmelzung und Gründung der SE von der jeweils national zuständigen Stelle im künftigen Sitzstaat der SE überprüft, insbesondere ob ein gleich lautender Verschmelzungsplan vorliegt und ob eine Vereinbarung über die Beteiligung der Arbeitnehmer geschlossen wurde (Art. 26 SE-VO).

b) Gründung einer Holding-SE

Anforderungen an eine Holding-SE

2.38 Aktiengesellschaften und GmbHs, die nach dem Recht eines Mitgliedstaats gegründet worden sind und ihren Sitz und ihre Hauptverwaltung in der Gemeinschaft haben, können sodann die Gründung einer Holding-SE anstreben, wenn mindestens zwei von ihnen[52] dem Recht unterschiedlicher Mitgliedstaaten unterliegen *oder* mindestens zwei von ihnen seit mindestens zwei Jahren eine dem Recht eines anderen Mitgliedstaats unterliegende Tochtergesellschaft oder eine Niederlassung in einem anderen Mitgliedstaat haben (Art. 2 Abs. 2 SE-VO; Einzelheiten in Art. 32–34 SE-VO).

c) Gründung einer Tochter-SE durch Zeichnung ihrer Aktien

Anforderungen an eine Tochter-SE

2.39 Schließlich können **Gesellschaften** i. S. v. Art. 48 Abs. 2 EG sowie juristische Personen des öffentlichen oder privaten Rechts, die nach dem Recht eines Mitgliedstaats gegründet worden sind und ihren Sitz sowie ihre Hauptverwaltung in der Gemeinschaft haben, eine Tochter-SE durch Zeichnung ihrer Aktien gründen, wenn mindestens zwei von ihnen dem Recht verschiedener Mitgliedstaaten unterliegen *oder* mindestens zwei von ihnen seit mindestens zwei Jahren eine dem Recht eines anderen Mitgliedstaats unterliegende Tochtergesellschaft oder eine Niederlassung in einem anderen Mitgliedstaat haben (Art. 2 Abs. 3, Art. 35–36 SE-VO). Als Gründer kommen hier wie nach Art. 4 Abs. 1 a) EWIV-VO auch Personengesellschaften in Betracht, da sie zu den Gesellschaften i. S. v. Art. 48 Abs. 2 EG gehören.[53]

d) Gründung durch formwechselnde Umwandlung

Formwechselnde Umwandlung

2.40 Schließlich kann eine Aktiengesellschaft, die nach dem Recht eines Mitgliedstaats gegründet worden ist und ihren Sitz sowie ihre Hauptverwaltung in der Gemeinschaft hat, in eine SE (formwechselnd) umgewandelt werden, wenn sie seit mindestens zwei Jahren eine dem Recht eines anderen Mitgliedstaats unterliegende Tochtergesellschaft (nicht auch eine

---

52) Dies ist wörtlich zu nehmen; dazu *Schwarz*, ZIP 2001, 1847, 1850; abw. *Hommelhoff*, AG 2001, 279, 281 Fn. 15, nach dem schon bei nur einer Gesellschaft mit Auslandstochter die erforderliche Grenzüberschreitung ausreichen soll.

53) *Müller-Huschke*, in: Schwarze (Hrsg.), EU-Kommentar (2000), Art. 48 EG Rz. 3; *Schulz/Geismar*, DStR 2001, 1078, 1081; *Troberg*, in: von der Groeben/Thiesing/Ehlermann, Kommentar zum EU/EG-Vertrag (5. Aufl., 1997), Art. 58 EG Rz. 2.

Zweigniederlassung[54]) hat (Art. 2 Abs. 4 SE-VO, Art. 37 SE-VO). Anlässlich der Umwandlung darf die Gesellschaft ihren Sitz aber nicht in einen anderen Staat verlegen (Art. 37 Abs. 3 SE-VO).

e) Beteiligung von Nicht-EU-Gesellschaften an der Gründung

Nach Art. 2 Abs. 5 SE-VO kann ein Mitgliedstaat vorsehen, dass sich auch eine Gesellschaft an der Gründung beteiligen kann, die ihre Hauptverwaltung **nicht in der Gemeinschaft** hat, sofern sie nach dem Recht eines Mitgliedstaats gegründet wurde und in diesem Staat ihren Sitz hat und mit der Wirtschaft *eines*[55]) Mitgliedstaats in wirtschaftlicher und dauerhafter Verbindung steht.[56]) Im Übrigen können sich Nicht-EU-Gesellschaften nicht unmittelbar an der Gründung einer SE beteiligen. Nicht ausgeschlossen ist aber, dass deren Unternehmen im Wege der Sacheinlage in eine SE eingebracht werden (dazu unten Rz. 5.55).

2.41 Nicht-EU-Gesellschaften

f) Gemeinsamkeiten der primären Gründungsformen

Gemeinsam ist allen diesen Gründungsverfahren das Erfordernis der **Grenzüberschreitung**.[57]) Ähnlich wie bei Art. 4 Abs. 2 EWIV-VO dient dieses Merkmal der Abgrenzung von den rein nationalen Gesellschaftsformen und trägt damit dem Subsidiaritätsgebot des Art. 5 EG Rechnung (dazu auch Erwägungsgrund der SE-VO Nr. 30).[58]) In Fällen, in denen die Grenzüberschreitung wie bei der formwechselnden Umwandlung einer Aktiengesellschaft mit Tochtergesellschaft im EU-Ausland selbst geschaffen werden kann, muss die Grenzüberschreitung zudem seit **mindestens zwei Jahren** bestehen; damit werden – freilich nur sehr unvollkommen – wenig international ausgerichtete Gesellschaften am Zugang zur SE gehindert. Ein im deutschen Recht bislang nicht bekanntes Gründungsverfahren ist die *Gründung einer Holding-SE*: hier schaffen sich die Gesellschafter von mindestens zwei Gesellschaften durch einen Gründungsplan eine neue Muttergesellschaft für ihre alten Gesellschaften; anders als bei einer Verschmelzung bleiben die gründenden Gesellschaften hier jedoch als Tochtergesellschaften der neuen SE bestehen. In jedem Fall müssen dabei mehr als 50 % der Anteile in die Holding eingebracht werden (Art. 32 Abs. 2 Satz 4 SE-VO).

2.42 Grenzüberschreitung als Gründungsvoraussetzung

Bemerkenswert ist, dass die Gründung einer SE im Wege einer Übernahme der Aktien durch **beliebige Gründer nicht möglich** ist, auch wenn der gesetzliche Normalfall einer Gründung durch Zeichnung von Aktien auch in den nationalen Aktienrechten nicht der praktisch wichtigste Fall ist (oben Rz. 2.3). Insbesondere natürlichen Personen ist der Zu-

2.43 Keine natürlichen Personen als Gründer

---

54) *Schwarz*, ZIP 2001, 1847, 1850.
55) Nach *Hommelhoff*, AG 2001, 279, 281 Fn. 17 soll darunter nur der Gründungsstaat zu verstehen sein.
56) Zu dieser „großzügigen Regelung" *Hommelhoff*, AG 2001, 279, 281.
57) *Schwarz*, ZIP 2001, 1847, 1850.
58) Ebenso *Hommelhoff*, AG 2001, 279, 281.

gang zur SE als Gründer verwehrt.[59] Der Zugang zur SE setzt damit schon eine zuvor vorhandene grenzüberschreitende *Gesellschafts*struktur – und nicht schon sonstige wirtschaftliche oder vertragsrechtliche Beziehungen – voraus.[60] Die geforderte gesellschaftsrechtliche Struktur ist zudem bei den verschiedenen Gründungsformen *unterschiedlich*: denn Gesellschaften mbH und ihre ausländischen Spiegelbilder können sich nur an der Gründung einer Holding-SE und an der einer Tochter-SE beteiligen; Verschmelzung und Formwechsel als Gründungsvarianten sind ihnen verschlossen.[61] Das kann für eine nationale Gesellschaft zunächst eine zeit- und kostenintensive Umwandlung in eine der nach europäischem Recht zugelassenen Gründungsgesellschaftsformen erforderlich machen.[62] Nicht zugelassen ist auch eine unmittelbare **Ausgründung** einer Tochter-SE aus einer nationalen Aktiengesellschaft, wenngleich man dieses Ziel auch dadurch erreichen kann, dass man zwei (zu diesem Zweck geschaffene) Tochtergesellschaften unterschiedlichen nationalen Rechts verschmilzt.[63]

g) Gründung einer Tochter-SE durch eine SE

Gründung einer Tochter-SE durch eine SE

2.44 Zu den beschriebenen vier Formen einer „primären" SE-Gründung[64] tritt noch die in Art. 3 Abs. 2 SE-VO genannte Möglichkeit einer SE, eine oder mehrere Tochter-SE zu gründen. Das wird (wohl) wie im Falle der Gründung einer (primären) Tochter-SE (Art. 2 Abs. 3 SE-VO) durch Zeichnung ihrer Aktien zu geschehen haben, also nicht durch Ausgliederung *uno actu*.[65] Grenzüberschreitung – etwa in der Weise, dass sie in einem anderen Staat als die Mutter-SE errichtet werden müsste – ist hier nicht erforderlich.

h) Rechtshandlungen vor Eintragung

Keine SE-Vorgesellschaft

2.45 Für vor ihrer Eintragung im Namen der SE vorgenommene Rechtshandlungen haften diejenigen, die die Rechtshandlungen vorgenommen haben,[66] mangels anderweitiger Vereinbarung unbegrenzt und gesamtschuldnerisch; anders ist dies nur dann, wenn die SE die Verpflichtun-

---

59) *Ulmer*, FAZ v. 21. 3. 2001, Nr. 68 S. 30; kritisch *Hommelhoff*, AG 2001, 279, 280 (mit der Vermutung, die Beschränkung der Gründungsmöglichkeiten diene dazu, die SE größeren Gesellschaften vorzubehalten).
60) Kritisch zum Fehlen der „normalen" Gründung *Schulz/Geismar*, DStR 2001, 1078, 1081.
61) Kritisch *Hommelhoff*, AG 2001, 279, 280.
62) Dazu *Hommelhoff*, AG 2001, 279, 281.
63) Dazu *Schulz/Geismar*, DStR 2001, 1078, 1081 f.
64) So die Differenzierung von *Hommelhoff*, AG 2001, 279, 280.
65) Missverständlich *Hommelhoff*, AG 2001, 279, 280, wenn er von „Ausgründung" spricht.
66) Das können hier – anders als im deutschen Recht – auch die Gesellschafter sein; dazu überzeugend *Kersting*, DB 2001, 2079, 2082 ff.

gen aus den genannten Rechtshandlungen übernimmt (Art. 16 Abs. 2 SE-VO).[67] Die Entstehung einer **Vorgesellschaft**, wie sie für das nationale deutsche Kapitalgesellschaftsrecht angenommen wird, scheidet damit aus.[68]

5. Vorratsgründung

Um das langwierige Gründungs- und Prüfungsverfahren und die strengen Vorschriften über die Kapitalaufbringung im Gründungsstadium zu vermeiden, werden vor allem Gesellschaften mit beschränkter Haftung häufig „auf Vorrat" gegründet. Statt der Neugründung einer Kapitalgesellschaft kann dann der „Mantel" einer bereits bestehenden Gesellschaft durch Übertragung aller Anteile (dazu unten Rz. 4.52 ff) gekauft werden, die dann durch Änderung des Unternehmensgegenstands an die Bedürfnisse des Erwerbers angepasst wird (**Mantelkauf**); da eine solche Gesellschaft bereits aktiv tätig war, birgt dieses Vorgehen höhere Risiken.

2.46 Mantelkauf durch Übertragung der Anteile

Für das Aktienrecht hat der BGH die Gründung einer Vorrats-Aktiengesellschaft für zulässig erklärt, sofern – und dies ist entscheidend – der Charakter als **Vorratsgründung** bei der Bezeichnung des Unternehmensgegenstandes **offen gelegt** wird (etwa: „Verwaltung eigenen Vermögens"). Die Angabe eines unzutreffenden Unternehmensgegenstandes führt demgegenüber zur Unwirksamkeit der Gründung und begründet damit das Risiko unbeschränkter Haftung. Eine solche **verdeckte Vorratsgründung** liegt auch dann vor, wenn der angegebene Unternehmensgegenstand auf absehbare Zeit nicht verwirklicht werden soll.[69] Auch für das GmbH-Recht hat der BGH inzwischen eine Vorratsgründung für möglich gehalten; mit Blick auf die darin liegende „**wirtschaftliche Neugründung**" verlangt er aber eine entsprechende Anwendung der Gründungsvorschriften (einschließlich ihrer Überprüfung durch das Registergericht), was unter Umständen eine erneute Aufbringung des Stammkapitals erfordert.[70]

2.47 Anwendung der Gründungsvorschriften bei Vorratsgründung

---

67) Zur Übernahme der Verbindlichkeiten ausführlich *Kersting*, DB 2001, 2079, 2085.
68) Dazu, auch zu den möglichen nationalen Spielräumen und zur Teilrechtsfähigkeit jedenfalls für die Entgegennahme der Einlagen, *Kersting*, DB 2001, 2079, 2081 f; andeutungsweise auch *Pluskat*, EuZW 2001, 524, 526 Fn. 30; unklar *Schwarz*, ZIP 2001, 1847, 1857 f.
69) BGHZ 117, 323 = ZIP 1992, 689 = NJW 1992, 1824 = EWiR § 20 FGG 1/92, 673 (*Kraft*); *Ebenroth/Müller*, DNotZ 1994, 75; *Kraft*, DStR 1993, 101.
70) BGH ZIP 2003, 251 = DStR 2003, 298 (*Goette*); Vorinstanz OLG Brandenburg NJW-RR 2002, 971, 973 f = EWiR § 3 GmbHG 1/02, 875 (*T. Keil*); ebenso zuvor OLG Frankfurt/M. NJW-RR 1999, 476 = GmbHR 1999, 32 = EWiR § 16 GmbHG 1/99, 359 (*T. Keil*); LG Duisburg EWiR § 3 GmbHG 1/98, 223 (*Rawert*); AG Duisburg NJW-RR 1998, 246; LG Dresden ZIP 2000, 1834, 1835 = EWiR § 3 GmbHG 1/2000, 839 (*Hasselbach*); LG Düsseldorf ZIP 2002, 2215; abw. zuvor OLG Frankfurt/M. DB 1991, 2328 = NJW 1992, 456 = Rpfleger 1992, 27; BayObLG NJW-RR 2000, 113 = DB 1999, 954 = BB 1999, 971 = NZG 1999, 666 = GmbHR 1999, 607 = DStR 1999, 1036 (*Ammon*) = EWiR § 3 GmbHG 1/99, 647 (*J. Heublein*); kritisch aus rechtspolitischen Gründen auch *Hirte*, NJW 2003, 1154, 1155; *ders.*, ZInsO 2000, 127, 131 f.

II. Umfang der Gestaltungsfreiheit
1. Aktienrecht

2.48 Ganz erhebliche Unterschiede weisen Aktiengesellschaft und GmbH bezüglich des Umfangs der Gestaltungsfreiheit auf. Denn nach § 23 Abs. 5 AktG „kann [die Satzung] von den Vorschriften dieses Gesetzes [scil.: des Aktiengesetzes] nur abweichen, wenn es ausdrücklich zugelassen ist. Ergänzende Bestimmungen der Satzung sind zulässig, es sei denn, dass dieses Gesetz [scil.: das Aktiengesetz] eine abschließende Regelung enthält." Eine vergleichbare Norm kennt das GmbH-Gesetz nicht.

Anlegerschutz durch Satzungsstrenge (§ 23 Abs. 5 AktG)

2.49 § 23 Abs. 5 AktG zeigt dabei „die im Grundsatz bereits vom AktG 37 vollzogene Entwicklung der Aktiengesellschaft von der weitgehend durch Satzungsautonomie gestaltbaren juristischen Persönlichkeit, wie es heute noch [unter anderem] GmbH [und] Verein sind, zur zwangsgeregelten Rechtsperson, deren Satzung die gesetzlichen Vorschriften nur mehr konkretisiert und höchstens ergänzt. [... Sie] bedeute[.] dementsprechend die Absage an das Prinzip der Vertragsfreiheit."[71] Damit gehe die „Vorschrift [.] letzten Endes auf die Verkehrsfähigkeit der Aktie zurück. Jeder (auch jeder künftige) Aktionär soll sich darauf verlassen können, dass die Satzung der Gesellschaft keine ungewöhnlichen Bestimmungen enthält."[72] Der Zweck der Vorschrift liegt damit im Gegensatz zum sonst verbandsbezogenen Gesellschaftsrecht im *Kapitalmarktrecht oder Anlegerschutz*.[73] Damit will er neben dem *Sozialschutz* des Aktionärs die Handelbarkeit der Ware Aktie durch *Standardisierung* der gehandelten Gesellschaft und ihrer Organisationsstruktur verbessern.[74]

Gestaltungsspielraum bei der SE

2.50 Für den Umfang der Gestaltungsfreiheit bei der **Europäischen Aktiengesellschaft** ergibt sich wie auch bei den Rechtsquellen eine zweigeteilte Regelung. Soweit das europäische Recht Satzungsregelungen „ausdrücklich zulässt" (Art. 9 Abs. 1 b) SE-VO; dazu bereits oben Rz. 1.31), ist deren Zulässigkeit an der Verordnung zu messen. Die Grenzen der Gestaltungsfreiheit zu bestimmen, wird insoweit Aufgabe des Europäischen

---

71) *Barz*, in: Großkomm. AktG (3. Aufl., 1973 ff), § 23 Rz. 18; *Eckardt*, in: Geßler/Hefermehl/Eckardt/Kropff, AktG, § 23 Rz. 115; *Kraft*, in: Kölner Komm. z. AktG, § 23 Rz. 84 f; MünchKomm-*Pentz*, AktG, § 23 Rz. 150; *Timm*, DB 1980, 1201, 1204; ausführlich *Geßler*, in: Festschrift Martin Luther, 1976, S. 69, 73 f.

72) *Eckardt*, in: Geßler/Hefermehl/Eckardt/Kropff, AktG, § 23 Rz. 106 (und 109); MünchKomm-*Pentz*, AktG, § 23 Rz. 150; ähnlich *Hüffer*, AktG, § 23 Rz. 34; *F. Kübler*, GesR, § 14 III 1 b, S. 165.

73) Dazu jetzt vor allem *Mülbert*, Aktiengesellschaft, Unternehmensgruppe und Kapitalmarkt (1995), S. 78 ff; zuvor etwa *Assmann*, Großkomm. AktG, Einl. Rz. 352 ff; *Wiedemann*, GesR I, S. 472 ff; teilweise kritisch *Hirte*, in: Gestaltungsfreiheit im Gesellschaftsrecht. 11. ZGR-Symposion „25 Jahre ZGR", ZGR-Sonderheft 13 (1998), S. 61, 71 ff; noch kritischer *Spindler*, AG 1998, 53 ff.

74) *Assmann*, ZBB 1989, 49, 59 ff, 62; *ders.*, Großkomm AktG, Rz. 364 ff, 436; *Mertens*, ZGR 1994, 426, 428; *Mülbert*, Aktiengesellschaft, Unternehmensgruppe und Kapitalmarkt (1995), S. 5, 111 (zur angeblichen Absicherung dieses Standards durch die Sachkontrolle S. 222).

Gerichtshofs sein. Soweit die Verordnung i. S. v. Art. 9 SE-VO *keine Regelung* enthält und deshalb nationales Recht – sei es spezielles SE-Recht oder allgemeines Aktienrecht – zur Anwendung gelangt, bestimmt dies auch über den Umfang der Gestaltungsfreiheit. Europäische Gerichte können insoweit nur festlegen, ob die Verordnung eine Lücke gelassen hat. Für in Deutschland ansässige SE wird damit auch § 23 Abs. 5 AktG zum Zuge kommen.[75]

2. GmbH-Recht

Eine § 23 Abs. 5 AktG vergleichbare Norm kennt das GmbH-Recht – wie gesagt – nicht. Gleichwohl gibt es auch hier zahlreiche, wenngleich deutlich weniger zwingende Normen. Insbesondere das Verhältnis der Gesellschafter zueinander ist indes deutlich stärker vom Grundsatz der Vertragsfreiheit beherrscht, als dies im Aktienrecht der Fall ist. Allerdings gibt es auch insoweit bemerkenswerte Ausnahmen wie etwa das Informationsrecht des § 51a GmbHG.

2.51

Deshalb liegt im GmbH-Recht – umgekehrt – der Schwerpunkt der Diskussion auf der Frage, inwieweit Satzungsgestaltungen der **Inhaltskontrolle** zu unterwerfen sind. Wegen § 310 Abs. 4 Satz 1 BGB (= § 23 Abs. 1 AGBG a. F.) kommt allerdings insoweit nur ein Rückgriff auf die Generalklauseln der §§ 138, 242 BGB in Betracht. Davon wird ohne weiteres Gebrauch gemacht, wenn gesellschaftsvertragliche Regelungen Dritte – etwa Gläubiger – benachteiligen. Wichtiger aber sind die Fälle, in denen Satzungsregelungen die Rechte von Gesellschaftern über Gebühr verkürzen. Im Mittelpunkt standen dabei Regelungen zur Verkürzung des Austritts- und zur Erweiterung des Ausschlussrechts sowie zur Einschränkung des Abfindungsguthabens in beiden Fällen (dazu unten Rz. 4.94 ff).

2.52 Inhaltskontrolle als Ausgleich fehlender Satzungsstrenge

III. Inhalt der Satzung

1. Mindestinhalt und nichtkorporative Bestandteile

Muster einer GmbH-Satzung und einer AG-Satzung finden Sie nachstehend und im Internet (siehe Vorwort)[76]:

2.53 Inhalt der Satzung

---

75) Kritisch hierzu *Hommelhoff*, AG 2001, 279, 287.
76) Für die Bereitstellung dieser Muster danke ich SERNETZ · SCHÄFER, Rechtsanwälte, Düsseldorf – München.

Gesellschaftsvertrag

§ 1
Firma und Sitz der Gesellschaft

(1) Die Firma der Gesellschaft lautet:

... [Firma] GmbH.

(2) Die Gesellschaft hat ihren Sitz in ... *[Ort]*.

§ 2
Gegenstand des Unternehmens

(1) Gegenstand des Unternehmens ist die Entwicklung, Herstellung und die Veräußerung von ... *[Produkte; ggf. sonstige Unternehmungen]*.

(2) Die Gesellschaft kann alle Geschäfte betreiben, die dem Gesellschaftszweck unmittelbar oder mittelbar zu dienen geeignet sind oder zu seiner Erreichung nützlich erscheinen, insbesondere kann sie

    a) Zweigniederlassungen errichten,

    b) Grundstücke erwerben oder veräußern,

    c) andere Unternehmen unabhängig von ihrem Handelszweig erwerben oder sich an solchen beteiligen oder mit solchen Unternehmensverträge abschließen oder Interessengemeinschaften beitreten.

§ 3
Stammkapital

(1) Das Stammkapital beträgt EUR ...*[Betrag]*,– (in Worten: ... *[Betrag]* Euro).

(2) Auf das Stammkapital übernehmen

    a) ... *[Name]* eine Stammeinlage von EUR ... *[Betrag]* (in Worten: ... *[Betrag]* Euro),

    b) ... *[Name]* eine Stammeinlage von EUR ... *[Betrag]* (in Worten: ... *[Betrag]* Euro),

    c) ... *[Name]* eine Stammeinlage von EUR ... *[Betrag]* (in Worten: ... *[Betrag]* Euro).

(3) Die Stammeinlagen werden bar in Geld erbracht. Sie sind insgesamt sofort einzuzahlen.

§ 4
Geschäftsführung und Vertretung

(1) Die Gesellschaft hat einen oder mehrere Geschäftsführer, die durch Gesellschafterbeschluss bestellt und abberufen werden.

(2) Die Gesellschaft wird vertreten,

    a) wenn nur ein Geschäftsführer vorhanden ist oder die Gesellschafter einen Geschäftsführer zur Einzelvertretung ermächtigt haben, durch diesen allein;

    b) wenn mehrere Geschäftsführer vorhanden sind, durch zwei Geschäftsführer gemeinschaftlich oder durch einen Geschäftsführer gemeinsam mit einem Prokuristen.

(3) Die Gesellschafterversammlung kann, auch wenn mehrere Geschäftsführer bestellt sind, einem, mehreren oder allen Geschäftsführern die Befugnis zur Alleinvertretung erteilen. Sie kann ferner sämtliche oder einzelne Geschäftsführer von den Beschränkungen des § 181 BGB befreien. In beiden Fällen bedarf es dazu eines Gesellschafterbeschlusses, der mit einer Mehrheit von drei Vierteln (75 %) der abgegebenen Stimmen gefasst wird.

(4) Der vorherigen Zustimmung der Gesellschafter durch Gesellschafterbeschluss bedürfen:

a) der Erwerb, die Veräußerung oder die Belastung von Grundstücken, grundstücksgleichen Rechten oder Gebäuden;

b) die Übernahme von Bürgschaften und Garantien, soweit diese im Einzelfall EUR ... *[Betrag]* oder insgesamt EUR ... *[Betrag]* übersteigen;

c) die Erteilung sowie der Widerruf von Prokuren;

d) ... [ggf. weitere Einschränkungen]

Die Zustimmung gemäß lit. a) bedarf einer Mehrheit von drei Vierteln (75 %) sämtlicher auf das Stammkapital entfallender Stimmen.

§ 5
Gesellschafterversammlungen und -beschlüsse

(1) Gesellschaftsversammlungen werden durch die Geschäftsführer einberufen. Jeder Geschäftsführer ist allein einberufungsberechtigt. Die Gesellschafterversammlungen finden am Sitz der Gesellschaft statt.

(2) Die ordentliche Gesellschafterversammlung, die über die Feststellung des Jahresabschlusses und die Ergebnisverwendung beschließt, ist so rechtzeitig einzuberufen, dass sie innerhalb der ersten sechs Monate nach Abschluss des vorangegangenen Geschäftsjahres stattfindet. Im Übrigen ist eine außerordentliche Gesellschafterversammlung einzuberufen, wenn Gesellschafter, deren Geschäftsanteile zusammen mindestens dem zehnten Teil des Stammkapitals entsprechen, dies verlangen oder wenn das dringende Interesse der Gesellschaft dies erfordert.

(3) Die Einberufung erfolgt durch eingeschriebenen Brief an jeden Gesellschafter mit einer Frist von mindestens vier Wochen bei ordentlichen und mindestens zwei Wochen bei außerordentlichen Gesellschafterversammlungen. In dem Brief sind Tag, Zeit, Ort und Tagesordnung der Gesellschafterversammlung anzugeben. In eilbedürftigen Fällen kann die Einberufung mit angemessen kürzerer Frist erfolgen. Der Lauf der Frist beginnt mit dem der Aufgabe zur Post folgenden Tag. Der Tag der Versammlung wird bei der Berechnung der Frist nicht mitgezählt.

(4) Die Gesellschafterversammlung ist beschlussfähig, wenn alle Gesellschafter rechtzeitig geladen und mehr als drei Viertel (75 %) des stimmberechtigten Kapitals anwesend oder vertreten sind; soweit über eine Be- oder Abberufung eines Geschäftsführers zu beschließen ist, der Geschäftsanteile an der Gesellschaft hält, sind diese bei der Berechnung des stimmberechtigten Kapitals nicht zu berücksichtigen. Jeder Gesellschafter kann sich durch einen anderen Gesellschafter oder durch einen Verwandten gerader Linie vertreten lassen. Der Vertreter bedarf einer in Textform erteilten Vollmacht. Ist die Versammlung nicht beschlussfähig, so ist eine zweite Versammlung, die mit derselben Tagesordnung und einer Ladungsfrist von zwei Wochen einzuberufen ist, in jedem Fall beschlussfähig. Hierauf ist in der Einladung besonders hinzuweisen. Absatz (3) Satz 3 ist entsprechend anzuwenden.

(5) Den Vorsitz in der Gesellschafterversammlung führt der dienstälteste Geschäftsführer. Ist ein Geschäftsführer in der Versammlung nicht anwesend, so wird der Vorsitzende von der Gesellschafterversammlung gewählt.

(6) Wird über die Verhandlungen der Gesellschafterversammlung keine notarielle Niederschrift aufgenommen, ist über den Verlauf der Gesellschafterversammlung eine Niederschrift anzufertigen, in welcher Ort und Tag der Sitzung, die Teilnehmer, die Gegenstände der Tagesordnung, der wesentliche Inhalt der Verhandlungen und die Beschlüsse der Gesellschafter anzugeben sind. Die Niederschrift ist vom Vorsitzenden zu unterzeichnen. Eine Abschrift ist den Gesellschaftern zu übersenden.

(7) Beschlussfassungen können auch außerhalb einer förmlichen Gesellschafterversammlung durch schriftliche, fernschriftliche, telegrafische, mündliche oder fernmündliche Stimmabgabe erfolgen, wenn sich jeder Gesellschafter an der Abstimmung beteiligt und zwingende gesetzliche Regeln dem nicht entgegenstehen. In solchen Fällen ist das Ergebnis der Abstimmung und der Wortlaut des gefassten Beschlusses von der Geschäftsführung sämtlichen Gesellschaftern unverzüglich durch eingeschriebenen Brief schriftlich mitzuteilen.

(8) Soweit nicht der Gesellschaftsvertrag oder eine zwingende Vorschrift des Gesetzes etwas anderes bestimmen, werden Beschlüsse, zu denen die Gesellschafter oder ein Teil von ihnen nach dem Gesetz oder dem Gesellschaftsvertrag berufen sind, mit einfacher Mehrheit der bei der Beschlussfassung abgegebenen Stimmen gefasst. Dabei gelten Stimmenthaltungen als nicht abgegebene Stimmen. In allen Fällen gewähren je EUR 50,– (in Worten: fünfzig Euro) eines Geschäftsanteiles eine Stimme. Bei der Beschlussfassung, welche die Vornahme eines Rechtsgeschäfts, die Befreiung von einer Verbindlichkeit oder die Einleitung oder Erledigung eines Rechtsstreites gegenüber einem Gesellschafter oder die Bestellung, den Widerruf der Bestellung oder die Entlastung eines Geschäftsführers betrifft, hat der betroffene Gesellschafter kein Stimmrecht; er darf das Stimmrecht auch nicht für andere ausüben. Die Bestellung oder der Widerruf einer Bestellung eines Geschäftsführers bedürfen einer Mehrheit von mehr als drei Vierteln (75 %) der abgegebenen Stimmen.

(9) Beschlüsse der Gesellschafter können wegen Verletzung des Gesetzes oder des Gesellschaftsvertrages nur innerhalb eines Monats – seit dem Tag der Beschlussfassung – durch Klageerhebung angefochten werden. Bei Beschlussfassungen gemäß Absatz (7) läuft die Frist von dem Erhalt des Briefes der Geschäftsführung ab.

§ 6
Geschäftsjahr, Jahresabschluss

(1) Das Geschäftsjahr ist das Kalenderjahr.

(2) Jahresabschluss (Bilanz, Gewinn- und Verlustrechnung) und Anhang und Lagebericht sind von den Geschäftsführern innerhalb der gesetzlichen Frist unter Beachtung der gesetzlichen Bestimmungen nach den Grundsätzen eines vorsichtigen Kaufmannes aufzustellen.

§ 7
Verfügung über einen Geschäftsanteil

Die Verfügung über einen Geschäftsanteil oder über einen Teil eines Geschäftsanteiles ist nur mit vorheriger schriftlicher Zustimmung der Gesellschaft zulässig. Die Zustimmung darf nur aufgrund eines Gesellschafterbeschlusses erteilt werden, der mit einer Mehrheit von mindestens drei Vierteln (75 %) sämtlicher auf das Stammkapital entfallender Stimmen gefasst wurde.

§ 8
Einziehung von Geschäftsanteilen

(1) Die Einziehung von Geschäftsanteilen ist zulässig. Die Gesellschafterversammlung kann die Einziehung von Geschäftsanteilen eines Gesellschafters ohne dessen Zustimmung beschließen, wenn

a) über das Vermögen des Gesellschafters das Insolvenzverfahren eröffnet oder die Eröffnung des Verfahrens mangels Masse abgelehnt wird;

b) der Gesellschafter die Richtigkeit seines Vermögensverzeichnisses an Eides statt zu versichern hat;

c) von Seiten des Privatgläubigers des Gesellschafters eine Zwangsvollstreckung in den Geschäftsanteil betrieben wird und die Vollstreckungsmaßnahme nicht innerhalb von zwei Monaten, spätestens bis zur Verwertung des Geschäftsanteils, aufgehoben wird;

d) in seiner Person ein wichtiger Grund vorliegt. Ein wichtiger Grund liegt insbesondere vor, wenn der Gesellschaft ein weiteres Verbleiben des Gesellschafters in der Gesellschaft nicht zumutbar ist, insbesondere wenn der Gesellschafter eine ihm nach dem Gesellschaftsvertrag obliegende wesentliche Verpflichtung vorsätzlich oder grob fahrlässig verletzt oder die Erfüllung einer solchen Verpflichtung unmöglich wird.

(2) Die Einziehung erfolgt durch die Geschäftsführung aufgrund eines Beschlusses der Gesellschafterversammlung. Der Gesellschafter, gegen den sich der Beschluss richtet, ist vom Stimmrecht ausgeschlossen.

(3) In allen Fällen kann anstelle der Einziehung beschlossen werden, dass der Gesellschafter seinen Geschäftsanteil oder Teile davon an die Gesellschaft oder einen oder mehrere von ihr zu bezeichnende und zur Übernahme bereite Gesellschafter abzutreten hat. In diesem Fall ist das Einziehungsentgelt von dem oder den Erwerbern zu leisten.

§ 9
Einziehungsentgelt

(1) In allen Fällen der Einziehung eines Geschäftsanteiles steht dem betroffenen Gesellschafter ein Entgelt zu. Das Entgelt entspricht dem Wert des auf den Geschäftsanteil anteilig entfallenden Gesellschaftsvermögens, der sich aus der Auseinandersetzungsbilanz ergibt, die auf den Tag des Ausscheidens aufzustellen ist (Einziehungsentgelt). In dieser Bilanz sind die Wirtschaftsgüter des Gesellschaftsvermögens mit ihrem Zeitwert anzusetzen, jedoch hat ein innerer Wert, insbesondere der Firmenwert der Gesellschaft, unberücksichtigt zu bleiben.

(2) Das Entgelt ist vom Tag des Ausscheidens an in seiner jeweiligen Höhe mit zwei (2) Prozentpunkten über dem jeweiligen Basiszinssatz gemäß § 247 BGB, mindestens aber mit sechs Prozent (6 %) jährlich zu verzinsen. Die Zahlung des Zinses erfolgt mit den Entgeltraten.

(3) Das Entgelt ist in drei (3) gleichen Jahresraten auszuzahlen, von denen die erste zwei (2) Monate nach dem Stichtag fällig wird. Steht bis zur ersten Fälligkeit die genaue Höhe des Entgelts noch nicht fest, so ist ein Betrag in geschätzter Höhe zu vergüten und bei Zahlung der nächsten Rate eine Mehr- oder Minderzahlung auszugleichen. Falls, soweit und solange Zahlungen gegen § 30 Abs. 1 GmbHG verstoßen würden, gelten Zahlungen auf den Hauptbetrag als zum vereinbarten Satz verzinslich gestundet, Zinszahlungen gelten als unverzinslich gestundet.

(4) Das Entgelt kann von der Gesellschaft jederzeit ganz oder teilweise ausgezahlt werden. Vorzeitig ausgezahlte Teilbeträge werden auf die nächste fällig werdende Rate angerechnet.

§ 10
Dauer der Gesellschaft

Die Dauer der Gesellschaft ist unbestimmt.

§ 11
Bekanntmachungen der Gesellschaft

Die Bekanntmachungen der Gesellschaft erfolgen nur im *[elektronischen]* Bundesanzeiger.

§ 12
Salvatorische Klausel

(1) Sollten Bestimmungen dieses Gesellschaftsvertrages oder eine zukünftige Bestimmung des Vertrages ganz oder teilweise nicht rechtswirksam sein oder ihre Rechtswirksamkeit später verlieren, so wird hierdurch die Gültigkeit der übrigen Bestimmungen des Vertrages nicht berührt. Das gleiche gilt, soweit sich in dem Vertrag eine Lücke herausstellen sollte. Anstelle der unwirksamen Bestimmung oder zur Ausfüllung der Lücke soll eine angemessene Regelung gelten, die, soweit rechtlich möglich, dem am nächsten kommt, was die Vertragschließenden gewollt haben oder nach dem Sinn und Zweck des Vertrages gewollt haben würden, sofern sie bei der Aufstellung des Vertrages den Punkt bedacht hätten. Dies gilt auch dann, wenn die Unwirksamkeit einer Bestimmung etwa auf einem in dem Gesellschaftsvertrag normierten Maß der Leistung oder Zeit (Frist, Termin) beruht; es tritt in solchen Fällen ein dem Gewollten möglichst nahe kommendes, rechtlich zulässiges Maß der Leistung oder Zeit (Frist, Termin) an die Stelle des vereinbarten.

(2) Die Gesellschafter sind verpflichtet, dasjenige, was nach Absatz (1) Geltung hat, durch eine förmliche Änderung des Wortlautes des Gesellschaftsvertrages in gehöriger Form festzuhalten.

§ 13
Gründungsaufwand

Die mit ihrer Gründung verbundenen Kosten von ca. EUR ...*[Betrag]* (in Worten: ... *[Betrag]* Euro) trägt die Gesellschaft.

SATZUNG
der
... *[Firma]* Aktiengesellschaft

I. Allgemeine Bestimmungen

§ 1
Firma, Sitz, Geschäftsjahr und Dauer der Gesellschaft

(1) Die Firma der Gesellschaft lautet:
„... *[Firma]* Aktiengesellschaft".
(2) Die Gesellschaft hat ihren Sitz in ... *[Ort]*.
(3) Geschäftsjahr ist das Kalenderjahr.
(4) Die Gesellschaft ist auf unbestimmte Zeit errichtet.

§ 2
Gegenstand des Unternehmens

(1) Gegenstand des Unternehmens ist die Entwicklung, Herstellung und der Vertrieb von ... *[Produkte; ggf. sonstige Unternehmungen]*.
(2) Die Gesellschaft ist zu allen Geschäften berechtigt, die unmittelbar oder mittelbar dem Gegenstand des Unternehmens zu dienen geeignet sind. Sie ist insbesondere berechtigt, Zweigniederlassungen zu errichten, sich an anderen Unternehmen gleicher oder ähnlicher Art zu beteiligen sowie solche Unternehmen zu erwerben oder zu gründen. Die Gesellschaft ist ferner ermächtigt, Unternehmensverträge im Sinne der §§ 291 f AktG zu schließen.

§ 3
Bekanntmachungen

Die Bekanntmachungen der Gesellschaft erfolgen im elektronischen Bundesanzeiger.

II. Grundkapital und Aktien

§ 4
Höhe und Einteilung des Grundkapitals

(1) Das Grundkapital der Gesellschaft beträgt Euro ... *[Betrag]* (in Worten:... *[Betrag]* Euro). Es ist eingeteilt in ... *[Anzahl]* Stückaktien.
(2) Die Aktien der Gesellschaft lauten auf den Inhaber.
(3) Bei einer Kapitalerhöhung kann die Gewinnbeteiligung der neuen Aktien abweichend von § 60 Abs. 2 AktG geregelt werden.

§ 5
Aktienurkunden

Die Bestimmungen über die Ausgabe und die Form der Aktienurkunden trifft der Vorstand. Sämtliche Aktien können in einer oder mehreren Globalurkunden verbrieft werden. Der Anspruch des Aktionärs auf Verbriefung seines Anteils ist ausgeschlossen.

III. Der Vorstand

§ 6
Zusammensetzung und Geschäftsordnung

(1) Der Vorstand besteht aus einer oder mehreren Personen. Die Bestimmung der Zahl der Vorstandsmitglieder obliegt dem Aufsichtsrat. Die Bestellung von stellvertretenden Vorstandsmitgliedern ist zulässig. Stellvertretende Vorstandsmitglieder stehen den ordentlichen Mitgliedern des Vorstandes hinsichtlich der Vertretung der Gesellschaft nach außen gleich.

(2) Der Aufsichtsrat bestellt die Vorstandsmitglieder; er kann ein Mitglied des Vorstandes zum Vorstandsvorsitzenden und weitere Vorstandsmitglieder zu stellvertretenden Vorsitzenden ernennen.

(3) Sofern eine Geschäftsordnung nicht durch den Aufsichtsrat erlassen wird, gibt sich der Vorstand durch einstimmigen Beschluss seiner Mitglieder eine Geschäftsordnung.

§ 7
Vertretung der Gesellschaft

(1) Die Gesellschaft wird durch ein Vorstandsmitglied gesetzlich vertreten, sofern ihm der Aufsichtsrat die Befugnis zur Einzelvertretung erteilt hat oder der Vorstand nur aus einer Person besteht. Im Übrigen wird die Gesellschaft durch zwei Vorstandsmitglieder oder durch ein Vorstandsmitglied in Gemeinschaft mit einem Prokuristen gesetzlich vertreten.

(2) Der Aufsichtsrat kann einzelnen Mitgliedern des Vorstands die Befugnis zur Einzelvertretung erteilen.

(3) Der Aufsichtsrat hat durch Beschluss oder in der Geschäftsordnung für den Vorstand anzuordnen, dass bestimmte Arten von Geschäften nur mit seiner Zustimmung vorgenommen werden dürfen.

IV. Aufsichtsrat

§ 8
Zusammensetzung des Aufsichtsrates

(1) Der Aufsichtsrat besteht aus sechs Mitgliedern.

(2) Die Aufsichtsratsmitglieder werden jeweils für die Zeit bis zur Beendigung der Hauptversammlung gewählt, die über ihre Entlastung für das vierte Geschäftsjahr nach dem Beginn ihrer Amtszeit beschließt. Das Geschäftsjahr, in dem die Amtszeit beginnt, wird nicht mitgerechnet. Die Hauptversammlung kann eine kürzere Amtszeit bestimmen. Eine Wiederwahl ist möglich.

(3) Wird ein Aufsichtsratsmitglied anstelle eines vor Ablauf der Amtszeit ausscheidenden Mitglieds gewählt, so besteht sein Amt für dessen restliche Amtsdauer.

(4) Jedes Aufsichtsratsmitglied kann sein Amt durch schriftliche Erklärung gegenüber dem Vorstand mit einer Frist von einem Monat niederlegen. Das Recht zur Amtsniederlegung aus wichtigem Grund bleibt unberührt.

§ 9
Vorsitzender und Stellvertreter

(1) Im Anschluss an die Hauptversammlung, in der die Aufsichtsratsmitglieder neu gewählt worden sind, findet eine Aufsichtsratssitzung statt, die keiner besonderen Einberufung bedarf, in der der Aufsichtsrat aus seiner Mitte und unter dem Vorsitz des ältesten von der Hauptversammlung gewählten Mitglieds den Vorsitzenden und einen Stellvertreter wählt. Die Wahl erfolgt für die Amtsdauer der Gewählten. Der Stellvertreter hat die Rechte und Pflichten des Vorsitzenden, wenn dieser verhindert ist.

(2) Scheiden der Vorsitzende oder sein Stellvertreter vorzeitig aus dem Amt aus, findet unverzüglich eine Neuwahl für die restliche Amtszeit des Ausgeschiedenen statt.

§ 10
Einberufung

(1) Die Sitzungen des Aufsichtsrates beruft der Vorsitzende schriftlich mit einer Frist von mindestens vierzehn Tagen ein. Bei der Berechnung dieser Frist werden der Tag der Absendung oder der Erklärung der Einberufung und der Tag der Sitzung nicht mitgerechnet. In dringenden Fällen kann der Vorsitzende die Frist abkürzen und mündlich, fernmündlich, telegrafisch, durch Telefax oder durch E-Mail einberufen.

(2) Mit der Einberufung sind die Gegenstände der Tagesordnung mitzuteilen. Ist eine Tagesordnung nicht ordnungsgemäß angekündigt worden, darf hierüber nur beschlossen werden, wenn kein Aufsichtsratsmitglied widerspricht. Abwesenden Aufsichtsratsmitgliedern ist in einem solchen Fall Gelegenheit zu geben, binnen einer vom Vorsitzenden zu bestimmenden angemessenen Frist der Beschlussfassung zu widersprechen oder ihre Stimme schriftlich abzugeben. Der Beschluss wird in diesem Fall erst wirksam, wenn die abwesenden Aufsichtsratsmitglieder innerhalb der Frist nicht widersprochen oder wenn sie zugestimmt haben.

§ 11
Beschlussfassung

(1) Die Beschlüsse des Aufsichtsrates werden in der Regel in Sitzungen gefasst. Außerhalb von Sitzungen können auf Anordnung des Vorsitzenden Beschlüsse des Aufsichtsrates schriftlich, telegrafisch, fernmündlich oder per E-Mail gefasst werden, wenn kein Mitglied diesem Verfahren innerhalb einer vom Vorsitzenden bestimmten angemessenen Frist widerspricht. Solche Beschlüsse werden vom Vorsitzenden schriftlich festgestellt und allen Mitgliedern zugeleitet. Für Beschlussfassungen außerhalb von Sitzungen gelten die Bestimmungen des § 11 Abs. (3) bis (5) und (7) entsprechend.

(2) Den Vorsitz in den Sitzungen des Aufsichtsrates führt der Vorsitzende. Er bestimmt die Reihenfolge, in der die Gegenstände der Tagesordnung verhandelt werden, sowie die Art und Reihenfolge der Abstimmungen.

(3) Der Aufsichtsrat ist beschlussfähig, wenn mindestens vier Mitglieder an der Beschlussfassung teilnehmen. Ein Mitglied nimmt auch an der Beschlussfassung teil, wenn es sich in der Abstimmung der Stimmabgabe enthält.

(4) Abwesende Aufsichtsratsmitglieder können an Abstimmungen des Aufsichtsrates dadurch teilnehmen, dass sie durch andere Aufsichtsratsmitglieder schriftliche Stimmabgaben überreichen lassen.

(5) Beschlüsse werden mit einfacher Stimmenmehrheit gefasst, soweit das Gesetz oder die Satzung nichts anderes zwingend bestimmen. Dies gilt auch für Wahlen. Dabei gilt eine Stimmenthaltung nicht als Stimmabgabe. Bei Stimmengleichheit gibt die Stimme des Vorsitzenden oder, falls der Vorsitzende an der Beschlussfassung nicht teilnimmt, seines Stellvertreters den Ausschlag.

(6) Über die Sitzungen und Beschlüsse des Aufsichtsrates sind Niederschriften anzufertigen, vom Vorsitzenden zu unterzeichnen und allen Aufsichtsratsmitgliedern unverzüglich in Abschrift zuzuleiten.

(7) Der Vorsitzende ist ermächtigt, die zur Durchführung der Beschlüsse des Aufsichtsrates erforderlichen Willenserklärungen im Namen des Aufsichtsrats abzugeben.

§ 12
Geschäftsordnung; Änderung der Satzungsfassung

(1) Der Aufsichtsrat gibt sich im Rahmen der zwingenden gesetzlichen Vorschriften und der Bestimmungen dieser Satzung eine Geschäftsordnung.

(2) Der Aufsichtsrat ist zu Satzungsänderungen befugt, die nur die Fassung betreffen.

§ 13
Vergütung

(1) Die Aufsichtsratsmitglieder erhalten nach Abschluss eines Geschäftsjahres eine angemessene Vergütung, die durch Beschluss der Hauptversammlung festgestellt wird.

(2) Die Gesellschaft erstattet jedem Aufsichtsratsmitglied seine baren Auslagen. Darüber hinaus werden Umsatzsteuern erstattet, soweit das Aufsichtsratsmitglied berechtigt ist, Umsatzsteuer gesondert in Rechnung zu stellen, und es dieses Recht ausübt.

V. Hauptversammlung

§ 14
Ort und Einberufung

(1) Die Hauptversammlung findet am Sitz der Gesellschaft oder in einer deutschen Stadt mit mehr als 10.000 Einwohnern statt.

(2) Die Hauptversammlung, die über die Entlastung von Vorstand und Aufsichtsrat, die Gewinnverwendung, die Wahl des Abschlussprüfers und – soweit erforderlich – über die Feststellung des Jahresabschlusses beschließt (ordentliche Hauptversammlung) wird innerhalb der ersten acht Monate eines jeden Geschäftsjahres abgehalten. Außerordentliche Hauptversammlungen können so oft einberufen werden, wie es im dem Interesse der Gesellschaft erforderlich erscheint.

(3) Die Einberufung muss mindestens einen Monat vor dem Tag der Hauptversammlung erfolgen. Dabei werden der Tag der Veröffentlichung und der Tag der Hauptversammlung nicht mitgerechnet.

§ 15
Vorsitz

(1) Den Vorsitz in der Hauptversammlung führt der Vorsitzende des Aufsichtsrates, im Falle seiner Verhinderung sein Stellvertreter und, falls auch dieser verhindert ist, ein anderes durch den Aufsichtsrat zu bestimmendes Aufsichtsratsmitglied. Übernimmt kein Aufsichtsratsmitglied den Vorsitz, wird der Versammlungsleiter durch die Hauptversammlung gewählt.

(2) Der Vorsitzende leitet die Verhandlungen und bestimmt die Reihenfolge, in der die Gegenstände der Tagesordnung erledigt werden, sowie die Form der Abstimmung.

§ 16
Stimmrecht; Beschlussfassung

(1) Jede Aktie gewährt eine Stimme.

(2) Das Stimmrecht kann durch schriftlich Bevollmächtigte ausgeübt werden.

(3) Beschlüsse werden mit einfacher Mehrheit der abgegebenen Stimmen gefasst und, soweit eine Kapitalmehrheit erforderlich ist, mit einfacher Mehrheit des vertretenen Grundkapitals, sofern nicht Gesetz oder Satzung eine größere Mehrheit zwingend vorschreiben.

VI. Rechnungslegung und Gewinnverwendung

§ 17
Jahresabschluss und Lagebericht

(1) Der Vorstand hat in den ersten drei Monaten des Geschäftsjahres für das vergangene Geschäftsjahr den Jahresabschluss (Bilanz nebst Gewinn- und Verlustrechnung und Anhang) und den Lagebericht aufzustellen und diese Unterlagen nach ihrer Aufstellung unverzüglich dem Aufsichtsrat vorzulegen. Zugleich mit dem Jahresabschluss hat der Vorstand dem Aufsichtsrat den Vorschlag, den er der Hauptversammlung für die Verwendung des Bilanzgewinns unterbreiten will, mitzuteilen.

(2) Der Aufsichtsrat hat den Jahresabschluss und den Lagebericht des Vorstands vom Abschlussprüfer prüfen zu lassen und nach Entgegennahme des Prüfungsberichts des Abschlussprüfers den Jahresabschluss, den Lagebericht des Vorstands und den Vorschlag für die Verwendung des Bilanzgewinns zu prüfen und über das Ergebnis der Prüfung schriftlich an die Hauptversammlung zu berichten. Er hat dem Vorstand seinen Bericht innerhalb eines Monats nach Zugang der Vorlagen des Vorstands zuzuleiten. Billigt der Aufsichtsrat nach Prüfung den Jahresabschluss, so ist dieser festgestellt, sofern nicht Vorstand und Aufsichtsrat beschließen, die Feststellung des Jahresabschlusses der Hauptversammlung zu überlassen.

(3) Unverzüglich nach Eingang des Berichts des Aufsichtsrates hat der Vorstand die ordentliche Hauptversammlung einzuberufen. Der Jahresabschluss, der Lagebericht des Vorstands, der Bericht des Aufsichtsrates und der Vorschlag des Vorstandes für die Verwendung des Bilanzgewinns sind von der Einberufung an in den Geschäftsräumen der Gesellschaft zur Einsichtnahme der Aktionäre auszulegen.

> **§ 18**
> **Rücklagen und Gewinnverwendung**
>
> (1) Stellen Vorstand und Aufsichtsrat den Jahresabschluss fest, so können sie Beträge bis zur Hälfte des Jahresüberschusses in andere Gewinnrücklagen einstellen. Dabei sind Beträge, die in die gesetzliche Rücklage einzustellen sind, und ein Verlustvortrag vorab vom Jahresüberschuss abzuziehen.
>
> (2) Die Hauptversammlung beschließt über die Verwendung des Bilanzgewinns. Sie ist hierbei an den festgestellten Jahresabschluss gebunden.
>
> (3) Nach Ablauf eines Geschäftsjahres kann der Vorstand mit Zustimmung des Aufsichtsrates im Rahmen des § 59 AktG eine Abschlagsdividende an die Aktionäre ausschütten.

Der **Mindestinhalt** der Satzung ergibt sich aus dem Gesetz (Art. 2 und 3 Zweite Richtlinie, § 23 Abs. 3 AktG, § 3 Abs. 1 GmbHG). Zahlreiche weitere Angaben können in die Satzung aufgenommen werden; in manchen Fällen verlangt das Gesetz dies ausdrücklich. Dies gilt etwa für die – bei der Aktiengesellschaft äußerst seltene – Eingehung von Nebenverpflichtungen (§ 55 AktG, § 3 Abs. 2 GmbHG) oder bei einer auf Zeit eingegangenen Gesellschaft (§ 262 Abs. 1 Nr. 1 AktG [*ex contrario*], § 3 Abs. 2 GmbHG). § 23 Abs. 5 AktG, der bei der GmbH kein Pendant hat, zieht der Freiheit der Satzungsgestaltung jedoch deutliche Grenzen (dazu oben Rz. 2.48 ff).

Aufnahme nicht korporativer Satzungsbestandteile

2.54 In die Satzung aufgenommen werden können aber auch **nichtkorporative Satzungsbestandteile**. Das sind Vereinbarungen, die nur das Verhältnis der aktuellen Gesellschafter zueinander oder deren Verhältnis zur Gesellschaft betreffen. So können beispielsweise die Namen der ersten Vorstandsmitglieder und die Höhe ihrer Bezüge in die Satzung aufgenommen werden. In ihrer Wirkung entsprechen derartige Festlegungen in der Satzung den außerhalb der Satzung niedergelegten schuldrechtlichen Gesellschaftervereinbarungen (dazu unten Rz. 2.95).[77] Sie können daher, da sie zwar formell, nicht aber materiell Satzungsbestandteil sind, auch ohne das formelle Verfahren der Satzungsänderung abgeändert werden und sie wirken – vor allem – nicht gegen etwaige Rechtsnachfolger der Gründer. Zudem gelten für sie nicht die vom normalen Vertragsrecht abweichenden objektiven Auslegungsgrundsätze (dazu unten Rz. 2.95). Sofern eine Regelung sowohl in wie außerhalb der Satzung getroffen werden kann, steht es den Gründern oder Gesellschaftern frei, sie – soweit zulässig (für die Aktiengesellschaft § 23 Abs. 5 AktG) – in die Satzung zu inkorporieren und damit auch für etwaige Rechtsnachfolger verbindlich auszugestalten oder – nicht formbedürftig – nur zwischen den gegenwärtigen Gesellschaftern zu treffen.[78]

---

[77] *Grunewald*, GesR, 2.C. Rz. 11 (AG), 2.F. Rz. 9 f (GmbH); *Hüffer*, AktG, § 23 Rz. 4; *Priester*, DB 1979, 681; *Raiser*, KapGesR, § 28 Rz. 31 (GmbH); *Wiedemann*, Großkomm. AktG, § 179 Rz. 36 ff.

[78] BGH ZIP 1993, 432 = EWiR § 2 GmbHG 1/93, 455 (*Reimann*) (zu einem außerhalb der Satzung vereinbarten „Deckungskostenbeitrag" der Gesellschafter); *Wiedemann*, Großkomm. AktG, § 179 Rz. 41.

Keine Aussage enthält das Gesetz zur **Sprache** der Satzung, was insbesondere bei einer in ein deutsches Handelsregister einzutragenden SE von Interesse sein kann, da die SE-VO hierzu keine Regelung enthält und damit auch insoweit nationales Recht gilt. Danach ist ein fremdsprachiger Gesellschaftsvertrag zulässig; allerdings muss dann der die Satzung beurkundende Notar nach § 5 Abs. 2 BeurkG entsprechend sprachkundig sein und für die Anmeldung zum Handelsregister ist wegen § 8 FGG i. V. m. § 184 GVG eine beglaubigte Übersetzung beizufügen[79] (ausdrücklich ebenso § 13f Abs. 2 HGB für die Eintragung der Zweigniederlassung ausländischer Aktiengesellschaften).

2.55 Zulässigkeit eines fremdsprachigen Gesellschaftsvertrages

2. Einzelheiten

In der Satzung sind zunächst die **Firma** und der **Sitz** des Unternehmens anzugeben (Art. 2 a), 3 a) Zweite Richtlinie, §§ 4, 5, 23 Abs. 3 Nr. 1 AktG, §§ 4, 3 Abs. 1 Nr. 1 GmbHG). Für die **Firmenbildung** der Kapitalgesellschaften gelten seit Inkrafttreten des HRefG über § 6 Abs. 1 HGB einheitlich die §§ 17, 18 HGB;[80] das gilt mangels Regelung in der SE-Verordnung nach Art. 9 Abs. 1 SE-VO auch für die Europäische Aktiengesellschaft.[81] Lediglich Rechtsanwalts- oder Patentanwaltsgesellschaften müssen eine Personenfirma führen und sind in der Wahl der Firmenzusätze beschränkt (§ 59k Abs. 1 BRAO, § 52k Abs. 1 PatAnwO); angesichts der Liberalisierung des Rechts der Handelsfirma und der Möglichkeit der Sachfirma auch bei Rechtsanwalts-EWIVs ist dies wenig verständlich. Die Firma muss durch (abgekürzte) **Angabe der Rechtsform** den Hinweis auf die Haftungsbeschränkung enthalten, also typischerweise „AG", „SE" oder „GmbH" (Art. 2 a) Zweite Richtlinie, § 4 AktG, Art. 11 Abs. 1 SE-VO, § 4 Abs. 1 GmbHG); bei Rechtsanwalts- oder Patentanwaltsgesellschaften ist darüber hinaus die Bezeichnung „Rechtsanwaltsgesellschaft" bzw. „Patentanwaltsgesellschaft" vorgeschrieben (§ 59k Abs. 1 Satz 1 BRAO, § 52k Abs. 1 Satz 1 PatAnwO).[82]

2.56 Firmenbildung

Eine Verwendung der Zusätze „Partnerschaft" bzw. „und Partner" ist nach § 11 Satz 1 PartGG allen anderen (auch Kapital-)Gesellschaften untersagt, da der Gesetzgeber diese Zusätze exklusiv für die neu geschaffene Gesellschaftsform der Partnerschaft zur Verfügung gestellt hat. Es kommt insoweit nicht darauf an, ob die Firma der anderen Gesellschaftsform im Hinblick auf den Rechts-

2.57

---

79) LG Düsseldorf GmbHR 1999, 609 (für die GmbH); *Hueck/Fastrich*, in: Baumbach/Hueck, GmbHG, § 2 Rz. 9 a.E.
80) Hierzu ausführlich *Lutter/Welp*, ZIP 1999, 1073 ff.
81) Dazu für die EWIV EuGH NJW 1998, 972 = ZIP 1998, 68 – EITO.
82) Abw. für die Firmenbildung der Rechtsanwalts-AG BayObLG ZIP 2000, 835 = NJW 2000, 1647 = DStR 2000, 1153 (*Hergeth*) – PRO-VIDENTIA; (dazu *Stabreit*, NZG 1998, 452): Firmenbildung – was wenig überzeugt – nach § 4 AktG und nicht analog § 59k BRAO.

formzusatz mit der einer echten Partnerschaft verwechselt werden könnte.[83] Gleiches gilt jetzt auch für die Bezeichnung „Rechtsanwaltsgesellschaft" (§ 59k Abs. 2 BRAO) bzw. „Patentanwaltsgesellschaft" (§ 52k Abs. 2 PatAnwO).

2.58 Besondere Vorschriften kommen zum Tragen, wenn eine Kapitalgesellschaft in Fällen der Typenvermischung Gesellschafterin einer Personengesellschaft ist und dies dazu führt, dass dort keine natürliche Person mehr den Gläubigern haftet. Denn wenn in einer Personengesellschaft oder in einer Kommanditgesellschaft auf Aktien keine natürliche Person haftet, ist dies besonders zu kennzeichnen, also etwa durch die übliche Firmierung als GmbH & Co. KG oder – im zweiten Fall – als GmbH & Co. KGaA (§ 19 Abs. 2 HGB, § 279 Abs. 2 AktG). Wer als Vertreter einer Kapitalgesellschaft ohne Hinweis auf die beschränkte Haftung handelt, riskiert seine persönliche Haftung (dazu auch unten Rz. 3.108).

Sitz als Ort der Geschäftsleitung oder Verwaltung

2.59 Als **Sitz** kann die Gesellschaft in der Regel nur den Ort bestimmen, an dem die Gesellschaft einen Betrieb hat, an dem sich die Geschäftsleitung befindet oder an dem die Verwaltung geführt wird (§ 5 Abs. 2 AktG, § 4a Abs. 2 GmbHG). Mit diesen Normen soll verhindert werden, dass durch die Wahl eines vom tatsächlichen Sitz abweichenden statutarischen Sitzes die Zuständigkeit eines gewünschten Registergerichts erlangt wird.[84] Nur ausnahmsweise kann die Satzung daher mehrere Orte zum Gesellschaftssitz bestimmen („Doppelsitz"), etwa wenn sie durch Verschmelzung aus mehreren etwa gleich großen Gesellschaften hervorgegangen ist und zwei Verwaltungen aufrechterhalten bleiben. Der Sitz einer **Europäischen Aktiengesellschaft** muss in der Gemeinschaft liegen, und zwar in dem Mitgliedstaat, in dem sich die Hauptverwaltung der SE befindet (Art. 7 Satz 1 SE-VO). Das betrifft allerdings nach dem Textzusammenhang nur den „satzungsmäßigen Sitz" der SE,[85] so dass die SE-Verordnung nicht als Entscheidung für die „Sitztheorie" angeführt werden kann.[86] Befindet sich der Sitz nicht mehr in der Gemeinschaft, muss der Mitgliedstaat geeignete Maßnahmen vorsehen, um diese Voraussetzung wieder zu erfüllen und sonst die Auflösung der SE anordnen (Art. 64 SE-VO). Die Mitgliedstaaten können darüber hinaus vorschreiben, dass eine in ihrem Hoheitsgebiet eingetragene SE Sitz und Hauptverwaltung am selben Ort haben muss (Art. 7 Satz 2 SE-VO); Deutschland wird dies im Hinblick auf die für deutsche Aktiengesellschaften geltende Regelung in § 5 Abs. 2 AktG wahrscheinlich tun.

---

83) BGHZ 135, 257 = NJW 1997, 1854 = ZIP 1997, 1109 = DStR 1997, 1051 (*Goette*) = EWiR § 11 PartGG 1/97, 715 (*Bärwaldt/Schabacker*); ausführlich zum Ganzen *Bärwaldt/Schabacker*, MDR 1997, 114; *Röh*, DB 1996, 48; *Weber/Jacob*, ZGR 1998, 142; *Wertenbruch*, ZIP 1996, 1776; zur Vorgeschichte *Hirte*, NJW 1998, 2943, 2946. Für Verbot der Fimenfortführung des seit vielen Jahren geführten Firmenzusatzes „& Partner" bei einer GmbH bei einer aufgrund eines Gesellschafterwechsels notwendig werdenden Umfirmierung OLG Stuttgart ZIP 2000, 1108 = NJW-RR 2000, 1128 = EWiR § 18 HGB 1/2000, 581 (*Ring*).

84) Eine Sitzverlegung ohne Satzungsänderung führt aber nicht zur nachträglichen Nichtigkeit der Satzung und damit zur Einleitung eines Amtsauflösungsverfahrens: BayObLG ZIP 2002, 1400, 1401 = NZI 2002, 828; vor Inkrafttreten des § 4a Abs. 2 GmbHG ebenso BayObLGZ 1982, 140 = DB 1982, 578.

85) *Schwarz*, ZIP 2001, 1847, 1849.

86) Abw. *Schulz/Geismar*, DStR 2001, 1078, 1079.

Weiter bedarf es einer Angabe des **Unternehmensgegenstandes** (Art. 2 b) Zweite Richtlinie, § 23 Abs. 3 Nr. 2 AktG, § 3 Abs. 1 Nr. 2 GmbHG).[87] Er ist – wie § 23 Abs. 3 Nr. 2 AktG exemplarisch sagt – möglichst konkret anzugeben. Denn er bildet die äußerste Grenze dessen, was die Geschäftsleiter tun dürfen (nicht können! – dazu unten Rz. 3.41). Aus der Umschreibung muss es daher den am Wirtschaftsleben beteiligten Kreisen möglich sein, die Tätigkeit der Gesellschaft einem bestimmten Bereich des Wirtschaftslebens zuzuordnen. Zudem muss sie dem Registerrichter genügend Anhaltspunkte bieten, um die Tätigkeit auf ihre Genehmigungsbedürftigkeit zu prüfen (§ 37 Abs. 4 Nr. 5 AktG, § 8 Abs. 1 Nr. 6 GmbHG; dazu oben Rz. 2.12). Die Praxis wählt gleichwohl sehr weite Formulierungen, um sich die mögliche Entwicklung des Unternehmens offen zu halten und Kosten für eine spätere Satzungsänderung zu sparen. Eine Umschreibung des Unternehmensgegenstands mit „Produktion von Waren aller Art" genügt den gesetzlichen Anforderungen aber jedenfalls nicht.[88]

2.60 Unternehmensgegenstand

Der lange bestehende Streit, ob auch ohne ausdrückliche gesetzliche Zulassung die Ausübung **freiberuflicher Tätigkeit** in Form der Kapitalgesellschaft zulässig ist, wurde durch eine Entscheidung des BayObLG vom 24. November 1994 entschieden. Darin setzte sich das Gericht über die bislang bestehenden standesrechtlichen Schranken hinweg und ließ die Gründung einer Rechtsanwalts-GmbH zu.[89] Der Bayerische Verfassungsgerichtshof nahm demgegenüber aber an, dass das gesetzliche Verbot, eine ärztliche Praxis in der Rechtsform einer juristischen Person zu führen, weder gegen das Grundrecht der Berufsfreiheit noch gegen den Gleichbehandlungsgrundsatz der bayrischen Verfassung verstoße.[90] Im Anschluss an die Entscheidung des BayObLG hat der Gesetzgeber die Rechtsanwalts-GmbH ebenso wie die Patentanwalts-GmbH dann durch das Gesetz zur Änderung der Bundesrechtsanwaltsordnung, der Patentanwaltsordnung und anderer Gesetze (vom 31. August 1998, BGBl I, 2600) mit Wirkung ab 1. März 1999 (Art. 15 Satz 3 des Gesetzes) einer

2.61 Zulässigkeit einer Rechtsanwalts-GmbH

---

87) Fehle es vollständig an der Absicht, eine der Satzung entsprechende Geschäftstätigkeit in absehbarer Zeit aufzunehmen, soll die Satzung nichtig sein: BayObLG ZIP 2000, 2067, 2068 f = NZG 2000, 987 = NJW-RR 2001, 898.
88) BayObLG ZIP 1994, 1528 = NJW 1995, 31; ebenso jetzt BayObLG, NJW-RR 1996, 413 = DB 1995, 1801 („Betreiben von Handelsgeschäften").
89) BayObLGZ 1994, 353 = NJW 1995, 199 = ZIP 1994, 1868 (*Henssler*) = EWiR Art. 12 GG 2/95, 151 (*Kleine-Cosack*) – Seufert I; BayObLGZ 1996, 188 = NJW 1996, 3217 – Seufert II; dazu *Ahlers*, in: Festschrift Heinz Rowedder, 1994, S. 1; *Doin*, NJW 1995, 371; *Dauner-Lieb*, GmbHR 1995, 259; *Henssler*, NJW 1999, 241 m. w. N.; *Hirte*, Berufshaftung (1996), S. 429 ff; *ders.*, NJW 1996, 2827, 2841; *Römermann*, GmbHR 1998, 966, 967 m. w. N. in Fn. 2; *Taupitz*, NJW 1992, 2317, 2318; *ders.*, JZ 1994, 1100 f; *ders.*, NJW 1995, 369; ablehnend für den Fall, dass der Gesellschaftsvertrag nicht sicherstellt, dass Mehrheit von Kapital und Stimmen in anwaltlicher Hand liegen, allerdings OLG Köln NJW-RR 1998, 271 = NZG 1998, 230 (*Römermann*) = ZIP 1997, 1502.
90) BayVerfGH NJW 2000, 3418 = DStR 2000, 1275 (Ls.) (*Siebel*).

gesetzlichen Regelung zugeführt.[91] Ähnliche Regelungen fanden sich zuvor bereits in §§ 49 ff StBerG für Steuerberater und in §§ 27 ff WPO für Wirtschaftsprüfer.

Gesellschafterbeschränkung auf sozietätsfähige Berufe

2.62 Daraus ergeben sich einige Besonderheiten gegenüber dem allgemeinen Recht der Kapitalgesellschaften, die hier nur kurz angesprochen werden können. Die Darstellung beschränkt sich dabei auf die zuletzt eingeführten und besonders intensiv diskutierten Anwalts-GmbHs. Rechtsanwalts- wie Patentanwalts-GmbHs bedürfen zunächst einer Zulassung § 59c Abs. 1 BRAO, § 52c Abs. 1 PatAnwO (zu deren Beachtung im Eintragungsverfahren oben Rz. 2.12; zur Firma oben Rz. 2.56). **Gesellschafter** können nur Angehörige sozietätsfähiger Berufe sein (§ 59e Abs. 1 Satz 1 BRAO, § 52e Abs. 1 Satz 1 PatAnwO), und die Gesellschafter müssen zudem in der Gesellschaft aktiv *tätig* sein (§ 59e Abs. 1 Satz 2 BRAO, § 52e Abs. 1 Satz 2 PatAnwO). Die Mehrheit der Anteile wie der Stimmrechte muss – anders als bei der von Freiberuflern betriebenen BGB-Gesellschaft oder der Partnerschaft – Rechts- bzw. Patentanwälten zustehen (§ 59e Abs. 3 Satz 1 BRAO, § 52e Abs. 3 Satz 1 PatAnwO). Die Anteile dürfen nicht für Rechnung Dritter gehalten und Dritte nicht am Gewinn der Gesellschaft beteiligt werden (hier ist insbesondere an Wirtschaftsprüfungsgesellschaften gedacht) (§ 59e Abs. 4 BRAO, § 52e Abs. 4 PatAnwO); zur Stimmabgabe dürfen schließlich nur Angehörige desselben Berufes oder Rechtsanwälte bevollmächtigt werden (§ 59e Abs. 5 BRAO, § 52e Abs. 5 PatAnwO).

Keine interprofessionelle Zusammenarbeit

2.63 Zu **Geschäftsführern** müssen mehrheitlich Rechts- bzw. Patentanwälte bestellt werden (§ 59f Abs. 1 Satz 2 BRAO, § 52f Abs. 1 Satz 2 PatAnwO). Dies erschwert – wohl beabsichtigt – die interprofessionelle Zusammenarbeit. Ein identisches Mehrheitserfordernis statuieren § 59f Abs. 3 BRAO, § 52f Abs. 3 PatAnwO für Prokuristen und zum gesamten Geschäftsbetrieb bestellte Handlungsbevollmächtigte. Die gesellschaftsrechtlich wohl wichtigsten Vorschriften bilden aber § 59f Abs. 4 BRAO, § 52f Abs. 4 PatAnwO, die die Unabhängigkeit der Rechts- bzw. Patentanwälte statuieren und zugleich gesetzliche oder vertragliche **Weisungsrechte ausschließen**, und § 59j BRAO, § 52j PatAnwO: nach letzteren ist zudem der Abschluss einer **Haftpflichtversicherung** durch die Gesellschaft selbst erforderlich; da diese – anders bei den anderen anwaltlichen Kooperationsformen – neben die Versicherung der Einzelnen in der Gesellschaft tätigen Anwälte tritt, wird durch dieses Erfordernis die Attraktivität der Gesellschaftsform nicht gerade gesteigert.[92]

Rechtsanwalts-AG

2.64 Nicht geregelt ist die Zulassung von **Aktiengesellschaften** als Anwaltsgesellschaften. Doch wird man angesichts der im Gesetzgebungsverfahren um diese Frage geführten Diskussion das Schweigen des Gesetzgebers als beredt und ihre Eintragung als zulässig ansehen müssen.[93]

2.65 Die Kapitalgesellschaften gelten unabhängig von ihrem Unternehmensgegenstand als Handelsgesellschaften (§ 3 Abs. 1 AktG, § 13 Abs. 3 GmbHG) und sind daher **Formkaufleute** (§ 6 Abs. 1 HGB). Das wird

---

91) Vgl. Begr RegE, BR-Drucks. 1002/97 (abgedruckt in: ZIP 1998, 222); Überblick bei *Henssler*, NJW 1999, 241 ff; zum RefE (abgedruckt in: ZIP 1997, 1518) *Römermann*, GmbHR 1997, 530; *Henssler*, ZIP 1997, 1481; vgl. auch *Bellstedt*, AnwBl 1995, 573.

92) Dazu *Henssler*, NJW 1999, 241, 242; *Römermann*, GmbHR 1998, 966, 968 f; *ders.*, GmbHR 1999, 526.

93) Ebenso jetzt BayObLG ZIP 2000, 835 = NJW 2000, 1647 = DStR 2000, 1153 (*Hergeth*) (PRO-VIDENTIA); dazu *Henssler*, NJW 1999, 241, 246 f; *Römermann*, GmbHR 1998, 966, 967 f; *Stabreit*, NZG 1998, 452.

man auch für eine ausländische Kapitalgesellschaft mit Sitz in Deutschland (dazu oben Rz. 1.35 ff) anzunehmen haben.

Schließlich ist das **Gesamtnennkapital** anzugeben (Art. 2 c) Zweite Richtlinie, § 23 Abs. 3 Nr. 3 AktG, § 3 Abs. 1 Nr. 3 GmbHG). Es muss seit 1. Januar 1999 bei der Aktiengesellschaft mindestens EUR 50.000 und bei der GmbH mindestens EUR 25.000 betragen (§ 7 AktG [Art. 6 Abs. 1 Zweite Richtlinie], § 5 Abs. 1 GmbHG). **2.66**

Für Neugründungen bis zum 31. Dezember 2001 (Stichtag der Eintragung) bestand allerdings aufgrund zwingenden europäischen Rechts noch ein Wahlrecht, Nennkapitalziffer, Nennwerte der Anteile und andere satzungsmäßige Betragsangaben auch in DM auszudrücken (§§ 1 Abs. 2 Satz 2, 2 Satz 2, 3 Abs. 3 EGAktG, § 86 Abs. 2 Satz 1 GmbHG). In diesem Fall galten für den Mindestbetrag und die Teilbarkeit von Kapital, Einlagen und Geschäftsanteilen sowie den Umfang des Stimmrechts die zum unwiderruflich festgelegten Umrechnungskurs in DM rückgerechneten Euro-Beträge in der seit 1. Januar 1999 geltenden Fassung von AktG und GmbHG (§ 3 Abs. 3 EGAktG, § 86 Abs. 2 Satz 2 GmbHG). Für sämtliche relevanten Zahlen ergaben sich damit gebrochene DM-Beträge, was die Gründung einer Gesellschaft in Deutscher Mark schon in diesem Zeitraum nicht mehr attraktiv gemacht hat. Andererseits wandelten sich diese Beträge mit Ablauf der Übergangsfrist automatisch in glatte Euro-Beträge um. Durch die Neufestsetzung der Nennkapitalziffern waren die entsprechenden Ziffern zudem – wenn auch geringfügig – gegenüber dem alten Recht herabgesetzt worden: denn sie wurden im Allgemeinen dergestalt festgelegt, dass die früheren DM-Werte durch zwei dividiert wurden, obwohl der Euro etwas weniger als zwei DM entspricht. Seit dem 31. Dezember 2001 sind Neugründungen aber nur noch in Euro möglich. Vor dem 1. Januar 1999 gegründete Kapitalgesellschaften können (nicht müssen) ihre Satzung nach teilweise modifizierten Vorschriften anpassen (dazu unten Rz. 6.72 ff). **2.67** Neugründungen in Euro

Das Aktienrecht stellt für die Beziehung der einzelnen Aktien zum Gesamtgrundkapital seit Inkrafttreten des Stückaktiengesetzes vom 25. März 1998 (BGBl I, 590) zwei Varianten zur Verfügung: die (herkömmliche) **Nennbetragsaktie** und die (neue) **Stückaktie**. Die Einführung der Stückaktie wurde ausgelöst durch Bemühungen, die Anpassung der Kapitalstruktur von Aktiengesellschaften an den Euro möglichst einfach zu gestalten. In ihrer Bedeutung reicht die Einführung der Stückaktie allerdings über die Einführung des Euro hinaus. Denn sie kann auch unabhängig davon die Kapitalbeschaffung der Aktiengesellschaft erleichtern.[94] **2.68** Nennbetrags- und Stückaktie

Während sich bei Nennbetragsaktien der Anteil der einzelnen Aktie am Grundkapital nach dem Verhältnis ihres Nennbetrags zum Grundkapital richtet, ergibt er sich bei Stückaktien allein aus deren Zahl (§ 8 Abs. 4 AktG). Das ist nur möglich, weil Stückaktien am Grundkapital einer Gesellschaft immer nur in gleichem Umfang beteiligt sind und sein können (§ 8 Abs. 3 Satz 2 AktG), während der Umfang des Nennbetrags einer einzelnen Aktie durchaus unterschiedlich bestimmt werden kann. Die nicht in Form einer Zahl, sondern eines durch Blick in das Handelsregister zu errechnenden Prozentsatzes ausgedrückte Beteiligung am Grund- **2.69** Bedeutung der Stückaktie

---

94) Begr RegE StückAG, BR-Drucks. 871/97, S. 1 ff, 18 ff = BT-Drucks. 13/9573, S. 1 f, 10 ff = ZIP 1998, 130 ff.

kapital ersparte eine Anpassung der einzelnen Aktiennennbeträge, die bei den herkömmlichen Nennbetragsaktien sonst mit Umstellung auf den Euro ungerade und damit „unschön" geworden wären (dazu im Einzelnen unten Rz. 6.72 ff). Der Preis für diesen Vorteil lag in dem für Publikumsaktiengesellschaften gering zu veranschlagenden Erfordernis, dass alle Aktien jetzt an der Gesellschaft nur noch in gleichem Umfang beteiligt sein können (§ 8 Abs. 3 Satz 2 AktG); das kann freilich durch die Möglichkeit einer Sammelverbriefung einzelner Aktien (§ 9a DepotG) in dem Umfang, in dem über diese früher eine Aktie höheren Nennbetrags ausgestellt war, kompensiert werden. Von der (echten) **Quotenaktie**, die die Beteiligung in einem bestimmten Prozentsatz am Grundkapital verbrieft, unterscheidet sich die Stückaktie dadurch, dass der Umfang der Beteiligung einer einzelnen Aktie am Grundkapital nicht auf dieser selbst ausgewiesen ist, sondern erst durch Blick in das Handelsregister ermittelt werden kann; das hat den ungeheuren technischen Vorteil, dass die sich im Falle von Kapitalmaßnahmen regelmäßig – wenn auch nur geringfügig – ändernde Beteiligungsquote der einzelnen Aktie nicht auf sämtlichen Aktien korrigiert werden muss. Die neue Begriffsbildung als „Stückaktie" trägt dem überzeugend Rechnung.[95]

Keine Beeinträchtigung des Gläubigerschutzes durch Stückaktien

2.70 Auf die mit dem Institut des Grundkapitals verbundenen Gläubigerschutzfunktionen hat die Einführung der Stückaktie keine Auswirkung: weder wird das feste (Mindest-)Grundkapital angetastet, noch wird – wie bei der echten nennwertlosen Aktie – das Erfordernis eines auf jede auszugebende Aktie einzuzahlenden Mindestbetrages aufgegeben. Die Stückaktie wird daher auch als „unechte nennwertlose Aktie" bezeichnet, mit deren Einführung – im Gegenteil zur „echten nennwertlosen Aktie" – keine Abkehr vom Prinzip des festen Nennkapitals verbunden ist. Die Entscheidung der Gesellschaft für die eine oder andere Aktienart kann nach § 8 Abs. 1 AktG aus Gründen der Klarheit und Praktikabilität nur einheitlich getroffen werden. Entsprechend muss die Satzung der Aktiengesellschaft jetzt zunächst angeben, ob das Grundkapital in **Nennbetrags- oder in Stückaktien zerlegt** ist; um die Beteiligungsquote ermitteln zu können, ist bei **Stückaktien** darüber hinaus **deren Zahl** zu nennen (Art. 3 c) Zweite Richtlinie, § 23 Abs. 3 Nr. 4 AktG).

Anforderungen an die Nennbeträge

2.71 Werden demgegenüber Nennbetragsaktien gewählt, sind bei Aktiengesellschaft und GmbH gleichermaßen die **Nennbeträge der einzelnen Aktien oder GmbH-Anteile** anzugeben (Art. 3 b) Zweite Richtlinie, § 23 Abs. 3 Nr. 4 AktG, § 3 Abs. 1 Nr. 4 GmbHG). Der Nennbetrag der einzelnen **Nennbetragsaktie** muss dabei mindestens EUR 1,– (früher DM 5,–) betragen (§ 8 Abs. 2 Satz 1 AktG); höhere Nennbeträge müssen auf ein Vielfaches von EUR 1,– lauten (§ 8 Abs. 2 Satz 4 AktG). Bei Stückaktien darf der auf die einzelne Aktie entfallende anteilige Betrag ebenfalls den Wert von EUR 1,– nicht unterschreiten (§ 8 Abs. 3 Satz 3 AktG), so dass sie nicht etwa zur Schaffung sog. *penny-stocks* genutzt werden kön-

---

[95] Dazu Begr RegE BT-Drucks. 13/9573, S. 11 f; *Seibert*, ZGR 1998, 1, 15; zu Vorbildern in Belgien und Luxemburg *Hirte*, WM 1991, 753.

nen. Darüber hinaus gibt es im Gegensatz zu Nennbetragsaktien keine Vorgaben für eine „Stufung"; sie sind auch nicht erforderlich, da sie ja gerade auch „ungerade" prozentuale Beteiligungen an einer Gesellschaft erlauben und erlauben wollen, sofern nur der Anteil aller Aktien am Grundkapital gleich ist (§ 8 Abs. 3 Satz 2 AktG). Der **Nennbetrag der Stammeinlage** des einzelnen GmbH-Gesellschafters hat mindestens EUR 100,– (früher DM 500,–) zu betragen (§ 5 Abs. 1 GmbHG); höhere Beträge müssen hier durch fünfzig (früher für DM: hundert) teilbar sein (§ 5 Abs. 3 Satz 2 GmbHG). Dabei müssen die Nennbeträge von Nennbetragsaktien (anders als bei Stückaktien) bzw. die Stammeinlagen der einzelnen GmbH-Gesellschafter nicht identisch sein (§ 5 Abs. 3 Satz 1 GmbHG; für die Aktiengesellschaft gibt es insoweit keine ausdrückliche Regelung).[96] Für die GmbH ist dies in § 5 Abs. 1 Satz 1 GmbHG ausdrücklich zugelassen; denn das GmbH-Recht verbietet andererseits – im Gegensatz zum Aktienrecht –, dass ein Gesellschafter *bei der Gründung* mehr als eine Stammeinlage übernimmt (§ 5 Abs. 2 GmbHG). Die Summe der einzelnen Nennbeträge muss dem Gesamtnennkapital entsprechen (§ 1 Abs. 2 AktG, § 5 Abs. 3 Satz 3 GmbHG).

2.72 Kein Zusammenhang zwischen Nennwert und Marktwert

Der Nennwert der einzelnen Anteile – sofern noch angegeben – hat allerdings nichts mit deren **Marktwert** zu tun. Er bildet vielmehr nur eine Rechenziffer für die Bestimmung der Rechte der Gesellschafter zueinander. Zugleich zeigt die Summe der Nennwerte in Form des Gesamtnennkapitals den Gläubigern und der Öffentlichkeit an, in welchem Umfang die Gesellschafter Einlageverpflichtungen übernommen haben (ausführlich unten Rz. 5. 32 ff). Diese müssen weder notwendig erfüllt sein, noch muss der einmal eingezahlte Betrag noch im Gesellschaftsvermögen vorhanden sein. Wertbestimmend für den einzelnen Anteil ist vielmehr – zumindest theoretisch – der Wert des gesamten Unternehmens, dividiert durch die Zahl der Anteile (bei gleichem Nennbetrag). Zudem kann der Wert des einzelnen Anteils bei voller Einlageleistung schon bei der Ausgabe der Aktien bzw. Geschäftsanteile auch dadurch von dessen Nennbetrag abweichen, dass er zu einem höheren Preis als dem Nennbetrag – mit einem Aufgeld (Agio) – ausgegeben wird. Die Zulassung der Stückaktie trägt dem überzeugend Rechnung, da sie auf die möglicherweise irreführende und für den Marktwert der Aktie irrelevante Angabe des Nennwerts verzichtet.

2.73

In der Satzung der Aktiengesellschaft ist schließlich noch festzulegen, ob die auszugebenden Aktien **Inhaber- oder Namensaktien** sind (Art. 3 f) Zweite Richtlinie, § 23 Abs. 3 Nr. 5 AktG; zu deren Übertragbarkeit unten Rz. 4.52 ff). Weiter ist in der Satzung anzugeben, wie groß der **Vorstand** ist bzw. aus welchen Regeln sich seine Größe ergibt (Art. 2 d) Zweite Richtlinie, § 23 Abs. 3 Nr. 6 AktG). Festzulegen ist hier schließlich, wie die **Veröffentlichungen** der Gesellschaft erfolgen (§ 23 Abs. 4 AktG).

---

96) Zur Zulässigkeit in der Aktiengesellschaft *Hüffer*, AktG, § 23 Rz. 29.

2.74 Sofern **mehrere verschiedene Gattungen** von Aktien ausgegeben werden sollen, ist auch dies und deren Verteilung auf die Gründer in der Satzung anzugeben (Art. 3 e) Zweite Richtlinie, §§ 11, 23 Abs. 3 Nr. 4 AktG). Hierzu zählen neben den schon angesprochenen Inhaber- und Namensaktien vor allem die Vorzugsaktien ohne Stimmrecht (dazu unten Rz. 3.259). Weitere Gattungen und insbesondere verschiedenartig ausgestaltete Vorzugsaktien *mit* Stimmrecht sind zwar ohne weiteres denkbar, aber ungebräuchlich. Sämtliche Gestaltungsvarianten sind im Übrigen sowohl bei Nennbetrags- wie bei Stückaktien möglich.

IV. Auslegung der Satzung

Objektive Auslegung der Satzung

2.75 Die Loslösung des Verbandsinteresses von seinen Mitgliedern bei der Körperschaft hat auch Folgen für die Auslegung der Satzung. Diese ist nämlich nach überwiegender Ansicht in der Regel „objektiv" – wie ein Gesetz – auszulegen.[97] Nur ausnahmsweise könne auch der subjektive Wille der Gründer für ihre Auslegung herangezogen werden, nämlich etwa dann, wenn sich der Gesellschafterkreis seit der Gründung noch nicht verändert hat.[98]

---

97) BGHZ 14, 25, 36 f; BGHZ 36, 296, 314; BGHZ 48, 141, 143 f.
98) BGHZ 96, 245, 250 = ZIP 1986, 368 (*Kirberger*, S. 346) = EWiR § 33 BGB 1/86, 235 (*Weipert*) (e.V.); dazu *Raiser*, KapGesR, § 26 Rz. 16 (GmbH); für eine stärkere Vereinheitlichung der Auslegungsgrundsätze *Wiedemann*, GesR I, S. 165 ff.

§ 3 Organisationsverfassung

Literatur: *Albach*, Strategische Unternehmensplanung und Aufsichtsrat, ZGR 1997, 32; *Altmeppen/Wilhelm*, Quotenschaden, Individualschaden und Klagebefugnis bei der Verschleppung des Insolvenzverfahrens über das Vermögen der GmbH, NJW 1999, 673; *Baums*, Der Geschäftsleitervertrag, 1987; *Bezzenberger*, Die Geschäftsordnung der Hauptversammlung, ZGR 1998, 352; *Bork*, Materiellrechtliche und prozeßrechtliche Probleme des Organstreits zwischen Vorstand und Aufsichtsrat einer Aktiengesellschaft, ZGR 1989, 1; *Brandes*, Ersatz von Gesellschafts- und Gesellschafterschaden, in: Festschrift Fleck, 1988, S. 13; *Deckert*, Effektive Überwachung der AG-Geschäftsführung durch Ausschüsse des Aufsichtsrats, ZIP 1996, 1638; *Geßler*, Nichtigkeit von Hauptversammlungsbeschlüssen und Satzungsbestimmungen, ZGR 1980, 427; *Götz*, Die Überwachung der Aktiengesellschaft im Licht jüngerer Unternehmenskrisen, AG 1995, 337; *Groß*, Zuständigkeit der Hauptversammlung bei Erwerb und Veräußerung von Unternehmensbeteiligungen, AG 1994, 266; *Häsemeyer*, Der interne Rechtsschutz zwischen Organen, Organmitgliedern und Mitgliedern der Kapitalgesellschaften als Problem der Prozeßführungsbefugnis, ZHR 144 (1980), 265; *Heermann*, Unternehmerisches Ermessen, Organhaftung und Beweislastverteilung, ZIP 1998, 761; *Hoffmann-Becking*, Der Aufsichtsrat im Konzern, ZHR 159 (1995), 325; *Hüffer*, Der korporationsrechtliche Charakter von Rechtsgeschäften – Eine hilfreiche Kategorie bei der Begrenzung von Stimmverboten im Recht der GmbH?, in: Festschrift Heinsius, 1991, S. 337; *Joost*, „Holzmüller 2000" vor dem Hintergrund des Umwandlungsgesetzes, ZHR 163 (1999), 164; *Kessler*, Die Verantwortlichkeit von Geschäftsführern einer GmbH gegenüber Dritten, GmbH 1994, 429; *Kindler*, Unternehmerisches Ermessen und Pflichtenbindung, ZHR 162 (1998), 101; *Kropff*, Die Unternehmensplanung im Aufsichtsrat, NZG 1998, 613; *Lutter*, Die Erklärung zum Corporate Governance Kodex gemäß § 161 AktG, ZHR 166 (2002), 523; *Lutter/Krieger*, Rechte und Pflichten des Aufsichtsrats, 4. Aufl., 2002; *Martens*, Stimmrechtsbeschränkung und Stimmbindungsvertrag im Aktienrecht, AG 1993, 495; *Medicus*, Deliktische Außenhaftung der Vorstandsmitglieder und Geschäftsführer, ZGR 1998, 570; *Merkt*, Unternehmensleitung und Interessenkollision, ZHR 159 (1995), 423; *Müller*, Neue Rechtsprechung zur Außenhaftung von GmbH-Geschäftsführeren wegen der Nichtabführung von Sozialverischerungsbeiträgen, GmbHR 2000, 7; *Karsten Schmidt*, Geschäftsführerhaftung gemäß § 64 Abs. 2 GmbHG bei masseloser Insolvenz, GmbHR 2000, 1225; *Sosnitza*, Nichtigkeits- und Anfechtungsklage im Schnittfeld von Aktien- und Zivilprozeßrecht, NZG 1998, 335.

I. Überblick

Kennzeichnend für die Kapitalgesellschaften ist eine – im Gegensatz zu den Personengesellschaften – ausführlich geregelte Organisationsverfassung. Hinsichtlich der Organisation – oder besser: hinsichtlich des zwingenden Umfangs der Organisation – unterscheiden sich zudem Aktiengesellschaft und GmbH beträchtlich. Für die Aktiengesellschaft sind wegen § 23 Abs. 5 AktG („Satzungsstrenge") kaum Abweichungen von der gesetzlichen Lösung erlaubt; für die GmbH gilt demgegenüber weitgehend(er) der Grundsatz der Vertrags- bzw. Satzungsfreiheit.

3.1

Grundsätzlich unterschieden wird bei allen Kapitalgesellschaften zwischen dem Organ, in dem die **Willensbildung der Gesellschafter** vollzogen wird (Hauptversammlung bei der AG/Gesellschafterversammlung bei der GmbH), und dem **Geschäftsführungs- und Vertretungsorgan** (Vorstand bei der AG/Geschäftsführer bei der GmbH: einheitlich auch als **Geschäftsleiter** bezeichnet). Dies ist auch eine Folge der bei den Kapitalgesellschaften möglichen Drittorganschaft, der Möglichkeit, einen gesellschaftsfremden Dritten zum organschaftlichen Vertreter zu bestellen; denn dadurch brauchen die Mitglieder der Gesellschafterversammlung

3.2

und die Vertreter der Gesellschaft nicht identisch zu sein. Die „Hauptversammlung der Aktionäre" ist auch für die Europäische Aktiengesellschaft zwingend vorgeschrieben (Art. 38 a) SE-VO). Zwischen das für die Willensbildung der Gesellschafter zuständige Organ und das Geschäftsführungs- und Vertretungsorgan schiebt sich bei der Aktiengesellschaft immer, bei der Europäischen Aktiengesellschaft je nach Satzungsgestaltung und bei der GmbH nur unter bestimmten Voraussetzungen der Aufsichtsrat als Überwachungsorgan für die Geschäftsleitung. Das damit für die (nationale) Aktiengesellschaft zwingende dualistische oder *dual-board*-System ist im internationalen Vergleich eine Ausnahme; denn vor allem im anglo-amerikanischen Rechtskreis verfügen die der Aktiengesellschaft vergleichbaren Gesellschaftsformen häufig nur über ein einheitliches Leitungsorgan (monistisches System).

3.3 Die Mitglieder der Gesellschafterversammlung und des Vertretungsorgans können identisch sein. Dies ist häufig bei der GmbH und hier besonders bei Familiengesellschaften der Fall. Möglich ist bei Einpersonengesellschaften zudem, dass beide nur aus einer Person bestehen.

3.4 Anders als für die nationale Aktiengesellschaft eröffnet das SE-Statut der **einzelnen Europäischen Aktiengesellschaft** die Möglichkeit, in der Satzung – und damit durch Satzungsänderung wieder änderbar[1] – zwischen dem (klassischen deutschen) „dualistischen System" einer Trennung von Aufsichts- und Leitungsorgan (Aufsichtsrat und Vorstand) und dem (vor allem anglo-amerikanischen) „monistischen System" eines einheitlichen Verwaltungsorgans zu **wählen** (Art. 38 b) SE-VO). Das entspricht der jetzt schon für das nationale französische Aktienrecht bestehenden Wahlmöglichkeit (Art. 225–57 Code de Commerce 2001).[2] Für Deutschland ist dies aber völlig neu.[3] Bedingt durch die Wahlmöglichkeit zwischen den beiden Organisationsverfassungen, hat der europäische Gesetzgeber einige Fragen gemeinsam für beide Systeme geregelt.[4] Dem wird in der folgenden Darstellung nicht gefolgt; die entsprechenden Vorschriften werden vielmehr sowohl bei der dualistischen als auch bei der monistischen Verfassung vorgestellt.

II. Geschäftsführer und Vorstand

1. Zahl, Zusammensetzung und Organisation

a) Aktienrecht

Zusammensetzung des Vorstandes aus einer oder mehreren Personen

3.5 Bei der **Aktiengesellschaft** kann der Vorstand aus **einer oder mehreren Personen** bestehen (§ 76 Abs. 2 Satz 1 AktG). Hat die Gesellschaft ein Grundkapital von mehr als 1,5 Mio. Euro, so muss er aus mindestens zwei Personen bestehen, sofern nicht die Satzung bestimmt, dass er nur aus

---

1) *Hommelhoff*, AG 2001, 279, 283.
2) Zustimmend früher bereits *Hopt*, ZGR 2000, 779, 815.
3) So *Hirte*, NZG 2002, 1, 5; *Hommelhoff*, AG 2001, 279, 282 („revolutionär"); i. E. ebenso *Ulmer*, FAZ v. 21. 3. 2001, Nr. 68 S. 30.
4) Überblick bei *Hirte*, NZG 2002, 1, 5 f.

einer Person besteht (§ 76 Abs. 2 Satz 2 AktG). Nach Empfehlung 4.2.1 DCGK soll der Vorstand aus mehreren Personen bestehen und – was § 84 Abs. 2 AktG ausdrücklich gestattet – einen Vorsitzenden oder Sprecher haben. Aus den Mitbestimmungsgesetzen kann sich schließlich die Verpflichtung ergeben, ein besonderes Vorstandsmitglied als **Arbeitsdirektor** zu bestellen (§ 76 Abs. 2 Satz 3 AktG; vgl. im Einzelnen § 33 Abs. 1 Satz 1 MitbestG, § 13 Abs. 1 Satz 1 Montan-Mitbestimmungsgesetz). Die Zahl der Mitglieder des Leitungsorgans einer **Europäischen Aktiengesellschaft** oder die Regeln für ihre Festlegung werden durch die SE-Satzung bestimmt (Art. 39 Abs. 4 Satz 1 SE-VO). Die Mitgliedstaaten können aber eine Mindest- und/oder Höchstzahl festlegen (Art. 39 Abs. 4 Satz 1 SE-VO).

Regelungen über die Binnenorganisation des Vorstands enthält § 77 AktG. Sie können wegen § 23 Abs. 5 AktG durch die Satzung nur insoweit abgeändert oder ergänzt werden, als das Gesetz dies ausdrücklich zulässt. Danach können zunächst Einzelfragen der **Geschäftsordnung** unmittelbar durch die Satzung geregelt werden (§ 77 Abs. 2 Satz 2 AktG). Sodann kann sich der Vorstand selbst eine Geschäftsordnung geben, dies aber nur dann, wenn dieses Recht nicht in der Satzung dem Aufsichtsrat vorbehalten ist oder dieser – unabhängig von einem solchen Vorbehalt – tatsächlich eine Geschäftsordnung erlässt (§ 77 Abs. 2 Satz 1 AktG).[5] Hierin konnten schon nach früher geltendem Recht (vgl. jetzt § 91 Abs. 2 AktG n. F.) etwa Einzelheiten des Informationsflusses zwischen Vorstand und Aufsichtsrat festgelegt werden.[6]

3.6 Geschäftsordnung als Binnenorganisation des Vorstandes

Zulässig und üblich sind Regelungen zur Entscheidungsfindung im Gesamtvorstand (Einstimmigkeit – absolute oder relative Mehrheitsbeschlüsse) und vor allem zur Arbeitsteilung unter den Vorstandsmitgliedern. Hier sind vor allem die funktionale oder divisionale Organisationsstruktur gebräuchlich: bei der funktionalen Arbeitsteilung werden bestimmte Unternehmensfunktionen (z. B. Einkauf – Produktion – Verkauf – Finanzen – Rechnungswesen – Recht) einzelnen Vorstandsmitgliedern zugewiesen; bei der divisionalen Aufteilung werden demgegenüber einzelne Geschäftsfelder (z. B. Farben – Pharma – Textil) oder geographische Regionen mit ihren sämtlichen Funktionen einem bestimmten Vorstandsmitglied zugewiesen. Schließlich ist eine Mischung beider Ansätze häufig. Empfehlung 4.2.1 fordert ausdrücklich eine Geschäftsordnung, die die Geschäftsverteilung und die Zusammenarbeit im Vorstand regelt. Für bestimmte Arten von Geschäften muss die Satzung oder kann die Geschäftsordnung des Vorstands nach § 111 Abs. 4 Satz 2 AktG einen **Zustimmungsvorbehalt** des Aufsichtsrats vorsehen; darauf wird noch einzugehen sein (unten Rz. 3.178, 3.197).

3.7 Funktionale und divisionale Arbeitsteilung

---

5) Dazu ausführlich *Hoffmann-Becking*, ZGR 1998, 497 ff.
6) Dazu *Hommelhoff/Mattheus*, AG 1998, 249, 253 f; *Wilde*, ZGR 1998, 423, 428; *Zimmer*, NJW 1998, 3521, 3524.

Keine Entscheidungen gegen die Mehrheit des Vorstandes möglich	3.8 Im Übrigen geht das Gesetz vom Grundsatz der **Gleichberechtigung aller Vorstandsmitglieder** aus. Dem entspricht vor allem § 77 Abs. 1 Satz 2 AktG, nach dem auch durch Satzung oder Geschäftsordnung nicht vorgesehen werden kann, dass Meinungsverschiedenheiten zwischen Vorstandsmitgliedern gegen die Mehrheit seiner Mitglieder entschieden werden; das bedeutet aus der umgekehrten Perspektive, dass eine Erhöhung des Stimmgewichts selbst besonders kompetenter Vorstandsmitglieder nur in Grenzen zulässig ist. Kraft ausdrücklicher gesetzlicher Anordnung gilt der Grundsatz der Gleichberechtigung auch für einen eventuellen Arbeitsdirektor (§ 33 Abs. 1 Satz 1 MitbestG, § 13 Abs. 1 Satz 1 Montan-Mitbestimmungsgesetz).[7] Die nach § 84 Abs. 2 AktG mögliche und von Nr. 4.2.1 DCGK empfohlene Bestellung eines **Vorstandsvorsitzenden** oder -sprechers widerspricht dieser formalen Gleichbehandlung der Vorstandsmitglieder nicht.

b) GmbH-Recht

3.9 Ganz im Gegensatz zum Aktienrecht finden sich im **GmbH-Gesetz** keine Regelungen zur Binnenorganisation der Geschäftsleitung.

2. Bestellung und Anstellung

Bestellung und Anstellung als verschiedene Rechtsverhältnisse	3.10 Im Verhältnis der Geschäftsleiter zur Gesellschaft sind zwei grundlegend verschiedene Rechtsverhältnisse zu unterscheiden – die **Bestellung** und die **Anstellung**.[8] Die Bestellung ist der korporative Akt, der die Organstellung begründet; ihr Widerruf führt umgekehrt zu ihrer Beendigung. Sie gibt dem Geschäftsleiter aber – von gesetzlichen Anspruchsgrundlagen wie §§ 812 ff BGB oder Geschäftsführung ohne Auftrag abgesehen – noch keinen irgendwie gearteten Vergütungsanspruch. Dieser kann vielmehr nur aus der Anstellung als dem Grundverhältnis zur Bestellung folgen; das ist in der Regel ein (entgeltlicher) Geschäftsbesorgungsvertrag nach § 675 BGB auf der Grundlage eines Dienstvertrages nach §§ 611 ff BGB. Das Verhältnis zwischen beiden ähnelt dabei dem Abstraktionsverhältnis von Vollmacht (Prokura etc.) und deren Grundverhältnis (Dienstvertrag, Arbeits- oder Geschäftsbesorgungsvertrag).

a) Bestellung

Bestellung des Vorstandes durch den Aufsichtsrat und Bestellung des Geschäftsführers durch die Gesellschafterversammlung	3.11 Die Bestellung von Vorstandsmitgliedern bei der Aktiengesellschaft erfolgt durch den **Aufsichtsrat** (§ 84 Abs. 1 Satz 1 AktG). Auch das Leitungsorgan einer Europäischen Aktiengesellschaft wird grundsätzlich vom **Aufsichtsorgan** bestellt (Art. 39 Abs. 2 Unterabs. 1 SE-VO); das einzelstaatliche Recht kann aber eine Bestellung und Abberufung durch

---

[7] Zur wirtschaftlichen Realität (Vorstandsmitglieder „erster" und „zweiter Klasse") *Hoffmann-Becking*, ZGR 1998, 497, 514 ff; hierzu auch *Endres*, ZHR 163 (1999), 441, 448 ff.

[8] BGHZ 3, 90; *Rowedder/Koppensteiner*, GmbHG, § 35 Rz. 69.

die Hauptversammlung gestatten oder vorschreiben (Art. 39 Abs. 2 Unterabs. 2 SE-VO), wie dies in Deutschland für die gesetzestypische GmbH gilt. Eine solche Regelung ist für Deutschland allerdings für große (börsennotierte) und/oder mitbestimmte Gesellschaften nicht zu erwarten; für konzerneingebundene SE wird man aber möglicherweise anders entscheiden können.[9] Die Bestellung des Geschäftsführers geschieht bei der GmbH durch einen mit einfacher Mehrheit gefassten Beschluss der **Gesellschafterversammlung** (§ 46 Nr. 5 GmbHG). Etwas anderes gilt dann, wenn die Person des Geschäftsführers in der Satzung festgelegt ist oder die Satzung vom Gesetz abweichende Regelungen (etwa höhere Mehrheiten) zum Bestellungsverfahren enthält. In allen Fällen bedarf es einer Annahme der Bestellung durch den zu bestellenden Geschäftsleiter.[10]

Die notwendigen **persönlichen Voraussetzungen** eines Geschäftsleiters ergeben sich aus § 76 Abs. 3 AktG, § 6 Abs. 2 GmbHG. Bestellt werden können danach zunächst nur natürliche Personen. In der SE ist demgegenüber europarechtlich auch eine Satzungsregelung möglich, nach der Gesellschaften oder andere juristische Personen zu Organmitgliedern bestellt werden können, allerdings nur, wenn das nationale Aktienrecht des Sitzstaats eine solche Regelung kennt (Art. 47 Abs. 1 Unterabs. 1 SE-VO).[11] Nach Empfehlung 5.1.2 DCGK soll für Vorstandsmitglieder einer Aktiengesellschaft vom Aufsichtsrat eine **Altersgrenze** festgelegt werden. Zudem können unter anderem in den letzten fünf Jahren wegen einer **Insolvenzstraftat** (§§ 281 ff StGB) verurteilte Personen nicht zum Geschäftsleiter bestellt werden (§ 76 Abs. 3 Satz 3 und 4 AktG, § 6 Abs. 2 Satz 3 und 4 GmbHG). Ein darauf hinzielender Beschluss ist nichtig.[12] **Ausländer** können zum Geschäftsführer einer GmbH (oder zum Vorstand einer AG) auch dann bestellt werden, wenn sie im Ausland wohnen. In diesem Fall muss aber sichergestellt sein, dass sie ihren gesetzlichen Verpflichtungen als Geschäftsführer im Inland jederzeit nachkommen können; für sie muss daher jederzeit die Möglichkeit der Einreise ins Inland bestehen. Hintergrund dieser Forderung ist die Erfahrung, dass zivil- und strafrechtlich schlecht heranzuziehende ausländische Geschäftsführer häufig im Vorfeld von (masselosen) Insolvenzverfahren bestellt werden. Die genannten Voraussetzungen hat das Registergericht analog § 6 Abs. 2 Satz 3 GmbHG (bzw. § 37 Abs. 2 Satz 1 AktG) zu

3.12 Persönliche Voraussetzungen der Geschäftsleiter

---

9) Dafür *Hommelhoff*, AG 2001, 279, 283 mit dem Hinweis, dass dies die Masse aller SE ist.
10) *Marsch-Barner/Diekmann*, in: Münchener Handbuch GmbH, § 42 Rz. 23 ff.
11) Für einen Versuch in dieser Richtung im Ausführungsgesetz *Hommelhoff*, AG 2001, 279, 283.
12) OLG Naumburg ZIP 2000, 622, 624 (zur entsprechenden Anwendung für eine Verurteilung wegen einer vergleichbaren Straftat durch ein ausländisches Strafgericht).

überprüfen.[13] Ein **Wohnsitz** im Inland kann freilich, wie der EuGH in einem auf Vorlage des Österreichischen Verwaltungsgerichtshofs durchgeführten Vorabentscheidungsverfahren feststellte, nicht verlangt werden; dies verstieße zu Lasten des Arbeitgebers gegen Art. 39 EG (früher Art. 48 EGV).[14]

Zeitliche Begrenzung der Bestellung

3.13 Während bei der Aktiengesellschaft die Bestellung nur für einen **Zeitraum** von höchstens fünf Jahren möglich ist (§ 84 Abs. 1 Satz 1 AktG), fehlen derartige Vorgaben bei der nicht mitbestimmten GmbH; sie können aber in die Satzung aufgenommen werden. Für die Erstbestellung eines Vorstandsmitglieds regt Nr. 5.1.2 DCGK an, in der Regel nicht die Höchstdauer auszuschöpfen. Allerdings ist die erneute Bestellung eines Vorstandsmitglieds möglich. Nach Empfehlung 5.1.2 DCGK soll eine solche Wiederbestellung vor Ablauf eines Jahres vor dem Ende der Bestelldauer unter gleichzeitiger Aufhebung der laufenden Bestellung – entgegen einer bislang häufig geübten Praxis – nur bei Vorliegen besonderer Umstände erfolgen. In der Europäischen Aktiengesellschaft sind Vorstandsmitglieder für den in der Satzung festgelegten Zeitraum zu bestellen, der sechs Jahre nicht überschreiten darf (Art. 46 Abs. 1 SE-VO).[15]

Deklaratorische Handelsregistereintragung

3.14 Die Bestellung ist eine in das **Handelsregister** einzutragende (eintragungspflichtige) Tatsache (§ 81 Abs. 1 AktG, § 39 GmbHG i. V. m. § 15 HGB). Die Eintragung ist allerdings nur deklaratorischer Natur. Für die (in der GmbH seltenen) stellvertretenden Geschäftsleiter (stellvertretendes Vorstandsmitglied/stellvertretender Geschäftsführer) gilt das Gleiche (§ 94 AktG, § 44 GmbHG). Ein „stellvertretender Geschäftsführer" ist in das Handelsregister auch dann nur als „Geschäftsführer" bzw. „Vorstand" einzutragen, wenn die Anmelder ausdrücklich die Eintragung des Stellvertreterzusatzes beantragen.[16]

Befreiung vom Verbot des Selbstkontrahierens (§ 181 BGB)

3.15 Keiner gesonderten Anmeldung bedarf es für den bereits bei der Errichtung der Gesellschaft bestellten Geschäftsleiter; hier gelten § 39 Abs. 1 AktG, § 10 Abs. 1 Sätze 1 und 2 GmbHG. Ist ein Geschäftsleiter vom

---

13) OLG Köln DB 1999, 38 = EWiR § 6 GmbHG 1/99, 261 (*Mankowski*); OLG Köln NJW-RR 1999, 1637 = NZG 1999, 269 = DStR 1999, 430 = BB 1999, 493 = EWiR § 6 GmbHG 2/99, 461 (*Rawert*); OLG Zweibrücken NJW-RR 2001, 1689 (für einen Rumänen); hierzu *Erdmann*, NZG 2002, 503; kritisch *Wachter*, ZIP 1999, 1577; *ders.*, NotBZ 2001, 233. Das gilt auch dann, wenn neben dem ausländischen Geschäftsführer ein weiterer Geschäftsführer bestellt wird, der die Einreise-Voraussetzungen erfüllt: LG Bielefeld bestätigt durch OLG Hamm ZIP 1999, 1919 = NJW-RR 2000, 37 = DStR 1999, 1746 (Ls.) (*BS*). Zu den Grenzen der Prüfungsbefugnis des Registergerichts bei anderweit einreisebefugten US-Amerikaner OLG Frankfurt/M. NJW-RR 2001, 1616 = EWiR § 6 GmbHG 1/01, 813 (*Mankowski*); abw. als Vorinstanz LG Gießen EWiR § 6 GmbHG 1/2000, 861 (*Wachter*).

14) EuGH, Urt. v. 7. 5. 1998 – Rs. C-350/96, Slg. 1998, I-2521 = EuZW 1998, 601 = EWiR Art. 48 EGV 1/99, 355 (*Frey/Thölke*) – Clean Car Autoservice.

15) Dazu *Hommelhoff*, AG 2001, 279, 283: „rechtspolitisch durchaus noch akzeptabel"; dies positiv bewertend *Ulmer*, FAZ v. 21. 3. 2001, Nr. 68 S. 30.

16) BGH NJW 1998, 1071 = LM H. 5/1998 § 10 GmbHG Nr. 3 (GmbH); ebenso der Vorlagebeschluss des BayObLG NJW-RR 1997, 673 = DB 1997, 818 = BB 1997, 851 = GmbHR 1997, 410 = DZWir 1997, 196 (*Ring*) = EWiR § 44 GmbHG 1/97, 523 (*Bokelmann*); abw. OLG Düsseldorf NJW 1969, 1259; OLG Stuttgart NJW 1960, 2150.

Verbot des **Selbstkontrahierens** (§ 181 BGB)[17] befreit, ist dies ungeachtet der in diesen Fällen besonderen Offenlegungserfordernisse bezüglich der einzelnen Geschäfte (dazu Rz. 3.48) auch beim Alleingesellschafter als Geschäftsleiter eine besonders einzutragende Angabe (§ 39 Abs. 1 Satz 2 AktG, § 10 Abs. 1 Satz 2 GmbHG).[18] Die Hauptbedeutung dieser Befreiung liegt zwar wegen des dort fehlenden Aufsichtsrats bei der GmbH; bei der Aktiengesellschaft kann sie aber im Hinblick auf das ebenfalls von § 181 BGB erfasste Verbot der Doppelvertretung relevant werden. Auch wenn bei einem Vorstandsmitglied die Vertretungsmacht nicht infolge Selbstkontrahierens i. S. v. § 181 BGB entfällt, kann aber eine Offenlegung von Interessenkonflikten geboten sein (dazu unten Rz. 3.73).

Die Bestellung der Geschäftsführer ist **jederzeit widerruflich**; es gilt der Grundsatz der freien Abberufbarkeit (§ 38 Abs. 1 GmbHG). Allerdings kann die Widerruflichkeit im Gesellschaftsvertrag auf den Widerruf aus wichtigem Grund eingeschränkt werden (§ 38 Abs. 2 GmbHG). Einschränkungen der Widerruflichkeit im Anstellungsvertrag reichen insoweit nicht, wohl aber (möglicherweise) solche, die in schuldrechtlichen Nebenvereinbarungen der Gesellschafter enthalten sind (dazu unten Rz. 3.269 ff). Bei der Aktiengesellschaft und bei mitbestimmten Gesellschaften ist die Abberufung immer nur aus wichtigem Grund möglich (§ 84 Abs. 3 AktG, § 31 Abs. 1 MitbestG, § 13 Montan-MitbestErgG); das gilt auch für die Europäische Aktiengesellschaft.[19] Was ein wichtiger Grund sein kann, ist in § 84 Abs. 3 Satz 2 AktG, § 38 Abs. 2 Satz 2 GmbHG konkretisiert. Als wichtiger Grund ist bei der Aktiengesellschaft insbesondere ein Vertrauensentzug durch die Hauptversammlung in Form einer verweigerten Entlastung (§ 120 AktG) anzusehen; wegen der unmittelbaren Abberufungskompetenz der GmbH-Gesellschafterversammlung gibt es eine ähnliche Regelung im GmbH-Gesetz nicht. Der Widerruf der Bestellung eines Geschäftsleiters führt im Hinblick auf die Trennung von Bestellung und Anstellung nicht zur Annahme eines vertragswidrigen Verhaltens der Gesellschaft i. S. v. § 628 Abs. 2 BGB.[20]

3.16 Widerruf der Bestellung jederzeit möglich

Zuständig für den Widerruf der Bestellung (die Abberufung) ist bei der Aktiengesellschaft der Aufsichtsrat (§ 84 Abs. 3 Satz 1 AktG), bei der SE das Aufsichtsorgan (Art. 39 Abs. 2 Unterabs. 1 SE-VO) und bei der

3.17 Zuständigkeit für den Widerruf der Bestellung

---

17) Bei fehlender Befreiung kann nicht nur die Stimmabgabe, sondern auch der darauf ergehende Beschluss unwirksam sein: BayObLG ZIP 2001, 70 = NJW-RR 2001, 469 = NZG 2001, 128 = DStR 2001, 496 (*Hergeth*).
18) EuGH, Rs. 32/74, *Firma Friedrich Haaga GmbH*, Slg. 1974, 1201 (auf Vorlage des BGH NJW 1974, 1640); BGHZ 87, 59, 60 = ZIP 1983, 568 = NJW 1983, 1676 (abw. noch BGHZ 33, 189, 192 = NJW 1960, 2285); aber keine Eintragungsfähigkeit einer bloß möglichen Änderung der Vertretungsverhältnisse aufgrund einer (zulässigen) bloßen Ermächtigung der Gesellschafterversammlung zur Befreiung der Geschäftsführer von § 181 BGB: OLG Frankfurt/M. OLGZ 1994, 288 = NJW-RR 1994, 165; OLG Hamm NJW-RR 1997, 415; OLG Hamm NJW-RR 1998, 1193 = DB 1998, 1457 = BB 1998, 1328 = GmbHR 1998, 682 = EWiR § 35 GmbHG 2/98, 701 (*Bokelmann*); für restriktive Anwendung Bachmann, ZIP 1999, 85.
19) *Hommelhoff*, AG 2001, 279, 283.
20) BGH NJW 2003, 351 = NZG 2003, 84 = DStR 2002, 2182, 2183 (GmbH).

GmbH die Gesellschafterversammlung, die darüber durch Beschluss zu entscheiden hat (§ 46 Nr. 5 GmbHG). Ist nach der Satzung ein anderes Organ für die Bestellung zuständig, so ist dies auch für die Abberufung zuständig. Erfolgt die Abberufung aus wichtigem Grund, muss sie binnen einer angemessenen Frist erfolgen; die Zweiwochenfrist des § 626 Abs. 2 BGB gilt hier nicht.[21] Bei der Entscheidung über Bestellung und Abberufung darf der Geschäftsführer, der zugleich Gesellschafter ist, mit abstimmen, sofern nicht eine Abberufung aus wichtigem Grund zur Debatte steht.[22]

Niederlegung des Amtes

3.18 Vorbehaltlich abweichender Regelung in Satzung oder Anstellungsvertrag kommt auch eine Beendigung der Bestellung durch jederzeit mögliche (zugangsbedürftige) **Niederlegung** des Amtes in Betracht. Bei der Erklärung seiner Amtsniederlegung gegenüber der Gesamtheit aller Gesellschafter gilt – wie allgemein für Rechtsverhältnisse nach § 46 Nr. 5 GmbHG – auch der Grundsatz, dass die Gesellschaft hier durch einen (Gesellschafter-)Gesamtvertreter vertreten wird, so dass es nicht darauf ankommt, ob dieser die Mitteilung an die anderen weiterleitet.[23] Die Amtsniederlegung durch den einzigen GmbH-Geschäftsführer, der *zugleich Gesellschafter* ist, ist aber rechtsmissbräuchlich, wenn er nicht zugleich einen neuen Geschäftsführer bestellt. In diesem Fall darf daher schon das Registergericht einem Löschungsantrag nicht nachkommen, so dass es gar nicht zur Vertreterlosigkeit der juristischen Person kommt.[24]

Bestellung eines Notgeschäftsführers nach § 29 BGB

3.19 Ist die Niederlegung des letzten Geschäftsführers wirksam, kommt die Bestellung eine **Notgeschäftsführers** nach § 29 BGB (der auch für das GmbH-Recht gilt) in Betracht.[25] Entsprechendes gilt nach § 85 Abs. 1 AktG für die Aktiengesellschaft. Bei einer Mehrpersonen-GmbH darf ein Gesellschafter aber nicht gegen seinen Willen zum Notgeschäftsführer

---

21) *Marsch-Barner/Diekmann*, in: Münchener Handbuch GmbH, § 42 Rz. 63.
22) *Marsch-Barner/Diekmann*, in: Münchener Handbuch GmbH, § 42 Rz. 61; *Reher*, Diss. Hamburg 2003 (im Erscheinen); *Zöllner*, in: Baumbach/Hueck, GmbHG, § 38 Rz. 15 f.
23) BGHZ 149, 28 = ZIP 2001, 2227, 2228 = NZG 2002, 43 = NZI 2002, 97 = DStR 2002, 183 = EWiR § 35 GmbHG 1/02, 67 (*F. Wagner*); allgemein und zusammenfassend zur Amtsniederlegung des GmbH-Geschäftsführers *Lohr*, DStR 2002, 2173; *Schuhmann*, NZG 2002, 706.
24) BayObLG ZIP 1999, 1599, 1600 m. w. N. = NJW-RR 2000, 179 = DStR 2000, 290 (Ls.) (*Schaub*) (st. Rspr.); ebenso OLG Hamm OLGZ 88, 411 = ZIP 1988, 1048 = WM 1988, 1192 = EWiR § 38 GmbHG 2/88, 795 (*Fleck*); OLG Düsseldorf NJW-RR 2001, 609 = ZIP 2001, 25 = DStR 2001, 454 (*Haas*) = ZInsO 2001, 323 = NZI 2001, 97; offen gelassen von BGHZ 121, 257, 262 = ZIP 1993, 430 = NJW 1993, 1198 = LM H. 7/1993 § 38 GmbHG Nr. 13 (*Heidenhain*) = EWiR § 38 GmbHG 1/93, 461 (*Miller*).
25) OLG Dresden NZI 2000, 136 = NJW-RR 2000, 579; OLG Frankfurt/M. DB 2001, 472 = GmbHR 2001, 436; zum Ganzen *Helmschrott*, ZIP 2001, 636; *Kutzer*, ZIP 2000, 654. Zur Entbehrlichkeit der Bestellung eines Notgeschäftsführers bei Vorhandensein eines Verfahrenspflegers OLG Zweibrücken ZIP 2001, 973, 974 f = NJW-RR 2001, 1057 = ZInsO 2001, 472 = NZI 2001, 378 = EWiR § 57 ZPO 1/02, 223 (*Pape*). Die Abberufung eines vom Gericht analog § 29 BGB bestellten *Notgeschäftsführers* ist nur bei Vorliegen eines wichtigen Grundes möglich: OLG Düsseldorf ZIP 1997, 846 = NJW-RR 1997, 1398.

bestellt werden.[26] In Prozessen einschließlich des Insolvenzverfahrens gibt es auch die Möglichkeit der Bestellung eines **Prozesspflegers** nach § 57 ZPO.

Das Ausscheiden eines Geschäftsleiters bedarf ebenfalls der Eintragung im Handelsregister. Auch im Insolvenzeröffnungsverfahren ist der Geschäftsführer einer GmbH und nicht der (vorläufige) Insolvenzverwalter nach §§ 39, 78 GmbHG berechtigt und verpflichtet, die Abberufung und die Neubestellung von Geschäftsführern zur Eintragung in das Handelsregister anzumelden; im Übrigen wird ein Verfahren der Freiwilligen Gerichtsbarkeit – hier das Eintragungsverfahren – durch die Eröffnung des Insolvenzverfahrens bzw. die Anordnung eines Verwaltungs- und Verfügungsverbots im Eröffnungsverfahren nicht entsprechend § 240 ZPO unterbrochen.[27] Bei einer im eröffneten Insolvenzverfahren befindlichen GmbH ist die Abberufung demgegenüber jedenfalls dann aufgrund der Eintragung des Insolvenzverwalters zum Handelsregister einzutragen, wenn der Geschäftsführer schon ausgeschieden ist und sein Ausscheiden nicht mehr anmelden kann.[28] In der Praxis ist diese Konstellation deshalb recht häufig, weil sich Geschäftsführer damit zum einen ihren insolvenzrechtlichen Pflichten entziehen zu können glauben und/oder glauben, in den Genuss von Insolvenzausfallgeld kommen zu können.

3.20 Handelsregistereintragung des Ausscheidens

b) Anstellung

Neben das körperschaftliche Rechtsverhältnis – die Bestellung – tritt das Anstellungsverhältnis. In der Regel wird hier ein **entgeltlicher Vertrag** geschlossen, der rechtlich als Geschäftsbesorgungsvertrag auf der Grundlage eines Dienstvertrages zu qualifizieren ist (§ 675 Abs. 1 i. V. m. §§ 611 ff BGB).[29] Fehlt es an einem *entgeltlichen* Vertrag, ist wie bei der Vollmacht von einem Auftragsverhältnis (§§ 662 ff BGB) auszugehen. Ist ein Anstellungsvertrag mit einem Geschäftsleiter *nicht wirksam zustande gekommen*, sind die Grundsätze über das fehlerhafte Arbeitsverhältnis entsprechend anwendbar mit der Folge, dass der „Vertrag" für die Zukunft jederzeit aufgelöst werden kann.[30]

3.21 Anstellungsvertrag

---

26) KG NJW-RR 2001, 900 = DStR 2001, 952 (Ls.) (*Haas*)= EWiR § 29 BGB 1/2000, 757 (*Bokelmann*).
27) OLG Köln ZIP 2001, 1553, 1554 = NJW-RR 2001, 1417 = NZI 2001, 470.
28) LG Baden-Baden ZIP 1996, 1352 = GmbHR 1996, 682 = KTS 1996, 536 = EWiR § 6 KO 1/97, 121 (*Neuhof/Diel*); AG Charlottenburg ZIP 1996, 683 = KTS 1996, 386 = EWiR § 6 KO 2/96, 565 (*Pape*).
29) Zur Möglichkeit eines stillschweigenden Vertragsschlusses des bisherigen Gesellschafter-Geschäftsführers mit dem Erwerber seines GmbH-Geschäftsanteils im Zusammenhang mit dessen Veräußerung BGH NJW-RR 1997, 669 = DStR 1997, 459 (*Goette*).
30) BGH ZIP 2000, 1442, 1443 f = NJW 2000, 2983 = NZG 2000, 983 = DStR 2000, 1743 = LM H. 1/2001, § 46 GmbHG Nr. 38 (*Adam*) = EWiR § 46 GmbHG 1/01, 119 (*Günther*) (GmbH-Geschäftsführer); OLG Schleswig ZIP 2001, 71 = NZG 2001, 275 (Vorstandsmitglied) (n. rkr.).

aa) Kein Arbeitsvertrag

Keine Zuständigkeit der Arbeitsgerichtsbarkeit

3.22 Mangels Weisungsabhängigkeit des Vorstandsmitglieds bzw. Geschäftsführers handelt es sich dabei allerdings nicht um einen Arbeitsvertrag. Deshalb ist für Streitigkeiten aus dem Anstellungsvertrag der Rechtsweg zu den ordentlichen Gerichten und nicht der zu den Arbeitsgerichten gegeben (§ 5 Abs. 1 Satz 3 ArbGG).[31] Das wird allerdings in jüngerer Zeit teilweise anders gesehen, wenn der Geschäftsführer nur über eine sehr eingeschränkte Kompetenz verfügt.[32] Vielmehr sollen nach Ansicht des BAG für die Beurteilung, ob ein Geschäftsführer als Arbeitnehmer zu qualifizieren sei, die allgemein für die Abgrenzung des Arbeitsvertrages vom freien Dienstvertrag geltenden Kriterien entscheidend sein.[33]

Sozialversicherungspflicht

3.23 In jedem Fall ist der Geschäftsführer **sozialversicherungspflichtig**, wenn er nur zu 50 % oder weniger an der Gesellschaft beteiligt ist; denn dann ist er nicht „Unternehmergesellschafter" und damit in gleicher Weise wie ein Arbeitnehmer schutzbedürftig. Bei höherer Beteiligung kann dies auch gelten, wenn er aufgrund der konkreten Vertragsgestaltung in der Gefahr der Abhängigkeit steht.[34] Für Vorstandsmitglieder einer Aktiengesellschaft besteht aber nach § 1 Satz 4 SGB VI in keinem Fall eine Rentenversicherungspflicht.[35]

Gestaltung der Vergütung

3.24 Vorgaben für die **Höhe und Ausgestaltung der Vergütung** für den Vorstand enthält § 87 AktG. Nach Empfehlung 4.2.3 DCGK soll die Vergütung fixe und variable Bestandteile umfassen. Dabei sollen die variablen Bestandteile nicht nachträglich durch Änderung der Erfolgsziele angepasst werden. Zudem soll seit der Neufassung des DCGK im Mai 2003 das Vergütungssystem auf der Homepage der Gesellschaft und im Geschäftsbericht in allgemein verständlicher Form bekannt gemacht und erläutert werden; der Vorsitzende des Aufsichtsrats soll zudem die Hauptversammlung über die Grundzüge des Vergütungssystems und etwaige Änderungen informieren. Nach Empfehlung 4.2.4 DCGK soll die Vergü-

---

31) Zur entsprechenden Anwendung auf den Geschäftsführer einer Vor-GmbH BAG NJW 1996, 2678 = ZIP 1996, 1311 = NZA 1996, 952 = EWiR § 5 ArbGG 3/96, 773 (*Bormann*).

32) So im Rahmen der Rechtswegabgrenzung zur Arbeitsgerichtsbarkeit BAG ZIP 1999, 1456 = NJW 2000, 1329 = LM H. 5/2000 § 134 BGB Nr. 166 (*G.H. Roth*); im Anschluss an BAGE 84, 377 = ZIP 1997, 690 = NZA 1997, 674 = EWiR § 17 GVG 1/97, 525 (*Wank*); BAGE 85, 46 = NJW 1997, 1722 = NZA 1997, 509 = EWiR § 5 ArbGG 2/97 (*Kreitner*).

33) BAG ZIP 1999, 1854 = NJW 1999, 3731 = NZA 1999, 987 = DStR 1999, 1868 (*Eckert*) = EWiR § 611 BGB 1/2000, 69 (*T. Keil*); dazu *Reiserer*, DStR 2000, 31. Arbeitnehmereigenschaft ist aber für den *Gesellschafter* einer GmbH, dem mehr als 50 % der Stimmen zustehen, auch dann zu verneinen, wenn er nicht Geschäftsführer ist: BAG ZIP 1998, 1650 = NJW 1998, 3796 = NZA 1998, 939 = DStR 1998, 1645 (*Goette*) = EWiR § 611 BGB 4/98, 883 (*Plagemann*).

34) BSG ZIP 1995, 1179 = GmbHR 1995, 584 = EWiR § 168 AFG 1/95, 625 (*Plagemann*) (für mögliche Abhängigkeit eines Alleingesellschafters aufgrund eines Treuhandvertrages); BSG ZIP 1997, 1120 = EWiR § 7 SGB IV 2/97, 805 (*Gagel*) (wenn Geschäftsführer aufgrund der schuldrechtlichen Bindungen des Anstellungsvertrages ihm nicht genehme Beschlüsse nicht verhindern kann); *Marsch-Barner/Diekmann*, in: Münchener Handbuch GmbH, § 43 Rz. 10; *Zöllner*, in: Baumbach/Hueck, GmbHG, § 35 Rz. 99b.

35) Hierzu *Gerlt*, FAZ v. 14. 4. 2001, Nr. 88, S. 22.

tung der Vorstandsmitglieder im Anhang des Konzernabschlusses differenziert und – seit der Neufassung des DCGK zum 21. Mai 2003 ebenfalls Empfehlung – auch individualisiert[36] bekannt gemacht werden. Sofern der Geschäftsleiter nicht Unternehmergesellschafter ist, ist auch eine **Ruhegehaltszusage** möglich und üblich (§ 17 Abs. 1 Satz 2 BetrAVG).[37]

Um bei der Aktiengesellschaft die zeitlichen Grenzen für die Bestellung eines Vorstandsmitglieds nicht zu unterlaufen, darf auch ein Anstellungsvertrag mit ihm nur für höchstens fünf Jahre abgeschlossen werden (§ 84 Abs. 1 Satz 5 AktG).

3.25

bb) Zuständigkeit für Abschluss

Zuständig für den Abschluss des Anstellungsvertrags ist im Zweifel das Organ, das auch für die Bestellung zuständig ist. Möglich ist aber auch der Abschluss eines Anstellungsvertrages (auch) mit einem Dritten; dies kommt insbesondere bei konzernabhängigen Gesellschaften in Betracht, wo (auch) ein Vertrag mit der Muttergesellschaft geschlossen wird. In jedem Fall ist aber (heute) das für den Vertragsabschluss zuständige Organ auch für seine Kündigung zuständig.[38]

3.26 Abschluss des Anstellungsvertrages

cc) Beendigung

Die Kündigung kann also bei Vorhandensein mehrerer Geschäftsführer nicht etwa von den Mitgeschäftsführern ausgesprochen werden. Mit dieser Auffassung wird – wie im Aktienrecht durch § 112 AktG – die Überwachung der Geschäftsleitung durch das jeweilige Kontrollorgan verbessert.

3.27

Eine **Beendigung** des Anstellungsvertrages ist zunächst durch **ordentliche Kündigung** nach § 622 Abs. 1 BGB möglich (vier Wochen zum 15./Ende des Monats). Die Unanwendbarkeit des eigentlich für den Dienstvertrag einschlägigen § 621 Nr. 3 BGB ergibt sich aus einer Auslegung des Anstellungsvertrages; denn diese Norm entspricht kaum den Parteiinteressen. Gleichfalls eine Frage der Auslegung ist es, ob sich die Kündigungsfristen entsprechend § 622 Abs. 2 BGB verlängern sollen. Jedenfalls ist § 622 BGB entgegen § 622 Abs. 4 und 5 BGB hier dispositiv; denn der Anstellungsvertrag ist kein Arbeitsvertrag.[39] Möglich ist auch

3.28 Beendigung durch ordentliche Kündigung

---

36) Zur fehlenden Gleichbehandlungspflicht der Vorstandsmitglieder bei der Vergütung bereits *Hoffmann-Becking*, NZG 1999, 797, 798.
37) BGH NJW 1997, 2882 = ZIP 1997, 1351 = EWiR § 17 BetrAVG 1/97, 825 (*Griebeling*) = DStR 1997, 1135 (*Goette*) = LM H. 10/1997 BetrAVG Nr. 38 – Bopp & Reuther III; *Marsch-Barner/Diekmann*, in: Münchener Handbuch GmbH, § 43 Rz. 36 ff; *Zöllner*, in: Baumbach/Hueck, GmbHG, § 35 Rz. 106.
38) BGH ZIP 1991, 580 = NJW 1991, 1680 = EWiR § 35 GmbHG 1/91, 583 (*Riegger*) (im Anschluss an die zum eingetragenen Verein ergangene Entscheidung BGHZ 113, 237 = NJW 1991, 1727 = JZ 1991, 1090 [*Hirte*] = EWiR § 27 BGB 8/91, 537 [*Reuter*]); BGH ZIP 1998, 332, 333; dazu *Baums*, ZGR 1993, 141; *Hirte*, NJW 1996, 2827, 2846 f.
39) LAG Berlin NZA-RR 1997, 424 = GmbHR 1997, 839 = EWiR § 35 GmbHG 1/98, 65 (*Oetker*) (dort auch zur Zulässigkeit der „Verdachtskündigung").

eine **Befristung** (§ 620 Abs. 1 BGB); arbeitsrechtliche Beschränkungen dieser Möglichkeit gelten hierbei ebenfalls nicht. Auch das KSchG greift mangels Arbeitnehmerstellung nicht ein.[40]

Außerordentliche Kündigung

3.29 Ein Widerruf der Bestellung führt allerdings nicht (automatisch) auch zur Beendigung des Anstellungsvertrages. Eine derartige Verknüpfung kann zwar im Vertrag vorgesehen werden;[41] doch ändert dies nichts daran, dass die Voraussetzungen für den Widerruf der Bestellung und die Kündigung des Anstellungsvertrages isoliert zu beurteilen sind. Möglich ist schließlich eine **außerordentliche Kündigung** (§ 626 Abs. 1 BGB). Voraussetzung dafür ist ein wichtiger Grund, der die Fortsetzung des Vertragsverhältnisses unzumutbar macht. Da hier das gesamte Vertragsverhältnis aufgelöst wird, dürfte die Schwelle höher liegen als für die Annahme einer bloßen Schadenersatzpflicht.

3.30 Beispiele: BGH DStR 1997, 1338 *(Goette)*: Einsatz von Arbeitskräften und Materialien der GmbH zum Bau des Privathauses ihres Geschäftsführers; BGH ZIP 1998, 652 = NJW 1998, 1480 = DStR 1998, 861 *(Goette)* = EWiR § 38 GmbHG 1/98, 505 *(Zimmermann)*: Ausscheiden eines *Gesellschafter*-Geschäftsführers aus der Gesellschaft; BGH ZIP 2002, 2254 = NJW 2003, 431 = NZG 2003, 86: Uneinigkeit über Erstattungsfähigkeit von Spesen oder die auf geschäftspolitischen Erwägungen beruhende Absicht der Muttergesellschaft, die Tochtergesellschaft zu liquidieren, sind kein wichtiger Grund; OLG Hamburg NJW-RR 1998, 468 = EWiR § 626 BGB 1/97, 499 *(W. Müller)* (inzwischen rechtskr.): Nichtaufklärung erheblicher Bewertungsdivergenzen im Rechenwerk der Gesellschaft mit der Folge eines zum Nachteil der Gesellschaft überhöhten Ergebnisausweises.[42]

Keine Abmahnung notwendig

3.31 Einer vorherigen Abmahnung des Geschäftsführers bedarf es für eine außerordentliche Kündigung grundsätzlich nicht.[43] Ein zur fristlosen Kündigung des Anstellungsvertrages berechtigender Grund kann den Widerruf (auch) einer Versorgungszusage aber nur bei schwersten Verfehlungen gestatten.[44]

---

40) Das gilt selbst dann, wenn die Organstellung entfällt (hier durch Fusion zweier Sparkassen): BGH ZIP 2000, 508 = NJW 2000, 1864 = NZA 2000, 376 = DStR 2000, 654 *(Goette)* = EWiR § 611 BGB 3/2000, 381 *(A. Junker)* = LM H. 6/2000 § 611 BGB Nr. 100 *(Seifert)*. Zur Zulässigkeit der ordentlichen Kündigung bei Verweis des Anstellungsvertrages auf den Bundes-Angestellten-Tarifvertrag (BAT) BGH ZIP 1998, 605 = DStR 1998, 862 = EWiR § 622 BGB 1/98, 447 *(Weipert)*; zusammenfassend zum Anstellungsverhältnis des GmbH-Geschäftsführers *Goette*, DStR 1998, 1137.

41) BGH ZIP 1989, 1190 = WM 1989, 1246 = EWiR § 84 AktG 1/89, 1051 *(Zimmermann)* (AG); BGH ZIP 1999, 1669 = NJW 1999, 3263 = DStR 1999, 1743 *(Goette)* = LM H. 3/2000 § 38 GmbHG Nr. 17 *(Hirte)* (für den Fall fehlender wichtiger Gründe freilich unter Beachtung von § 622 BGB).

42) Weitere Beispiele bei *Marsch-Barner/Diekmann*, in: Münchener Handbuch GmbH, § 43 Rz. 82 ff; eine „Druckkündigung" ist aber nicht als außerordentliche zulässig: BGH und OLG Frankfurt/M. DStR 1999, 1537 (Ls.) *(Goette)*.

43) BGH ZIP 2000, 667 = NJW 2000, 1638 = NZA 2000, 543 = DStR 2000, 695 *(Goette)*; BGH ZIP 2001, 1957, 1958 = NJW-RR 2002, 173.

44) BGH NJW-RR 1997, 348 = LM H. 6/1997 BetrAVG Nr. 37a; dazu auch BGH und OLG Hamm DStR 1996, 69 *(Goette)*; zum Ganzen *Bauer/Steinau-Steinrück*, ZGR 1999, 314.

Die **Frist** für den Ausspruch der außerordentlichen Kündigung beträgt nach § 626 Abs. 2 BGB zwei Wochen nach Kenntnis der zur Kündigung berechtigenden Tatsachen. Dazu muss der Kündigungsberechtigte eine sichere und umfassende Kenntnis von den zur Kündigung berechtigenden Tatsachen haben. Diese sichere Kenntnis fehlt etwa dann und solange, wie im Zusammenwirken zwischen dem Geschäftsführer und dem Kündigungsberechtigten noch eine Belegprüfung stattfindet mit dem Ziel, die gegen den Geschäftsführer erhobenen Vorwürfe aufzuklären.[45] Allerdings muss die erforderliche Kenntnis bei allen Mitgliedern des zur Kündigung/zum Widerruf berechtigten Organs vorliegen. Um einen Lauf der Kündigungsfrist zu verhindern, bevor – etwa im Hinblick auf längere Ladungsfristen – überhaupt eine Beschlussfassung der Gesellschafterversammlung (oder des sonst zuständigen Kollektivorgans) möglich war, hat der BGH dies vor einiger Zeit dahingehend präzisiert, dass es auf die Kenntnis der Kündigungsberechtigten in ihrer Eigenschaft als Mitwirkende an der kollektiven Willensbildung ankommt. Eine außerhalb der Gesellschafterversammlung erlangte Kenntnis löst daher noch nicht den Fristlauf aus. Anders ist dies nur dann, wenn die Einberufung der Gesellschafterversammlung von einem einberufungsberechtigten Gesellschafter nach dessen Kenntniserlangung von den zur Kündigung berechtigenden Tatsachen unangemessen verzögert wird.[46]

3.32 Außerordentliche Kündigung innerhalb von zwei Wochen

In dringenden Fällen – so das OLG Frankfurt/M. – können die eine Abberufung betreibenden Gesellschafter ein Geschäftsführungs- und Vertretungsverbot schon vor einem Gesellschafterbeschluss im Wege einstweiliger Verfügung durchsetzen.[47]

3.33

Bei der Übermittlung der Kündigungserklärung an den zu kündigenden Geschäftsführer ist allerdings im Hinblick auf § 174 BGB (sonst Zurückweisungsmöglichkeit des Geschäftsführers!) darauf zu achten, dass ein etwa zur Übermittlung der Erklärung bestellter besonderer Vertreter das Original der Vollmacht – typischerweise also des Beschlusses der Gesellschafterversammlung – vorlegen kann. Ist eine Kündigung als außerordentliche unwirksam, ist nach § 140 BGB immer eine Umdeutung in eine ordentliche Kündigung zu prüfen. Voraussetzung ist aber, dass auch dafür eine Mehrheit in der Gesellschafterversammlung vorhanden gewesen wäre und im Prozess entsprechende Anträge gestellt werden.[48]

3.34 Übermittlung der Kündigungserklärung mit Beschluss der Gesellschafterversammlung

---

45) BGH NJW 1996, 1403 = ZIP 1996, 636 = EWiR § 626 BGB 3/96, 497 (*Zimmermann*) = DStR 1996, 676 (*Goette*) = LM H. 7/1997 § 626 BGB Nr. 38.
46) BGHZ 139, 89 = ZIP 1998, 1269 = NJW 1998, 3274 = BB 1998, 1808 (*Riegger*) = NZG 1998, 634 (*Rottnauer*) = DStR 1998, 1101 (*Goette*) = EWiR § 626 BGB 3/98, 927 (*Kowalski*); BGH ZIP 2001, 1957, 1958 = NJW-RR 2002, 173; dazu *Stein*, ZGR 1999, 264 ff; *Slabschi*, ZIP 1999, 391; enger noch BGH ZIP 1993, 32 = NJW 1993, 463 = EWiR § 626 BGB 1/93, 133 (*von Gerkan*); BGH DStR 1997, 1338 (*Goette*) (bei allein stimmberechtigtem einzigen Mitgesellschafter kommt es auf dessen Kenntnis an).
47) OLG Frankfurt/M. NJW-RR 1999, 257.
48) BGH NJW 1998, 76 = ZIP 1997, 1882 = DStR 1997, 2036 (*Goette*) = EWiR § 140 BGB 1/98, 203 (*Finken*) = LM H. 3/1998 § 140 BGB Nr. 24; BGH ZIP 2000, 539, 540 = NJW-RR 2000, 987 = NZA 2000, 430 = DStR 2000, 526 = EWiR § 626 BGB 2/2000, 519 (*Bröcker*); dazu *Goette*, DStR 2000, 525.

3.35 Die Klage einer Gesellschaft auf Feststellung, dass der Beklagte nicht mehr Geschäftsführer der klagenden GmbH ist, weil er durch einen Gesellschafterbeschluss abberufen wurde, unterliegt im Gegensatz zur Anfechtungsklage keiner zeitlichen Beschränkung; allenfalls eine Verwirkung kommt in Betracht. Das folgt schon daraus, dass das Rechtsverhältnis des Geschäftsführers zur Gesellschaft und der interne Willensbildungsprozess zwei unterschiedliche Problemkreise betrifft.[49] Der abberufene Geschäftsführer braucht andererseits seine Dienste regelmäßig nicht wörtlich anzubieten, wenn er Weiterzahlung seines Gehalts fordert, nachdem seine Bestellung widerrufen und an seiner Stelle ein anderer Geschäftsführer bestellt wurde.[50]

3.36 Die tatsächliche Umsetzung einer (berechtigten) Kündigung kann allerdings erhebliche Schwierigkeiten bereiten, wenn der gekündigte Geschäftsführer etwa seine Büroräume nicht verlässt oder den von ihm genutzten Dienstwagen nicht zurückgibt.[51]

3. Aufgaben und Pflichten

3.37 Die Pflichten des Geschäftsleiters sind die positive Kehrseite der bei ihrer Verletzung möglicherweise eingreifenden Haftung. Solche Pflichten können aus dem Rechtsverhältnis gegenüber der Gesellschaft resultieren, wobei auch hier zwischen Bestellungs- und Anstellungsverhältnis zu unterscheiden ist. Sie können sich aber auch gegenüber Dritten ergeben, wobei solche gegenüber konkreten Geschäftspartnern und der Allgemeinheit unterschieden werden können. Mit Ausnahme der aus vertraglichen Rechtsverhältnissen – Anstellungsvertrag und Verträge mit Geschäftspartnern – resultierenden Pflichten handelt es sich bei den Pflichten von Geschäftsleitern um **zwingendes Recht**. Das Gesetz verzichtet in vielen Fällen auf die positive Festlegung von Pflichten, sondern beschränkt sich auf die Normierung von Haftungstatbeständen.

a) Pflichten gegenüber der Gesellschaft

aa) Organstellung

Aktive Verfolgung des Gesellschaftszwecks

3.38 Pflichten gegenüber der Gesellschaft ergeben sich zunächst – unabhängig vom Anstellungsvertrag – aus der Organstellung. Im Mittelpunkt steht dabei die Verpflichtung, den Gesellschaftszweck aktiv zu verfolgen – insbesondere auch durch Wahrnehmung sich bietender Geschäftschancen (*„corporate opportunities"*) – und alles zu unterlassen, was der Gesellschaft schaden könnte. Hinsichtlich der Intensität schuldet – in Konkretisierung von § 276 Abs. 1 Satz 2 BGB – das Vorstandsmitglied dabei nach § 93 Abs. 1 Satz 1 AktG die Sorgfalt eines ordentlichen und gewissenhaften

---

49) BGH ZIP 1999, 656 (*Schantl*) = NJW 1999, 2268 = DStR 1999, 769 (*Goette*) = EWiR § 47 GmbHG 1/99, 753 (*Kirberger*) (im konkreten Fall fehlte zudem ein festgestellter und damit durch Anfechtungsklage angreifbarer Gesellschafterbeschluss).

50) BGH ZIP 2000, 2199, 2200 = NJW 2001, 287 = DStR 2000, 2099 = NZG 2001, 76 = EWiR § 615 BGB 2/01, 263 (*Grimm*).

51) Praxistipps für das Vorgehen in solchen Fällen bei *Sieger/Hasselbach*, GmbHR 1998, 957, 962.

Geschäftsleiters und der Geschäftsführer nach § 43 Abs. 1 GmbHG die Sorgfalt eines ordentlichen Kaufmanns.

aaa) **Hauptpflichten** sind die Geschäftsführung und Vertretung der Gesellschaft. 3.39

(1) Die Vorstandsmitglieder bzw. die Geschäftsführer haben zunächst die ausschließliche Zuständigkeit für die **Vertretung der Gesellschaft** im Rechtsverkehr (§ 78 AktG, § 35 GmbHG); dem entspricht zugleich eine Hauptpflicht zur Vertretung der Gesellschaft. Dabei ist für die aktive Vertretung der Gesellschaft im gesetzlichen Regelfall Gesamtvertretung angeordnet (§ 78 Abs. 2 Satz 1 AktG, § 35 Abs. 2 Satz 2 GmbHG); für die passive Vertretung beim Zugang von Willenserklärungen reicht demgegenüber der Zugang bei einem Geschäftsführer aus (§ 78 Abs. 2 Satz 2 AktG, § 35 Abs. 2 Satz 3 GmbHG). Im Übrigen ist bei Gesamtvertretung auch eine Ermächtigung des bzw. der anderen Gesamtvertreter(s) möglich (ausdrücklich § 78 Abs. 2 AktG). Eine **Ausnahme** von der ausschließlichen Zuständigkeit der Geschäftsführer für die Vertretung der Gesellschaft ergibt sich in den Fällen, in denen ihre **eigene Stellung** betroffen ist (§ 112, 114 AktG, § 46 Nr. 5 GmbHG). Für die **Kreditgewährung** an Geschäftsleiter kommen noch inhaltliche Schranken hinzu (§ 89 AktG, weniger weit § 43a GmbHG). Generell nicht zur Zuständigkeit der Geschäftsführer gehören schließlich **Satzungs- und Strukturänderungen**. 3.40 — Vertretung der Gesellschaft

Im Außenverhältnis ist die Vertretungsmacht der Geschäftsleiter **unbeschränkt und unbeschränkbar** (§ 82 Abs. 1 AktG, § 37 Abs. 2 GmbHG). Eine Ausnahme bildet lediglich die funktionelle Beschränkung bei – im Zweifel vorliegender – Gesamtvertretung, wenn mehrere Geschäftsleiter vorhanden sind. Im Innenverhältnis sind demgegenüber vom Vorstand die Grenzen einzuhalten, die ihm Satzung (Unternehmensgegenstand!) oder Geschäftsordnungen zulässigerweise gezogen haben (§ 82 Abs. 2 AktG); der GmbH-Geschäftsführer hat sich darüber hinaus an etwa ihn anweisende Beschlüsse der Gesellschafterversammlung zu halten (§ 37 Abs. 1 GmbHG). Vor allem dann, wenn diese Grenzen dem Geschäftspartner bekannt sind, liegt allerdings bei Überschreitung der im Innenverhältnis gezogenen Grenzen die Annahme eines Missbrauchs der Vertretungsmacht nahe.[52] § 168 Satz 2 BGB, nach dem eine Vollmacht auch bei Fortbestand des Grundverhältnisses widerrufen werden kann, greift hier nicht, da die organschaftliche Vertretungsmacht zwingend mit der Organstellung des Geschäftsführers verknüpft ist. 3.41 — Keine Beschränkung der Vertretungsmacht

(2) Neben der Vertretung obliegt dem Vorstand bzw. den Geschäftsführern als Hauptpflicht die **Geschäftsführung der Gesellschaft**. Dies ergibt sich für die Aktiengesellschaft aus § 76 Abs. 1 AktG, für die 3.42 — Geschäftsführung als Hauptpflicht

---

[52] Vgl. etwa BAGE 88, 177 = ZIP 1998, 1693 = NJW 1999, 234 = NZA 1998, 997 = EWiR § 37 GmbHG 1/98, 785 (*Goette*) = DZWir 1998, 455 (*Hergenröder*): Arbeitnehmer (hier: eine Mitgesellschafterin und Prokuristin) kann sich im Kündigungsschutzprozess darauf berufen, dass die nach dem Gesellschaftsvertrag erforderliche Zustimmung der Gesellschafterversammlung zu einer Kündigung ihres Arbeitsverhältnisses durch den Geschäftsführer fehlt.

GmbH außer aus dem Begriff des „Geschäftsführers" indirekt aus § 37 GmbHG. Geschäftsführung ist die Entscheidungszuständigkeit im Innenverhältnis. Sie folgt im Zweifel den für das Außenverhältnis (Vertretungsmacht) gezogenen Grenzen, ist aber in (viel) größerem Umfang satzungsdispositiv. Dies gilt vor allem für die GmbH, bei der die Geschäftsführer sogar im gesetzestypischen Normalfall einem unbeschränkten Weisungsrecht der Gesellschafterversammlung unterliegen (dazu unten Rz. 3.44, 3.228 f). Die Geschäftsführung beinhaltet die Unternehmensleitung einschließlich der Einstellung, Führung und Kontrolle der Mitarbeiter.[53] Eine äußere Grenze für den Umfang der Geschäftsführungsbefugnis und -verpflichtung bildet der (von den Gesellschaftern) in der Satzung festgelegte Unternehmensgegenstand.

Leitung unter eigener Verantwortung der AG

3.43 Bei der **Aktiengesellschaft** formuliert § 76 Abs. 1 AktG im Übrigen das Gebot, dass der Vorstand die Gesellschaft „unter eigener Verantwortung" zu leiten hat; gleiches folgt aus Art. 39 Abs. 1 Satz 1 SE-VO für den Vorstand der Europäischen Aktiengesellschaft. Das bedeutet, dass er bei der Leitung keine Weisungen anderer Gesellschaftsorgane oder Dritter beachten muss oder zu ihrer Beachtung verpflichtet werden kann; eine hier nicht weiter zu verfolgende Ausnahme ergibt sich lediglich bei Abschluss von Unternehmensverträgen (§ 308 AktG). Inhaltlich soll er nach teilweise vertretener Ansicht bei der Geschäftsführung seine Tätigkeit am Interesse des Unternehmens, der Aktionäre, der Arbeitnehmer und des Gemeinwohls auszurichten haben. Diese „sozialistische" Zielvorgabe war ausdrücklich in § 70 Abs. 1 AktG 1937 enthalten, sei aber auch heute noch als gültig anzusehen.[54] Von anderer Seite wird dem widersprochen: das Aktiengesetz sei am Publikumsaktionär und damit am Interesse der Gesellschafter ausgerichtet, so dass im Zweifel dessen Eigentumsinteressen der Vorzug gebühre. Das wird in der jüngeren Zeit mit der Bezeichnung *shareholder value* umschrieben; doch steht dort die (bloß) vermögensrechtliche Seite der Beteiligung ganz gegenüber etwaigen Mitentscheidungsrechten im Vordergrund.[55] Die Streitfrage wirkt sich vor allem im Zusammenhang mit der Frage aus, inwieweit durch die Satzung Mitbestimmungsregelungen geschaffen oder verstärkt werden können.

Weisungsbefugnis der Gesellschafterversammlung bei der GmbH

3.44 Bei der **GmbH** ist demgegenüber eine „Anbindung" an andere Organe – Gesellschafterversammlung, Aufsichtsrat oder Beirat – in Form von Zustimmungsvorbehalten möglich und üblich. Zudem ist die Gesellschafterversammlung der GmbH nach der gesetzlichen Regelung nicht gehindert, dem Geschäftsführer auch im Einzelfall Weisungen für sein Verhalten zu geben (§ 37 Abs. 1 Alt. 2 GmbHG). Unabhängig von diesen Einschrän-

---

53) Jüngeres Beispiel: BGH ZIP 1997, 199, 200 = EWiR § 43 GmbHG 2/97, 303 (*Zimmermann*) (Abschluss eines Beratungsvertrages ohne Begrenzung des Abrechnungsumfangs).

54) *Grunewald*, GesR, S. 243 Rz. 45; *Henze*, BB 2000, 209, 212; ähnlich *Raiser*, KapGesR, § 14 III Rz. 13 f; *Karsten Schmidt*, GesR, § 28 II 1 a, S. 805.

55) Zum *shareholder-value*-Konzept *Mülbert*, ZGR 1997, 129 ff; *Eidenmüller*, JZ 2001, 1041, 1043 f; zum (nur) vermögensrechtlichen Schutz der Beteiligung nach diesem Konzept ausführlich *Mülbert*, Aktiengesellschaft, Unternehmensgruppe und Kapitalmarkt (1995), S. 259 ff; vgl. im Übrigen *Wiedemann*, GesR I, S. 337 ff.

kungen, die sich aus Gesetz oder Satzung ergeben, sind die Geschäftsleiter für solche Maßnahmen der Geschäftsführung (nicht Vertretung!) unzuständig, die entweder Grundlagen der Geschäftspolitik oder deren Änderung betreffen[56] oder als ungewöhnliche Geschäfte einen schwerwiegenden Eingriff in die Stellung der Gesellschafter bedeuten.[57] Während diese Rechtsprechung für das GmbH-Recht weitgehend akzeptiert wird, stößt sie im Aktienrecht vor allem insoweit auf Kritik, als sie auch bei Publikumsaktiengesellschaften zur Einschaltung der Hauptversammlung führt.

Diese ungeschriebenen und eventuelle weiterreichende satzungsmäßige Beschränkungen des Umfangs der Geschäftsführungsbefugnis führen aber in keinem Fall zu einer Einschränkung der Vertretungsmacht. Dies gilt auch für die Vertretungsmacht bei öffentlich-rechtlichen Körperschaften (Gemeinden etc.); interne Zustimmungserfordernisse haben daher **keine Außenwirkung**.[58] Selbst für den eingetragenen Verein hat der BGH darauf verwiesen, dass eine – hier grundsätzlich mögliche (§ 26 Abs. 2 Satz 2 BGB) – Beschränkung der Vertretungsmacht des Vorstands nur dann Außenwirkung erlangt, wenn dies in der Satzung „eindeutig" zum Ausdruck gebracht wurde.[59] Anders liegen die Dinge aber, wenn ein etwaiges Zustimmungserfordernis der Gesellschafterversammlung zu Handlungen des Geschäftsführers zum Gegenstand des mit einem Dritten geschlossenen Vertrages gemacht wurde; hier ist Außenwirkung möglich.[60]

3.45 Keine Außenwirkung der Beschränkung

bbb) Im Verhältnis zur Gesellschaft obliegen dem Geschäftsleiter schließlich **Treuepflichten**. Dazu zählen insbesondere die **Verschwiegenheitspflicht** bezüglich der Angaben und Geheimnisse der Gesellschaft, die ihnen durch ihre Tätigkeit bekannt geworden sind. Für den Vorstand folgt dies unmittelbar aus § 93 Abs. 1 Satz 2 AktG; dass es beim Geschäftsführer nicht anders sein kann, ergibt sich indirekt aus § 85 Abs. 1 GmbHG. Für alle Organmitglieder der SE statuiert Art. 49 SE-VO eine auch nach dem Ausscheiden aus dem Amt fortgeltende Verschwiegenheitspflicht; für „Tendenzunternehmen" können hier nach Art. 8

3.46 Treue- und Verschwiegenheitspflicht

---

56) BGH ZIP 1991, 509 = NJW 1991, 1681 = EWiR § 37 GmbHG 1/91, 469 (*Meyer-Landrut*) (GmbH); dazu *Hirte*, NJW 1996, 2827, 2844; *Kort*, ZIP 1991, 1274.
57) BGHZ 83, 122 = ZIP 1982, 568 = NJW 1982, 1703 – Holzmüller (AG); dazu ausführlich *Hirte*, Bezugsrechtsausschluß und Konzernbildung (1986), S. 129 ff, 155 ff.
58) BGH DtZ 1997, 358 = EWiR § 164 BGB 1/97, 1119 (*Hasselbach*) = LM H. 2/1998 DDR-KommVerfG Nr. 5; BGH NJW-RR 1998, 673 (Ls.) = LM H. 5/1998 § 823 BGB Nr. 6 (beide für die DDR-Kommunalverfassung); BGHZ 146, 190 = ZIP 2001, 373, 375 = NJW 2001, 748 = NZG 2001, 327 = DStR 2001, 452; *Kollhosser*, NJW 1997, 3265, 3269; *Hirte/Hasselbach*, DB 1996, 1611 f; *dies.*, JuS 1998, 423 ff; *Reuter*, DtZ 1997, 15 f (zum Ganzen auch der redaktionelle Hinweis in NJW 1996, 2714); ebenso früher RGZ 139, 58, 61 ff; BGH BWVBl 1966, 95 ff (für Baden-Württemberg); BGH NJW 1980, 115 ff (für Rheinland-Pfalz); OLG Köln DVBl 1960, 816; abw. *Bayer*, OLG-NL 1997, 174, 175; zahlr. w. N. (auch von abw. Judikaten und Gegenstimmen) in der 3. Aufl. dieses Werkes Rz. 177 f.
59) BGH NJW-RR 1996, 866.
60) BGH NJW 1997, 2678 = ZIP 1997, 1419 = DStR 1997, 1296 (*Goette*) = LM H. 11/1997 § 37 GmbHG Nr. 8 (Metzger-GmbH); dazu *Hirte*, NJW 1998, 2943, 3459, 3467.

Abs. 3 SE-RL Sonderregelungen vorgesehen werden, wenn das innerstaatliche Recht solche Bestimmungen im Zeitpunkt der Annahme der Richtlinie bereits enthält.

Verschwiegenheitspflicht im Rahmen der Due-Diligence-Prüfung

3.47 Problematisch ist im Rahmen der Verschwiegenheitspflicht vor allem, ob ein Geschäftsleiter im Rahmen einer *Due-diligence*-Prüfung vertrauliche Angaben über ein Unternehmen und dessen gesellschaftsrechtliche Verhältnisse machen darf. Eine solche *Due-diligence*-Prüfung wird vom (möglichen) Erwerber der Gesellschaft oder einzelner Anteile, aber auch von einem die Einführung von Aktien der Gesellschaft am Kapitalmarkt begleitenden Emissionshaus durchgeführt, um – im ersten Fall – die kaufvertraglichen oder – im zweiten Fall – die prospekthaftungsrechtlichen Risiken zu verringern.[61]

3.48 In gesellschaftsrechtlicher Hinsicht erstreckt sie sich vor allem auf die Einhaltung der Form- und Zustimmungserfordernisse von (früheren) Anteilsübertragungen (dazu unten Rz. 4.52 ff), auf die Korrektheit der Kapitalaufbringung (Einzahlungsquittungen!), auf das Vorliegen der Befreiung vom Verbot des § 181 BGB (oben Rz. 3.15) sowie auf das Vorhandensein etwa erforderlicher Zustimmungen von Gesellschafterversammlung oder Aufsichtsrat bei nach der Satzung wesentlichen Geschäften (dazu unten Rz. 3.197, 3.222 ff). Bei diesen Angaben, vor allem bei Weitergabe von Informationen über das Unternehmen selbst, riskiert der Geschäftsleiter einen Verstoß gegen seine Verschwiegenheitspflicht, sofern er dazu nicht durch einen Beschluss der Gesellschafterversammlung autorisiert wurde. Anders liegen die Dinge nur, soweit die Preisgabe von Informationen im Auftrag eines Gesellschafters an den Dritten geschieht und daher in der GmbH auch auf der Grundlage von § 51a GmbHG möglich wäre.[62]

3.49 Eine Abtretung der Vergütungsansprüche ist regelmäßig nicht gemäß § 134 BGB i. V. m. § 404 Abs. 1 AktG oder § 85 Abs. 1 GmbHG (Verletzung der Geheimhaltungspflicht) nichtig. Denn Schutzobjekt dieser Normen sind allein Geheimnisse der Gesellschaft, die dem Täter in seiner Funktion in der Gesellschaft bekannt geworden sind. Hierzu zählt zumindest das nicht von innerbetrieblichen Interna abhängige Festgehalt eines Geschäftsleiters nicht.[63]

Wettbewerbsverstoß

3.50 Zum Zweiten zählt zu den Treuepflichten die Verpflichtung, der Gesellschaft keinen **Wettbewerb** zu machen (§ 88 AktG; keine Regelung im GmbHG); da diese Verpflichtung in aller Regel auch Gegenstand des Anstellungsvertrages ist und dort weitergehend konkretisiert wird, wird sie dort näher untersucht.

---

61) Überblick über die verschiedenen Typen der *Due-Diligence*-Prüfung (Commercial Due Diligence, Financial Due Diligence, Tax Due Diligence, Legal Due Diligence, Environmental Due Diligence) bei *Krüger/Kalbfleisch*, DStR 1999, 174 ff.

62) Ausführlich *Bremer*, GmbHR 2000, 176; *Götze*, ZGR 1999, 202 ff; *Ziegler*, DStR 2000, 249 ff; *Ziemons*, AG 1999, 492; grundsätzliche Zulässigkeitsbedenken bei *Lutter*, ZIP 1997, 613.

63) BGH NJW 1996, 2576 = ZIP 1996, 1341 = DStR 1996, 1294 (*Goette*) = EWiR § 85 GmbHG 1/96, 745 (*Bork*) = LM H. 1/1997 § 85 GmbHG Nr. 1 (GmbH); ebenso BGH ZIP 2000, 75 = DStR 1999, 2130 (für Abtretung künftiger Ansprüche); zum Ganzen *Armbrüster*, GmbHR 1997, 56.

ccc) Ausdrücklich wird den Geschäftsleitern vom Gesetz die Verpflichtung zur **Buchführung** auferlegt (§ 91 Abs. 1 AktG, § 41 Abs. 1 GmbHG). Dies umfasst die Verpflichtung zur Aufstellung des um einen Anhang erweiterten **Jahresabschlusses** und zur Erstellung des Lageberichts (§ 264 Abs. 1 HGB) sowie die Verpflichtung zur Vorlage des Rechenwerks an die Haupt- bzw. Gesellschafterversammlung (§ 175 AktG, § 42a GmbHG). Ist die Gesellschaft ein Mutterunternehmen i. S. v. § 290 Abs. 1 HGB, haben deren gesetzliche Vertreter zudem einen **Konzernabschluss** und Konzernlagebericht aufzustellen (§ 290 Abs. 1 HGB); auch dieser ist der Haupt- bzw. Gesellschafterversammlung zuzuleiten (§ 175 AktG, § 42a Abs. 4 GmbHG). Während des Geschäftsjahrs sollen bei Mutterunternehmen darüber hinaus nach Empfehlung 7.1.1 DCGK Zwischenberichte erstattet werden. Konzernabschluss wie Zwischenbericht sollen nach dieser Empfehlung „unter Beachtung international anerkannter Rechnungslegungsgrundsätze aufgestellt werden" (also vor allem IAS/IFRS und US-GAAP), also nicht nach den Vorschriften des HGB.

3.51 Aufstellung des Jahres- und Konzernabschlusses

Um existenzbedrohende Entwicklungen eines Unternehmens frühzeitig erkennen zu können, verlangt der durch das KonTraG eingeführte § 91 Abs. 2 AktG vom Vorstand einer Aktiengesellschaft, dass er geeignete Maßnahmen zu treffen hat, um dieses Ziel zu erreichen. Dazu zählt insbesondere ein **Überwachungssystem** (controlling system). Ein ordnungsgemäß handelnder Vorstand wird jedoch schon auf der Grundlage des alten Rechts eine systematische Risikoanalyse betrieben haben, so dass der neue § 91 Abs. 2 AktG im Wesentlichen klarstellender Natur sein dürfte. Eine sachliche Neuerung ergibt sich aber indirekt daraus, dass der Abschlussprüfer bei einer Aktiengesellschaft, deren Aktien zum Börsenhandel[64] zugelassen sind, nach § 317 Abs. 4 HGB eine besondere Prüfung dieses Überwachungssystems vorzunehmen und darüber nach § 321 Abs. 4 HGB ebenfalls besonders zu berichten hat.[65] Für den GmbH-Geschäftsführer ist eine ausdrückliche Pflicht zur Einführung eines *controlling systems* zwar nicht gesetzlich festgeschrieben worden. Da § 91 Abs. 2 AktG n. F. aber nur klarstellende Bedeutung zukommt, wird man eine solche Pflicht mindestens dann auch für die GmbH annehmen müssen, wenn deren Risikostruktur einer gesetzestypischen Aktiengesellschaft entspricht.[66]

3.52 Schaffung eines Überwachungssystems

Daneben treffen die Geschäftsleiter verschiedene **Berichtspflichten**, die durch den Zwang zur Einführung eines Überwachungssystems mittelbar verschärft wurden. So muss der Vorstand der Aktiengesellschaft in der Hauptversammlung jedem Aktionär auf Verlangen **Auskunft** über Angelegenheiten der Gesellschaft geben, soweit sie zur sachgemäßen Beurtei-

3.53 Auskunftspflicht des Geschäftsleiters

---

64) Bis zum Inkrafttreten des TransPuG war die Prüfungspflicht auf Gesellschaften beschränkt, deren Aktien zum amtlichen Handel zugelassen waren.
65) Dazu *Hommelhoff*, BB 1998, 2567, 2625 f, 2629 f; *Hommelhoff/Mattheus*, AG 1998, 249, 251; *Zimmer*, NJW 1998, 3521, 3524; zurückhaltend gegenüber der Neuregelung *Hoffmann-Becking*, ZGR 1998, 497, 513 f.
66) Dazu *Altmeppen*, ZGR 1999, 291, 300 ff; *Drygala*, ZIP 2000, 297 (zumindest für Großunternehmen).

lung eines Gegenstands der Tagesordnung erforderlich ist (§ 131 Abs. 1 AktG). Weitergehend muss der Geschäftsführer jedem Gesellschafter unverzüglich (also nicht nur in der Gesellschafterversammlung) Auskunft über Angelegenheiten der Gesellschaft geben und ihm – weitergehend – die Einsicht in die Bücher und Schriften gestatten (§ 51a Abs. 1 GmbHG). Der Vorstand einer Aktiengesellschaft hat zudem regelmäßig **dem Aufsichtsrat Bericht zu erstatten** (§ 90 AktG). Dabei unterscheidet das Gesetz zwischen solchen Berichten, die ohne besondere Anforderung zu erstatten sind (§ 90 Abs. 1 AktG), und solchen, die erst auf Verlangen des Aufsichtsrats zu erteilen sind („Anforderungsberichte"; § 90 Abs. 3 AktG); dieses Anforderungsrecht steht unter den Voraussetzungen des § 90 Abs. 3 Satz 2 AktG auch jedem einzelnen Aufsichtsratsmitglied zu. Durch das KonTraG wurde § 90 Abs. 1 Nr. 1 AktG neu gefasst und die Pflicht zur Berichterstattung auch über die Unternehmensplanung stärker betont. Damit soll dem Aufsichtsrat besser als bisher eine „vorbeugende Überwachung" ermöglicht werden.[67] Eine erneute Änderung der Norm brachte das TransPuG: jetzt muss der Bericht des Vorstands an den Aufsichtsrat über die Geschäftspolitik auch „auf Abweichungen der tatsächlichen Entwicklung von früher berichteten Zielen unter Angabe von Gründen [eingehen]" (*„follow up*-Berichterstattung").[68] In § 90 *Absatz 4* AktG wurde durch einen neuen Satz 2 zudem klargestellt, dass die Berichte des Vorstands „möglichst rechtzeitig" zu erstatten sind. Den GmbH-Geschäftsführer trifft die Berichtspflicht, selbst wenn ein Aufsichtsrat vorhanden ist, nur in vermindertem Umfang (§ 52 Abs. 1 GmbHG i. V. m. § 90 Abs. 3, 4, 5 Satz 1 und 2 AktG); insbesondere ist er mangels Bezugnahme auf § 90 Abs. 2 AktG nicht zur *regelmäßigen* Berichterstattung verpflichtet.

Weitergehende Berichtspflichten bei börsennotierten AG

3.54 Zahlreiche weitere Berichtspflichten treffen den Vorstand einer **börsennotierten Aktiengesellschaft**. Sie können hier nur begrenzt vorgestellt werden (vgl. auch unten Rz. 4.28). Erwähnt sei zum einen die besonders bedeutsame Verpflichtung zur **Ad-hoc-Publizität** (§ 15 WpHG).[69] Für den Fall, dass eine Gesellschaft im Ausland vergleichbaren Informationspflichten unterliegt, empfiehlt Nr. 6.5 DCGK auch die unverzügliche Bekanntgabe der entsprechenden Informationen im Inland. Zum Zweiten ist hinzuweisen auf die durch das 4. FiFöG geschaffene Pflicht von Mitgliedern des Geschäftsführungs- und Aufsichtsorgans börsennotierter Aktiengesellschaften, ihre Geschäfte in Aktien dieser Gesellschaft an die Gesellschaft und die BAFin zu melden *(directors' dealings;* § 15a WpHG,

---

67) Dazu *Henze,* BB 2000, 209; *Hommelhoff/Mattheus,* AG 1998, 249, 253 (dort zu Einzelheiten der gesetzlich geforderten Intensität des Informationsflusses); *Zimmer,* NJW 1998, 3521, 3524; *Schulze-Osterloh,* ZIP 1998, 2129; zusammenfassend zum Informationsfluss zwischen Vorstand und Aufsichtsrat *Frühauf,* ZGR 1998, 407, 415; *Wilde,* ZGR 1998, 423, 426 ff, 457 ff.

68) Hierzu näher *Hirte,* TransPuG, Rz. I 4.

69) Insbesondere zu deren Verhältnis zu den aktienrechtlichen Berichtspflichten *Hirte,* in: Hadding/Hopt/Schimansky (Hrsg.), Das Zweite Finanzmarktförderungsgesetz in der praktischen Umsetzung. Bankrechtstag 1995 (1996), S. 47 ff; *Möllers,* ZGR 1997, 334 ff. Vgl. weiter *Happ,* JZ 1994, 240; *Hopt,* ZHR 159 (1995), 135; *F. Immenga,* ZBB 1995, 197; *M. Weber,* NJW 1994, 2849.

ergänzt durch Empfehlung 6.6 DCGK). Schließlich ist von Bedeutung die durch das TransPuG eingeführte **Entsprechenserklärung** (§ 161 AktG). Nach der neuen Norm müsssen „Vorstand und Aufsichtsrat der börsennotierten Gesellschaft [jährlich erklären], dass den vom Bundesministerium der Justiz im amtlichen Teil des elektronischen Bundesanzeigers bekannt gemachten Empfehlungen der »Regierungskommission Deutscher Corporate Governance Kodex« entsprochen wurde und wird oder welche Empfehlungen nicht angewendet wurden oder werden. Die Erklärung ist den Aktionären dauerhaft zugänglich zu machen." Ergänzend wird im neuen § 285 Nr. 16 HGB (für den Einzelabschluss) bestimmt, dass zur Abgabe der Entsprechenserklärung Angaben im Jahresabschluss zu machen sind (*dass* sie abgegeben wurde *und* den Aktionären nach § 161 Satz 2 AktG zugänglich gemacht wurde), und dass die Erklärung zum Handelsregister einzureichen ist (§ 325 Abs. 1 Satz 1 HGB). Hintergrund der Erklärung nach § 161 AktG ist damit, dass der Gesetzgeber die „gute Unternehmensführung" vom Kapitalmarkt kontrollieren lassen will.[70] Gegenstand der Erklärung sind dabei zunächst nur die „Empfehlungen" des Deutschen Corporate Governance Kodex („soll"; zum Kodex im Übrigen oben Rz. 1.54 ff); von der Erklärungspflicht nicht umfasst sind also die das Gesetzesrecht beschreibenden Passagen des Kodex, und auch die bloßen Anregungen („kann" oder „sollte") sind nicht Inhalt der Erklärungspflicht.[71]

ddd) Die Geschäftsleiter werden auch im Interesse der **Kapitalerhaltung** in die Pflicht genommen – genauer: im Interesse der Vermeidung unzulässiger Ausschüttungen (§§ 57 Abs. 3, 58 Abs. 4 AktG) bzw. der Erhaltung des zur Deckung des Stammkapitals erforderlichen Vermögens (§§ 30, 33 GmbHG). Ihnen persönlich sind daher dem Gesetz widersprechende Rückzahlungen an die Aktionäre (§ 93 Abs. 3 Nrn. 1, 2 und 5 AktG) bzw. in der GmbH – nicht ganz so streng – eine Rückgewähr des zur Erhaltung des Stammkapitals erforderlichen Vermögens untersagt (§ 30 Abs. 1 i. V. m. § 43 Abs. 3 GmbHG). Und ebenso ist es ihnen untersagt, jenseits der durch §§ 71 ff AktG, § 33 GmbHG gezogenen Grenzen eigene Anteile der Gesellschaft für diese zu erwerben (§ 93 Abs. 3 Nr. 3 AktG, § 33 i. V. m. § 43 Abs. 3 GmbHG). 3.55

eee) An der Grenze zur Krise werden diese Pflichten noch weiter verschärft. Hier treffen den Geschäftsleiter zusätzliche **Pflichten im Interesse der Risikobegrenzung.** Ihr Zweck ist die Verkürzung des Überlebenskampfes der Kapitalgesellschaft. Dies liegt im Interesse der Gläubiger und der (Mit-)Gesellschafter, auf die sonst wegen der auf das Gesell- 3.56

---

70) *Claussen/Bröcker*, DB 2002, 1199, 1200, 1204; *Ulmer*, ZHR 166 (2002), 150, 168 f; *Schüppen*, ZIP 2002, 1269, 1271; *Seibert*, BB 2002, 581, 584; zur Kritik *Hirte*, TransPuG, Rz. I 13 sowie bereits *ders.*, in: Gestaltungsfreiheit im Gesellschaftsrecht. 11. ZGR-Symposion „25 Jahre ZGR", ZGR-Sonderheft 13 (1998), S. 61, 74 ff.

71) Begr RegE zu § 161 AktG n. F., BT-Drucks. 14/8769 = NZG 2002, 213, 225; *Ihrig/Wagner*, BB 2002, 789 und 790; *Pfitzer/Oser/Wader*, DB 2002, 1120, 1121; *Seibt*, AG 2002, 249, 250 und 251; *Ulmer*, ZHR 166 (2002), 150, 151 ff.

schaftsvermögen beschränkten Haftung weiter wachsende Verluste externalisiert werden könnten.

Verlustanzeige bei Verlust der Hälfte des Nennkapitals

3.57 (1) Deshalb ist der Geschäftsleiter zunächst bei Verlust der Hälfte des Nennkapitals („qualifizierter Verlust") zur **Verlustanzeige** verpflichtet, das heißt, er muss die Haupt-/Gesellschafterversammlung einberufen und ihr dies anzeigen (Art. 17 Zweite Richtlinie, § 92 Abs. 1 AktG, § 49 Abs. 3 GmbHG). Dies bedeutet eine Konkretisierung von § 121 Abs. 1 AktG, § 49 Abs. 2 GmbHG, nach denen eine Einberufung der Gesellschafterversammlung dann erforderlich ist, wenn es das Wohl der Gesellschaft erfordert. Damit soll den Gesellschaftern eine Beratung über Ursachen und eventuelle Konsequenzen des Verlusts ermöglicht werden. Insbesondere sollen sie dadurch die Möglichkeit erhalten, noch rechtzeitig eine Kapitalerhöhung zu beschließen.[72]

3.58 Zur Sicherstellung der Einhaltung dieser Verpflichtung muss der Geschäftsleiter die wirtschaftliche Entwicklung der Gesellschaft ständig beobachten und sich gegebenenfalls über den Vermögens- und Schuldenstand informieren. Die Überwachungspflicht trifft bei Gesamtgeschäftsführung den Geschäftsleiter auch dann, wenn nach einer internen Aufteilung ein anderes Vorstandsmitglied bzw. ein anderer Geschäftsführer mit der kaufmännischen Leitung betraut ist und große Teile der Buchhaltung nicht am Sitz der Gesellschaft erledigt werden. In dieser Situation ist er gehalten, für eine Organisation zu sorgen, mit Hilfe derer er sich ständig einen Überblick über die wirtschaftliche und finanzielle Situation der Gesellschaft machen kann.[73] Die Einberufungspflicht ist nicht auf die Fälle beschränkt, in denen sich der qualifizierte Bilanzverlust aus einer formellen Jahres- oder Zwischenbilanz ergibt.[74]

Keine Berücksichtigung stiller Reserven

3.59 Zum „Grund- oder Stammkapital", auf dessen hälftigen Verlust es für die Anzeigeverpflichtung ankommt, gehört das gesamte Nennkapital einschließlich der Rücklagen. Das Vermögen wird andererseits nach *going-concern*-Werten berechnet; stille Reserven werden also nicht aufgelöst. Damit wird die Verpflichtung zur Verlustanzeige weitgehend vorverlagert; durch die unterlassene Umwandlung von Rücklagen in Nennkapital mittels Kapitalerhöhung aus Gesellschaftsmitteln kann also die Verpflichtung nicht hinausgezögert werden.

Insolvenzantragspflicht

3.60 (2) Kann die Gesellschaft nicht mehr gerettet werden, ist der Geschäftsleiter zur **rechtzeitigen Stellung des Insolvenzantrags** verpflichtet (§ 92 Abs. 2 AktG, § 64 Abs. 1 GmbHG). Anders als beim Insolvenzantrags*recht* steht diese Pflicht nicht zur Disposition anderer Gesellschaftsorgane.[75] Das gilt nach Art. 63 SE-VO auch für die Europäische Aktiengesellschaft; auch die Insolvenzantragsgründe und die zivil- und strafrecht-

---

72) Ausführlich *Priester*, ZGR 1999, 533; *Karsten Schmidt*, ZIP 1980, 233, 234 ff; *Uhlenbruck*, ZIP 1980, 73, 76 ff; *Ulmer*, KTS 1981, 469, 475 ff.

73) BGH ZIP 1995, 560 = NJW-RR 1995, 669 = EWiR § 43 GmbHG 2/95, 785 (*Wittkowski*) (GmbH).

74) BGH ZIP 1995, 560 = NJW-RR 1995, 669 = EWiR § 43 GmbHG 2/95, 785 (*Wittkowski*) (GmbH); BGHZ 126, 181 = ZIP 1994, 1103, 1109 f = NJW 1994, 2220 = EWiR § 64 GmbHG 2/94, 791 (*Wilhelm*) (GmbH); dazu *Hirte*, NJW 1996, 2827, 2845 f.

75) Ebenso RGZ 72, 285, 289: Beschluss der Hauptversammlung befreit nicht von der Antragspflicht; *Rowedder/Schmidt-Leithoff*, GmbHG, § 64 Rz. 6.

lichen Folgen einer unterlassenen Insolvenzantragstellung entsprechen bei ihr dem nationalen Aktienrecht.[76)]

Das bedeutet, dass der Geschäftsleiter spätestens innerhalb von drei Wochen nach Eintritt von Zahlungsunfähigkeit oder Überschuldung den Antrag auf Eröffnung eines Insolvenzverfahrens stellen muss. **Zahlungsunfähigkeit** ist dabei die Unfähigkeit, die fälligen Zahlungspflichten zu erfüllen (§ 17 Abs. 2 Satz 1 InsO); die bloß „drohende Zahlungsunfähigkeit" nach § 18 InsO berechtigt den Schuldner – und nur diesen – auch schon vorher, die Eröffnung eines Insolvenzverfahrens zu beantragen, verpflichtet ihn aber nicht. Da die Insolvenzantragstellung in diesem Fall aufgrund unternehmerischer Freiheit erfolgt, sind bei der Aktiengesellschaft (mindestens) der Aufsichtsrat bzw. bei der GmbH die Gesellschafterversammlung anzuhören.[77)]

3.61 Zahlungsunfähigkeit als Insolvenzgrund

Zahlungsunfähigkeit ist in der Regel bei der sog. Zahlungseinstellung anzunehmen (§ 17 Abs. 2 Satz 2 InsO), und sie wird durch die Wiederaufnahme der Zahlungen beendet. Wichtiger – da er typischerweise früher eintritt – ist bei Kapitalgesellschaften der zweite Insolvenztatbestand, die **Überschuldung**. Sie liegt vor, wenn das Vermögen nicht mehr die Schulden deckt (§ 19 Abs. 2 InsO i. V. m. § 92 Abs. 2 Satz 2 AktG, § 64 Abs. 1 Satz 2 GmbHG). Sie und damit die Verpflichtung zur Stellung des Antrags liegt auch dann vor, wenn ein für die Durchführung eines Insolvenzverfahrens ausreichendes Vermögen nicht (mehr) vorhanden ist und deshalb die Eröffnung eines Insolvenzverfahrens zur geordneten Abwicklung der Gesellschaft nicht in Betracht kommt. Um festzustellen, ob die Gesellschaft überschuldet ist, müssen die Geschäftsleiter auch hier die Entwicklung der Gesellschaft kontinuierlich beobachten; eine Kenntnisnahme allein von den formellen (Halb-)Jahresabschlüssen reicht nicht.[78)] Das setzt ein entsprechendes internes Berichtssystem und eine entsprechende Organisationsstruktur voraus.[79)]

3.62 Überschuldung als Insolvenzgrund

Anders als für die Verlustanzeige erfolgt die Vermögensbewertung hier jedoch nicht nach den HGB-Regeln, sondern nach der Verwertbarkeit des Vermögens in der Insolvenz. Die stillen Reserven sind also aufzudecken; das kann hier dazu führen, dass die Insolvenzantragspflicht relativ später eingreift als die Verlustanzeigepflicht. Grund ist die bei Verletzung der Insolvenzantragspflicht eingreifende sehr scharfe Schadenersatzsanktion. Liegen allerdings die Zerschlagungswerte noch unter den Buchwerten – insbesondere bei erst geringer Abschreibungsdauer –, führt dies zu einer

3.63 Keine Anwendung der HGB-Regeln bei Überschuldungsfeststellung

---

76) *Hirte*, NZG 2002, 1, 2, 10.
77) *Gottwald/Haas*, InsR HdB, § 92 Rz. 82 ff; *Henssler*, ZInsO 1999, 121, 126; *Lutter*, ZIP 1999, 641, 642; *Uhlenbruck/Hirte*, § 11 InsO Rz. 21 (ein entsprechender Beschluss der Gesellschafterversammlung bedarf derselben Mehrheit wie ein Liquidationsbeschluss [wohl auch *Kübler/Prütting/Noack*, InsO, Sonderband 1: Gesellschaftsrecht (1999), Rz. 238]); zu den IDW-Empfehlungen zur Prüfung eingetretener oder drohender Zahlungsunfähigkeit bei Unternehmen, ZIP 1999, 505).
78) BGH NJW-RR 1995, 669 = ZIP 1995, 560; BGHZ 126, 181 = ZIP 1994, 1103, 1109 f = NJW 1994, 2220 = EWiR § 64 GmbHG 2/94, 791 (*Wilhelm*) (GmbH); dazu *Hirte*, NJW 1996, 2827, 2845 f.
79) Dazu *Goette*, ZInsO 2001, 529 f; *Gottwald/Haas*, InsR HdB, § 92 Rz. 3, 6, 44.

Verschärfung gegenüber der Lage nach der Handelsbilanz. Der Ansatz kapitalersetzender Gesellschafterdarlehen bei den Passiva, sofern die Gesellschafter keinen Rangrücktritt erklärt haben, war im Hinblick auf § 39 Abs. 1 Nr. 5 InsO umstritten (dazu unten Rz. 5.121 ff).

Zweistufige Überschuldungsprüfung

3.64 Ob die Aktiva mit **Fortführungs- oder Zerschlagungswerten** anzusetzen sind, richtet sich nach einer mehrstufigen Prüfung; danach sind grundsätzlich Liquidationswerte anzusetzen (§ 19 Abs. 2 Satz 1 InsO). Die typischerweise höheren Fortführungswerte können erst dann angesetzt werden, wenn nach Einschätzung der Geschäftsleiter die Finanzkraft der Gesellschaft mittelfristig zur Fortführung des Unternehmens reicht; für eine solche „positive Fortbestehensprognose" – die überwiegende Wahrscheinlichkeit des Fortbestands des Unternehmens – trägt allerdings der Geschäftsleiter die Beweislast (§ 19 Abs. 2 Satz 2 InsO). Gegebenenfalls muss er sich insoweit sachverständig beraten lassen. Im Ergebnis führt dies zu einer früh eingreifenden Insolvenzantragspflicht, insbesondere bei (kapitalschwachen) Dienstleistungsunternehmen.[80] Das ist deutlich strenger als die bis zum Inkrafttreten der InsO vorgenommene zweistufige Überschuldungsprüfung, bei der eine aus der rechnerischen Überschuldung resultierende Insolvenzantragspflicht *insgesamt* verneint wurde, wenn eine – vom Geschäftsleiter zu beweisende – positive Fortführungsprognose gestellt werden konnte.[81]

Insolvenzantragspflicht für Mitgeschäftsleiter

3.65 Der Insolvenzantragspflicht der § 92 AktG, § 64 GmbHG unterliegt dabei auch ein **(Mit-)Geschäftsleiter**, der aufgrund einer internen Geschäftsverteilung nicht für die Finanzierung der Gesellschaft zuständig ist. Eine solche Vereinbarung kann den Geschäftsleiter nicht von einer kraft Gesetzes übertragenen Verantwortung entbinden, so dass auch ihn die Haftung wegen Insolvenzverschleppung trifft. Beruft er sich auf eine die Haftung ausschließende sorgfältige Pflichterfüllung, so hat er dies nachzuweisen.[82] Ist dem Geschäftsleiter die objektiv bestehende Überschuldung bekannt, so entfällt der subjektive Insolvenzverschleppungstatbestand (§ 823 Abs. 2 BGB i. V. m. § 92 AktG/§ 64 GmbHG) nicht deshalb, weil er trotz fehlender Deckung der Aufwendungen durch die Erträge auf überdurchschnittliche Gewinne gehofft hat. Beteiligt sich ein

---

80) Dazu *Kübler/Prütting/Noack*, InsO, Sonderband 1: Gesellschaftsrecht (1999), S. 32 ff, Rz. 73 ff; *Kallmeyer*, GmbHR 1999, 16 ff (jeweils mit Hinweisen zu den im einzelnen anzusetzenden Werten); *Lutter*, ZIP 1999, 641, 644 (der allerdings – S. 643 – nur geringe Unterschiede zum früheren Recht sieht); *Schlitt* NZG 1998, 701, 704; *Drukarczyk/Schüler*, DStR 1999, 646 ff (gegen *Möhlmann*, DStR 1998, 1843); grundsätzliche betriebswirtschaftliche Kritik an der Überschuldung als Anknüpfungspunkt für die Insolvenzantragspflicht bei *Fenske*, AG 1997, 554 ff.

81) BGHZ 119, 201 = ZIP 1992, 1382 = NJW 1992, 2891 = EWiR § 32a GmbHG 6/92, 1093 (*Hunecke*) – Dornier; BGHZ 138, 211 = ZIP 1998, 776 = NJW 1998, 2667 = BB 1998, 1277 (Ls.) (*Wellensiek*) = DStR 1998, 651 (*Goette*) = LM H. 8/1998 § 823 (Bf) BGB Nr. 110 (*Wilhelm*); dazu *Hirte*, NJW 1996, 2827, 2842; *Karsten Schmidt*, GmbHR 1999, 9, 10; *Schulze-Osterloh*, in: Baumbach/Hueck, GmbHG, § 64 Rz. 3.

82) BGH ZIP 1994, 891 (U.-P.) = NJW 1994, 2149 = LM H. 8/1994 § 64 GmbHG Nr. 10 = EWiR § 64 GmbHG 1/94, 789 (*Schneider*) (GmbH); dazu *Hirte*, in: ZIP-Sonderdruck, Einleitung, S. 7; *ders.*, NJW 1995, 1202, 1203; *ders.*, NJW 1996, 2827, 2845.

Gesellschafter, der um die Krisensituation weiß, aktiv an der Insolvenzverschleppung, so kommt gegen ihn eine Haftung als Gehilfe der Insolvenzverschleppung in Betracht.[83]

bb) Anstellungsvertrag

Neben den überwiegend gesetzlichen Pflichten, die sich aus der Organstellung ergeben, kommt der Anstellungsvertrag als Grundlage für Pflichten gegenüber der Gesellschaft in Betracht. Für den Inhalt der Pflichten entscheidet dabei zunächst der **konkrete Vertrag**; dieser kann auf den Gesellschaftsvertrag Bezug nehmen, so dass der Gesellschaftsvertrag auch im Verhältnis zu einem Fremdgeschäftsleiter Bedeutung erlangen kann. Darüber hinaus können sich bei der GmbH Verpflichtungen aus Beschlüssen der weisungsbefugten Gesellschafterversammlung ergeben. Nur soweit der konkrete Vertrag keine Regelung bzw. Lücken enthält, ergeben sich die Pflichten aus dem Gesetz bzw. aus den daraus richterrechtlich abgeleiteten Grundsätzen. Gleichwohl ist Anspruchsgrundlage im Falle etwaiger Pflichtverletzungen einheitlich § 43 Abs. 2 GmbHG (für die AG entsprechend § 93 Abs. 2 AktG).[84] In der Folge wird von diesem gesetzlichen und daneben von dem typischerweise vertraglich vereinbarten Inhalt des Anstellungsvertrages ausgegangen. Muster eines Anstellungsvertrages finden Sie nachstehend und im Internet (siehe Vorwort):[85]

3.66 Anstellungsvertrag als Grundlage weiterer Pflichten

Geschäftsführeranstellungsvertrag

zwischen

... [Firma] GmbH ... [Anschrift]

vertreten durch ihre Gesellschafter ... *[Namen]*, diese vertreten durch ...

– im folgenden „Gesellschaft" genannt –

und

... [Name und Anschrift]

– im folgenden „Geschäftsführer" genannt –

wird unter Bezugnahme auf den Gesellschafterbeschluss vom ... *[Datum]* der nachfolgende Dienstvertrag eines Geschäftsführers geschlossen:

---

83) BGH ZIP 1995, 124 = NJW-RR 1995, 289 = EWiR § 64 GmbHG 2/95, 371 (*Wilhelm*); dazu *Hirte*, NJW 1996, 2827, 2845.
84) Zuletzt BGH ZIP 1997, 199, 200 = NJW 1997, 741 = DStR 1997, 252 (*Goette*) = EWiR § 43 GmbHG 2/97, 303 (*Westermann*): Abschluss eines Beratungsvertrages durch Geschäftsführerin mit einem Referendar, nach dem dieser für Beratungsleistungen DM 125/Stunde – abgesehen von einer Obergrenze von 10 Stunden/Tag – in praktisch unbegrenztem Umfang abrechnen konnte.
85) Für die Bereitstellung dieses Mustervertrages danke ich SERNETZ · SCHÄFER, Rechtsanwälte, Düsseldorf – München.

§ 1
Aufgaben und Pflichten

(1) ... *[Name]* ist Geschäftsführer der Gesellschaft. Die Gesellschaft kann weitere Geschäftsführer bestellen. Die Gesellschafter bestimmen in diesem Fall die Geschäftsverteilung unter den Geschäftsführern durch einen Geschäftsverteilungsplan, der in seiner jeweiligen neusten Fassung wesentlicher Bestandteil dieses Vertrages ist.

(2) Der Geschäftsführer führt die Geschäfte der Gesellschaft – gemeinsam mit etwa bestellten anderen Geschäftsführern – mit der Sorgfalt eines ordentlichen Kaufmanns nach Maßgabe der Gesetze, dieses Vertrages, des Gesellschaftsvertrages der Gesellschaft, einer etwaigen Geschäftsordnung für die Geschäftsführung, die die Gesellschafter jederzeit erlassen können, sowie der von der Gesellschafterversammlung festgelegten geschäftspolitischen Richtlinien.

§ 2
Arbeitseinsatz

(1) Der Geschäftsführer hat seine volle Arbeitskraft ausschließlich für die Gesellschaft einzusetzen und der Gesellschaft sein ganzes Wissen und Können zur Verfügung zu stellen. Er hat alles zu unterlassen, was der Gesellschaft nachteilig sein oder gegen ihre Interessen verstoßen könnte.

(2) Die Dienstzeit richtet sich nach der bei der Gesellschaft üblichen Arbeitszeit. Soweit betriebliche Belange dies bedingen, ist der Geschäftsführer auch zur Leistung von Überstunden, Sonntags-, Feiertags-, Nacht- und sonstiger Mehrarbeit verpflichtet.

(3) Die Übernahme einer anderen entgeltlichen Tätigkeit oder einer unentgeltlichen Tätigkeit, die regelmäßig auszuüben ist oder gelegentlich nicht ganz unerheblichen Zeiteinsatz erfordert, bedarf der vorherigen schriftlichen Zustimmung der Gesellschafter.

(4) Bei Übernahme einer mittelbaren oder unmittelbaren Beteiligung an anderen Unternehmen von mehr als zehn (10) Prozent, die mit der Gesellschaft im Wettbewerb stehen oder Geschäftsbeziehungen unterhalten, hat der Geschäftsführer die Gesellschafter zu informieren.

§ 3
Wettbewerbsverbot

(1) Es ist dem Geschäftsführer untersagt, während der Dauer dieses Vertrages in selbständiger, unselbständiger oder sonstiger Weise für ein anderes Unternehmen tätig zu sein oder ein Unternehmen zu errichten, zu erwerben oder sich hieran mittelbar oder unmittelbar zu beteiligen, das mit der Gesellschaft in Wettbewerb steht oder Geschäftsbeziehungen mit der Gesellschaft unterhält. Ausgenommen sind übliche Kapitalbeteiligungen bis zu zehn (10) Prozent für persönliche Zwecke der Geldanlage.

(2) Nach Beendigung dieses Vertrages ist es dem Geschäftsführer untersagt, für die Dauer von einem Jahr nach Beendigung des Vertrages

– direkt oder indirekt solche Produkte zu entwickeln, herzustellen, anzubieten, in den Verkehr zu bringen, zu vertreiben oder zu verkaufen oder

– in selbständiger, unselbständiger oder sonstiger Weise für ein Unternehmen tätig zu sein oder ein Unternehmen zu errichten, zu erwerben oder sich hieran mittelbar oder unmittelbar zu beteiligen, das solche Produkte entwickelt, herstellt, anbietet, in den Verkehr bringt, vertreibt oder verkauft, die im Zeitpunkt der Beendigung des Vertrages von der Gesellschaft hergestellt, angeboten, in den Verkehr gebracht, vertrieben oder verkauft werden oder bei der Gesellschaft in der Entwicklung sind. Der räumliche Geltungsbereich dieses Wettbewerbsverbots erstreckt sich auf die Länder, in denen die Gesellschaft Kunden hat oder Kundenbeziehungen im Aufbau sind. Für die Dauer des Wettbewerbsverbots hat der Geschäftsführer Anspruch auf eine Entschädigung in Höhe von *[achtzig Prozent (80 %)]* seines Bruttojahresgehaltes gemäß § 7 Absatz (1) dieses Vertrages, berechnet unter Zugrundelegung der letzten zwölf (12) Monate vor Beendigung des Vertrages. Die Gesellschaft kann vor Beendigung dieses Vertrages durch schriftliche Erklärung gegenüber dem Geschäftsführer auf das Wettbewerbsverbot mit der Wirkung verzichten, dass sie mit dem Ablauf eines (1) Jahres seit der Verzichtserklärung von der Verpflichtung zur Zahlung der vorgenannten Entschädigung frei wird.

§ 4
Vertretung

(1) Der Geschäftsführer vertritt die Gesellschaft nach Maßgabe der Vorschriften des Gesellschaftsvertrages der Gesellschaft und den Bestimmungen der Gesellschafter.

(2) Der Geschäftsführer kann nach Maßgabe des Gesellschaftsvertrages von den Beschränkungen des § 181 BGB befreit werden. Soweit der Geschäftsführer generell oder für bestimmte Geschäftsvorfälle von den Bestimmungen der § 181 BGB befreit ist oder nachträglich befreit wird, hat er die Gesellschafter jeweils unaufgefordert darüber zu unterrichten, wenn er von dieser Befreiung Gebrauch gemacht hat.

(3) Gegenüber dem Geschäftsführer wird die Gesellschaft durch die Gesellschafterversammlung oder einen von dieser bestimmten Vertreter vertreten.

§ 5
Gesellschaftsbezogene Informationspflichten

(1) Der Geschäftsführer hat die Gesellschafter zeitnah, umfassend und kontinuierlich sowie auf Ersuchen jederzeit über Geschäftsverlauf, Planung und einzelne Vorgänge von besonderem Interesse zu unterrichten. Auf Verlangen eines Gesellschafters muss der Geschäftsführer die Unterrichtung schriftlich niederlegen.

(2) Der Geschäftsführer ist auch über die Beendigung dieses Vertrages hinaus verpflichtet, der Gesellschaft oder den Gesellschaftern über alle geschäftlichen Angelegenheiten, die ihm während seiner Tätigkeit bekannt geworden sind, auf Verlangen sofort unentgeltlich Auskunft zu geben.

§ 6
Geheimhaltung

(1) Der Geschäftsführer verpflichtet sich zur vertraulichen Behandlung und Geheimhaltung aller Vorgänge, betrieblichen Angelegenheiten, insbesondere aller Geschäfts- und Betriebsgeheimnisse z. B. über Produkte, Verfahren, Pläne und Zahlen der Gesellschaft, die ihm während und im Rahmen seiner *[bisherigen und zukünftigen]* Tätigkeit für die Gesellschaft *[bekannt geworden sind und]* bekannt werden. Der Geschäftsführer hat insbesondere davon Kenntnis, dass im Prinzip alles, was er von der Gesellschaft weiß, als vertraulich zu behandeln ist, wenn es nicht ausdrücklich zur Veröffentlichung freigegeben wurde. Der Geschäftsführer wird deshalb gegenüber Dritten über alle Angelegenheiten der Gesellschaft, gleich welcher Art, Stillschweigen bewahren. Vorbehalten bleiben nur die gesetzlichen Auskunftspflichten.

(2) Die Gesellschaft behält sich in jedem einzelnen Fall der Verletzung der Verschwiegenheitspflicht das Recht vor, den entstandenen Schaden und eventuelle weitere Ansprüche gerichtlich einzufordern.

(3) Die Verschwiegenheitsverpflichtung dauert auch über ein Ausscheiden des Geschäftsführers aus der Geschäftsführung und eine Beendigung dieses Vertrages hinaus fort.

(4) Der Geschäftsführer verpflichtet sich ferner, bei seinem Ausscheiden oder seiner Abberufung als Geschäftsführer alle in seinem Besitz befindlichen schriftlichen, elektronischen oder in sonstiger Form vorhandenen Unterlagen, Urkunden, Aufzeichnungen, Notizen, Entwürfe oder hiervon gefertigte Ab- bzw. Durchschriften oder Kopien, die im Zusammenhang mit seiner Tätigkeit stehen, unverzüglich und unaufgefordert an die Gesellschaft zurückzugeben. Erforderlichenfalls hat er eine eidesstattliche Versicherung abzugeben, dass er alle diesbezüglichen Unterlagen so vernichtet hat, dass kein Dritter hieraus irgendwelche Kenntnisse erlangen kann. Ein Zurückbehaltungsrecht ist ausgeschlossen.

§ 7
Vergütung

(1) Der Geschäftsführer erhält für seine Tätigkeit ab dem ... *[Datum]* ein Bruttojahresgehalt von EUR ... *[Betrag],–* (in Worten: ... *[Betrag]* Euro), das unter Einbehaltung der gesetzlichen Abzüge in dreizehn (13) gleichen Teilraten ausgezahlt wird. Die Teilraten sind kalendermonatlich nachträglich zahlbar, wobei die dreizehnte (13.) Teilrate zusammen mit der zwölften (12.) Teilrate im Dezember eines jeden Jahres ausgezahlt wird.

(2) Das Bruttojahresgehalt wird jeweils zum ... *[Datum]* eines jeden Jahres, beginnend mit dem ... *[Datum]*, der wirtschaftlichen Entwicklung der Gesellschaft angepasst.

(3) Dem Geschäftsführer steht zusätzlich zur Vergütung nach Absatz (1) dieser Regelung eine vom wirtschaftlichen Erfolg der Gesellschaft abhängige Vergütung nach Maßgabe der Vereinbarungen in **Anlage** ... *[Ziffer]* zu.

(4) Mit der in den vorstehenden Absätzen vereinbarten Vergütung sind auch alle etwaigen Überstunden, Sonntags-, Feiertags-, Nacht- und sonstige Mehrarbeiten abgegolten.

(5) Sämtliche Vergütungsansprüche des Geschäftsführers verjähren in sechs (6) Monaten seit Eintritt ihrer Fälligkeit.

§ 8
Urlaub

Der Geschäftsführer erhält einen bezahlten Jahresurlaub von ... *[Anzahl]* Arbeitstagen, den er im Interesse der Erhaltung seiner Arbeitskraft verwenden wird. Samstage zählen nicht als Arbeitstage. Urlaubszeiten hat der Geschäftsführer unter Berücksichtigung der betrieblichen Belange und in Abstimmung mit etwaigen weiteren Geschäftsführern festzulegen und den Gesellschaftern anzuzeigen. Jahresurlaub von ... *[Anzahl]* Tagen oder mehr ist im Einvernehmen mit den Gesellschaftern festzulegen.

II. Geschäftsführer und Vorstand

§ 9
Krankheit, Dienstunfähigkeit, Tod

(1) Wird der Geschäftsführer an der Ausübung seiner Tätigkeit durch Krankheit oder durch andere Umstände, die er nicht zu vertreten hat, verhindert, so behält er den Anspruch auf die festen Bezüge gemäß § 7 Absatz (1) für den laufenden Monat und die sechs nachfolgenden Monate sowie den Anspruch auf einen entsprechenden zeitanteiligen Betrag der erfolgsabhängigen Vergütung gemäß § 7 Absatz (3).

(2) Stirbt der Geschäftsführer während des Bestehens dieses Vertrages, so gelten die Regelungen des Absatz (1) entsprechend. Die Gesellschaft ist nur gegen Vorlage eines Erbscheins zur Zahlung verpflichtet.

§ 10
Renten-, Kranken, Unfall- und Arbeitslosenversicherung

Hinsichtlich der Renten-, Kranken, Unfall- und Arbeitslosenversicherung gelten die gesetzlichen Bestimmungen.

§ 11
Vertragslaufzeit, Kündigung

(1) Dieser Vertrag beginnt am ... [Datum] und ist bis zum ... [Datum] befristet. [Er ersetzt den Geschäftsführervertrag zwischen den Parteien vom ... [Datum], so dass sämtliche sich hieraus ergebenden Ansprüche der Parteien mit Abschluss dieses neuen Vertrages erledigt sind.]

(2) Dieser Vertrag verlängert sich jeweils um ein (1) Jahr, wenn er nicht von einer Partei mit einer Frist von sechs Monaten vor dem jeweiligen Vertragsende schriftlich gekündigt wird. Maßgeblich für die Einhaltung der Kündigungsfrist ist der Zugang des Kündigungsschreibens. Die Kündigung durch den Geschäftsführer ist, wenn ein weiterer Geschäftsführer vorhanden ist, gegenüber der Gesellschaft, ansonsten gegenüber dem Gesellschafter mit der höchsten Kapitalbeteiligung schriftlich zu erklären. Die Kündigung durch die Gesellschaft erfolgt durch schriftliche Mitteilung eines entsprechenden Gesellschafterbeschlusses.

(3) Nach einer ordentlichen oder außerordentlichen Kündigung dieses Vertrages, gleich durch welche Partei, ist die Gesellschaft jederzeit befugt, den Geschäftsführer von seiner Verpflichtung zur Arbeitsleistung für die Gesellschaft sofort freizustellen. Die Freistellung erfolgt durch schriftliche Mitteilung eines entsprechenden Gesellschafterbeschlusses.

(4) Außer durch Ablauf des Vertragszeitraumes endet das Anstellungsverhältnis

(a) spätestens mit Erreichen der Altersgrenze; das ist derzeit der Ablauf des Monats, in dem das ... *[Anzahl]* Lebensjahr vollendet wird (Pensionierung);

(b) wenn der Geschäftsführer zur Ausübung seiner Tätigkeit dauernd unfähig ist (Erwerbsunfähigkeit im Sinne des § 43 Abs. 2 SGB VI) mit Ablauf des Monats, in dem die Erwerbsunfähigkeit durch Gutachten festgestellt wird. Die Gesellschaft kann auf eigene Kosten den Grad der Arbeitsunfähigkeit durch Einholung eines vertrauensärztlichen Gutachtens ermitteln lassen, das für beide Vertragspartner verbindlich ist.

> (5) Die Bestellung des Geschäftsführers kann durch Beschluss der Gesellschafterversammlung jederzeit widerrufen werden, unbeschadet seiner Ansprüche nach diesem Vertrag. Der Widerruf gilt als Kündigung des Dienstvertrages zum nächst zulässigen Zeitpunkt.
>
> (6) Im Falle der Umwandlung, Verschmelzung oder vergleichbarer Umgestaltungen der Gesellschaft in eine anderer Gesellschaftsform erhält der Geschäftsführer bei im übrigen entsprechender Fortgeltung dieses Vertrages eine vergleichbare Rechtsstellung.
>
> **§ 12**
> **Sonstiges**
>
> (1) Die in diesem Vertrag in Bezug genommenen Anlagen sind Bestandteile dieses Vertrages.
>
> (2) Änderungen und Ergänzungen dieses Vertrages bedürfen der Schriftform. Dies gilt auch für die Aufhebung dieser Schriftformklausel.
>
> (3) Sollten Bestimmungen dieses Vertrages oder eine zukünftige Bestimmung des Vertrages ganz oder teilweise nicht rechtswirksam sein oder ihre Rechtswirksamkeit später verlieren, so wird hierdurch die Gültigkeit der übrigen Bestimmungen des Vertrages nicht berührt. Das gleiche gilt, soweit sich in dem Vertrag eine Lücke herausstellen sollte. Anstelle der unwirksamen Bestimmung oder zur Ausfüllung der Lücke soll eine angemessene Regelung gelten, die, soweit rechtlich möglich, dem am nächsten kommt, was die Vertragschließenden gewollt haben oder nach dem Sinn und Zweck des Vertrages gewollt haben würden, sofern sie bei der Aufstellung des Vertrages den Punkt bedacht hätten. Dies gilt auch dann, wenn die Unwirksamkeit einer Bestimmung etwa auf einem in dem Vertrag normierten Maß der Leistung oder Zeit (Frist, Termin) beruht; es tritt in solchen Fällen ein dem Gewollten möglichst nahe kommendes, rechtlich zulässiges Maß der Leistung oder Zeit (Frist, Termin) an die Stelle des vereinbarten.
>
> *[Unterschriftenzeilen]*

3.67 aaa) Zu den **Hauptpflichten** zählt danach zunächst die Verpflichtung, der Gesellschaft die gesamte Arbeitskraft zur Verfügung zu stellen (regelungsbedürftig sind daher die Urlaubsansprüche einschließlich des – von Gesetzes wegen nicht bestehenden – Anspruchs auf Erziehungszeit). Daraus folgt das Verbot oder zumindest die Genehmigungspflicht von Nebentätigkeiten (Empfehlung 4.3.5 DCGK fordert, insbesondere für die Übernahme von Aufsichtsratsmandaten, eine Zustimmung des Aufsichtsrats). Andererseits kann sich aber aus dem Vertrag auch eine Pflicht zur Übernahme von Nebentätigkeiten, -ämtern oder Mitgliedschaften ergeben, wenn dies im Interesse der Gesellschaft liegt. Zu denken ist etwa an die Tätigkeit als Aufsichtsratsmitglied von Tochter- oder befreundeten Gesellschaften, aber auch als Handelsrichter.[86] Auch aus dem Anstellungsvertrag ergibt sich eine Pflicht zur Verschwiegenheit und zur Herausgabe von Geschäftsunterlagen nach Beendigung der Tätigkeit.

---

86) Für die Pflicht des Geschäftsführers einer kleineren GmbH, der durch seine Geschäftsführertätigkeit infolge einer Umorganisation nicht mehr ausgelastet ist, zur Übernahme sachbearbeitender Nebentätigkeiten neben der Geschäftsführertätigkeit OLG Nürnberg NJW-RR 2001, 104.

bbb) Typischerweise enthält der Anstellungsvertrag Regelungen zu einem **Wettbewerbsverbot**. Dies folgt **während der Tätigkeit** aus dem Anstellungsvertrag, für die Aktiengesellschaft darüber hinaus aus § 88 Abs. 1 AktG. Verstöße gegen das Wettbewerbsverbot stellen eine positive Vertragsverletzung dar; für die Aktiengesellschaft sind die Rechtsfolgen durch § 88 Abs. 2 und 3 AktG weiter konkretisiert.[87] Das Wettbewerbsverbot steht, da und soweit es der Verwirklichung des Hauptvertrages dient, nicht in Widerspruch zu § 1 GWB.[88]

3.68 Wettbewerbsverbot

Inhalt des Wettbewerbsverbotes ist vor allem das Verbot, im Geschäftszweig der Gesellschaft für eigene oder fremde Rechnung Geschäfte zu machen. Es gilt grundsätzlich auch für den Gesellschafter-Geschäftsführer in der Einpersonen-Kapitalgesellschaft. Doch kann der GmbH-Geschäftsführer von der Gesellschafterversammlung vom Wettbewerbsverbot befreit werden, und zwar auch schon vorab in der Satzung; das Vorstandsmitglied kann demgegenüber nur im Einzelfall für bestimmte Arten vom Aufsichtsrat von diesem Verbot befreit werden (§ 88 Abs. 1 Satz 2 AktG).[89]

3.69

Erhebliche Auswirkungen hatte das Wettbewerbsverbot im Steuerrecht, vor allem bei den Gesellschafter-Geschäftsführern von Einpersonen-Gesellschaften. Denn der Verstoß gegen ein – nicht einmal ausdrücklich festgelegtes – Wettbewerbsverbot wurde steuerrechtlich als verdeckte Gewinnausschüttung qualifiziert mit der Folge, dass eine gegen das Wettbewerbsverbot verstoßende Tätigkeit außerhalb der Kapitalgesellschaft dieser steuerrechtlich zugerechnet und die daraus resultierenden Erträge dort der Körperschaftsteuer unterworfen wurden (zur verdeckten Gewinnausschüttung im Übrigen unten Rz. 5.81 ff).

3.70 Verstoß gegen das Wettbewerbsverbot als verdeckte Gewinnausschüttung

In einem jüngeren Fall wurde diese Rechtsprechung für den Bereich der GmbH allerdings relativiert: Der Alleingesellschafter und Geschäftsführer einer GmbH, die sich mit Grundstückshandel, Bauvorhaben und Maklertätigkeit befasste, bebaute und verkaufte während seiner Tätigkeit in der GmbH im eigenen Namen ein Grundstück, das er im Wege der vorweggenommenen Erbfolge erworben hatte. Das Finanzamt sah darin ein gegen ein – gesetzliches oder vertragliches – Wettbewerbsverbot verstoßendes Eigengeschäft und rechnete es

3.71

---

87) Zu den Grenzen des Schutzes der Gesellschaft durch § 88 Abs. 2 AktG BGH ZIP 2001, 958, 959 = NJW 2001, 2476 = DStR 2001, 949 (Bestätigung von BGH ZIP 1997, 1063, 1064 = NJW 1997, 2055 = DStR 1997, 1053 = § 88 AktG 1/97, 631 [*Wilhelm*]); Vorinstanz OLG Köln NZG 1999, 1008 = EWiR § 88 AktG 1/99, 819 (*Bröcker*).

88) Vgl. dazu BGHZ 70, 331 = NJW 1978, 1001 = LM § 112 HGB Nr. 2 (Ls.) – Gabelstapler; BGHZ 89, 162 = ZIP 1984, 446 = NJW 1984, 1351 = LM § 112 HGB Nr. 4 – Heumann/Ogilvy (dazu *Wiedemann/Hirte*, ZGR 1986, 163); zuletzt BGH ZIP 1994, 61 = NJW 1994, 384 (Ausscheidender Gesellschafter – GmbH); zusammenfassend zu den zeitlichen Grenzen und zur früheren Rechtsentwicklung *Hirte*, ZHR 154 (1990), 443.

89) Nach BGH NJW 1997, 2055 = DStR 1997, 1053 (*Goette*) = ZIP 1997, 1063 = LM H. 8/1997 § 88 AktG 1965 Nr. 1 m. krit. Anm. *Wilhelm*, EWiR § 88 AktG 1/97, 631, 632 soll allein die Anlage eigenen Vermögens des Geschäftsführers in Werten, mit denen auch die Gesellschaft handelt, noch kein verbotenes Geschäftemachen im Tätigkeitsbereich der Gesellschaft darstellen; eine fristlose Kündigung nach § 626 Abs. 2 BGB soll daher darauf nicht gestützt werden können.

der Gesellschaft zu, so dass die Erträge des Gesellschafters als verdeckte Gewinnausschüttung zu bewerten waren. Der Bundesfinanzhof hob die entsprechenden Steuerbescheide auf, weil der Alleingesellschafter einer GmbH bis zu dem Punkt keinem gesetzlichen Wettbewerbsverbot unterliege, als er der GmbH kein zur Deckung des Stammkapitals erforderliches Vermögen entziehe.[90] Auch ein vertragliches Wettbewerbsverbot, dessen Vorliegen das Gericht im gegebenen Fall verneinte, würde den Gesellschafter-Geschäftsführer nicht hindern, ein im Wege der vorweggenommenen Erbfolge erworbenes Grundstück im eigenen Namen zu verkaufen. Dieser Annahme steht auch § 8 Abs. 3 Satz 2 KStG nicht entgegen, der keine geeignete Rechtsgrundlage ist, um die eigenständige Tätigkeit des Gesellschafters der GmbH zuzurechnen, nur weil sie unter deren Unternehmensgegenstand fällt. Die Annahme einer verdeckten Gewinnausschüttung nach der genannten Vorschrift setze vielmehr voraus, dass der Gesellschafter-Geschäftsführer Informationen oder Geschäftschancen der Gesellschaft nutzt, für deren Überlassung ein Dritter ein Entgelt gezahlt hätte.[91]

3.72 Selbst bei fehlender Abgrenzung zwischen Sphäre der Gesellschaft und ihrer Gesellschafter kann ein Dispens von einem Wettbewerbsverbot nicht die Annahme einer verdeckten Gewinnausschüttung rechtfertigen: denn die Aufgabenbestimmung einer Kapitalgesellschaft ist Sache der Gesellschafter.[92]

Offenlegung von Interessenkonflikten

3.73 Über die durch ein Wettbewerbsverbot gezogenen Grenzen hinaus verlangt Empfehlung 4.3.4 DCGK von jedem Vorstandsmitglied die Offenlegung etwaiger (sonstiger) **Interessenkonflikte** gegenüber dem Aufsichtsrat und den anderen Vorstandsmitgliedern. Das gilt insbesondere für Geschäfte zwischen dem Unternehmen auf der einen Seite und dem Vorstandsmitglied oder ihm nahe stehenden Personen oder Unternehmen auf der anderen Seite. Insoweit sollen wesentliche Geschäfte zudem nach Empfehlung 4.3.4 DCGK der Zustimmung des Aufsichtsrats bedürfen.

Karenzentschädigung analog §§ 74 ff HGB

3.74 Weder im Aktien- noch im GmbH-Recht geregelt ist das **nachvertragliche Wettbewerbsverbot**. Und auch die positive Vertragsverletzung gibt keine Grundlage für ein derartiges Verbot. Hier bedarf es daher in jedem Fall entsprechender vertraglicher Regelungen im Anstellungsvertrag. Voraussetzung einer solchen Vereinbarung dürfte dabei analog §§ 74 ff HGB die Zusage einer Karenzentschädigung für die Dauer des Wettbewerbsverbots sein.[93] Je weiter es zeitlich und gegenständlich reicht, desto eher kommt insoweit auch ein Verstoß gegen § 138 BGB oder § 1 GWB in Be-

---

90) Im Anschluss an BGHZ 122, 333 = ZIP 1993, 917 = NJW 1993, 1922 = EWiR § 31 GmbHG 1/93, 693 (*Maier-Reimer*) (für die Aktiengesellschaft kann diese Frage also anders zu beurteilen sein).

91) BFHE 178, 371 = ZIP 1995, 1890 = NJW 1996, 950 = EWiR § 8 KStG 1/96, 35 (*Crezelius*); BFHE 179, 258 = NJW 1996, 1559; dazu *Hirte*, NJW 1996, 2827, 2847; *Lawall*, DStR 1996, 605; *Schön*, in: Festgabe Flume (1998), S. 265, 277 ff.

92) BFH NJW 1997, 1804; dazu auch *Schön*, in: Festgabe Flume (1998), S. 265, 275 f.

93) Dafür *Hirte*, ZHR 154 (1990), 443; zur Möglichkeit des *Verzichts* auf ein vereinbartes nachvertragliches Wettbewerbsverbot auch noch nach Ausscheiden des Geschäftsführers mit der Folge, dass der Anspruch auf Karenzentschädigung entfällt, OLG Düsseldorf NJW-RR 1997, 164 = EWiR § 75a HGB 1/97, 119 (*Finken*) (inzwischen rkr.); zu einem zu spät erklärten Verzicht BGH ZIP 2002, 709 = NJW 2002, 1875 = NZG 2002, 475 = DStR 2002, 735 (*Goette*) = EWiR § 74 HGB 1/02, 521 (*Hoyningen-Huene*).

tracht.⁹⁴⁾ Dabei dürfte in zeitlicher Hinsicht die Obergrenze für ein Wettbewerbsverbot bei etwa zwei Jahren liegen.⁹⁵⁾

ccc) Bisher nur wenig ist im deutschen Recht die Frage diskutiert, inwieweit eine Freistellung von diesen Pflichten oder eine **Enthaftung** für den Fall von Verstößen möglich ist.⁹⁶⁾ Für die **Aktiengesellschaft** zieht § 93 Abs. 4 Satz 3 AktG derartigen Regelungen enge Schranken. Danach ist ein Verzicht auf Ersatzansprüche erst drei Jahre nach ihrem Entstehen und nur mit Zustimmung der Hauptversammlung zulässig, sofern nicht eine Minderheit, deren Anteile den zehnten Teil des Grundkapitals erreichen, Widerspruch zur Niederschrift erhebt. Dies wird man auf Regelungen übertragen müssen, mit denen bereits die Pflichten entsprechend reduziert werden.⁹⁷⁾ Bei der **GmbH** kommen solche Gestaltungen demgegenüber im Anstellungsvertrag oder in der Satzung in Betracht. So kann etwa der zu einer Kündigung des Geschäftsführers nach § 626 Abs. 1 BGB berechtigende wichtige Grund dann entfallen, wenn der die GmbH beherrschende Gesellschafter den Geschäftsführer im Innenverhältnis von seiner Überwachungspflicht freigestellt hat.⁹⁸⁾ Derartige Regelungen können aber, wenn sie nicht im Gesellschaftsvertrag enthalten sind, einen Verstoß gegen § 46 Nr. 8 GmbHG darstellen. Soweit die erlassenen Beträge zur Befriedigung der Gläubiger erforderlich sind, kann darin schließlich ein nicht satzungsdispositiver Verstoß gegen § 43 Abs. 3 Satz 2 i. V. m. § 9b Abs. 1 GmbHG zu sehen sein.⁹⁹⁾

3.75 Enthaftungsregelungen bei Pflichtverletzung

b) Pflichten gegenüber Geschäftspartnern und Allgemeinheit

Neben diesen Pflichten gegenüber der Gesellschaft treffen den Geschäftsleiter Pflichten gegenüber Geschäftspartnern und Allgemeinheit.

3.76

Zu nennen sind hier vor allem die **Pflicht zur Aufklärung** über die Krise der Gesellschaft, wenn er bei Verhandlungen mit Geschäftspartnern ein besonderes persönliches Vertrauen in Anspruch genommen hatte. Daneben tritt die **Pflicht zur Beachtung einzelner Verbotsgesetze** und schließlich – fast selbstverständlich – die **Pflicht zum Respekt vor absoluten Rechtsgütern Dritter**. Da diese Pflichten stärker als die Pflichten gegenüber der Gesellschaft aus den jeweiligen Haftungsnormen – *culpa in*

3.77 Aufklärung Dritter

---

94) Beispiel: OLG Düsseldorf ZIP 1999, 311 = NZG 1999, 405 = EWiR § 35 GmbHG 1/99, 361 (*Zimmermann*) = DStR 1999, 1625 (Ls.) (*AH*) (Untersagung jedweder Tätigkeit im Geschäftsfeld der Gesellschaft).

95) So *Butters*, JuS 2001, 324, 328 sowie für die Parallelfrage bei Unternehmensveräußerungsverträgen *Hirte*, ZHR 154 (1990), 443; Beispiele für Verstöße gegen § 138 BGB aus dem Personengesellschaftsrecht bei *Butters*, JuS 2001, 324 ff (dort auch zu den Rechtsfolgen von Verstößen); *Hirte*, NJW 1999, 179, 181.

96) Hierzu jetzt *Lohr*, NZG 2000, 1204; rechtsvergleichend mit dem amerikanischen Recht vor allem *Bastuck*, Enthaftung des Managements (1986).

97) *Bastuck*, Enthaftung des Managements (1986), S. 95 ff; *Hopt*, Großkomm. AktG, § 93 AktG, Rz. 375.

98) BGH ZIP 1995, 560 = NJW-RR 1995, 669 = EWiR § 43 GmbHG 2/95, 785 (*Wittkowski*); dazu *Hirte*, NJW 1996, 2827, 2846.

99) Für weitgehende Zulässigkeit *Marsch-Barner/Diekmann*, in: Münchener Handbuch GmbH, § 46 Rz. 4.

contrahendo (§§ 280 Abs. 1, 311 Abs. 2 BGB), §§ 823 Abs. 1 und 2 BGB – heraus entwickelt wurden, werden sie im Zusammenhang mit der Haftung des Geschäftsleiters ausführlich vorgestellt (dazu unten Rz. 3.109).

4. Haftung des Vorstandsmitglieds/Geschäftsführers

3.78 Eine Haftung des Geschäftsleiters kann sich bei Verletzung der zuvor umschriebenen Pflichten ergeben. Auch hier ist danach zu unterscheiden, ob eine Haftung gegenüber den Gesellschaftern oder gegenüber Geschäftspartnern oder sonstigen Dritten in Rede steht. Diese Dritthaftung des Geschäftsleiters steht in der letzten Zeit besonders im Blickpunkt, weil sie in mehrfacher Hinsicht erweitert und dadurch verschärft wurde. Die Haftung gegenüber der Gesellschaft ist zwar nach dem Wortlaut der entsprechenden Bestimmungen kaum weniger streng ausgestaltet. Die tatsächlich häufig anzutreffende wirtschaftliche Identität von Geschädigten (= Gesellschaft bzw. Gesellschaftern) und Schädigern (= Geschäftsleitern) führt aber dazu, dass derartige Ansprüche deutlich weniger häufig verfolgt werden. Hinzu kommt, dass das Gesetz die Geltendmachung solcher Ansprüche durch Minderheitsgesellschafter an besondere Voraussetzungen knüpft.

a) Haftung gegenüber der Gesellschaft
aa) § 93 Abs. 2 Satz 1 AktG, § 43 Abs. 2 GmbHG

3.79 **aaa) Verstöße gegen die beschriebenen Organpflichten und die Pflichten aus dem Anstellungsvertrag** führen zur Haftung gegenüber der Gesellschaft nach § 93 Abs. 2 Satz 1 AktG, § 43 Abs. 2 GmbHG. Diese Normen erfassen dabei gleichermaßen Verletzungen der Organpflichten wie solcher des Anstellungsvertrages. Die beiden Rechtsverhältnisse haben dabei, wenn die Kapitalgesellschaft Komplementärin einer Kommanditgesellschaft ist, Schutzwirkung auch zugunsten der Kommanditgesellschaft.[100] In das Vermögen der Gesellschaft auszugleichen ist grundsätzlich auch der mittelbare Schaden eines Gesellschafters, der ihm durch pflichtwidriges Handeln eines Vorstandsmitglieds entsteht. Das gilt aber dann nicht, wenn die Muttergesellschaft diesen Schaden selbst ausgeglichen hat. Ein solcher Fall liegt etwa vor, wenn die Mutter- der Tochtergesellschaft eigenkapitalersetzende Darlehen gewährt hat und auf diese wegen der Insolvenz der Tochtergesellschaft nichts zurückerhält.[101] Für die **Europäische Aktiengesellschaft** verweist Art. 51 SE-VO für sämtliche

---

100) BGHZ 75, 321, 324; BGHZ 76, 326, 327, 337 f = ZIP 1980, 361, 365; BGH ZIP 1982, 1073 = NJW 1982, 2869; BGH ZIP 2002, 984 = DStR 2002, 1587 = NJW-RR 2002, 965; *Zöllner*, in: Baumbach/Hueck, GmbHG, § 43 Rz. 4; für „gewöhnliche" Gesellschafter zu Recht zweifelnd *Grunewald*, GesR, 2.F. Rz. 59 (GmbH).
101) BGH ZIP 2001, 1005, 1006 = DStR 2001, 1221 = NJW-RR 2001, 1177 (dort auch zu einem Ausnahmefall); ebenso für das GmbH-Recht OLG Hamm ZIP 2002, 1486, 1487 = NJW-RR 2002, 1259.

Organe hinsichtlich der *Schäden, die sie der SE* durch Verletzung ihrer gesetzlichen, satzungsmäßigen oder sonstigen Pflichten in Ausübung ihres Amtes zugefügt haben, auf die im jeweiligen Sitzstaat für Aktiengesellschaften im Allgemeinen geltenden Rechtsvorschriften (der nationale Gesetzgeber kann daher in seinem nationalen Recht keinen – höheren oder geringeren – Haftungsstandard für SE-Organe formulieren als im nationalen Recht).[102]

Inhaltlich können grundsätzlich sämtliche Verstöße gegen die zuvor beschriebenen Organpflichten aus beiden Rechtsverhältnissen eine Haftung begründen. 3.80

Beispiele: So kann schon allein ein Kompetenzverstoß (gegen den Grundsatz der Gesamtgeschäftsführung) die Schadenersatzpflicht eines Vorstandsmitglieds auslösen.[103] Einen Fall der Geschäftsführerhaftung stellt es auch dar, wenn ein GmbH-Geschäftsführer beim Fahren mit 170–222 km/h auf der Autobahn telefoniert und dadurch mit dem Dienstwagen einen Unfall verursacht;[104] gleiches gilt für die Bedienung nicht fälliger Forderungen[105] oder die nicht ordnungsgemäße Bewertung von Sicherheiten und die Nicht-Beachtung der Richtlinien über Beleihungsobergrenzen) durch den Vorstand einer (hier Genossenschafts-)Bank.[106] 3.81

Besonders problematisch ist jedoch die Haftung wegen fehlerhafter Geschäftsführung im Bereich riskanter Geschäfte: hier kann sowohl ein „Zuviel" als auch ein „Zuwenig" haftungsbegründend sein. 3.82

Der Verschuldensmaßstab richtet sich nach den – gegenüber § 276 Abs. 2 (= Abs. 1 Satz 2 a. F.) BGB konkretisierten und erhöhten Anforderungen – der § 93 Abs. 1 Satz 1 AktG, § 43 Abs. 1 GmbHG. Dabei handelt es sich um einen **objektiven Standard**: individuelle Defizite spielen keine Rolle.[107] Bei unternehmerischen Entscheidungen steht ihm aber ein gewisser nicht gerichtlich nachprüfbarer Ermessensspielraum zu *(business judgment rule)*.[108] Gänzlich entbehrlich ist das Verschulden, wenn nicht Schadenersatz, sondern Beseitigung oder Unterlassung verlangt wird. 3.83 Objektiver Verschuldensmaßstab

---

102) Hierzu *Hirte*, NZG 2002, 1, 5; die Abkehr von früheren strengeren Vorschlägen für die Organhaftung begrüßt *Hommelhoff*, AG 2001, 279, 283 f.
103) OLG München ZIP 1998, 23, 24 = EWiR § 93 AktG 1/97, 917 *(Reiff)* (im Anschluss an BGH NJW 1997, 314 = ZIP 1996, 2164 = DStR 1997, 80 *(Goette)* = EWiR § 708 BGB 1/97, 213 *(Kirberger)* = LM H. 2/1997 § 708 BGB Nr. 5) (inzwischen rkr.); zur Möglichkeit der fristlosen Kündigung des Anstellungsvertrages aus diesem Grunde BGH NJW-RR 1998, 1409 = EWiR § 286 ZPO 1/98, 813 *(E. Schneider)* = DStR 1998, 1398 *(Goette)*.
104) OLG Koblenz NJW-RR 1999, 911 = DB 1999, 522 = EWiR § 43 GmbHG 1/99, 607 *(Zimmermann)*.
105) OLG Koblenz NJW-RR 2000, 483.
106) BGH ZIP 2002, 213 = NZG 2002, 195.
107) Dazu ausführlich *Hirte*, Berufshaftung (1996), S. 381 ff; *Rowedder/Koppensteiner*, GmbHG, § 43 Rz. 8.
108) Dazu OLG Düsseldorf ZIP 1997, 27 = WiB 1997, 302 *(Jäger)* (für den konkreten Fall verneinend); abw. die Vorinstanz LG Düsseldorf ZIP 1995, 1985 = EWiR § 121 AktG 1/95, 1149 *(Bork)* – ARAG/Garmenbeck; dazu zusammenfassend *Goette*, in: Festschrift 50 Jahre BGH, 2000, S. 123, 128 ff; *Heermann*, ZIP 1998, 761; vgl. auch die Nachweise unten Rz. 3.90.

3.84 Allerdings muss der Gesellschaft für die Annahme eines Schadenersatzanspruchs durch die Pflichtverletzung ihres Geschäftsleiters ein **Schaden** entstanden sein. So haftet nach einem Urteil des BGH der Geschäftsführer einer GmbH dieser nicht auf Schadensersatz nach § 43 Abs. 2 GmbHG, wenn er die von Vertragspartnern an die Gesellschaft gezahlten Baugelder entgegen den Vorschriften des Gesetzes zur Sicherung von Bauforderungen (GSB) nicht zur Begleichung von Verbindlichkeiten gegenüber den beteiligten Bauhandwerkern, sondern zur Begleichung von Verbindlichkeiten gegenüber anderen Gläubigern der Gesellschaft verwendet. In diesem Falle fehle es, da die Gesellschaft von anderweitigen Verbindlichkeiten befreit wird, an dem von § 43 GmbHG vorausgesetzten Schaden der Gesellschaft.[109]

3.85 Wissen die Gesellschafter einer GmbH über ein möglicherweise pflichtwidriges Vorgehen der Geschäftsführer genau Bescheid, müssen sie eine Weisung erteilen, bevor den Geschäftsführern der Vorwurf einer Pflichtverletzung gemacht werden kann.[110]

Eintrittsrecht und Unterlassungsanspruch bei Verstoß gegen das Wettbewerbsverbot

3.86 Bei Verstößen gegen ein **Wettbewerbsverbot** tritt neben den Schadenersatzanspruch das Eintrittsrecht und ein Unterlassungsanspruch. Die entsprechenden Regelungen im Aktienrecht (§ 88 Abs. 2 Satz 2 AktG) und im Recht der Personenhandelsgesellschaften (§ 113 Abs. 1 HGB) werden im GmbH-Recht entsprechend angewandt. Allerdings greift hier eine besonders kurze Verjährungsfrist: drei Monate ab Kenntnis, spätestens in fünf Jahren (§ 88 Abs. 3 AktG, § 113 Abs. 3 HGB).

3.87 Außer aus § 93 Abs. 2 Satz 1 AktG kann sich eine Haftung von Vorstandsmitgliedern einer Aktiengesellschaft auch aus § 117 Abs. 2 Satz 1 AktG ergeben (dazu im Übrigen unten Rz. 3.219). Schließlich kann sich eine Haftung gegenüber der Gesellschaft ergeben, wenn der GmbH-Geschäftsführer eine Auskunft gegenüber einem Gesellschafter verweigert, ohne dass sein Verhalten durch einen Beschluss der Gesellschafter gedeckt war (§ 51a Abs. 2 Satz 2 GmbHG).

Gesamtschuldnerische Haftung der Geschäftsführer

3.88 Sind mehrere Geschäftsleiter vorhanden, die sämtlich gegen ihre der Gesellschaft gegenüber bestehenden Pflichten verstoßen haben, haften diese nach § 93 Abs. 2 Satz 1 AktG, § 43 Abs. 2 GmbHG **gesamtschuldnerisch**. Problematisch ist dabei vor allem, inwieweit den einzelnen Geschäftsführer eine Überwachungspflicht des Mitgeschäftsführers trifft und damit seine eigene Pflichtverletzung bejaht werden kann; eine solche Verpflichtung wurde etwa im Zusammenhang mit der Haftung wegen verspäteter Insolvenzantragstellung bejaht. Sie hat nichts mit einer Haftung aus §§ 278, 831 BGB zu tun: denn weder bedient sich der eine Geschäftsleiter des anderen zur Erfüllung seiner Verbindlichkeit, noch befindet sich der andere in sozialer Abhängigkeit des einen. Problematisch ist auch, ob die einem Mitgeschäftsführer erteilte Ermächtigung oder die

---

[109] Vgl. etwa BGH ZIP 1994, 872 = NJW-RR 1994, 806; ebenso führt allein die Belastung des Gesellschaftsvermögens mit Verbindlichkeiten (etwa über § 31 BGB) noch nicht zu einem Schaden der Gesellschaft und damit einem Ersatzanspruch gegen den Geschäftsführer: BGH ZIP 2000, 493 = NJW 2000, 1571 = DStR 2000, 645 = LM H. 6/2000 § 30 GmbHG Nr. 67 (*Wilhelm*); dazu Altmeppen, DB 2000, 657; Hirte, NJW 2000, 3321, 3531, 3533.

[110] BGH ZIP 2000, 135 = NJW 2000, 576 = DStR 2000, 168.

ausdrückliche Zustimmung zu dessen Handeln haftungsbegründend sein kann.

Bezüglich der **Darlegungs- und Beweislast** enthält nur das Aktienrecht eine Regelung, die aber im GmbH-Recht entsprechend angewandt wird.[111] Danach muss die Gesellschaft ihren Schaden und die Kausalität der Pflichtverletzung des Geschäftsleiters für den Schaden nachweisen; der Geschäftsleiter muss sich demgegenüber nach § 93 Abs. 2 Satz 2 AktG (analog) bezüglich des Fehlens einer Sorgfaltspflichtverletzung entlasten.

3.89 Beweislast der Gesellschaft

Im Aktienrecht liegt die **Geltendmachung** von Ersatzansprüchen in den Händen des Aufsichtsrats, der die Aktiengesellschaft auch bei der Durchsetzung von Ersatzansprüchen gegenüber den Vorstandsmitgliedern zu vertreten hat (§ 112 AktG). Dabei hat er nach zutreffender, vom BGH im „ARAG"-Urteil entwickelter Auffassung in zwei Schritten vorzugehen, wobei ihm keinerlei Ermessen zukommt, da er selbst nicht das unternehmerische Entscheidungs-, sondern das Kontrollorgan der Gesellschaft ist. Zunächst muss er danach prüfen, ob der Gesellschaft dem Grunde nach Ansprüche gegenüber dem Vorstand zustehen. Bei dieser Prüfung hat er (hinsichtlich der Anspruchsbegründung) zu berücksichtigen, dass dem Vorstand bei der Leitung der AG ein weiter Handlungs- und Ermessensspielraum *(business judgment rule)* zuzubilligen ist. Ergibt diese Prüfung einen Anspruch der Gesellschaft, so ist dieser aber grundsätzlich zu verfolgen. Eine Ausnahme hiervon ist nur dann möglich, wenn gewichtige und mindestens gleichwertige Gründe des Gesellschaftswohls gegen die Rechtsverfolgung sprechen. Die Entscheidung markiert ein bewusstes Gegengewicht zu der sehr liberalen Haltung des II. Zivilsenats bei der Präventivkontrolle unternehmerischer Entscheidungen, etwa im Bereich des Bezugsrechtsausschlusses (dazu unten Rz. 6.23 ff). Die größere Freiheit bei der Entscheidungsfindung wird also durch schärfere Sanktionen bei etwaigen Fehlern kompensiert.[112]

3.90 Geltendmachung durch den Aufsichtsrat (§ 112 AktG)

Beschließt allerdings die Hauptversammlung mit einfacher Stimmenmehrheit die Geltendmachung von Ansprüchen oder verlangt dies eine 10 %-ige Kapitalminderheit, so müssen die Ansprüche in jedem Fall geltend gemacht werden. Dabei hat die Minderheit glaubhaft zu machen,

3.91

---

111) Für die GmbH BGHZ 152, 280 = ZIP 2002, 2314, 2315 = NJW 2003, 358 = NZG 2003, 81.
112) BGHZ 135, 244 = NJW 1997, 1926 = ZIP 1997, 883 = DB 1997, 1068 = JZ 1997, 1071 *(Dreher)* = EWiR § 112 AktG 1/97, 677 *(Priester)* = LM H. 10/1997 § 93 AktG 1965 Nr. 10 *(Schwark)* = DZWir 1997, 322 *(Boujong)* = DStR 1997, 880 *(Goette)* = WuB II A. § 111 AktG 1.97 *(Raiser)* (ARAG/Garmenbeck); dazu *Götz*, NJW 1997, 3275; *Horn*, ZIP 1997, 1129; *Jäger*, WiB 1997, 10; *Jäger/Trölitzsch*, WiB 1997, 684; *Kindler*, ZHR 162 (1998), 101; *Thümmel*, DB 1997, 1117; kritisch *Grooterhorst*, ZIP 1999, 1117; abw. zuvor OLG Düsseldorf ZIP 1995, 1183 = NJW-RR 1995, 1371 = EWiR § 116 AktG 1/95, 629 *(Rittner)*: nicht überprüfbarer Ermessensspielraum; dazu *Dreher*, ZHR 158 (1994), 614; *Lutter*, ZIP 1995, 441; *Dreher*, ZIP 1995, 628; *Jäger/Trölitzsch*, ZIP 1995, 1157; *Raiser*, NJW 1996, 552; zusammenfassend *Goette*, in: Festschrift 50 Jahre BGH, 2000, S. 123, 128 ff; *Hirte*, NJW 1996, 2827, 2840; ders., NJW 1998, 2943, 2950.

dass sie seit mindestens drei Monaten Inhaberin der Aktien ist (§ 147 Abs. 1 Satz 2 AktG).[113]

Besondere Vertreter für die Geltendmachung von Ansprüchen

3.92 Die Hauptversammlung kann für die Durchsetzung der Ersatzansprüche auch besondere Vertreter bestellen (§ 147 Abs. 2 Satz 1 AktG); hat die Hauptversammlung, eine 10 %-ige Kapitalminderheit oder haben Aktionäre, deren Anteile den anteiligen Betrag von EUR 1 Mio. am Grundkapital erreichen, die Geltendmachung der Ersatzansprüche verlangt, hat das Registergericht einen solchen besonderen Vertreter zu bestellen, wenn es ihm zweckdienlich erscheint (§ 147 Abs. 2 Satz 2 AktG).

Vereinfachung der Geltendmachung

3.93 Da Ersatzansprüche gegen Organmitglieder trotz der rigiden materiellrechtlichen Regelungen über Haftungsgrund und -standard praktisch nie geltend gemacht wurden, hat der Gesetzgeber des KonTraG deren Geltendmachung erleichtert. Auch eine 5 %-ige Kapitalminderheit oder Aktionäre, deren Anteile den anteiligen Betrag von EUR 500.000 am Grundkapital erreichen, können daher nunmehr vom Gericht die Bestellung besonderer Vertreter verlangen, wenn Tatsachen vorliegen, die den dringenden Verdacht rechtfertigen, dass der Gesellschaft durch Unredlichkeiten oder grobe Verletzungen von Gesetz oder Satzung Schaden zugefügt wurde (§ 147 Abs. 3 Satz 1 AktG n. F.). Der in einem solchen Fall gerichtlich bestellte Vertreter *hat* den Ersatzanspruch geltend zu machen, soweit die Rechtsverfolgung nach seiner pflichtgemäßen Beurteilung eine hinreichende Aussicht auf Erfolg bietet (§ 147 Abs. 3 Satz 3 AktG n. F.). Der Geltendmachung von Ersatzansprüchen durch eine mit weniger als 10 % oder einem anteiligen Betrag von weniger als EUR 1 Mio. am Grundkapital beteiligte Minderheit sind daher neben den allgemeinen Haftungsvoraussetzungen eine formale Schranke (5 %-Minderheit/anteiliger Betrag von EUR 500.000) und eine inhaltliche Schranke gezogen („dringender Verdacht").[114]

3.94 Für die Geltendmachung von Ersatzansprüchen verlangt § 46 Nr. 8 GmbHG einen Beschluss der Gesellschafterversammlung. Dieser kann auch formlos bei einem Zusammentreffen aller Gesellschafter („Universalversammlung") gefasst werden.[115] Dieser Beschluss ist Voraussetzung für die Begründetheit des Klagebegehrens. Doch tritt die verjährungsunterbrechende Wirkung der Erhebung einer Schadenersatzklage auch dann ein, wenn der Beschluss der Gesellschafterversammlung noch nicht ge-

---

113) Zur Geltendmachung des Minderheitsverlangens durch einen Bevollmächtigten und zum fehlenden Erfordernis einer Form für die Vollmacht AG Nürtingen ZIP 1994, 785 = EWiR § 147 AktG 1/94, 835 (*Kollbach*) – ASS.

114) Dazu *Hommelhoff/Mattheus*, AG 1998, 249, 258 f; *Zimmer*, NJW 1998, 3521, 3526. Zum Ausschluss einer Aktionärsvereinigung von der Geltendmachung von Schadenersatzansprüchen unter Hinweis auf das Rechtsberatungsgesetz BVerfG ZIP 2000, 183 = NJW 2000, 1251 = EWiR Art. 1 § 1 RBerG 3/2000, 305 (*Hirtz*); zuvor BGH ZIP 1993, 1708 = NJW 1999, 187 = EWiR § 134 BGB 1/94, 21 (*Rennen*) – Girmes; kritisch hierzu *Hirte*, NJW 2000, 3321, 3325 f.

115) BGHZ 142, 92 = ZIP 1999, 1352 (*Altmeppen*) = NJW 1999, 2817 = DB 1999, 1651 = DStR 1999, 1366 (*Goette*) = EWiR § 823 BGB 3/99, 835 (*Wilhelm*) = LM H. 1/2000 § 823 (B) BGB Nr. 12 (*Roth*).

fasst ist.[116] Eine (nicht mitbestimmte) GmbH wird bei der Geltendmachung von Ersatzansprüchen von den anderen Geschäftsführern vertreten; sind solche nicht vorhanden, ist gegebenenfalls von der Gesellschafterversammlung ein besonderer Vertreter zu bestellen. Wenn die Einberufung einer Gesellschafterversammlung und die Anfechtung einer zu erwartenden Ablehnung der Durchsetzung von Ersatzansprüchen einen unzumutbaren Umweg für einen klagewilligen Minderheitsgesellschafter darstellt, kann dieser im Wege der *actio pro socio* – genauer: *pro societate* – auch unmittelbar gegen den Geschäftsführer vorgehen, allerdings nur auf Leistung an die Gesellschaft.[117]

Gläubiger einer Aktiengesellschaft können den Anspruch der Gesellschaft gegen ihre Vorstandsmitglieder unter bestimmten Voraussetzungen auch unmittelbar geltend machen, wenn sie von der Gesellschaft keine Befriedigung erlangen können (§ 93 Abs. 5 AktG). GmbH-Gläubiger haben demgegenüber keine Möglichkeit, Ersatzansprüche der Gesellschaft gegen ihren Geschäftsführer unmittelbar geltend zu machen. Sie können nur die angeblich der GmbH zustehenden Ansprüche pfänden und sich überweisen lassen (§§ 829, 835 ZPO). 3.95

bbb) Einen Sonderfall der Haftung bilden **Verstöße gegen die Ausschüttungsregeln**. Aus § 93 Abs. 3 Nrn. 1, 5 AktG, § 43 Abs. 3 GmbHG folgt hier eine Haftung des Geschäftsleiters auf den gesamten zu Unrecht ausgeschütteten Betrag; allerdings bleibt ihm die Möglichkeit des Regresses gegen den nach § 62 Abs. 1, § 31 Abs. 1 GmbHG zur Rückzahlung des erhaltenen Betrages verpflichteten Gesellschafter. Beim unzulässigen Erwerb eigener Anteile haftet der Geschäftsführer aus § 93 Abs. 3 AktG, § 43 Abs. 3 GmbHG auf den gezahlten Kaufpreis; auch hier dürfte die Haftung des Veräußerers im Hinblick auf die neuere Rechtsprechung zu den Rechtsfolgen unerlaubter Ausschüttungen aus § 62 Abs. 1 AktG, § 31 Abs. 1 GmbHG abzuleiten sein.[118] 3.96 Haftung bei verbotenen Ausschüttungen

ccc) Deutliche Unterschiede zwischen Aktien- und GmbH-Recht ergeben sich bezüglich der **Enthaftung** nach Eintritt eines Schadensfalls. Hier ist bei der **Aktiengesellschaft** zunächst ein Handeln auf der Grundlage eines gesetzmäßigen Hauptversammlungs- (nicht: Aufsichtsrats-)Beschlusses nicht haftungsbegründend (§ 93 Abs. 4 Satz 1 und 2 AktG). Nach § 93 Abs. 4 Satz 3 AktG ist sodann ein Verzicht auf Ersatzansprüche erst drei 3.97 Enthaftung nach Eintritt des Schadensfalls

---

116) BGH ZIP 1999, 1001 = NJW 1999, 2115 = DStR 1999, 907 = EWiR § 43 GmbHG 2/99, 795 (*Westermann*).
117) Leitentscheidung ist BGHZ 65, 15, 21 = NJW 1976, 291 = LM § 37 GmbHG Nr. 3 (Ls.) – ITT; BGH ZIP 1991, 582, 583 = NJW 1991, 1884 = EWiR § 46 GmbHG 2/91, 585 (*Finken*); BGH ZIP 1998, 780 = NJW 1998, 1951 = DStR 1998, 730 (*Goette*) = LM H. 8/1998 § 19 GmbHG Nr. 19 (*Noack*) = EWiR § 19 GmbHG 1/99, 69 (*Bayer*) („Fassadenbaustoff"; für Rückforderungsansprüche bei verdeckter Sacheinlage); OLG Düsseldorf ZIP 1994, 619 = EWiR § 13 GmbHG 2/94, 683 (*Zimmermann*) (ARAG Erben); *Wiedemann*, GesR I, S. 461 ff; abw. *Grunewald*, GesR, 2.F. Rz. 56 (vorherige Beschlussfassung bzw. Anfechtung erforderlich), 2.C. Rz. 53 (für die AG); *Hueck/Fastrich*, in: Baumbach/Hueck, GmbHG, § 13 Rz. 34; *Zöllner*, in: Baumbach/Hueck, GmbHG, § 43 Rz. 26 f.
118) Abw. *Zöllner*, in: Baumbach/Hueck, GmbHG, § 43 Rz. 40: § 812 Abs. 1 Satz 1 BGB.

Jahre nach ihrem Entstehen und nur mit Zustimmung der Hauptversammlung zulässig, sofern nicht eine Minderheit, deren Anteile den zehnten Teil des Grundkapitals erreichen, Widerspruch zur Niederschrift erhebt.

3.98 Bei der **GmbH** führt demgegenüber zwar ebenfalls das Handeln auf der Grundlage einer rechtmäßigen (nicht nichtigen) Weisung oder eines entsprechenden Beschlusses der Gesellschafterversammlung zum Haftungsausschluss.[119] Insbesondere beinhaltet – anders als im Aktienrecht (§ 120 Abs. 2 Satz 2 AktG) – der Entlastungsbeschluss (§ 46 Nr. 5 GmbHG) einen Verzicht auf etwaige Ersatzansprüche; andere aus fehlerhafter Geschäftsführung resultierende Rechte der Gesellschaft sind demgegenüber durch einen Entlastungsbeschluss sowohl im Aktien- als auch im GmbH-Recht präkludiert.[120] Verzicht auf und Vergleich über Ersatzansprüche werden bis zur Grenze der Gläubigergefährdung nach § 43 Abs. 3 Satz 2 i. V. m. § 9b Abs. 1 GmbHG von vielen als unproblematisch angesehen.

Verjährung in fünf Jahren

3.99 Ansprüche aus den genannten Normen **verjähren** im Aktien- wie im GmbH-Recht nach **fünf Jahren** (§ 93 Abs. 6 AktG, § 43 Abs. 4 GmbHG). Eine Verkürzung der Verjährungsfrist des § 43 Abs. 4 GmbHG für die Geschäftsführerhaftung ist dabei zulässig, sofern es nicht um Ansprüche wegen pflichtwidriger Auszahlung gebundenen Kapitals geht.[121] § 43 Abs. 4 GmbHG ist über § 64 Abs. 2 Satz 3 GmbHG entsprechend auf die Verjährung des Anspruchs wegen verspäteter Insolvenzantragstellung (dazu unten Rz. 3.111, 3.313 ff) anzuwenden,[122] nicht aber bei einem neben die Geschäftsführerhaftung tretenden Verstoß gegen die gesellschaftsrechtliche Treuepflicht.[123] Für den Fristbeginn gilt aber heute in jedem Fall § 199 Abs. 1 BGB n. F.

bb) § 93 Abs. 3 Nr. 6 AktG, § 64 Abs. 2 GmbHG

Haftung bei Zahlung nach Insolvenzreife

3.100 § 93 Abs. 3 Nr. 6 AktG i. V. m. § 92 Abs. 3 AktG und § 64 Abs. 2 GmbHG statuieren eine besondere Ersatzverpflichtung des Geschäftsleiters gegenüber der Gesellschaft für die Zahlungen, die nach dem Zeitpunkt geleistet wurden, in dem Insolvenzantrag hätte gestellt werden

---

119) BGHZ 31, 258, 278; 122, 333, 336 = ZIP 1993, 917 = NJW 1993, 1922 = EWiR § 31 GmbHG 1/93, 693 (*Maier-Reimer*); Zöllner, in: Baumbach/Hueck, GmbHG, § 43 Rz. 28.

120) Beispiel für Angriff gegen Entlastungsbeschluss: OLG München ZIP 1997, 1965 (Gewährung von Sondervorteilen zu Lasten der Gesellschaft und der übrigen Gesellschafter durch einen GmbH-Geschäftsführer begründet Anfechtbarkeit seiner Entlastung analog § 243 Abs. 2 AktG).

121) BGH ZIP 2002, 2128, 2130 = NJW 2002, 3777 = NZG 2002, 1170 = NZI 2003, 117 = DStR 2002, 2046 (*Altmeppen*); enger zuvor BGH ZIP 2000, 135 f = NJW 2000, 576 = DStR 2000, 168.

122) OLG Saarbrücken NJW-RR 2000, 180; zustimmend *Hirte*, NJW 2000, 3321, 3531, 3532; abw. OLG Schleswig DZWIR 2001, 330 (§ 852 BGB a. F.); OLG Stuttgart NJW-RR 2001, 174 = NZI 2000, 597 = DStR 2001, 410 m. teilw. krit. Anm. *Haas* (§ 852 BGB a. F. jedenfalls dann, wenn auch gegen § 263 StGB verstoßen wurde); Gottwald/*Haas* InsR HdB § 92 Rz. 98.

123) BGH ZIP 1999, 240 = NJW 1999, 781 = DStR 1999, 249 (Frist daher 30 Jahre).

müssen.¹²⁴⁾ Der Sache nach handelt es sich hier um einen Spezialfall der Insolvenzverschleppung; denn ausgeglichen werden nicht Schäden der Gesellschaft, sondern eine durch Verminderung des Gesellschaftsvermögens zugunsten einzelner Gläubiger bewirkte Schädigung der Gläubigergesamtheit.¹²⁵⁾ Darin liegt ein gesetzlich angeordneter Fall der Drittschadensliquidation.¹²⁶⁾

„Zahlungen" sind in diesem Zusammenhang alle Minderungen des Gesellschaftsvermögens, auch in Form von Lieferungen oder Leistungen oder durch Eingehen neuer Verbindlichkeiten. Reicht etwa der Geschäftsführer einer insolvenzreifen GmbH einen Kundenscheck auf ein debitorisches Geschäftskonto der Gesellschaft ein, so liegt darin eine „Zahlung" i. S. v. § 64 Abs. 2 GmbHG, weil dadurch die Forderung der Bank gegen die GmbH aus der Kontokorrentabrede teilweise getilgt wird. Gleiches gilt für Einzahlungen und Lastschrifteinzüge und Gutschriften, auch aufgrund Cash-Managements. Daher ist der Geschäftsführer der Gesellschaft aus dieser Vorschrift zur Erstattung verpflichtet. Für den Beginn des Zahlungsverbots nach § 64 Abs. 2 GmbHG genügt dabei die erkennbare Zahlungsunfähigkeit oder Überschuldung der Gesellschaft, deren Fehlen der Geschäftsführer zu beweisen hat.¹²⁷⁾ 3.101

Entgegen § 64 Abs. 2 GmbHG geleistete Zahlungen, sind vom Geschäftsführer **ungekürzt zu erstatten**. Doch ist ihm im Urteil vorzubehalten, seinen Gegenanspruch, der sich nach Rang und Höhe mit dem Betrag deckt, den der durch die rechtswidrige Auszahlung begünstigte Gesellschaftsgläubiger im Insolvenzverfahren erhalten hätte, nach Erstattung an die Masse gegen den Insolvenzverwalter zu verfolgen. Etwaige Erstat- 3.102 Erstattungsanspruch gegen die Gesellschafter

---

124) Zu den Anforderungen, unter denen ein *faktischer* Geschäftsführer nach §§ 43 Abs. 2, 64 Abs. 2 GmbHG in Anpruch genommen werden kann, BGHZ 150, 61 = ZIP 2002, 848 = DStR 2002, 1010 = NJW 2002, 1803 = EWiR § 31 GmbHG 1/02, 679 (*Blöse*) = LM H. 9/2002 § 6 GmbHG Nr. 3 (*G.H. Roth*) im Anschluss an BGHZ 104, 44, 48 = ZIP 1988, 771, 772 = NJW 1988, 1789; dazu *Cahn*, ZGR 2003, 298, 315.

125) BGH NJW 1974, 1088, 1089.

126) *Bitter*, WM 2001, 666 ff; *Medicus*, GmbHR 1993, 533, 538; *Kübler/Prütting/Noack*, InsO, Sonderband 1: Gesellschaftsrecht (1999), Rz. 322; *Karsten Schmidt*, JZ 1978, 661, 662.

127) BGHZ 143, 184 = ZIP 2000, 184 = NJW 2000, 668 = EWiR § 64 GmbHG 1/2000, 295 (*Noack*) = DStR 2000, 210 (*Goette*) = LM H. 5/2000 § 64 GmbHG Nr. 18 (*Heidenhain*) = DZWIR 2000, 202 (*Keil*) = WuB II C. § 64 GmbHG 1.01 (*Bitter*); BGH NJW 2001, 304 = ZIP 2000, 1896, 1897 f = DStR 2000, 1831 = NZG 2000, 1222 = NZI 2001, 87 = KTS 2001, 140 = EWiR § 64 GmbHG 3/2000, 1159 (*Keil*) = LM § 64 GmbHG Nr. 19 (*Noack/Bunke*); OLG Düsseldorf NJW-RR 1999, 1211 = DStR 1999, 1709 (Ls.) (*UH*); OLG Hamburg ZIP 1995, 913 = EWiR § 64 GmbHG 3/95, 587 (*Bähr*) (ggf. Pflicht, Schecks zugunsten eines bei einem anderen Institut eröffneten Kontos einziehen zu lassen); OLG Düsseldorf NJW-RR 1996, 1443 = DB 1996, 1226 = BB 1996, 1428 = GmbHR 1996, 616 = EWiR § 64 GmbHG 3/96, 851 (*Priester*) (auch Lieferung von Waren); OLG Celle GmbHR 1997, 901 = EWiR § 64 GmbHG 5/97, 1139 (*Kowalski*) (zum Begriff der Zahlungen nach Eintritt der Insolvenzreife); OLG Köln ZIP 1995, 1418 = EWiR § 130a HGB 1/95, 1007 (*Hammen*) (Umsatzsteuerzahlungen an das Finanzamt) (inzwischen rkr.); LG Itzehoe ZIP 1996, 797 = EWiR § 64 GmbHG 2/96, 461 (*Mook*) (Einzahlung auf ein im Debet geführtes Kontokorrentkonto der Gesellschaft) (n. rkr.); zur Erstreckung der Haftung auch auf das faktische Vorstandsmitglied bei bloßem Verstoß gegen die vorgeschriebene Gesamtgeschäftsführung OLG München ZIP 1998, 23 = EWiR § 93 AktG 1/97, 917 (*Reiff*) (inzwischen rkr.) (auch zum Beginn der Verjährungsfrist des § 93 Abs. 6 AktG); abw. OLG Celle, NZG 1999, 77 = EWiR § 64 GmbHG 3/99, 463 mit zu Recht krit. Anm. *Bähr* (Vorinstanz zu BGHZ 143, 184).

tungsansprüche der Masse gegen Dritte sind Zug um Zug an den Geschäftsführer abzutreten.[128] Der aus § 64 Abs. 2 GmbHG resultierende Ersatzanspruch einer GmbH gegenüber ihrem Geschäftsführer ist in der **masselosen Insolvenz** der Pfändung durch Einzelgläubiger der Gesellschaft zugänglich.[129]

Kein Ausschluss bei versäumter Insolvenzanfechtung

3.103 Die Ersatzpflicht scheidet nicht aus, wenn der im Gläubigerinteresse tätig werdende Insolvenzverwalter es versäumt hat, Anfechtungsrechte nach §§ 129 ff InsO rechtzeitig (früher § 41 KO: Ausschlussfrist von einem Jahr) geltend zu machen. Denn es ist nicht Aufgabe des Insolvenzverwalters, die Interessen des Geschäftsführers wahrzunehmen; dieser sei nämlich nicht „Beteiligter" i. S. v. § 82 KO (jetzt § 60 Abs. 1 InsO). Für eine Haftung des Geschäftsführers spreche demgegenüber die größere Effizienz seiner Haftung: sie ermögliche eine rationale Wiederauffüllung der Masse ohne das Risiko, dass die Masse die Kosten eines erfolglosen Anfechtungsprozesses zu tragen hätte.[130]

Anspruch bei noch bestehenden Anfechtungsmöglichkeiten

3.104 Ungeklärt ist allerdings noch, ob der Geschäftsführer auch dann (schon) allein in Anspruch genommen werden kann, wenn die Möglichkeit einer Anfechtung noch besteht. Doch dürfte dies im Interesse einer schnellen und effektiven Massemehrung zu bejahen sein.[131] Und ebenso offen ist die aus diesem Ansatz folgende Frage, wie bei Haftung mehrerer auf Wiederauffüllung der Masse ein Binnenausgleich der Verpflichteten stattzufinden hat. Richtigerweise sollte insoweit § 426 BGB herangezogen werden.[132] Ein etwa in Anspruch genommener Geschäftsleiter kann beim Empfänger der Leistung Rückgriff nehmen, indem er aus dem abgetretenen Erstattungsanspruch der Gesellschaft gegen den Empfänger vorgeht; die Gesellschaft ist zur Abtretung von Erstattungsansprüchen entsprechend § 255 BGB verpflichtet (oben Rz. 3.102). Das bedeutet, dass ein etwa in Anspruch genommener Geschäftsleiter beim Empfänger der Leistung Rückgriff nehmen kann. Die inzwischen erfolgte Umgestaltung der Ausschlussfrist des § 41 KO in eine Verjährungsfrist durch § 146 InsO dürfte allerdings an dieser Sachlage nichts ändern.

---

128) BGHZ 146, 264 = ZIP 2001, 235, 238 ff (*Altmeppen*) = NJW 2001, 1280 = NZG 2001, 361 = DStR 2001, 175 (*Goette*) = ZInsO 2001, 260 = NZI 2001, 196 = EWiR § 32a GmbHG 1/01, 329 (*Priester*) = GmbHR 2001, 190 (*Felleisen*); ebenso OLG Jena ZIP 2002, 986 = NZG 2002, 1116 = NZI 2003, 63 (mit dem Hinweis, dass es für die Aufnahme des Vorbehalts in das Urteil nicht darauf ankommt, ob der Geschäftsführer überhaupt Ansprüche hat); dazu *Pape*, ZInsO 2001, 397.

129) BGH NJW 2001, 304 = ZIP 2000, 1896, 1897 f = DStR 2000, 1831 = NZG 2000, 1222 = NZI 2001, 87 = EWiR § 64 GmbHG 3/2000, 1159 (*Keil*) = LM § 64 GmbHG Nr. 19 (*Noack/Bunke*); dazu *Karsten Schmidt*, GmbHR 2000, 1225.

130) BGHZ 131, 325 = NJW 1996, 850 = ZIP 1996, 420 = DStR 1996, 1175 (*Goette*) = EWiR § 64 GmbHG 1/96, 459 (*Schulze-Osterloh*) = LM H. 7/1996 § 64 GmbHG Nr. 13; dazu *Gerd Müller*, ZIP 1996, 1153.

131) LG Bonn ZIP 2000, 747, 750 = EWiR § 32a GmbHG 1/2000, 301 (*von Gerkan*); *Kübler/Prütting/Noack*, InsO, Sonderband 1: Gesellschaftsrecht (1999), Rz. 331; abw. für die Zeit davor OLG Köln ZIP 1995, 1418 = NJW-RR 1996, 484 = EWiR § 130a HGB 1/95, 1007 (*Hammen*).

132) *Kübler/Prütting/Noack*, InsO, Sonderband 1: Gesellschaftsrecht (1999), Rz. 331.

Eine Haftung scheidet aber aus, wenn sich der Geschäftsleiter nach § 92   3.105
Abs. 3 Satz 2 AktG, § 64 Abs. 2 Satz 2 GmbHG entlasten kann. Die dafür nachzuweisende Sorgfalt eines ordentlichen und gewissenhaften Geschäftsleiters bzw. Sorgfalt eines ordentlichen Geschäftsmanns ist allerdings aus der Gläubigersicht zu beurteilen: entscheidend ist, dass keine Minderung der Insolvenzmasse eingetreten ist und nicht einzelne Gläubiger bevorzugt befriedigt wurden.[133]

cc) §§ 823 Abs. 1, 823 Abs. 2, 826 BGB

Deliktische Ansprüche gegenüber der Gesellschaft dürften nur in Ausnahmefällen in Betracht kommen. Zu denken ist etwa an Ansprüche aus § 823 Abs. 2 BGB i. V. m. § 266 StGB.[134]   3.106

dd) gegenüber Gesellschaftern

Eine unmittelbare Haftung des Geschäftsleiters gegenüber den Gesellschaftern kommt ebenfalls nur ausnahmsweise in Betracht. Eine solche Ausnahme bildet etwa § 31 Abs. 6 GmbHG.   3.107

b) Haftung gegenüber Geschäftspartnern und Allgemeinheit

aa) Rechtsschein

Eine persönliche Haftung des Geschäftsleiters aus Rechtsschein kann sich   3.108   *Persönliche Haftung bei Nichtverwendung des Rechtsformzusatzes*
ergeben, wenn er im rechtsgeschäftlichen Verkehr mit Geschäftspartnern den vorgeschriebenen Rechtsformzusatz (AG/GmbH) nicht verwendet. Dann haftet er, als ob er als einzelkaufmännischer Unternehmer sich selbst verpflichten wollte. Der BGH hat aber festgestellt, dass eine solche Rechtsscheinhaftung in der Regel nur bei schriftlichen Erklärungen in Betracht kommt.[135] Dazu soll auch das Vorlegen von Visitenkarten gehören, die den Unternehmensträger nicht oder nicht richtig erkennen lassen.[136] Bei mündlichen Erklärungen insbesondere im Rahmen von Vertragsverhandlungen kommt eine Haftung nur dann in Betracht, wenn der Geschäftsleiter auf ausdrückliche Nachfrage sein Auftreten für die Kapitalgesellschaft nicht offen legt.

---

133) BGHZ 146, 264 = ZIP 2001, 235, 238 ff (*Altmeppen*) = NJW 2001, 1280 = NZG 2001, 361 = DStR 2001, 175 (*Goette*) = ZInsO 2001, 260 = NZI 2001, 196 = EWiR § 32a GmbHG 1/01, 329 (*Priester*); Rowedder/Schmidt-Leithoff, GmbHG, § 64 Rz. 30.
134) Weitere Nachweise bei *Marsch-Barner/Diekmann*, in: Münchener Handbuch GmbH, § 46 Rz. 56.
135) BGHZ 64, 11; BGH ZIP 1996, 1511 = WM 1996, 1630 = NJW 1996, 2645 = DStR 1996, 1372 (*Goette*) = LM H. 12/1996 § 164 BGB Nr. 79 (*Noack*); dazu *Haas*, NJW 1997, 2854.
136) OLG Naumburg NJW-RR 1997, 1324; für eine weite Auslegung des Begriffs der „schriftlichen Mitteilungen" in diesem Zusammenhang LG Heidelberg, NJW-RR 1997, 355; ähnlich (Haftung aus *culpa in contrahendo* bei fehlendem Hinweis auf GmbH auf Visitenkarte) LG Wuppertal NJW-RR 2002, 178.

bb) culpa in contrahendo (§§ 280 Abs. 1, 311 Abs. 2 BGB)

Haftung bei unterlassenem Hinweis auf drohende Überschuldung

3.109 Möglich ist auch eine persönliche Haftung des Geschäftsleiters aus *culpa in contrahendo* (jetzt § 311 Abs. 2 BGB), wenn dieser an den Vertragsverhandlungen mit einem Geschäftspartner beteiligt war und diesen nicht auf die (drohende) Überschuldung der Gesellschaft hingewiesen hat.[137] Denn bei Vertragsschluss ergibt sich eine Pflicht, den Vertragspartner auf Risiken hinzuweisen, die einer ordnungsgemäßen Erfüllung oder Abwicklung des Vertrages entgegenstehen. Das gilt beim Verkauf eines Unternehmens oder von GmbH-Anteilen im Hinblick auf die wirtschaftliche Tragweite des Geschäfts in besonderer Weise.[138]

3.110 Dieser dem Gläubigerschutz verpflichtete Ansatz der Rechtsprechung war allerdings vornehmlich vom kaufrechtlichen Senat des BGH entwickelt und vertieft worden. Danach traf den Geschäftsführer einer GmbH eine *persönliche* Haftung gegenüber Dritten unter dem Gesichtspunkt der *culpa in contrahendo*, wenn er bei Verhandlungen mit ihnen ein besonderes persönliches Vertrauen in Anspruch genommen hatte oder – wie typischerweise beim Gesellschafter-Geschäftsführer – ein gesteigertes wirtschaftliches Eigeninteresse an dem namens der GmbH abgeschlossenen Vertrag hat (heute allgemein kodifiziert in § 311 Abs. 3 BGB).[139]

3.111 Diese Rechtsprechung stand freilich im Widerspruch zum Prinzip der auf das Gesellschaftsvermögen beschränkten Haftung in den Kapitalgesellschaften (§ 1 Abs. 1 Satz 2 AktG, § 13 Abs. 2 GmbHG); zudem wurde ihr entgegengehalten, dass die Zurechnung in Richtung Geschäftsführer in der falschen Richtung vorgenommen würde, da die GmbH als juristische Person der wirtschaftliche Interessenträger sei.[140] Da das früher über die *culpa in contrahendo* verfolgte Haftungsziel nach der mit den anderen Zivilsenaten abgestimmten Änderung der Rechtsprechung zur Haftung des Geschäftsführers wegen verspäteter Insolvenzantragstellung (vgl. im Übrigen unten Rz. 3.113 ff) auf diesem Wege erreicht wird, kann

---

137) BGH ZIP 1982, 1435, 1436 f; BGHZ 87, 27, 33 f = ZIP 1983, 428, 430 f; BGH ZIP 1989, 1455 = NJW 1990, 389 = EWiR § 43 GmbHG 1/90, 265 (*Miller*); allgemein dazu *Grunewald*, GesR, 2.F. Rz. 60 ff; *Hirte*, in: ZIP-Sonderdruck, Einleitung, S. 3; *Soergel/Wiedemann* (12. Aufl., 1990), BGB, vor § 275 Rz. 220 ff; *G. Müller*, ZIP 1993, 1531, 1532.

138) BGH NJW 2001, 2163 = ZIP 2001, 918, 919 f = DStR 2001, 901 = NZI 2001, 363.

139) BGHZ 87, 27, 32 f = ZIP 1983, 428, 430 f; offen lassend der (gesellschaftsrechtliche) II. Zivilsenat in BGH ZIP 1991, 1140 = NJW-RR 1991, 1312 = EWiR § 13 GmbHG 2/92, 161 (*Medicus*); dazu *Wellkamp*, DB 1994, 869.

140) Vgl. etwa *Lutter*, DB 1994, 129, 133 m. w. N.; *Wiedemann*, NJW 1984, 2266; sowie *ders.*, EWiR § 64 GmbHG 1/93, 583, 584; zurückhaltender daher schon BGH ZIP 1988, 1543, 1544; BGH ZIP 1986, 26, 30 = EWiR § 43 GmbHG 1/86, 165 (*Hommelhoff*).

erwartet werden, dass die bisherige Rechtsprechung zur *culpa in contrahendo* nicht mehr fortgeführt wird.[141]

Der BGH hat aber andererseits in einem jüngeren Urteil die Haftung eines Gesellschafter-Geschäftsführers einer GmbH & Co. KG gegenüber dem Warenlieferanten auf der Grundlage eines **selbständigen Garantieversprechens** (§ 305 BGB a. F. = § 311 Abs. 1 BGB n. F.) angenommen, nachdem dieser ihm im Rahmen einer laufenden Geschäftsverbindung erklärt hatte, er werde bei Verschlechterung der wirtschaftlichen Lage der KG Kapital nachschießen, so dass der Lieferant auf jeden Fall „sein Geld bekomme"; für die Nichteinhaltung des Versprechens sei Schadenersatz nach §§ 249 ff BGB zu leisten.[142]

3.112 Haftung aufgrund eines selbständigen Garantieversprechens

cc) § 823 Abs. 2 BGB

aaa) Ein neuer Ansatz hat sich im Bereich der Geschäftsleiterhaftung für die **verspätete Beantragung des Insolvenzverfahrens** (§ 823 Abs. 2 BGB i. V. m. § 64 Abs. 1 GmbHG) durchgesetzt. Die gesetzlichen Insolvenzantragspflichten – nicht die bereits oben Rz. 3.100 ff behandelten Zahlungsverbote – werden als Schutzgesetze i. S. v. § 823 Abs. 2 BGB zugunsten der Gesellschaftsgläubiger angesehen. Hier war nach der Rechtsprechung früher allen Gläubigern aber nur der Schaden zu ersetzen, der auf die Verminderung des Gesellschaftsvermögens zwischen Begründung ihrer Forderung und Eröffnung des Insolvenzverfahrens zurückzuführen ist („Quotenschaden").[143]

3.113 Insolvenzverschleppungshaftung

Auch die Neugläubiger, die nach dem Zeitpunkt, in dem das Insolvenzverfahren hätte beantragt werden müssen, noch Geschäfte mit der Gesellschaft getätigt haben, konnten auf der Grundlage dieser Rechtsprechung nur einen Teil (die „Quote") ihres Schadens ersetzt verlangen. Der für das Gesellschaftsrecht zuständige II. Zivilsenat des BGH hatte zugleich

3.114

---

141) BGHZ 126, 181, 189 f = ZIP 1994, 1103, 1106 = NJW 1994, 2220 = EWiR § 64 GmbHG 2/94, 791 (*Wilhelm*); zuvor BGH ZIP 1993, 763 m. Anm. *Ulmer* = EWiR § 64 GmbHG 1/93, 583 (*Wiedemann*); *culpa in contrahendo* ausdrücklich verneinend daher BGH ZIP 1995, 31 = NJW 1995, 398 = EWiR § 823 BGB 3/95, 357 (*Noack*); BGH ZIP 1995, 211 = NJW 1995, 398 = EWiR § 64 GmbHG 1/95, 263 (*Uhlenbruck*); OLG Köln WM 1997, 1379 = EWiR § 276 BGB 9/96, 973 (*Zimmermann*) (inzwischen rkr.); dazu *Karollus*, ZIP 1995, 269. Für eine weitergehende Haftung aus *culpa in contrahendo* des seine Gesellschaft veräußernden Gesellschafter-Geschäftsführers demgegenüber *Sieger/Hasselbach*, GmbHR 1998, 957, 958 ff.
142) BGH ZIP 2001, 1496 = NJW-RR 2001, 1611.
143) BGHZ 29, 100, 102; BGHZ 75, 96, 106 = NJW 1979, 1823; BGHZ 100, 19, 21 = NJW 1987, 2433 = ZIP 1987, 509 = EWiR § 64 GmbHG 1/87, 483 (*Klaas*); abw. zum Schutzgesetzcharakter des § 64 Abs. 1 GmbHG *Altmeppen/Wilhelm*, NJW 1999, 673, 681.

mit der „Entschärfung" seiner früheren Rechtsprechung zur Konzernhaftung angedeutet (dazu unten Rz. 5. 178 ff),[144)] dass er stattdessen diese relativ beschränkte Haftung des Geschäftsführers ausdehnen wollte. Mit Urteil vom 6. Juni 1994 wurde dieser Wechsel vollzogen.[145)]

3.115 Der damit statuierte Grundsatz der vollen Haftung des (Gesellschafter-)Geschäftsführers gegenüber Neugläubigern, deren Forderungen erst nach dem Zeitpunkt des Eintritts der Insolvenzantragspflicht entstanden sind, gilt dabei auch für den Anspruch aus § 823 Abs. 2 BGB i. V. m. §§ 177a, 130a HGB.[146)]

3.116 Dieser Anspruch auf Ersatz des negativen Interesses (zu seiner Verjährung oben Rz. 3.99) überlagert den auch bei den Neugläubigern nach wie vor bestehenden Ersatzanspruch wegen Verschlechterung ihrer Quote. Für Altgläubiger bleibt es demgegenüber *allein* bei einem die Verschlechterung der „Quote" kompensierenden Schadenersatzanspruch. Das ist nur dann anders, wenn ihnen aufgrund der besonderen Umstände des Einzelfalls ein von der Quotenverschlechterung verschiedener Schaden entstanden ist.[147)]

3.117 Die Beschränkung auf die Quote gilt auch für Neugläubiger, sofern sie ihr *positives* Interesse ersetzt verlangen. Allerdings ist der Insolvenzverwalter nicht berechtigt, einen Quoten- oder sonstigen Schaden der *Neu*gläubiger wegen verspäteter Insolvenzantragstellung gegen den Geschäftsführer einer GmbH geltend zu machen. Denn anders als bei den Altgläubigern bestehe bezüglich der Neugläubiger kein einheitlicher Quotenschaden, und es sei auch nicht überzeugend, den Schaden der Neugläubiger durch zwei verschiedene Personen geltend machen zu lassen, nämlich den Quotenschaden durch den Insolvenzverwalter und den weitergehenden Schaden durch den Neugläubiger persönlich. Etwa vom Insolvenzverwalter eingezogene Beträge dürfen daher nur zur Verteilung an die Altgläubiger verwendet werden. Die Durchsetzung der Rechte der Neugläubiger gegen die Masse wird dadurch freilich nicht erleichtert.[148)]

---

144) BGH ZIP 1993, 589, 591 = NJW 1993, 1200 = EWiR § 302 AktG 2/93, 327 (*Altmeppen*) (insoweit nicht in BGHZ 122, 123) – TBB; dazu *Hirte*, in: ZIP-Sonderdruck, Einleitung, S. 4.

145) BGHZ 126, 181, 190 ff = ZIP 1994, 1103, 1106 ff = NJW 1994, 2220 = EWiR § 64 GmbHG 2/94, 791 (*Wilhelm*); dazu *Bork*, ZGR 1995, 505; *Flume*, ZIP 1994, 337; *Goette*, DStR 1994, 1048; *Grunewald*, GmbHR 1994, 665; *Hirte*, in: ZIP-Sonderdruck, Einleitung, S. 4 ff; *ders*., NJW 1995, 1202 f; *ders*., NJW 1996, 2827, 2845 f; *B. Kübler*, ZGR 1995, 481; *Müller*, ZIP 1993, 1531; *ders*., GmbHR 1994, 209; *Müsgen*, DZWir 1994, 455; *Rottkemper*, Deliktische Außenhaftung der Leitungsorganmitglieder rechtsfähiger Körperschaften (1996), S. 76 ff; *Karsten Schmidt*, GesR, § 18 IV 1 b bb, S. 539 f; *ders*., ZIP 1988, 1497; *ders*., NJW 1993, 2934; bestätigt durch BGH ZIP 1995, 211 = NJW 1995, 398 = EWiR § 64 GmbHG 1/95, 263 (*Uhlenbruck*) (dazu *Karollus*, ZIP 1995, 269); *Wilhelm*, ZIP 1993, 1833; ebenso für den eingetragenen Verein OLG Köln WM 1998, 1043 = NJW-RR 1998, 686.

146) BGH ZIP 1995, 31 = NJW 1995, 398 = EWiR § 823 BGB 3/95, 357 (*Noack*).

147) So etwa im Fall des LAG Hamm BB 1997, 2656 = EWiR § 64 GmbHG 1/98, 129 (*Peter-Lange*) (Verringerung des Anspruchs auf Konkursausfallgeld wegen verzögerter Antragstellung).

148) BGHZ 138, 211 = ZIP 1998, 776 = NJW 1998, 2667 = BB 1998, 1277 (Ls.) (*Wellensiek*) = DStR 1998, 651 (*Goette*) = LM H. 8/1998 § 823 (Bf) BGB Nr. 110 (*Wilhelm*); OLG Karlsruhe ZIP 2002, 2001, 2002; dazu *Röhricht*, in: VGR, Bd. 1 (1999), S. 1, 7 f; *Smid*, DZWir 1998, 342; ebenso *Gottwald/Haas*, InsR HdB, § 92

Für die Berechnung des Quotenschadens ist die Insolvenzmasse im Zeitpunkt der hypothetischen Antragstellung wie bei der echten insolvenzmäßigen Verteilung entgegen dem Bilanzrecht um Aussonderungs- und wahrscheinliche Absonderungsrechte zu reduzieren; bei der Berechnung der Passivmasse sind demgegenüber bevorrechtigte oder gesicherte Verbindlichkeiten außer Betracht zu lassen.[149] Es ist also die fiktive Quote zum Sollzeitpunkt der Insolvenzantragstellung aus dem Verhältnis der den Altgläubigern in diesem Zeitpunkt zur Verfügung stehenden Masse zu ihren damaligen Forderungen zu ermitteln; diese Quote ist mit den tatsächlichen Insolvenzforderungen der (im Insolvenzverfahren noch vorhandenen) Altgläubiger zu multiplizieren; vom Ergebnis ist der auf die Altgläubiger entfallende Masseanteil abzuziehen, der sich aus dem Verhältnis ihrer Forderungen zur Summe der Insolvenzforderungen ergibt.[150] Zweifelhaft erscheint, dass eine Haftung wegen Verletzung der Insolvenzantragspflicht (allein) deshalb ausscheiden soll, weil der Steuerberater den Geschäftsleiter darüber belehrt hat, die Gesellschaft sei (noch) nicht überschuldet.[151]

3.118

Die mögliche Haftung eines **Mitgeschäftsführers** reicht so weit, wie er auch selbst der Insolvenzantragspflicht unterliegt (dazu oben Rz. 3.60 ff). Beteiligt sich ein **Gesellschafter**, der um die Krisensituation weiß, aktiv an der Insolvenzverschleppung, so kommt gegen ihn eine Haftung als Gehilfe der Insolvenzverschleppung in Betracht.[152]

3.119 Haftung der Mitgeschäftsführer

In Extremfällen ist auch eine Haftung wegen Anstiftung oder Beihilfe durch **gesellschaftsfremde Dritte** möglich.[153] Zu denken ist etwa an einen Unternehmenserwerber, der einer Kapitalgesellschaft in der Krise eine Finanzhilfe zusagt und den Geschäftsleiter drängt, im Hinblick darauf keinen Insolvenzantrag zu stellen, sich dann aber zurückzieht. Auch

3.120

Rz. 281 (der allerdings zu Unrecht meint, die Eingehung von Neugläubigerverbindlichkeiten führe nicht zu einer Masseverkürzung); *Kübler/Prütting/Lüke*, InsO, § 92 Rz. 50; abw. zur Befugnis des Insolvenzverwalters, auch Neugläubigerschäden geltend zu machen *Hirte*, Abschied vom Quotenschaden (1994), Einleitung, S. 6; *ders.*, NJW 1995, 1202 f; *Karsten Schmidt*, NZI 1998, 9, 11 ff (für den Quotenschaden der Neugläubiger); *ders.*, ZGR 1998, 633, 662 ff; zur Darlegungs- und Beweislast bei der Haftung wegen Insolvenzverschleppung OLG Schleswig MDR 1997, 1062 = EWiR § 64 GmbHG 2/98, 271 (*von Gerkan*); Vorinstanz LG Itzehoe ZIP 1996, 797 = EWiR § 64 GmbHG 2/96, 461 (*Mook*) (Indizwirkung einer nach Buchwerten aufgestellten Handelsbilanz); ähnlich OLG Celle NJW-RR 2000, 39 (rechnerische Überschuldung ist im Zweifel auch rechtliche Überschuldung); AG Recklinghausen NJW-RR 1998, 1495; *Meyke*, ZIP 1998, 1179.

149) BGH NJW 1997, 3021 = ZIP 1997, 1542 = GmbHR 1997, 898 = EWiR § 64 GmbHG 3/97, 993 (*Paulus*) = DStR 1997, 1613 (*Goette*) = WuB II C. § 64 GmbHG 2.97 (*Schulze-Osterloh*) = LM H. 2/1998 § 823 (Bf) BGB Nr. 109; dazu *Dauner-Lieb*, ZGR 1998, 617.

150) BGHZ 138, 211, 221 = ZIP 1998, 776 = NJW 1998, 2667 = BB 1998, 1277 (Ls.) (*Wellensiek*) = DStR 1998, 651 (*Goette*) = LM H. 8/1998 § 823 (Bf) BGB Nr. 110 (*Wilhelm*).

151) So OLG Stuttgart GmbHR 1998, 89 = NZG 1998, 232 = EWiR § 64 GmbHG 4/97, 1093 (*Fleck*) (inzwischen rkr.).

152) BGH ZIP 1995, 124 = NJW-RR 1995, 289 = EWiR § 64 GmbHG 2/95, 371 (*Wilhelm*); dazu *Hirte*, NJW 1996, 2827, 2845.

153) Hierzu *Beck*, ZInsO 2000, 121 ff.

eine Haftung von **Aufsichtsratsmitgliedern** wegen Beteiligung kommt in Betracht, wenn sie trotz Kenntnis vom Vorliegen eines Insolvenzgrundes im Rahmen ihrer Überwachungspflicht nicht auf das Vertretungsorgan einwirken, die gesetzlich vorgeschriebenen Maßnahmen zu ergreifen (§ 111 Abs. 1 AktG).[154]

3.121 Für den auf die Bundesanstalt für Arbeit übergegangenen Anspruch der **Arbeitnehmer** gegen den Geschäftsführer einer GmbH wegen Insolvenzverschleppung sind die ordentlichen Gerichte und nicht die Gerichte für Arbeitssachen **zuständig**.[155]

3.122 bbb) Als **Schutzgesetz** i. S. v. § 823 Abs. 2 BGB kommt insbesondere auch **§ 263 StGB** in Betracht, wie auch eine Haftung unmittelbar aus **§ 826 BGB** möglich ist. Tauscht etwa der Gesellschafter-Geschäftsführer die gesicherten Bankschulden systematisch gegen Warenkredite aus, indem er die Erlöse aus dem Weiterverkauf von Waren zur Kredittilgung nutzt und die Forderungen aus Warenlieferungen schuldig bleibt, soll dies eine persönliche Haftung aus § 823 Abs. 2 BGB i. V. m. § 263 StGB und aus § 826 BGB begründen können.[156]

3.123 Gleiches gilt für eine GmbH, die als Zwischenvermittlerin für Warenterminoptionsgeschäfte tätig wurde, und ihre Geschäftsführer, wenn sie von der groben Fehlerhaftigkeit der Informationsunterlagen für die potentiellen Anleger Kenntnis hatte.[157] Ganz sicher gehören hierher auch vorsätzlich falsche Mitteilungen über die Vermögenslage der Gesellschaft.[158] Weiter sollen Schutzgesetz sein können §§ 266, 266a, 283 ff, 265b StGB und § 82 Abs. 2 Nr. 2 GmbHG.[159]

Vorenthalten und Veruntreuen von Sozialversicherungsbeiträgen

3.124 Vor allem für **§ 266a StGB** hat dies der VI. Zivilsenat des BGH in mehreren spektakulären Entscheidungen bejaht.[160] Eine vorsätzliche Verletzung von § 823 Abs. 2 BGB i. V. m. § 266a Abs. 1 StGB scheidet danach nur aus, wenn der Geschäftsleiter im Zeitpunkt der Fälligkeit der Verpflichtung zur Abführung der *Arbeitnehmeranteile* keine ausreichenden finanziellen Mittel mehr besitzt; dabei entschuldige nicht, dass er sie zur Erfüllung anderer Verbindlichkeiten, etwa der Abführung der Arbeitgeberanteile, eingesetzt habe. Denn ausreichend für die Annahme des erfor-

---

154) RGZ 161, 129 ff; *Uhlenbruck/Hirte*, InsO, § 11 Rz. 90.
155) BAG ZIP 2002, 992 = NZA 2002, 695.
156) BGH ZIP 1995, 31 = NJW 1995, 398 = EWiR § 823 BGB 3/95, 357 (*Noack*); dazu *Hirte*, NJW 1996, 2827, 2846; *Rottkemper*, Deliktische Außenhaftung der Leitungsorganmitglieder rechtsfähiger Körperschaften (1996), S. 49 ff.
157) BGH ZIP 1999, 486 = NJW-RR 1999, 843 = DB 1999, 740 = DStR 1999, 1117 = EWiR § 826 BGB 2/99, 351 (*Tilp*): mittäterschaftliche Haftung nach §§ 826, 830 BGB.
158) So etwa BGH DStR 2002, 1541, wenn ein Geschäftsführer seitens der GmbH dem Vertragspartner gegenüber eine hohe Verbindlichkeit eingegangen war, für die im Zeitpunkt der Eingehung die Gewährung des notwendigen Kredits nicht sichergestellt war.
159) Überblick bei *Marsch-Barner/Diekmann*, in: Münchener Handbuch GmbH, § 46 Rz. 68.
160) Zum Ganzen *Groß*, ZIP 2001, 945; *Ranft*, DStR 2001, 132 (dazu die Erwiderung duch *Bittmann*, DStR 2001, 855).

derlichen Vorsatzes sei, dass der Geschäftsführer die Herbeiführung der Zahlungsunfähigkeit (bedingt) vorsätzlich zu vertreten habe. Die vorhandenen Mittel hat der Arbeitgeber auch schon vor Eintritt der Zahlungsunfähigkeit vorrangig zur Erfüllung seiner sozialversicherungsrechtlichen Pflichten einzusetzen, selbst mit Vorrang vor Verbindlichkeiten, die „kongruent" erfüllt werden.[161] Daher ist nicht entscheidend, ob für den betreffenden Zeitraum auch Lohn an die Arbeitnehmer ausgezahlt worden ist.[162] Allerdings trifft den Sozialversicherungsträger bei einer Inanspruchnahme des Geschäftsführers wegen Vorenthaltung von Sozialversicherungsbeiträgen die uneingeschränkte Beweislast für das Vorliegen aller Tatbestandsmerkmale einschließlich der Zahlungsfähigkeit als Möglichkeit normgemäßen Verhaltens.[163]

3.125 Entbindung durch Weisungen der Gesellschafterversammlung

Der wegen Nicht-Abführung von Sozialversicherungsbeiträgen in Anspruch genommene Geschäftsführer wird von seiner Pflicht nicht durch eine entgegenstehende Weisung der Gesellschafter(versammlung) entbunden; lediglich im Falle der Zahlungsunfähigkeit kann er sich auf Unmöglichkeit berufen.[164] Das dürfte aber dann nicht gelten, wenn er sich schon im Zeitpunkt des Entstehens der Beitragspflicht nicht pflichtkonform verhalten hat. Andererseits entsteht die Pflicht zur Abführung der Sozialversicherungsbeiträge erst mit der Bestellung zum Geschäftsführer; pflichtwidriges Verhalten früherer Geschäftsführer kann dem Nachfolger daher nicht zugerechnet werden.[165] Auch eine Haftung des nicht einge-

---

161) BGHZ 134, 304 = NJW 1997, 1237 = ZIP 1997, 412 = DStR 1997, 546 (*Goette*) = EWiR § 266a StGB 2/97, 561 (*Marxen*) = LM H. 6/1997 § 823 (Be) BGB Nr. 46; BGH NJW 1997, 133 = ZIP 1996, 1989 = DB 1996, 2429 = EWiR § 266a StGB 2/96, 1137 (*Pape*) = LM H. 2/1997 § 823 (Be) BGB Nr. 44 = WiB 1997, 130 (m.zust.Anm. *Fischer*) m. Anm. *Hasselbach*, WuB 1997 IV A. § 823 BGB 1.97; BGH ZIP 1998, 31 = NJW 1998, 1306 = DStR 1998, 130 = EWiR § 266a StGB 1/98, 277 (*Pape*) (zum Fälligkeitszeitpunkt); BGHZ 136, 332 = ZIP 1998, 42 = NJW 1998, 227 (keine Freizeichnung der Treuhandanstalt von der auf sie nach § 16 Abs. 2 Satz 2 THG übergeleiteten Haftung eines GmbH-Geschäftsführers einer GmbH „im Aufbau"); BGHSt 47, 318 = ZIP 2002, 2143 = NJW 2002, 2480 = NZG 2002, 721 = NZI 2002, 451; ebenso OLG Düsseldorf NJW-RR 1997, 413; OLG Düsseldorf NJW-RR 1997, 1124; OLG Köln NJW-RR 1997, 734; LG Leipzig EWiR § 266a StGB 1/97, 419 (*Pape*) (inzwischen rkr.); abw. KG NJW-RR 1997, 1126 (für „faktischen" Geschäftsführer – unverständlich); OLG Celle NJW-RR 1996, 481 = DB 1996, 135 = GmbHR 1996, 51 = EWiR § 266a StGB 1/96, 275 (*Marxen*); LG Leipzig EWiR § 64 GmbHG 1/97, 81 m. krit. Anm. *Pape*; ausführlich *Groß*, ZGR 1998, 551 ff; *Hirte*, NJW 1998, 2943, 3459, 3468; *Stein*, DStR 1998, 1055; zur Konkurrenz der einzelnen Anspruchsgrundlagen *Gottwald/Haas*, InsR HdB, § 92 Rz. 111 f.
162) BGHZ 144, 311 = ZIP 2000, 1339, 1341 f = NJW 2000, 2993 = DStR 2000, 1318 (*Goette*) = ZInsO 2001, 124 = NZI 2001, 301 = EWiR § 266a StGB 2/2000, 1123 (*Marxen/Elsner*).
163) BGH ZIP 2002, 524 = NJW 2002, 1123 = NZG 2002, 289 = NZI 2002, 226 = EWiR § 266a StGB 2/02, 359 (*Meyke*).
164) OLG Naumburg NJW-RR 1999, 1343 = DStR 1999, 1625 (Ls.) (*UH*); ebenso OLG Celle EWiR § 266a StGB 3/98, 513 (*Lüke/Machunsky*); OLG Düsseldorf NJW-RR 1998, 243; OLG Hamm ZIP 2000, 198 = EWiR § 266a StGB 1/2000, 455 (*Diller/Powietzka*).
165) BGH ZIP 2002, 261, 262 = NJW 2002, 1122 = NZG 2002, 288 = NZI 2002, 229 = EWiR § 266a StGB 1/02, 263 (*Plagemann*).

tragenen Geschäftsführers für die Nichtabführung rückständiger Sozialversicherungsbeiträge soll ausscheiden.[166)]

3.126 Sozialversicherungsträger, die Ansprüche auf Abführung von Sozialversicherungsbeiträgen *nach* dem Zeitpunkt erworben haben, in dem der Geschäftsführer einer insolventen GmbH Insolvenzantrag hätte stellen müssen, können aber vom Geschäftsführer nicht im Wege des Schadenersatzes Erfüllung der Beitragsschuld verlangen; denn die „Bereitstellung von Versicherungsschutz" geschieht aufgrund sozialrechtlicher Verpflichtung und kann wertmäßig nicht mit dem Wert der Beiträge für den entsprechenden Zeitraum gleichgesetzt werden. Die Sozialversicherungsträger sind auch vertraglichen Neugläubigern im Sinne des Grundsatzurteils vom 6. Juni 1994 (dazu oben Rz. 3.114 ff) nicht gleichzustellen. Denn zum einen wird das deliktisch nicht ersetzbare positive Interesse geltend gemacht, und zum anderen hat sich die Forderung nicht *durch* die Verzögerung der Antragstellung entwertet. Es handelte sich vielmehr um eine erst *nach* dem Pflichtzeitpunkt für die Antragstellung entstandene und wertlose Forderung.[167)]

Delegation der Pflicht

3.127 Hat ein Geschäftsführer die umschriebenen sozialversicherungsrechtlichen Pflichten delegiert, muss er für deren Erfüllung durch Dritte Sorge tragen. Bei einer mehrgliedrigen Geschäftsleitung kann sich ein Geschäftsführer dabei weder durch Zuständigkeitsregelungen noch durch Delegation dieser Pflichten entledigen; solche internen Zuständigkeitsregeln können die aus dem Deliktsrecht erwachsenden Pflichten nicht ausschließen, sondern allenfalls auf Überwachungspflichten beschränken. Deren Intensität nimmt aber – insoweit nicht anders als bei der Haftung wegen verspäteter Insolvenzantragstellung (dazu oben Rz. 3.60 ff) – vor allem in Krisensituationen zu.[168)]

3.128 Zahlungen eines Arbeitgebers auf geschuldete Gesamtsozialversicherungsbeiträge sind – bei Fehlen einer besonderen Tilgungsbestimmung des Arbeitgebers zur vollen Anrechnung auf die Arbeitnehmeranteile – nach § 2 der Beitragszahlungsverordnung je zur Hälfte auf die Arbeitnehmer- und die Arbeitgeberanteile anzurechnen. Die Tilgungsreihenfolge des § 366 Abs. 2 BGB, nach der Zahlungen ohne Tilgungsbestimmung im Hinblick auf die für den Gläubiger geringere Sicherheit bei den Arbeitgeberanteilen zunächst auf diese zu verrechnen wären, gilt demnach nicht. Das hat zur Folge, dass sich der Schaden in Fällen der Nicht-Abführung von Sozialversicherungsbeiträgen der Arbeitnehmer in vielen Fällen halbiert.[169)]

---

166) KG ZIP 2002, 438 = NZG 2002, 483 (n. rkr.).

167) BGH ZIP 1999, 967 = NJW 1999, 2182 = DStR 1999, 988 (*Goette*) = EWiR § 64 GmbHG 4/99, 651 (*Peters-Lange*); ebenso OLG Celle EWiR § 266a StGB 3/98, 513 (*Lüke/Machunsky*) sowie für Ansprüche der Bundesanstalt für Arbeit wegen Zahlung von Insolvenzgeld OLG Frankfurt/M. DStR 1999, 1784 (Ls.) (*Haas*) und für Bereicherungsschulden (fehlgeleitete Überweisung) LG Bonn ZIP 1998, 923 (inzwischen rkr.); abw. zuvor *Reiff/Arnold*, ZIP 1998, 1893; allgemein zur Erstreckung der Rechtsprechung auf gesetzliche Gläubiger *Gottwald/Haas*, InsR HdB, § 92 Rz. 60 ff.

168) BGHZ 133, 370 = NJW 1997, 130 = ZIP 1996, 2017 = WM 1996, 2240 = LM H. 2/1997 § 823 (Be) BGB Nr. 45 (*Schiemann*) = WiB 1997, 23 (*Plagemann*) = InVo 1997, 288 (*Schaal*) = DStR 1996, 2029 (*Goette*) = EWiR § 43 GmbHG 1/97, 37 (*U.H. Schneider*); BGH ZIP 2001, 422 = NJW 2001, 969 = NZI 2001, 194 = NZG 2001, 320 = DStR 2001, 633 = ZInsO 2001, 367.

169) BGH ZIP 1998, 398 = NJW 1998, 1484 = NZA 1998, 429 = DStR 1998, 538 = EWiR § 266a StGB 2/98, 467 (*Plagemann*); zur Tilgungsreihenfolge bei nachrangigen Schuldarten wie Säumniszuschlägen BGH ZIP 2001, 419 = NJW-RR 2001, 1280 = NZI 2001, 588; hierzu *T. Horn*, DZWIR 2001, 446.

In der Konsequenz der vorgestellten Rechtsprechung liegt es auch, dass ein Geschäftsleiter im Falle verspäteter Abführung von Arbeitnehmeranteilen zur Sozialversicherung diese nicht mehr aus den übrigen Mitteln der Gesellschaft leisten kann; denn dann dient ja die Zahlung (nur) der Vermeidung der auch strafrechtlichen Folgen einer Verletzung des § 266a StGB mit der Folge, dass entsprechende Zahlungen nach § 64 Abs. 2 Satz 1 GmbHG in die Masse zu erstatten sind.[170] **3.129**

Damit wird die Nicht-Abführung von Sozialversicherungsbeiträgen unter einen besonderen haftungsrechtlichen Schutz gestellt, indem die sozialversicherungsrechtlichen Arbeitgeberpflichten nicht nur der Kapitalgesellschaft, sondern auch ihrem Geschäftsleiter auferlegt werden. Die Linie dieser Entscheidungen begründet freilich Konflikte mit dem Insolvenz- wie mit dem Gesellschaftsrecht: denn sie erhält die insolvenzrechtlichen Privilegien bestimmter Verbindlichkeiten (vgl. vor allem die Rangfolge im bis Ende 1998 geltenden § 61 KO und die Qualifikation einiger Konkursforderungen als Masseschulden im früheren § 59 KO) aufrecht, die die Insolvenzordnung bewusst abschaffen wollte; das lässt sich auch mit dem Argument des BGH nicht entkräften, hier gehe es um die Zeit vor der Insolvenz. Gegen die Ausweitung der deliktsrechtlichen Haftung des Geschäftsleiters bestehen daher Bedenken, auf die im Zusammenhang mit der unmittelbaren deliktischen Haftung des Geschäftsleiters noch eingegangen wird (dazu unten Rz. 3.137 ff). **3.130** Privilegierung von Sozialversicherungsbeiträgen

Ganz entscheidend ist aber, dass der IX. Zivilsenat inzwischen feststellte, dass auch die Abführung der Arbeitnehmeranteile zur Sozialversicherung der Insolvenzanfechtung unterliegt.[171] Damit wird im Ergebnis die bisherige delikts- und strafrechtliche Rechtsprechung zu § 266a StGB weitgehend konterkariert. Zu Recht hatte der VI. Zivilsenat des BGH daher schon kurz vorher entschieden, dass bei der Nichtabführung von Arbeitnehmerbeiträgen zur Sozialversicherung ein Schaden der Kasse zu verneinen sein kann, wenn die Beitragszahlung im Insolvenzverfahren erfolgreich angefochten worden wäre.[172] **3.131** Insolvenzanfechtung der Abführung der Beiträge

ccc) **Keine Schutzgesetze** sind demgegenüber nach dem derzeitigen Stand der Rechtsprechung § 41 GmbHG (die Buchführungspflicht),[173] § 43 GmbHG – da er nur das Verhältnis zur Gesellschaft betrifft – und die **3.132**

---

170) LG Hagen ZIP 1997, 324 = GmbHR 1997, 260 = EWiR § 64 GmbHG 2/97, 171 (*Plagemann* [mit plastischer Beschreibung der jetzt auftretenden Interessenkollisionen]).
171) BGHZ 144, 311, 320 = NJW 2000, 2993, 2995 = ZIP 2000, 1339, 1342 = ZInsO 2001, 124 = EWiR § 266a StGB 2/2000, 1123 (*Marxen/Elsner*); BGHZ 149, 100 = ZIP 2001, 2235 = NJW 2002, 512 = NZG 2002, 137 = NZI 2002, 88 = DStR 2002, 366 (*Goette*) = EWiR § 10 GesO 2/02, 207 (*Malitz*); zuvor bereits OLG Brandenburg ZIP 1999, 1015 = EWiR § 10 GesO 1/99, 125 (*Gerhardt*); hierzu *Uhlenbruck/Hirte*, InsO, § 129 Rz. 105, § 130 Rz. 25; *Lüke/Mulansky*, ZIP 1998, 673; *Gundlach/Frenzel/Schmidt*, DZWIR 2002, 89; zur steuerrechtlichen Parallelfrage auch *dies.*, DStR 2002, 861.
172) BGH ZIP 2001, 80, 82 = NJW 2001, 967 = DStR 2001, 222 (*Goette*) = ZInsO 2001, 225 = EWiR § 266a StGB 1/01, 185 (*A. Schmidt*).
173) BGHZ 125, 366, 377 = ZIP 1994, 867, 871 = NJW 1994, 1801 = EWiR § 13 GmbHG 1/94, 681 (*von Gerkan*); dazu *Karsten Schmidt*, ZIP 1994, 837; *Groß*, ZGR 1998, 551, 555 *Sieger/Hasselbach*, GmbHR 1998, 957, 960; abw. *Biletzki*, ZIP 1997, 9 ff m. w. N.; *ders.*, BB 2000, 521.

Pflicht zur Verlustanzeige nach § 49 GmbHG. Streitig ist die Schutzgesetzqualität von § 51a GmbHG im Verhältnis zu Dritten.[174] Noch völlig offen ist, ob § 91 Abs. 2 AktG Schutzgesetzeigenschaft zukommen kann; für die GmbH müsste dies entsprechend gelten, soweit man § 91 Abs. 2 AktG dort analog anwendet oder entsprechende Organisationspflichten aus dem allgemeinen Zivilrecht ableitet (dazu oben Rz. 3.52). Bejaht man die Frage, dürfte damit eine beträchtliche Erweiterung der Organhaftung verbunden sein.

dd) § 823 Abs. 1 BGB

Haftung aus unerlaubter Handlung

3.133 aaa) In Betracht kommt schließlich auch eine unmittelbare Haftung des Geschäftsleiters nach § 823 Abs. 1 BGB, wenn er die Voraussetzungen einer **unerlaubten Handlung** in seiner Person verwirklicht. Eine solche Haftung kann sich naturgemäß nur auf die durch § 823 Abs. 1 BGB geschützten Rechtsgüter beziehen. Bei vertraglichen bzw. rechtsgeschäftlichen Verbindlichkeiten scheidet eine Eigenhaftung demgegenüber grundsätzlich aus, wenn das Handeln im fremden Namen erkennbar war (§ 164 Abs. 1 BGB). So haftet der Geschäftsführer etwa ungeachtet einer möglichen Mithaftung der Kapitalgesellschaft (dazu unten Rz. 308 ff), wenn er selbst einen Verkehrsunfall verursacht oder eine Körperverletzung begeht. Auch wenn diese Haftung im geltenden Deliktsrecht angelegt ist, ist sie gleichwohl nicht unproblematisch, wenn der Geschäftsleiter für die Kapitalgesellschaft tätig wurde. Denn damit wird die auf das Gesellschaftsvermögen beschränkte Haftung der juristischen Person (§ 1 Abs. 1 Satz 2 AktG, § 13 Abs. 2 GmbHG) unterlaufen; hier liegen die Dinge anders als bei der Haftung wegen verspäteter Insolvenzantragstellung: denn diese ist systemimmanent in das Recht der juristischen Personen eingebunden.[175]

3.134 Dass es in diesen Entscheidungen materiell um eine Haftung der Kapitalgesellschaft geht, wird besonders an einem Beschluss des BAG zum Rechtsweg für Ansprüche aus der persönlichen Außenhaftung eines Geschäftsführers deutlich. Der Rechtsweg zu den Arbeitsgerichten soll nämlich dann eröffnet sein, wenn ein Arbeitnehmer den Geschäftsführer einer GmbH persönlich aus unerlaubter Handlung – im gegebenen Falle wegen Insolvenzverschleppung gemäß § 823 Abs. 2 BGB i. V. m. § 64 Abs. 1 GmbHG – in Anspruch nimmt. Zwar sei nicht der Geschäftsführer, sondern allein die GmbH Arbeitgeberin im Sinne des Arbeitsgerichtsgesetzes, so dass die dortigen Rechtswegzuweisungen nicht direkt eingreifen könnten. Jedoch stehe ein Organ der juristischen Person, die ja selbst nicht Täter einer unerlaubten Handlung sein kann, dieser insoweit als Arbeitgeber gleich. Die Zuständigkeitsregelung des § 2 Abs. 1 Nr. 3 lit. d) ArbGG (bürgerliche Rechtsstreitigkeiten zwischen Arbeitnehmern und Arbeit-

---

174) Zum Streitstand *Scholz/Karsten Schmidt*, GmbHG, § 51a Rz. 48 m. w. N.

175) Ähnlich auch *Cahn*, ZGR 1998, 367; *Stein*, DStR 1998, 1055. Zum Ansatz des früheren DDR-Rechts, bei Schadenszufügung durch einen Geschäftsführer „in Erfüllung ihm obliegender betrieblicher Aufgaben" eine persönliche Haftung des Geschäftsführers auszuschließen (§§ 330, 331 DDR-ZGB), jetzt auch BGH ZIP 1996, 707 = EWiR § 330 ZGB 2/96, 719 (*Nolting*) = LM H. 7/1996 § 330 DDR-ZGB Nr. 5 (nicht bei strafbaren Handlungen zum eigenen Nutzen).

gebern aus arbeitsbezogenen unerlaubten Handlungen) sei daher entsprechend anzuwenden.[176)]

Die Sache liegt hier ganz ähnlich wie bei der unmittelbaren deliktischen Außenhaftung von Arbeitnehmern: diese kann in Widerspruch stehen zu den sich aus dem Arbeitsrecht ergebenden Beschränkungen seiner Haftung gegenüber seinem Arbeitgeber.[177)] Die (theoretische) Möglichkeit des Rückgriffs gegen den Arbeitgeber hilft im Falle der Insolvenz des Arbeitgebers nicht. 3.135

Die richtige Lösung müsste daher darin liegen, entweder eine angemessene Kapitalausstattung der Gesellschaften zu verlangen und/oder das Schädigungspotential beschränkt haftender juristischer Personen durch entsprechenden Versicherungsschutz zu kompensieren.[178)] Eine Dritthaftung ließe sich dann nur bei Verstößen gegen die an das System des festen Nennkapitals anknüpfenden § 92 AktG, § 64 GmbHG begründen; Schadenersatzansprüche Dritter wegen deren Verletzung würden zudem allen Gläubigern in gleicher Weise zugute kommen und hätten keine – zumindest mit dem neuen Insolvenzrecht schwer zu vereinbarende – Privilegierung bestimmter Gläubigergruppen zur Folge.[179)] 3.136

bbb) Die mögliche parallele deliktische Außenhaftung des Geschäftsleiters ist aber vor allem deshalb nicht unproblematisch, weil ihre Reichweite kaum verlässlich zu bestimmen ist. Die schon vorgestellten Weiterungen im Rahmen der Schutzgesetze des § 823 Abs. 2 BGB haben dies bereits gezeigt (dazu oben Rz. 3.113). Von einer gewissen Zufälligkeit lässt sich auch bei solchen Fällen sprechen, in denen es um den Eigentumsschutz Dritter geht. 3.137

So hat der VI. Zivilsenat des BGH auch eine deliktische Außenhaftung des Geschäftsführers nach § 823 Abs. 1 BGB für Eigentumsverletzungen gegenüber Dritten angenommen, obwohl in der **Eigentumsverletzung gleichzeitig eine Vertragsverletzung** der GmbH gegenüber dem Dritten lag, die wegen der Vermögenslosigkeit der GmbH nicht mehr durchgesetzt werden konnte. 3.138

Im vom BGH entschiedenen Fall hatte ein Verkäufer an eine Z-GmbH unter verlängertem Eigentumsvorbehalt geliefert, also die Weiterveräußerung der gelieferten Ware (§ 185 BGB) gegen Vorausabtretung der aus dem zweiten Kaufvertrag resultierenden Kaufpreisforderung gestattet. Die Z-GmbH lieferte an einen Dritten D, der die Abtretung der aus dem Vertrag resultierenden Kaufpreisforderung nach § 399 BGB (vor Inkrafttreten von § 354a HGB) verboten hatte. Der verlängerte Eigentumsvor- 3.139

---

176) BAG NJW 1996, 2886 = ZIP 1996, 1522 = NZA 1997, 115 = EWiR § 2 ArbGG 1/96, 869 (*Kreitner*); ebenso für die Durchgriffshaftung BAG NJW 1998, 261 = ZIP 1997, 1850 = NZA 1997, 1128 = DB 1997, 2028 = GmbHR 1997, 1061 = EWiR § 3 ArbGG 1/97, 965 (*Ackmann*).
177) BAGE 78, 56 = ZIP 1994, 1712 = EWiR § 611 BGB 3/95, 345 (*Kaiser*); BGH NJW 1994, 856 (Stellungnahme zum Vorlagebeschluss des BAG zum GmS-OGB); dazu *Hirte*, Berufshaftung (1996), S. 432 ff.
178) Ausführlich *Hirte*, Berufshaftung (1996), S. 432 ff.
179) Dazu *Hasselbach*, WuB 1997, WuB 1997 IV A. § 823 BGB 1.97.

behalt ging mithin ins Leere. Nach Insolvenz der Z-GmbH wollte V (vollen) Schadenersatz von deren Geschäftsführer. Da ein Anspruch wegen verzögerter Stellung des Insolvenzantrages nur den Quotenschaden gab, griff der BGH auf § 823 Abs. 1 BGB zurück: denn der Geschäftsführer habe in das Eigentum des V rechtswidrig eingegriffen.[180]

3.140 Ob dieser Ansatz angesichts der neueren Rechtsprechung zur – jedenfalls gegenüber Neugläubigern – schärferen Haftung wegen verspäteter Stellung des Insolvenzantrages noch weiter Gültigkeit haben würde, war zunächst zweifelhaft.[181]

3.141 In einer weiteren Entscheidung hielt der VI. Zivilsenat jedoch in einem ganz ähnlichen Sachverhalt ausdrücklich an ihr fest. Hier hatte der Kläger eine Z-GmbH mit dem Zusammenbau eines Lamborghini aus gelieferten Bausatzteilen beauftragt. Anschließend gab es Streit über die Höhe des Honorars. Die Z-GmbH verlangte Abholung des fertigen PKW Zug um Zug gegen Zahlung des höheren Honorars; sodann verkaufte sie ihn nach Fristsetzung unter seinem (angeblichen) Wert. Zugunsten des Klägers wurde ein Schadenersatzanspruch nach § 823 Abs. 1 BGB für möglich gehalten, sofern nicht – was in der Revisionsinstanz nicht festgestellt werden konnte – § 950 BGB eingriffe.[182]

3.142 Von den systematischen Erwägungen einer fehlenden Abstimmung mit dem Gesellschaftsrecht abgesehen ist die vom VI. Zivilsenat entwickelte Haftung für den Geschäftsleiter deshalb besonders gefährlich, weil sie an Pflichtverletzungen anknüpft, die weit vor dem Eintritt der Insolvenzvoraussetzungen liegen (können), sich aber typischerweise erst in der Insolvenz herausstellen.

Produkthaftung 3.143 ccc) Zivilrechtliche Haftungsrisiken des Geschäftsleiters können sich schließlich auch im Bereich der **Produkthaftung** ergeben.[183] Hier wird man in all' den Fällen, in denen die Strafgerichte eine Körperverletzung annehmen (dazu unten Rz. 3.151), zugleich von einer Verwirklichung des § 823 Abs. 1 BGB ausgehen müssen.

---

180) BGHZ 109, 297 = NJW 1990, 976 = ZIP 1990, 35 = NJW 1990, 976 = EWiR § 823 BGB 1/90, 357 (*Brüggemeier*) = JZ 1990, 486 (*Mertens/Mertens*); dazu auch *Brüggemeier*, AcP 191 (1991), 33, 63 ff; *Keßler*, GmbHR 1994, 429; *Kiethe*, DStR 1993, 1298; *Kort*, DB 1990, 921; *Lutter*, ZHR 157 (1993), 464; *ders.*, DB 1994, 129, 131; *Rottkemper*, Deliktische Außenhaftung der Leitungsorganmitglieder rechtsfähiger Körperschaften (1996), S. 20 ff; *Wellkamp*, DB 1994, 869, 871.

181) Vgl. *Hirte*, Berufshaftung (1996), S. 433; *ders.*, in: ZIP-Sonderdruck, Einleitung, S. 6; *ders.*, NJW 1995, 1202, 1203.

182) BGH ZIP 1996, 786 = NJW 1996, 1535 = EWiR § 823 BGB 2/96 (*Gerd Müller*) = DStR 1996, 1014 (*Goette*) = VersR 1996, 713 = LM H. 7/1996 § 823 (Ac) BGB Nr. 64 – Lamborghini Nachbau.

183) Zur Produkthaftung leitender Angestellter BGH NJW 1975, 1827, 1828 = JZ 1976, 523 (*Lieb*); zust. etwa *Schmidt-Salzer*, BB 1975, 1032, 1033; *v. Westphalen*, BB 1975, 1033, 1034.

ee) Europäische Aktiengesellschaft

Eine Regelung für die Haftung gegenüber Dritten existiert in der SE-Verordnung nicht; hier gilt daher nach Art. 9 SE-VO uneingeschränkt das Recht der Sitzstaats.

3.144 Anwendung nationalen Rechts auf die SE

c) Öffentliches Recht

Das öffentliche Recht nimmt in zahlreichen Fällen ausdrücklich den Geschäftsleiter selbst – und nicht die Kapitalgesellschaft als juristische Person – in die Pflicht. Dies gilt etwa für das Steuerrecht. Zunehmende Bedeutung hat aber vor allem das Kapitalmarktrecht. Hier sei zum einen nochmals auf die Verpflichtung zur unverzüglichen Veröffentlichung erheblich kursrelevanter Ereignisse bei den Emittenten börsennotierter Papiere (Ad-hoc-Publizität) hingewiesen (dazu bereits oben Rz. 3.54). Das Übernahmerecht statuiert zahlreiche Verhaltenspflichten von Organmitgliedern während der Laufzeit eines Übernahmeangebots; sie dürfen grundsätzlich insbesondere solche Handlungen nicht vornehmen, die geeignet sind, den Erfolg des Übernahmeangebots zu verhindern, was – etwas verkürzt – als **Neutralitätspflicht** umschrieben wird (§ 33 Abs. 1 WpÜG).

3.145 Ad-hoc-Publizität und Neutralitätsgebot

In anderen Bereichen, insbesondere solchen im Grenzbereich zwischen öffentlichem und privatem Recht, wird zum Teil in ähnlicher Weise eine unmittelbare Inanspruchnahme des Geschäftsleiters befürwortet oder zumindest diskutiert. Dies gilt etwa für das Immaterialgüterrecht oder das (Unlauterkeits-)Wettbewerbsrecht.[184] Als besonders weitgehend erweist sich die persönliche Haftung des Geschäftsleiters im Umweltrecht, soweit er dort in Anknüpfung an die unmittelbare Außenhaftung im Deliktsrecht selbst als Störer angesehen wird.[185] Nochmals hinzuweisen ist auch auf die vom VI. Zivilsenat bejahte persönliche Haftung des Geschäftsleiters wegen Nicht-Abführung von Sozialversicherungsbeiträgen (dazu oben Rz. 3.124 ff).

3.146 Geschäftsleiter als Störer

5. Strafbarkeit

Einige der vorstehend beschriebenen, dem Geschäftsleiter gegenüber Dritten bzw. der Allgemeinheit auferlegten Pflichten sind zusätzlich strafbewehrt. Dies gilt zum einen für die Verpflichtung zur **Verlustanzeige** nach § 92 Abs. 1 AktG, § 49 Abs. 3 GmbHG (§ 401 Abs. 1 Nr. 1 AktG, § 84 Abs. 1 Nr. 1 GmbHG), zum anderen für die Pflicht zur **rechtzeitigen Stellung des Insolvenzantrages** nach § 92 AktG, § 64

3.147 Strafrechtliche Sanktionierung der Insolvenzverschleppung

---

184) Überblick bei *Marsch-Barner/Diekmann*, in: Münchener Handbuch GmbH, § 46 Rz. 74 ff; *Wrede*, in: Münchener Handbuch GmbH, § 47; zum gesellschaftsrechtlichen Durchgriff bei öffentlich-rechtlichen Sachverhalten *Fleischer/Empt*, ZIP 2000, 905.

185) Exemplarisch VG Frankfurt/M., DB 1997, 220; allgemein *Peus*, DStR 1998, 684; *Holger Schmidt*, Die Umwelthaftung der Organmitglieder von Kapitalgesellschaften (1996).

GmbHG (§ 401 Abs. 1 Nr. 2 AktG, § 84 Abs. 1 Nr. 2 GmbHG). Der Geschäftsführer einer GmbH macht sich aber nicht wegen Insolvenzverschleppung nach § 84 Abs. 1 Nr. 2 i. V. m. § 64 Abs. 1 GmbHG strafbar, wenn er zwar den Insolvenzantrag rechtzeitig stellt, diesem aber kein Gläubiger- und Schuldnerverzeichnis und keine Übersicht über die Vermögensmasse beilegt.[186]

Nichtabführung der Arbeitnehmeranteile von Sozialversicherungsbeiträgen

3.148 Strafbar ist schließlich die **Nichtabführung der Arbeitnehmeranteile von Sozialversicherungsbeiträgen** (§ 266a StGB). Bei besonders schwerwiegenden Vermögensverschiebungen zu Lasten des Gesellschaftsvermögens kann sich auch eine Haftung wegen **Untreue** (§ 266 StGB) zu Lasten der Gesellschaft ergeben; diese Haftung greift allerdings erst bei schwerwiegenden gesellschaftsrechtlichen Pflichtverletzungen bzw. bei einer Existenz- oder Liquiditätsgefährdung der GmbH ein, nicht etwa schon bei jeder unerlaubten Gewinnentnahme.[187]

3.149 Nach der Rechtsprechung des II. Zivilsenats scheidet eine Ersatzpflicht der alleinigen Gesellschafter und Geschäftsführer nach § 43 Abs. 2 GmbHG oder wegen Untreue nach § 823 Abs. 2 BGB i. V. m. § 266 StGB grundsätzlich schon dann aus, wenn sie ihrer GmbH einvernehmlich (nur) Vermögen entziehen, das nicht zur Deckung des Stammkapitals erforderlich ist.[188] Strafrechtlich verantwortlich kann in allen Fällen auch ein „faktischer Geschäftsführer" sein, wenn er ohne förmliche Bestellung und Eintragung im Handelsregister im Einverständnis der Gesellschafter die Geschäfte tatsächlich führt, sei es auch neben einem (weiteren) eingetragenen Geschäftsführer.[189]

Gründungsschwindel

3.150 Auf die Strafbewehrung fehlerhafter Erklärungen im Zusammenhang mit Gründung und Kapitalerhöhung („**Gründungsschwindel**"; § 399 Abs. 1 AktG, § 82 Abs. 1 GmbHG), die neben dem Geschäftsleiter auch die Gründer treffen kann, wird in anderem Zusammenhang eingegangen (unten Rz. 5.38).

Produkt- und Umwelthaftung

3.151 Nicht dem Vermögensschutz von Gesellschaft und Gläubigern, sondern dem Schutz der allgemeinen Öffentlichkeit dient die (strafrechtliche) **Produkthaftung** des Geschäftsleiters. Hier hatte der BGH die Geschäftsleitung des Herstellers eines Schuhputzsprays wegen fahrlässiger Körper-

---

186) BayObLG NZI 2001, 50 = ZIP 2000, 1220, 1221 = EWiR § 84 GmbHG 1/01, 71 (*Undritz*); entsprechend wird man auch keine zivilrechtliche Haftung wegen bloßer Schlechterfüllung der Insolvenzantragspflicht annehmen können (abw. *Gottwald/Haas*, InsR HdB, § 92 Rz. 122).

187) BGHSt 34, 379 = NJW 1988, 1397; BGHSt 35, 333 = ZIP 1989, 370 = NJW 1989, 112 = EWiR § 29 GmbHG 2/89, 367 (*Fleck*); BGHSt 47, 187 = NJW 2002, 1585 = NZG 2002, 471 = NStZ 2002, 322 = EWiR § 266 StGB 1/02, 305 (*Wessing*) = DStR 2002, 1102 (Ls.) (*Lange*) – SSV Reutlingen.

188) BGHZ 142, 92 = ZIP 1999, 1352 (*Altmeppen*) = NJW 1999, 2817 = DB 1999, 1651 = DStR 1999, 1366 (*Goette*) = EWiR § 823 BGB 3/99, 835 (*Wilhelm*) = LM H. 1/2000 § 823 (B) BGB Nr. 12 (*Roth*); insoweit in Fortführung von BGHZ 119, 257 = ZIP 1992, 1734 = NJW 1993, 193 = EWiR § 43 GmbHG 2/92, 1203 (*Kort*); BGHZ 122, 333, 336 = ZIP 1993, 917 = NJW 1993, 1922 = EWiR § 31 GmbHG 1/93, 693 (*Maier-Reimer*) = LM H. 9/1993 § 31 GmbHG Nr. 29 (*Heidenhain*).

189) BayObLGSt 97, 38 = NJW 1997, 1936 = KTS 1997, 465 (Ls.) (zur Konkursverschleppung); abw. *Gottwald/Haas*, InsR HdB, § 92 Rz. 42 f.

verletzung (§ 223 StGB) verurteilt, weil diese es unterlassen hatte, trotz bekannt gewordener gesundheitlicher Risiken das Produkt vom Markt zu nehmen und zurückzurufen.[190] In zwei weiteren Grundsatzurteilen führte er diesen Ansatz fort.[191] Ganz ähnliche Haftungsfragen stellen sich im Bereich der **Umwelthaftung**.

6. Versicherung

Gegen einige der beschriebenen Haftungsrisiken des Geschäftsleiters ist Versicherung in Form einer „D&O-Police" (D&O = *director's and officer's liability*) möglich.[192] Wenn die Gesellschaft eine solche Versicherung zugunsten ihrer Vorstands- oder Aufsichtsratsmitglieder abschließt, so soll nach Empfehlung 3.8 DCGK ein angemessener Selbstbehalt vereinbart werden. Was in diesem Sinne „angemessen" ist, ist bislang ungeklärt; als Mindestumfang des Selbstbehalts wird man insoweit drei Monatseinkommen anzusehen haben; möglicherweise wird die Grenze aber eher bei einem Jahreseinkommen anzusetzen sein.

3.152 „D & O Police" als Schutz vor persönlicher Haftung

Ob eine solche Versicherung Vergütungscharakter mit der Folge hat, dass die Vertretungsmacht für den Abschluss der entsprechenden Verträge beim Aufsichtsrat (§ 112 AktG; für den Vorstand) bzw. bei der Hauptversammlung (§ 113 AktG; für den Aufsichtsrat) oder der Gesellschafterversammlung (für den Geschäftsführer) liegt, ist ungeklärt. Die Praxis lehnt dies unter Hinweis darauf ab, dass es in erster Linie darum gehe, dass *Gesellschafts*vermögen vor einem Ausfall mit Ersatzansprüchen zu schützen, nicht aber das Privatvermögen der Organmitglieder vor einer Inanspruchnahme.[193] Auch die Finanzverwaltung hat diese Sicht der Dinge inzwischen anerkannt, wenn das Organmitglied zwar versicherte Person ist, die Gesellschaft aber Versicherungsnehmerin ist bzw. jedenfalls im Ergebnis Gläubigerin des Versicherungsanspruchs ist. Schließlich muss die Prämienkalkulation auf der Grundlage betrieblicher Daten (unter anderem mit der Folge deutlich höherer Versicherungssummen) und nicht der persönlichen Verhältnisse der versicherten Person erfolgen.[194] Gesellschaftsrechtlich sind diese Überlegungen allerdings nur dann zwingend, wenn ein Selbstbehalt in Höhe praktisch des gesamten Privatvermögens des versicherten Organmitglieds vereinbart wird. Grundsätzlich nicht versicherbar sind im Übrigen die – bei weitem haftungsträchtigsten – Pflichten im Zusammenhang mit nicht ausreichender Finanzierung der GmbH und insbesondere der verspäteten Insolvenzanmeldung.

3.153 Abschluss der Versicherung durch die Geschäftsleiter

---

190) BGHSt 37, 106 = ZIP 1990, 1413 = NJW 1990, 2560 = JZ 1992, 253 (*Hirte*) = EWiR § 223a StGB 1/90, 1017 (*Marxen*) – Erdal.
191) BGHSt 41, 206 = NJW 1995, 2930 – Holzschutzmittel; BGH NJW 1995, 2933 – Glykol; dazu *Hirte*, NJW 1996, 2827, 2846.
192) Ausführlich *Lange*, DStR 2002, 1626 und 1674.
193) *Dreher*, DB 2001, 996; *Mertens*, AG 2000, 447, 452; *Vetter*, AG 2000, 453, 457.
194) Finanzministerium Niedersachsen, Erlass v. 25. 1. 2002 – S 2332–161–35/S 2245–21–31 2, DB 2002, 399 f.

III. Aufsichtsrat und Beirat

Bildung von Aufsichtsrat und Beirat

3.154 Im Gegensatz zum Geschäftsleiter – Vorstand oder Geschäftsführer – ist ein Aufsichtsrat nur für die Aktiengesellschaft zwingend vorgesehen. Bei der Europäischen Aktiengesellschaft ist ein Aufsichtsrat nur zu bilden, wenn die Gesellschaft sich in der Satzung für das dualistische System entschieden hat. Für die GmbH kann sich allerdings aus den Mitbestimmungsgesetzen oder aus der Satzung die Verpflichtung zur Bildung eines Aufsichtsrats ergeben; in diesem Fall werden nach § 52 Abs. 1 GmbHG zahlreiche der aktienrechtlichen Vorschriften entsprechend angewandt. Soweit der Aufsichtsrat für die GmbH nicht zwingend ist, sind auch andere Bezeichnungen wie „Beirat" o. Ä. gebräuchlich; solche Beiräte dienen häufig der Repräsentation verschiedener Familienstämme, aber auch der Einbeziehung gesellschaftsfremder Dritter, um Konflikte zwischen eben diesen Familienstämmen zu vermeiden. Für die Rechtsfolge – die im Wesentlichen entsprechende Anwendung der aktienrechtlichen Normen – ist dies jedoch ohne Belang. Im Folgenden stehen daher die aktienrechtlichen Regelungen im Mittelpunkt. Im Hinblick auf einige spektakuläre Haftungsfälle – Metallgesellschaft, Balsam, Schneider – und die dabei offensichtlich gewordenen Probleme der bislang geltenden Aufsichtsratsverfassung sind sie kürzlich insgesamt einer Prüfung durch den Gesetzgeber unterzogen worden, deren Ergebnis das am 1. Mai 1998 in Kraft getretene KonTraG ist.[195] Neben den im Zentrum dieses Gesetzes stehenden Fragen der *corporate governance* (dazu bereits oben Rz. 1.54 ff) hat es noch den Erwerb eigener Aktien und die Einräumung von *stock options* erleichtert; darauf wird im jeweiligen Zusammenhang eingegangen (dazu unten Rz. 5.99 ff, 6.45 ff). Weitere wichtige Reformen dieses Rechtsbereichs hat das TransPuG gebracht (zu diesem allgemein oben Rz. 1.55).

1. Zahl, Zusammensetzung und Organisation

3.155 Die Zahl der Aufsichtsratsmitglieder und ihre Zusammensetzung sind erheblichen Unterschieden danach unterworfen, ob es sich um eine mitbestimmte oder eine nicht mitbestimmte Aktiengesellschaft handelt. In jedem Fall aber darf ein **Aufsichtsratsmitglied nicht zugleich Vorstandsmitglied** der Gesellschaft oder in anderer herausgehobener Stellung in der Gesellschaft tätig sein (§ 105 Abs. 1 AktG). Vorstands- und Aufsichtsratsamt sind auch in der SE grundsätzlich inkompatibel (Art. 39 Abs. 3 Satz 1 SE-VO); ein Aufsichtsratsmitglied darf dort aber einen offenen Vorstandsposten besetzen, wobei sein Aufsichtsmandat für diese Zeit ruht (Art. 39 Abs. 3 Sätze 2 und 3 SE-VO). § 100 Abs. 2 Nr. 2 AktG erstreckt die Inkompatibilität auch auf die Tätigkeit in Vertretungsorganen in von der Gesellschaft abhängigen Unternehmen, und § 100 Abs. 2 Nr. 3 AktG verbietet Überkreuzverflechtungen. Nach § 100 Abs. 2 Nr. 1

---

195) Zur Reformdiskussion *Adams*, AG 1994, 148; *Baums*, ZIP 1995, 11; *Bernhardt*, ZHR 159 (1995), 310; *Forster*, AG 1995, 1; *Frerk*, AG 1995, 212; *Hoerdemann*, ZRP 1997, 44 ff; *Kropff*, in: Semler u. a. (Hrsg.), Reformbedarf im Aktienrecht (1994), S. 3; *Lutter*, ZHR 159 (1995), 287; *Möllers*, ZIP 1995, 1725; *Niederleithinger*, ZIP 1995, 597, 601; *Seibert*, ZBB 1994, 349; *Theisen*, AG 1995, 193.

AktG, der sog. *lex Abs* (benannt nach dem früheren Vorstands- und dann Aufsichtsratsvorsitzenden der Deutschen Bank AG), darf eine Person schließlich **höchstens zehn Aufsichtsratsmandate** bekleiden; damit sollen die Effizienz der Überwachungstätigkeit des Aufsichtsrats verbessert und Interessenkollisionen verhindert werden. Durch das KonTraG wurde die Norm insoweit (leicht) verschärft, als auf diese Höchstzahl Aufsichtsratsämter doppelt anzurechnen sind, für die das Mitglied zum Vorsitzenden gewählt worden ist (§ 100 Abs. 2 Satz 3 AktG n. F.). Mittelbar ergibt sich eine weitere Verschärfung daraus, dass bei Wahlvorschlägen für Aufsichtsratsmitglieder börsennotierter Gesellschaften Angaben zu deren Mitgliedschaft in anderen gesetzlich zu bildenden Aufsichtsräten zu machen sind (§ 125 Abs. 1 Satz 3 AktG n. F.). Hinzu kommt inzwischen, dass nach Nr. 5.4.3 DCGK ein Vorstandsmitglied einer börsennotierten Aktiengesellschaft nicht mehr als fünf Aufsichtsratsmandate bei konzernexternen börsennotierten Gesellschaften wahrnehmen soll. Mit diesen Regelungen wird die Frage der Kontrolleffizienz bei Doppel- und Mehrfachmandaten von Aufsichtsratsmitgliedern überzeugend zur Disposition des Kapitalmarkts gestellt. Der denkbare Alternativansatz eines „Befähigungsnachweises" wird damit verworfen (etwa Hochschulstudium – vielleicht auch gerade dessen Fehlen!). Im Übrigen entsprechen die **allgemeinen persönlichen Voraussetzungen** für Aufsichtsratsmitglieder denen für Vorstandsmitglieder (dazu oben Rz. 3.12) mit der Abweichung, dass insolvenzrechtliche Vorstrafen die Bestellung zum Aufsichtsratsmitglied *nicht* hindern (§ 100 Abs. 1 AktG).

a) **Allgemeines Aktienrecht**

Nach der Grundnorm des § 95 Satz 1 AktG besteht der Aufsichtsrat aus **drei Mitgliedern**. Allerdings kann die Satzung nach § 95 Satz 2 und 3 AktG auch eine durch drei teilbare höhere Mitgliederzahl festlegen, dies aber nach § 95 Satz 4 AktG nur mit bestimmten Obergrenzen. Für die Zahl der Mitglieder des Aufsichtsorgans der SE gelten die gleichen Regeln wie für deren Leitungsorgan (Art. 40 Abs. 3 SE-VO; dazu oben Rz. 3.5).

3.156

Gewählt werden die Mitglieder des Aufsichtsrats nach §§ 101 Abs. 1 Satz 1, 119 Abs. 1 Nr. 1 AktG von der Hauptversammlung, wobei nach § 133 Abs. 1 AktG die Mehrheit der abgegebenen Stimmen entscheidet. Das bedeutet, dass Aktionäre, die über eine einfache Mehrheit in der Hauptversammlung verfügen, den gesamten Aufsichtsrat nach ihren Vorstellungen bestimmen können. Minderheitsvertreter, wie sie das Verhältniswahlrecht erlauben würde, gibt es nicht. Wählbar sind nur natürliche Personen (§ 100 Abs. 1 Satz 1 AktG). Um die Qualität der Aufsichtsratstätigkeit zu verbessern und den Aktionären die Möglichkeit zu geben, sich besser über die individuelle Belastungssituation des einzelnen Aufsichtsratsmitglieds und mögliche Interessenkonflikte klar zu werden, verlangt § 124 Abs. 3 Satz 3 AktG jetzt, dass in den Vorschlägen zur Wahl eines Aufsichtsratsmitglieds in der Bekanntmachung der Tagesordnung der Hauptversammlung der *ausgeübte* Beruf und nicht nur eine allgemeine Berufsbezeichnung des Kandidaten anzugeben ist (eine entspre-

3.157 Wahl des Aufsichtsrates

chende Offenlegungsverpflichtung für den Jahresabschluss statuiert § 285 Nr. 10 HGB). Bei Vorschlägen soll nach Nr. 5.4.1 DCGK zudem darauf geachtet werden, dass dem Aufsichtsrat jederzeit Mitglieder angehören, die über die zur ordnungsgemäßen Wahrnehmung der Aufgaben erforderlichen **Kenntnisse, Fähigkeiten und fachlichen Erfahrungen** verfügen und hinreichend unabhängig sind. Zudem sollen die internationale Tätigkeit des Unternehmens, potentielle Interessenkonflikte und eine festzulegende Altersgrenze für Aufsichtsratsmitglieder beachtet werden. Nach Nr. 5.4.2 DCGK sollen dem Aufsichtsrat zudem nicht mehr als zwei ehemalige Vorstandsmitglieder angehören, und seine Mitglieder sollen keine Organfunktionen oder Beratungsaufgaben bei wesentlichen Wettbewerbern des Unternehmens ausüben. Die Wahl der Aufsichtsratsmitglieder erfolgt für höchstens vier Jahre (§ 102 Abs. 1 AktG).[196] In der Europäischen Aktiengesellschaft sind Aufsichtsrats- wie Vorstandsmitglieder für den in der Satzung festgelegten Zeitraum zu bestellen, der sechs Jahre nicht überschreiten darf (Art. 46 Abs. 1 SE-VO).[197] Möglich ist es, Aufsichtsratsmitglieder zu unterschiedlichen Terminen (*„staggered board"*) und für unterschiedliche Amtsperioden neu zu wählen, um Veränderungserfordernissen Rechnung zu tragen (so auch Nr. 5.4.4 DCGK). Auch die Mitglieder des Aufsichtsorgans einer SE werden von der Hauptversammlung gewählt (Art. 40 Abs. 2 SE-VO).

Entsenderechte

3.158 Die Satzung kann zugunsten bestimmter Aktionäre oder zugunsten der Inhaber bestimmter Aktien **Entsenderechte** in den Aufsichtsrat begründen, allerdings nur für höchstens ein Drittel der durch die Aktionäre zu wählenden Aufsichtsratsmitglieder (§ 101 Abs. 2 AktG). Solche Entsenderechte sind vor allem für Mitglieder von Gründerfamilien oder die öffentliche Hand von Interesse.

b) Mitbestimmungsrecht

aa) Aktiengesellschaft

Drei Mitbestimmungsmodelle

3.159 Während nach allgemeinem Aktienrecht allein die Aktionäre über die Zusammensetzung des Aufsichtsrats entscheiden (§ 96 Abs. 1 a.E. AktG), sind nach den verschiedenen Mitbestimmungsgesetzen auch Vertreter der Arbeitnehmer (einschließlich der leitenden Angestellten) und zum Teil auch andere Personen in den Aufsichtsrat zu wählen (§ 96 Abs. 1 AktG). Insoweit ist die Wahl seitens der Aktionäre (der „Anteilseigner") ausgeschlossen (§ 119 Abs. 1 Nr. 1 AktG). Im Einzelnen sind dabei drei Mitbestimmungsmodelle zu unterscheiden.

Mitbestimmungsgesetz 1976

3.160 Nach § 1 **Mitbestimmungsgesetz 1976** ist in Aktiengesellschaften und GmbH mit in der Regel mehr als 2.000 Arbeitnehmern die Hälfte der –

---

196) Zur automatischen Beendigung des Amtes bei fehlender Beschlussfassung der Hauptversammlung über die Entlastung für das vierte Geschäftsjahr nach Amtsantritt BGH ZIP 2002, 1619 = DStR 2002, 1727 = NJW-RR 2002, 1461 = EWiR § 102 AktG 1/03, 45 (*Pötter*).
197) Dazu *Hommelhoff*, AG 2001, 279, 283: „rechtspolitisch durchaus noch akzeptabel"; dies positiv bewertend *Ulmer*, FAZ v. 21. 3. 2001, Nr. 68 S. 30.

hier geraden – Zahl der Aufsichtsratsmitglieder vonseiten der Arbeitnehmer zu wählen (§ 7 Abs. 1, § 9 MitbestG 1976). Der Aufsichtsrat wächst dabei nach § 7 Abs. 1 MitbestG in Abhängigkeit von der Arbeitnehmerzahl von zunächst 12 Mitgliedern (unter 10.000 Arbeitnehmer) über 16 Mitglieder (bis 20.000 Arbeitnehmer) auf bis zu 20 Mitglieder (bei mehr als 20.000 Arbeitnehmern). Unter den von den Arbeitnehmern zu wählenden Aufsichtsratsmitgliedern müssen sich dabei mehrheitlich Arbeitnehmer der Gesellschaft selbst befinden; die übrigen Arbeitnehmervertreter dürfen von einer in dem Unternehmen vertretenen Gewerkschaft (§ 7 Abs. 4 MitbestG) entsandt sein (§ 7 Abs. 2 MitbestG 1976: 2 von 6, 2 von 8 bzw. 3 von 10 Arbeitnehmervertretern). Die aus dem Unternehmen stammenden Arbeitnehmervertreter müssen die in dem Unternehmen tätigen Angestellten einschließlich der leitenden Angestellten und Arbeiter entsprechend ihrem Zahlenverhältnis repräsentieren; mindestens muss je ein Angestellter, ein leitender Angestellter und ein Arbeiter darunter sein (§ 15 Abs. 2 MitbestG). Das verfassungsrechtlich garantierte Grundrecht auf Eigentum seitens der Anteilseignerseite (Art. 14 GG) wird dabei nach Ansicht des BVerfG dadurch ausreichend geschützt, dass der Aufsichtsratsvorsitzende bei Stimmengleichheit von der Anteilseignerseite gestellt wird (§ 27 Abs. 2 Satz 2 MitbestG 1976) und er bei Pattsituationen ein „Zweitstimmrecht" hat (§ 29 Abs. 2 Satz 1 MitbestG 1976).[198]

3.161 Von diesem „Recht" wird allerdings nur höchst selten Gebrauch gemacht, da schon seine bloße Existenz einen Zwang zur Einigung begründet. Andererseits stellt der mitbestimmte Aufsichtsrat ein gewisses Hemmnis für „feindliche Übernahmen" dar, bei denen ein neuer Mehrheitsaktionär gegen oder jedenfalls ohne die Zustimmung des aktuellen Vorstands eine Gesellschaft über die Börse erwirbt; denn ein „Auswechseln des Vorstands" ist in solchen Fällen selbst dann nicht ohne weiteres möglich, wenn es gelungen ist, die Aufsichtsratsmitglieder der Anteilseignerseite mit eigenen Gefolgsleuten zu besetzen.

3.162 Montan-Mitbestimmung

Nach **§ 4 Abs. 1 Montan-Mitbestimmungsgesetz** ist in Kohle fördernden oder Eisen oder Stahl herstellenden Unternehmen mit regelmäßig mehr als eintausend Arbeitnehmern (§ 1 Montan-Mitbestimmungsgesetz) ein elfköpfiger Aufsichtsrat zu wählen, von dem je fünf Mitglieder seitens der Anteilseigner und der Arbeitnehmer zu wählen sind. Unter diesen hat sich je ein unabhängiges „weiteres Mitglied" zu befinden, das nicht Mitglied eines Arbeitgeberverbandes oder einer Gewerkschaft sein darf. Darüber hinaus ist ein „Unabhängiger" auf Vorschlag der übrigen Aufsichtsratsmitglieder seitens der Hauptversammlung zu wählen (§ 101 Abs. 1 Satz 2 AktG, § 8 Abs. 1 Montan-Mitbestimmungsgesetz). Eine ähnliche Regelung findet sich in **§ 5 i. V. m. § 3 Mitbestimmungsergänzungsgesetz** für solche herrschenden Unternehmen, zu denen in bestimmtem Umfang Unternehmen gehören, die der Montan-Mitbestimmung unterliegen. Diese strengsten Mitbestimmungsregelungen waren 1951 eingeführt worden, um die Zustimmung der Gewerkschaften zum Vertrag über

---

198) BVerfGE 50, 290 – Mitbestimmungsurteil.

die Europäische Gemeinschaft für Kohle und Stahl (EGKS) zu sichern; nach dessen Vorgaben hätte ansonsten eine Entflechtung der Montanindustrie gedroht.[199]

Betriebsverfassungsgesetz

3.163 Nach § 76 Abs. 1 des nur noch in geringen Teilen geltenden **Betriebsverfassungsgesetzes 1952** muss schließlich in den übrigen Aktiengesellschaften der Aufsichtsrat zu einem Drittel aus Vertretern der Arbeitnehmer bestehen. Dies gilt aber nach § 76 Abs. 6 Satz 1 Halbs. 1 BetrVG 1952 nicht für Gesellschaften mit weniger als 500 Arbeitnehmern. Für Aktiengesellschaften, die vor dem 10. August 1994 in das Handelsregister eingetragen worden sind, gilt diese Mitbestimmungsfreiheit nach § 76 Abs. 6 Satz 1 Halbs. 2 BetrVG 1952 allerdings nur dann, wenn es sich um „Familiengesellschaften" handelt. Mit der nachträglichen Einführung der Grenze von 500 Arbeitnehmern in das BetrVG 1952 wurde der lange Zeit bestehende „Wettbewerbsnachteil" der Aktiengesellschaft gegenüber der GmbH beseitigt; denn bei der GmbH war auch zuvor schon die Bildung eines Aufsichtsrats nach § 77 Abs. 1 Satz 1 BetrVG 1952 nur dann vorgeschrieben, wenn sie mehr als 500 Arbeitnehmer hatte.[200]

3.164 Im Bereich der nach dem BetrVG 1952 mitbestimmten GmbH ergeben sich allerdings nach wie vor die größten Unterschiede zwischen Aktiengesellschaft und GmbH. Denn § 77 Abs. 1 Satz 2 BetrVG 1952 verweist nicht auf § 84 AktG, nach dem der Aufsichtsrat für die Bestellung von Vorstandsmitgliedern zuständig ist, so dass es für eine dem BetrVG 1952 unterliegende GmbH bei der Bestellungskompetenz der Gesellschafterversammlung für die Geschäftsführer verbleibt.

Keine Mitbestimmung bei Tendenzunternehmen

3.165 Sowohl § 1 Abs. 4 MitbestG als auch § 81 BetrVG 1952 stellen **Tendenzunternehmen** von der Mitbestimmung frei. Dabei handelt es sich um solche Unternehmen, die ein politisches, koalitionspolitisches (Gewerkschaften, Arbeitgeberverbände), konfessionelles, karitatives, erzieherisches (Schulen, Internate), wissenschaftliches (Forschungsinstitute, Universitäten) oder künstlerisches Ziel verfolgen oder Zwecken der Berichterstattung oder Meinungsäußerung dienen (Presse).

3.166 Schüttet aber eine Aktiengesellschaft, die Krankenhäuser für fast ausschließlich sozialversicherte Personen betreibt, Dividenden aus, verliert sie das Privileg des Tendenzunternehmens.[201]

Sonderregelung für die Wahl der Arbeitnehmervertreter

3.167 Für die Wahl der Arbeitnehmervertreter im Aufsichtsrat enthalten die Mitbestimmungsgesetze ausführliche Sonderregelungen. Wegen der komplizierten Regelungen, aus denen sich die Zusammensetzung des Aufsichtsrats ergibt, sehen die §§ 98, 99 AktG ein besonderes Verfahren der freiwilligen Gerichtsbarkeit vor, in dem seine korrekte Zusammensetzung festgestellt werden kann. Müssen Aufsichtsratsmitglieder nach § 104

---

199) Dazu *Oetker*, Großkomm. AktG, vor MitbestG Rz. 6.
200) Zu dieser Gesetzesänderung durch Art. 2 des „Gesetzes für kleine Aktiengesellschaften und zur Deregulierung des Aktienrechts" vom 2. August 1994 (BGBl I, 1961) *Mertens*, in: Kölner Komm. z. AktG, § 96 Rz. 13; *Seibert/Köster*, Die kleine AG (2. Aufl., 1995), Rz. 378 ff.
201) BayObLG ZIP 1995, 1671 = WM 1996, 61 = NZA-RR 1996, 10 = EWiR § 1 MitbestG 1/95 (*Däubler*) – Rhön-Klinikum.

AktG vom Gericht bestellt werden,[202)] ist das (grundsätzlich freie) Ermessen des Gerichts durch § 7 Abs. 2 MitbestG dahingehend eingeschränkt, dass dem Antrag der Gewerkschaft in personeller Hinsicht in aller Regel zu folgen ist.[203)] Im Falle einer Verkleinerung des Aufsichtsrats durch Satzungsänderung soll dies nach (zweifelhafter) Auffassung des OLG Dresden für den Rest ihrer Wahlperiode keine Auswirkungen auf das Mandat der Arbeitnehmervertreter im Aufsichtsrat haben.[204)]

bb) Europäische Aktiengesellschaft

3.168 In welchem Umfang eine Europäische Aktiengesellschaft der unternehmerischen Mitbestimmung unterliegt, wie sie in Europa in unterschiedlicher Ausprägung außer in Deutschland in Österreich, den Niederlanden, Dänemark und Schweden bekannt ist, ist Gegenstand der ergänzenden SE-Richtlinie. Ausgangspunkt ist dabei der Grundsatz der **Besitzstandswahrung**, also der Beibehaltung der Mitbestimmung in ihrer bisherigen Form (Erwägungsgrund der SE-RL Nr. 7); das wird für deutsche Unternehmen voraussichtlich zu Wettbewerbsnachteilen führen.[205)]

3.169 Zunächst haben Unternehmensleitung und Arbeitnehmervertretung aber die Möglichkeit, sich im Wege der **Verhandlung** auf ein den Besonderheiten der konkreten SE angemessenes Mitbestimmungsmodell zu einigen, ohne an die gesetzlichen Lösungen in bestimmten Staaten gebunden zu sein (Erwägungsgrund der SE-RL Nr. 8). Die zu treffende Vereinbarung hat insbesondere den Umfang der Beteiligung von Arbeitnehmervertretern im Verwaltungs- oder Aufsichtsorgan der SE sowie deren Wahlverfahren festzulegen (Art. 4 Abs. 2 g) SE-RL). Zur Vorbereitung der Vereinbarung ist im Rahmen der SE-Gründung ein „besonderes Verhandlungsgremium" der Arbeitnehmer zu schaffen, in dem die Arbeitnehmer aller an der SE-Gründung beteiligten Gesellschaften aus verschiedenen Mitgliedstaaten angemessen vertreten sein müssen (Art. 3 Abs. 2 SE-RL). Dieses Gremium beschließt mit der absoluten Mehrheit seiner Mitglieder, sofern diese Mehrheit auch die absolute Mehrheit der Arbeitnehmer vertritt (Art. 3 Abs. 4 Satz 1 SE-RL). Hätte aber das Ergebnis der Verhandlungen eine Minderung der Mitbestimmungsrechte zur Folge, so ist für die Billigung einer solchen Vereinbarung eine Mehrheit von mindestens zwei Dritteln der Mitglieder des Verhandlungsgremiums erforderlich, die mindestens zwei Drittel der beteiligten Arbeitnehmer vertreten müssen; die vertretenen Arbeitnehmer müssen zudem aus mindestens zwei Mitgliedstaaten stammen, wenn sich bei einer durch Verschmelzung zu grün-

Bestimmung des Mitbestimmungsmodells durch Verhandlung

---

202) Was vor Eintragung der Gesellschaft selbst bei einer mitbestimmungspflichtigen Gesellschaft nicht möglich ist: BayObLG ZIP 2000, 1445 = NZG 2000, 932 = NJW-RR 2000, 1482 = EWiR § 52 GmbHG 1/01, 21 (*Kort*).
203) BayObLG NJW-RR 1998, 330 = NZA-RR 1998, 305 = ZIP 1997, 1883 = EWiR § 104 AktG 1/98, 97 (*Junker/Schnelle*) (aber Auswahlmöglichkeit bei Vorliegen verschiedener Anträge konkurrierender Gewerkschaften).
204) OLG Dresden ZIP 1997, 589 = EWiR § 95 AktG 1/97, 435 (*Dreher*); kritisch *Hirte*, NJW 1999, 179, 187.
205) *Hirte*, NZG 2002, 1, 6; ebenso bereits *Ulmer*, FAZ v. 28. 4. 2001, Nr. 99 S. 23.

denden SE die Mitbestimmung auf mindestens 25 % aller Arbeitnehmer der beteiligten Gesellschaften erstreckt oder wenn sich bei einer als Holding-SE oder Tochter-SE zu gründenden SE die Mitbestimmung auf mindestens 50 % aller Arbeitnehmer der beteiligten Gesellschaften erstreckt (Art. 3 Unterabs. 2 SE-RL).

3.170 **Beispiel:** Stellt bei der SE-Gründung durch Verschmelzung unter Beteiligung einer deutschen mitbestimmten Aktiengesellschaft diese mindestens 25 % der Arbeitnehmer in der zu gründenden SE und votieren die deutschen Arbeitnehmervertreter für die Beibehaltung der deutschen Mitbestimmung, dann muss der Arbeitnehmeranteil der ausländischen Partner mehr als zwei Drittel betragen und auf mindestens zwei Mitgliedstaaten verteilt sein, wenn ihre Vertreter eine Minderung der Mitbestimmungsrechte oder den Verzicht hierauf durchsetzen wollen.[206]

3.171 „Minderung" der Mitbestimmungsrechte bedeutet dabei, dass die Zahl der Arbeinehmervertreter im Aufsichtsrat gegenüber dem höchsten in den beteiligten Gesellschaften geltenden Anteil sinkt (Art. 3 Abs. 4 Unterabs. 3 SE-RL).

Auffanglösung bei Scheitern der Verhandlungen

3.172 Lediglich für den Fall, dass diese Verhandlungen scheitern (zu den Voraussetzungen Art. 3 Abs. 6 SE-RL), hat jeder EU-Staat eine **Auffanglösung** vorzusehen (Art. 7 Abs. 1 Unterabs. 1 SE-RL; Anhang SE-RL Teil 3). Im Falle einer SE-Gründung durch Formwechsel gilt dabei eine etwa bestehende Mitbestimmungsregelung fort (Art. 7 Abs. 2 a) SE-RL; Anhang SE-RL Teil 3 a)). Bei einer SE-Gründung durch Verschmelzung erstreckt sich eine bestehende Mitbestimmungsregelung auch auf die neue SE, wenn für *ein Viertel* der Arbeitnehmer bislang Mitbestimmung bestand; wenn weniger als ein Viertel der Arbeitnehmer der zu gründenden SE einer Mitbestimmungsregelung unterlag, unterliegt die SE keiner Mitbestimmung, es sei denn, die absolute Mehrheit der Arbeitnehmervertreter beschließt deren Fortbestand (Art. 7 Abs. 2 b) SE-RL). Bei Gründung einer Holding-SE oder einer Tochter-SE gelten die gleichen Grundsätze wie bei der Verschmelzung; aber der Grundsatz der Besitzstandswahrung greift erst, wenn 50 % der Arbeitnehmer einem Mitbestimmungsregime unterlagen; unterhalb dieser Grenze kann das besondere Verhandlungsgremium auch hier einen Beschluss über den Fortbestand der Mitbestimmung fassen (Art. 7 Abs. 2 c) SE-RL). Die Zahl der in diesen Fällen seitens der Arbeitnehmer zu wählenden oder zu bestellenden Vertreter im Verwaltungs- oder Aufsichtsorgan der SE bestimmt sich dabei nach dem höchsten maßgeblichen Anteil in den beteiligten Gesellschaften vor Eintragung der SE (Anhang SE-RL Teil 3 b) Unterabs. 1). Für den möglicherweise wichtigsten Fall der SE-Gründung (durch Verschmelzung)[207] bestehen damit die höchsten Hürden, eine bestehende Mitbestimmungsregelung nicht beizubehalten. Die genannten Vorgaben werden auch Staaten, die bislang in ihrem nationalen Recht keine Mitbestimmungsregelung

---

[206] Beispiel nach *Ulmer*, FAZ v. 28. 4. 2001, Nr. 99 S. 23.
[207] So die Einschätzung von *Ulmer*, FAZ v. 21. 3. 2001, Nr. 68 S. 30; *ders.*, FAZ v. 28. 4. 2001, Nr. 99 S. 23.

kannten, zumindest zur Kodifikation entsprechender Auffangregelungen zwingen.[208)]

Bei Gründung einer SE mit erheblicher deutscher Beteiligung gilt daher in aller Regel die deutsche Mitbestimmungsregelung fort, sofern nicht Gesellschaften aus EU-Ländern ohne Mitbestimmung dominierende Partner einer SE-Gründung sind. Unterliegt keine der an einer Gründung beteiligten Gesellschaften der Mitbestimmung, bleibt nach der Auffangregelung auch die zu gründende SE mitbestimmungsfrei, was aber nicht ausschließt, dass sich Arbeitnehmer- und Anteilseignervertreter gleichwohl auf (irgendeine) Mitbestimmungsregelung einigen.

3.173 Fortbestehen der Mitbestimmung der SE mit Sitz in Deutschland

c) Organisation

aa) Leitung und Beschlussfassung

Vorgaben für die Binnenorganisation des Aufsichtsrats enthält § 107 AktG. Danach hat der Aufsichtsrat aus seiner Mitte einen **Vorsitzenden** und (mindestens) einen (Abwesenheits-)**Stellvertreter** zu wählen (§ 107 Abs. 1 AktG). In mitbestimmten Aktiengesellschaften erfolgt die Wahl des Vorsitzenden im ersten Wahlgang mit einer Zweidrittelmehrheit der Aufsichtsratsmitglieder (§ 27 Abs. 1 MitbestG), was den Zwang zu einer Einigung auf eine beiden Seiten genehme Person erhöht. Dem Vorsitzenden obliegt neben der Einberufung des Aufsichtsrats vor allem die Leitung seiner Sitzungen. Vorsitzender und sein(e) Stellvertreter werden als „Präsidium" bezeichnet. Auch das Aufsichtsorgan einer SE hat aus seiner Mitte einen Vorsitzenden zu wählen (Art. 42 Satz 1 SE-VO), der im Falle hälftiger Bestellung der Aufsichtsratsmitglieder durch die Arbeitnehmer zu den von der Hauptversammlung gewählten Mitgliedern des Aufsichtsorgans gehören muss (Art. 42 Satz 2 SE-VO).

3.174 Wahl von Stellvertretern

Das **Abstimmungsverfahren** innerhalb des Aufsichtsrats regelt § 108 AktG. Nach dessen Absatz 1 entscheidet der Aufsichtsrat durch Beschluss. Ein Beschluss ist dabei – ohne dass dies ausdrücklich gesetzlich geregelt wäre – gefasst, wenn sich die Mehrheit der abgegebenen Stimmen für einen Antrag ausspricht. Im Übrigen können abwesende Aufsichtsratsmitglieder ihre Stimmen schriftlich übergeben lassen (§ 108 Abs. 3 AktG). Auch Videokonferenzen und ähnliche Formen der Beschlussfassung sind seit Verabschiedung des NaStraG möglich, wenn entweder Satzung oder Geschäftsordnung dies vorsehen oder kein Aufsichtsratsmitglied widerspricht (§ 108 Abs. 4 AktG n. F.). Regelungen über die Beschlussfähigkeit des Aufsichtsrats können außerhalb der gesetzlichen Vorgaben nur durch die Satzung getroffen werden (§ 107 Abs. 2 AktG).

3.175 Beschlussfassung durch Mehrheit

Die **Einberufung** zum Aufsichtsrat obliegt im Normalfall, ohne dass dies gesetzlich geregelt wäre (§ 110 AktG regelt nur Sonderfälle der Einberufung), seinem Vorsitzenden. Der Aufsichtsratsvorsitzende kann daneben eine außerordentliche Aufsichtsratssitzung einberufen, wenn die Lage des

3.176 Einberufung durch den Vorsitzenden

---

208) Siehe bereits *Ulmer*, FAZ v. 28. 4. 2001, Nr. 99 S. 23.

Unternehmens dies geboten erscheinen lässt. Schließlich gibt § 110 Abs. 1 AktG jedem Aufsichtsratsmitglied und dem Vorstand das Recht, vom Aufsichtsratsvorsitzenden die Einberufung des Gesamtaufsichtsrats zu verlangen; nach § 110 Abs. 2 AktG (in der durch das TransPuG eingeführten n. F.) kann sodann *jedes* Aufsichtsratsmitglied, dessen Verlangen nach Einberufung des Aufsichtsrats nach § 110 Abs. 1 AktG nicht entsprochen wurde, auf der Grundlage eines „Ersatzeinberufungsrechts" „unter Mitteilung des Sachverhalts und [neu:] der Angabe einer Tagesordnung selbst den Aufsichtsrat einberufen".

Mindestens zwei Sitzungen pro Jahr bei börsennotierten Gesellschaften

3.177 Um seine Überwachungsaufgaben wirksam wahrnehmen zu können, bestimmt § 110 Abs. 3 AktG in der durch das TransPuG erneut verschärften Fassung, dass er *zwei* Sitzungen pro Kalenderhalbjahr abhalten muss (§ 110 Abs. 3 Satz 1 AktG n. F.). In nicht börsennotierten Gesellschaften *kann* der Aufsichtsrat aber beschließen, dass (nur) eine Sitzung im Kalenderhalbjahr abzuhalten ist (§ 110 Abs. 3 Satz 2 AktG n. F.). Diese **Tagungsfrequenzen** liegen deutlich unter der bei *boards* nach anglo-amerikanischem Modell üblichen Zahl. Indirekt wird bei börsennotierten Gesellschaften die Intensität der Aufsichtsratsarbeit aber dadurch gefördert, dass der Aufsichtsrat bei diesen Gesellschaften verpflichtet ist, in seinem an die Hauptversammlung gerichteten Bericht über die Zahl seiner Sitzungen zu berichten (§ 171 Abs. 2 Satz 2 Halbs. 2 AktG). Nr. 5.4.6 DCGK empfiehlt zudem einen Vermerk im Bericht des Aufsichtsrats, wenn ein Mitglied an weniger als der Hälfte der Sitzungen des Aufsichtsrats teilgenommen hat. Die Sitzungen des Aufsichtsrats müssen – wie es seit Inkrafttreten des TransPuG heißt – „abgehalten" werden; der Aufsichtsrat muss also nicht mehr „zusammentreten". Damit kann – zumindest nach dem Gesetz – auch durch **Telefon- und Videokonferenzen** das Sitzungserfordernis erfüllt werden.[209] Nach der in ihrer Bedeutung noch kaum abzuschätzenden Empfehlung 5.6 DCGK soll der Aufsichtsrat schließlich regelmäßig die **Effizienz** seiner Tätigkeit prüfen.

Zustimmungspflichtige Geschäfte des Vorstands

3.178 Der Aufsichtsrat selbst (in der Geschäftsordnung des Vorstands) oder die Satzung müssen (bis zum Inkrafttreten des TransPuG nur „können") festlegen, dass bestimmte Arten von Geschäften der **Zustimmung des Aufsichtsrats** bedürfen (§ 111 Abs. 4 Satz 2 AktG); zu diesen von einer Aufsichtsratszustimmung abhängigen Geschäften sollten nach Vorstellung der Regierungskommission Corporate Governance, auf die der Vorschlag zurückgeht,[210] Entscheidungen oder Maßnahmen gehören, die die Ertragsaussichten der Gesellschaft oder ihre „Risikoexposition" grundle-

---

[209] Begr RegE zu § 110 Abs. 3 AktG n. F., BT-Drucks. 14/8769 = NZG 2002, 213, 221; *Ihrig/Wagner*, BB 2002, 789, 794; *Schüppen*, ZIP 2002, 1269, 1274; *Seibert*, NZG 2002, 608, 610; zu den Grenzen dieser Regelung *Hirte*, TransPuG, Rz. I 53.

[210] *Baums* (Hrsg.), Bericht der Regierungskommission Corporate Governance. Unternehmensführung – Unternehmenskontrolle – Modernisierung des Aktienrechts (2001), Rz. 34–35.

gend verändern (ähnlich Empfehlung 3.3. DCGK).[211] Verweigert der Aufsichtsrat seine Zustimmung, kann der Vorstand die Entscheidung der Hauptversammlung über die Zustimmung verlangen (§ 111 Abs. 4 Satz 3 AktG). Auch bei einer **Europäischen Aktiengesellschaft** *sind* in der **Satzung die Geschäfte festzulegen**, für die der Aufsichtsrat dem Leitungsorgan zustimmen muss (Art. 48 Abs. 1 Unterabs. 1 SE-VO). Wenn der Mitgliedstaat dies erlaubt, kann das Aufsichtsorgan selbst bestimmte Arten von Geschäften von seiner Zustimmung abhängig machen (Art. 48 Abs. 1 Unterabs. 2 SE-VO). Und die Mitgliedstaaten haben in jedem Fall die Möglichkeit, für die in ihrem Hoheitsgebiet eingetragenen SE festzulegen, „welche Arten von Geschäften auf jeden Fall in die Satzung aufzunehmen" (Art. 48 Abs. 2 SE-VO), was wohl heißen soll „zustimmungsbedürftig" sind. Da der deutsche Gesetzgeber für das nationale Recht hier keine Konkretisierung vorgenommen hat, ist sie auch für Europäische Aktiengesellschaften mit Sitz in Deutschland nicht erlaubt. Im Übrigen finden sich für die Binnenorganisation der SE keine zwingenden Vorgaben, so dass etwa die Bildung von Aufsichtsratsausschüssen für eine „deutsche SE" unbedenklich erscheint; Art. 50 SE-VO enthält nur satzungsdispositive Regelungen zu Beschlussfähigkeit und -fassung.

3.179 Geschäftsordnungskompetenz des Aufsichtsrates

Im Gegensatz zur Hauptversammlung (vgl. jetzt § 129 Abs. 1 Satz 1 AktG) wird dem Aufsichtsrat eine **Geschäftsordnungskompetenz** nirgendwo ausdrücklich eingeräumt; sie steht ihm gleichwohl zu, auch wenn von ihr nur selten Gebrauch gemacht wurde.[212] Inzwischen empfiehlt Nr. 5.1.3 DCGK aber sogar eine Geschäftsordnung. Durch eine vom Aufsichtsrat erlassene Geschäftsordnung darf im mitbestimmten Aufsichtsrat das gesetzliche Übergewicht der Anteilseignerseite aber nicht ausgedehnt, sondern nur abgesichert werden.[213]

3.180 Nichtigkeit rechtswidriger Beschlüsse

Im Gegensatz zu Beschlüssen der Hauptversammlung (dazu unten Rz. 3.279 ff) sollen **rechtswidrige Beschlüsse des Aufsichtsrats** immer nichtig sein. Zwischen (bloß) anfechtbaren und nichtigen Beschlüssen wird daher nicht unterschieden. Daher kann jedes Aufsichtsratsmitglied gegen die Gesellschaft Klage auf Feststellung der Nichtigkeit erheben, deren Zulässigkeit aber bei weniger schwerwiegenden Mängeln mit zunehmendem Zeitablauf verwirkt sein kann.[214] Jedenfalls in den Fällen, in denen die Verwaltung wie bei der Ausnutzung einer Ermächtigung zur Kapitalerhöhung kraft delegierter Entscheidungsmacht der Hauptver-

---

211) Begr RegE zu § 111 Abs. 4 Satz 2 AktG n. F., BT-Drucks. 14/8769 = NZG 2002, 213, 222; *Götz*, NZG 2002, 599, 603 (der zugleich und zu Recht die geforderte „grundlegende Veränderung" nicht erst dann als erfüllt ansieht, wenn es um existenzbedrohende Fragen geht, sondern bereits dann, wenn Maßnahmen „herausragender Bedeutung" zu entscheiden sind); *Schwark*, in: Hommelhoff/Lutter/Karsten Schmidt/Schön/Ulmer (Hrsg.), Corporate Governance. Gemeinschaftssymposion der Zeitschriften ZHR/ZGR-Beiheft 71 (2002), S. 75, 92 ff.
212) Dazu *Hommelhoff/Mattheus*, AG 1998, 249, 254 m. w. N.
213) BVerfGE 50, 290, 324; *Raiser*, KapGesR, § 15 Rz. 71.
214) BGHZ 122, 342 = ZIP 1993, 1079 = NJW 1993, 2307 = EWiR § 25 MitbestG 1/93, 809 (*Rittner*); abw. OLG Hamburg ZIP 1992, 1310, 1313 f = EWiR § 243 AktG 1/92, 421 (*Bork*); *Hirte*, Bezugsrechtsausschluß und Konzernbildung (1986), S. 206 ff; *Raiser*, KapGesR, § 15 Rz. 71 ff.

sammlung entscheidet, sollten die Regeln über Anfechtungs- und Nichtigkeitsklage aber entsprechend angewandt werden.[215]

Gemeinsame Tagung von Vorstand und Aufsichtsrat

3.181 Häufig tagt der Aufsichtsrat gemeinsam mit dem Vorstand. Um seine Kontrollaufgabe effektiv wahrnehmen zu können, regt der DCGK in seiner Nr. 3.6 an, dass der Aufsichtsrat bei Bedarf auch ohne den Vorstand tagen sollte. In mitbestimmten Aufsichtsräten sollten die Vertreter der Aktionäre und der Arbeitnehmer zudem nach Nr. 3.6 DCGK die **Sitzungen** des Aufsichtsrats jeweils gesondert, gegebenenfalls mit Mitgliedern des Vorstands, vorbereiten. In Ermangelung einer entsprechenden Rechtsgrundlage hat der Aufsichtsrat nicht die Befugnis, eines seiner Mitglieder von den Sitzungen auszuschließen. Ohne dieses Mitglied gefasste Beschlüsse sind daher nichtig.[216]

bb) Organklagen des Aufsichtsrats

Keine Eingriffe in Geschäftsführungskompetenz durch Klagen

3.182 Nur wenig geklärt ist, in welchem Umfang Organklagen der Organe und einzelner Organmitglieder gegeneinander zulässig sind. Dies ist unproblematisch, solange das **Gesamtorgan** die ihm zugewiesenen Rechte gegen ein anderes Organ geltend macht (§ 90 Abs. 1 Satz 1 AktG). Dabei sind dem Aufsichtsrat allerdings (Leistungs- oder Unterlassungs-)Klagen gegen den Vorstand verwehrt, mit denen er versuchen will, in die alleinige Geschäftsführungskompetenz des Vorstandes (§ 76 Abs. 1 AktG) einzugreifen.[217] Ebenso ist es schließlich unproblematisch, wenn einzelne Aufsichtsrats- oder Vorstandsmitglieder die ihnen **persönlich** zustehenden Rechte geltend machen wollen (etwa § 90 Abs. 3 Satz 2 und Abs. 5 Satz 1 AktG). In beiden Fällen ist die allgemeine Leistungsklage bzw. die Feststellungsklage die richtige Klageart.

Keine Geltendmachung der Rechtswidrigkeit von Geschäftsführungsmaßnahmen durch Aufsichtsratsmitglieder

3.183 **Einzelne Aufsichtsratsmitglieder** haben aber nicht die Befugnis, die mögliche Rechtswidrigkeit einer Geschäftsführungsmaßnahme des Vorstandes geltend zu machen. Auf diese Weise hatten die Arbeitnehmervertreter in (mitbestimmten) Aufsichtsräten versucht, auf gerichtlichem Wege ihre Beteiligungsrechte durchzusetzen oder zu verbessern. So hatten insbesondere die Arbeitnehmervertreter im Aufsichtsrat der Adam Opel AG versucht, die Ausgliederung der Datenverarbeitung aus der Aktiengesellschaft auf ein selbständiges Unternehmen („*Outsourcing*") für unzulässig zu erklären.[218] Den einzelnen Aufsichtsratsmitgliedern bleibt nur die Möglichkeit, einen entsprechenden Aufsichtsratsbeschluss herbeizuführen und *diesen* unter Umständen gerichtlich anzugreifen.

---

215) Dazu ausführlich *Hirte*, Großkomm. AktG, § 203 Rz. 127 ff.
216) LG Mühlhausen ZIP 1996, 1660.
217) So *Grunewald*, GesR, S. 259 f Rz. 90 (nur bei „offensichtlich unvertretbarem" Verhalten des Vorstands); differenzierend *Raiser*, KapGesR, § 15 Rz. 5.
218) BGHZ 106, 54 = ZIP 1989, 23 = NJW 1989, 979 = EWiR § 111 AktG 1/89, 5 (*Fleck*) = LM § 90 AktG 1965 Nr. 1; ebenso OLG Celle ZIP 1989, 1552 = NJW 1990, 582 = EWiR § 111 AktG 1/90, 117 (*Raiser*) – Pelikan; dazu *Bork*, ZGR 1989, 1; *Hirte*, CR 1992, 193; *Kort*, AG 1987, 193; *Raiser*, KapGesR, § 15 Rz. 103 ff; *ders.*, AG 1989, 185; *ders.*, ZGR 1989, 44; *Stein*, ZGR 1988, 163; *Wilde*, ZGR 1998, 423, 433 ff.

cc) Aufsichtsratsausschüsse

Zur Vorbereitung und Erleichterung seiner Arbeit kann der Aufsichtsrat nach § 107 Abs. 3 Satz 1 AktG Ausschüsse bilden; das wird in Nr. 5.3.1 DCGK ausdrücklich empfohlen. Diese Ausschüsse haben in aller Regel nur **beratende Funktion**, können aber auch **entscheidende Aufgaben** zugewiesen bekommen. Bestimmte Aufgaben können einem Ausschuss nicht zur Entscheidung übertragen werden (vgl. § 107 Abs. 3 Satz 2 AktG mit einer Aufzählung der Ausnahmen). Dazu dürfte – obwohl nicht ausdrücklich genannt – auch die Entscheidung über die Erteilung des Prüfungsauftrags an den Abschlussprüfer (§ 111 Abs. 2 Satz 3 AktG) gehören.[219] Nach dem durch das TransPuG eingeführten § 107 Abs. 3 Satz 3 AktG ist dem (Gesamt-)Aufsichtsrat regelmäßig über die Arbeit seiner Ausschüsse zu berichten.

3.184 Bildung von Ausschüssen

Welche Ausschüsse gebildet werden, unterliegt dem Organisationsermessen des Gesamt-Aufsichtsrats. Dabei ist zu berücksichtigen, dass die Arbeit in Ausschüssen flexibler, effizienter, zeitnäher und – was vor allem bei Personal- und Vergütungsfragen bedeutsam ist – auch diskreter vorgehen kann. Indirekt wird bei börsennotierten Gesellschaften die Bildung von Ausschüssen aber dadurch gefördert, dass der Aufsichtsrat bei diesen Gesellschaften verpflichtet ist, in seinem an die Hauptversammlung gerichteten Bericht über die gebildeten Ausschüsse und die Zahl ihrer Sitzungen zu berichten (§ 171 Abs. 2 Satz 2 Halbs. 2 AktG). Üblicherweise werden vor allem ein Personalausschuss (zur Vorbereitung der Bestellung von Vorstandsmitgliedern und Bestimmung ihrer Vergütung; dazu auch 5.1.2 DCGK) und – was sich indirekt aus § 171 Abs. 1 Satz 2 ergibt – ein (Investitions- und) Finanzausschuss zur Analyse der Finanzlage und zur (Vor-)Prüfung des Jahresabschlusses gebildet (nach amerikanischem Vorbild „audit committee"). Die Bildung eines *audit committee*, das sich insbesondere mit Fragen der Rechnungslegung und des Risikomanagements, der erforderlichen Unabhängigkeit des Abschlussprüfers, der Erteilung des Prüfungsauftrags an den Abschlussprüfer, der Bestimmung von Prüfungsschwerpunkten und der Honorarvereinbarung befasst, wird ausdrücklich von Nr. 5.2.3 DCGK empfohlen. Je nach Unternehmensgegenstand kann ein Technisch-Wissenschaftlicher Ausschuss und gegebenenfalls auch ein sozialpolitischer Ausschuss hinzukommen.[220] Nach Empfehlung 5.2 DCGK soll der Aufsichtsratsvorsitzende zugleich Vorsitzender der Ausschüsse sein, die die Vorstandsverträge vorbereiten und die Aufsichtsratssitzungen vorbereiten; er soll andererseits nicht den Vorsitz im *audit committee* haben. Angeregt wird in Nr. 5.3.2 zudem, dass der Vorsitz in diesem Ausschuss nicht bei einem ehemaligen Vorstandsmitglied liegen sollte.

3.185 Ausschussbildung im Ermessen des Aufsichtsrates

---

219) Überzeugend *Hommelhoff*, BB 1998, 2567, 2570; *Hommelhoff/Mattheus*, AG 1998, 249, 257.
220) Dazu *Frühauf*, ZGR 1998, 407, 416.

Kein vollständiger Ausschluss von Arbeitnehmervertretern

3.186 Bei der Wahl der Ausschussmitglieder eines beschließenden Ausschusses in mitbestimmten Aufsichtsräten dürfen Arbeitnehmervertreter nicht ohne einen sachlichen Grund im Einzelfall von jeder Mitarbeit in dem Ausschuss ausgeschlossen werden. Dies wäre durch das im Aufsichtsrat im Übrigen übliche Mehrheits-Wahlverfahren ansonsten möglich. Es gilt nach Auffassung des BGH vielmehr das **Diskriminierungsverbot**, das einen vollständigen Ausschluss der Arbeitnehmervertreter von der Arbeit in einem Ausschuss erschwert, andererseits aber nicht unmöglich macht.[221]

3.187 In einer weiteren Entscheidung hielt das OLG Hamburg daher zwar auch die Delegation der Entscheidung über von Gesetzes wegen zustimmungsbedürftige Geschäfte auf einen Aufsichtsratsausschuss für zulässig;[222] doch fand das OLG München, dass zwingendes Mitbestimmungsrecht umgangen werde, wenn der Aufsichtsrat die ihm aufgrund von Zustimmungsvorbehalten eingeräumten (Mit-)Entscheidungskompetenzen an einen ausschließlich mit Vertretern der Anteilseigner besetzten Aufsichtsratsausschuss delegiert.[223]

3.188 Eine ausdrückliche Besetzungsregel auch für einen Ausschuss enthält aber nur § 27 Abs. 3 MitbestG.

2. Bestellung

3.189 Die Bestellung der Aufsichtsratsmitglieder erfolgt durch Annahme der Wahl bzw. des Entsendungsvorschlags seitens des Gewählten bzw. Entsandten. Im Gegensatz zum Vorstandsmitglied tritt neben die Bestellung kein gesonderter Anstellungsvertrag.[224]

Festlegung der Vergütung durch die Satzung oder Beschluss der Hauptversammlung

3.190 Eine (eventuelle) **Vergütung** für die Aufsichtsratstätigkeit kann vielmehr aus Gründen der Transparenz nur in der Satzung oder durch Beschluss der Hauptversammlung festgelegt werden (§ 113 Abs. 1 AktG). Sie muss der Verantwortung und dem Tätigkeitsumfang sowie dem Erfolg des Unternehmens Rechnung tragen. Daher sollen die Aufsichtsratsmitglieder nach Nr. 5.4.5 DCGK neben einer festen eine erfolgsorientierte Vergütung erhalten, wobei angeregt wird, dass sich die Erfolgsorientierung auch

---

221) BGHZ 122, 342 = ZIP 1993, 1079 = NJW 1993, 2307 = EWiR § 25 MitbestG 1/93, 809 (*Rittner*); im Anschluss an BGHZ 83, 106, 115 = ZIP 1982, 434 (Nichtigkeit einer Satzungsbestimmung über weiteren von der Anteilseignerseite zu stellenden Stellvertreters des Aufsichtsratsvorsitzenden); BGHZ 83, 144, 149 = ZIP 1982, 440 = NJW 1982, 1528 = LM § 107 AktG 1965 Nr. 2a (Zweitstimmrecht des Vorsitzenden des Personalausschusses); 83, 151, 154 ff (Beschlussfähigkeit des Aufsichtsrats bei fehlender Teilnahme der Aufsichtsratsmitglieder der Anteilseigner); LG Frankfurt/M. ZIP 1996, 1661 = EWiR § 107 AktG 1/96, 1011 (*Dreher*) – Deutsche Börse AG.
222) OLG Hamburg ZIP 1995, 1673 = WM 1995, 2188 = AG 1996, 84 = EWiR § 107 AktG 1/95, 1147 (*Fleck*) (rkr. nach Rücknahme der Revision); dazu *Jaeger*, ZIP 1995, 1735.
223) OLG München ZIP 1995, 1753 = NJW-RR 1995, 1249 = EWiR § 25 MitbestG 1/95, 605 (*Wank*).
224) BGHZ 114, 127, 129 = ZIP 1991, 653 = NJW 1991, 1830 = EWiR § 114 AktG 1/91, 525 (*Semler*) (dazu *Hirte* NJW 1996, 2827, 2840); *Geßler*, in: Geßler/Hefermehl/Eckardt/Kropff, AktG, § 101 Anm. 45, 46, 50–55; *Hüffer*, AktG, § 101 Rz. 2; *Mertens*, in: Kölner Komm. z. AktG, § 101 Rz. 5, § 113 Rz. 8; *Raiser*, KapGesR, § 15 Rz. 90 („Eines gesonderten Anstellungsvertrages bedarf es [...] hier nicht"); abw. *Grunewald*, GesR, S. 257 Rz. 84 („Hinzu tritt ein Anstellungsvertrag").

auf den langfristigen Unternehmenserfolg bezieht. Bei der Höhe der Vergütung sollen nach Nr. 5.4.5 DCGK der Vorsitz und der stellvertretende Vorsitz im Aufsichtsrat sowie der Vorsitz und die Mitgliedschaft in Ausschüssen berücksichtigt werden. Empfohlen wird zudem, die Vergütung der Aufsichtsratsmitglieder individualisiert und aufgegliedert nach Bestandteilen im Konzernabschluss auszuweisen (Nr. 5.4.5 DCGK). Zudem dürfen **weitere Verträge mit Aufsichtsratsmitgliedern**, die einen anderen Inhalt als die Aufsichtsratstätigkeit haben, nach § 114 Abs. 1 AktG nur mit Zustimmung des Aufsichtsrats geschlossen werden. Damit soll verhindert werden, dass ein Aufsichtsratsmitglied in Form sog. Beraterverträge eine nicht im Jahresabschluss nach § 285 Nr. 9 HGB, Art. 43 Abs. 1 Nr. 12 der EG-Bilanzrichtlinie offen gelegte Vergütung für seine Tätigkeit erhält.[225] Eine nach § 114 Abs. 1 AktG erforderliche Zustimmung ist nur in Form einer ausdrücklichen Beschlussfassung möglich, bei der die Aufsichtsratsmitglieder in Kenntnis des wesentlichen Vertragsinhaltes, insbesondere in Bezug auf Art und Vergütung der Tätigkeit, gehandelt haben.[226] Auch eine **Kreditgewährung an Aufsichtsratsmitglieder** ist – ähnlich wie bei Geschäftsleitern (dazu oben Rz. 3.40) – vom Gesetz besonderen Formen und Grenzen unterworfen worden (§ 115 AktG). Auch diese sonstigen an Aufsichtsratsmitglieder erbrachten Leistungen sollen nach Anregung 5.4.5 DCGK im Konzernabschluss individualisiert ausgewiesen werden.

Aufsichtsratsmitglieder, die von der Hauptversammlung ohne Bindung an einen Wahlvorschlag gewählt wurden, können jederzeit von der Hauptversammlung mit einer Mehrheit von drei Vierteln der abgegebenen Stimmen **abberufen** werden (§ 103 Abs. 1 AktG). Entsandte Aufsichtsratsmitglieder können vom Entsendungsberechtigten jederzeit abberufen werden (§ 103 Abs. 2 Satz 1 AktG). Liegt in der Person eines Aufsichtsratsmitglieds ein wichtiger Grund vor, kann auch das Gericht auf Antrag des Aufsichtsrats ein Aufsichtsratsmitglied abberufen (§ 103 Abs. 3 Satz 1 AktG). Bei einem in den Aufsichtsrat entsandten Aufsichtsratsmitglied kann ein solcher Antrag auch von Aktionären mit einer mindestens 10 %-igen Kapitalminderheit oder einem anteiligen Betrag von EUR 1 Mio. am Grundkapital gestellt werden (§ 103 Abs. 3 Satz 3 AktG).[227] In der Europäischen Aktiengesellschaft kommt für Aufsichtsratsmitglieder wie für Vorstandsmitglieder nur eine Abberufung aus wichtigem Grund in Betracht.

3.191 Abberufung durch Beschluss der Hauptversammlung

---

225) BGHZ 114, 127 = ZIP 1991, 653 = NJW 1991, 1830 = EWiR § 114 AktG 1/91, 525 (*Semler*); LG Stuttgart ZIP 1998, 1275 = EWiR § 113 AktG 1/98, 963 (*Tappmeier*) (n. rkr.); dazu *Beater*, ZHR 157 (1993), 420; *Boujong*, AG 1995, 203; *Jaeger*, ZIP 1994, 1759; *Lutter/Kremer*, ZGR 1992, 87; zusammenfassend *Hirte*, NJW 1996, 2827, 2840. Zur parallelen Fragestellung bei der Bestellung des Abschlussprüfers unten Rz. 4.9.
226) OLG Köln ZIP 1994, 1773 = NJW-RR 1995, 230.
227) So im Fall der Abberufung des schleswig-holsteinischen Energieministers *Jansen* aus dem Aufsichtsrat der Hamburgischen Electricitäts-Werke AG (HEW): OLG Hamburg ZIP 1990, 311 = AG 1990, 218 = EWiR § 103 AktG 2/90, 219 (*Hirte*); dazu *Decher*, ZIP 1990, 277; *Dreher*, JZ 1990, 896.

3. Aufgaben und Pflichten

3.192 Auch bezüglich der Pflichten von Aufsichtsratsmitgliedern lässt sich wieder zwischen solchen gegenüber der Gesellschaft und solchen gegenüber Dritten unterscheiden. In jedem Fall muss das Aufsichtsratsmitglied dabei dafür Sorge tragen, dass es zur Erfüllung seiner Pflichten über genügend Zeit verfügt (ebenso – das geltende Recht beschreibend – Nr. 5.4.3 DCGK).

a) Pflichten gegenüber der Gesellschaft

3.193 Die Pflichten gegenüber der Gesellschaft entsprechen zum großen Teil den Pflichten der Vorstandsmitglieder, auf die § 116 Satz 1 AktG ausdrücklich verweist. Der Aufsichtsrat ist sowohl Kontrollorgan als auch – wenn auch nur in begrenztem Umfang – selbst Verwaltungsorgan.

aa) Kontrollorgan

Überwachung der Geschäftsführung

3.194 Im Mittelpunkt der Aufsichtsratspflichten steht seine aus § 111 Abs. 1–3 AktG resultierende Pflicht zur Kontrolle und Überwachung des Vorstandes. Dabei formuliert § 111 Abs. 1 AktG als Generalnorm die Pflicht zur **Überwachung der Geschäftsführung**. Dies beinhaltet eine Überwachung nicht nur der Rechtmäßigkeit, sondern auch der Zweckmäßigkeit und Wirtschaftlichkeit seiner Geschäftsführung.[228] Da sich der Aufsichtsrat mit dem Bericht des Abschlussprüfers darüber auseinanderzusetzen hat (§§ 317 Abs. 4, 321 Abs. 4 HGB), umfasst die Überwachungspflicht des Aufsichtsrats auch das nunmehr nach § 91 Abs. 2 AktG einzuführende *controlling system*.[229] Umgekehrt verbietet § 111 Abs. 4 Satz 1 AktG, dem Aufsichtsrat Maßnahmen der Geschäftsführung zu übertragen.

Konkretisierung von Informations- und Berichtspflichten durch den Aufsichtsrat

3.195 Die Überwachungspflicht wird unterstützt durch eine (durch das TransPuG verschärfte) Berichtspflicht des Vorstands gegenüber dem Aufsichtsrat (§ 90 AktG)[230] und ein ihr korrespondierendes Einsichts- und Prüfungsrecht des Aufsichtsrats in der Gesellschaft (§ 111 Abs. 2 AktG). Nach Empfehlung 3.4 DCGK soll der Aufsichtsrat die **Informations-**

---

[228] BGHZ 114, 127, 129 f = ZIP 1991, 653 = NJW 1991, 1830 = EWiR § 114 AktG 1/91, 525 (*Semler*); LG Bielefeld ZIP 2000, 20 = EWiR § 116 AktG 1/2000, 107 (*von Gerkan*) – Balsam: Pflicht des Aufsichtsrats zur Veranlassung eigener Prüfungen oder einer Sonderprüfung, selbst wenn es nur vage Gerüchte über „ungewisse und unkorrekte" Geschäfte der Gesellschaft gibt, der Inhalt des Gerüchts aber von existentieller Bedeutung für die Gesellschaft ist, bei Anhaltspunkten für die Verletzung der Pflicht des Vorstands zur Offenheit gegenüber dem Aufsichtsrat sogar zur Anordnung eines Zustimmungsvorbehalts für Geschäftsführungsmaßnahmen (dazu auch *Brandi*, ZIP 2000, 173); LG Stuttgart EWiR § 111 AktG 1/99, 1145 (*Kort*) (zum Verfahrensfortgang OLG Stuttgart BB 2002, 2085): Haftung eines Aufsichtsratsmitglieds wegen fehlerhafter Überwachung bei Verkauf eines Betriebsgrundstücks erheblich unter dem Verkehrswert (14 statt 34 Mio. DM); Hachmeister, DStR 1999, 1453, 1454 f; Raiser, KapGesR, § 15 Rz. 108 ff.

[229] Überzeugend *Hommelhoff*, BB 1998, 2567, 2625 f, 2629 f; *Hommelhoff/Mattheus*, AG 1998, 249, 257; dazu auch *Gernoth*, DStR 2001, 299; *Hachmeister*, DStR 1999, 1453, 1455 und 1456 f; *Mattheus*, ZGR 1999, 682.

[230] Hierzu und zu den Verschärfungen dieser Berichtspflicht durch das TransPuG *Hirte*, TransPuG, Rz. I 4 ff.

und **Berichtspflichten** des Vorstands näher festlegen. Zudem soll der Aufsichtsratsvorsitzende mit dem Vorstand bzw. seinem Vorsitzenden regelmäßig Kontakt halten und mit ihm die Strategie, die Geschäftsentwicklung und das Risikomanagement des Unternehmens beraten. Der Aufsichtsratsvorsitzende soll sodann den Aufsichtsrat insgesamt unterrichten. Dem Aufsichtsrat steht allerdings kein unmittelbares Zugriffsrecht auf dem Vorstand nachgeordnete Stellen in der Gesellschaft zu (etwa leitende Angestellte); denn dies würde mit der unabhängig ausgestalteten Stellung des Vorstands (§ 76 Abs. 1 AktG) kollidieren. Auch der Jahresabschluss einschließlich des Lageberichts sind dem Aufsichtsrat zur Prüfung vorzulegen (§ 170 Abs. 1 AktG). Jedes einzelne Aufsichtsratsmitglied hat nach § 170 Abs. 3 AktG nunmehr ein unentziehbares Recht darauf, diese Unterlagen ausgehändigt zu erhalten.

Deutlich gestärkt wurde die Überwachungskompetenz des Gesamt-Aufsichtsrats zudem dadurch, dass ihm seit Inkrafttreten des KonTraG auch die Kompetenz zusteht, den **Prüfungsauftrag an den Abschlussprüfer** für den Jahresabschluss und für den Konzernabschluss nach § 290 HGB zu erteilen (§ 111 Abs. 2 Satz 3 AktG n. F.; § 318 Abs. 1 Satz 4 HGB n. F.). Damit soll der Entwicklung gegenseitiger Abhängigkeiten von Prüfern und zu Prüfenden (= Vorstand) vorgebeugt werden. Das gilt im Zweifel auch in einem freiwillig gebildeten Aufsichtsrat; denn die Konfliktlage, die das Gesetz lösen will, besteht auch dort. Die Kompetenz zur Erteilung des Prüferauftrags umfasst zudem das Recht und die Pflicht, den Prüfungsauftrag zu strukturieren und zu präzisieren und die Höhe der Vergütung des Abschlussprüfers zu vereinbaren.[231] Der Abschlussprüfer hat bei einer prüfungspflichtigen Gesellschaft zudem (jetzt zwingend) an den Verhandlungen des Aufsichtsrats oder seines für die Rechnungslegung zuständigen Ausschusses teilzunehmen und dort über die Ergebnisse seiner Prüfung zu berichten (§ 171 Abs. 1 Satz 2 AktG n. F.).[232]

3.196 Erteilung des Prüfungsauftrages an den Abschlussprüfer

Eine Mischung zwischen Kontroll- und Geschäftsführungstätigkeit bildet die Pflicht (bis zum Inkrafttreten des TransPuG nur Möglichkeit), seine **Zustimmung zu bestimmten Arten von Geschäften** zu verlangen, die der Aufsichtsrat selbst oder die Satzung vorsehen müssen (§ 111 Abs. 4 Satz 2 AktG). Verweigert der Aufsichtsrat in einem solchen Fall die erforderliche Zustimmung, kann der Vorstand die Frage allerdings auch der Hauptversammlung zur Entscheidung vorlegen (§ 111 Abs. 4 Sätze 3 und 4 AktG).

3.197

Hauptpflicht des Aufsichtsorgans einer **Europäischen Aktiengesellschaft** ist die Überwachung der Führung der Geschäfte der SE durch das Leitungsorgan (Art. 40 Abs. 1 Satz 1 SE-VO). Dazu kann es vom Leitungs-

3.198 Überwachung der Führung der Geschäfte als Hauptpflicht bei der SE

---

231) *Hommelhoff*, BB 1998, 2567, 2569; dazu auch *Hachmeister*, DStR 1999, 1453, 1454 mit dem (zutreffenden) Hinweis, dass daraus allerdings keine Weisungsbefugnis i.e.S. folgt.
232) Dazu *Hommelhoff*, BB 1998, 2567, 2626 f.

organ die erforderlichen Informationen verlangen (Art. 40 Abs. 2 Satz 1 SE-VO); der Mitgliedstaat kann dies auch dem einzelnen Mitglied gestatten (Art. 40 Abs. 2 Satz 2 SE-VO). Deutschland nimmt dies in § 90 Abs. 3 Satz 2 AktG in der durch das TransPuG eingeführten Fassung für das nationale Aktienrecht jetzt ebenfalls an. In der SE hat auch jedes Aufsichtsratsmitglied einen Anspruch auf Kenntnisnahme von allen dem Gesamt-Aufsichtsorgan übermittelten Informationen (Art. 40 Abs. 5 SE-VO). Zur Ermöglichung der Überwachung muss das Leitungsorgan das Aufsichtsorgan mindestens alle drei Monate über den Geschäftsverlauf und die zukünftige Entwicklung der SE unterrichten (Art. 41 Abs. 1 SE-VO). Ereignisse, die sich auf die Lage der SE spürbar auswirken können, sind darüber hinaus „rechtzeitig" mitzuteilen (Art. 41 Abs. 2 SE-VO). Schließlich hat das Aufsichtsorgan ein eigenes Überprüfungsrecht (Art. 41 Abs. 4 SE-VO).

bb) Verwaltungsorgan

Verwaltungsaufgaben des Aufsichtsrates

3.199 Über diesen Bereich des § 111 Abs. 4 Satz 2 AktG mit der dort geregelten teils beratenden, teils mitbestimmenden Tätigkeit hinaus obliegen dem Aufsichtsrat allerdings auch einige echte Verwaltungsaufgaben. Seine schon angesprochene wichtigste Aufgabe ist dabei die in § 84 AktG niedergelegte Kompetenz zur Bestellung und Abberufung der Vorstandsmitglieder; dazu gehört die Festlegung der Höhe der Vorstandsvergütung (§ 87 AktG). Nach Empfehlung 5.1.2 DCGK soll der Aufsichtsrat dabei auch gemeinsam mit dem Vorstand für eine langfristige Nachfolgeplanung sorgen. Daneben tritt jetzt die Kompetenz des Aufsichtsrats zur Erteilung des Auftrags an die Abschlussprüfer (§ 111 Abs. 2 Satz 3 AktG n. F.), die auch die entsprechende Vertretungsmacht umfasst (dazu bereits oben Rz. 3.196).

Vertretung der Gesellschaft durch den Aufsichtsrat

3.200 Darüber hinaus obliegen dem Aufsichtsrat auch sonst ganz ausnahmsweise das Recht und die Pflicht zur **Vertretung der Gesellschaft**, nämlich im Verhältnis zu – auch ausgeschiedenen – Vorstandsmitgliedern (§ 112 AktG).[233] Verstöße gegen § 112 AktG – also bei Vertretung durch Vor-

---

233) BGH ZIP 1989, 497 = NJW 1989, 2055 = EWiR § 112 AktG 1/89, 429 (*Ebenroth*); BGH ZIP 1991, 796 = NJW-RR 1991, 926 = EWiR § 112 AktG 1/91, 631 (*Meyer-Landrut*); BGH ZIP 1993, 1380 = NJW-RR 1993, 1250 = EWiR § 112 AktG 1/93 (*Bork*); BGH NJW 1997, 2324 = ZIP 1997, 1108 = EWiR § 112 AktG 1/98, 99 (*Pfeiffer*) = DStR 1997, 1174 (*Goette*) (auch für erst durch Umwandlung aus einer GmbH entstandene AG, wenn Prozessgegner der ehemalige Geschäftsführer dieser GmbH ist); LG Berlin NJW-RR 1997, 1534 (für Wahl des Vorstandsmitglieds einer AG zum Geschäftsführer in der Gesellschafterversammlung einer Tochter-GmbH); zu Unrecht abw. OLG München NJW-RR 1997, 1063 (Klage der Witwe eines Vorstandsmitglieds gegen die AG aus einer Versorgungszusage; zum Ganzen *Hager*, NJW 1992, 352; kritisch zur Anwendbarkeit von § 112 AktG auch auf ausgeschiedene Vorstandsmitglieder *Behr/Kindl*, DStR 1999, 119 ff; zusammenfassend *Hirte*, NJW 1996, 2827, 2840 (zum Parallelproblem bei der GmbH – Umfang der Zuständigkeit der Gesellschafterversammlung bei Verträgen mit den Geschäftsführern – oben Rz. 3.26 ff).

stand statt Aufsichtsrat – stellen einen Fall der (nach § 177 BGB genehmigungsfähigen) Vertretung ohne Vertretungsmacht dar.²³⁴⁾

Für die **Europäische Aktiengesellschaft** fehlt es an einer entsprechenden Regelung. Gleiches gilt für die Kompetenz des Aufsichtsrats zur Erteilung des Auftrags an die Abschlussprüfer (§ 111 Abs. 2 Satz 3 AktG n. F.), die auch die entsprechende Vertretungsmacht umfasst. Das – im Gegensatz zu früheren Entwürfen²³⁵⁾ – Schweigen des europäischen Gesetzgebers in diesem Punkt sollte allerdings nicht dahingehend missverstanden werden, dass derartige Sonderzuständigkeiten des Aufsichtsrats mit europäischem Recht unvereinbar wären. Denn zum einen ist die Vertretung der SE insgesamt – entgegen früheren Entwürfen – nicht mehr gemeinschaftsrechtlich geregelt;²³⁶⁾ schon dies würde über Art. 9 Abs. 1 SE-VO zu einer Anwendbarkeit des nationalen Rechts führen. Zudem beruhen die genannten Regelungen auf dem allgemeinen, auch dem europäischen Recht bekannten Rechtsprinzip, dass die Vertretungsmacht von Gesellschaftsorganen im Falle von Interessenkollisionen eingeschränkt ist. Der nationale Gesetzgeber kann daher vom allgemeinen Grundsatz abweichende Regelungen zu der Frage treffen, wie die Gesellschaft in solchen Fällen vertreten wird; und er sollte dies auch, um klarzustellen, welchem Organ – Aufsichtsrat oder gar Hauptversammlung – in diesem Fall tatsächlich die Vertretung der Gesellschaft obliegt.²³⁷⁾

3.201 Fehlende Regelung der Vertretungszuständigkeit bei der SE

Gemeinsam mit dem Vorstand hat der Aufsichtsrat die Gesellschaft gegen Anfechtungs- und Nichtigkeitsklagen zu vertreten (§§ 246 Abs. 2 Satz 2, 249 Abs. 1 Satz 1 AktG). In großem Umfang hat der Aufsichtsrat bei der Aufstellung und Prüfung des Jahresabschlusses und – bei Konzernmuttergesellschaften – des Konzernabschlusses (§§ 171, 172 AktG) sowie bei der Bildung von Gewinnrücklagen (§ 58 Abs. 2 AktG) mitzuwirken. Schließlich hat er die Hauptversammlung einzuberufen, wenn das Wohl der Gesellschaft es erfordert (§ 111 Abs. 3 AktG).

3.202 Gemeinsame Vertretung bei Anfechtungs- und Nichtigkeitsklagen

cc) Verschwiegenheitspflicht

Aufsichtsratsmitglieder unterliegen ebenso wie Vorstandsmitglieder einer **Verschwiegenheitspflicht** (§§ 93 Abs. 1 Satz 2, 116 Satz 1 AktG). Durch einen durch das TransPuG an § 116 AktG angefügten neuen § 116 *Satz 2* AktG wird die Verschwiegenheitspflicht der Aufsichtsratsmitglieder betont: danach sind „[d]ie Aufsichtsratsmitglieder [.] *insbesondere* zur Verschwiegenheit über erhaltene vertrauliche Berichte und vertrauliche Beratungen verpflichtet". Damit wird die sich zuvor schon aus dem Verweis des § 116 Satz 1 AktG ergebende selbstverständliche Verschwiegenheitspflicht der Aufsichtsratsmitglieder betont, bestätigt und verstärkt. Für das

3.203

---

234) Für (genehmigungsfähiges) Fehlen der Vertretungsmacht BGH NJW 1998, 384 = DStR 1997, 2035 (*Goette*) = LM H. 3/1998 § 398 ZPO Nr. 43 (allerdings nur zur Heilung im Prozess); BGH ZIP 1999, 1669 = NJW 1999, 3263 = DStR 1999, 1743 (*Goette*) = LM H. 3/2000 § 38 GmbHG Nr. 17 (*Hirte*) (für GmbH mit fakultativem Aufsichtsrat: Genehmigung der bisherigen Prozessführung möglich); OLG Karlsruhe WM 1996, 161 = AG 1996, 224 = EWiR § 112 AktG 1/96, 581 (*Sethe*) = WuB II A. § 112 AktG 1.96 (*Hasselbach*) (inzwischen rkr.); Stein, AG 1999, 28, 39 f (sofern Aufsichtsrat Vertretungsmacht auf Dritte übertragen durfte); abw. OLG Stuttgart BB 1992, 1669: Verstoß gegen gesetzliches Verbot nach § 134 BGB.
235) Dazu *Schwarz*, ZIP 2001, 1847, 1855.
236) *Schwarz*, ZIP 2001, 1847, 1857.
237) Vgl. bereits *Hirte*, NZG 2002, 1, 8.

Vorliegen von „Vertraulichkeit" soll es dabei auf objektive Kriterien ankommen: die Bezeichnung einer Information durch den Vorstand als „vertraulich" mag danach zwar eine Vermutung für deren Geheimhaltungsbedürftigkeit begründen; letztlich kommt es aber im Streitfall auf die Einschätzung der Gerichte an.[238] Das soll verhindern, dass Arbeitnehmervertreter im Aufsichtsrat pauschal zur Geheimhaltung über sämtliche erhaltenen Informationen verpflichtet werden. Nur in seltenen Ausnahmefällen darf die Verschwiegenheitspflicht im Interesse der Gesellschaft durchbrochen werden. Unklar ist aber, ob dies auch dann gilt, wenn – was der Gesellschaft bekannt ist – das Aufsichtsratsamt als Nebenamt ausgeübt wird und das Aufsichtsratsmitglied aus einem anderen Amt zur Offenlegung der erlangten Informationen verpflichtet ist.[239]

Doppelmandate und Interessenkonflikte

3.204 Weitere Konflikte ergeben sich dann, wenn eine Person in Aufsichtsräten von mehreren Unternehmen tätig ist, die miteinander konkurrieren („Doppelmandate"). Wie weit muss das Aufsichtsratsmitglied seine anderweitig erlangten Kenntnisse einbringen oder wie weit darf es das wegen anderweitig bestehender (Verschwiegenheits-)Pflichten gerade nicht?[240] Die bereits genannte Höchstzahl möglicher Aufsichtsratsmandate (§ 100 Abs. 2 Nr. 1 AktG) kann solche Konflikte nur begrenzt verhindern. Im Einzelfall kann daher ein Stimmrechtsausschluss des betreffenden Aufsichtsratsmitglieds geboten sein, in Extremfällen auch eine Niederlegung des Mandats;[241] eine solche Mandatsniederlegung empfiehlt Nr. 5.5.3 DCGK für wesentliche und nicht nur vorübergehende **Interessenkonflikte** in der Person eines Aufsichtsratsmitglieds. Empfehlung 5.5.2 DCGK verlangt jedenfalls eine Offenlegung von Interessenkonflikten des einzelnen Aufsichtsratsmitglieds gegenüber dem Gesamtaufsichtsrat und statuiert in Nr. 5.5.3 DCGK eine Pflicht des Aufsichtsrats, im Bericht an die Hauptversammlung über aufgetretene Interessenkonflikte und deren Behandlung zu informieren. Die Verschwiegenheitspflicht erfasst aber vor allem, was im Einzelfall Schwierigkeiten bereiten kann, alle Aufsichtsratsmitglieder gleichermaßen, also auch Arbeitnehmervertreter oder Vertreter der öffentlichen Hand. Sie genießen daher kein Privileg, die im Aufsichtsrat erhaltenen Informationen etwa an Gewerkschaften oder den Staat weiterzugeben.[242]

b) **Pflichten gegenüber Geschäftspartnern und Allgemeinheit**

3.205 Pflichten des Aufsichtsratsmitglieds gegenüber Geschäftspartnern und Allgemeinheit können sich unter denselben Voraussetzungen wie beim Geschäftsleiter ergeben. Daher sei auf die zu ihm gemachten Ausführungen verwiesen (oben Rz. 3.76 ff).

---

238) *Seibert*, NZG 2002, 608, 611.
239) Dazu BGHZ 75, 96, 109 f – Herstatt; *Raiser*, KapGesR, § 15 Rz. 106 f.
240) BGH NJW 1980, 1629 (Schaffgotsch): keine Entschuldigung unter Hinweis auf anderweitig übernommene Rechtspflichten; ausführlich *Decher*, Personelle Verflechtungen im Aktienkonzern (1990); *Wilde*, ZGR 1998, 423, 431 ff.
241) *Grunewald*, GesR, S. 258 f Rz. 87 m. w. N.; *Wilde*, ZGR 1998, 423, 431 ff.
242) BGHZ 64, 325, 329; *Raiser*, KapGesR, § 15 Rz. 106 f.

4. Haftung des Aufsichtsratsmitglieds

§ 116 Satz 1 AktG verweist nicht nur für den Pflichtenstandard, sondern auch für Inhalt und Geltendmachung etwaiger Ersatzansprüche **gegenüber der Gesellschaft** auf § 93 AktG. Danach schuldet das Aufsichtsratsmitglied – in Konkretisierung von § 276 Abs. 1 Satz 2 BGB – nach § 93 Abs. 1 Satz 1 AktG die Sorgfalt eines ordentlichen und gewissenhaften Aufsichtsratsmitglieds. Bei unternehmerischen Entscheidungen steht ihm aber ebenso wie dem Vorstandsmitglied ein gewisser nicht gerichtlich nachprüfbarer Ermessensspielraum zu (dazu oben Rz. 3.83, 3.90). Die einzelnen, eine Haftung möglicherweise begründenden Pflichten wurden bereits dargestellt (oben Rz. 3.192 ff). Zur Durchsetzung ist nach der allgemeinen Regel des § 78 AktG zunächst der Vorstand berufen, doch kann auch und gerade hier ein besonderer Vertreter nach § 147 Abs. 2 Satz 1 AktG bestellt werden.

3.206 Haftung gegenüber der Gesellschaft

Außer aus § 116 Satz 1 AktG kann sich eine Haftung von Aufsichtsratsmitgliedern auch aus § 117 Abs. 2 Satz 1 AktG ergeben (dazu im Übrigen unten Rz. 3.219). Was die Haftung **gegenüber Geschäftspartnern und Allgemeinheit** anbelangt, ergeben sich keine Besonderheiten im Vergleich zur Haftung des Geschäftsleiters selbst.

3.207

IV. Verwaltungsorgan der Europäischen Aktiengesellschaft im monistischen System

Anders als für das dualistische System fehlt es für eine Europäische Aktiengesellschaft mit satzungsmäßig gewähltem monistischen System an nationalen Regelungen, die die vom europäischen Recht gelassenen Lücken füllen könnten. Das künftige deutsche Ausführungsgesetz sollte[243] daher auch Regelungen zu dem dem deutschen Recht bislang unbekannten monistischen System enthalten; manches spricht dafür, dass die hierbei in den nächsten Jahren zu machenden Erfahrungen auch Reformen bei der Verfassung der nationalen Aktiengesellschaften anstoßen werden.[244]

3.208

1. Zahl, Zusammensetzung und Organisation

Die Zahl der Mitglieder des Verwaltungsorgans einer SE mit monistischem System richtet sich nach der Satzung, wobei auch hier die Mitgliedstaaten Mindest- und Höchstzahlen festlegen können (Art. 43 Abs. 2 Unterabs. 1 SE-VO). Greift eine Mitbestimmungsregelung ein, müssen mindestens drei Mitglieder bestellt werden (Art. 43 Abs. 2 Unterabs. 2 SE-VO).

3.209 Festlegung der Mitgliederzahl durch die Satzung der SE

---

243) Das muss es aber nicht (vgl. Art. 43 Abs. 4 SE-VO; *Schwarz*, ZIP 2001, 1847, 1854 [auch zur Kritik des Europäischen Parlaments am Fehlen einer entsprechenden Vorgabe]; abw. daher *Hommelhoff*, AG 2001, 279, 284); Entsprechendes gilt für den spiegelbildlichen Fall, dass ein Staat bislang das dualistische System nicht kennt: hier kann es ergänzende Regeln treffen, es muss es aber nicht (Art. 39 Abs. 5 SE-VO).

244) *Hommelhoff*, AG 2001, 279, 283.

3.210 Aus seiner Mitte hat das Verwaltungsorgan einen **Vorsitzenden** zu wählen (Art. 45 Satz 1 SE-VO), der im Falle hälftiger Bestellung der Mitglieder des Verwaltungsorgans durch die Arbeitnehmer zu den von der Hauptversammlung gewählten Mitgliedern des Verwaltungsorgans gehören muss (Art. 45 Satz 2 SE-VO). In der **Satzung sind die Geschäfte festzulegen**, über die das Verwaltungsorgan ausdrücklich Beschluss fassen muss (Art. 48 Abs. 1 Unterabs. 1 SE-VO). Die Mitgliedstaaten haben die Möglichkeit, für die in ihrem Hoheitsgebiet eingetragenen SE festzulegen, „welche Arten von Geschäften auf jeden Fall in die Satzung aufzunehmen sind" (Art. 48 Abs. 2 SE-VO), was wohl heißen soll „ausdrücklich beschlussbedürftig" sind. Im Übrigen finden sich für die Binnenorganisation keine zwingenden Vorgaben; Art. 50 SE-VO enthält nur satzungsdispositive Regelungen zu Beschlussfähigkeit und -fassung.

Laufende Geschäfte in eigener Verantwortung

3.211 Die Mitgliedstaaten können aber vorsehen, dass ein oder mehrere Geschäftsführer die **laufenden Geschäfte** in eigener Verantwortung unter denselben Voraussetzungen zu führen haben, wie sie für Aktiengesellschaften mit Sitz im Hoheitsgebiet des betreffenden Mitgliedstaats gelten (Art. 43 Abs. 1 Satz 2 SE-VO); das entspricht der im amerikanischen Rechtskreis üblichen Unterscheidung zwischen *inside* und *outside directors*.[245] Ob Deutschland eine solche Unterscheidung einführen darf, erscheint aber zumindest zweifelhaft: denn es kennt wegen des bislang fehlenden monistischen Systems bei den „normalen" Aktiengesellschaften diese Differenzierung in seinem nationalen Recht bisher nicht.[246]

3.212 Völlig neue Probleme (und Regelungsaufgaben für den deutschen Gesetzgeber) werden allerdings dadurch entstehen, die Mitbestimmung auch im neuen einheitlichen Verwaltungsorgan verankern zu können und zu müssen.[247]

2. Bestellung

Bestellung des Verwaltungsorgans durch die Hauptversammlung

3.213 Die Mitglieder des Verwaltungsorgans werden von der Hauptversammlung bestellt, die des ersten Verwaltungsorgans durch die Satzung bestimmt (Art. 43 Abs. 3 SE-VO). Hinsichtlich der persönlichen Voraussetzungen, des Berufungszeitraums und des Ausschlusses der freien Abberufbarkeit gelten dieselben Regelungen wie für Vorstands- und Aufsichtsratsmitglieder einer SE im dualistischen System (zu ersteren oben Rz. 3.12 ff).

3. Aufgaben und Pflichten

3.214 Das (einheitliche) **Verwaltungsorgan führt die Geschäfte** der SE (Art. 43 Abs. 1 Satz 1 SE-VO). Dazu muss es in den durch die Satzung

---

245) Kritisch zum Verzicht auf eine zwingende Vorgabe in diesem Punkt *Hommelhoff*, AG 2001, 279, 284 (doch ist sein Einwand nicht ganz berechtigt: denn seine Forderung, klar zwichen Leitungs- und Überwachungs-/Kontrollaufgabe zu differenzieren, wäre eine Einführung des Aufsichtsratssystems durch die Hintertür).
246) Abw. *Hommelhoff*, AG 2001, 279, 284.
247) *Hirte*, NZG 2002, 1, 8; *Hommelhoff*, AG 2001, 279, 282.

bestimmten Abständen, mindestens aber alle drei Monate zusammentreten, um über den Geschäftsverlauf und die zukünftige Entwicklung der SE zu beraten (Art. 44 Abs. 1 SE-VO). Jedes Mitglied hat einen Anspruch auf Kenntnisnahme von allen dem Gesamtorgan übermittelten Informationen (Art. 44 Abs. 2 SE-VO).

Wie auch im dualistischen System ist europarechtlich ungeklärt, wer die Gesellschaft in den schon angesprochenen Fällen möglicher Interessenkollisionen **vertritt** (oben Rz. 3.201). Für das monistische System sollte das nationale Ausführungsrecht diese Frage erst recht eindeutig regeln. Dabei rückt hier – vor allem bei nicht börsennotierten Gesellschaften – eine mögliche Zuständigkeit der Hauptversammlung anstelle des Vorstands in den Blick.

3.215 Vertretung bei Interessenkonflikten

Bezüglich der **Haftung** der Verwaltungsratsmitglieder im monistischen System gelten nach Art. 51 SE-VO dieselben Vorgaben wie für Vorstands- und Aufsichtsratsmitglieder einer SE mit dualistischen System (dazu oben Rz. 3.144); Gleiches gilt für die **Verschwiegenheitspflicht** (Art. 49 SE-VO). Ungeregelt ist auch hier die Außenhaftung.

3.216 Haftung entspricht den Vorgaben des dualistischen Modells

V. Hauptversammlung und Gesellschafterversammlung

Wie schon angedeutet, ergeben sich die wichtigsten Unterschiede zwischen Aktien- und GmbH-Recht im Bereich der Organisation. Ganz wesentlich betrifft dies die Gesellschafterversammlung, allerdings vor allem im Bereich der Zuständigkeit.

3.217

1. Zuständigkeit

a) Aktienrecht

Auch wenn die **Hauptversammlung** das Organ ist, in dem die Aktionäre ihre Rechte in erster Linie ausüben sollen (§ 118 Abs. 1 AktG), so ist sie nach dem Konzept des Gesetzes doch nicht das „oberste Organ" der Aktiengesellschaft. Schon die systematische Stellung der Vorschriften über die Hauptversammlung im Gesetz – hinter den Regelungen über Vorstand und Aufsichtsrat – zeigt, dass das Gesetz mit der Aktiengesellschaft nur sehr begrenzt die Vorstellung einer Aktionärsdemokratie verbindet. Die „Führungsrolle" in der Aktiengesellschaft ist vielmehr – zurückgehend auf Vorstellungen des AktG 1937 – dem Vorstand zugewiesen. Hinzu kommt, dass in börsennotierten Publikumsaktiengesellschaften regelmäßig nur ein kleiner Teil der Aktionäre auf Hauptversammlungen erscheint oder vertreten ist, der Willensbildungsprozess in diesem Gremium also nur eine begrenzte Bedeutung hat. Auf der anderen Seite darf nicht übersehen werden, dass bei solchen Gesellschaften die Entwicklung des Börsenkurses als Resultat von Angebot und Nachfrage und – im Extremfall – die Möglichkeit eines Verkaufs von Aktien („*Wall Street Rule*"

3.218 Hauptversammlung stellt nicht das oberste Organ dar

oder „Abstimmung mit den Füßen") den formalen Abstimmungsakt in der Hauptversammlung ersetzen kann.[248]

Haftung bei Benutzung des Einflusses auf die Gesellschaft

3.219 Die starke Stellung der Verwaltung wird auch dadurch abgesichert, dass das Aktienrecht in § 117 Abs. 1 Abs. 1 AktG jeden – also nicht einmal nur Aktionäre – zum Schadenersatz verpflichtet, der vorsätzlich unter **Benutzung seines Einflusses auf die Gesellschaft** Vorstand, Aufsichtsrat, Prokuristen oder Handlungsbevollmächtigte einer Aktiengesellschaft zu Handlungen bestimmt, die Gesellschaft oder ihre Aktionäre schädigen. Davon sind nur die Einflussnahme durch das Stimmrecht in der Hauptversammlung sowie die Einflussnahme bei Vorliegen eines Beherrschungsvertrages oder im Falle einer Eingliederung ausgenommen (§ 117 Abs. 7 AktG). Bei § 117 Abs. 1 AktG handelt es sich um einen besonderen Deliktstatbestand,[249] der freilich bis heute nur äußerst selten zur Anwendung gekommen ist. Auch die Verwaltungsmitglieder, die sich dem verbotenen „Einfluss beugen", werden nach § 117 Abs. 2 AktG gesamtschuldnerisch in die Verantwortung genommen.

Wahl und Entlastung als zentrale Aufgaben

3.220 Im Gegensatz zur Gesellschafterversammlung der GmbH ist die Hauptversammlung der Aktiengesellschaft daher nur in den im Gesetz enumerativ aufgeführten Fällen zur Entscheidung berufen. Von der Geschäftsführung ist sie nach § 119 Abs. 2 AktG ausdrücklich ausgeschlossen, sofern der Vorstand sie nicht aus eigener Initiative konsultiert. Die wichtigsten der Hauptversammlung zugewiesenen Entscheidungen betreffen die **Wahl** der von den Anteilseignern zu stellenden Aufsichtsratsmitglieder (§ 119 Abs. 1 Nr. 1 AktG) und die **Entlastung** der Aufsichtsrats- *und* der Vorstandsmitglieder (§ 119 Abs. 1 Nr. 3 AktG), die hier – im Gegensatz zum GmbH-Recht – keinen Verzicht auf Ersatzansprüche bedeutet (§ 120 Abs. 2 Satz 2 AktG). Daher ist ein Hauptversammlungsbeschluss rechtswidrig, mit dem eine umstrittene Geschäftsführungsmaßnahme genehmigt und *darüber hinaus* festgestellt wird, dass in dieser Maßnahme keine Pflichtverletzung des Vorstandes gelegen habe. Denn damit soll über § 120 AktG hinausgehend eine materielle Entlastung erreicht und sollen mögliche Schadenersatzansprüche vereitelt werden, was gegen § 93 Abs. 3 AktG verstößt.[250]

3.221 Der Entlastungsbeschluss erlaubt aber der Hauptversammlung anlässlich dieses Tagesordnungspunkts zumindest eine Diskussion der Geschäftsführung durch den Vorstand. Auf die Bestellung der Vorstandsmitglieder

---

248) Dazu *Hirte*, in: Hadding/Hopt/Schimansky (Hrsg.), Das Zweite Finanzmarktförderungsgesetz in der praktischen Umsetzung. Bankrechtstag 1995 (1996), S. 47, 73; *ders.*, in: Gestaltungsfreiheit im Gesellschaftsrecht. 11. ZGR-Symposion „25 Jahre ZGR", ZGR-Sonderheft 13 (1998), S. 61, 86 ff.
249) Vgl. BGH ZIP 1992, 1464, 1471 = NJW 1992, 3167, 3172 = EWiR § 185 AktG 1/92, 1153 (*Wiedemann*) – IBH/Scheich Kamel.
250) OLG Stuttgart ZIP 1995, 378 = EWiR § 126 AktG 1/95, 11 (*Karollus*) – ASS (inzwischen rkr.); zum Verbot der Teilentlastung OLG Düsseldorf NJW-RR 1996, 1252 = ZIP 1996, 503 = DZWir 1996, 466 (*Sethe*) (Mannesmann/Dieter) (rkr., nachdem entgegen anderslautender Ankündigungen keine Revision eingelegt wurde; vgl. ZIP 1996, 1986).

selbst hat die Hauptversammlung nämlich nur indirekten Einfluss – über die Wahl der Aufsichtsratsmitglieder.

Von großer Bedeutung sind auch die der Hauptversammlung zustehenden „**Grundlagenentscheidungen**" über Satzungsänderungen, Kapitalmaßnahmen (§§ 119 Abs. 1 Nrn. 5 und 6, 179, 182 AktG), Auflösung (§§ 119 Abs. 1 Nr. 8, 262 AktG), bestimmte Konzernierungsmaßnahmen (§§ 293, 319 AktG), Umwandlungen und Formwechsel (§§ 13, 193 UmwG). In diesen Fällen bedarf die beschlossene Maßnahme zu ihrer Wirksamkeit einer Eintragung in das Handelsregister (Grundnorm ist § 181 Abs. 3 AktG). Eine gegen einen solchen Beschluss gerichtete Anfechtungsklage kann eine solche Eintragung aber verhindern.

3.222 Grundlagenentscheidungen bedürfen eines Beschlusses der Hauptversammlung

Weiter ist die Hauptversammlung zuständig für die Entscheidung über die **Verwendung des Bilanzgewinns** (§§ 119 Abs. 1 Nr. 2, 174 Abs. 1 AktG) und – damit zusammenhängend – die **Wahl des Abschlussprüfers** (§ 119 Abs. 1 Nr. 4 AktG). Diese oberste Kompetenz in Fragen der Gewinnverwendung ist allerdings dadurch stark eingeschränkt, dass die Feststellung des Jahresabschlusses in der Regel dem Vorstand und Aufsichtsrat obliegt (§§ 172, 173 AktG) und diese Organe auch in wesentlichem Umfang ohne Mitwirkung der Hauptversammlung Rücklagen bilden dürfen (§ 58 AktG); hier ist die Zuständigkeit der Hauptversammlung auf die „**Entgegennahme**" **von Jahres- oder Konzernabschluss** nebst Lagebericht beschränkt (Einzelheiten unten Rz. 4.13 ff). Schließlich obliegt der Hauptversammlung die **Bestellung von Sonderprüfern** (§ 119 Abs. 1 Nr. 7 AktG) und (gegen den Vorstand subsidiär) die Entscheidung über die **Geltendmachung von Ersatzansprüchen** (§ 147 AktG).

3.223 Zuständigkeit der Hauptversammlung für die Verwendung des Bilanzgewinns und die Wahl des Abschlussprüfers

Der relativ begrenzte Umfang der Hauptversammlungszuständigkeit war Anlass zu Überlegungen, sie über den Wortlaut des Gesetzes hinaus auch allgemein in Fragen von grundsätzlicher Bedeutung zu beteiligen. Der BGH ist dem in der „**Holzmüller**"**-Entscheidung**[251] gefolgt und hat im Rahmen von § 119 Abs. 2 AktG eine Verpflichtung des Vorstandes angenommen, Geschäftsführungsmaßnahmen, die mit besonders schwerwie-

3.224 Geschäftsführungsmaßnahmen mit besonders schwerwiegenden Eingriffen in die Aktionärsrechte bedürfen der Beteiligung der Hauptversammlung

---

251) BGHZ 83, 122 = ZIP 1982, 568 = NJW 1982, 1703 – Holzmüller; dazu ausführlich *Hirte*, Bezugsrechtsausschluß und Konzernbildung (1986), S. 129 ff, 155 ff; ebenso OLG Frankfurt/M. ZIP 1999, 842 = NZG 1999, 887 = EWiR § 119 AktG 1/99, 535 (*Schüppen*) (von BGHZ 146, 288 = ZIP 2001, 416 = NJW 2001, 1277 = DStR 2001, 582 = NZG 2001, 405 = LM § 119 AktG Nr. 2 [*Mülbert*] in der Revision offen gelassen); Vorinstanz LG Frankfurt/M., NJW-RR 1997, 1464 = ZIP 1997, 1698 = EWiR § 119 AktG 1/97, 919 (*Drygala*) – Altana/Milupa, für Verpflichtung, das gesamte Vermögen der Gesellschaft auf eine konzernexterne Gesellschaft zu übertragen (dazu *Lutter/Leinekugel*, ZIP 1998, 225; zur Möglichkeit von Ermächtigungen *dies.*, ZIP 1998, 805); OLG Celle ZIP 2001, 613, 615 f = NZG 2001, 409 = EWiR § 119 AktG 2/01, 651 (*Windbichler*) – Allied Signal Deutschland; LG Duisburg NZG 2002, 643 = EWiR § 119 AktG 1/02, 839 (*Sinewe*) – Babcock Borsig; zum Umfang der Offenlegungspflichten bei einer Entscheidung nach § 119 Abs. 2 AktG OLG München NJW-RR 1997, 544 = WM 1996, 1462 = DZWiR 1996, 511 (*Hirte*) = EWiR § 119 AktG 2/97, 1109 (*Saenger*) – März/Bavaria; kritisch dazu *Wilde*, ZGR 1998, 423, 445 ff. Zum Anspruch außenstehender Aktionäre auf Auskunft über den wesentlichen Inhalt eines Vertrages über den Verkauf des operativen Geschäfts auch LG Köln EWiR § 243 AktG 1/99, 289 (*Luttermann*) – Kaufhalle (n. rkr.).

genden Eingriffen in die Rechte der Aktionäre verbunden sind, der Hauptversammlung zu unterbreiten. Die Entscheidung ist vor allem, soweit sie Publikumsaktiengesellschaften betrifft, auf erhebliche Kritik gestoßen.[252] Gleichwohl trägt die Praxis ihr (zwangsläufig) Rechnung; allerdings werden – soweit ersichtlich – vor allem Fälle des Verkaufs von Beteiligungen und anderem unternehmerischen Vermögen der Hauptversammlung zur Entscheidung vorgelegt, nicht aber solche des Erwerbs. Ein schon angesprochener anderer Beispielsfall, in dem die Haupt- oder Gesellschafterversammlung zu beteiligen wäre, wäre die Stellung eines Insolvenzantrags durch den Geschäftsleiter, ohne dass eine entsprechende gesetzliche Pflicht besteht (dazu bereits oben Rz. 3.61).

Ausschluss der Vertretungsmacht des Vorstandes bei Vermögensübertragung

3.225 Richtig allerdings ist, dass der Ansatzpunkt für eine allgemeine Zuständigkeit der Hauptversammlung in Grundlagenangelegenheiten keinesfalls in § 119 Abs. 2 AktG, sondern in vorsichtiger Analogie zu den Vorschriften über die Satzungsänderung gesucht werden sollte.[253] Der Gesetzgeber hat diesem Ansatz inzwischen – teilweise – durch Einfügung von § 179a AktG (früher § 361 AktG) Rechnung getragen. Für den dort geregelten Fall der **Vermögensübertragung** statuiert das Gesetz sogar ausdrücklich einen Ausschluss der Vertretungsmacht des Vorstands, wenn er sich verpflichtet, das gesamte Gesellschaftsvermögen zu veräußern. Dabei ist das „ganz" nicht wörtlich zu verstehen; vielmehr greift § 179a AktG schon dann ein, wenn nur noch unwesentliches Vermögen bei der Gesellschaft verbleibt. Da die Norm auch Schutzlücken zum Umwandlungsrecht schließen will, ist es allerdings widersprüchlich, dass der Gesetzgeber davon abgesehen hat, Ausgleichsansprüche nach dem Vorbild von Eingliederung, Umwandlung bzw. Verschmelzung einzuräumen, um den Aktionären einen Ausgleich für den Untergang „ihrer" Gesellschaft zu bieten. Denn die Vermögensübertragung kann (und wird typischerweise) zu denselben Zwecken eingesetzt wie die gesetzlich geregelten Umwandlungsmaßnahmen.[254]

Maßnahmen zur Übernahmeabwehr

3.226 Gewissermaßen einen Sonderfall der Hauptversammlungszuständigkeit in Fragen von grundsätzlicher Bedeutung bildet die jedenfalls im Rahmen von § 33 Abs. 2 WpÜG bestehende Möglichkeit (und – insoweit freilich umstrittene – Notwendigkeit), die Verwaltung zu Maßnahmen der **Übernahmeabwehr** zu ermächtigen.[255]

---

252) Nachweise bei *Wiedemann*, Großkomm. AktG, § 179 Rz. 69.
253) Vgl. *Hirte*, Bezugsrechtsausschluß und Konzernbildung (1986), S. 165 ff (§ 186 AktG); *Wiedemann*, Großkomm. AktG, § 179 Rz. 74 ff (Gesamtanalogie); sowie zuletzt *Joost*, ZHR 163 (1999), 164, 173 ff; *Th. Liebscher*, Konzernbildungskontrolle (1995), S. 37 ff (dazu *Hirte*, ZHR 163 [1999], 126, 127).
254) OLG Stuttgart ZIP 1997, 362 = EWiR § 361 AktG 1/97, 197 (*Dreher/Neumann*).
255) Hierzu *Hirte*, in: Kölner Komm. z. WpÜG, § 33 Rz. 95 ff; abw. allerdings für das allgemeine Aktienrecht (bezogen auf Werbemaßnahmen gegen ein feindliches Übernahmeangebot) vor Inkrafttreten des WpÜG LG Düsseldorf WM 2000, 528 = AG 2000, 233 = EWiR § 119 AktG 1/2000, 413 (*Kiem*) = WuB II A. § 119 AktG 1.00 (*Buck*) – Mannesmann.

b) Europäische Aktiengesellschaft

Die Hauptversammlung (Art. 30 SE-VO) einer Europäischen Aktiengesellschaft ist zuständig für die in der SE-Verordnung oder der SE-Richtlinie ausdrücklich geregelten Fragen sowie für die Fragen, für die eine Hauptversammlung nach dem Recht des Sitzstaats der SE zuständig wäre oder die ihr durch die Satzung im Einklang mit dem Recht des Sitzstaats zugewiesen wurden (Art. 52 SE-VO). Das bedeutet in der zentralen Frage der Kompetenzabgrenzung zwischen Hauptversammlung und Verwaltung keine Vereinheitlichung, was angesichts des Fehlens der Fünften Richtlinie zur Struktur der Aktiengesellschaft, die diese Fragen angegangen hätte (zu dieser oben Rz. 1.48), nicht überrascht.

3.227 Zuständigkeit der Hauptversammlung der SE

c) GmbH-Recht

Ganz im Gegensatz zur Aktiengesellschaft ist in der gesetzestypischen, nicht mitbestimmten GmbH die **Gesellschafterversammlung** das oberste Organ der Gesellschaft. Ihr steht in allen Angelegenheiten der Geschäftsführung ein **Weisungsrecht** gegenüber dem Geschäftsführer zu. Selbst wirtschaftlich nachteilige Weisungen sind davon gedeckt, solange die Gesellschaft dadurch nicht in die unmittelbare Gefahr einer Insolvenz gerät.[256]

3.228 Weisungsrecht der Gesellschafterversammlung bei der GmbH

Lediglich für **Rechtsanwalts- und Patentanwaltgesellschaften** statuiert das Gesetz davon im Hinblick auf das Gebot der Unabhängigkeit der jeweiligen Anwälte Ausnahmen von diesem Weisungsrecht (§ 59f Abs. 4 BRAO, § 52f Abs. 4 PatAnwO). Unter dem Vorbehalt abweichender Regelungen in der Satzung (§ 45 Abs. 1 GmbHG) sind die Geschäftsleiter zudem für solche Maßnahmen der Geschäftsführung (nicht Vertretung!) unzuständig, die entweder Grundlagen der Geschäftspolitik oder deren Änderung betreffen[257] oder als ungewöhnliche Geschäfte einen schwerwiegenden Eingriff in die Stellung der Gesellschafter bedeuten.[258]

3.229 Kein Weisungsrecht bei Rechtsanwalts- und Patentanwaltsgesellschaften

Das GmbH-Gesetz selbst legt in § 46 GmbHG einen Katalog von Angelegenheiten fest, der in die Zuständigkeit der Gesellschafterversammlung fällt; doch ist dieser mangels einer § 23 Abs. 5 AktG entsprechenden Regelung im GmbH-Recht in beiden Richtungen dispositiv (ausdrücklich § 45 Abs. 1 GmbHG). Danach gehören im Zweifel (§ 45 Abs. 2 GmbHG) vor allem die **Bestellung und Abberufung der Geschäftsführer** sowie ihre **Entlastung** in die Zuständigkeit der Gesellschafterversammlung (§ 46 Nr. 5 GmbHG). In diesem Zusammenhang stehen auch die Kompetenz zu Maßregeln zur **Prüfung und Überwachung der Geschäftsführung** (§ 46 Nr. 6 GmbHG) und die – schon angesprochene – Entscheidungszuständigkeit für die **Geltendmachung von Ersatzansprüchen** gegen Geschäftsführer und Gründer (§ 46 Nr. 8 GmbHG). Auch

3.230 Zuständigkeit der Gesellschafterversammlung

---

256) Exemplarisch OLG Frankfurt/M. NJW-RR 1997, 736 = ZIP 1997, 450 (für das Ziel, aus steuerlichen Gründen Gewinne ins Ausland zu verlagern; Folge bei Weigerung des Geschäftsführers: [fristlose] Kündigung seines Dienstverhältnisses).
257) BGH ZIP 1991, 509 = NJW 1991, 1681 = EWiR § 37 GmbHG 1/91, 469 (*Meyer-Landrut*) (GmbH); dazu *Hirte*, NJW 1996, 2827, 2844; *Kort*, ZIP 1991, 1274.
258) BGHZ 83, 122 = ZIP 1982, 568 = NJW 1982, 1703 – Holzmüller (AG); dazu ausführlich *Hirte*, Bezugsrechtsausschluß und Konzernbildung (1986), S. 129 ff, 155 ff.

die Zuständigkeit für eine „Generalbereinigung" mit einem Geschäftsführer liegt bei der Gesellschafterversammlung, was aus § 46 Nr. 5 wie § 46 Nr. 8 GmbHG folgt;[259] eine solche „Generalbereinigung" unterscheidet sich von der im Gesetz geregelten Entlastung nur insoweit, als bei der Entlastung nur auf die den Gesellschaftern zurzeit der Beschlussfassung bekannten oder aus ihnen zugänglichen Unterlagen erkennbaren Ersatzansprüche verzichtet wird, während die nur bei der GmbH mögliche Generalbereinigung einen Verzicht auf sämtliche denkbaren Ersatzansprüche darstellt.[260] Bei Entscheidungen in diesem Bereich hat die Gesellschafterversammlung – anders als der Aufsichtsrat der Aktiengesellschaft – ein weitgehendes unternehmerisches Ermessen; denn die Lage bei einer Entscheidung durch die Gesellschafterversammlung ist anders als bei einer Ermessensentscheidung des treuhänderisch tätigen Aufsichtsrats (dazu oben Rz. 3.90).[261] Entbehrlich ist bei einer Einpersonen-Gesellschaft insoweit allerdings ein förmlicher Gesellschafterbeschluss, wenn der Wille des Alleingesellschafters zur Durchsetzung der Ersatzansprüche in anderer Weise ausreichend dokumentiert wurde.[262] Schließlich sollen die Gesellschafter im Zweifel über die Erteilung von **Prokura** und (Gesamt-) **Handlungsvollmacht** entscheiden (§ 46 Nr. 7 GmbHG).

3.231 Zu den Angelegenheiten der Gesellschafterversammlung gehören zudem – wie im Aktienrecht – die Entscheidung über die **Ergebnisverwendung**, aber – weitergehend als im Aktienrecht – auch über die **Feststellung des Jahresabschlusses** (§ 46 Nr. 1 GmbHG). Im Zweifel ist auch die Gesellschafterversammlung für die **Wahl des Abschlussprüfers** zuständig (§ 318 Abs. 1 Satz 1 HGB). Wegen der in einer kleinen Gesellschaft besonders schweren Auswirkungen auf die Beziehungen der Gesellschafter zueinander soll die Gesellschafterversammlung schließlich über die Einforderung von Einzahlungen auf die Stammeinlagen, die Rückzahlung von Nachschüssen und die Teilung und Einziehung von Geschäftsanteilen entscheiden (§ 46 Nrn. 2–4 GmbHG).

3.232 Von großer Bedeutung sind schließlich die zwingend der Gesellschafterversammlung zustehenden „**Grundlagenentscheidungen**" über Satzungsänderungen, Kapitalmaßnahmen (§§ 53, 55 GmbHG), Auflösung (§ 60 Abs. 1 GmbHG), bestimmte Konzernierungsmaßnahmen (§ 293 AktG analog), Umwandlungen und Formwechsel (§§ 13, 193 UmwG).

---

259) BGH ZIP 1998, 332, 333 = NJW 1998, 1315 = DStR 1998, 459 (*Goette*); *Rowedder/Koppensteiner*, GmbHG, § 46 Rz. 32.
260) BGHZ 97, 382, 389 = ZIP 1986, 979 = NJW 1986, 2250 = EWiR § 46 GmbHG 1/86, 997 (*Roth*).
261) OLG Düsseldorf ZIP 1996, 1083 = EWiR § 47 GmbHG 1/96, 555 (*Bork*) – ARAG/Garmenbeck II (rkr. nach Nichtannahme der Revision mangels grundsätzlicher Bedeutung und mangels Erfolgsaussicht durch BGH, Nichtannahmebeschl. v. 20. 1. 1997 – II ZR 90/96, mitgeteilt in ZIP 1997, 887); dazu *Raiser*, NJW 1996, 552.
262) BGH ZIP 1995, 643, 645 = NJW 1995, 1750 = EWiR § 48 GmbHG 1/95, 893 (*Weipert*) = LM H. 7/1995 § 46 GmbHG Nr. 31; BGH ZIP 1997, 199, 200 = NJW 1997, 741 = DStR 1997, 252 (*Goette*) = EWiR § 43 GmbHG 2/97, 303 (*Westermann*).

2. Einberufung, Teilnahme, Leitung und Beurkundung

a) Aktienrecht

aa) Einberufung

Die Hauptversammlung ist nach § 121 Abs. 1 AktG in den durch Gesetz oder Satzung bestimmten Fällen sowie dann einzuberufen, wenn das Wohl der Gesellschaft es erfordert; die Einberufung geschieht regelmäßig als Leitungsaufgabe i. S. v. § 76 Abs. 1 AktG durch den Vorstand in seiner Gesamtheit (§ 121 Abs. 2 AktG).[263]

3.233

Als „ordentliche Hauptversammlung" ist sie nach § 175 Abs. 1 AktG im Hinblick auf die Entscheidung über die Gewinnverwendung mindestens einmal jährlich vom Vorstand einzuberufen. Bei einem Verlust in Höhe der Hälfte des Grundkapitals ist die Hauptversammlung jedoch unverzüglich einzuberufen (§ 92 Abs. 1 AktG; dazu oben Rz. 3.57). Die Einladung hat mindestens einen Monat vor der Versammlung zu erfolgen (§ 123 Abs. 1 AktG). Die **Einberufung** ist in den Gesellschaftsblättern unter Hinweis auf Ort und Zeit und eventuelle Bedingungen der Teilnahme bekannt zu machen (§ 121 Abs. 3 AktG); zugleich ist die Tagesordnung in den Gesellschaftsblättern bekannt zu machen (§ 124 Abs. 1 AktG). Gesellschaftsblatt ist seit dem 1. Januar 2003 der *elektronische* Bundesanzeiger (§ 25 Satz 1 AktG n. F.); daneben kann die Satzung auch andere Blätter (etwa den papiergebundenen Bundesanzeiger) oder – seit Inkrafttreten des NaStraG – elektronische Informationsmedien zu Gesellschaftsblättern bestimmen (§ 25 Satz 2 AktG). Sind der Gesellschaft alle Aktionäre namentlich bekannt, kann die Einladung – ausnahmsweise – durch eingeschriebenen Brief erfolgen, wenn die Satzung nichts anderes bestimmt (§ 121 Abs. 4 AktG). Zu allen Gegenständen der Tagesordnung haben Vorstand und Aufsichtsrat mit der Bekanntmachung **Beschlussvorschläge** zu unterbreiten; den Vorschlag zur Bestellung eines (Sonder- oder Abschluss-)Prüfers hat allerdings entsprechend seiner Zuständigkeit für die Erteilung des Prüfungsauftrags (dazu oben Rz. 3.196) der Aufsichtsrat zu unterbreiten (§ 124 Abs. 3 Satz 1 AktG).[264]

3.234 Einberufung mindestens einmal jährlich

Eine 5 %-ige **Aktionärsminderheit** kann die Einberufung der Hauptversammlung unabhängig vom Vorstand verlangen (§ 122 Abs. 1 AktG) oder auch fordern, dass bestimmte Gegenstände auf die Tagesordnung gesetzt

3.235 Einberufung durch Aktionärsminderheit

---

263) BGH ZIP 2002, 172 = NJW 2002, 1128 = NZG 2002, 130 = DStR 2002, 1312 (*Goette*) = EWiR § 76 AktG 2/02, 885 (*Saenger/Bergjan*) – Sachsenmilch III (Vorinstanz OLG Dresden NZG 1999, 1004 = AG 1999, 517 = EWiR § 124 AktG 1/2000, 259 [*R. Werner*]: bei Verstoß Anfechtbarkeit des darauf ergehenden Hauptversammlungsbeschlusses; dazu *Carsten Schäfer*, ZGR 2002, 147); zum Ausnahmefall der zur Disposition des Aufsichtsrats stehenden Größe des Vorstands BGH ZIP 2002, 216 = DStR 2002, 1310 = NZG 2002, 817 = EWiR § 76 AktG 1/02, 317 (*Zetzsche*) – Sachsenmilch IV (Vorinstanz OLG Dresden ZIP 1999, 1632); hierzu *Henze*, BB 2002, 847; *Schwarz*, DStR 2002, 1306; LG Münster EWiR § 241 AktG 1/98, 387 (*Weimar*) (n. rkr.).

264) Zu den Auswirkungen auf einen Bestellungsbeschluss auf der Grundlage eines fehlerhaften Beschlussvorschlags (Anfechtbarkeit) BGH ZIP 2003, 290 = NJW 2003, 970 = EWiR § 124 AktG 1/03, 199 (*Bayer/Fischer*) (Vorinstanzen OLG München AG 2001, 193 = DB 2001, 258; LG München I ZIP 1999, 2152) – Hypo-Vereinsbank).

werden (§ 122 Abs. 2 AktG). Dabei hat sie glaubhaft zu machen, dass sie seit mindestens drei Monaten Inhaberin der Aktien ist (§ 122 Abs. 1 Satz 3 i. V. m. § 147 Abs. 1 Satz 2 AktG). Die Möglichkeit, eine Ergänzung der Tagesordnung zu verlangen, ist deshalb von Bedeutung, weil sich die Informationsrechte des Aktionärs in der Hauptversammlung nur auf Gegenstände der Tagesordnung beziehen (dazu unten Rz. 4.25 ff). Sofern das Wohl der Gesellschaft gefährdet ist, kann auch der Aufsichtsrat die Hauptversammlung einberufen (§ 111 Abs. 3 Satz 1 AktG).

Gegenanträge durch die Aktionäre

3.236 Jeder Aktionär kann zu den Gegenständen der Tagesordnung **Gegenanträge** stellen (§ 126 Abs. 1 AktG).[265] Diese muss die Gesellschaft einschließlich des Namens des Antragstellers, seiner (umfangmäßig begrenzten) Begründung und einer etwaigen Stellungnahme der Verwaltung nach § 125 Abs. 1 bis 3 AktG den Kreditinstituten und sonstigen geschäftsmäßigen Vertretern mitteilen, die schon auf der letzten Hauptversammlung Aktien vertreten haben, wenn die Anträge spätestens zwei Wochen vor dem Tage der Hauptversammlung der Gesellschaft an die in der Einberufung hierfür mitgeteilte Adresse übersandt wurden. In der **Mitteilung** ist nach § 125 Abs. 1 Satz 2 AktG auf die Möglichkeiten der Ausübung des Stimmrechts durch einen Bevollmächtigten, auch durch eine Vereinigung von Aktionären, hinzuweisen.[266] Zugleich hat sie die Mitteilung den Aktionären zu machen, die Aktien der Gesellschaft hinterlegt haben, die es nach Veröffentlichung der Einladung ausdrücklich verlangen oder – so durch das NaStraG neu gefasst – die spätestens zwei Wochen vor der Hauptversammlung als Aktionär im Aktienregister der Gesellschaft eingetragen waren (§ 125 Abs. 2 AktG). Hierfür erlaubt das NaStraG auch die elektronische Form, wenn der Aktionär damit einverstanden ist: denn § 125 Abs. 2 AktG verlangt nur noch, dass die Mitteilung „gemacht" wird, nicht dass sie – wie früher – „übersandt" wird.

Weitergabepflicht der Kreditinstitute an die Aktionäre

3.237 Die **Kreditinstitute** (im Hinblick auf die Grenzen der deutschen Gesetzgebungshoheit natürlich nur die inländischen) haben die Mitteilungen nach § 128 Abs. 1 AktG an die Aktionäre **weiterzugeben**, deren Aktien sie verwahren oder für die sie im Aktienregister eingetragen sind.[267] Andere Aktionäre – also vor allem die unmittelbar im Aktienregister eingetragenen Aktionäre – erhalten die Informationen (nur) unmittelbar von der Gesellschaft (§ 125 Abs. 2 AktG). Ein Kreditinstitut, das das Stimmrecht ausüben will, hat dem Aktionär außerdem eigene Vorschläge zur Ausübung des Stimmrechts zu übermitteln (§ 128 Abs. 2 Satz 1 AktG). Bei Namensaktien, für die es nicht selbst im Aktienregister eingetragen

---

[265] Zur früheren Regelung, die eine (unbefriedigende) Wochenfrist für derartige Anträge vorsah, siehe die 3. Aufl. dieses Werkes Rz. 380.

[266] Dazu *Zimmer*, NJW 1998, 3521, 3525; kritisch zu dieser durch das KonTraG eingeführten Hinweispflicht *Assmann*, AG 1997, Sonderheft, S. 100, 102: mit dem Hinweis ohne konkrete Angaben zu potentiellen alternativen Vertretern ist wenig anzufangen.

[267] Der Kostenerstattungsanspruch gegen die Gesellschaft richtet sich nach § 1 der Verordnung über den Ersatz von Aufwendungen der Kreditinstitute vom 17. 6. 2003 (BGBl I, 885) (auch wiedergegeben mit Einführung durch *Seibert* und Begründung in ZIP 2003, 1270).

ist, gilt dies jedoch nur eingeschränkt (§ 128 Abs. 2 Satz 2 AktG). Bei seinen Vorschlägen muss das Kreditinsitut – wie es aufgrund der Neufassung der Norm durch das KonTraG jetzt in § 128 Abs. 2 Satz 3 (vor Inkrafttreten des NaStraG Satz 2) AktG klarstellend heißt – organisatorisch dafür Sorge tragen, dass die Interessen als Stimmrechtsvertreter nicht mit anderen (Beteiligungs-)Interessen des Kreditinstituts vermengt werden (Aufbau von „*Chinese walls*"). Zugleich hat das Kreditinstitut den Aktionär um Erteilung von Weisungen für die Stimmrechtsausübung zu bitten, die möglichst einfach erteilbar sein sollen, etwa durch ein Bildschirmformular (§ 128 Abs. 2 Sätze 4 und 5 AktG). Zudem muss es ausdrücklich auf personelle Verflechtungen (§ 128 Abs. 2 Satz 6 AktG) und auf Beteiligungen ab einem bestimmten Umfang sowie auf die Mitwirkung an der Emission von Wertpapieren der Gesellschaft, in deren Hauptversammlung es abstimmen will, hinweisen (§ 128 Abs. 2 Satz 7 AktG).[268] Für Aktionärsvereinigungen gelten diese Regelungen entsprechend (§ 128 Abs. 5 AktG).

bb) Teilnahme und Vertretung

Teilnahmeberechtigt an der Hauptversammlung ist grundsätzlich **jeder Aktionär**, selbst wenn er nicht stimmberechtigt ist. Die Teilnahme kann aber – was bei Publikumsgesellschaften üblich ist – in der Satzung davon abhängig gemacht werden, dass die Aktionäre ihre Aktien bis zu einem bestimmten Zeitpunkt vor der Versammlung hinterlegen oder sich bei der Gesellschaft anmelden (§ 123 Abs. 2 Satz 1 AktG). In diesem Fall hat die Einladung einen Monat vor Beginn der Hinterlegungs- bzw. Anmeldefrist zu erfolgen (§ 123 Abs. 2 Satz 2 AktG). **Vorstand und Aufsichtsrat sollen** an der Hauptversammlung **teilnehmen** (§ 118 Abs. 2 AktG); die Satzung kann aber seit Inkrafttreten des TransPuG bestimmte Fälle vorsehen, „in denen die Teilnahme von Mitgliedern des Aufsichtsrats [also nicht auch des Vorstands] im Wege der Bild- und Tonübertragung erfolgen darf".[269] Dritte – auch Arbeitnehmer der Gesellschaft – haben kein Teilnahmerecht, können aber zugelassen werden; insbesondere bei Publikumsaktiengesellschaften ist aber eine Zulassung der Presse üblich. Gerade solche Einzelheiten der Durchführung wie auch der Vorbereitung einer Hauptversammlung kann diese selbst in einer Geschäftsordnung regeln, die mit einer Mehrheit von drei Vierteln des vertretenen Grundkapitals beschlossen werden muss (§ 129 Abs. 1 Satz 1 AktG n. F.).

3.238 Teilnahme von Aktionären, Vorstand und Aufsichtsrat

§ 118 Abs. 3 AktG (n. F. durch das TransPuG) schafft eine ausdrückliche Satzungs- oder Geschäftsordnungskompetenz (der Hauptversammlung) hinsichtlich der Frage, ob die **Hauptversammlung in Ton oder Bild nach außen** übertragen werden darf.[270] Zuvor hatte die Rechtsprechung

3.239 Übertragung der Hauptversammlung in Ton und Bild

---

268) Dazu *Assmann*, AG 1997, Sonderheft, S. 100, 104, mit dem berechtigten Hinweis darauf, dass Transparenz bezüglich der Kreditbeziehungen mindestens ebenso wichtig wäre; *Zimmer*, NJW 1998, 3521, 3525 f.
269) Hierzu ausführlich *Hirte*, TransPuG, Rz. I 58 f.
270) Hierzu näher (auch zu den kapitalmarktrechtlichen Folgen im Rahmen der Ad-hoc-Publizität nach § 15 Abs. 1 WpHG) *Hirte*, TransPuG, Rz. I 62.

mit Blick auf das Recht am eigenen Bild und das allgemeine **Persönlichkeitsrecht** angenommen, dass ein einzelner Aktionär der Aufnahme seines Redebeitrages in der Hauptversammlung widersprechen könne.[271] Im Fall einer Aufzeichnung kann jeder Aktionär von der Gesellschaft gegen Kostenerstattung eine Abschrift der Teile des Protokolls bzw. der Tonbandaufnahme verlangen, die seine Fragen und Redebeiträge und die darauf gegebenen Antworten der Verwaltungsmitglieder enthalten. Der BGH leitet dieses Recht aus der Treuepflicht der Gesellschaft gegenüber den Aktionären ab.[272] Nicht zulässig ist bislang eine „echte" Internet-Hauptversammlung in dem Sinne, dass die Präsenzversammlung vollständig entfällt.[273]

Vertretung des Aktionärs

3.240 Bei der Abstimmung in der Hauptversammlung kann sich der Aktionär **vertreten** lassen (§ 134 Abs. 3 Satz 1 AktG). Die dafür erforderliche Vollmacht bedarf der Schriftform, wenn die Satzung keine Erleichterung bestimmt (§ 134 Abs. 3 Satz 2 AktG). Der Vertretene ist bei der Stimmabgabe zu benennen.[274] Will der Aktionär auf der Hauptversammlung nicht persönlich in Erscheinung treten, kann er im Wege der **Legitimationszession** aber auch einen Dritten ermächtigen, das Stimmrecht auf der Hauptversammlung im eigenen Namen auszuüben (zur Protokollierung § 129 Abs. 3 AktG). Durch die Aktiengesellschaft selbst oder ihre Organe (insgesamt) kann sich ein Aktionär aber nicht vertreten lassen; denn dann würden sich – was § 136 Abs. 2 AktG bislang nur für einen Fall ausdrücklich regelte – die Gesellschaft und ihre Verwaltung im Ergebnis selbst kontrollieren (können).[275]

Stimmrechtsvertreter

3.241 Durch § 134 Abs. 3 Satz 3 AktG (eingeführt durch das NaStraG) hat der Gesetzgeber aber jetzt indirekt eine Stimmrechtsvertretung durch von der Gesellschaft benannte **Stimmrechtsvertreter** (sofern sie nur nicht deren Organmitglieder sind) in einer sehr rudimentären Weise für zulässig erklärt; ob ein Vertreter in diesem Sinne „benannt" ist, wird man dabei danach zu beurteilen haben, ob er um diese Benennung weiß. Die neue Regelung mag im Hinblick auf die entsprechende US-Praxis des *proxy voting* verständlich sein, hätte dann aber auch ausführlicher(er) Regelungen be-

---

271) BGHZ 127, 107, 109 = ZIP 1994, 1597 = NJW 1994, 3094 = EWiR § 130 AktG 1/95, 13 (*Hirte*) – BMW; dazu *Gehrlein*, WM 1994, 2054.

272) BGHZ 127, 107 = ZIP 1994, 1597 = NJW 1994, 3094 = EWiR § 130 AktG 1/93, 13 (*Hirte*) – BMW; dazu *Gehrlein*, WM 1994, 2054.

273) Zum Ganzen ausführlich *Zetzsche*, Die Virtuelle Hauptversammlung (2002); für die Zulässigkeit einer derartigen „Cyber-Hauptversammlung" *de lege lata* allerdings *Hirte*, in: Corporations, Capital Markets and Business in the Law. Liber Amicorum Richard M. Buxbaum (Deventer 2000), S. 283, 288 ff.

274) Kritisch dazu *Noack*, ZIP 2001, 57, 59; zu den Grenzen der (verdrängenden) Stimmrechtsvollmacht *Reichert/Harbarth*, AG 2001, 447 ff.

275) Wie hier *Hüffer*, § 134 AktG, Rz. 25; *von Randow*, ZIP 1998, 1564; abw. für von der Gesellschaft (Deutsche Telekom AG) beauftragte Wirtschaftsprüfer als Stimmrechtsvertreter OLG Karlsruhe ZIP 1999, 750 (n. rkr.); Vorinstanz LG Baden-Baden ZIP 1998, 1308 = EWiR § 135 AktG 1/98, 675 (*Dreher/Schnorbus*); vgl. auch *Singhof*, NZG 1998, 670.

durft, um der Gefahr einer Kontrolle der Gesellschaft durch sich selbst entgegenzusteuern.[276]

Sonderregeln gelten, wenn ein Inhaberaktionär einem Kreditinstitut – in der Regel der seine Aktien verwahrenden Depotbank – oder einem anderen geschäftsmäßigen Vertreter (§ 135 Abs. 9 AktG) Vollmacht erteilt (§ 135 AktG). Eine solche „**Depotvollmacht**" ist jederzeit widerruflich; darauf hat das Kreditinstitut den Aktionär jährlich und deutlich hervorgehoben hinzuweisen (§ 135 Abs. 2 Satz 2 AktG). Im Hinblick auf diese durch das NaStraG eingeführte Informationslösung wurde die früher geltende Beschränkung der Vollmacht auf einen Zeitraum von höchstens fünfzehn Monaten fallen gelassen (§ 135 Abs. 2 Satz 2 AktG a. F.). Die Vollmacht kann heute in jeder Form – also auch elektronisch – erteilt werden, sofern nur eine Nachprüfung möglich ist (§ 135 Abs. 2 Sätze 3 und 4 AktG).[277]

3.242 Hinweispflicht der Kreditinstitute bei Depotvollmacht

Um das „Vertretungsmonopol" der Kreditinstitute (etwas) zu brechen, verlangt § 135 Abs. 2 Satz 5 (vor Inkrafttreten des NaStraG Satz 6) AktG von einem Kreditinstitut, das sich zur Übernahme einer Vollmacht „erbietet", auch auf andere Vertretungsmöglichkeiten hinzuweisen (dazu auch oben Rz. 3.236). Ein entsprechender Hinweis ist auch mit dem jährlichen Hinweis auf die Möglichkeit des Widerrufs der Depotvollmacht zu verbinden (§ 135 Abs. 2 Satz 2 AktG n. F.). Der Bevollmächtigte ist verpflichtet, etwa gegebene Weisungen zur Abstimmung über einzelne Punkte der Tagesordnung zu beachten; gibt der Aktionär keine Weisungen, ist die Depotbank verpflichtet, entsprechend den Vorschlägen abzustimmen, die sie dem Aktionär bei der Übermittlung der Einladung zur Hauptversammlung hatte zukommen lassen (§§ 135 Abs. 5, 128 Abs. 2 AktG). Ist das Kreditinstitut an einer Gesellschaft mit mehr als 5 % des Grundkapitals unmittelbar oder über eine Mehrheitsbeteiligung mittelbar beteiligt, darf es das Stimmrecht nur aufgrund von Einzelweisungen der Aktionäre ausüben (lassen); eine für einen längeren Zeitraum ausgestellte Dauervollmacht wird also wirkungslos (§ 135 Abs. 1 Satz 3 AktG). Das gilt aber nicht, wenn das Kreditinstitut die eigenen Stimmrechte weder ausübt noch ausüben lässt. Mit dieser durch das KonTraG eingeführten Regelung sollen die Interessenkonflikte zwischen den Depotbanken, die einerseits an Aktiengesellschaften beteiligt sind und andererseits in deren Hauptversammlungen die Interessen ihrer Kunden wahrzunehmen haben, verringert oder zumindest transparent gemacht werden.[278]

3.243

---

276) Wie hier *Noack*, ZIP 2001, 57, 61 f (mit überzeugendem Plädoyer dafür, eine Stimmrechtsangabe durch Angestellte auf der eigenen Hauptversammlung analog § 135 Abs. 1 Satz 2 AktG nur auf der Grundlage einer Einzelweisung zuzulassen); dazu *Hanloser*, NZG 2001, 355 ff; zur „sensationellen" Einführung des § 134 Abs. 3 Satz 3 AktG auch *Seibert*, ZIP 2001, 53, 55.
277) Zu den technischen Möglichkeiten *Noack*, ZIP 2001, 57 f.
278) Dazu *Zimmer*, NJW 1998, 3521, 3525; kritisch zu dieser Neuregelung *Assmann*, AG 1997, Sonderheft, S. 100, 105 f: bei steigendem Beteiligungsbesitz gibt es typischerweise keine Divergenzen zwischen Bankeninteressen und Interessen der von ihr vertretenen Aktionäre.

3.244 Nur bei der organisierten Vertretung ist eine Stimmabgabe ohne Offenlegung des Vertretenen „im Namen dessen, den es angeht" möglich (§ 135 Abs. 4 Satz 2 AktG). Diese Möglichkeit ist durch das NaStraG auf die Namensaktionäre erweitert worden, als deren Inhaber ein Kreditinstitut im Aktienregister eingetragen ist.[279]

cc) Leitung und Beurkundung

Leitung der Hauptversammlung nicht geregelt

3.245 Über die **Leitung** der Hauptversammlung selbst enthält das Gesetz allerdings keine Regelung; üblich ist es, diese – gegebenenfalls aufgrund einer entsprechenden Regelung in der Satzung – dem Vorsitzenden des Aufsichtsrats zu übertragen. Die Frage kann auch in einer Geschäftsordnung der Hauptversammlung nach § 129 Abs. 1 Satz 1 AktG n. F. geklärt werden. Bei Publikumsgesellschaften erfordert diese Aufgabe ein erhebliches Fingerspitzengefühl. Denn die Motivation für den Besuch einer Hauptversammlung kann sehr unterschiedlich sein: der Teilnehmerkreis reicht von an der Sache interessierten Aktionären (und ihren Vertretern) über solche Aktionäre, die eher das Rahmenprogramm einschließlich des üblichen Lunchpakets oder die (in Grenzen mögliche) steuerliche Abzugsfähigkeit einer Städtereise schätzen, bis hin zu denen, die die Bühne der Hauptversammlung zu Zwecken politischer Agitation mit nur losem Bezug zur Gesellschaft ausnutzen wollen. Sofern es die Durchführung der Hauptversammlung an einem Tag erfordert, kann die Redezeit der einzelnen Aktionäre begrenzt und diese Begrenzung auch mit Wortentzug und gegebenenfalls gewaltsamer Entfernung aus dem Tagungslokal durchgesetzt werden. Dies musste der Würzburger Professor für Betriebswirtschaftslehre *Ekkehard Wenger* auf der Hauptversammlung der Daimler Benz AG erfahren.[280]

Beurkundung der Beschlüsse

3.246 Um den Ablauf der Hauptversammlung zu dokumentieren, ist ein Verzeichnis der erschienenen und vertretenen Aktionäre zu erstellen (§ 129 Abs. 1 AktG), und bei einer börsennotierten Aktiengesellschaft ist jeder Beschluss notariell zu **beurkunden** (§ 130 Abs. 1 Satz 1 AktG). Diese Form ist nach Auffassung des BGH aus Gründen der Rechtssicherheit auch dann einzuhalten, wenn es ihr Schutzzweck im Einzelfall nicht erfordert.[281] Bei einer nicht börsennotierten Aktiengesellschaft reicht heute nach § 130 Abs. 1 Satz 3 AktG eine vom Vorsitzenden des Aufsichtsrats zu unterzeichnende Niederschrift aus, sofern keine Grundlagenentscheidungen gefällt werden.

Verzichtbarkeit der Formalien bei Universalversammlung

3.247 Die in §§ 121–128 AktG geregelten Formalia für die Abwicklung der Hauptversammlung sind allerdings bei Einverständnis aller Aktionäre verzichtbar, wenn es sich um eine **Universalversammlung** handelt; dar-

---

279) Dazu *Noack*, ZIP 2001, 57, 58 ff (dort auch zum Risiko der doppelten Abstimmung bei Namensaktionären und den Möglichkeiten seiner Vermeidung).
280) LG Stuttgart ZIP 1994, 950 = NJW-RR 1994, 937 – Wenger/Daimler Benz (inzwischen rkr.); zuvor bereits BGHZ 44, 245; OLG Frankfurt/M. AG 1984, 192.
281) BGH ZIP 1994, 1171 = NJW-RR 1994, 1250 = EWiR § 130 AktG 1/94, 1051 (*Petzoldt*) gegen RGZ 105, 373.

unter versteht man eine Hauptversammlung, in der sämtliche Aktionäre vertreten oder erschienen sind (§ 121 Abs. 6 AktG). Diese Lösung ist angesichts der Tatsache, dass das Aktiengesetz im Übrigen an der Publikumsaktiengesellschaft ausgerichtet ist, überzeugend.

Auch in einer noch zum alten Recht ergangenen Entscheidung wurden die Anforderungen an die zu beachtenden Formalien bei der Einladung zu einer Hauptversammlung schon relativiert; danach sind fehlende Angaben über die Stimmen und die Art der Abstimmung im Versammlungsprotokoll unerheblich, wenn nur einer der zwei Beteiligten an der Hauptversammlung teilgenommen hat und daher keine Zweifel über die nicht protokollierten Angaben bestehen.[282] **3.248**

b) Europäische Aktiengesellschaft

Organisation und Ablauf der Hauptversammlung einer Europäischen Aktiengesellschaft richten sich ebenso wie das Abstimmungsverfahren nach dem nationalen Recht des Sitzstaats der SE (Art. 53 SE-VO). Dem nationalen Recht unterliegen damit zunächst die Fragen der Einberufung der Hauptversammlung, der Teilnahme an ihr und der Vertretung in ihr sowie ihrer Leitung und Beurkundung. **3.249** *Organisation und Ablauf bei SE nach nationalem Recht*

Europarechtlich festgelegt ist aber, dass die Hauptversammlung **mindestens einmal im Kalenderjahr** binnen sechs Monaten nach Schluss des Geschäftsjahres stattzufinden hat (Art. 54 Abs. 1 SE-VO). Festgelegt in der SE-Verordnung ist auch, dass (mindestens) eine **Kapitalminderheit** von 10 % das Recht auf Einberufung der Hauptversammlung (Art. 55 Abs. 1 SE-VO) und auf Ergänzung der Tagesordnung (Art. 56 Satz 1 SE-VO) hat. **3.250**

c) GmbH-Recht

Ganz im Gegensatz zum Aktienrecht ist das Verfahren zur Einberufung und Durchführung der Gesellschafterversammlungen nur rudimentär und zudem dispositiv (§ 45 Abs. 2 GmbHG) im Gesetz geregelt. Bei Lücken des Gesetzes oder des Gesellschaftsvertrages wird daher in weitem Umfang auf die aktienrechtliche Regelung zurückgegriffen, die aber vor allem bei kleineren GmbH an den stärkeren Personenbezug angepasst werden muss. Die Regelung des Aktiengesetzes kann andererseits auch als Messlatte für die Zulässigkeit oder Missbräuchlichkeit von individuellen Satzungsgestaltungen herangezogen werden. **3.251** *Rückgriff auf aktienrechtliche Regelungen*

Nach der **gesetzlichen Lösung** ist die Gesellschafterversammlung nach § 49 Abs. 2 GmbHG in den durch Gesetz oder Satzung bestimmten Fällen sowie dann einzuberufen, wenn das Interesse der Gesellschaft es erfordert; die Einberufung geschieht durch die Geschäftsführer (§ 49 Abs. 1 GmbHG). Auf die Regelungen über Geschäftsführung und Vertretung **3.252**

---

[282] LG Düsseldorf ZIP 1995, 1985 = EWiR § 121 AktG 1/95, 1149 (*Bork*) – ARAG/Garmenbeck (n. rkr.; zum Verfahrensfortgang und zu anderen in diesem Streit aufgeworfenen Fragen unten Rz. 3.281; zu weiteren Fragen dieses Gesellschafterstreits oben Rz. 3.90).

kommt es dabei nicht an.[283)] Nach § 42a Abs. 2 GmbHG ist die Gesellschafterversammlung im Hinblick auf die Feststellung des Jahresabschlusses und die Entscheidung über die Gewinnverwendung mindestens einmal jährlich vom Geschäftsführer einzuberufen. Bei einem Verlust in Höhe der Hälfte des Stammkapitals ist die Gesellschafterversammlung jedoch unverzüglich einzuberufen (§ 49 Abs. 3 GmbHG; dazu oben Rz. 3.57).[284)]

Einberufung durch Einschreiben

3.253 Die **Einberufung** erfolgt durch eingeschriebenen Brief mindestens eine Woche vor der Versammlung (§ 51 Abs. 1 GmbHG).[285)] Zugleich ist der Zweck der Versammlung bekannt zu machen (§ 51 Abs. 2 GmbHG); die eigentliche Tagesordnung braucht allerdings erst drei Tage vor der Versammlung mitgeteilt zu werden (§ 51 Abs. 4 GmbHG). Eine 10 %-ige **Gesellschafterminderheit** kann die Einberufung der Gesellschafterversammlung unabhängig vom Geschäftsführer verlangen (§ 50 Abs. 1 GmbHG) oder auch fordern, dass bestimmte Gegenstände auf die Tagesordnung gesetzt werden (§ 50 Abs. 1 GmbHG). Eine solche Gesellschafterminderheit kann die Einladung zur Gesellschafterversammlung oder eine Ergänzung der Tagesordnung auch selbst bewirken, dann aber – unter dem Vorbehalt eines Beschlusses der Gesellschafterversammlung – auf eigene Kosten (§ 50 Abs. 3 GmbHG). Das setzt zudem voraus, dass die Minderheit zuvor nach § 50 Abs. 1 GmbHG erfolglos eine Einberufung unter Angabe von Zweck und Gründen verlangt hat, was auch eine Angabe der beantragten Tagesordnung erforderlich macht.[286)]

Teilnahmeberechtigung jedes Gesellschafters

3.254 **Teilnahmeberechtigt** an der Gesellschafterversammlung ist jeder Gesellschafter, selbst wenn er nicht stimmberechtigt ist. Dritte – auch Arbeitnehmer der Gesellschaft – haben kein Teilnahmerecht, können aber zugelassen werden. Bei der Abstimmung in der Gesellschafterversammlung kann sich der Gesellschafter **vertreten** lassen. Die dafür erforderliche Vollmacht bedarf regelmäßig der Schriftform (§ 47 Abs. 3 GmbHG).[287)]

---

283) KG GmbHR 1968, 118; BayObLG ZIP 1999, 1597, 1599 = NJW-RR 2000, 181 = EWiR § 49 GmbHG 1/99, 1007 (*Fabis*); Zöllner, in: Baumbach/Hueck, GmbHG, § 49 Rz. 2.

284) BGH ZIP 1995, 560 = NJW-RR 1995, 669 = EWiR § 43 GmbHG 2/95, 785 (*Wittkowski*) (GmbH); BGHZ 126, 181 = ZIP 1994, 1103, 1109 f = NJW 1994, 2220 = EWiR § 64 GmbHG 2/94, 791 (*Wilhelm*); dazu *Hirte*, NJW 1996, 2827, 2845 f.

285) Zur Terminsverlegung und Fristberechnung BGHZ 100, 264 = ZIP 1987, 1117 = EWiR § 51 GmbHG 1/87, 991 (*Hommelhoff*). Zur Unzulässigkeit einer Eventualeinberufung vor Durchführung der ersten Versammlung für den Fall, dass nach dem Gesellschaftsvertrag einer GmbH bei fehlender Beschlussfähigkeit der Gesellschafterversammlung innerhalb von drei Wochen eine neue Gesellschafterversammlung mit gleicher Tagesordnung einzuberufen ist, BGH ZIP 1998, 335 = NJW 1998, 1317 = DStR 1998, 348 = DZWir 1998, 161 (*Ingerl*).

286) OLG Köln NJW-RR 1999, 979.

287) Enger OLG Naumburg GmbHR 1996, 934 = EWiR § 38 GmbHG 1/96, 663 (*Wittkowski*) (inzwischen rkr.): Zuziehung eines Beistands nur, wenn besonders schwerwiegende Beschlüsse zu fassen sind oder der Gesellschafter nicht über die erforderliche Sachkunde verfügt; andererseits OLG Brandenburg NJW-RR 1999, 543: Zurückweisung einer in italienischer Sprache ausgestellten Vollmacht eines italienischen Gesellschafters kann rechtsmissbräuchlich sein.

Die Ermächtigung eines Dritten zur Abstimmung im Wege der **Legitimationszession** ist im GmbH-Recht nicht zulässig.[288)]

Über die **Leitung** der Gesellschafterversammlung enthält auch das GmbH-Gesetz keine Regelung; üblich und zweckmäßig ist es, einen Vorsitzenden zu bestimmen. Auch ein Dritter, etwa ein Notar oder ein Rechtsanwalt, kann – gegebenenfalls aufgrund einer entsprechenden Regelung in der Satzung – mit dieser Aufgabe betraut werden.[289)] In der Einpersonen-GmbH hat der alleinige Gesellschafter unverzüglich nach der Beschlussfassung eine **Niederschrift** aufzunehmen und zu unterschreiben. Grundlagenentscheidungen bedürfen allerdings immer der **Beurkundung** (für die Satzungsänderung § 53 Abs. 2 Satz 1 GmbHG).

3.255

Völlig entbehrlich ist die Abhaltung einer Gesellschafterversammlung ähnlich wie im Aufsichtsrat der Aktiengesellschaft, wenn sich sämtliche Teilnehmer mit der **schriftlichen Stimmabgabe** einverstanden erklären (§ 48 Abs. 2 GmbHG).

3.256 — Entbehrlichkeit der Gesellschafterversammlung bei schriftlicher Stimmabgabe

3. Stimmrecht

Die Willensbildung der Gesellschafter in der Haupt- bzw. Gesellschafterversammlung vollzieht sich nach dem Gesetz hauptsächlich durch **Beschlüsse**. Die dazu notwendige Stimmabgabe des einzelnen Aktionärs stellt eine **Willenserklärung** dar, für die grundsätzlich auch die Vorschriften über Willensmängel gelten. Allerdings spielt – vor allem in geschlossenen Gesellschaften – der (informelle) Meinungsaustausch eine mindestens ebenso große Rolle. Deshalb kommt es auch für die Teilnahmeberechtigung an Haupt- oder Gesellschafterversammlung nicht (auch) auf die Stimmberechtigung an: die Möglichkeit zur Einflussnahme durch das Wort soll keinem Gesellschafter verwehrt werden.

3.257 — Stimmabgabe als Willenserklärung

Voraussetzung für die Stimmberechtigung in der Aktiengesellschaft ist regelmäßig, dass die Einlage auf die Aktie voll geleistet ist (§ 134 Abs. 2 Satz 1 AktG). Das GmbH-Recht kennt eine vergleichbare Beschränkung hingegen nicht. Im Übrigen richtet sich das Stimmrecht bei Nennbetragsaktien grundsätzlich nach den **Nennbeträgen**, bei Stückaktien nach deren **Zahl** (§ 134 Abs. 1 Satz 1 AktG) bzw. in der GmbH nach dem Umfang des **Geschäftsanteils** (§ 47 Abs. 2 GmbHG).

3.258 — Simmberechtigung nur bei Einlageleistung

Davon gibt es aber Ausnahmen in beiden Richtungen: **stimmrechtslose Vorzugsaktien** berechtigen nur dann zur Stimmabgabe, wenn ein dem Aktionär zugesagter Dividendenvorzug für zwei Jahre nicht gezahlt wurde (§§ 12 Abs. 1 Satz 1, 139 ff AktG); unabhängig davon sind sie (selbstverständlich) immer dann stimmberechtigt, wenn der ihnen eingeräumte Vorzug aufgehoben oder beschränkt werden soll (§ 141 Abs. 1

3.259 — Stimmrechtslose Vorzugsaktien

---

288) *Raiser*, KapGesR, § 33 Rz. 38; *Zöllner*, in: Baumbach/Hueck, GmbHG, § 47 Rz. 29; abw. RGZ 157, 52, 56; offen gelassen in BGH ZIP 1987, 165 = DB 1987, 424.

289) Ein Versammlungsleiter kann in Ermangelung einer satzungsmäßigen Grundlage nach Auffassung des OLG Frankfurt/M. nur einstimmig bestimmt werden: OLG Frankfurt/M. NJW-RR 1999, 980.

'AktG).²⁹⁰⁾ Im GmbH-Recht sollen sogar vollständig stimmrechtslose Geschäftsanteile zulässig sein.²⁹¹⁾

Mehrstimmrechtsaktien nicht mehr zulässig

3.260 **Mehrstimmrechtsaktien** erlauben die Abgabe von mehr Stimmen, als dies dem Anteil der Aktie am Grundkapital entsprechen würde; sie gestatten daher einem Aktionär, die Mehrheit in der Hauptversammlung zu halten, obwohl er nicht über die Mehrheit des Kapitals verfügt. Da sie eine Abweichung vom Grundsatz des Gleichlaufs von Stimmrechtsmacht und Kapitalbeteiligung darstellen, wurden sie schon früher als grundsätzlich unzulässig angesehen und konnten nur aufgrund einer Ausnahmegenehmigung des zuständigen Wirtschaftsministeriums ausgegeben werden (§ 12 Abs. 2 AktG a. F.).²⁹²⁾ Der Gesetzgeber des KonTraG ging in dessen Art. 1 Nr. 3 noch weiter und hob die Ausnahmebestimmung des früheren § 12 Abs. 2 Satz 2 AktG vollständig auf, so dass Mehrstimmrechte in der Aktiengesellschaft jetzt ausnahmslos unzulässig sind. Nach § 5 Abs. 1 EGAktG in der Fassung durch Art. 11 des KonTraG waren *vorhandene* Mehrstimmrechte allerdings noch für einen Übergangszeitraum bis Ende Mai 2003 zulässig. Die Hauptversammlung konnte zudem bis zu diesem Zeitpunkt – unter Ausschluss des Stimmrechts der Mehrstimmrechtsaktionäre – deren Fortgeltung auch über diesen Termin hinaus beschließen.²⁹³⁾

Höchststimmrechte bei börsennotierten Gesellschaften unzulässig

3.261 Ein **Höchststimmrecht** (§ 134 Abs. 1 Satz 2 AktG) schließlich bewirkt, dass ein Aktionär unabhängig von der ihm zustehenden Kapitalbeteiligung nur eine in der Satzung festgelegte Stimmenzahl abgeben kann; damit soll es dem Erwerber von Aktien erschwert werden, Einfluss in der Hauptversammlung zu erlangen. Ebenso wie Mehrstimmrechte verstoßen Höchststimmrechte damit gegen den – freilich nicht zwingenden – Grundsatz des „Gleichlaufs von Herrschaft und Haftung", allerdings in genau umgekehrter Richtung wie Mehrstimmrechte. Obwohl die Einführung eines Höchststimmrechts durch Satzungsänderung Aktien zudem wegen der entfallenden „Übernahmephantasie" auch wirtschaftlich unattraktiver macht und dies damit einen nachträglichen Eingriff in den rechtlichen wie wirtschaflichen Besitzstand der Aktionäre darstellt, hatte der BGH auch eine nachträgliche Einführung solcher Höchststimmrechte gebilligt.²⁹⁴⁾ Mit Inkrafttreten des KonTraG wurde den ordnungspolitischen Bedenken gegen Höchststimmrechte freilich insoweit Rechnung getragen, als diese nunmehr für börsennotierte Aktiengesellschaften nicht

---

290) Zur ökonomischen Kritik an stimmrechtslosen Vorzugsaktien *Pellens/Hillebrandt*, AG 2001, 57 ff.

291) RGZ 167, 65, 73; BGHZ 14, 264, 269; *Zöllner*, in: Baumbach/Hueck, § 47 GmbHG, Rz. 24.

292) Zum daraus folgenden subjektiven öffentlichen Recht der Stammaktionäre darauf, dass die zuständige oberste Wirtschaftsbehörde die Ausgabe solcher Aktien nur bei Vorliegen der engen Ausnahmevoraussetzungen des § 12 Abs. 2 S. 2 AktG a. F. (Vorliegen überwiegender gesamtwirtschaftlicher Belange) zulässt BVerwGE 104, 115 = NJW 1998, 173 = ZIP 1997, 982 = EWiR § 12 AktG 1/97, 579 (*Kluth*) = DZWir 1997, 455 (*Notthoff*) = WiB 1997, 984 (*Keckemeti*) – RWE; Vorinstanz OVG Münster ZIP 1996, 131 = EWiR § 12 AktG 1/96, 435 (*Siekmann*) = WiB 1996, 321 (*Horn/Keckemeti*) – RWE, das den Angriff aber für in der Sache verfristet hielt.

293) Zum Ganzen *Kluth*, ZIP 1997, 1217; *Saenger*, ZIP 1997, 42; *Terbrack/Wermeckes*, DZWiR 1997, 186; *Zöllner/Hanau*, AG 1997, 206.

294) BGHZ 70, 117 – Mannesmann; dazu *Hirte*, Bezugsrechtsausschluß und Konzernbildung (1986), S. 92 ff. Zur Abschaffung des Höchststimmrechts bei der Continental AG: LG Hannover ZIP 1992, 1236 = EWiR § 20 AktG 1/92, 949 (*Dreher*) – Continental/Pirelli; dazu *Hirte*, NJW 1996, 2827, 2837.

mehr zulässig sind. Existierende Höchstimmrechte bei börsennotierten Aktiengesellschaften sind nach § 5 Abs. 7 EGAktG noch für einen Übergangszeitraum von zwei Jahren – bis zum 1. Juni 2000 – bestehen geblieben. Im GmbH-Recht ist wegen § 45 Abs. 1 GmbHG die Einführung von Höchst- und Mehrstimmrechten in der Satzung möglich.[295]

Für bestimmte Fälle, in denen Interessenkollisionen zwischen dem Aktionär und der Gesellschaft zu befürchten sind, legt das Gesetz einen **Stimmrechtsausschluss** fest (§§ 136 Abs. 1 Satz 1, 142 Abs. 1 Satz 2 AktG, § 47 Abs. 4 GmbHG).

3.262 Stimmrechtsausschluss bei Interessenkollision

> **Beispiele:** Stimmrechtsausschluss *aller* Gesellschafter, die einem Beirat angehören, bei der Abstimmung über ihre Entlastung, und nicht nur des jeweiligen Gesellschafters (BGHZ 108, 21 = ZIP 1989, 913 = NJW 1989, 2694 = EWiR § 47 GmbHG 2/89, 1103 *[Roth]* (GmbH); kein Stimmrechtsausschluss bei Entscheidung über Abberufung eines zu 50 % beteiligten Gesellschafter-Geschäftsführers, solange kein wichtiger Grund in Rede steht (OLG Naumburg GmbHR 1996, 934 = EWiR § 38 GmbHG 1/96, 663 *[Wittkowski]*; inzwischen rechtskr.) (GmbH); Stimmrechtsausschluss auch für Vertreter, wenn von ihm vertretene juristische Person selbst nicht von § 136 AktG erfasst ist (OLG Karlsruhe ZIP 2000, 1578, 1579 f = NZG 2001, 30 = EWiR § 136 AktG 1/2000, 1085 *[Pötter]* [Scheidemandel], nicht rechtskr.) (AG); Stimmrechtsausschluss auch bei Geschäften mit einer von einem Gesellschafter beherrschten Gesellschaft, die ihrerseits nicht Gesellschafterin ist (OLG Brandenburg NJW-RR 2001, 1185) (GmbH); Stimmrechtsausschluss der beherrschenden Konzern-AG bei Abstimmung über die Entlastung des Vorstandes der beherrschten Tochter-AG, wenn zwischen beiden Vorständen weitgehende Personenidentität besteht (LG Köln ZIP 1998, 153 = NJW-RR 1998, 966 [Nordstern]) (AG; dazu *Fischer*, NZG 1999, 192).[296]

3.263

Die aktienrechtliche Regelung ist dabei über ihren Wortlaut hinaus und in entsprechender Anwendung von § 34 BGB, § 47 Abs. 4 Satz 2 GmbHG auch auf den Fall zu erstrecken, dass die Hauptversammlung über ein Rechtsgeschäft mit einem Aktionär Beschluss fassen soll.[297] Hier wie dort kann der Stimmrechtsausschluss freilich bei einer kleinen Zahl von Gesellschaftern – Extremfall: Zweipersonengesellschaft – kontraproduktiv wirken; denn in diesen Fällen liegt die Macht zur Entscheidung ausschließlich in den Händen des einzigen anderen Gesellschafters, was die Richtigkeitsgewähr nicht unbedingt erhöht. Dem sollte durch entsprechende Satzungsgestaltung vorgebeugt werden.

3.264

Ein Antrag ist angenommen oder ein Kandidat gewählt, wenn er die **einfache Mehrheit** der abgegebenen Stimmen auf sich vereinigt (§ 133 Abs. 1 AktG, § 47 Abs. 1 GmbHG). Stimmenthaltungen werden dabei nicht mitgezählt.[298] Mehrheit bedeutet das Überwiegen der Ja- über die

3.265 Grundsätzlich einfache Mehrheit: bei Grundlagenentscheidung qualifizierte Mehrheit

---

295) *Behrens*, in: Festschrift 100 Jahre GmbH-Gesetz, 1992, S. 539, 547 f; *Raiser*, KapGesR, § 33 Rz. 48; *Zöllner*, in: Baumbach/Hueck, GmbHG, § 47 Rz. 43.
296) Zum Stimmrechtsausschluss nach § 47 Abs. 4 GmbHG auch *Lohr*, NZG 2002, 551.
297) Dazu – mit entgegengesetzter Schlussfolgerung – *Hüffer*, AktG, § 136 Rz. 17.
298) BGHZ 83, 35 = ZIP 1982, 693 (e.V.); *Raiser*, KapGesR, § 16 Rz. 70 (AG).

Nein-Stimmen; bei Stimmengleichheit ist ein Antrag daher abgelehnt. In zahlreichen Fällen, insbesondere bei den sog. Grundlagenentscheidungen, bedarf es darüber hinaus aber einer **qualifizierten Kapitalmehrheit** – in der Regel drei Viertel des in der Haupt- oder Gesellschafterversammlung vertretenen Grund- bzw. Stammkapitals. Dieses Mehrheitserfordernis tritt im Aktienrecht *neben* das Erfordernis der einfachen Stimmenmehrheit; es bildet damit ein „weiteres Erfordernis" i. S. v. § 133 Abs. 1 AktG. Im GmbH-Recht fehlt es demgegenüber an einer Differenzierung zwischen den beiden Mehrheiten. Die Mehrheitserfordernisse – in der Aktiengesellschaft beide – können durch die Satzung abgeändert und durch andere – in der Regel nur durch höhere – Mehrheiten ersetzt werden; zudem können auch zusätzliche Beschlusserfordernisse aufgestellt werden (§ 133 Abs. 1 AktG, §§ 45 Abs. 1, 47 Abs. 1 GmbHG). Mit dem Erfordernis qualifizierter Kapitalmehrheiten wird die Wirkung von Mehrstimmrechten und Höchststimmrechten deutlich eingeschränkt; denn sobald ein Gesellschafter über ein Viertel des in der Gesellschafterversammlung vertretenen Kapitals verfügt, kann wegen der ihm dann zustehenden **Sperrminorität** keiner dieser Grundlagenbeschlüsse mehr gegen ihn gefasst werden.

3.266 In allen Fällen kommt es aber lediglich auf die in der Haupt- bzw. Gesellschafterversammlung vertretenen Anteile an. Dies ist vor allem bei Publikumsaktiengesellschaften häufig nur ein geringer Prozentsatz, so dass es dort regelmäßig mit einer Kapitalbeteiligung von etwa 30 % möglich ist, eine Gesellschaft zu beherrschen.[299] In diesem Zusammenhang ist daher auch die Regelung des Pflichtangebots nach § 35 WpÜG zu sehen (dazu unten Rz. 4.72).

Sonderbeschluss notwendig soweit besondere Gattung von Anteilen betroffen ist

3.267 Werden durch einen Beschluss die Rechte einer besonderen Gattung von Anteilen zu deren Nachteil verändert (§§ 141, 179 Abs. 3 AktG), bedarf es auch eines gesonderten zustimmenden Beschlusses der Aktionäre dieser Gattung („**Sonderbeschluss**"); für ihn gilt § 138 AktG. Das Gesetz stellt dieses Erfordernis aber auch in manchen Fällen auf, in denen eine solche Beeinträchtigung nur möglich ist (etwa § 182 Abs. 2 AktG).[300] Werden einem Gesellschafter nachträglich sog. Nebenverpflichtungen auferlegt, oder wird die Übertragbarkeit der Anteile nachträglich erschwert, bedarf es sogar der Zustimmung aller betroffenen Gesellschafter (§ 180 AktG, § 53 Abs. 3 GmbHG). Gleiches gilt für die nachträgliche Abschaffung von Sonderrechten einzelner Gesellschafter (§ 35 BGB analog). Solange eine erforderliche Zustimmung fehlt, ist der betreffende Beschluss schwebend unwirksam.

---

299) Zum Auseinanderklaffen von Hauptversammlungsmehrheit und Gesellschaftermehrheit besonders instruktiv BGHZ 135, 107 = NJW 1997, 1855 = ZIP 1997, 887 = WuB II A. § 312 AktG 1.97 (*Hirte*) = LM H. 10/1997 § 17 AktG 1965 Nr. 12 (*Heidenhain*) = EWiR § 312 AktG 1/97, 681 (*Westermann*) (Vorinstanz OLG Braunschweig ZIP 1996, 875 = NJW 1996, 2888 = EWiR § 312 AktG 1/96, 583 [*Hirte*]) – VW; dazu *Mertens*, AG 1996, 241.

300) *Raiser*, KapGesR, § 16 Rz. 72.

Die Beschlussfassung in einer **Europäischen Aktiengesellschaft** erfolgt nach Art. 57 SE-VO mit (mindestens) der Mehrheit der abgegebenen gültigen Stimmen, zu denen nach Art. 58 SE-VO (unter anderem) die Enthaltungen nicht gehören. Bei Vorhandensein mehrerer Aktiengattungen bedarf es eines Sonderbeschlusses einer Gattung, wenn deren Rechte durch den Beschluss berührt werden (Art. 60 SE-VO). Ob und wann solche Sonderrechte dem Aktionär zustehen, ist allerdings eine Frage des nationalen Rechts.

3.268 Beschlussfassung bei der SE

4. Schuldrechtliche Gesellschaftervereinbarungen

Das Ergebnis von Abstimmungen in der Haupt- oder Gesellschafterversammlung ist nicht immer vorhersehbar, zumal die Mehrheiten stark von der Präsenz der Gesellschafter abhängen. Daher versuchen manche Gesellschafter, im Wege **schuldrechtlicher Gesellschaftervereinbarungen** („Nebenverträge", „Nebenabreden") vor allem ihr Abstimmungsverhalten zu koordinieren; auch das Bestreben eines gemeinsamen Auftretens nach außen kann den Abschluss eines solchen Vertrages fördern.[301] Obwohl dieses Instrument seine Wurzel bei der GmbH hat, findet es sich doch auch bei der Aktiengesellschaft.[302] In ihrer Wirkung gleichen sie den **nichtkorporativen Bestandteilen** der Satzung (dazu oben Rz. 2.54).

3.269 Schuldrechtliche Gesellschaftervereinbarungen zur Koordinierung von Abstimmungsverhalten

> **Beispiel:** Schließen etwa fünf von zehn gleich beteiligten Gesellschaftern einer Gesellschaft einen **Stimmbindungsvertrag** (Poolvertrag), nach dem sie ihre Stimmen nur einheitlich abgeben wollen, ist es den verbleibenden fünf Gesellschaftern nicht mehr möglich, eine Mehrheit gegen die an der schuldrechtlichen Vereinbarung beteiligten Gesellschafter zustande zu bringen. Denn sie können nicht mehr einen einzelnen Gesellschafter aus der Front der anderen zu sich ziehen. Umgekehrt können drei an der Stimmbindungsvereinbarung beteiligte Gesellschafter ihren Willen in der Gesamtgesellschaft durchsetzen, wenn sie zuvor im Rahmen des Stimmenpools ihre Ansicht durchgesetzt haben; dort aber benötigen sie lediglich drei Stimmen, um eine Mehrheit zu erreichen.

3.270

Rechtlich bilden solche Absprachen eine **Gesellschaft bürgerlichen Rechts** (§§ 705 ff BGB), deren Zweck auf die einheitliche Abstimmung in der Haupt- oder Gesellschafterversammlung gerichtet ist. Eine dingliche Einbringung der Aktien oder Geschäftsanteile in diese BGB-Gesellschaft ist zwar möglich, aber nicht erforderlich.

3.271 GbR zum Zweck der einheitlichen Abstimmung

---

301) Dazu ausführlich *Hoffmann-Becking*, ZGR 1994, 442 ff; *Dürr*, BB 1995, 1365; *Köhler*, Nebenabreden im GmbH- und Aktienrecht – Zulässigkeit und Wirkung (1992), S. 10 ff; *König*, Der satzungsergänzende Nebenvertrag (1996). Zu den Grenzen der Zulässigkeit solcher Gesellschaftervereinbarungen umfassend und differenzierend *Noack*, Gesellschaftervereinbarungen bei Kapitalgesellschaften (1994), S. 122 ff; deutlich enger noch RGZ 49, 77, 80 a. E.: „Was das Gesetz [...] als Inhalt des Gesellschaftsvertrages nicht zulässt, kann nicht dadurch Gültigkeit erlangen, dass man ihm, obwohl es zum Inhalte des Gesellschaftsvertrages gemacht ist, die Hinterthür des Separatvertrages öffnet."

302) Vgl. BGH NJW 1987, 890 – Dinkelacker; Vorinstanz OLG Stuttgart, JZ 1987, 570 (*Flume*); *Hoffmann-Becking*, ZGR 1994, 442; *Mertens*, ZGR 1994, 426, 433; *Noack*, Gesellschaftervereinbarungen bei Kapitalgesellschaften (1994), S. 37 ff (der es – S. 37 – ausdrücklich als Antwort auf § 23 Abs. 5 AktG bezeichnet).

3.272 Der Charakter als BGB-Gesellschaft wirkt sich etwa bei der Beendigung eines solchen Vertrages aus: mehrere Gesellschafter einer Aktiengesellschaft hatten sich in einem auf unbestimmte Zeit geschlossenen Schutzgemeinschaftsvertrag in Form einer BGB-Gesellschaft verpflichtet, die Rechte an ihren Aktien einheitlich auszuüben. Um die Gesellschaft vor Überfremdung zu bewahren, war zudem für den Fall der Kündigung durch einen Gesellschafter vorgesehen, dass die übrigen Gesellschafter seine Anteile zu einer bei Vertragsschluss bestimmten Entschädigung übernehmen dürften. Die Aktien selbst waren allerdings nicht in die Gesellschaft eingebracht worden, so dass diese – entgegen dem gesetzlichen Leitbild der BGB-Gesellschaft – über kein Gesamthandsvermögen verfügte. Ein Gesellschafter, der aus der BGB-Gesellschaft ausscheiden wollte, sah in dem Übernahmerecht der verbleibenden Gesellschafter zu einem (angeblich) deutlich unter dem Verkehrswert der Aktien liegenden Preis eine nach § 723 Abs. 3 BGB unzulässige Beschränkung seines Kündigungsrechts.

3.273 Diese Auffassung wies der BGH zurück und befand: zunächst sei allerdings die möglicherweise zu geringe „Entschädigung" dem zu geringen Abfindungsanspruch bei Gesellschaften mit Gesamthandsvermögen gleichzustellen. Zum Zweiten führe die Unangemessenheit des Erwerbspreises lediglich zu einem Anpassungszwang, nicht aber zur Unwirksamkeit der vertraglichen Bestimmung (dazu unten Rz. 4.94 ff). Die Frage müsse daher lauten, ob der Verlust der Aktien – für sich genommen – eine nach § 723 Abs. 3 BGB unzulässige Kündigungsbeschränkung darstelle. Die Besonderheit des Falles liegt dabei darin, dass die der Bindung unterworfenen Aktien nicht auf die BGB-Gesellschaft übertragen worden waren, sich vielmehr noch in den Händen der Gesellschafter selbst befanden. Doch kann es nach Auffassung des BGH keinen Unterschied machen, ob sich ein Gesellschafter schon bei Gründung einer Gesellschaft seiner Verfügungsgewalt über die dem Pool-Vertrag unterliegenden Anteile begibt oder ob er sie bei Eingehung des Vertrages zwar behalten konnte, sie aber einer schuldrechtlichen Bindung unterworfen hatte, die erst bei seinem Ausscheiden zu einem Rechtsverlust führt.[303]

3.274 Das Recht der BGB-Gesellschaft zieht auch Grenzen für Zustimmungspflichten zu Maßnahmen, die – wie eine Kapitalerhöhung – eine Pflichtenmehrung darstellen (§ 707 BGB).

Zulässigkeit schuldrechtlicher Gesellschaftervereinbarungen

3.275 Schuldrechtliche Gesellschaftervereinbarungen werden im Aktienrecht nicht als Verstoß gegen zwingendes Aktienrecht angesehen. Denn § 136 Abs. 2 AktG erklärt lediglich Verträge für nichtig, in denen sich ein Aktionär verpflichtet, nach Weisung der Gesellschaft, ihres Vorstands oder ihres Aufsichtsrats oder nach den jeweiligen Vorschlägen der Verwaltung abzustimmen (dazu auch oben Rz. 3.240 f). Dadurch könnte sich die Verwaltung der Kontrolle durch die Aktionäre entziehen. Und sie verstoßen auch nicht gegen das in § 405 Abs. 3 Nrn. 6 und 7 AktG niedergelegte Verbot des (entgeltlichen) „Stimmenkaufs".

Rechtsfolgen von Verstößen gegen schuldrechtliche Gesellschaftervereinbarungen

3.276 Umstritten sind allerdings die **Rechtsfolgen** eines solchen Vertrages. Zwar gelten derartige Vereinbarungen heute als einklagbar und – im Wege des § 894 Abs. 1 ZPO – vollstreckbar.[304] Doch kommen Klage und selbst

---

303) BGHZ 126, 226 = ZIP 1994, 1173 = NJW 1994, 2536 = EWiR § 723 BGB 1/94, 973 (*Wiedemann*); dazu *Westermann*, ZGR 1996, 272.

304) BGHZ 48, 163 (vertragliche Stimmbindung); LG Mainz ZIP 1990, 1271; OLG Koblenz ZIP 1990, 1570 = EWiR § 37 GmbHG 3/90, 1213 (*von Gerkan*) – Springer/Kirch (für aus der Treuepflicht resultierende Stimmbindungen); enger noch (nur Schadenersatz) RGZ 107, 67, 70.

einstweilige Verfügung[305] zu spät, wenn ein Gesellschafter erst im Nachhinein von der in der Gesellschafterversammlung vereinbarungswidrig abgegebenen Stimme erfährt. Die – nicht unumstrittene – Rechtsprechung gestattet daher ein „Durchschlagen" dieser Vereinbarungen auf die korporationsrechtliche Ebene, wenn *sämtliche Gesellschafter* an die Nebenabrede gebunden waren.[306] Dies dürfte auch bei der Aktiengesellschaft anzunehmen sein. Ein der schuldrechtlichen Vereinbarung widersprechender Gesellschafterbeschluss kann daher in diesem Fall wie bei einer Verletzung der Satzung nach § 243 Abs. 1 AktG angefochten werden (dazu unten Rz. 3.283 ff). Verringern lassen sich diese Schwierigkeiten dann, wenn zugleich mit dem Stimmbindungsvertrag festgelegt wird, dass die Stimmabgabe durch einen Vertreter oder Treuhänder unter Ausschluss der Möglichkeit persönlicher Stimmabgabe zu erfolgen hat.

Bei börsennotierten Aktiengesellschaften scheint das Instrument keine Rolle spielen zu können, da kaum je alle Gesellschafter der schuldrechtlichen Bindung unterworfen sind. Aber zum einen wird teilweise eine solche korporationsrechtliche Wirkung schuldrechtlicher Nebenabreden auch (schon) dann angenommen, wenn nicht alle Gesellschafter ihr beigetreten sind.[307] Zum anderen kommt es auf die Möglichkeiten zur Durchsetzung einer extrastatutarischen Bindung solange nicht an, wie die (einfache) (Hauptversammlungs-)Mehrheit der Gesellschafter gebunden ist.[308]

3.277

Anders als frühere Entwürfe des SE-Statuts[309] enthält die **SE-Verordnung** keine Aussagen zur Zulässigkeit und Wirkung schuldrechtlicher Gesellschaftervereinbarungen. Auch insoweit greift daher nach Art. 9 SE-VO für eine Europäische Aktiengesellschaft jetzt das nationale Recht des Sitzstaats ein.

3.278 Keine Regelung zu schuldrechtlichen Gesellschaftervereinbarungen bei der SE

---

305) Zu deren Zulässigkeit OLG Hamburg ZIP 1991, 1428, 1429 – Mr. Musical I; OLG Koblenz NJW 1986, 1692; OLG Koblenz GmbHR 1991, 21, 22 (*obiter*); OLG Stuttgart NJW 1987, 2449; *Damm*, ZHR 154 (1990), 413 ff, 430 ff; *von Gerkan*, ZGR 1985, 167 ff, 172 ff; *Michalski*, GmbHR 1991, 12 ff; *H. Schmitt*, ZIP 1992, 1211 ff; *Zutt*, ZHR 155 (1991), 190 ff.

306) BGH NJW 1983, 1910, 1911 = WM 1983, 334, 335 = ZIP 1983, 297; BGH NJW 1987, 1890, 1892 = WM 1987, 71, 73 = ZIP 1987, 293 = EWiR § 47 GmbHG 1/87, 53 (*Riegger*) (beide GmbH); ebenso für Österreich OGH RdW 1999, 721 f; zust. *Hoffmann-Becking*, ZGR 1994, 442, 446 ff; *Noack*, Gesellschaftervereinbarungen bei Kapitalgesellschaften (1994), S. 162 ff; dazu *Baumann/Reiß*, ZGR 1989, 157, 212 ff; *Hirte*, Bezugsrechtsausschluß und Konzernbildung (1986), S. 25 f; *Wiedemann*, Großkomm. AktG, § 179 Rz. 47; kritisch *Happ*, ZGR 1984, 168, 173 ff; *König*, Der satzungsergänzende Nebenvertrag (1996), S. 75 f, 173 ff; *Ulmer*, NJW 1987, 1849, 1853 f.

307) Vgl. etwa *Noack*, Gesellschaftervereinbarungen bei Kapitalgesellschaften (1994), S. 167 (bei Bindung einer zur Satzungsänderung befähigten Mehrheit); abw. *Dürr*, Nebenabreden im Gesellschaftsrecht – außersatzungsmäßige Bindungen und die Willensbildung in der GmbH (1994), S. 118 ff; *ders.*, BB 1995, 1365, 1367; *Winter*, ZHR 154 (1990), 259, 268 ff, 274 ff; offen gelassen von *König*, Der satzungsergänzende Nebenvertrag (1996), S. 76.

308) Zur Bindung vor allem der Großaktionäre *Noack*, Gesellschaftervereinbarungen bei Kapitalgesellschaften (1994), S. 37 f.

309) Dazu *Köhler*, Nebenabreden im GmbH- und Aktienrecht – Zulässigkeit und Wirkung (1992), S. 43 ff.

5. Anfechtbarkeit und Nichtigkeit von Beschlüssen der Haupt- oder Gesellschafterversammlung

3.279 Beschlüsse der Haupt- oder Gesellschafterversammlung können aus den verschiedensten Gründen mängelbehaftet sein. Diese Mängel können entweder das **Verfahren** ihres Zustandekommens oder den **Inhalt** des Beschlusses selbst betreffen.

a) Aktienrecht

3.280 Für die Geltendmachung solcher Beschlussmängel sieht das **Aktienrecht** in den §§ 241 ff AktG ein differenziertes Verfahren vor. Danach ist zwischen **nichtigen** und bloß **anfechtbaren** Beschlüssen zu unterscheiden.

aa) Nichtigkeit

Nichtigkeit bei schwerwiegenden Mängeln

3.281 Nichtig sind Beschlüsse, die an besonders **schwerwiegenden Mängeln** leiden. Welche dies sind, ist außer in den in § 241 AktG einleitend genannten Spezialvorschriften in § 241 Nrn. 1–6 AktG abschließend aufgezählt. Dazu gehören zunächst Verstöße gegen besonders wichtige Verfahrensvorschriften (schwere Einberufungsmängel und Beurkundungsmängel: § 241 Nrn. 1 und 2 AktG) und die durch Gerichtsbeschluss – regelmäßig aufgrund einer Anfechtungsklage – für nichtig erklärten Beschlüsse (§ 241 Nrn. 5 und 6 AktG). Die fehlende Angabe von Firma und Sitz der Gesellschaft bei der Einladung zur Hauptversammlung (§ 121 Abs. 3 AktG) führt allerdings dann nicht zur Nichtigkeit der auf dieser Versammlung gefassten Beschlüsse (§ 241 Nr. 1 AktG), wenn sich diese Angaben bei verständiger Würdigung der Einladung für den Empfänger unzweifelhaft und eindeutig aus den übrigen Umständen ergeben.[310] Nichtig ist auch ein Beschluss, der durch „seinen Inhalt gegen die guten Sitten verstößt" (§ 241 Nr. 4 AktG). Die wichtigste Fallgruppe bildet aber § 241 Nr. 3 AktG, nach dem ein Beschluss nichtig ist, wenn er „mit dem Wesen der Aktiengesellschaft nicht zu vereinbaren ist oder durch seinen Inhalt Vorschriften verletzt, die ausschließlich oder überwiegend zum Schutze der Gläubiger der Gesellschaft oder sonst im öffentlichen Interesse gegeben sind". Hierunter hat die Rechtsprechung etwa Versuche subsumiert, die Regelungen der unternehmerischen Mitbestimmung durch geschickte Satzungsgestaltungen zu unterlaufen.[311]

Restriktive Auslegung des § 241 AktG

3.282 Die Nichtigkeit eines Beschlusses kann prinzipiell jederzeit und von jedem Betroffenen – nicht nur durch Klage (§ 249 Abs. 1 Satz 2 AktG) – geltend gemacht werden. Wegen dieser weit reichenden Folgen wird

---

310) OLG Düsseldorf ZIP 1997, 1153 = EWiR § 249 AktG 1/98, 151 (*Kort*) (Vorinstanz LG Düsseldorf ZIP 1995, 1985 = EWiR § 121 AktG 1/95, 1149 *[Bork]*) – ARAG/Garmenbeck.

311) BGHZ 83, 106 = ZIP 1982, 434 (Nichtigkeit einer Satzungsbestimmung über weiteren von der Anteilseignerseite zu stellenden Stellvertreter des Aufsichtsratsvorsitzenden); BGHZ 83, 151 = ZIP 1982, 442 (Beschlussfähigkeit des Aufsichtsrats bei fehlender Teilnahme der Aufsichtsratsmitglieder der Anteilseigner); BGHZ 64, 325, 326 f (Änderung des Umfangs der Verschwiegenheitspflicht).

§ 241 AktG relativ eng ausgelegt. Solange eine Anfechtungsklage rechtzeitig und korrekt erhoben wurde, kann die Frage, ob ein Beschluss (auch) nichtig ist, offen bleiben. Allerdings wird die auf einem Beurkundungsmangel beruhende Nichtigkeit durch Eintragung des Beschlusses in das Handelsregister – die aber regelmäßig nur bei Grundlagenbeschlüssen erforderlich ist – geheilt (§ 242 Abs. 1 AktG), in den meisten anderen Fällen mit Ablauf von drei Jahren nach Eintragung in das Handelsregister (§ 242 Abs. 2 AktG).[312] Nach Ablauf dieses Zeitraums bleibt aber noch die Möglichkeit der **Amtslöschung** nach § 144 Abs. 2 FGG; § 142 FGG betrifft demgegenüber nur die Löschung von Eintragungen im Handelsregister wegen schwerwiegender Verfahrensfehler. Wird die Nichtigkeit durch Klage geltend gemacht, gelten die Vorschriften über die Anfechtungsklage im Wesentlichen entsprechend (§ 249 Abs. 1 Satz 1 AktG).

bb) Anfechtbarkeit

aaa) Bei allen übrigen Rechtsverletzungen – auch der Satzung der Gesellschaft selbst – ist ein Beschluss zunächst wirksam und lediglich anfechtbar (§ 243 AktG). Dazu gehört etwa auch die fehlende oder fehlerhafte Bekanntmachung der Tagesordnung (§ 124 AktG).[313] Das Rechtsschutzbedürfnis dafür fehlt nicht etwa, weil der Beschluss möglicherweise „gegenstandslos" ist.[314]

3.283

Im Gegensatz zur Nichtigkeit kann die **Anfechtbarkeit nur durch Klage** geltend gemacht werden. Wer dies kann, ist in § 245 AktG geregelt: neben den Aktionären kann der (Gesamt-)Vorstand und unter bestimmten Voraussetzungen auch ein einzelnes Vorstands- oder Aufsichtsratsmitglied klagen. Die Klage ist binnen eines Monats nach der Beschlussfassung zu erheben (§ 246 Abs. 1 AktG) und ist gegen die Gesellschaft zu richten (§ 246 Abs. 2 Satz 1 AktG). Dabei wird die Gesellschaft – abweichend von § 82 Abs. 1 AktG – durch Vorstand und Aufsichtsrat gemeinsam vertreten (§ 246 Abs. 2 Satz 2 AktG; vgl. auch oben Rz. 3.202). Für die Klage ist ausschließlich das Landgericht zuständig, in dessen Bezirk die Gesellschaft ihren Sitz hat (§ 246 Abs. 3 Satz 1 AktG); dies gilt für eine durch Klage geltend gemachte Nichtigkeit eines Hauptversamm-

3.284 Anfechtung von Beschlüssen durch Klage

---

312) Zur entsprechenden Anwendung von § 242 Abs. 2 AktG auf Bestimmungen in der Ursprungssatzung BGHZ 144, 365 = ZIP 2000, 1294, 1295 f = NJW 2000, 2819 = DStR 2000, 1443 (*Goette*) = NZG 2000, 1027 = EWiR § 242 AktG 1/2000, 943 (*Casper*); zur Frage, ob trotz Heilung nach § 242 Abs. 2 AktG Restitutionsansprüche gegen Mitgesellschafter bestehen können, *Emde*, ZIP 2000, 1753.
313) BGHZ 132, 84 = NJW 1996, 1756 = ZIP 1996, 1211 (*Goette*) = LM H. 8/1996 § 51 GenG Nr. 102 (Gen): Tagesordnungspunkt „Ausschluss von Mitgliedern" ist nicht spezifisch genug; OLG München ZIP 2000, 272 = NJW-RR 2000, 336 = DStR 2000, 392 (*Schaub*) = EWiR § 121 AktG 1/2000, 155 (*Schaaf*); Vorinstanz LG München I ZIP 1999, 1213 = EWiR § 241 AktG 1/99, 1147 (*Bayer*) – E'ZWO (das sogar Nichtigkeit angenommen hatte): Nichtzulassung eines Aktionärs, der sich zwar als Aktionär legitimieren konnte, aber keine Eintrittskarte vorweisen konnte, und fehlende Angabe von Hinterlegungsstellen für Aktien in der Einladung.
314) Abw. LG Hamburg AG 1996, 281 mit zu Recht krit. Anm. *Timm*, EWiR § 65 UmwG 1/96, 377 – Blohm & Voss (betreffend eine Ausgliederung).

lungsbeschlusses entsprechend (§ 249 Abs. 1 Satz 1 AktG). Zusätzliche Voraussetzung für die Erhebung einer Anfechtungsklage durch einen Aktionär ist aber – vom Fall des § 243 Abs. 2 AktG abgesehen –, dass der betreffende Aktionär in der Hauptversammlung beim Versammlungsleiter „Widerspruch zur Niederschrift" erklärt hat (§ 245 Nr. 1 AktG). Etwas anderes gilt naturgemäß dann, wenn der Aktionär zu Unrecht nicht zur Hauptversammlung zugelassen wurde oder die Einberufung mangelhaft war (§ 245 Nr. 2 AktG).

Inter-omnes-Wirkung der Klage

3.285 Ein Urteil, das einer Anfechtungsklage entspricht, **wirkt für und gegen alle** Aktionäre und Verwaltungsmitglieder, auch wenn sie nicht Partei waren (§ 248 Abs. 1 AktG); diese Wirkung ist hinnehmbar, weil die Klageerhebung nach § 246 Abs. 4 AktG in den Gesellschaftsblättern (also zumindest im Bundesanzeiger; § 25 AktG) bekannt gemacht werden muss, was den potentiell Drittbetroffenen die Möglichkeit der Einflussnahme auf den Rechtsstreit durch Kontaktaufnahme mit einer der Parteien gestattet. Nichtigkeits- und Anfechtungsklage verfolgen dabei mit der richterlichen Klärung der Nichtigkeit von Gesellschafterbeschlüssen mit Wirkung für und gegen jedermann dasselbe materielle Ziel. Daher liegt in der Erhebung der Nichtigkeitsklage zugleich die wirksame Erhebung der Anfechtungsklage. Liegt nach Prüfung durch das Gericht keine Nichtigkeit i. S. d. §§ 241 f AktG vor, so ist daher – fristgerechte Erhebung vorausgesetzt – die immanent geltend gemachte Anfechtung zu prüfen.[315] Der Streitgegenstand von Anfechtungs- oder Nichtigkeitsklage soll sogar die nicht geltend gemachten Mängel umfassen und damit „umfassend" sein.[316]

3.286 Um die Kostenlast für einen Anfechtungskläger erträglich zu gestalten, erlaubt § 247 AktG eine **Streitwertspaltung**: der Streitwert kann für den Anfechtungskläger geringer festgesetzt werden als für die beklagte Gesellschaft.[317]

Verfahrensfehler nur bei Kausalität beachtlich

3.287 bbb) **Verfahrensfehler** begründen aber – wie im öffentlichen Wahlrecht – eine Anfechtungsklage nur dann, wenn sie auch **kausal** für das Abstim-

---

315) BGHZ 134, 364 = NJW 1997, 1510 = ZIP 1997, 732 = LM H. 8/1997 § 241 AktG 1965 Nr. 8 (*Jänich*) = DStR 1997, 788 (*Goette*); abw. früher BGHZ 32, 318, 322 = NJW 1960, 1447 = LM § 43a GenG Nr. 1. Wegen des einheitlichen Rechtsschutzziels beider Klagen ist ein *Teilurteil*, das sich nur auf die Nichtigkeits- bzw. die Anfechtungsklage bzw. einen Teil der Kläger bezieht, unzulässig: BGH ZIP 1999, 580 = NJW 1999, 1638 = DStR 1999, 643 (*Goette*); dazu *Kindl*, ZGR 2000, 166; *Steinmeyer/Seidel*, DStR 1999, 2077.

316) BGHZ 152, 1 = ZIP 2002, 1684, 1685 f = NJW-RR 2002, 1461 = NZG 2002, 909 = DStR 2002, 1824; im Anschluss an BGHZ 134, 364, 366 f = NJW 1997, 1510 = ZIP 1997, 732, 733 = LM H. 8/1997 § 241 AktG 1965 Nr. 8 (*Jänich*) = DStR 1997, 788 (*Goette*); BGH ZIP 1999, 580 = NJW 1999, 1638 = DStR 1999, 643 (*Goette*); kritisch *Bork*, NZG 2002, 1094 f.

317) Das ist – nimmt man einen Beschluss des BVerfG zur Streitwertermittlung bei einer (BGB-)Waldbesitzergesellschaft ernst – nicht die Ausnahme, sondern Ausprägung des allgemeinen Prinzips, dass der Gegenstandswert einer Klage nach dem Interesse des einzelnen Klägers und nicht nach dem Interesse der Gesellschaft zu berechnen ist: BVerfG NJW 1997, 311 = EWiR § 3 ZPO 1/97, 327 (*Fleischer*); dazu auch *Emde*, DB 1996, 1557; *Hirte*, Die politische Meinung 1998, Nr. 342, S. 53, 58; *ders.*, Umgekehrte Streitwertspaltung, in: Festschrift Bezzenberger, 2000, S. 133 ff.

mungsergebnis waren.[318] Daher kann die Gesellschaft einer Anfechtungsklage auch den Boden entziehen, wenn sie den angefochtenen Beschluss *ohne* die gerügten Mängel bestätigt (§ 244 AktG).[319] In vielen Fällen dienen Verfahrensvorschriften aber dem Schutz der Gesamtheit aller Aktionäre. In diesen Fällen für die Begründetheit der Anfechtungsklage einen Kausalitätsnachweis zu verlangen, würde gerade bei stabilen Mehrheiten zu einem Leerlaufen der entsprechenden Verfahrensvorschriften führen. Denn dort wäre der Nachweis immer möglich, die Abstimmung bzw. die Entscheidung wäre auch bei Einhaltung des korrekten Verfahrens genauso ausgefallen. Daher ist in diesen Fällen ein Kausalitätsnachweis seitens des klagenden Aktionärs entbehrlich bzw. der Gegenbeweis mangelnder Kausalität seitens der Gesellschaft nicht zulässig.[320] § 243 Abs. 4 AktG, der dies für den Fall unberechtigter Auskunftsverweigerungen ausdrücklich gesetzlich anordnet, ist daher nicht Ausnahme, sondern Ausdruck eines weiterreichenden Prinzips.

Bezieht sich die Klage auf die unrichtige Feststellung eines Beschlussergebnisses, so kann sie im Wege der **positiven Beschlussfeststellungsklage** mit dem Antrag verbunden werden, das daraus folgende korrekte Ergebnis vom Gericht feststellen zu lassen.[321]   3.288

ccc) Für einige der möglichen **Inhaltsfehler** von Beschlüssen hat das Gesetz ausdrückliche Regelungen aufgestellt. Dies gilt etwa für die Wahl von Aufsichtsratsmitgliedern (§ 251 AktG), den Gewinnverwendungsbeschluss (§ 254 AktG) oder die Festsetzung eines zu niedrigen Ausgabekurses der jungen Aktien bei Ausschluss des Bezugsrechts (§ 255 Abs. 2 AktG). § 243 Abs. 2 Satz 2 AktG stellt schließlich klar, dass eine Anfech-   3.289   Inhaltsfehler

---

318) BGHZ 14, 264, 267 f; 36, 121, 139 ff; zu den hohen Anforderungen an den Nachweis fehlender Kausalität bei Einberufungsmängeln BGH ZIP 1998, 22 = NJW 1998, 684 = EWiR § 51 GmbHG 1/98 (*Sernetz*) im Anschluss an BGH ZIP 1987, 1117, 1119 f = EWiR § 51 GmbHG 1/87, 991 (*Hommelhoff*) (insoweit in BGHZ 100, 264 nicht abgedruckt); OLG Naumburg GmbHR 1998, 90 = EWiR § 246 AktG 1/98, 243 (*Zimmermann*) (Anwesenheit eines nicht ordnungsgemäß geladenen Gesellschafters führt nicht zwingend zur Heilung des Ladungsmangels).

319) Entwicklungen seit Erlass des Ausgangsbeschlusses sind für die Beurteilung der Rechtmäßigkeit eines Bestätigungsbeschlusses aber ohne Belang: OLG Dresden ZIP 2001, 1539, 1542 f – Sachsenmilch (n. rkr.); insoweit übereinstimmend LG Dresden EWiR § 244 AktG 1/2000, 991 (*Bork*) – Sachsenmilch.

320) *Hirte*, Bezugsrechtsausschluß und Konzernbildung (1986), S. 228 f; *ders.*, ZGR 1994, 644, 660 f; *Lutter*, ZGR 1979, 401, 409 f; ähnlich *Bayer*, ZGR 1993, 599, 611; enger die Rechtsprechung des Bundesgerichtshofs BGHZ 103, 184, 186 = ZIP 1988, 301 = NJW 1988, 1579 = JZ 1989, 443, 446 (*Wiedemann*) = EWiR § 262 AktG 1/88, 529 (*Drygala*) – Linotype; 107, 296, 306 = ZIP 1989, 980, 983 = NJW 1989, 2689 – Kochs Adler; BGH ZIP 1990, 168, 171 = NJW-RR 1990, 350 = EWiR § 243 AktG 2/90, 321 (*Timm*) (DAT/Altana II); BGHZ 119, 1, 18 ff = ZIP 1992, 1227, 1233 = EWiR § 295 AktG 1/92, 953 (*Windbichler*) – ASEA/BBC; BGHZ 122, 211, 238 ff = ZIP 1993, 751, 761 = NJW 1993, 1976, 1983 = EWiR § 297 AktG 1/93, 529 (*Priester*) – SSI; BGH ZIP 1995, 1256 = NJW 1995, 3115 = EWiR § 253 HGB 1/95, 897 (*Großfeld*) – SSI II; zu Recht anders aber für den Fall, dass die Information auf Nachfrage des klagenden Aktionärs vor der Hauptversammlung tatsächlich erteilt worden ist: LG Heidelberg ZIP 1997, 1787 = EWiR § 17 AktG 1/97, 1059 (*Kort*) – SAP (in der Berufungsinstanz vor dem OLG Karlsruhe verglichen).

321) BGHZ 76, 191, 197; BGHZ 76, 154 = ZIP 1980, 372 = NJW 1980, 1527 = LM § 47 GmbHG Nr. 30 (Ls.) (GmbH).

tung auch darauf gestützt werden könne, „dass ein Aktionär mit der Ausübung des Stimmrechts für sich oder einen Dritten Sondervorteile zum Schaden der Gesellschaft [**gesellschaftsfremde Sondervorteile**] oder der anderen Aktionäre zu erlangen suchte und der Beschluss geeignet ist, diesem Zweck zu dienen." Allerdings: nach § 243 Abs. 2 Satz 2 AktG gilt dies nicht, „wenn der Beschluss den anderen Aktionären einen angemessenen Ausgleich für ihren Schaden gewährt."

<small>Ungeschriebene Schranken der Mehrheitsmacht</small>

3.290 Neben den sich eindeutig aus Gesetz oder Satzung ergebenden Rechtsverstößen spielen aber vor allem **ungeschriebene Schranken** der Mehrheitsmacht eine Rolle, die von der Rechtsprechung nicht als Fälle des § 243 Abs. 2 AktG angesehen wurden. Verstöße gegen diese Prinzipien sind daher auch nicht nach § 243 Abs. 2 Satz 2 AktG durch Zahlung eines „angemessenen Ausgleichs" kompensierbar.[322] In allen diesen Fällen geht es darum, den Grundsatz in Frage zu stellen, dass eine Mehrheitsentscheidung angesichts unterschiedlicher Vorstellungen über den richtigen Weg im Zweifel den Interessen aller Gesellschafter am ehesten dient. Dabei darf angesichts der fest gefügten Mehrheitsverhältnisse in vielen (Publikums-)Gesellschaften nicht übersehen werden, dass dort Mehrheitsentscheidungen mit einem im Vorhinein nicht feststehenden Ergebnis die Ausnahme sind. Im Einzelnen sind daher **drei Ansätze** zu nennen, anhand derer Mehrheitsentscheidungen überprüft werden können. Das Verhältnis dieser Ansätze zueinander ist dabei ebenso umstritten wie deren dogmatische Grundlage.

<small>Beschränkung durch Gleichbehandlungsgrundsatz</small>

3.291 Zunächst der **Gleichbehandlungsgrundsatz**. Er ist heute, zurückgehend auf Art. 42 der Zweiten Richtlinie, in § 53a AktG kodifiziert. Danach sind „Aktionäre [.] unter gleichen Voraussetzungen gleich zu behandeln". Allerdings schützt das Gleichbehandlungsgebot – wie auch Art. 3 Abs. 1 GG – nur vor willkürlicher Ungleichbehandlung.[323] Vor allem aber hilft er dann nicht weiter, wenn alle Aktionäre gleichermaßen schlecht behandelt werden, um einen Nicht-Aktionär zu begünstigen.[324]

<small>Beschränkung durch Treuepflicht der Aktionäre</small>

3.292 Daher wird (heute) zweitens eine **Treuepflicht** der Aktionäre untereinander angenommen, die vor allem den Mehrheitsgesellschafter zwingt, bei Abstimmungen auch auf die Interessen der Minderheit Rücksicht zu nehmen. Die Reichweite dieser Pflicht ist allerdings sehr umstritten und

---

322) Zur Kritik *Mülbert*, Aktiengesellschaft, Unternehmensgruppe und Kapitalmarkt (1995), S. 348; abw. *Karsten Schmidt*, Großkomm. AktG, § 243 Rz. 59; dazu *Hirte*, WM 1997, 1001, 1003.

323) Verneint etwa in BGHZ 120, 141 = ZIP 1992, 1728 = NJW 1993, 400 = WuB II A. § 221 AktG 1.93 (*Hirte*) = EWiR § 221 AktG 2/93, 323 (*Martens*) (Bankverein Bremen) (für Ausgabe von Genussrechten nur an einen Gesellschafter einer AG) und BGHZ 116, 359 = ZIP 1992, 237 = NJW 1992, 892 = EWiR § 138 BGB 2/92, 321 (*Wiedemann*) (für unterschiedliche Berechnung des Abfindungsguthabens bei Ausscheiden aus einer GmbH nach dem Nennwert des Geschäftsanteils und der Dauer der Zugehörigkeit zur Gesellschaft); dazu *Hirte*, NJW 1996, 2827, 2836, 2847.

324) Dazu *Hirte*, Bezugsrechtsausschluß und Konzernbildung (1986), S. 14 f; *Lutter*, JZ 1976, 225, 228 f; *Wiedemann*, GesR I, S. 429 ff.

hängt im Wesentlichen von der Struktur der Gesellschaft ab. Dem Kleinaktionär in einer Kapitalgesellschaft obliegen geringere Pflichten als dem Großaktionär einer Familiengesellschaft. In der „Linotype"-Entscheidung stellte der BGH 1988 aber zu Recht fest, dass grundsätzlich auch Aktionären untereinander eine Treuepflicht obliegt. Das oberste deutsche Zivilgericht bejahte in dem Urteil die Möglichkeit der Anfechtung eines Mehrheitsbeschlusses wegen Verstoßes gegen die Treuepflicht, mit dem die Hauptversammlung die Auflösung der Gesellschaft beschließt, wenn der Mehrheitsgesellschafter schon vor dem Beschluss Absprachen über eine Übernahme wesentlicher Teile des Gesellschaftsvermögens getroffen hat (dazu näher unten Rz. 7.6 f).[325]

Schließlich forderte die Rechtsprechung, ausgehend von mehreren Entscheidungen zum Ausschluss des Bezugsrechts, dass bestimmte schwerwiegende Beschlüsse durch einen **im Gesellschaftsinteresse liegenden sachlichen Grund gerechtfertigt** sein müssten (dazu ausführlich unten Rz. 6.30 ff). Hierdurch wurde – umgekehrt – der Beschlussmehrheit bzw. der Gesellschaft die Verpflichtung auferlegt, die Angemessenheit eines Beschlusses nach den Kriterien der Erforderlichkeit und Verhältnismäßigkeit darzulegen und gegebenenfalls zu beweisen.

3.293 Beschränkung durch Erfordernis eines sachlichen Grundes

ddd) Die beschriebenen inhaltlichen Schranken von Hauptversammlungsbeschlüssen haben es auf der anderen Seite bei Publikumsaktiengesellschaften attraktiv gemacht, Beschlüsse systematisch mit der Begründung anzugreifen, sie verstießen gegen die genannten Prinzipien. In manchen Fällen waren die Aktien dabei erst wenige Tage vor einer Hauptversammlung gekauft worden. Zugleich wurde (und wird) – offen oder verdeckt – die Rücknahme der Anfechtungsklage gegen Zahlung zum Teil beträchtlicher Summen als „Interessenausgleich" angeboten. Dies gelang in vielen Fällen auch, und die klagenden Aktionäre erhielten im Einzelfall sogar Beträge von mehr als 1 Million DM. Die Aktionäre setzten mit ihren Klagen die Gesellschaften unter einen erheblichen Druck, weil die beschlossenen Maßnahmen in der Regel während der Dauer eines Rechtsstreits nicht durchgeführt werden konnten. Dies gilt vor allem für das Umwandlungsrecht, in dem § 345 Abs. 2 Satz 1 AktG a. F. ausdrücklich die Eintragung einer Verschmelzung in das Handelsregister verbot, solange eine Anfechtungsklage schwebt („Registersperre"; dazu auch unten Rz. 6.145 ff). Das löste jedoch eine Diskussion darüber aus, ob das beschriebene Vorgehen nicht als **Missbrauch** angesehen werden müsste.

3.294 Beschränkung der Anfechtung in Missbrauchsfällen

---

325) BGHZ 103, 184 = ZIP 1988, 301 = NJW 1988, 1579 = JZ 1989, 443, 446 (*Wiedemann*) = EWiR § 262 AktG 1/88, 529 (*Drygala*) – Linotype; dazu *Lutter*, ZHR 153 (1989), 446; (zu dieser Konstellation auch *Hirte*, Bezugsrechtsausschluß und Konzernbildung [1986], S. 143 f, 151 f); zu den Rücksichtnahmepflichten unter zukünftigen Mitgesellschaftern auch BGH ZIP 1992, 1464, 1470 f = NJW 1992, 3167 = EWiR § 185 AktG 1/92, 1153 (*Wiedemann*) – IBH/Scheich Kamel (dazu *Hirte*, NJW 1996, 2827, 2834).

Der BGH bejahte dies schließlich.[326] Missbräuchlich erhobene Klagen sind, wie er in einem anderen Urteil ausführte, als **unbegründet**, nicht als unzulässig abzuweisen.[327]

3.295 Ein Rechtsmissbrauch kann dabei – wie der BGH später nochmals betonte – auch vorliegen, wenn die Klage in der Sache selbst begründet wäre, etwa der Verschmelzungsbericht nicht den nach § 340a AktG a. F. zu stellenden Anforderungen entspricht. Auch wenn sich die Gesellschaftsorgane nur zum Schein auf Verhandlungen mit einem klagenden Aktionär über den „Abkauf" seiner Klage einlassen, ist eine Berufung auf Rechtsmissbrauch nicht ausgeschlossen.[328] Später ergänzte er dies nochmals und führte aus, dass ein Rechtsmissbrauch sogar bei einer Klageerhebung „in Erwartung" von Zahlungsangeboten der Gesellschaft angenommen werden könne.[329] Ein Rechtsmissbrauch soll schließlich selbst dann vorliegen können, wenn der Entschluss, die Gesellschaft zu unzulässigen Zahlungen zu veranlassen, erst *nach* Erhebung der Anfechtungsklage gefasst wurde.[330]

3.296 In einem weiteren Urteil bejahte der BGH auch die Schadenersatzpflicht eines Rechtsanwaltes, der für einen klagenden Aktionär an dem Abschluss eines Vertrages über eine unzulässige Abfindung und den vorausgehenden Verhandlungen mitgewirkt hatte, gegenüber der beklagten Gesellschaft nach §§ 826, 830 BGB (sittenwidrige Schädigung), § 823 Abs. 2 BGB i. V. m. §§ 253, 25, 27 StGB (Erpressung) und § 823 Abs. 2 BGB i. V. m. § 266 StGB (Untreue).[331]

3.297 Bei der gesamten Debatte darf allerdings nicht übersehen werden, dass die meisten Klagen in der Sache begründet waren und – soweit sie nicht zurückgenommen wurden – zur Klärung zahlreicher umstrittener Rechtsfragen des Aktienrechts beigetragen haben. Soweit die Anfechtungsklagen den Bereich des Umwandlungsrechts betreffen, haben sie durch den als Antwort auf sie geschaffenen § 16 Abs. 3 UmwG viel an Schärfe verloren (dazu unten Rz. 6.147 ff). Bei in das Handelsregister einzutragenden Tatsachen außerhalb des Umwandlungsrechts führt die **selbständige Prüfungsbefugnis des Registerrichters** meist zu akzeptablen Ergebnissen.[332]

---

326) BGHZ 107, 296 = ZIP 1989, 980 = NJW 1989, 2689 = EWiR § 246 AktG 1/98, 843 (*Hirte*) – Kochs Adler; zu diesem Komplex ausführlich *Diekgräf*, Sonderzahlungen an opponierende Kleinaktionäre im Rahmen von Anfechtungs- und Spruchstellenverfahren (1990); *Feltkamp*, Anfechtungsklage und Vergleich im Aktienrecht (1992); *Heckschen*, ZIP 1989, 1168; *Heuer*, WM 1989, 1401; *Hirte*, BB 1988, 1469 ff; *Lutter*, in: Festschrift 40 Jahre Der Betrieb, 1988, S. 193; *Radu*, ZIP 1992, 303 ff; *Timm* (Hrsg.), Mißbräuchliches Aktionärsverhalten (1990); *Wardenbach*, BB 1991, 485.
327) BGH ZIP 1992, 1391 = NJW-RR 1992, 1388 = EWiR § 246 AktG 1/92, 1041 (*Drygala*) – Industrie-Werke; abw. *Grunewald*, GesR, 2.C. Rz. 133 (unzulässig).
328) BGH ZIP 1989, 1388 = NJW 1990, 322 = EWiR § 243 AktG 1/90, 121 (*Günther*) – DAT/Altana I.
329) BGH ZIP 1990, 168 = NJW-RR 1990, 350 = EWiR § 243 AktG 2/90, 321 (*Timm*) – DAT/Altana II; BGH ZIP 1990, 1560 = NJW-RR 1991, 358 = EWiR § 340a AktG 1/91, 9 (*Keil*) – SEN.
330) BGH ZIP 1991, 1577 = NJW 1992, 569.
331) BGH ZIP 1992, 1081 = NJW 1992, 2821.
332) Dazu *Wiedemann*, Großkomm. AktG, § 181 Rz. 21 ff; für eine analoge Anwendung von § 16 Abs. 3 UmwG auf Kapitalerhöhungsbeschlüsse de lege ferenda *Hirte*, Großkomm. AktG, § 203 Rz. 10.

cc) Rechtsfolgen

Rechtsfolge einer erfolgreichen Anfechtung ist die Nichtigerklärung des Beschlusses (§ 248 Abs. 1 AktG). Nicht gesetzlich geregelt ist, in welcher Weise bereits umgesetzte Beschlüsse rückgängig zu machen sind. Gleiches gilt für nichtige Beschlüsse, sobald deren Nichtigkeit geltend gemacht oder festgestellt wurde. Im Ergebnis wird eine Pflicht der Verwaltung anzunehmen sein, tatsächliche Vollzugsmaßnahmen rückgängig zu machen; daher darf sie während eines laufenden Anfechtungs- oder Nichtigkeitsrechtsstreits irreversible Maßnahmen nur dann durchführen, wenn sie nach pflichtgemäßem Ermessen von der Aussichtslosigkeit der geltend gemachten Rügen überzeugt ist.[333] Wurden aber auf der Grundlage eines fehlerhaften Kapitalerhöhungsbeschlusses bereits neue Mitgliedschaften begründet, kann eine entsprechende Anwendung der Regeln über die **fehlerhafte Gesellschaft** geboten sein; Folge ist, dass etwa ausgegebene Aktien wirksam sind und eine Rückgängigmachung der Beschlussdurchführung nur mit Wirkung für die Zukunft erfolgen muss.[334]

3.298 Nichtigkeit als Rechtsfolge der Anfechtung

b) Europäische Aktiengesellschaft

Für die Europäische Aktiengesellschaft enthält die SE-Verordnung in Bezug auf die gerichtliche Überprüfung von Hauptversammlungsbeschlüssen keine Regelungen. Hier greift daher über Art. 9 SE-VO das nationale Recht ein, das auch festlegt, unter welchen Voraussetzungen ein Beschluss lediglich fristgerecht (§ 246 Abs. 1 AktG) anfechtbar oder sogar nichtig ist (§ 241 AktG).

3.299 Überprüfung von Hauptversammlungsbeschlüssen nach nationalem Recht

c) GmbH-Recht

Für das GmbH-Recht finden sich keine den §§ 241 ff AktG vergleichbaren gesetzlichen Regelungen. Daher wird in weitem Umfang die aktienrechtliche Regelung entsprechend herangezogen. Dies gilt insbesondere für die Unterscheidung in **nichtige** und bloß anfechtbare Beschlüsse der Gesellschafterversammlung.[335] Andererseits ist auch eine **Heilung** nichtiger Beschlüsse möglich (vgl. jetzt auch den für alle Rechtsträger gelten-

3.300 Anwendung aktienrechtlicher Regelungen bei der GmbH

---

333) *Hopt*, Großkomm. AktG, § 93 Rz. 92.
334) *Hommelhoff*, ZHR 158 (1994), 11, 15 ff; *Kort*, Bestandsschutz fehlerhafter Strukturänderungen im Kapitalgesellschaftsrecht (1998), S. 193 ff, 211 ff; *ders.*, ZGR 1994, 291, 314; *Krieger*, ZHR 158 (1994), 35, 47 ff; *Zöllner*, AG 1993, 68, 72 ff; *Wiedemann*, Großkomm., § 189 AktG Rz. 41 (für die ordentliche Kapitalerhöhung).
335) Zur Nichtigkeit eines Beschlusses bei Einberufungsmängeln BGHZ 11, 231, 236; 87, 1, 2 = ZIP 1983, 569; BGHZ 100, 264, 265 = ZIP 1987, 117 = EWiR § 51 GmbHG 1/87, 991 (*Hommelhoff*); BayObLG ZIP 1997, 1785; BayObLG ZIP 1999, 1597, 1599 = NJW-RR 2000, 181 = EWiR § 49 GmbHG 1/99, 1007 (*Fabis*) (Ladung durch Unbefugten); *Zöllner*, in: Baumbach/Hueck, GmbHG, Anh. § 47 Rz. 20. Zum Fortbestand der Gesellschafterrechte im Falle der Einziehung bis zur Leistung der Entschädigung mit der Folge der Nichtigkeit ohne einen gefasster Beschlüsse OLG Frankfurt/M. NJW-RR 1997, 612 = ZIP 1997, 644 = EWiR § 34 GmbHG 1/97, 301 (*H.P. Westermann*). Zur Unzulässigkeit einer (allgemeinen) Feststellungsklage anstelle der speziellen Nichtigkeitsklage (§ 241 Nr. 1 AktG analog) OLG Hamburg ZIP 1995, 1513 = NJW-RR 1996, 1064 (Landhaus-GmbH).

den § 20 UmwG; dazu unten Rz. 6.149).[336)] Zur **Anfechtung** berechtigen die gleichen Verfahrens- und Inhaltsfehler wie auch im Aktienrecht. Dabei sind die dort vorgestellten inhaltlichen Schranken wegen des geringeren Missbrauchsrisikos hier deutlich geringerer Kritik ausgesetzt.[337)] In jedem Fall aber ist eine Anfechtungsklage dann zu erheben, wenn über eine bestimmte Frage formell Beschluss gefasst wurde. Denn andernfalls verliert ein Gesellschafter die Möglichkeit, die Rechtswidrigkeit der Entscheidung geltend zu machen.[338)]

3.301 Besondere Schwierigkeiten bereitet die Frage, wie die **Anfechtungsfrist** bestimmt werden soll. Hier ist umstritten, ob auch eine Klageerhebung nach Ablauf der Monatsfrist des § 246 Abs. 1 AktG noch ausreicht. Nach Auffassung des BGH soll die Anfechtung innerhalb einer am Leitbild des § 246 AktG orientierten „angemessenen Frist" ausreichend sein – die auch länger sein kann.[339)] Die Frist kann auch in der GmbH-Satzung konkretisiert werden. Dabei kann die Satzung aber keine kürzere Anfechtungsfrist als die des § 246 Abs. 1 AktG festlegen.[340)] Die Frist stellt eine materielle Klagevoraussetzung dar, die von der klagenden Partei darzulegen und vom Gericht von Amts wegen zu prüfen ist.[341)]

3.302 Können sich aber die Gesellschafter einer GmbH auf einer Gesellschafterversammlung nicht über die Stimmberechtigung einigen und hat deswegen der Versammlungsleiter das Beschlussergebnis nicht festgestellt, so ist – wie der BGH jetzt erneut entschieden hat – eine (allgemeine) Fest-

---

336) BGHZ 80, 212, 216 f = ZIP 1981, 609; BGH ZIP 1995, 1983 = NJW 1996, 257 = EWiR § 54 GmbHG 1/96, 75 (*Kort*) = LM H. 3/1996 § 47 GmbHG Nr. 45; *Zöllner*, in: Baumbach/Hueck, GmbHG, Anh. § 47 Rz. 35 ff. Zur entsprechenden Anwendung von § 242 Abs. 1 AktG auf die GmbH BGH NJW 1996, 257 = ZIP 1995, 1983 = EWiR § 54 GmbHG 1/96, 75 (*Kort*) = LM H. 3/1996 § 47 GmbHG Nr. 45.

337) Zur materiellen Beschlusskontrolle zusammenfassend *Lawall*, DStR 1997, 331 ff.

338) BGHZ 104, 66, 69 f = ZIP 1988, 703, 704; ähnlich OLG München BB 1990, 367, 368 = EWiR § 29 GmbHG 1/90, 369 (*Roth*).

339) BGHZ 101, 113 = ZIP 1987, 1251 (sechs Jahre zu spät, aber rechtsmissbräuchliche Ausnutzung der Unanfechtbarkeit eines sittenwidrigen Beschlusses denkbar); BGHZ 111, 224 = ZIP 1990, 784 = NJW 1990, 2625; BGHZ 137, 378 = ZIP 1998, 467, 470 = NJW 1998, 1559 = DStR 1998, 383 (*Goette*) – Tomberger; BGH ZIP 1999, 1001 = NJW 1999, 2115 = DStR 1999, 907 = EWiR § 43 GmbHG 2/99, 795 (*Westermann*); KG NJW-RR 1996, 103 (Verfristung bei unterlassener Einzahlung des Gerichtskostenvorschusses binnen eines Monats); OLG Brandenburg NJW-RR 1996, 29 (Verfristung bei einer zwar sechs Wochen nach Beschlussfassung verfassten, aber erst einen weiteren Monat später eingereichten Klage); OLG Dresden NJW-RR 1997, 1535 (Fristverlängerung bei Verhandlungen über eine einvernehmliche Bereinigung der Streitpunkte); OLG München NJW-RR 2000, 255; OLG Naumburg GmbHR 1998, 90 = EWiR § 246 AktG 1/98, 243 (*Zimmermann*); zu einem Ausnahmefall OLG Brandenburg NJW-RR 1999, 543 (Anfechtungsklage durch italienischen Insolvenzverwalter); dazu *Hirte*, NJW 1996, 2827, 2844; *ders.*, NJW 1998, 2943, 3459, 3466.

340) BGHZ 104, 66, 70 ff = ZIP 1988, 703, 704 f; *Rowedder/Koppensteiner*, GmbHG, § 47 Rz. 119.

341) BGH ZIP 1998, 1392 = NJW 1998, 3344 = DStR 1998, 1363.

stellungsklage in Form der **positiven Beschlussfeststellungsklage** mit dem Inhalt zulässig, dass der beantragte Beschluss gefasst wurde.[342)]

Anders als im Aktienrecht (§ 246 Abs. 3 Satz 1 AktG) fehlt für GmbH-Anfechtungsklagen eine gesetzliche ausschließliche Zuweisung an das Landgericht. Gleichwohl soll auch diese Norm dort analog anwendbar sein.[343)] Auf die **Streitwertbemessung** bei Anfechtungsklagen gegen GmbH-Gesellschafterbeschlüsse ist auch § 247 AktG entsprechend anzuwenden; offen gelassen hat der BGH allerdings, ob auch die Streitwertgrenze von DM 1 Mio. (jetzt EUR 500.000) im GmbH-Recht entsprechend gilt.[344)]

3.303

Angesichts der im GmbH-Recht deutlich weiter reichenden Gestaltungsfreiheit war auch versucht worden, alle Streitigkeiten, die sich aus dem Gesellschaftsverhältnis zwischen der Gesellschaft und den Gesellschaftern sowie unter den Gesellschaftern ergeben, insbesondere auch Einwendungen gegen Gesellschafterbeschlüsse, unter Ausschluss des ordentlichen Rechtsweges von einem **Schiedsgericht** entscheiden zu lassen. Wenn dies im Gesellschaftsvertrag und darüber hinaus von den Gesellschaftern in einem Schiedsvertrag nochmals vereinbart worden war, sollte nach Auffassung des OLG Karlsruhe für die Anfechtung eines Gesellschafterbeschlusses ausschließlich dieses Schiedsgericht zuständig sein. Dieses Gericht müsse aber wie ein staatliches Gericht allen Gesellschaftern rechtliches Gehör gewähren. Zudem wirke sein Schiedsspruch für und gegen alle Gesellschafter.[345)] Nach Ansicht des BGH trifft indes gerade der letzte Punkt nicht zu. Die *inter-omnes*-Wirkung des Urteils im Falle von Anfechtungs- und Nichtigkeitsklagen beruhe auf einer gesellschaftsrechtlichen Sonderbestimmung in den §§ 248 Abs. 1 Satz 1, 249 Abs. 1 Satz 1 AktG, die in den gesetzlichen Bestimmungen zum Schiedsverfahren kein Gegenstück kenne. Eine solche Wirkung kann daher einem Schiedsspruch grundsätzlich nicht zukommen, da das Gericht darüber hinaus auch eine analoge Anwendung der genannten Normen nicht für möglich hielt. Damit bestehe aber beim Vorhandensein mehrerer Kläger die nach dem Willen des Gesetzgebers unbedingt auszuschließende Gefahr unterschiedlicher Entscheidungen verschiedener Gerichte, so dass für die Rechtslage vor Reform des Schiedsverfahrensrechts (§§ 1025 ff ZPO

3.304 Kein schiedsgerichtliches Verfahren bei mehreren Klägern

---

342) BGH ZIP 1995, 1982 = NJW 1996, 259 = DStR 1996, 387 (*Goette*) = LM H. 3/1996 § 47 GmbHG Nr. 46 (Bestätigung von BGHZ 79, 154 = ZIP 1980, 372 = NJW 1980, 1527 = LM § 47 GmbHG Nr. 30 [Ls.]); zur entsprechenden Anwendung von § 248 AktG in diesem Fall OLG München NJW-RR 1997, 988.
343) *Zöllner*, in: Baumbach/Hueck, GmbHG, Anh. § 47 Rz. 84; abw. LG München I NJW-RR 1997, 291.
344) BGH NZG 1999, 999 = NJW-RR 1999, 1485.
345) OLG Karlsruhe ZIP 1995, 915 = EWiR § 1025 ZPO 1/95, 519 (*Günther*).

n. F.) die Schiedsfähigkeit von Anfechtungs- und Nichtigkeitsklagen verneint wurde.[346]

6. Stimmpflicht

Verhinderung von Maßnahmen durch Sperrminoritäten

3.305 Die Inhaltskontrolle von Mehrheitsbeschlüssen verhindert rechtswidrige Beschlüsse im Interesse überstimmter Minderheitsgesellschafter; treffen die von den Klägern erhobenen Einwände nicht zu, kann die beschlossene Maßnahme durchgeführt werden. Anders ist die Lage, wenn ein Minderheitsgesellschafter oder eine Minderheitsgruppe über eine **Sperrminorität** verfügt, über eine so große Minderheit, dass sie die Mehrheit an ihren Entscheidungen hindern kann. Diese Lage tritt in aller Regel zunächst bei den Grundlagenentscheidungen auf, bei denen das Gesetz für die Durchführung der entsprechenden Maßnahmen eine Mehrheit von drei Vierteln verlangt. Wer hier über ein Viertel der Anteile verfügt, kann jede Maßnahme verhindern (dazu oben Rz. 3.265). Gleichwohl kann es auch hier Situationen geben, in denen eine bestimmte Entscheidung dringend im Gesellschaftsinteresse geboten ist. In dieser Lage hat die Rechtsprechung zunächst im Personengesellschaftsrecht von den widersprechenden Gesellschaftern eine Zustimmung verlangt, wenn dies mit Rücksicht auf das Gesellschaftsverhältnis, insbesondere mit Rücksicht auf das Geschaffene, dringend geboten ist und den widersprechenden Gesellschaftern unter Berücksichtigung ihrer eigenen schutzwerten Belange auch zuzumuten ist.[347]

3.306 Hier dient die Treuepflicht also nicht zur Vermeidung eines Beschlusses im Interesse der Minderheit, sondern zu dessen Herbeiführung im Interesse der Mehrheit. Die Rechtsprechung hat diesen Grundsatz zunächst auch auf die personalistisch ausgestaltete GmbH übertragen, um der Gesellschaftermehrheit eine Anpassung der Satzung an die durch die Novelle von 1980 erhöhten Mindeststammkapitalanforderungen zu ermöglichen.[348] Jedenfalls für die personalistische Aktiengesellschaft gilt dies in gleicher Weise.[349] In der Zukunft dürfte die Rechtsprechung vor allem auch für Anpassungsmaßnahmen im Zusammenhang mit der Umstellung auf den Euro (dazu im Einzelnen unten Rz. 6.72 ff) eine Rolle spielen.

---

346) BGHZ 132, 278 = NJW 1996, 1753 = DStR 1996, 836 (*Goette*) = LM H. 8/1996 § 248 AktG 1965 Nr. 3 = ZIP 1996, 830, 833 m. krit. Anm. *Timm/Witzorrek*, EWiR § 248 AktG 1/96, 481; dazu *Bork*, ZHR 160 (1996), 374; *Bredow*, DStR 1996, 1653; *Lüke/Blenske*, ZGR 1998, 253; zur Schiedsunfähigkeit der aktienrechtlichen Anfechtungsklage zuvor BGH LM Nr. 1 zu § 199 AktG 1937 Nr. 1; BGH WM 1966, 1132, 1133. Zum zwingenden Charakter des § 241 AktG nach wie vor *Hüffer*, AktG, § 23 Rz. 38. *Für* Schiedsfähigkeit nach neuem Schiedsverfahrensrecht *Bender*, DB 1998, 1900 ff.

347) BGHZ 44, 40, 41 (OHG); 64, 253, 257 (KG); OLG Düsseldorf ZIP 1994, 1447 = NJW-RR 1995, 171 (keine Einhaltung des Einstimmigkeitsgrundsatzes, wenn ohnehin Zustimmungspflicht vorläge); *Wiedemann*, Großkomm. AktG, § 179 Rz. 157.

348) BGHZ 98, 276, 279 = ZIP 1986, 1383, 1384 = EWiR § 1 GmbHG 1/86, 1107 (*Riegger*); BGH ZIP 1987, 914 = WM 1987, 841, 842 = EWiR § 1 GmbHG 1/87, 767 (*Günther*); *Wiedemann*, Großkomm. AktG, § 179 Rz. 157.

349) *Wiedemann*, Großkomm. AktG, § 179 Rz. 157.

Im „Girmes"-Urteil griff der BGH diesen Ansatz für die Publikumsaktiengesellschaft auf und stellte zunächst fest, dass auch dort Minderheitsaktionären eine Treuepflicht gegenüber ihren Mitaktionären obliegt. Diese verbiete es ihnen, eine sinnvolle und mehrheitlich angestrebte Sanierung unter Wahrnehmung ihres Stimmrechtes zu verhindern.[350] Dies gelte jedenfalls dann, wenn die Minderheitsaktionäre ihre Stimmen *zielgerichtet bündeln* und sich gemeinschaftlich von einem Stimmrechtsvertreter vertreten ließen, um eine Sperrminorität zu erreichen. Darüber hinaus treffe die Aktionäre, die die Treuepflicht durch ihre pflichtwidrige Stimmrechtsausübung *vorsätzlich* verletzten, gegenüber ihren Mitaktionären eine Schadenersatzpflicht wegen der Entwertung ihres Aktienbesitzes. Dies soll jedoch nur dann gelten, wenn der Schaden nicht durch Anfechtung des Hauptversammlungsbeschlusses abgewendet werden kann. Tritt für die Aktionäre ein Stimmrechtsvertreter auf, so müssen sie sich dessen Abstimmungsverhalten zurechnen lassen. Den Vertreter selbst trifft aber unter keinem rechtlichen Gesichtspunkt eine Schadenersatzpflicht; er hafte den geschädigten Aktionären allenfalls analog § 179 Abs. 1 BGB, sofern er seine Auftraggeber nicht preisgibt. Das nach Zurückverweisung erneut mit dem „Girmes-Fall" befasste OLG Düsseldorf entschied sodann, dass der auf Schadenersatz verklagte Stimmrechtsvertreter bei der Abstimmung über die zur Sanierung notwendige Kapitalherabsetzung keinen Schädigungsvorsatz hatte und somit eine Haftung auch unter Zugrundelegung der Rechtsansicht des BGH nicht bejaht werden kann.[351]

3.307 Treuepflicht der Minderheitsgesellschafter

VI. Zurechnung des Verhaltens und Wissens von Organen zur Gesellschaft

1. Grundsatz

Fehlverhalten von Organen kann unter bestimmten Umständen eine persönliche Schadensersatzhaftung dieses Organs auslösen (dazu vor allem oben Rz. 3.108 ff, 3.216). Davon zu unterscheiden ist die – umgekehrte – Frage, unter welchen Voraussetzungen die juristische Person für das (Fehl-)Verhalten ihrer Organe einzustehen hat. Rechtlich bildet die Zurechnung des Organverhaltens zur juristischen Person den Grundtatbe-

3.308 Zurechnung von Organverhalten zur juristischen Person

---

350) BGHZ 129, 136 = ZIP 1995, 819 = ZIP 1995, 1416 (Ls.) (*Gerd Müller*) = NJW 1995, 1739 = EWiR § 135 AktG 1/95, 525 (*Rittner*) = LM H. 8/1995 § 53a AktG 1965 Nr. 2 = WiB 1995, 548 (*Wilte*) – Girmes; dazu *Bungert*, DB 1995, 1749; *Hennrichs*, AcP 195 (1995), 3; *Henssler*, DZWiR 1995, 430; *Lutter*, JZ 1995, 1053; zum Verfahren *Dreher*, ZIP 1993, 333; *ders.*, ZHR 157 (1993), 150; *Heermann*, ZIP 1994, 1243; *Henssler*, ZHR 157 (1993), 91; *Marsch-Barner*, ZHR 157 (1993), 172; *Wenger*, ZIP 1993, 321. Das OLG Düsseldorf (ZIP 1994, 878, 881 = EWiR § 135 AktG 1/94, 733 *[Dreher]*) hatte als Vorinstanz die Berufung des Klägers gegen das klagabweisende Urteil des LG als unbegründet zurückgewiesen. In den Gründen hatte es noch eine gesellschaftsrechtliche Treuepflicht der vom Beklagten vertretenen Kleinaktionäre verneint.

351) OLG Düsseldorf NJW-RR 1997, 607 = ZIP 1996, 1211 = EWiR § 179 BGB 2/96, 779 (*Wilhelm*) = DZWir 1997, 30 – Girmes (rkr., aber möglicherweise str.; dazu den redaktionellen Hinweis in ZIP 1996, 1217); dazu *Henssler*, DZWiR 1997, 36; *Henze*, BB 1996, 489; *Lamprecht*, ZIP 1996, 1372; *Marsch-Barner*, ZIP 1996, 853. Vgl. auch die seitengroßen Anzeigen des Beklagten *Bolko Hoffmann* anlässlich seines Prozesssieges, etwa in FAZ v. 29. 6. 1996, Nr. 149, S. 19.

stand, die Eigenhaftung die Ausnahme – über deren Reichweite deshalb soviel gestritten wird. Wirtschaftlich hängen beide Fragen eng zusammen: denn in beiden Fällen geht es darum, die Zahl der möglichen Schuldner zu erhöhen. Während bei der Zurechnung des Organverhaltens die Haftung der juristischen Person neben eine (mögliche) Eigenhaftung des Organs tritt und damit auf deren Vermögen zugegriffen werden kann, erlaubt die Eigenhaftung einen Zugriff auf das Vermögen des Organs, wenn die Haftungsmasse der juristischen Person nicht ausreicht.

3.309 Zentrale Zurechnungsnorm – nicht aber selbständige Anspruchsgrundlage – für das Verhalten von Organen juristischer Personen ist § 31 BGB. Er rechnet dem Verband das Verhalten seiner Organmitglieder unabhängig davon zu, ob es rechtmäßig oder rechtswidrig war, und auch unabhängig davon, ob das Organ die ihm im Innenverhältnis obliegenden Verpflichtungen beachtet hat. Entscheidend ist, dass der Verband die Vor- und Nachteile seiner Verselbständigung gleichmäßig tragen soll.[352]

3.310 § 31 BGB reicht deutlich weiter als §§ 278, 831 BGB. Im Gegensatz zu § 278 BGB, der nur für vertragliche Schuldverhältnisse gilt, gilt **§ 31 BGB für alle Schuldverhältnisse.** Wie § 831 BGB ordnet er eine Haftung für **eigenes Verschulden** an und steht auch insoweit im Gegensatz zu § 278 BGB, der eine Haftung für fremdes Verschulden anordnet. Daraus folgt auch, dass § 31 BGB **zwingend** ist, während § 278 BGB in den Grenzen des § 309 Nr. 7 b) BGB dispositiv ist. Schließlich kennt § 31 BGB im Gegensatz zu § 831 BGB **keinen Entlastungsbeweis.**

3.311 Ähnlich wie § 831 BGB verlangt § 31 BGB in inhaltlicher Hinsicht ein Handeln im Rahmen des Wirkungskreises der juristischen Person, wobei auf den objektiven Zusammenhang aus der Sicht des Geschädigten abzustellen ist. Nicht zurechnungsbegründend ist daher ein Handeln nur „bei Gelegenheit" einer Tätigkeit für die juristische Person. Auf das Vorliegen von Vertretungsmacht kommt es allerdings nicht an.[353]

2. Anwendungsbereich von § 31 BGB

Anwendbarkeit des § 31 BGB auf alle juristischen Personen

3.312 § 31 BGB ist von zentraler Bedeutung für das gesamte Verbandsrecht. Er gilt zunächst (unmittelbar) für alle **juristischen Personen** des privaten Rechts – den eingetragenen Verein, die Kapitalgesellschaften, die Genossenschaft, den Versicherungsverein auf Gegenseitigkeit und (!) die Stiftung. Über § 89 Abs. 1 BGB gilt er auch für die juristischen Personen des öffentlichen Rechts.[354] Darüber hinaus gilt er aber auch für den **nichtrechtsfähigen Verein.** § 54 Satz 1 BGB, aus dem sich möglicherweise etwas anderes ableiten ließe, geht auf die heute überholte und vor dem Hintergrund von Art. 9 Abs. 1 GG problematische Absicht des historischen Gesetzgebers zurück, die Entstehung von Körperschaften staatlich zu kontrollieren.[355]

---

352) *Wiedemann*, GesR I, S. 213 ff.
353) *Karsten Schmidt*, GesR, § 10 IV 4 b, S. 279 f m. w. N.
354) *Karsten Schmidt*, GesR, § 10 IV 2, S. 274 ff m. w. N.
355) *Karsten Schmidt*, GesR, § 10 IV 2, S. 276 m. w. N., § 25 III 1 b, S. 743 ff.

Kraft Gewohnheitsrechts ist § 31 BGB aber auch auf die **Handelsgesell-** 3.313
schaften, die **Partnerschaftsgesellschaft** und, wenn sie ein Unternehmen
betreibt, die **BGB-Gesellschaft** anwendbar.[356] Die Geltung für verselbständigte Vermögensmassen – Nachlass, Insolvenzmasse – wird ebenfalls befürwortet. Keine Anwendung kann § 31 BGB demgegenüber für den Einzelkaufmann haben; denn dieser haftet für die von ihm begründeten Verbindlichkeiten aus eigenem Recht und nicht kraft Zurechnung.

3. Erfasste Organe

Zugerechnet wird nach dem Wortlaut des § 31 BGB zunächst das Verhal- 3.314   Erfassung der
ten des Vorstands, seiner Mitglieder und „anderer verfassungsmäßig beru-   Formalorgane
fener Vertreter", soweit die zum Schadenersatz verpflichtende Handlung   durch § 31 BGB
„in Ausführung der ihm zustehenden Verrichtungen begangen[.]" wurde.
Erfasst sind damit die **Formalorgane**. Dazu zählt, da die Norm auf den
Verein zugeschnitten ist, bei den Kapitalgesellschaften sicher auch der
Aufsichtsrat. Etwas problematischer ist es bezüglich einer Zurechnung
des Verhaltens der Haupt- bzw. Gesellschafterversammlung.

Wäre die Zurechnung auf diese Formalorgane beschränkt, könnten sich 3.315   Anwendung des
vor allem Großverbände einer Haftung für die für sie auftretenden Perso-   § 31 BGB auf
nen entziehen, indem sie die Zahl der Vorstandsmitglieder beschränkten.   Repräsentanten
Die Rechtsprechung wendet § 31 BGB daher auch auf Personen an, die   der Gesellschaft
selbständig wichtige Aufgaben wahrnehmen und deshalb die juristische
Person repräsentieren (**Repräsentantenhaftung**). Dazu zählen etwa Filialleiter, Zweigstellenleiter und Chefärzte.[357] Zudem wird eine Pflicht
zur Bestellung einer ausreichenden Zahl verfassungsmäßiger Vertreter angenommen, deren Verletzung eine Haftung wegen Organisationsmangels
begründet und zur Eigenhaftung der juristischen Person führt.

4. Wissenszurechnung

Nicht von § 31 BGB erfasst ist die Zurechnung von Wissen von Organ- 3.316   Wissens-
mitgliedern und Mitarbeitern zur Gesellschaft. Hier greift grundsätzlich   zurechnung
zunächst § 166 Abs. 1 BGB ein; hat also der für die Kapitalgesellschaft   nach § 166 BGB
tätige organschaftliche oder rechtsgeschäftliche Vertreter von den relevanten Umständen Kenntnis, ist dies der Gesellschaft zuzurechnen.[358]
Lange umstritten war aber, ob – weitergehend – das Wissen von Organmitgliedern *immer* zuzurechnen ist, also auch wenn sie etwa an einem
Vertragsabschluss nicht beteiligt waren oder schon aus der Gesellschaft
ausgeschieden sind. Und umgekehrt war fraglich, ob Wissen auch anderer

---

356) So jetzt BGH ZIP 2003, 664 ff = NJW 2003, 1445 ff; zuvor bereits *Karsten Schmidt*,
      GesR, § 10 IV 2, S. 275 f m. w. N.; für die BGB-Gesellschaft verneinend noch
      BGHZ 45, 311 (allerdings noch auf der Grundlage des früheren und inzwischen
      überholten Haftungskonzepts für die BGB-Gesellschaft).
357) BGHZ 49, 19, 21; *Karsten Schmidt*, GesR, § 10 IV 4 a, S. 278 f.
358) Nicht aber ihren Organen oder gar Mitgliedern: BGH ZIP 2001, 26, 27 f = NJW
      2001, 359 = LM § 166 BGB Nr. 43 (*Grigoleit*) = EWiR § 166 BGB 2/01, 705
      (*Schramm*).

als der bei einem Geschäft die Gesellschaft vertretenden Mitarbeiter zugerechnet werden kann; dafür wurde geltend gemacht, dass Großorganisationen sonst von der typischerweise bestehenden „Aufspaltung" des Wissens in ihnen profitieren würden. Der BGH hat hier kürzlich Klarheit geschaffen. Danach muss sich eine dezentral organisierte Gesellschaft (ebenso ein sonstiger Verband) das Wissen ihrer Organmitglieder und Mitarbeiter als Wissensvertreter nur dann, aber auch immer dann zurechnen lassen, wenn dieses **typischerweise aktenmäßig festgehalten** zu werden pflegt.

3.317 Im vom BGH – VIII. Zivilsenat – zu entscheidenden Fall hatte ein Mitarbeiter der Einkaufsabteilung einer auch Gebrauchtwagenhandel betreibenden GmbH & Co. KG fahrlässig fehlerhafte Angaben über die Laufleistung eines angenommenen Fahrzeugs in eine für den Weiterverkauf bestimmte interne Dokumentation aufgenommen, weil er die zutreffende Laufleistung bei der Eintragung bereits vergessen hatte. Ein anderer Mitarbeiter hielt diese Angabe für zutreffend und verkaufte das Fahrzeug unter dieser Angabe weiter. Das Gericht bejahte zunächst eine Pflicht der Gesellschaft zu ausreichender Dokumentation wesentlicher Angaben über die eingekauften Fahrzeuge, damit diese aufgrund der organisatorischen Trennung von Ein- und Verkauf nicht verloren gingen. Diese hierbei typischerweise festgehaltenen Angaben müsse sich die Gesellschaft zurechnen lassen. So liege es vom Grundsatz her auch im gegebenen Fall; da jedoch nur eine fahrlässige Falschangabe des Angestellten vorliege, konnte der auf Wandlung des Kaufvertrages verklagten Gesellschaft aber nicht der Vorwurf arglistigen Verhaltens gemacht werden.[359]

3.318 Einen vergleichbaren Entscheidungsmaßstab der Wissenszurechnung wandte auch der V. Zivilsenat des BGH an. Er hatte darüber zu befinden, unter welchen Umständen sich eine GmbH & Co. KG das Wissen *vormaliger organschaftlicher Vertreter* zurechnen lassen muss, unter deren Verantwortung Produktionsrückstände vergraben wurden, die später eine Kontaminierung des Bodens auslösten. Zurechenbar könne auch hier nur typischerweise aktenmäßig festgehaltenes Wissen sein, wobei besonders zu berücksichtigen ist, ob eine solche Wissensspeicherung zum Zeitpunkt des Vorgangs angezeigt war, was allein von der *ex ante* zu ermittelnden Wahrscheinlichkeit abhängt, dass dieses Wissen später rechtserheblich werden könnte.[360]

5. Europäische Aktiengesellschaft

Haftung der SE für ihre Organmitglieder nach nationalem Recht

3.319 Anders als in Bezug auf die Haftung der Organmitglieder selbst findet sich im SE-Statut keine besondere Regelung (mehr) bezüglich der **Haftung einer Europäischen Aktiengesellschaft für ihre Organmitglieder**. Insoweit wird daher nach Art. 9 SE-VO das nationale Recht berufen sein, und das führt für eine in Deutschland eingetragene SE zur Anwendbarkeit von § 31 BGB. Auch für die **Zurechnung von Wissen** zur Gesellschaft ist auf das nationale Recht abzustellen.

---

359) BGH NJW 1996, 1205 = ZIP 1996, 500 = EWiR § 166 BGB 1/96, 635 (*Pfeiffer*) = LM H. 6/1996 § 166 BGB Nr. 35 (*Scheuch*) = DStR 1996, 1135 (*Goette*); zur Wissenszurechnung in Fällen *arglistiger Täuschung* nach § 123 Abs. 2 Satz 1 BGB BGH NJW 1996, 1051 = ZIP 1996, 176 = EWiR § 123 BGB 1/96, 391 (*E.A. Kramer*) = DStR 1996, 309 (*Goette*) = LM H. 4/1996 § 123 BGB Nr. 78; dazu auch *Altmeppen*, BB 1999, 749 ff (teilweise kritisch).

360) BGH NJW 1996, 1339 = ZIP 1996, 548 = EWiR § 463 BGB 1/96, 585 (*Taupitz*) = LM H. 6/1996 § 463 BGB Nr. 75.

§ 4 Mitgliedschaft

Literatur: *Berger*, Die actio pro socio im GmbH-Recht, ZHR 149 (1985), 599; *Beuthien*, Treuhand an Gesellschaftsanteilen, ZGR 1974, 26; *Großfeld/Möhlenkamp*, Zum Auskunftsrecht des Aktionärs, ZIP 1994, 1425; *Grunewald*, Das Recht zum Austritt aus der Aktiengesellschaft, in: Festschrift Claussen, 1997, S. 103; *Hadding*, Verfügungen über Mitgliedschaftsrechte, in: Festschrift Steindorff, 1990, S. 31; *Henn*, Die Gleichbehandlung der Aktionäre in Theorie und Praxis, AG 1985, 240; *Henze*, Treuepflichten der Gesellschafter im Kapitalgesellschaftsrecht, ZHR 162 (1998), 186; *Koppensteiner*, Treuwidrige Stimmabgaben bei Kapitalgesellschaften, ZIP 1994, 1325; *Krieger*, Aktionärsklage zur Kontrolle des Vorstands- und Aufsichtsratshandelns, ZHR 163 (1999), 343; *Lutter*, Theorie der Mitgliedschaft, AcP 180 (1980), 84, 132; *ders.*, Due diligence des Erwerbers beim Kauf einer Beteiligung, ZIP 1997, 613; *Wiedemann*, Die Übertragung und Vererbung von Mitgliedschaftsrechten bei Handelsgesellschaften, 1965.

Unter der Mitgliedschaft versteht man die personen- und vermögensrechtliche Stellung des Teilhabers in der Gesellschaft. Sie ist ein subjektives Recht, das den Eigentums-, Forderungs- und Immaterialgüterrechten vergleichbar ist und deshalb insgesamt übertragen, belastet oder aufgegeben werden kann.[1] Nur bei der Aktiengesellschaft kann die Mitgliedschaft durch Ausstellung von Aktienurkunden in einem **Wertpapier verkörpert** werden.[2]

4.1 Mitgliedschaft als übertragbares subjektives Recht

Das Verhältnis des Mitglieds zur Gesellschaft ist durch eine ganze Reihe unterschiedlicher und gegenseitiger Einzelrechte und -pflichten geprägt. Auf einige von ihnen wurde bereits eingegangen oder wird noch in anderem Zusammenhang eingegangen, insbesondere im Rahmen der Organisations- oder Finanzverfassung. Im Mittelpunkt des folgenden Überblicks stehen daher neben den Fragen im Zusammenhang mit Erwerb und Verlust der Mitgliedschaft die Rechte und Pflichten, die nicht unmittelbar mit der Organisations- oder Finanzverfassung zusammenhängen. In der SE-Verordnung ist der Bereich der Mitgliedschaftsrechte und -pflichten der Aktionäre praktisch ungeregelt; insoweit greift daher das nationale Recht des Sitzstaats der SE ein.[3]

4.2

I. Rechte

Wenn man von den Rechten eines Gesellschafters spricht, meint man in aller Regel nur dessen **Individualrechte**; auf diese beschränkt sich auch die folgende Darstellung. Daneben gibt es aber **kollektive Rechte**, die im Interesse der Gesellschaftergesamtheit bestehen; hier spielen vor allem **Informationsrechte** im Zusammenhang mit Strukturänderungen (Bezugsrechtsausschluss: § 186 Abs. 4 Satz 2 AktG, Art. 29 Abs. 4 Satz 3 Zweite Richtlinie; Umwandlung: § 8 UmwG, Art. 9 Dritte Richtlinie) eine Rolle. Sie zeichnen sich dadurch aus, dass die Gesellschafter im Vorhinein nicht wirksam auf diese Rechte verzichten können. Umgekehrt führt eine Verletzung dieser Rechte nicht automatisch zur Rechtswidrigkeit eines auf der Grundlage der Verletzung ergehenden Beschlusses.[4]

4.3 Individualrechte und kollektive Rechte

Zu erwähnen sind schließlich die **Sonderrechte**, die nur einem oder einzelnen Gesellschaftern zustehen. Sie müssen in der Satzung festgelegt sein, was im Aktienrecht nur in den Grenzen von § 23 Abs. 5 AktG möglich ist. Beispielhaft genannt sei das Sonderrecht eines GmbH-Gesellschafters auf Bestellung zum Geschäftsführer oder das Recht eines Aktionärs, eine bestimmte Zahl von Personen in den Aufsichtsrat zu entsenden (dazu oben Rz. 3.158).

4.4 Sonderrechte einzelner Gesellschafter

---

1) *Wiedemann*, GesR I, S. 95.
2) Dazu, auch rechtsvergleichend, *Albertz*, Die Verbriefung des GmbH-Geschäftsanteils in Deutschland und den EU-Staaten (1996).
3) Ausführlicher *Hirte*, NZG 2002, 1, 9.
4) *Wiedemann*, Großkomm. AktG, § 186 Rz. 114.

1. Allgemeine Rechte

Recht auf Gleichbehandlung und Rücksichtnahme

4.5 Zu den **allgemeinen Rechten** jedes Kapitalgesellschafters gehört das Recht auf **Gleichbehandlung** durch die Gesellschaft, das für die Aktiengesellschaft in § 53a AktG, Art. 42 Zweite Richtlinie kodifiziert ist. Zudem kann sich – vor allem in personalistisch strukturierten Gesellschaften – eine Pflicht der Kapitalgesellschaft auf **Rücksichtnahme** gegenüber dem einzelnen Gesellschafter ergeben; sie ist eng mit der **Treuepflicht** verflochten, die den einzelnen Gesellschaftern gegenüber ihren Mitgesellschaftern obliegt. Verstöße gegen das Gleichbehandlungsgebot oder die Treuepflicht kommen sowohl seitens der Verwaltung als auch durch Beschluss der Haupt- bzw. Gesellschafterversammlung in Betracht; da sie aber meistens im Zusammenhang mit der Rechtswidrigkeit von Gesellschafterbeschlüssen diskutiert wurden, wurden sie auch dort bereits erörtert (dazu oben Rz. 3.291 ff).

§ 117 AktG als besonderer deliktischer Schutz für Gesellschaft und Aktionäre – allgemeiner deliktischer Schutz

4.6 Im Aktienrecht unterstellt § 117 AktG die Gesellschaft zum Schutze des Gesellschafts- und Aktionärsvermögens einem besonderen deliktischen Schutz vor unerlaubter Einflussnahme (dazu oben Rz. 3.219). Dabei können neben der Gesellschaft auch die Aktionäre selbst den ihnen durch eine unzulässige Einflussnahme entstandenen Schaden geltend machen, soweit er über den Schaden der Gesellschaft hinausgeht („**Reflexschaden**"; § 117 Abs. 1 Satz 2 AktG). Darunter versteht man Schäden, die in einer Minderung des Gesellschaftsvermögens bestehen und bei denen der Aktionär nur dadurch mittelbar geschädigt ist, dass der Wert seiner Beteiligung sinkt; insoweit sollen – was ein allgemeines Prinzip des Kapitalgesellschaftsrechts ist – Ersatzansprüche nur von der Gesellschaft geltend gemacht werden und Ersatz nur in ihr Vermögen geleistet werden.[5] Umstritten ist für alle Kapitalgesellschaften, ob die Mitgliedschaft insgesamt als **absolutes Recht** i. S. v. § 823 Abs. 1 BGB anzusehen ist.[6] Im Übrigen wird unterschieden zwischen Vermögens- und Verwaltungsrechten.

2. Vermögensrechte

Gewinnanspruch ist zentrales Vermögensrecht des Gesellschafters

4.7 Im Mittelpunkt der Vermögensrechte steht der **Gewinnanspruch** des Gesellschafters; dass die Aktionäre einer Europäischen Aktiengesellschaft einen Gewinnanspruch haben, wird zwar nicht ausdrücklich in der SE-VO gesagt, aufgrund des Verweises auf die nationalen Rechnungslegungsvorschriften aber zumindest vorausgesetzt. Weitere Rechte dienen vor allem dem **Schutz der Mitgliedschaft vor einer Verwässerung** bei Kapitalerhöhungen oder anderen Strukturmaßnahmen. Der Kranz schließt sich durch das Recht des Gesellschafters auf **Beteiligung am Liquidationserlös oder an Rückzahlungen** im Falle einer ordentlichen Kapitalherabsetzung, die der Sache nach eine „Teilliquidation" ist.

a) Gewinnanspruch

4.8 Zentrale Bedeutung unter den Vermögensrechten des Gesellschafters hat der Anspruch auf Beteiligung am Jahresgewinn. Das darf aber nicht dahingehend

---

5) Vgl. BGHZ 94, 55, 58 f = NJW 1985, 1777, 1778 = EWiR § 117 AktG 1/85, 243 (*Meyer-Landrut*); BGHZ 105, 121, 130 f = ZIP 1988, 1111, 1115 f = NJW 1988, 2794 = EWiR § 399 AktG 1/88, 951 (*Schulze-Osterloh*); BGH ZIP 1992, 1464, 1471 f = NJW 1992, 3167, 3171 f = EWiR § 185 AktG 1/92, 1153 (*Wiedemann*) – IBH/Scheich Kamel.

6) Bejahend BGHZ 110, 323, 327 f, 334 = ZIP 1990, 1067 = NJW 1990, 2877, 2878 ff = EWiR § 31 BGB 2/90, 745 (*Hadding*) (e.V.); *Habersack*, Die Mitgliedschaft – subjektives und „sonstiges" Recht (1996), S. 117 ff; *Raiser*, KapGesR, § 12 Rz. 5 (AG); offen gelassen von *Zöllner*, ZGR 1988, 392, 430; abw. *Karsten Schmidt*, GesR, § 21 V 4, S. 651 f.

missverstanden werden, dass jeder Gesellschafter automatisch einen seiner Beteiligung entsprechenden Anteil am „Gesamtgewinn" hätte. Vielmehr wird sein Anspruch zunächst dadurch modifiziert, dass für seine Berechnung der **Jahresabschluss** herangezogen wird, aus dem sich der immer auf der Passivseite stehende **Jahresüberschuss** bzw. -fehlbetrag ergibt (§ 266 Abs. 3 Passivseite A.V. HGB). Die **Aufstellung** des Jahresabschlusses ist eine Aufgabe der gesetzlichen Vertreter der Kapitalgesellschaft (§§ 242, 264 Abs. 1 HGB), bei der ihr zahlreiche Wahlrechte und Ermessensspielräume zustehen (oben Rz. 3.51). Aus Gründen des Gläubigerschutzes und mit Rücksicht auf die Interessen von Minderheitsgesellschaftern ist der Jahresabschluss zu prüfen. Zudem begrenzen Aktien- und GmbH-Recht in unterschiedlicher Weise die an die Gesellschafter ausschüttbaren Beträge; die aktienrechtlichen Regelungen wollen dabei einerseits ein höheres Gläubigerschutzniveau erreichen, andererseits aber mit Blick auf Minderheitsaktionäre eine Mindestausschüttung garantieren.

aa) Grundlage: geprüfter Jahresabschluss

Der von den gesetzlichen Vertretern der Kapitalgesellschaft aufgestellte Jahresabschluss ist, sofern es sich nicht um eine kleine Kapitalgesellschaft (§ 267 Abs. 1 HGB) handelt, von einem **Abschlussprüfer** zu prüfen (§ 316 Abs. 1 Satz 1 HGB). Er ist von den Gesellschaftern zu wählen (§ 318 Abs. 1 Satz 1 HGB), was für die GmbH im Gesellschaftsvertrag abweichend festgelegt werden kann (§ 318 Abs. 1 Satz 2 HGB). Vor Unterbreitung des Wahlvorschlags soll der Aufsichtsrat nach Nr. 7.2.1 DCGK eine Erklärung des vorgesehenen Prüfers über sonstige Verbindungen zur Gesellschaft einholen, die Zweifel an seiner Unabhängigkeit begründen könnten (einschließlich Angaben im vorausgegangenen Geschäftsjahr erbrachter anderer, insbesondere Beratungsleistungen).[7] Liegen solche Gründe vor, kann seine Wahl anfechtbar sein; das besondere Ersetzungsverfahren für den Abschlussprüfer in § 318 Abs. 3 Satz 1 HGB steht dem nicht entgegen.[8] Ist der Abschlussprüfer nach § 319 Abs. 2 HGB von der Wahl ausgeschlossen, ist seine Bestellung nichtig.[9]

4.9 Wahl des Abschlussprüfers durch die Gesellschafter

Bei der Aktiengesellschaft ist sodann der **Prüfungsauftrag** vom Aufsichtsrat zu erteilen (dazu oben Rz. 3.196), bei der GmbH nach der allgemeinen Regel des § 318 Abs. 1 Satz 4 HGB der bzw. die Geschäftsführer. Der Abschlussprüfer hat nach den gesetzlichen Vorgaben (§ 317 HGB) zu prüfen und darüber zu berichten (§ 321 HGB). Nach Nr. 7.2.3 DCGK soll der Aufsichtsrat mit dem Abschlussprüfer vereinbaren, dass er diesem über alle für die Aufgaben des Aufsichtsrats wesentlichen Feststellungen und Vorkommnisse, die sich bei Durchführung der Abschlussprüfung ergeben, unverzüglich berichtet. Zudem soll eine Informationspflicht bzw. die Pflicht zu einem Vermerk im Prüfbericht vereinbart werden für den Fall, dass er bei Durchführung der Abschlussprüfung Tatsachen feststellt, die eine Unrichtigkeit der von Vorstand oder Aufsichtsrat

4.10 Durchführung der Abschlussprüfung

---

7) BGH ZIP 2003, 290, 293 = NJW 2003, 970 = EWiR § 124 AktG 1/03, 199 (*Bayer/Fischer*) (Vorinstanzen OLG München AG 2001, 193 = DB 2001, 258; LG München I ZIP 1999, 2152) – Hypo-Vereinsbank; für eine analoge Anwendung von § 114 AktG auf Beratungsverträge des Abschlussprüfers bereits *Hellwig*, ZIP 1999, 2117 ff.

8) Insoweit abw. zuvor LG Köln NJW-RR 1998, 247 = AG 1997, 431 = EWiR § 243 AktG 1/97, 1113 (*Mankowski*).

9) Das ist allerdings nicht schon bei einer Wirtschaftsprüfungsgesellschaft der Fall, die zuvor im Rahmen der Verschmelzung, aus der die zu prüfende Gesellschaft hervorgegangen ist, mit der Erstattung eines Verschmelzungswertgutachtens und der Ermittlung der Verschmelzungswertrelation befasst war: BGH ZIP 2003, 290, 293 = NJW 2003, 970 = EWiR § 124 AktG 1/03, 199 (*Bayer/Fischer*); insoweit ebenso bereits für einen Wirtschaftsprüfer, der auch die Steuerbilanz erstellt hatte, BGHZ 135, 260 = NJW 1997, 2178 = WiB 1997, 861 = LM H. 10/1997 § 319 HGB Nr. 2 (*W. Müller*) – Allweiler; dazu *Hirte*, NJW 1998, 2943, 2945.

abgegebenen Erklärung zum Kodex ergeben. Schließlich soll nach Nr. 7.2.1 DCGK eine Hinweispflicht bei Auftreten möglicher und nicht beseitigbarer Ausschluss- oder Befangenheitsgründe vereinbart werden.

<small>Einreichung und Offenlegung des geprüften Jahresabschlusses</small>

4.11 Nach Erteilung des **Bestätigungsvermerks**, seiner Einschränkung oder Versagung (§ 322 HGB) und nach seiner Vorlage an die Gesellschafter ist der Jahresabschluss zum **Handelsregister einzureichen** und durch Veröffentlichung im Bundesanzeiger **offen zu legen** (§ 325 Abs. 1 Satz 1 HGB); das geschieht im Normalfall durch eine bloße Hinweisbekanntmachung im Bundesanzeiger (§ 325 Abs. 1 Satz 2 HGB), bei großen Kapitalgesellschaften (§ 267 Abs. 3 HGB) durch vollständige Bekanntmachung, die hier sogar vor Einreichung der Unterlagen beim Handelsregister zu erfolgen hat (§ 325 Abs. 2 HGB). Die Pflicht zur Einreichung zum Handelsregister und zur Offenlegung gilt auch für den Lagebericht, den Bericht des Aufsichtsrats nach § 171 Abs. 2 AktG, den Vorschlag und den Beschluss über die Verwendung des Bilanzgewinns, soweit sich diese nicht aus dem eingereichten Jahresabschluss ergeben, und schließlich für die Erklärung nach § 161 AktG (dazu oben Rz. 4.28) (§ 325 Abs. 1 HGB); sie erfasst nach § 325 Abs. 3 HGB schließlich einen etwa aufzustellenden Konzernabschluss. Nach Empfehlung 7.1.2 DCGK sollen der Konzernabschluss binnen 90 Tagen nach Ende des Geschäftsjahrs, ein (nach Nr. 7.1.1 DCGK ebenfalls empfohlener, aber aktienrechtlich nicht verlangter) Zwischenbericht binnen 45 Tagen nach Ende des Berichtszeitraums öffentlich zugänglich sein.

bb) GmbH-Recht

<small>Feststellung des Jahresabschlusses und Gewinnverwendungsbeschluss als Aufgabe der Gesellschafterversammlung in der GmbH</small>

4.12 Erst nach Aufstellung des Jahresabschlusses können bei der GmbH – vorbehaltlich abweichender Regelungen in der Satzung – die Gesellschafter den Jahresabschluss **feststellen** und über die **Ergebnisverwendung** beschließen (§ 46 Nr. 1 GmbHG). Zu diesem Zweck haben die Geschäftsführer den Jahresabschluss, gegebenenfalls auch Lagebericht und Bericht des Abschlussprüfers, unverzüglich nach seiner Aufstellung den Gesellschaftern vorzulegen (§ 42a Abs. 1 GmbHG). Diese haben dann die Möglichkeit, zunächst Beträge in **Gewinnrücklagen** einzustellen oder als **Gewinn vorzutragen** (§ 29 Abs. 2 GmbHG). Nur auf den sich so ergebenden „Rest" zuzüglich eines etwaigen Gewinnvortrags oder abzüglich eines etwaigen Verlustvortrags haben die Gesellschafter einen unmittelbaren Anspruch (§ 29 Abs. 1 Satz 1 GmbHG), und zwar im Zweifel nach dem Verhältnis der Geschäftsanteile (§ 29 Abs. 3 GmbHG).

cc) Aktienrecht

<small>Feststellung durch Vorstand und Aufsichtsrat der AG</small>

4.13 Bei der Aktiengesellschaft obliegt demgegenüber die **Feststellung** des Jahresabschlusses regelmäßig **dem Vorstand und dem Aufsichtsrat** (§ 172 Satz 1 AktG). Nur wenn der Aufsichtsrat den Jahresabschluss nicht billigt oder beide Organe dies beschließen, ist der Jahresabschluss durch die Hauptversammlung festzustellen (§ 173 Abs. 1 Satz 1 AktG). Entsprechend ist auch eine (hier:) „Billigung" des *Konzern*abschlusses durch die Hauptversammlung vorgesehen, dies aber nur für den Fall, dass der Aufsichtsrat diesen nicht billigt (§ 173 Abs. 1 Satz 2 AktG); eine Vorlage des Konzernabschlusses an die Hauptversammlung aufgrund gemeinsamer Entscheidung von Vorstand und Aufsichtsrat ist also nicht vorgesehen.

<small>Prüfung der Aufstellung durch Aufsichtsrat</small>

4.14 Um eine Feststellung des Jahresabschlusses bzw. Billigung des Konzernabschlusses zu ermöglichen, hat der Vorstand den aufgestellten Jahres- (und bei Mutterunternehmen Konzern-)abschluss nebst Lagebericht **dem Aufsichtsrat vorzulegen** (§ 170 Abs. 1 AktG; bezüglich des Konzernabschlusses bis zum

Inkrafttreten des TransPuG § 337 Abs. 1 Satz 1 AktG). Zugleich hat der Vorstand dem Aufsichtsrat den Vorschlag vorzulegen, den er der Hauptversammlung für die Verwendung des Bilanzgewinns machen will (§ 170 Abs. 2 Satz 1 AktG). Der Aufsichtsrat hat Jahres- und gegebenenfalls Konzernabschluss mit Lagebericht und den Vorschlag über die Verwendung des Bilanzgewinns zu prüfen (§ 171 Abs. 1 AktG) und darüber schriftlich an die Hauptversammlung zu berichten (§ 171 Abs. 2 AktG). Bei fehlender rechtzeitiger Billigung wird vom Gesetz die Nicht-Billigung fingiert (§ 171 Abs. 3 Satz 3 AktG).

4.15 Bildung von Gewinnrücklagen

Vorstand und Aufsichtsrat können, wenn sie den Jahresabschluss feststellen, bis zur Hälfte des Jahresüberschusses in **Gewinnrücklagen** einstellen (§ 58 Abs. 2 Satz 1 AktG), wobei der Umfang der in Rücklagen einstellbaren Beträge von der Satzung abweichend festgelegt werden kann (§ 58 Abs. 2 Satz 2 AktG). Aufgrund einer solchen Entscheidung der Verwaltung dürfen die Gewinnrücklagen aber nicht die Hälfte des Grundkapitals übersteigen (§ 58 Abs. 2 Satz 3 AktG). Anderseits fomuliert das Aktiengesetz aus Gründen des Gläubigerschutzes aber auch einen Mindestumfang. Nach § 150 Abs. 1 AktG müssen nämlich 5 % des Jahresüberschusses einer **gesetzlichen Rücklage** (einer Gewinnrücklage) zugeführt werden, bis dieser Posten *zusammen* mit der Kapitalrücklage nach § 272 Abs. 1 Nrn. 1–3 HGB 10 % des Grundkapitals oder einen satzungsmäßig festgelegten höheren Betrag erreicht. Das damit angeordnete „Zwangssparen" kann daher vermieden werden, wenn schon bei der Errichtung der Gesellschaft oder späteren Kapitalerhöhungen ein ausreichend großer Teil des Ausgabepreises in Form eines Aufgeldes erhoben und in die Kapitalrücklage eingestellt wird (dazu unten Rz. 5. 47 ff). Die gesetzliche Rücklage ist nur in den in § 150 Abs. 3 und 4 AktG niedergelegten Grenzen auflösbar.

4.16 Ergebnisverwendungsbeschluss durch Hauptversammlungsbindung an den festgestellten Abschluss

Erst jetzt kann die Hauptversammlung über die **Ergebnisverwendung** beschließen (§ 174 Abs. 1 Satz 1 AktG),[10] wobei sie weitere Beträge in **Gewinnrücklagen** einstellen oder als **Gewinn vortragen** kann (§§ 174 Abs. 2 Nrn. 3 und 4, 58 Abs. 3 Satz 1 GmbHG). Sie ist aber andererseits an den festgestellten Jahresabschluss gebunden (§ 174 Abs. 1 Satz 2 AktG), so dass sie nicht etwa von der Verwaltung vorgenommene Rücklagezuführungen in Frage stellen kann; der Gewinnverwendungsbeschluss „baut daher auf dem Jahresabschluss auf". Erst auf den verbleibenden **Bilanzgewinn** (§ 174 Abs. 2 Nr. 1 AktG) haben die Aktionäre einen unmittelbaren Anspruch (§ 58 Abs. 4 AktG), der sich auch hier im Zweifel nach ihren Anteilen am Grundkapital richtet (§ 60 Abs. 1 und 3 AktG). Nach § 58 Abs. 5 AktG (angefügt durch das TransPuG) kann die Hauptversammlung auch eine **Sachdividende** beschließen, wenn die Satzung diese Möglichkeit vorsieht.[11] Die Möglichkeit einer Sachdividende wird in der aktuellen Praxis vor allem für die **Ausschüttung von Wertpapieren** und insbesondere die Ausschüttung von Anteilen an Tochterunternehmen aus dem Vermögen einer Aktiengesellschaft als interessant angesehen.

dd) Rechtsschutz gegen unangemessene Rücklagenbildung

4.17 Aktionärsrechte gegen zu geringe Gewinnbeteiligung

Um den *Aktionären* ein bestimmtes Mindestmaß an Gewinnbeteiligung zu garantieren, gewährt § 254 AktG ein besonderes **Anfechtungsrecht** und § 258 AktG die Möglichkeit einer Bestellung von **Sonderprüfern**, wenn in einem fest-

---

10) Zum Anspruch auf Fassung eines Ergebnisverwendungsbeschlusses BGHZ 124, 111, 123 = ZIP 1993, 1862, 1866 = NJW 1994, 520 = EWiR § 256 AktG 1/94, 9 (*Crezelius*) = LM H. 4/1994 § 111 AktG 1965 Nr. 4; dazu *Kropff*, ZGR 1994, 628.

11) Einzelheiten bei *Hirte*, TransPuG; Rz. I 77 ff m. w. N.; *M. Leinekugel*, Die Sachdividende im deutschen und europäischen Aktienrecht (2001); *Lutter/Leinekugel/Rödder*, ZGR 2002, 204; *Schüppen*, ZIP 2002, 1269, 1277; *Tübke*, Sachausschüttungen im deutschen, französischen und Schweizer Aktien- und Steuerrecht (2002).

gestellten Jahresabschluss – nicht aber Konzernabschluss[12] – bestimmte Posten nicht unwesentlich unterbewertet wurden; die in § 254 AktG formulierten Grenzen gelten dabei sinngemäß für eine Rücklagendotierung seitens der Verwaltung. Die Einbehaltung von Teilen des Jahresüberschusses muss allerdings für den Gesellschafter nicht unbedingt negativ sein: denn sie führt – jedenfalls im Normalfall – zu einer Steigerung des Anteilswerts (bei der Aktiengesellschaft: Kurswert), der durch Verkauf realisiert werden kann. Geschieht dies nach Ablauf der Spekulationsfrist von (bislang) einem Jahr (§ 23 Abs. 1 Nr. 2 EStG, § 8 Abs. 1 KStG), können auf diese Weise Gewinne steuerfrei vereinnahmt werden. Seit der Steuerreform zum 1. Januar 2001 war dieses Vorgehen noch attraktiver geworden.

Keine gesetzliche Regelung in der GmbH

4.18 Das *GmbH-Recht* sieht ähnlich spezifische Regelungen nicht vor. Der Schutz von Minderheitsgesellschaftern vor überzogener Reservenbildung wird daher hier dadurch gewährleistet, dass ein Beschluss rechtswidrig und daher anfechtbar ist, wenn und soweit er das Jahresergebnis in kaufmännisch unvertretbarer Weise von der Verteilung unter die Gesellschafter ausschließt.[13] Wo diese Grenze im Einzelfall liegt, lässt sich aber kaum abstrakt definieren.[14]

b) Weitere Vermögensrechte

Bezugsrecht, Zuteilungsrecht, Beteiligung an Liquidationserlös sind weitere wichtige Vermögensrechte

4.19 An weiteren Vermögensrechten des Gesellschafters sind das **Bezugsrecht** bei der effektiven Kapitalerhöhung (§ 186 Abs. 1 AktG; Art. 29 Abs. 1 Zweite Richtlinie, im GmbHG nicht geregelt; dazu unten Rz. 6.23 ff), das Recht auf **Zuteilung neuer Anteile** bei der Kapitalerhöhung aus Gesellschaftsmitteln (§ 212 AktG, § 57j GmbHG), der **Zahlungsanspruch im Falle einer ordentlichen Kapitalherabsetzung** (§ 225 Abs. 2 AktG, § 58 Abs. 2 Satz 2 GmbHG) und das Recht auf **Beteiligung am Liquidationserlös** (§ 271 AktG, § 72 GmbHG) zu nennen. Weitere vermögensrechtliche Ansprüche stehen den Gesellschaftern im Zusammenhang mit **Umwandlungen** (dazu unten Rz. 6.89) und bestimmten **Konzernierungsmaßnahmen** zu.

Gesellschafterklage – Sonderprüfung nach § 142 AktG

4.20 Hinzu kommt schließlich in engen Grenzen die **Gesellschafterklage**, soweit sie der Durchsetzung von Ersatzansprüchen – etwa gegen Organmitglieder (dazu oben Rz. 3.90 ff) – dient. Zu ihrer Vorbereitung sieht das Aktienrecht in § 142 AktG die Möglichkeit der **Sonderprüfung** vor.[15] In der GmbH tritt an die Stelle des dort nicht vorhandenen Instituts der Sonderprüfung die Anfechtungsklage gegen den Beschluss über die Feststellung des Jahresabschlusses und die Entlastung der Geschäftsführer.[16]

---

12) Grund ist, dass dieser keine rechtsbegründenden und -begrenzenden Wirkungen hat (so Begr RegE zu § 173 Abs. 1 Satz 2 AktG n. F., BT-Drucks. 14/8769 = NZG 2002, 213, 226); zu Zweifeln an dieser Begründung *Hirte*, TransPuG, Rz. I 71.

13) OLG Hamm DB 1991, 2477 = DStR 1992, 298; ausführlich *Bork/Oepen*, ZGR 2002, 241.

14) *Hueck/Fastrich*, in: Baumbach/Hueck, GmbHG, § 29 Rz. 31; abw. *Hommelhoff*, ZGR 1986, 418, 427 ff.

15) Vgl. etwa den Antrag der „Cobra", auf der Hauptversammlung im Mai 2001 eine Sonderprüfung bei der Commerzbank AG zu beschließen; ablehnend in einem anderen Fall AG Düsseldorf ZIP 1988, 970 = EWiR § 142 AktG 1/88, 743 (*Meyer-Landrut*) – Feldmühle (kritisch dazu *Hirte*, ZIP 1988, 953). Zum Umfang der Bekanntgabepflicht des Inhalts eines Sonderprüfungsgutachtens gegenüber den Aktionären und zu den Rechtsfolgen bei Verstößen dagegen, OLG Köln ZIP 1998, 994 – KHD (inzwischen rkr.).

16) BGHZ 137, 378 = ZIP 1998, 467, 470 = NJW 1998, 1559 = DStR 1998, 383 (*Goette*) = DZWir 1998, 240 (*Strieder*) – Tomberger; zur *de lege lata* fehlenden Sonderprüfung als Individual-/Minderheitsrecht im GmbH-Recht *Fleischer*, GmbHR 2001, 45 ff.

3. Verwaltungsrechte

a) Mitwirkungsrechte

Eine zweite Kategorie von Rechten bilden die Verwaltungsrechte. Hierzu zählen zunächst das Recht auf **Teilnahme an der Haupt- bzw. Gesellschafterversammlung**, das **Rede- und Stimmrecht** in der Versammlung und das Recht, deren **Beschlüsse anzufechten** (dazu oben Rz. 3.283 ff [AG] und Rz. 3.300 ff [GmbH]). In einigen Sonderfällen kommt auch hier noch das Recht auf **Gesellschafterklage** hinzu; dazu zählt vor allem der Fall, dass die Mitwirkungsrechte des Gesellschafters dadurch unterlaufen werden, dass eine Maßnahme, die in die Kompetenz der Haupt- oder Gesellschafterversammlung gehört, von der Verwaltung vorgenommen wird.[17]

4.21 — Teilnahme an Haupt- bzw. Gesellschafterversammlung, Rede-, Stimm-, Anfechtungsrechte sind zentrale Mitwirkungsrechte

> **Beispiele:** Ein Aktionär untersagte der Verwaltung der Babcock Borsig AG im Wege einstweiliger Verfügung, eine wesentliche Beteiligung ohne Zustimmung der Hauptversammlung zu veräußern bzw. die schon begonnene Transaktion ohne die Zustimmung der Hauptversammlung fortzusetzen.[18] Im Zusammenhang mit dem Übernahmestreit Vodafone/Mannesmann versuchten Aktionäre der Mannesmann AG, der Gesellschaft ihre äußerst umfangreichen Werbemaßnahmen ohne vorherige Zustimmung der Hauptversammlung zu untersagen. Das LG Düsseldorf verneinte noch vor Inkrafttreten des WpÜG zum einen einen Anspruch des einzelnen Aktionärs auf Unterlassung von Maßnahmen zur Abwehr einer feindlichen Übernahme. Vor allem aber bedürften derartige Abwehrmaßnahmen nicht der vorherigen Zustimmung der Hauptversammlung.[19] Eine solche *allgemeine* Zuständigkeit der Hauptversammlung für Verteidigungsmaßnahmen war zwar seinerzeit diskutiert worden, steht nach Inkrafttreten des WpÜG aber jedenfalls nicht mehr in Einklang mit dem Gesetz.[20]

4.22

Dabei liegt das Problem weniger in der Möglichkeit, eine Verletzung von Mitverwaltungsrechten geltend machen zu können, als im Umfang der jenseits der klaren gesetzlichen Vorgaben bestehenden Mitwirkungsrechte (dazu oben Rz. 3.222).

4.23

b) Informationsrechte

Daneben treten vor allem die **Informationsrechte**. Bei ihnen werden Auskunfts- und Einsichtsrechte unterschieden.

4.24 — Auskunfts- und Einsichtsrechte

aa) Aktienrecht

In der Aktiengesellschaft steht jedem Aktionär in der Hauptversammlung ein Auskunftsrecht (aber kein Einsichtsrecht) über Angelegenheiten der

4.25 — Beschränktes Auskunftsrecht in der AG

---

17) BGHZ 83, 122 = ZIP 1982, 568 = NJW 1982, 1703 – Holzmüller (AG); dazu ausführlich *Hirte*, Bezugsrechtsausschluß und Konzernbildung (1986), S. 129 ff, 155 ff.

18) LG Duisburg NZG 2002, 643 = EWiR § 119 AktG 1/02, 839 (*Sinewe*) – Babcock Borsig.

19) LG Düsseldorf WM 2000, 528 = AG 2000, 233 = EWiR § 119 AktG 1/2000, 413 (*Kiem*) = WuB II A. § 119 AktG 1.00 (*Buck*).

20) Vgl. etwa *Hopt*, in: Festschrift Lutter, 2000, S. 1361, 1390; ebenso *Mülbert* IStR 1999, 83, 88; abw. für das neue Recht *Hirte*, in: Kölner Komm. z. WpÜG, § 33 Rz. 103; *Kiem* ZIP 2000, 1509, 1513 f; *Krause* AG 2000, 217, 221; im Einzelnen ebenso *Dimke/Heiser* NZG 2001, 241, 249; *Winter/Harbarth* ZIP 2002, 1, 12.

Gesellschaft zu, soweit dies „zur sachgemäßen Beurteilung des Gegenstands der Tagesordnung erforderlich ist" (§ 131 Abs. 1 Satz 1 AktG); das erfasst auch die Europäische Aktiengesellschaft.[21] Formell bedeutet die Formulierung des § 131 AktG im Vergleich zu anderen Gesellschaftsformen eine zweifache Beschränkung: die Auskunft kann nur in der **Hauptversammlung** verlangt werden, und sie muss Bezug zu einem **Gegenstand der Tagesordnung** haben. Das ist nach Auffassung des BVerfG eine zulässige inhaltliche Konkretisierung des vom Eigentumsschutz des Art. 14 Abs. 1 Satz 1 GG umfassten Auskunftsrechts. Insbesondere sei eine inhaltliche Beschränkung auf die Tagesordnung und eine zeitliche Beschränkung auf den auf einer Hauptversammlung zur Verfügung stehenden zeitlichen Rahmen verfassungsgemäß; daher könne der Versammlungsleiter auch Anordnungen treffen, die in diesem Rahmen den Interessen aller Aktionäre möglichst effizient Rechnung tragen.[22] Durch die Notwendigkeit eines Bezugs zur Tagesordnung kann das Auskunftsrecht zwar durch eine enge Fassung der Tagesordnung eingeschränkt werden. Dies wird aber größtenteils dadurch ausgeglichen, dass im Rahmen der „allgemeinen" Tagesordnungspunkte wie Wahlen und Entlastungen eine Generaldebatte möglich ist. Gegebenenfalls muss zunächst erreicht werden, einen Gegenstand auf die Tagesordnung zu setzen (dazu oben Rz. 3.235). Allgemeinpolitische Fragen dienen aber nicht der sachgemäßen Beurteilung eines „Gegenstands der Tagesordnung".

Auskunftsverweigerung nach § 131 Abs. 3 AktG

4.26 Eine Auskunftserteilung darf – wenn ansonsten ein Auskunftsanspruch bestünde – nur unter den Voraussetzungen des § 131 Abs. 3 AktG **verweigert** werden. Die größte Bedeutung spielt dabei § 131 Abs. 3 Nr. 1 AktG, nach dem die Auskunft dann verweigert werden darf, wenn sie geeignet ist, der Gesellschaft einen nicht unerheblichen Nachteil zuzufügen, wenn also die Aufdeckung von Geschäftsgeheimnissen zu befürchten steht.[23] Das BVerfG bestätigte in einem anderen (aber bedenklichen) Beschluss auch die Verfassungsmäßigkeit von § 131 Abs. 3 Satz 1 Nr. 3 AktG mit seiner Möglichkeit, stille Reserven gegenüber den Aktionären geheim zu halten. Dies sei dem legitimen gesetzgeberischen Interesse eines Gleichlaufs mit dem Bilanzrecht geschuldet.[24] Umstritten ist, ob

---

21) *Hirte*, NZG 2002, 1, 9.
22) BVerfG ZIP 1999, 1798 = NJW 2000, 349 = DStR 1999, 1866 (Ls.) (*Hergeth*) = EWiR § 131 AktG 3/99, 1035 (*Bork*) – Wenger/Daimler Benz; zur Vorgeschichte (Saalverweis in der Hauptversammlung) OLG Stuttgart (unv.); LG Stuttgart ZIP 1994, 950 = NJW-RR 1994, 937; *Hirte*, NJW 1996, 2827, 2838. – Zu einer unzulässigen Redezeitbeschränkung LG München I AG 2000, 139 = DB 2000, 267 = EWiR § 131 AktG 1/2000, 157 (*Bachmann*) (inzwischen rkr.).
23) Dazu BGHZ 86, 1; BGHZ 101, 1 = ZIP 1987, 1239 = EWiR § 152 AktG 1/87, 1057 (*Claussen*).
24) BVerfG ZIP 1999, 1801 = NJW 2000, 129 = DStR 1999, 1867 (Ls.) (*Hergeth*) = EWiR § 131 AktG 2/99, 1033 (*Luttermann*) – Wenger/Scheidemandel; grundsätzliche (und berechtigte) Sicht aus der Sicht des Kapitalmarkts bei *Siegel/Bareis/Rückle/Schneider/Sigloch/Streim/Wagner*, ZIP 1999, 2077; *Kaserer*, ZIP 1999, 2085.

einem Auskunftsantrag darüber hinaus der Einwand des „Missbrauchs" entgegengehalten werden kann.²⁵⁾

Auf einen fehlenden Anspruch auf Auskunft oder auf ein Auskunftsverweigerungsrecht kann sich – aus Gründen der Gleichbehandlung – die Gesellschaft allerdings dann nicht (mehr) berufen, wenn einem Aktionär in dieser Eigenschaft eine **Auskunft außerhalb der Hauptversammlung** erteilt wurde: dann ist sie nämlich jedem Aktionär auf sein Verlangen zu gewähren, auch wenn sie zur sachgemäßen Beurteilung eines Gegenstands der Tagesordnung nicht erforderlich ist, nach wie vor aber nur in der Hauptversammlung (§ 131 Abs. 4 Satz 1 AktG).²⁶⁾ Für den Fall, dass die Gesellschaft Finanzanalysten und vergleichbaren Adressaten (also Nicht-Aktionären) neue Tatsachen über die Gesellschaft mitteilt, empfiehlt Nr. 6.3 DCGK, diese auch den Aktionären unverzüglich (also nicht erst in der Hauptversammlung) zur Verfügung zu stellen.

4.27 Besonderes Auskunftsrecht auf Grundlage des Gleichbehandlungsgrundsatzes

Vor allem aus (in- und ausländischen) Bestimmungen des Kapitalmarktrechts (einschließlich des Rechnungslegungsrechts) können aber auch ungefragt zu erfüllende **Informationspflichten außerhalb der Hauptversammlung** resultieren (dazu bereits oben Rz. 3.54). Um solche Informationen zeitnah und gleichmäßig den Aktionären und Anlegern weitergeben zu können, empfiehlt Nr. 6.4 DCGK die Nutzung eines geeigneten Kommunikationsmediums wie des Internets. Welche Informationen regelmäßig bekannt gegeben werden (etwa Geschäftsbericht, Zwischenbericht, Hauptversammlung), soll die Gesellschaft nach Nr. 6.7 DCGK in einem „Finanzkalender" mit ausreichendem Zeitvorlauf publizieren. Für von der Gesellschaft veröffentlichte Informationen über das Unternehmen empfiehlt Nr. 6.8 DCGK auch, diese über die Internetseite der Gesellschaft zugänglich zu machen, die nach derselben Bestimmung auch übersichtlich gegliedert sein soll. Angeregt wird zudem auch die Vornahme von Veröffentlichungen in englischer Sprache.

4.28 Informationspflichten außerhalb der Hauptversammlung – Finanzkalender gemäß Nr. 6.7 DCGK

Ob die Gesellschaft zur Erteilung einer Auskunft nach § 131 AktG verpflichtet ist, kann der Aktionär in einem besonderen, zur freiwilligen Gerichtsbarkeit gehörenden **Informationserzwingungsverfahren** überprüfen lassen (§ 132 AktG). Davon erfasst ist aber – wie sich aus § 132 Abs. 2 Satz 1 AktG ergibt – nur die vollständige Verweigerung einer Auskunft.²⁷⁾ In diesem Verfahren ist der Antragsteller weder einem Anwaltszwang unterworfen noch an besondere Vorgaben zur Fassung des Antrages gebunden.²⁸⁾ Das bedeutet andererseits, dass Entscheidungen zur Auskunftsverpflichtung regelmäßig letztinstanzlich von den Ober-

4.29 Informationserzwingungsverfahren bei vollständiger Auskunftsverweigerung – Beschlussanfechtung bei unvollständigen Auskünften

---

25) Dazu BGHZ 36, 121, 136 ff; *Hirte*, BB 1988, 1469, 1471 f (allerdings vor allem im Zusammenhang mit Anfechtungsklagen).
26) Zur Reichweite dieses erweiterten Auskunftsrechts BayObLG ZIP 2002, 1804, 1805 = NJW-RR 2002, 1558, 1559 (auch Auskünfte, die einem Großaktionär in einem früheren Geschäftsjahr gegeben wurden, lösen es aus).
27) Zur Kritik daran *Wilde*, ZGR 1998, 423, 443 m. w. N.
28) OLG Koblenz ZIP 1995, 1336 = NJW-RR 1995, 1378 = EWiR § 132 AktG 1/95, 841 (*Kort*).

§ 4 Mitgliedschaft

landesgerichten gefällt werden. Daneben ist es allerdings möglich, die auf der Grundlage (angeblich) fehlender Auskünfte ergangenen Beschlüsse mit der **Anfechtungsklage** nach §§ 243 ff AktG anzugreifen (dazu oben Rz. 3.283 ff). Bei unvollständigen Auskünften ist dieser Weg sogar der einzig mögliche Ansatz der Kontrolle. Umstritten ist aber, ob die Fehlerhaftigkeit der Auskunft auch für das Ergebnis des gefassten Beschlusses kausal sein muss. Das Gesetz gibt dabei in § 243 Abs. 4 AktG lediglich insoweit einen Anhaltspunkt, als es der Hauptversammlung oder den (Mehrheits-)Aktionären den Einwand abschneidet, „die Verweigerung der Auskunft habe ihre Beschlussfassung nicht beeinflusst".[29]

Anfechtung des Entlastungsbeschlusses

4.30 Besonders umstritten ist in jüngerer Zeit, ob verweigerte Auskünfte auch eine Anfechtung des auf der Grundlage angeblich unvollständiger Information ergehenden Entlastungsbeschlusses bezüglich des Vorstandes rechtfertigen. Nach Ansicht des LG Heidelberg ist eine solche Anfechtung mit der Begründung ausgeschlossen, dass der Vorstand vor der Beschlussfassung rechtswidrig Fragen von Aktionären nicht beantwortet hat bzw. andere schwerwiegende Pflichtverletzungen begangen hat. Denn der Entlastungsbeschluss enthalte *keinen* Verzicht auf Ersatzansprüche gegen den Vorstand und sei daher von geringer Bedeutung, die Hauptversammlung daher bei der Beschlussfassung frei in ihrer Entscheidung. Insbesondere könne sie den Vorstand auch trotz zahlreicher Pflichtverstöße entlasten.[30]

4.31 Im Gegensatz dazu nimmt das LG Frankfurt/M. an, dass der Entlastungsbeschluss anfechtbar ist, wenn eine von einem Aktionär verlangte Auskunft nicht erteilt worden sei. Auch für den Entlastungsbeschluss gelte, dass er von den Aktionären nur bei umfassender Information sachgerecht gefasst werden könne. Dies sei bei einer Auskunftsverweigerung, die nicht nur einen belanglosen Nebenpunkt betreffe (hier die Mithaftung der Gesellschaft für eine andere AG in Höhe des neunfachen des eigenen Grundkapitals), nicht mehr gegeben.[31]

Inhalt des Auskunftsanspruchs

4.32 **Inhaltlich** können auf der Grundlage von § 131 Abs. 1 AktG etwa Angaben zu den Ausgaben für Forschung und Entwicklung verlangt werden,

---

29) Gegen das Erfordernis einer Kausalität *Hirte*, Bezugsrechtsausschluß und Konzernbildung (1986), S. 228 f; *ders.*, ZGR 1994, 644, 660 f; *Lutter*, ZGR 1979, 401, 409 f; ähnlich *Bayer*, ZGR 1993, 599, 611.
Der BGH hält Kausalität für erforderlich, bejaht sie aber, wenn sich ein *objektiv urteilender Aktionär* ohne die Information kein klares Bild über die dem Beschluss zugrunde liegende Sachlage machen kann: BGHZ 103, 184, 186 = ZIP 1988, 301 = NJW 1988, 1579 = JZ 1989, 443, 446 (*Wiedemann*) = EWiR § 262 AktG 1/88, 529 (*Drygala*) – Linotype; BGHZ 107, 296, 306 = ZIP 1989, 980, 983 = NJW 1989, 2689 = EWiR § 246 AktG 1/89, 843 (*Hirte*) – Kochs Adler; BGH ZIP 1990, 168, 171 = NJW-RR 1990, 350 = EWiR § 243 AktG 2/90, 321 (*Timm*) – DAT/Altana II; BGHZ 119, 1, 18 ff = ZIP 1992, 1227, 1233 = EWiR § 295 AktG 1/92, 953 (*Windbichler*) – ASEA/BBC; BGHZ 122, 211, 238 ff = ZIP 1993, 751, 761 = NJW 1993, 1976, 1983 = EWiR § 297 AktG 1/93, 529 (*Priester*) (SSI I); BGH ZIP 1995, 1256 = NJW 1995, 3115 = EWiR § 253 HGB 1/95, 897 (*Großfeld*) – SSI II (hier bezüglich der Beteiligungsverhältnisse und damit der Angemessenheit der anlässlich des Abschlusses eines Beherrschungs- und Gewinnabführungsvertrags gemachten Abfindungs- und Umtauschangebote); BGH ZIP 2002, 172 = NJW 2002, 1128 = NZG 2002, 130 = DStR 2002, 1312 (*Goette*) = EWiR § 76 AktG 2/02, 885 (*Saenger/Bergjan*) – Sachsenmilch III (dazu *Tröger*, NZG 2002, 211 ff; Vorinstanz OLG Dresden EWiR § 124 AktG 1/2000, 259 *[Werner]*).

30) LG Heidelberg ZIP 1994, 780 (*Wenger*) = EWiR § 120 AktG 1/94, 423 (*Noack*) (Scheidemandel AG) (inzwischen rkr.).

31) LG Frankfurt/M. ZIP 1994, 784 = WuB II A. § 131 AktG 3.94 (*T. Bezzenberger*) – Diskus Werke/Naxos-Union (inzwischen rkr.).

sofern sie für das Unternehmen wesentlich sind.³²⁾ Bei der Beschlussfassung über die Entlastung des Aufsichtsrats steht den Aktionären ein Recht auf Auskunft darüber zu, welches Aufsichtsratsmitglied in der Vergangenheit eine überhöhte Vergütung bezogen und diese an die Gesellschaft zurückgezahlt hat.³³⁾ In einem anderen Beschluss ging das KG davon aus, dass der Aktionär einen Anspruch auf Auskunft darüber hat, welche konzernfremden Aufsichtsratsmandate die Vorstandsmitglieder innehaben. Es verneinte im selben Beschluss jedoch einen Anspruch auf Mitteilung der zehn höchsten Abfindungsbeträge, die die AG ausscheidenden Mitarbeitern im letzten Jahr gezahlt hat.³⁴⁾ Auch über ein einzelnes Geschäft kann Auskunft verlangt werden, wenn dieses einen bedeutenden Umfang hat.³⁵⁾ Nicht mehr zu den „Angelegenheiten der Gesellschaft" i. S. d. § 131 Abs. 1 Satz 1 AktG zählt allerdings die Frage, welche Abstimmungsempfehlungen das Kreditinstitut seinen Depotkunden gegeben hat.³⁶⁾

4.33 Vergütung von Organmitgliedern – Empfehlung nach DCGK-Neufassung

Erhebliche Bedeutung hatte das Fragerecht in der Vergangenheit bezüglich der **Vergütung von Organmitgliedern**. Hier zeigt sich zugleich, dass das Fragerecht und die einen Auskunftsanspruch mehr und mehr bejahenden Gerichtsentscheidungen häufig eine Vorstufe zu einer späteren gesetzlichen (oder jetzt auch Kodex-)Regelung der entsprechenden Informationspflicht bilden. So bejahte die Rechtsprechung etwa einen Auskunftsanspruch bezüglich der Aufschlüsselung der Vorstandsbezüge in die der aktiven Mitglieder und der Ruhestandsmitglieder,³⁷⁾ wie dies jetzt ausdrücklich § 285 Nr. 9 HGB vorschreibt. Zudem hielt die Rechtsprechung eine Gesellschaft zu Auskünften über die Bezüge der Vorstandsmitglieder selbst dann für verpflichtet, wenn sich dadurch bei Kenntnis des Verteilungsschlüssels die im Jahresabschluss nach § 286 Abs. 4 HGB nicht offen zu legenden Einkünfte des einzelnen Vorstandsmitglieds schätzen lassen könnten; § 131 AktG gehe insoweit § 286 Abs. 4 HGB vor.³⁸⁾ Eine solche Offenlegung wird seit der Neufassung des DCGK vom Mai 2003 ausdrücklich im Jahresabschluss empfohlen.

---

32) KG NJW 1972, 2307, 2308; zahlreiche Beispiele für das Bestehen oder Nicht-Bestehen eines Auskunftsrechts bei *Decher*, Großkomm. AktG, § 131, *passim* (sowie alphabetisch zusammengestellt in Rz. 411).

33) OLG Koblenz ZIP 2001, 1095, 1097 = EWiR § 131 AktG 1/01, 205 (*Hasselbach*) – Diebels/Reginaris II.

34) KG ZIP 1995, 1592 – Siemens; ebenso bezüglich der Angaben über konzernfremde Aufsichtsratsmandate BayObLG NJW 1996, 1904 (Ls.) = NJW-RR 1996, 679 = WM 1996, 119 = DB 1996, 130 = EWiR § 131 AktG 2/96, 673 (*Hirte/Leibe*) – Allianz.

35) BayObLG, NJW-RR 1996, 994 = ZIP 1996, 1251 (Markt- und Kühlhallen AG): Verkaufspreis für eine Immobilie, der in etwa das Zehnfache des Jahresgewinns ausmachte; BayObLG NJW-RR 1999, 978: Grundstücksverkauf.

36) BayObLG ZIP 1996, 1945.

37) BGHZ 32, 159, 169 f; 36, 121, 126; zur Reichweite des Auskunftsrechts auch *Hirte*, in: Hadding/Hopt/Schimansky (Hrsg.), Das Zweite Finanzmarktförderungsgesetz in der praktischen Umsetzung, Bankrechtstag 1995 (1996), S. 47, 54 ff.

38) OLG Düsseldorf NJW-RR 1997, 1399.

Auskunft bezüglich Lage des Konzerns oder bezüglich Konzernunternehmen

4.34 Besondere Bedeutung haben im Rahmen der Auskunftspflicht aber die Beziehungen zu und die Verhältnisse von **verbundenen Unternehmen**. Würden sie vom Auskunftsrecht nicht erfasst, könnte das Recht indirekt entwertet werden. Deshalb bestimmt das Gesetz, dass das Auskunftsrecht auch die Beziehungen zu verbundenen Unternehmen erfasst (§ 131 Abs. 1 Satz 2 AktG); aber auch die Binnenangelegenheiten dieser Unternehmen gehören dazu: denn diese können mittelbar auch die Lage der Muttergesellschaft beeinflussen. Nr. 7.1.4 DCGK empfiehlt die Veröffentlichung einer Liste der Unternehmen, an denen die Gesellschaft eine Beteiligung von nicht untergeordneter Bedeutung hält. Zudem erstreckt § 131 Abs. 1 *Satz 4* AktG (bis zum Inkrafttreten des TransPuG § 337 Abs. 4 AktG) das Informationsrecht des Aktionärs bei einem Mutterunternehmen ausdrücklich auch auf die **Lage des Konzerns** und der in den Konzernabschluss einbezogenen Unternehmen.[39] Hier liegt – jedenfalls zurzeit – der Schwerpunkt der gerichtlichen Streitigkeiten über das Auskunftsrecht bei börsennotierten Aktiengesellschaften.

4.35 Daher hat ein Aktionär einer großen Akiengesellschaft nach einem grundsätzlichen Beschluss des KG im Rahmen seines Auskunftsrechts auch Anspruch darauf, dass der Vorstand die von der Gesellschaft oder einem verbundenem Unternehmen gehaltenen Anteile an den sog. DAX-Gesellschaften sowie den weiteren 20 größten deutschen börsennotierten Gesellschaften mitteilt, sofern sie an deren Nennkapital zu 10 % oder mehr beteiligt ist oder die Beteiligung einen Börsenwert von DM 100 Mio. erreicht. Dabei sind Anteile mit einzubeziehen, die von Dritten für die AG bzw. ein verbundenes Unternehmen gehalten werden.[40] Dies hat das KG in der Zwischenzeit mehrfach bestätigt.[41]

Informationsrecht bei Erreichen der 5 %-Schwelle in börsennotierter Gesellschaft

4.36 Aus § 21 WpHG, nach dem der Erwerb eines Stimmrechtsanteils von 5 % an einer börsennotierten Gesellschaft *der Bundesanstalt für Finanzdienstleistungsaufsicht* anzuzeigen ist, lässt sich jedoch nach Auffassung des Kammergerichts ein entsprechender Informationsanspruch *des Aktionärs* über Beteiligungen in dieser Höhe nicht ableiten.[42] Dem widersprach das BayObLG und gelangte damit zu dem Ergebnis, dass die relevante Schwelle schon bei 5 % liegt.[43] Der Gesetzgeber des KonTraG hat dies insoweit bestätigt, als er nunmehr von *börsennotierten* Aktiengesellschaften verlangt, dass diese Beteiligungen von mehr

---

39) Zur Erstreckung dieses Auskunftsrechts auf die Jahresergebnisse der in den Konzernabschluss der Muttergesellschaft einbezogenen Unternehmen OLG Hamburg ZIP 1994, 373 = NJW-RR 1994, 618 = EWiR § 337 AktG 1/94, 217 (*Bork*); zur Erstreckung auf Informationen über die Mithaftung der Gesellschaft für ein verbundenes Unternehmen LG Frankfurt/M. ZIP 1994, 784 = WuB II A. § 131 AktG 3.94 (*T. Bezzenberger*) – Diskus Werke/Naxos-Union (inzwischen rkr.).

40) KG ZIP 1993, 1618 = NJW-RR 1994, 162 = EWiR § 131 AktG 2/93, 1043 (*Wittkowski*) – Siemens; dazu *Decher*, ZHR 158 (1994), 473; *Ebenroth/Wilken*, BB 1993, 1818; *Hoffmann-Becking*, in: Festschrift Rowedder, 1994, S. 155; *Spitze/Diekmann*, ZHR 158 (1994), 447.

41) KG ZIP 1994, 1267 = NJW-RR 1995, 98 = EWiR § 131 AktG 1/94, 833 (*Noack*) – Allianz; KG ZIP 1995, 1585 – Allianz; KG ZIP 1995, 1590 – Allianz; KG ZIP 1995, 1592 = NJW-RR 1996, 1060 – Siemens; zuvor LG Berlin ZIP 1993, 1632 – Allianz (dazu *Großfeld/Möhlenkamp*, ZIP 1994, 1425); KG ZIP 2001, 1200 = EWiR § 131 AktG 2/01, 351 (*Luttermann*) – Kötitzer Ledertuch; ebenso BayObLG NJW 1996, 1904 (Ls.) = NJW-RR 1996, 679 = WM 1996, 119 = DB 1996, 130 = EWiR § 131 AktG 2/96, 673 (*Hirte/Leibe*) – Allianz.

42) KG ZIP 1995, 1590 – Allianz.

43) BayObLG, ZIP 1996, 1743 = EWiR § 131 AktG 3/96, 963 (*Bork*) = DStR 1997, 832 (*Harrer*) – Münchener Rückversicherung; BayObLG ZIP 1996, 1945.

als 5 % der Stimmrechte an großen Kapitalgesellschaften im Anhang des Jahresabschlusses offen legen (§ 285 Nr. 11 HGB). Bei *nicht börsennotierten* Gesellschaften muss der Aktionär sich aber nach wie vor des Auskunftsrechts bedienen.

bb) GmbH-Recht

In der GmbH finden sich in §§ 51a, 51b GmbHG den aktienrechtlichen Regelungen nachgebildete Bestimmungen. Sie sind im Gegensatz zum übrigen GmbH-Recht zwingend ausgestaltet (§ 51a Abs. 2 GmbHG). Möglich ist es aber, Regelungen über das Verfahren zur Ausübung des Informations- oder Einsichtsrechts zu konkretisieren, solange dadurch nicht deren materieller Gehalt berührt wird.[44)]

| 4.37 | Zwingende Regelungen der §§ 51a, 51b GmbHG |

In ihrem Anwendungsbereich sind sie allerdings weiter als die Bestimmungen des Aktienrechts. Denn sie verpflichten die Geschäftsführer, jedem Gesellschafter auf Verlangen **unverzüglich** Auskunft zu geben – also nicht nur in der Gesellschafterversammlung. Und sie geben auch einen Anspruch auf **Einsicht** in Bücher und Schriften der Gesellschaft (§ 51a Abs. 1 GmbHG). Inhaltlich erstreckt sich jedenfalls das Auskunftsrecht bei einer GmbH, die Komplementärin einer GmbH & Co. KG ist, auch auf die Angelegenheiten der Kommanditgesellschaft.[45)] Das Informationsrecht erfasst bei einer dem Mitbestimmungsgesetz 1976 unterliegenden GmbH auch die Protokolle des Aufsichtsrats der Gesellschaft; der insoweit in seinem Umfang weit über das Aktienrecht hinausgehende Anspruch des Gesellschafters rechtfertigt sich aus der umfassenden Entscheidungskompetenz der GmbH-Gesellschafter, die nicht einer strikt getrennten Aufgabenverteilung wie bei der Aktiengesellschaft unterliegt.[46)]

| 4.38 | Anspruch auf unverzügliche Auskunft und Einsichtsrecht in der GmbH |

Eine **Verweigerung von Auskunft oder Einsicht** ist dann möglich, wenn zu befürchten ist, dass der Gesellschafter die erlangten Informationen zu gesellschaftsfremden Zwecken – etwa zugunsten eines Konkurrenzunternehmens – verwendet und damit der Gesellschaft einen nicht unerheblichen Schaden zufügt (§ 51a Abs. 2 Satz 1 GmbHG). Allerdings bedarf die Verweigerung der Auskunft eines Beschlusses der Gesellschafter (§ 51a Abs. 2 Satz 2 GmbHG). Auch im GmbH-Recht ist die Verweigerung einer Auskunft in einem besonderen Informationserzwingungsverfahren der freiwilligen Gerichtsbarkeit überprüfbar; die Regeln des Ak-

| 4.39 | Verweigerung von Auskunft und Einsicht – Informationserzwingungsverfahren |

---

44) BayObLG NJW-RR 1989, 350 (für Beschränkung auf eine Stunde/Monat verneinend); OLG Hamm ZIP 2000, 1013 = EWiR § 51a GmbHG 2/2000, 863 (*Westphal*) (für Schiedsfähigkeit zum alten Schiedsverfahrensrecht bejahend); LG Mönchengladbach JZ 1987, 99 m. krit. Anm. *Bork* (für Schiedsfähigkeit verneinend); *Hirte*, BB 1985, 2208 ff (für Pflicht zur Ausübung durch Sachverständige).
45) OLG Düsseldorf ZIP 1990, 1346; *Zöllner*, in: Baumbach/Hueck, GmbHG, § 51a Rz. 10b, 15; für eine Erstreckung auch des *Einsichtsrechts* auf die Kommanditgesellschaft OLG Hamburg GmbHR 1985, 120 f; KG ZIP 1988, 714, 716; OLG Karlsruhe NZG 1998, 599.
46) BGHZ 135, 48 = NJW 1997, 1985 = ZIP 1997, 978 = LM H. 9/1997 § 51a GmbHG Nr. 2 (*Noack*) = DStR 1997, 829 (*Goette*); hierzu *Witte*, ZGR 1998, 151.

tienrechts gelten hier entsprechend (§ 51b Satz 1 GmbHG).[47] Der **ausgeschiedene Gesellschafter** hat allerdings keinen Informationsanspruch mehr aus § 51a Abs. 1 GmbHG, sondern (nur) das Einsichtsrecht aus § 810 BGB.[48] Nach **Eröffnung des Insolvenzverfahrens** besteht das Auskunfts- und Einsichtsrecht des GmbH-Gesellschafters fort und richtet sich gegen den Insolvenzverwalter; es setzt jetzt aber die Darlegung und Glaubhaftmachung eines konkreten Informationsbedürfnisses des Gesellschafters voraus.[49]

II. Pflichten

1. Einlagepflicht

Einlagepflicht ist Hauptpflicht des Gesellschafters

4.40 Die Hauptpflicht des Aktionärs besteht darin, die **Einlage** und ein eventuelles Aufgeld zu leisten (§ 54 Abs. 1 AktG). Gleiches gilt für den Gesellschafter einer GmbH (§ 19 Abs. 1 GmbHG). Auch im SE-Statut wird für die Europäische Aktiengesellschaft eine Einlagepflicht vorausgesetzt, wenn Art. 5 SE-VO für die Kapitalaufbringung auf das (europarechtlich bereits koordinierte!) nationale Recht verweist.[50] Wer also einen voll eingezahlten Anteil erwirbt, hat in aller Regel keine weiteren Pflichten. Dies gilt vor allem für den Aktionär, der eine Inhaberaktie (die voll eingezahlt sein muss; § 10 Abs. 2 AktG) über die Börse erwirbt. Auf die Art und Weise der Einlageleistung und die Folgen von Verletzungen dieser Pflicht wird an anderer Stelle ausführlich eingegangen (unten Rz. 5.32 ff).

2. Nebenleistungspflichten

Nebenleistungspflichten in der GmbH nur unter engen Voraussetzungen

4.41 Die Satzung kann vorsehen, dass die Gesellschafter neben der Einlage weitere Leistungen an die Gesellschaft zu erbringen haben. Dies ist bei der **Aktiengesellschaft** nur ganz ausnahmsweise und unter den Voraussetzungen des § 55 AktG möglich. Voraussetzung ist zum einen, dass es sich bei den Aktien um vinkulierte Namensaktien handelt. Und zum anderen können die Aktionäre nur zu wiederkehrenden, nicht in Geld bestehenden Leistungen verpflichtet werden. Zu nennen sind vor allem die Zuckerhersteller, deren Aktionäre Rüben anbauen und durch die Satzung verpflichtet werden, sie bei ihrer Gesellschaft abzuliefern.[51]

Gestaltungsfreiheit in der GmbH – Wettbewerbsverbote

4.42 In der **GmbH** können derartige Nebenpflichten demgegenüber unbegrenzt geschaffen werden, sofern sie nur in die Satzung aufgenommen werden (§ 3 Abs. 2 GmbHG). In Betracht kommen etwa die Verpflich-

---

47) BayObLG ZIP 2000, 18 = NJW-RR 2000, 487 = DStR 2000, 212 (*Schaub*) = EWiR § 51a GmbHG 1/2000, 633 (*Himmelmann*): Verpflichtung eines Gesellschafters zum Ausscheiden aus der Gesellschaft berechtigt nicht zur Verweigerung der Einsicht in einen aufgestellten Jahresabschluss. Zur Vollstreckung des Auskunftsanspruchs BayObLG NJW-RR 1997, 489 = ZIP 1996, 1039: § 888 ZPO.
48) OLG Frankfurt/M. NJW-RR 1996, 871 = WM 1996, 160 = GmbHR 1995, 901 = EWiR § 51a GmbHG 1/96, 123 (*Sernetz*); OLG Karlsruhe NJW-RR 2000, 626.
49) OLG Hamm NZG 2002, 178 = NJW-RR 2002, 1396.
50) *Hirte*, NZG 2002, 1, 9.
51) *Raiser*, KapGesR, § 12 Rz. 39.

tung, der Gesellschaft zusätzlich zur Einlage Darlehen zu gewähren oder die – dem Sonderrecht korrespondierende – Pflicht, als Geschäftsführer tätig zu sein. Eine besonders große Bedeutung haben Unterlassungspflichten auf **Unterlassung von Wettbewerb**;[52] denn im Gegensatz zu den Personenhandelsgesellschaften (§ 112 HGB) kennt das gesetzte Kapitalgesellschaftsrecht kein Wettbewerbsverbot des Gesellschafters. Möglich ist schließlich die Vereinbarung einer – sogar unbeschränkten – **Nachschusspflicht** (§§ 26–28 GmbHG).

Schließlich ist es in GmbH wie Aktiengesellschaft gleichermaßen möglich, zusätzliche Pflichten in **schuldrechtlichen Gesellschaftervereinbarungen** (dazu oben Rz. 3.269 ff) festzulegen. Dies gilt insbesondere für (Darlehens-)Finanzierungszusagen, die über die Einlagepflicht hinausgehen. Allerdings ist umstritten, ob durch dieses Vorgehen nicht die strengen Regelungen über die Eigenkapitalaufbringung unterlaufen werden (dazu unten Rz. 5.51). — 4.43 Schuldrechtliche Gesellschaftervereinbarungen

3. Treuepflicht

Neben diesen gesetzlich oder in der Satzung statuierten Pflichten kann sich auch eine Treuepflicht des Kapitalgesellschafters gegenüber „seiner Gesellschaft" ergeben. Sie hängt in ihrem Inhalt und Ausmaß stark von der Struktur der Gesellschaft ab: je personalistischer die Gesellschaft ausgestaltet ist, desto intensiver ist die Treuepflicht. — 4.44 Treuepflicht gegenüber der Gesellschaft

Daneben können sich auch Treuepflichten gegenüber den Mitgesellschaftern ergeben. Einen Beispielsfall bildet die Verpflichtung, Satzungsänderungen unter bestimmten Voraussetzungen zuzustimmen. Darauf wurde bereits hingewiesen (dazu oben Rz. 3.305). — 4.45 Treuepflicht gegenüber den Mitgesellschaftern

Eine schuldhafte Verletzung der gesellschaftsrechtlichen Treuepflicht und einen daraus resultierenden Schadenersatzanspruch gegen ihren Gesellschafter bejahte das OLG Düsseldorf, wenn ein Gesellschafter den Geschäftsführer einer GmbH zur Führung eines aussichtslosen Prozesses der Gesellschaft gegen einen Mitgesellschafter anweist.[53] — 4.46

Ob und wie weit in der Europäischen Aktiengesellschaft ungeschriebene Pflichten wie die Treuepflicht eingreifen, ist nach Art. 9 SE-VO Sache des einzelstaatlichen Rechts. — 4.47

III. Erwerb und Übertragbarkeit

Die Mitgliedschaft in einer Kapitalgesellschaft kann zum einen durch Beteiligung an ihrer Gründung oder einer Kapitalerhöhung erworben werden. Diese Fragen werden in anderem Zusammenhang behandelt (oben Rz. 2.7 ff, unten Rz. 6.13 ff). Häufiger als ein solcher **originärer Erwerb** der Mitgliedschaft ist allerdings – vor allem in größeren Gesellschaften – ein **derivativer Erwerb** von einem anderen Gesellschafter. Kennzeich- — 4.48 Originärer und derivativer Erwerb der Mitgliedschaft

---

52) *Raiser*, KapGesR, § 28 Rz. 28 ff.
53) OLG Düsseldorf ZIP 1994, 619 = EWiR § 13 GmbHG 2/94, 683 (*Zimmermann*) – ARAG Erben.

nend für die Kapitalgesellschaften ist nämlich wie für alle Körperschaften die **Übertragbarkeit und Vererblichkeit** der Mitgliedschaft (§§ 67 ff AktG, § 10 Abs. 1 AktG i. V. m. §§ 929 ff BGB, § 15 Abs. 1 GmbHG, § 77 GenG, nicht aber § 38 BGB, der nach § 40 BGB jedoch dispositiv ist). Darauf wurde einleitend bereits hingewiesen (oben Rz. 1.4 ff). Infolge der zum 1. Januar 2001 in Kraft getretenen Steuerreform ist die Bedeutung der Übertragung von Anteilen an Kapitalgesellschaften deutlich gestiegen; denn ab 2002 sind Gewinne aus der Veräußerung von Anteilen an Kapitalgesellschaften *durch Kapitalgesellschaften* im Grundsatz steuerfrei.

Übergang des Gewinnstammrechts mit der Beteiligung

4.49 Bei der Veräußerung einer Aktie oder eines Geschäftsanteils geht – vorbehaltlich abweichender vertraglicher Regelung – auch das **Gewinnstammrecht** gemeinsam mit der Beteiligung auf den Erwerber über. Dadurch steht dem Erwerber auch der Gewinnanspruch für das der Übertragung vorangehende Geschäftsjahr zu, wenn die Feststellung des Jahresabschlusses erst nach der Übertragung erfolgt.[54)] Stellt der Anteil an einer Kapitalgesellschaft fast das **gesamte Vermögen eines Ehegatten** dar, so bedarf es bei dessen Veräußerung in jedem Fall auch der Zustimmung des anderen Ehegatten nach § 1365 Abs. 1 BGB.[55)]

Erwerb der Beteiligung bei der SE

4.50 Erwerb und Übertragbarkeit der Aktien sind für die **Europäische Aktiengesellschaft** in der SE-VO ungeregelt. Auch hier greift daher das einzelstaatliche Recht ein. Das gilt sowohl für das Ob als auch für die Art der Verbriefung der Aktien (Inhaber- oder Namensaktie) als auch für die Frage, ob die Übertragung der Aktien durch Vinkulierung an die Zustimmung der Gesellschaft gebunden werden kann. Auch für öffentliche Übernahmeangebote an die Aktionäre einer SE bleibt es bei den – später vielleicht europaweit harmonisierten – nationalen Regeln.

4.51 Im Übrigen gibt es bezüglich der Art und Weise der Übertragung beträchtliche Unterschiede zwischen Aktiengesellschaft und GmbH, die vor allem daraus resultieren, dass nur die Mitgliedschaft in der Aktiengesellschaft als Aktie wertpapiermäßig verbrieft werden kann.

1. Übertragung

a) Aktienrecht

Übertragung von Inhaberaktien

4.52 Aktien, die als **Inhaberaktien** verbrieft sind, werden wie bewegliche Sachen nach §§ 929 ff BGB übertragen. Gutgläubiger Erwerb ist nach §§ 932 ff BGB, § 366 HGB möglich, insbesondere unter Berücksichti-

---

54) BGH ZIP 1995, 374, 375 = NJW 1995, 1027, 1028 = WiB 1995, 381 (*Eckhardt*) = EWiR § 33 GmbHG 1/95, 369 (*W. Müller*); BGH ZIP 1998, 384 = NJW 1998, 1314 = DStR 1998, 498 (*Goette*); im Falle der Einziehung eines Anteils gehen die entsprechenden Rechte daher unter: BGHZ 139, 299 = ZIP 1998, 1836 = NJW 1998, 3646 = DStR 1998, 1688; dazu *Gehrlein*, DB 1998, 2355; *Herrmann*, BB 1999, 2054; *Loritz*, DStR 1998, 84; *G. H. Roth*, ZGR 1999, 715.

55) BGHZ 132, 218 = NJW 1996, 1740 = ZIP 1996, 834 = EWiR § 1365 BGB 1/96, 653 (*Gernhuber*) = DStR 1996, 1903 (*Goette*) = LM H. 8/1996 § 161 BGB Nr. 3 (auch bei Erwerb unter der aufschiebenden Bedingung vollständiger Kaufpreiszahlung).

gung von § 935 Abs. 2 BGB (vgl. für Banken aber § 367 HGB). Die Verbriefung in Form von Inhaberaktien gilt im Grundsatz für die meisten Aktien börsennotierter Aktiengesellschaften, allerdings nur im Grundsatz. Denn soweit diese Aktien in einem Wertpapierdepot bei einer Wertpapiersammelbank (§ 1 Abs. 3 DepotG) gelagert sind, wird nicht die einzelne Aktie, sondern der Anspruch auf Herausgabe eines Miteigentumsanteils an dem Depotbestand übertragen (§§ 929, 931 BGB, § 6 DepotG). Und in vielen Fällen werden nicht einmal mehr Urkunden über die einzelnen Aktien ausgestellt, sondern zur Begrenzung von Druckkosten nur noch eine **Sammelurkunde** (§ 9a DepotG), die sämtliche Aktien einer Gesellschaft oder einer Kapitalerhöhung oder zumindest einen großen Teil davon verbrieft; in diesen Fällen werden Miteigentumsrechte an dieser Sammelurkunde übertragen (§§ 9a, 6 DepotG). Aktienrechtlich muss eine solche Sammelverbriefung in der Satzung zugelassen werden (§ 10 Abs. 5 AktG).

Namensaktien werden demgegenüber wie Wechsel und Orderscheck durch Indossament, Begebungsvertrag und Übergabe übertragen (§ 68 Abs. 1 AktG i. V. m. Art. 12, 15 und 16 WG). Daneben kommt, wie auch bei diesen Papieren, eine Übertragung in Form einer gewöhnlichen Abtretung in Betracht (§ 68 Abs. 1 AktG n. F.: „auch"). Nur die Übertragung von Namensaktien kann in Form der **Vinkulierung** an die Zustimmung der Gesellschaft gebunden werden (§ 68 Abs. 2 AktG; dazu unten Rz. 4.64 ff). Auch Namensaktien können als Sammelurkunden ausgestaltet werden; sind sie nicht vinkuliert und werden die entsprechenden Erklärungen in elektronischer Form übermittelt, ist die Handelbarkeit von Namens- und Inhaberaktien weitgehend identisch. Das hat in der jüngeren Zeit mehrere deutsche Publikumsaktiengesellschaften dazu bewogen, ihre Aktien nach US-amerikanischem Vorbild auf Namensaktien umzustellen, zumal sie damit auch einen kostengünstigeren und direkten Zugang zu ihren Aktionären haben (dazu auch unten Rz. 4.76).[56]

4.53 Übertragung von Namensaktien

Ist die Mitgliedschaft **nicht in einer Aktie verbrieft**, wird sie durch gewöhnliche Abtretung nach §§ 413, 398 ff BGB übertragen. Dies kommt zum einen in Betracht, solange Aktienurkunden noch nicht ausgedruckt sind. Zum Zweiten braucht der Anspruch auf Ausstellung effektiver Stücke nicht ausgeübt zu werden. Nicht direkt hierher gehört allerdings der Fall, dass in der Satzung die Ausgabe *einzelner* effektiver Stücke nach § 10 Abs. 5 AktG ausgeschlossen wurde, um die entsprechenden Kosten zu sparen; denn insoweit fehlt es nur an der Verbriefung (auch) der einzelnen Mitgliedschaften.[57] Hier kann sich aber die Notwendigkeit einer Übertragung nach §§ 413, 398 ff BGB bezüglich der (unverbrieften) Miteigentumsanteile an der Sammelurkunde ergeben.

4.54 Bei fehlender Verbriefung Übertragung nach §§ 413, 398 ff BGB

---

56) Zum Wiederaufleben der Namensaktie und den damit noch vor Inkrafttreten des NaStraG verbundenen Problemen *Diekmann*, BB 1999, 1985 ff; *Noack*, DB 1999, 1306 ff.

57) Für einen Ausschluss auch des Anspruchs auf Verbriefung insgesamt *Schwennicke*, AG 2001, 118.

b) **GmbH-Recht**

Notariell beurkundete Abtretung bei der GmbH

4.55 Ganz im Gegensatz zum Aktienrecht bedürfen sowohl die Abtretung eines GmbH-Anteils (§ 15 Abs. 3 GmbHG) als auch die Verpflichtung hierzu (§ 15 Abs. 4 Satz 1 GmbHG) der **notariellen Beurkundung**. Beide Geschäfte können in einer Urkunde vorgenommen werden. War das Verpflichtungsgeschäft nicht formgerecht abgeschlossen, so wird es allerdings durch die formgerechte Beurkundung des Vollzugsgeschäfts geheilt (§ 15 Abs. 4 Satz 2 GmbHG).[58] Zweck des Beurkundungserfordernisses ist der Beweis der Anteilsinhaberschaft und die Verhinderung des freien Handelsverkehrs mit den Anteilen: denn im Gegensatz zur Aktiengesellschaft ist der Inhalt der Beteiligung wegen der größeren Gestaltungsfreiheit im GmbH-Recht (dazu oben Rz. 2.51 f) nicht standardisiert.[59]

Formerfodernis bei Übertragung im Ausland

4.56 Problematisch ist hier wie bei den an anderen Stellen vom Gesetz statuierten Beurkundungserfordernissen, ob bei Vornahme des Rechtsgeschäfts im Ausland nach Art. 11 Abs. 1 Alt. 2 EGBGB eine möglicherweise weniger strenge **Ortsform** ausreicht. Das ist jedoch umstritten; zudem greift das Ortsrecht nur dann ein, wenn das ausländische Recht ein dem deutschen Recht vergleichbares Rechtsgeschäft kennt. Stellt man nach Art. 11 Abs. 1 Alt. 1 EGBGB auf das „Wirkungsstatut" ab, stellt sich die weitere Frage, ob nicht jedenfalls die Beurkundung von einem (billigeren) ausländischen Notar vorgenommen werden kann. Die Rechtsprechung hatte dies bislang dann zugelassen, wenn das ausländische Ortsrecht ein Beurkundungsrecht kennt, das dem deutschen vergleichbar ist und – vor allem – die Beurkundung durch eine dem deutschen Notar vergleichbare Person vorgenommen wird.[60]

---

58) Allerdings nur bei Personenidentität auf Erwerberseite und Abwicklung zu gleichen schuldrechtlichen Bedingungen: BGH ZIP 2001, 1536, 1537 = EWiR § 15 GmbHG 1/02, 483 (*F. Wagner*).

59) BGHZ 141, 207, 211 f = NJW 1999, 2594 = ZIP 1999, 925, 926 = DB 1999, 1210 = EWiR § 15 GmbHG 1/99, 703 (*Wilken*) = DStR 1999, 861 m. Anm. *Goette*; *Hueck/Fastrich*, in: Baumbach/Hueck, GmbHG, Einl. Rz. 19, § 15 Rz. 20; für eine Aufgabe des Beurkundungserfordernisses de lege ferenda *Heidenhain*, ZIP 2001, 721 und 2113; dagegen *Kanzleiter*, ZIP 2001, 2105.

60) RGZ 88, 227; 160, 225, 229 ff (Beurkundung der Abtretung eines GmbH-Anteils durch Schweizer Notar, obwohl im Schweizer Recht die Formbedürftigkeit fehlt, und vor Schaffung einer GmbH in der Schweiz); BGHZ 80, 76 = ZIP 1981, 402 = NJW 1981, 1160 (Beurkundung der Satzungsänderung einer GmbH durch einen Zürcher Notar); BGH (VIII. Zs.) NJW-RR 2000, 274 = NZI 2000, 73 = DStR 2000, 601 = EWiR Art. 11 EGBGB 2/2000, 487 (*Werner*) (für Schweizer Notar); BayObLG DB 1977, 2320 = NJW 1978, 500; OLG Frankfurt/M. DB 1981, 1456; OLG München DB 1998, 125 = NJW-RR 1998, 758 = EWiR Art. 11 EGBGB 2/98, 309 (*Mankowski*) (für Basel-Stadt); LG Kiel DB 1997, 1223 = BB 1998, 120 = EWiR Art. 11 EGBGB 1/98, 215 (*Horn/Kröll*) (für Beurkundung einer Genossenschaftsverschmelzung durch österreichischen Notar, wenn die erforderliche Gleichwertigkeit aufgrund eines Gutachtens des Prüfungsverbandes bestätigt wird); dazu *Gätsch/Schulte*, ZIP 1999, 1954 (liberales Ortsprinzip); *Kröll*, ZGR 2000, 111 (Anteilsübertragung nach Ortsform; Statusgeschäfte bei Gleichwertigkeit und die können diese Parteien herstellen); *Reuter*, in: Hommelhoff/Röhricht, Gesellschaftsrecht 1997 (1998), S. 277; *Hellwig*, ebda., S. 285; abw. OLG Hamm NJW 1974, 1057 (Unwirksamkeit der Auslandsbeurkundung einer GmbH-Satzungsänderung); sowie jetzt für Beurkundung eines Umwandlungsvertrages durch einen Schweizer Notar LG Augsburg NJW-RR 1997, 420 = ZIP 1996, 1872 = WiB 1996, 1167 (*Zimmer*) =

In jedem Fall wird die Abtretung eines GmbH-Anteils auch dann durch den **4.57** Heilung formnichtiger Verpflichtungsgeschäfte gemäß § 15 Abs. 4 Satz 2, Abs. 3 GmbHG
Vollzug wirksam, wenn der Verkäufer einseitig auf die vereinbarte aufschiebende Bedingung vollständiger Kaufpreiszahlung verzichtet. In einem vom BGH entschiedenen Fall war aufgrund einer Schwarzgeldabrede kein formwirksamer Kaufvertrag über einen GmbH-Anteil zustandegekommen. Der formgültige Abtretungsvertrag enthielt bezüglich der dinglichen Rechtsänderung die aufschiebende Bedingung vollständiger Kaufpreiszahlung, die nicht eintrat. Erst während des Prozesses verzichtete der Verkäufer auf diese Bedingung. Entgegen der Vorinstanz bekräftigte der BGH seine Ansicht, dass ein solcher einseitiger Verzicht möglich sei, da die Bedingung vollständiger Kaufpreiszahlung allein den Verkäufer, nicht aber den Käufer begünstige. Mit Aufhebung der Bedingung tritt die dingliche Rechtsänderung ein, die zugleich die Heilung des schuldrechtlichen Verpflichtungsgeschäftes gemäß § 15 Abs. 4 Satz 2, Abs. 3 GmbHG bewirkt. Dies gilt aber nur, wenn die schuldrechtliche Einigkeit der Parteien im Zeitpunkt der Bindung an das Verfügungsgeschäft noch besteht. Da die Bindungswirkung nach Ansicht des Gerichts schon bei *Abschluss* des dinglichen Geschäftes vorliegt, dürfte diese Voraussetzung regelmäßig erfüllt sein.[61] Der Verzicht auf die Bedingung führt aber nicht zu einer *rückwirkenden* Heilung des Kaufvertrages; das hat zur Folge, dass der Gefahrübergang (§ 446 BGB) auch erst im Zeitpunkt des Verzichts auf die Bedingung erfolgt.[62]

Die Formnichtigkeit der Abtretung eines GmbH-Anteils kann auch Auswirkungen auf den Umfang der Haftung nach § 16 Abs. 3 GmbHG haben. Denn Leistungen des Erwerbers auf einen (noch nicht voll eingezahlten) Anteil haben im Hinblick auf die gesamtschuldnerische Haftung von Veräußerer und Erwerber i. S. v. § 16 Abs. 3 GmbHG in diesem Fall keine Erfüllungswirkung. In Frage kommt nur eine Erfüllung der Leistungsverpflichtung des Veräußerers durch den potentiellen Erwerber, wenn dessen Leistung als Leistung durch Dritte nach § 267 BGB qualifiziert werden kann. Das hängt davon ab, ob sich die Leistung bei objektiver Betrachtungsweise aus Sicht des Zuwendungsempfängers so darstellt, dass sie mit dem Willen erbracht wurde, die fremde Einlageverpflichtung zu tilgen.[63] **4.58**

Der Kaufvertrag über einen GmbH-Geschäftsanteil kann zulässigerweise unter **4.59** die Bedingung der Genehmigung durch den Käufer gestellt werden. Verpflichtet sich dieser, die Genehmigung zu erteilen, so bedarf diese Erklärung nicht der notariellen Beurkundung nach § 15 Abs. 4 Satz 1 GmbHG. Sie ist vielmehr – wie die Genehmigung selbst – formfrei wirksam.[64]

EWiR Art. 11 EGBGB 1/96, 937 (*Wilken*) (inzwischen rkr.) im Anschluss an *Goette*, in: Festschrift Boujong, 1996, S. 131 = DStR 1996, 709; OLG Stuttgart NZG 2001, 40 = DStR 2000, 1704 (Ls.) (*Hergeth*) = EWiR § 242 AktG 2/2000, 945 (*Werner*) (für Beglaubigung einer Übertragung von GmbH-Gesellschaftsanteilen durch einen amerikanischen *notary public*).

61) BGHZ 127, 129 = ZIP 1994, 1687 = NJW 1994, 3227; vgl. zuvor bereits BGH ZIP 1989, 234 = NJW-RR 1989, 291 = EWiR § 15 GmbHG 1/89, 265 (*Meyer-Landrut*) = LM § 15 GmbHG Nr. 25.
62) BGHZ 138, 195 = ZIP 1998, 908 = NJW 1998, 2360 = DStR 1998, 1026 (*Goette*) = LM H. 9/1998 § 15 GmbHG Nr. 30 (*Wilhelm*); dazu *Pohlmann*, NJW 1999, 190.
63) BGH ZIP 1994, 1855 = NJW 1995, 128 = EWiR § 267 BGB 1/94, 1165 (*von Gerkan*).
64) BGH NJW 1996, 3338 = ZIP 1996, 1901 = DStR 1996, 1982 (*Goette*) = LM H. 1/1997 § 162 BGB Nr. 12.

Einbringung der Anteile in die BGB-Gesellschaft

4.60 Das aufwendige Beurkundungserfordernis kann freilich praxisnah dadurch umgangen werden, dass sämtliche GmbH-Anteile in eine **BGB-Gesellschaft eingebracht** werden, deren Anteile dann formfrei übertragen werden können.[65]

Genehmigung durch das Vormundschaftsgericht

4.61 Eine **Genehmigung des Vormundschaftsgerichts** (§§ 1908i Abs. 1 Satz 1, 1822 *Nr. 10*, 1643 Abs. 1 BGB) ist für den Erwerb eines GmbH-Anteils in aller Regel nicht erforderlich. Etwas anderes gilt nur dann, wenn eine konkrete Möglichkeit der Inanspruchnahme für Verbindlichkeiten von Mitgesellschaftern nach §§ 24, 31 Abs. 3 GmbHG besteht.[66]

c) Vorgesellschaft

Übertragung der Beteiligung an der Vorgesellschaft

4.62 Vor Eintragung einer Kapitalgesellschaft besteht auch noch keine Mitgliedschaft in einer Kapitalgesellschaft (§ 41 Abs. 1 Satz 1 AktG, § 11 Abs. 1 GmbHG). Auf die bis zu diesem Zeitpunkt bestehende Vorgesellschaft finden zwar die Regeln der „fertigen" Kapitalgesellschaft weitestgehend Anwendung (dazu oben Rz. 2.16 ff). Die Beteiligung an der Vorgesellschaft kann aber nicht durch Übertragung der Mitgliedschaft an der Vorgesellschaft, sondern nur durch **Änderung des Gesellschaftsvertrages** unter Mitwirkung aller Gesellschafter übertragen werden; lässt der Gesellschaftsvertrag diese Möglichkeit nicht ausdrücklich zu, reicht eine entsprechende Auslegung des Gesellschaftsvertrages für die Zulässigkeit einer solchen Änderung aus.[67] Wird die Abänderung des Gesellschaftsvertrages nicht notariell beurkundet, wird die formunwirksame Abtretung eines „GmbH-Anteils" vor Eintragung der Gesellschaft durch die Eintragung der Gesellschaft auch nicht geheilt.[68]

4.63 Für einen nach Gründung, aber vor Eintragung geschlossenen Treuhandvertrag über den mit Eintragung erst noch entstehenden Geschäftsanteil gilt aber § 15 Abs. 4 GmbHG, wenn die Treuhandabrede erst mit Entstehen des GmbH-Anteils Wirkung erlangen soll.[69]

---

65) Zur Zulässigkeit BGHZ 78, 311 = ZIP 1981, 183 = NJW 1981, 682; dazu *U. Koch*, ZHR 146 (1982), 118.

66) BGHZ 107, 23 = ZIP 1989, 445 = EWiR § 1822 BGB 1/89, 577 (*Kellermann*); *Hueck/Fastrich*, in: Baumbach/Hueck, GmbHG, § 15 Rz. 5; *Raiser*, KapGesR, § 30 Rz. 19 f (GmbH); *Winkler*, ZGR 1990, 131 ff.

67) BGH NJW 1997, 1507 (*Altmeppen*) = ZIP 1997, 679 = DStR 1997, 625 (*Goette*) = LM H. 7/1997 § 11 GmbHG Nr. 38 (*Noack*) = EWiR § 11 GmbHG 1/97, 463 (*Fleischer*), insoweit in BGHZ 134, 333 nicht abgedruckt; zur Zulässigkeit einer derartigen Satzungsänderung aufgrund Auslegung des Gesellschaftsvertrages OLG Frankfurt/M. NJW-RR 1997, 1062 (GmbH).

68) OLG Brandenburg NJW-RR 1996, 291 (GmbH).

69) BGHZ 141, 207 = NJW 1999, 2594 = ZIP 1999, 925 = DB 1999, 1210 = EWiR § 15 GmbHG 1/99, 703 (*Wilken*) = DStR 1999, 861 m. Anm. *Goette* (der darauf hinweist, dass bei einem beabsichtigten Wirksamwerden des Treuhandvertrages schon *vor* Eintragung von einer Satzungsänderung auszugehen sei, die die Mitwirkung aller Gesellschafter erforderlich mache); zum Ganzen *Seidl*, DStR 1998, 1220.

2. Vinkulierung

Sowohl die Übertragung von Aktien als auch die von GmbH-Geschäftsanteilen kann an die Zustimmung der Gesellschaft gebunden werden (**Vinkulierung**). Erfasst ist dabei jeweils nur das dingliche Geschäft, die „Abtretung". Bei der Aktiengesellschaft ist dies allerdings nur in Bezug auf Namensaktien möglich (§ 68 Abs. 2 AktG), deren Zulassung zum Börsenhandel mit gewissen Schwierigkeiten verbunden war. Für die normalen nicht vinkulierten Namensaktien hat sich dies durch die Führung elektronischer Aktienregister inzwischen freilich geändert.[70]

4.64 Vinkulierung in der AG nur bei Namensaktien

Bei der GmbH ist die Vinkulierung demgegenüber unbeschränkt möglich und weit verbreitet; die Satzung kann die Übertragung des Geschäftsanteils zudem auch noch an andere Voraussetzungen knüpfen (§ 15 Abs. 5 GmbHG: „insbesondere"). In beiden Fällen dient die Vinkulierung dazu, der Gesellschaft und ihren (Mehrheits-)Gesellschaftern einen bestimmenden **Einfluss auf die Zusammensetzung des Gesellschafterkreises** zu ermöglichen und damit ein Eindringen unerwünschter Personen (Konkurrenten!) in den Gesellschafterkreis zu verhindern. Häufig wird deshalb nur die Übertragung an Nicht-Gesellschafter oder an Nicht-Familienmitglieder von Gesellschaftern an die Zustimmung der Gesellschaft geknüpft. Im einen wie im anderen Fall kann zudem vorgesehen werden, dass Gesellschafter die zu veräußernden Anteile zunächst ihren Mitgesellschaftern zum Kauf anbieten (**Andienungspflicht**), und zwar in der Regel entsprechend dem Umfang ihrer bisherigen Beteiligungsverhältnisse; manchmal wird eine solche Pflicht auch noch dergestalt gestaffelt, dass etwa nicht abgenommene Anteile erneut und wiederum quotal den verbleibenden erwerbswilligen Mitgesellschaftern anzubieten sind.

4.65 Vinkulierung in der GmbH – Andienungspflicht

Zuständig für die Erteilung der Zustimmung ist bei der Aktiengesellschaft im Zweifel der Vorstand (§ 68 Abs. 2 Satz 2 AktG). Die Satzung kann die Zuständigkeit aber auch dem Aufsichtsrat oder der Hauptversammlung zuweisen. Auch in der GmbH ist im Zweifel der Geschäftsführer für die Erteilung der Genehmigung zuständig.[71]

4.66 Zustimmung im Zweifel durch Geschäftsleitung

Die Satzung kann die Gründe für eine **Verweigerung der Zustimmung** konkretisieren (für das Aktienrecht § 68 Abs. 2 Satz 3 AktG). Ist eine Verweigerung nicht von diesen Gründen gedeckt, kann der Veräußerer gegen die Gesellschaft auf Zustimmung klagen oder – wenn die Gesellschafterversammlung die Zustimmung verweigert hat – den verweigernden Beschluss anfechten. Als Grund für eine Verweigerung kommt etwa die Beteiligung an einem konkurrierenden Unternehmen oder die fehlende Zugehörigkeit zur Gründerfamilie in Betracht. Wurden die möglichen Gründe für eine Verweigerung nicht in der Satzung konkretisiert, kann sich ein Anspruch auf Erteilung der Zustimmung aus der gesellschaftsrechtlichen Treuepflicht oder dem Gleichbehandlungsgrundsatz erge-

4.67 Verweigerung der Zustimmung

---

70) Dazu *Noack*, DB 1999, 1306.
71) BGHZ 14, 25, 31 (zu § 17 GmbHG); *Hueck/Fastrich*, in: Baumbach/Hueck, GmbHG, § 15 Rz. 41.

ben.[72)] Im Übrigen steht die Erteilung oder Verweigerung der Zustimmung im pflichtgemäßen Ermessen der Gesellschaft.[73)]

4.68 Dessen korrekte Ausübung wurde der Aachener und Münchener Beteiligungs-AG (AMB) bescheinigt, die ihre Übernahme durch die französischen Assurances Générales de France verhindern wollte (die deutsche Versicherungsgesellschaft suchte eine Anlehnung an die italienische Versicherung La Fondiaria). Zu diesem Zweck wollte die AMB die Zustimmung zur Übertragung ihrer vinkulierten Namensaktien auf die französische Gesellschaft verweigern. Die französische Gesellschaft hatte die Aktien bereits erworben, brauchte aber die Zustimmung, um ihre Rechte ausüben zu können, und klagte daher auf Zustimmung. Das LG Aachen überprüfte die Verweigerung der Zustimmung auf fehlerhafte Ermessensausübung; doch meinte es, die Verweigerung der Zustimmung dürfe darauf gestützt werden, dass die Gesellschaft ihre unternehmerische Selbständigkeit wahren wolle. Wenig später gelangte die französische Gruppe jedoch außergerichtlich zu ihrem Ziel; die Klage wurde zurückgenommen.[74)]

Schwebende Unwirksamkeit bis zur Zustimmung

4.69 Bis zur Erteilung der Zustimmmung, die sowohl dem Veräußerer als auch dem Erwerber gegenüber erteilt werden kann (§ 182 Abs. 1 BGB), ist die Abtretung schwebend unwirksam. Ihr Vorliegen (auch bei früheren Anteilsübertragungen) gehört daher neben der Einhaltung der Form nach § 15 Abs. 3 und 4 GmbHG zu den zentralen, im Rahmen einer *Due-diligence*-Prüfung (dazu oben Rz. 3.47) seitens des Erwerbers zu kontrollierenden Punkten.

3. Übernahmen

Schutz der Minderheitsgesellschafter durch das Konzernrecht

4.70 Erwirbt eine Person in großem Umfang Aktien an einer Gesellschaft, erlangt sie (über den Aufsichtsrat) Einfluss auf deren Geschäftsleitung; hat sie auch eine satzungsändernde Mehrheit, kann sie die Gesellschaft umwandeln oder in anderer Weise ihren Interessen unterordnen. Ist eine solche Lage eingetreten, werden die Aktionäre, die ihre Anteile nicht an den (neuen) Mehrheitsgesellschafter verkauft haben, durch das Konzernrecht, insbesondere die §§ 311 ff AktG, vor einer zu weit gehenden nachteiligen Einflussnahme geschützt.

Mitteilungspflichten gemäß §§ 21 ff WpHG

4.71 Bereits im Vorfeld, nämlich im Zeitpunkt des Aktienerwerbs, setzen zwei weitere rechtliche Instrumentarien an. So erlegen zunächst die §§ 21 ff WpHG dem Erwerber schon einer 5 %-igen Beteiligung an einer börsennotierten Aktiengesellschaft **Mitteilungspflichten** auf; bei Erreichen weiterer Schwellenwerte bedarf es ebenso wie bei deren Unterschreiten erneuter Mitteilungen. Damit wird der Tatsache Rechnung getragen, dass schon eine signifikante Minderheitsbeteiligung erheblichen Einfluss verschaffen und vor allem als Basis für einen weiteren Ausbau der Beteili-

---

72) OLG Düsseldorf ZIP 1987, 227, 231 f; OLG Hamm NJW-RR 2001, 109, 111; OLG Koblenz ZIP 1989, 301, 303 f = GmbHR 1990, 39, 41 f = DB 1989, 672; KG NZG 2001, 805; LG Düsseldorf DB 1989, 33; *Hueck/Fastrich*, in: Baumbach/Hueck, GmbHG, § 15 Rz. 29; *Lutter/Hommelhoff*, GmbHG, § 15 Rz. 29.
73) RGZ 88, 319, 325; *Hueck/Fastrich*, in: Baumbach/Hueck, GmbHG, § 15 Rz. 45.
74) LG Aachen ZIP 1992, 924 = EWiR § 68 AktG 1/92, 837 (*Bork*) (Klagerücknahme: ZIP 1992, 1317 = EWiR § 459 BGB 3/92, 1069 *[Messer]*).

gung dienen kann, die letztlich eine Umstrukturierung der Gesellschaft ermöglicht.

Weitere Pflichten ergeben sich aus dem Wertpapiererwerbs- und Übernahmegesetz (WpÜG). Danach muss ein Aktienerwerber vor allen Dingen ein **Übernahmeangebot** an die Aktionäre der „Zielgesellschaft" machen, sobald er mehr als 30 % der Anteile an dieser erworben hat (§ 35 Abs. 1 i. V. m. § 29 Abs. 2 WpÜG; „Pflichtangebot"). Denn in diesem Falle besitzt er typischerweise bereits die Mehrheit in der Hauptversammlung (dazu oben Rz. 3.266); da er damit die gesamte Gesellschaft steuern kann, soll er auch den Preis für alle Aktien der Gesellschaft zahlen oder mindestens anbieten müssen. Zum Zweiten wird damit eine Gleichbehandlung der verkaufswilligen Aktionäre erreicht; denn sonst würden typischerweise die zuerst veräußernden Aktionäre nur zu schlechten Kursen verkaufen, während sodann ein Anstieg des Kurses zu verzeichnen wäre und nach Erreichen der vom Erwerber anvisierten Beteiligungshöhe ein vollständiger Kursverfall einträte.[75]

4.72 Übernahmeangebot nach dem WpÜG

4. Anmeldung bei der Gesellschaft

a) Namensaktien und GmbH-Anteile

Von einer Übertragung der Mitgliedschaft braucht die Gesellschaft keine Kenntnis zu erlangen. Gleichwohl muss sie wissen, wer zur Gesellschafterversammlung einzuberufen ist und wer berechtigt ist, den Gewinnanspruch geltend zu machen. § 16 Abs. 1 GmbHG verlangt daher eine **Anmeldung des Erwerbers bei der Gesellschaft** unter Nachweis des Übergangs. Diese Anmeldung hat durch einen Gestaltungsakt von Veräußerer oder Erwerber zu erfolgen;[76] eine bloße Kenntniserlangung durch die Gesellschaft reicht nicht.[77] Vor dem Zeitpunkt der (vollständigen) Anmeldung gilt der Veräußerer der Gesellschaft gegenüber noch als Gesellschafter: der Erwerber muss Rechtshandlungen zwischen Veräußerer und Gesellschaft gegen sich gelten lassen (§ 16 Abs. 2 GmbHG).[78]

4.73 Anmeldung des Erwerbers bei der GmbH

Unverzüglich nach jeder Änderung im Gesellschafterbestand haben die Geschäftsführer eine aktualisierte **Gesellschafterliste** zum Handelsregister einzureichen (§ 40 Abs. 1 Satz 1 GmbHG). Diese Verpflichtung ist mit Inkrafttreten des HRefG an die Stelle der früheren Verpflichtung getreten, jährlich eine solche Liste oder eine Negativerklärung, dass sich

4.74 Einreichung aktualisierter Gesellschafterliste

---

75) Gegen eine Pflicht zur Gleichbehandlung der Aktienverkäufer früher BGH WM 1976, 449 = JZ 1976, 562 (*Lutter*) – VW/Audi NSU.
76) Zu den Grenzen einer konkludenten Anmeldung BGH ZIP 2001, 513, 514 f = NJW 2001, 1647 = DStR 2001, 631 = NZI 2001, 249 = NZG 2001, 469 = EWiR § 177 BGB 1/01, 361 (*Heckschen*) (bloße Erwähnung der Stellung des neuen Gesellschafters durch die Gesellschaft reicht nicht).
77) BGH NJW-RR 1996, 1377 = DStR 1996, 1979 (*Goette*).
78) BGHZ 15, 324, 331; BGHZ 112, 103, 113 = ZIP 1990, 1057 = NJW 1990, 2622 = EWiR § 16 GmbHG 1/90, 1209 (*Priester*); BGH ZIP 1991, 724, 725 = EWiR § 16 GmbHG 2/91, 679 (*von Gerkan*); OLG Düsseldorf NJW-RR 1996, 607 = DB 1996, 568 = EWiR § 16 GmbHG 1/96, 361 (*Dreher*) (zum Erfordernis der Vollständigkeit: Beifügung der in der Satzung vorgeschriebenen Nachweise, etwa einer Zustimmungserklärung der Gesellschaft); *Raiser*, KapGesR, § 30 Rz. 15 (GmbH).

keine Änderungen ergeben haben, einzureichen. Den Notar trifft gegenüber dem Handelsregister jetzt eine Anzeigepflicht in Bezug auf Änderungen im Gesellschafterbestand, sofern sie auf ein von ihm nach § 15 GmbHG beurkundetes Rechtsgeschäft zurückgehen (§ 40 Abs. 1 Satz 2 GmbHG). Weitere Angaben, etwa dazu, von wem auf wen der Geschäftsanteil übertragen wurde, sind nicht erforderlich.[79]

Anmeldung bei Übertragung von Namensaktien

4.75 Eine Anmeldung bei der Gesellschaft in Form von Löschung und Neueintragung verlangt § 67 Abs. 2 AktG n. F. auch bei der **Übertragung von Namensaktien**. Zu diesem Zweck ist der Rechtsübergang der Gesellschaft mitzuteilen und ihr nachzuweisen (§ 67 Abs. 2 AktG n. F.); das früher hierbei bestehende umständliche Erfordernis einer Vorlegung der Aktie (§ 68 Abs. 3 Satz 2 AktG a. F.) wurde durch das NaStraG aufgehoben. Bei der Prüfung des Rechtsübergangs ist die Gesellschaft verpflichtet, die Ordnungsmäßigkeit der Reihe der Indossamente, nicht aber die Unterschriften zu prüfen (§ 68 Abs. 3 – vor Inkrafttreten des NaStraG Abs. 4 – AktG). Bei börsennotierten Gesellschaften, deren Aktien als Globalurkunde verbrieft sind, können diese Übertragungsvorgänge in elektronischer Form gemeldet werden.[80]

Aktienregister

4.76 Sodann wird der Rechtsübergang im **Aktienregister** (früher „Aktienbuch") vermerkt. Dort sind Name, Geburtsdatum und Anschrift des Inhabers sowie Stückzahl und Aktiennummer bzw. bei Nennbetragsaktien der Betrag anzugeben (§ 67 Abs. 1 AktG); möglich ist dabei auch eine Eintragung der verwahrenden Bank (*„street address"*). Einer börsennotierten Aktiengesellschaft erlaubt diese Registrierung eine direkte Kommunikation mit ihren Aktionären (*„investor relations"*) ohne den (eventuell teureren) Umweg über die sog. Depotbank (§ 67 Abs. 6 Satz 3 AktG); denn die von der Gesellschaft zu tragenden (§ 67 Abs. 4 Satz 1 AktG[81]) Kosten des Aktienregisters kann diese selbst beeinflussen. Einer werblichen Nutzung der Daten durch die Gesellschaft darf der Aktionär aber widersprechen (§ 67 Abs. 6 Sätze 4 und 5 AktG).[82]

Auskunftsrechte bezüglich des Aktienregisters

4.77 Auch gegenüber der Aktiengesellschaft gilt nur als Aktionär, wer im Aktienregister eingetragen ist (§ 67 Abs. 2 AktG). Der Aktionär kann daher von der Gesellschaft **Auskunft** (nur) über die zu seiner Person in das Register eingetragenen Daten verlangen (§ 67 Abs. 6 Satz 1 AktG). Das kann bei nicht börsennotierten Gesellschaften in der Satzung aber erweitert werden (§ 67 Abs. 6 Satz 2 AktG). Mit der Neufassung von § 67 Abs. 6 AktG durch das NaStraG wurde der früher bestehende unbeschränkte Auskunftsanspruch jedes Aktionärs über den ganzen Inhalt des

---

79) OLG Celle NJW-RR 2000, 40 = DStR 1999, 1954 (Ls.) (*Schaub*).
80) Zum Ganzen *Noack*, ZIP 1999, 1993, 1995 ff.
81) Der Kostenerstattungsanspruch der Kreditinstitute, die der Gesellschaft die für die Führung des Aktienregisters bei Namensaktien erforderlichen Angaben übermitteln, gegen die Gesellschaft richtet sich nach § 3 der Verordnung über den Ersatz von Aufwendungen der Kreditinstitute vom 17. 6. 2003 (BGBl I, 885) (auch wiedergegeben mit Einführung durch *Seibert* und Begründung in ZIP 2003, 1270).
82) Zum Aktienregister *Noack*, ZIP 1999, 1993, 1995 ff; zu den Verwendungsmöglichkeiten der Aktienregisterdaten *Noack*, DB 2001, 27, 28 ff.

Aktienbuchs (§ 67 Abs. 5 AktG a. F.) aus Datenschutzgründen deutlich eingeschränkt. Doch wird damit zugleich die Kommunikation zwischen Aktionären erschwert, die sonst das Aktienregister hätten nutzen können, um Mehrheiten in der Hauptversammlung zu gewinnen. Deshalb sollte die Norm teleologisch dahingehend reduziert werden, dass sie einer Weiterleitung von gesellschaftsbezogenen Informationen an die Mitaktionäre nicht entgegensteht, wenn diese auf Kosten eines Aktionärs erfolgt und dieser die Identität seiner Mitaktionäre nicht erfährt. Die Regelung steht zudem in einem Wertungswiderspruch zu §§ 21 ff WpHG, die bei einer maßgeblichen Beteiligung sogar eine (bußgeldbewehrte) Offenlegung von Beteiligung und deren Umfang gebieten. Dass unterhalb dieser – im internationalen Vergleich eher hoch angesetzten – Grenze die Offenlegungs*pflicht* sogleich in ein Transparenz*verbot* umschlagen soll, ist wenig einsichtig.[83]

Wegen des Anmeldeverfahrens bei der Gesellschaft (§ 16 Abs. 1 GmbHG, § 67 Abs. 2 AktG) ist die Gesellschaft bei etwaigen Mängeln des Übertragungsgeschäfts geschützt. Im Verhältnis zwischen Veräußerer und Erwerber brauchen daher andererseits die personengesellschaftsrechtlichen Regeln über die fehlerhafte Gesellschaft nicht angewendet zu werden. Daher kann etwa die Übertragung eines GmbH-Geschäftsanteils mit Wirkung *ex tunc* (§ 142 Abs. 1 BGB) angefochten werden.[84] Etwa noch offene Einlagepflichten im Verhältnis zur Gesellschaft bleiben aber bestehen (dazu unten Rz. 6.21).	4.78	Keine Anwendung der Regeln über die fehlerhafte Gesellschaft
Vom Zeitpunkt der Anmeldung an **haftet** der Erwerber gesamtschuldnerisch neben dem Veräußerer für die noch ausstehenden Verbindlichkeiten des Veräußerers gegenüber der Gesellschaft (§ 16 Abs. 3 GmbHG), und zwar auch dann, wenn der Geschäftsanteil später wieder auf den Veräußerer zurück übertragen wird.[85] Im Gegensatz dazu tritt eine Haftung der Vormänner wegen noch ausstehender Einlageleistungen im Aktienrecht nur subsidiär ein (§ 65 Abs. 1 AktG).	4.79	Haftung des Erwerbers und der Vormänner (Veräußerer)

b) Inhaberaktien

Keinerlei Anmeldung bei der Gesellschaft bedarf es bei der Übertragung von Inhaberaktien bei der Aktiengesellschaft. Der Gesellschaft gegenüber kann hier der Nachweis über die Mitgliedschaft durch Vorlage der Aktie erbracht werden. Für den wichtigsten Fall, den Nachweis der Dividendenberechtigung, reicht allerdings die Vorlage des **Kupons** (§ 803 BGB). Und für die Teilnahme an der Hauptversammlung reicht bei Publikumsaktiengesellschaften die Vorlage der **Hinterlegungsbescheinigung** (§ 123 Abs. 2 AktG) aus.	4.80	Keine Anmeldung bei Inhaberaktien

---

83) Zu den Widersprüchen auch *Noack*, DB 2001, 27 und 28 f; enger noch *ders.*, ZIP 1999, 1993, 1997 f.
84) BGH ZIP 1990, 371, 373 f = NJW 1990, 1915 f = EWiR § 16 GmbHG 1/91, 65 (*Heinemann*); BGH ZIP 1995, 1085, 1086; zust. *Grunewald*, ZGR 1991, 452.
85) BGHZ 68, 191, 197; BGH ZIP 1991, 724, 726 = EWiR § 16 GmbHG 2/91, 679 (*von Gerkan*); *Hueck/Fastrich*, in: Baumbach/Hueck, GmbHG, § 16 Rz. 12.

§ 4 Mitgliedschaft

4.81 Eine Haftung für noch ausstehende Einlageforderungen kann es weder beim Alt- noch beim Neuaktionär geben. Denn Inhaberaktien können überhaupt nur ausgegeben werden, wenn die Einlage vollständig erbracht ist (§ 10 Abs. 2 AktG).

IV. Verlust

1. Austritt

Verlust der Mitgliedschaft i. d. R. nur durch Veräußerung des Anteils

4.82 Die Kapitalgesellschaften sehen für den Regelfall keinen Verlust der Mitgliedschaft durch Austritt und Auflösung der entsprechenden Mitgliedsstelle vor. Sie gehen vielmehr davon aus, dass ein Ausscheiden aus der Gesellschaft durch Veräußerung des Anteils stattfindet, ohne dass davon die Gesellschaftssphäre betroffen wird. Das entspricht seit Inkrafttreten des HRefG der Rechtslage auch bei den Personengesellschaften, nicht aber bei der BGB-Gesellschaft. Diese Blickweise setzt aber einen entsprechenden Markt für die Beteiligung voraus, wie er bei der GmbH selten und bei der Aktiengesellschaft regelmäßig nur im Falle der Börsennotierung vorliegt.[86]

Austrittsrecht bei Vorliegen eines wichtigen Grundes

4.83 Daher wird ähnlich dem Recht der Gesellschaftermehrheit zum Ausschluss aus wichtigem Grund auch ein Recht des Kapitalgesellschafters zum **freiwilligen Ausscheiden** als zwingendes, unverzichtbares Mitgliedschaftsrecht angenommen, wenn ein **wichtiger Grund** vorliegt.[87] Das bringt heute § 314 BGB für alle Dauerschuldverhältnisse als allgemeinen Grundsatz zum Ausdruck. Im Fall des Austritts steht dem ausscheidenden Gesellschafter ein Anspruch auf vollwertige Abfindung zu. Dessen Festlegung in der Satzung darf nicht dazu missbraucht werden, das Austrittsrecht auszuhebeln (dazu unten Rz. 4.94 ff).

2. Ausschluss

4.84 Ebenso wenig wie einen (freiwilligen) Austritt kennt das Kapitalgesellschaftsrecht keine allgemeinen Regelungen über den Ausschluss – das **unfreiwillige Ausscheiden** – von Gesellschaftern. Das gilt für die Europäische Aktiengesellschaft ganz entsprechend, so dass insoweit auch hier die nationalen Regelungen des Sitzstaats der SE herangezogen werden müssen.[88]

---

[86] Ähnlich *Raiser*, KapGesR, § 12 Rz. 63; *Schindler*, Das Austrittsrecht in Kapitalgesellschaften (1999), S. 19 ff.

[87] BGHZ 9, 157, 162 f; BGHZ 116, 359, 369 = ZIP 1992, 237, 240 = NJW 1992, 892 = EWiR § 138 BGB 2/92, 321 (*Wiedemann*); OLG Karlsruhe BB 1984, 2015, 2016; *Hueck/Fastrich*, in: Baumbach/Hueck, GmbHG, Anh. § 34 Rz. 15; *Lutter/Hommelhoff*, GmbHG, § 34 Rz. 36; *Raiser*, KapGesR, § 12 Rz. 63 (AG); § 30 Rz. 62 ff (GmbH); *Schindler*, Das Austrittsrecht in Kapitalgesellschaften (1999), S. 44 ff; *Karsten Schmidt*, GesR, § 35 IV 3, S. 1064 ff (GmbH); *Wiedemann*, GesR I, S. 400 f; *Scholz/Winter*, GmbHG, § 15 Rz. 114 m. w. N.

[88] *Hirte*, NZG 2002, 1, 9.

a) Kaduzierung und Zwangseinziehung

Gesetzlich vorgesehen ist lediglich die Möglichkeit der **Kaduzierung** für den Fall nicht rechtzeitiger Einlageleistung (§ 64 AktG, § 21 GmbHG; dazu unten Rz. 4.94 ff). Darüber hinaus kommt zwar die Möglichkeit einer **zwangsweisen Einziehung von Anteilen** in Betracht, aber nur dann, wenn diese Möglichkeit in der Satzung vorgesehen und den Gesellschaftern damit bekannt war (Art. 36 Abs. 1 a) Zweite Richtlinie, § 237 Abs. 1 AktG, § 34 Abs. 1 und 2 GmbHG).[89] Eine solche Satzungsgestaltung kommt in einer personenbezogenen Gesellschaft etwa für den Tod oder für die Eröffnung des Insolvenzverfahrens über das Vermögen eines Gesellschafters in Betracht.[90] Die Zwangseinziehung erfolgt auf der Grundlage eines Beschlusses der Haupt- bzw. Gesellschafterversammlung (Art. 36 Abs. 1 b) Zweite Richtlinie, § 237 Abs. 2 i. V. m. § 222, § 237 Abs. 4 AktG [Ausnahme: § 237 Abs. 6 AktG], § 46 Nr. 4 GmbHG). Sie bewirkt eine Vernichtung des entsprechenden Mitgliedschaftsrechts und – nur bei der Aktiengesellschaft – eine Kapitalherabsetzung im Umfang des eingezogenen Anteils (§ 238 AktG).[91]

4.85 Außer Kaduzierung Zwangseinziehung nur bei Regelung in Satzung oder Gesellschafterversammlung

Der ausscheidende Gesellschafter hat einen Anspruch auf **Abfindung** in Höhe des vollen wirtschaftlichen Werts seiner Beteiligung (Verkehrswert) im Zeitpunkt des Ausscheidens (zur Frage nicht vollwertiger Abfindung unten Rz. 4.94 ff).[92] Doch darf deren Zahlung nicht zu Lasten des Nennkapitals gehen (§ 34 Abs. 3 GmbHG). Deshalb ist die Zwangseinziehung im Aktienrecht von vornherein mit einer Kapitalherabsetzung verbunden (§ 238 AktG; vgl. auch Art. 36 Abs. 1 d) i. V. m. Art. 32 Zweite Richtlinie); im GmbH-Recht ist sie dies wegen der weniger weit reichenden Kapitalbindung zwar nicht, doch muss im Hinblick auf § 34 Abs. 3 GmbHG unter Umständen gleichwohl eine Kapitalherabsetzung durchgeführt werden, um die entsprechenden Abfindungsbeträge aus dem Gesellschaftsvermögen zahlen zu können. Als Alternative erscheint daher

4.86 Abfindungsanspruch des ausscheidenden Gesellschafters

---

89) BGH ZIP 1999, 1843 = NJW 1999, 3779 = DStR 1999, 1951 (*Goette*) = § 34 GmbHG 1/99, 1125 (*Kort*) = LM H. 3/2000 § 34 GmbHG Nr. 19 (*Cahn*); *Hirte*, Bezugsrechtsausschluß und Konzernbildung (1986), S. 35 f (AG).

90) BGHZ 105, 213 = ZIP 1989, 36 = NJW 1989, 834 = EWiR § 140 HGB 1/89, 377 (*Müller*) (Tod eines Mitgesellschafters kommt als Ausschließungs- oder Kündigungsgrund in Betracht); BGH ZIP 1995, 567, 569 = EWiR § 34 GmbHG 2/95, 675 (*Bayer*); OLG Hamburg ZIP 1996, 962 (aber nur, wenn Pfändungsmaßnahme zum Zeitpunkt der Beschlussfassung noch fortbesteht); OLG Frankfurt/M. ZIP 1998, 1107 (inzwischen rkr.) (auch noch nach Bestätigung eines Vergleichs, selbst wenn diese erst ein Jahr nach Eröffnung des Vergleichsverfahrens erfolgt); *Hueck/Fastrich*, in: Baumbach/Hueck, GmbHG, § 34 Rz. 8.

91) Abweichend für die GmbH, wenn nicht ausdrücklich beschlossen (keine Kapitalherabsetzung, sondern verhältnismäßige Erhöhung der übrigen Anteile): BGH ZIP 1988, 1046, 1047 = NJW 1989, 168, 169 = EWiR § 17 GmbHG 1/88, 1209 (*Priester*); *Grunewald*, GesR, 2.F. Rz. 172 (GmbH); *Hueck/Fastrich*, in: Baumbach/Hueck, GmbHG, § 34 Rz. 17.

92) BGHZ 116, 359 = ZIP 1992, 237 = NJW 1992, 892 = EWiR § 138 BGB 2/92, 321 (*Wiedemann*); *Hueck/Fastrich*, in: Baumbach/Hueck, GmbHG, § 34 Rz. 19. Hat ein Geschäftsanteil keinen wirtschaftlichen Wert, soll ein Ausschluss aus wichtigem Grund auch ohne Festlegung einer Abfindung seitens des Gerichts zulässig sein: OLG Brandenburg ZIP 2002, 1806, 1807.

bei der GmbH eine satzungsmäßige Verpflichtung denkbar, den Geschäftsanteil an einen anderen Gesellschafter abzutreten.[93]

<small>Gesellschafterrechte bestehen bis zur vollständigen Zahlung der Abfindung fort</small>

4.87 Wird auf der Grundlage der Satzung die Einziehung eines Geschäftsanteils gegen Entschädigung beschlossen, bestehen die Gesellschafterrechte bis zur vollständigen Zahlung des Einziehungsentgelts fort und kommen auch nicht zum Ruhen.[94] Durch diesen Grundsatz werden die ohnehin bereits bestehenden Konflikte zwischen dem Gesellschafter, dessen Ausscheiden bereits feststeht, und den verbleibenden Gesellschaftern noch verstärkt.

b) Ausschluss aus wichtigem Grund

<small>Ausschluss auch ohne Regelung aus wichtigem Grund</small>

4.88 Die Zwangseinziehung setzt eine vor Eintritt des auszuschließenden Gesellschafters geschaffene satzungsmäßige Grundlage für den Ausschluss voraus. Fehlt diese, stellt sich die Frage, ob gleichwohl ein Ausschluss möglich ist. Dies wird im GmbH-Recht für den Fall, dass in der Person des auszuschließenden Gesellschafters ein wichtiger Grund vorliegt, in Analogie zu § 737 Satz 1 BGB, § 140 HGB heute allgemein bejaht.[95] Bei einer geschlossenen Aktiengesellschaft erscheint es wegen der gleichen Interessenlage ebenfalls möglich, den Ausschluss eines Aktionärs auch ohne satzungsmäßige Grundlage dann zuzulassen, wenn in seiner Person ein **wichtiger Grund** vorliegt.[96]

<small>Kein Ausschluss nach freiem Ermessen</small>

4.89 Was ein wichtiger Grund ist, wird im Kapitalgesellschaftsrecht in Anlehnung an die Rechtsprechung im Personengesellschaftsrecht konkretisiert. Dort sind zunächst nach ständiger Rechtsprechung des BGH gesellschaftsvertragliche Bestimmungen nichtig, die einem Gesellschafter oder der Gesellschaftermehrheit das Recht einräumen, einen oder mehrere Mitgesellschafter nach **freiem Ermessen** aus der Gesellschaft auszuschließen.[97]

4.90 Eine inhaltliche Konkretisierung der Voraussetzungen, unter denen ein Ausschluss erfolgen darf, hat der BGH in einer anderen Entscheidung vorgenommen. Danach stellen persönliche Spannungen unter den verwandten bzw. verschwägerten Gesellschaftern wegen einer Erbschaft wie auch gesellschaftsbezo-

---

93) Zu einem solchen Fall BGH DStR 2000, 437 (geschützt werden durch eine solche Gestaltung die Mitgesellschafter, nicht die Gläubiger bzw. der Insolvenzverwalter).
94) BGH und OLG Zweibrücken DStR 1997, 1336 (*Goette*); OLG Frankfurt/M. ZIP 1997, 644 = NJW-RR 1997, 612 = GmbHR 1997, 171 = WiB 1997, 416 (*Jasper*) = EWiR § 34 GmbHG 1/97, 301 (*H.P. Westermann*); im Anschluss an BGHZ 88, 320, 325 ff = NJW 1984, 489 = ZIP 1983, 1444 (für die satzungsmäßige Kündigung).
95) BGHZ 9, 157, 159 ff; BGHZ 16, 317, 322; BGHZ 32, 17, 22; BGHZ 80, 346, 349 f = ZIP 1981, 985; *Hueck/Fastrich*, in: Baumbach/Hueck, GmbHG, Anh. § 34 Rz. 2.
96) *Becker*, ZGR 1986, 383 ff; *Hommelhoff/Freytag*, DStR 1996, 1367, 1372 (zur Übertragung auf die AG).
97) BGHZ 68, 212 = NJW 1977, 1292; BGHZ 81, 263, 266 = ZIP 1981, 978 = NJW 1981, 2565; BGHZ 107, 351 = ZIP 1989, 849 = NJW 1989, 2681 (aber: Gültigkeit der Klausel, soweit sie die Ausschließung aus *wichtigem Grund* zulässt; dazu *Fastrich*, ZGR 1991, 306); BGHZ 105, 213 = ZIP 1989, 36 = NJW 1989, 834 = EWiR § 140 HGB 1/89, 377 (*Müller*) (Tod eines Mitgesellschafters kommt als Ausschließungs- oder Kündigungsgrund in Betracht); BGHZ 125, 74 = ZIP 1994, 455 = NJW 1994, 1156 = EWiR § 230 HGB 1/94, 585 (*Blaurock*) (atypische stille Gesellschaft).

gene Meinungsverschiedenheiten keinen wichtigen Grund dar, der die Ausschließung eines Kommanditisten aus einer Kommanditgesellschaft rechtfertigen könnte.[98] In einer Kommanditgesellschaft wurde aber etwa die Unterschlagung von Büchern im Wert von DM 280.000,– durch einen Kommanditisten, der zugleich Geschäftsführer der Komplementär-GmbH war, als ein zur Ausschließung des Kommanditisten aus der Gesellschaft rechtfertigender wichtiger Grund angesehen.[99]

Auch bei einem solchen Ausschluss besteht ein Anspruch auf volle Abfindung, die allerdings nicht zu Lasten des Nennkapitals gehen darf. Dies kann dazu führen, dass – wird nicht eine Kapitalherabsetzung durchgeführt oder ein Kredit aufgenommen – eine geschuldete Abfindung aus Gründen des Gläubigerschutzes über einen längeren Zeitraum hinweg gezahlt werden muss. **4.91**

Verfahrensmäßig wird in Anlehnung an § 140 HGB verlangt, dass die Gesellschaft – bei Zweipersonengesellschaften auch der andere Gesellschafter – eine Gestaltungsklage erhebt.[100] Sie setzt in der mehrgliedrigen Gesellschaft einen entsprechenden Gesellschafterbeschluss voraus.[101] Das Klageerfordernis kann allerdings im Gesellschaftsvertrag durch ein Ausschlussrecht der Gesellschafterversammlung oder einzelner Gesellschafter ersetzt werden.[102] **4.92** Ausschluss durch Gestaltungsklage – abweichende Regelung möglich

c) Ausschluss von Minderheitsaktionären

Für das Aktienrecht ist mit Inkrafttreten des WpÜG eine neue eigenständige Ausschlussmöglichkeit in Form des „Ausschlusses von Minderheitsaktionären" nach §§ 327a ff AktG *(„squeeze out")* geschaffen worden. Sie erlaubt einem mit 95 % oder mehr am Grundkapital beteiligten „Hauptaktionär", die übrigen Aktionäre gegen Barabfindung aus der Gesellschaft auszuschließen. Das neue Verfahren dient als Ausgleich dafür, dass ein (faktischer) Mehrheitsaktionär nach dem WpÜG gezwungen ist, ein Pflichtangebot nach § 35 Abs. 1 WpÜG an alle anderen Aktionäre abzugeben (oben Rz. 4.72). Allerdings hat das Gesetz die Möglichkeit des *squeeze out* nicht auf diesen Fall beschränkt. Verfassungsrechtlich ist die neue Ausschlussmöglichkeit nicht unproblematisch. Doch hat das BVerfG in der kurz vor Inkrafttreten des Gesetzes ergangenen „Moto-Meter"-Entscheidung zu erkennen gegeben, dass es das Verfahren als mit dem Grundgesetz vereinbar ansieht, wenn und soweit den ausscheidenden Aktionären eine volle Entschädigung zukommt (dazu näher unten Rz. 7.6); damit reduziert es den tatsächlichen Schutz der Gesellschafter- **4.93** Squeeze out nach § 327a ff AktG

---

98) BGH ZIP 1995, 113 = NJW 1995, 597 = EWiR § 749 BGB 1/95, 241 *(Aderhold)*.
99) BGH NJW 1999, 2820 = ZIP 1999, 1355 = DB 1999, 1698 = DStR 1999, 1324 = EWiR § 140 HGB 1/99, 893 *(W. Müller)*.
100) BGHZ 9, 157, 166; 16, 317, 322; *Hueck/Fastrich*, in: Baumbach/Hueck, GmbHG, Anh. § 34 Rz. 8.
101) BGH ZIP 1999, 1843 = NJW 1999, 3779 = DStR 1999, 1951 *(Goette)* = EWiR § 34 GmbHG 1/99, 1125 *(Kort)* = LM H. 3/2000 § 34 GmbHG Nr. 19 *(Cahn)*; vgl. auch *Wolf*, ZGR 1998, 92.
102) BGH NJW-RR 1997, 925 (KG); OLG Stuttgart WM 1989, 1252; *Hueck/Fastrich*, in: Baumbach/Hueck, GmbHG, Anh. § 34 Rz. 8.

stellung zugunsten eines bloß (vermögensmäßigen) Anlegerschutzes.[103] Auch mit Blick auf diese verfassungsrechtlichen Vorgaben unterliegt die Festlegung der Barabfindung der gerichtlichen Kontrolle im Verfahren nach dem Spruchverfahrensgesetz (§ 327h AktG i. V. m. § 1 Nr. 3 SpruchG).

3. Beschränkung des Abfindungsguthabens

Beschränkung des Abfindungsanspruhs nur in engen Grenzen

4.94 In allen durch die Satzung regelbaren Fällen des Austritts und des Ausschlusses taucht die Frage auf, inwieweit der Anspruch des ausscheidenden Gesellschafters auf die „volle Abfindung" in der Satzung eingeschränkt werden darf. Hierzu hat der BGH in Anlehnung an die Rechtsprechung im Bereich der Personengesellschaften[104] nunmehr auch für die GmbH festgestellt, dass ein Gesellschafter bei seinem Ausscheiden aus der Gesellschaft Anspruch auf volle Abfindung hat und dass dieses Recht im Gesellschaftsvertrag nur in Grenzen abbedungen werden darf. Danach ist der Abfindungsbetrag grundsätzlich nach dem vollen wirtschaftlichen Wert (Verkehrswert) des Gesellschaftsanteils zu bemessen. Hierfür wird heute überwiegend die „Discounted-Cash-Flow"-(DCF-) Methode zugrunde gelegt, nachdem zunächst der (etwas undifferenziertere) Ertragswert als maßgeblich angesehen wurde. Beschränkungen dieses Umfangs im Gesellschaftsvertrag unterliegen der Schranke des § 138 BGB (**Sittenwidrigkeit**). Solche Beschränkungen des Abfindungsguthabens sind insbesondere dann nichtig, wenn die mit ihnen bezweckten Einschränkungen des Abflusses von Gesellschaftskapital außer Verhältnis zu dem Erfordernis stehen, im Interesse der verbleibenden Gesellschafter den Fortbestand der Gesellschaft und die Fortführung des Unternehmens zu sichern.

Unzulässige Einschränkung bei grobem Missverhältnis

4.95 Zugleich hat der BGH betont, dass in einem **groben Missverhältnis** von gesellschaftsvertraglich vorgesehenem Abfindungsguthaben und seinem am Verkehrswert orientierten Umfang eine unzulässige Einschränkung des Austrittsrechts liege. An die Stelle einer danach unwirksamen Abfindungsklausel tritt in einem solchen Fall der Anspruch auf angemessene Abfindung (zum Anspruch auf Gleichbehandlung in diesem Fall oben

---

103) Zum Streitstand *Hasselbach*, in: Kölner Komm. z. AktG, § 327a Rz. 11.
104) BGH WM 1984, 1506 = NJW 1985, 192 = EWiR § 738 BGB 1/89, 761 (*Priester*); BGH ZIP 1989, 770 = NJW 1989, 2685 = EWiR § 738 BGB 1/89, 761 (*Priester*) (auch dann, wenn die Beteiligung schenkweise erworben worden war); OLG München ZIP 1997, 240 (nach Nichtannahme der Revision rkr.). Zur Möglichkeit statutarischer Beschränkung bei GbR mit „ideellem Gesellschaftszweck" (Wohnhaus): BGHZ 135, 387 = NJW 1997, 2592 = ZIP 1997, 1453 = DStR 1997, 1377 (*Goette*) = EWiR § 738 BGB 1/97, 883 (*Wiedemann*) = LM H. 12/1997 § 738 BGB Nr. 21; zu den Grenzen BGH DStR 1999, 1368 (*Goette*) im zweiten Revisionsrechtszug in derselben Sache; dazu *Hirte*, NJW 2000, 3321, 3531, 3538 f.

Rz. 3.291).[105] Bei der Feststellung des „wirklichen Wertes" der Beteiligung ist der Tatrichter nicht an eine bestimmte Methode gebunden; daher ist nicht zwingend das Ertragswertverfahren anzuwenden.[106] Vertraglich kann etwaigen Streitigkeiten dadurch vorgebeugt werden, dass die Ermittlung eines etwaigen Abfindungsbetrages einem unabhängigen Wirtschaftsprüfer mit der Maßgabe übertragen wird, dass er die im Zeitpunkt des Ausscheidens als richtig anerkannte Bewertungsmethode anzuwenden habe.

4.96 Ungeachtet der korrekten Beteiligung ausscheidender Gesellschafter am Unternehmenswert sind im Hinblick auf den **Gläubigerschutz** Beschlüsse nichtig, aufgrund derer die Entschädigung des ausscheidenden Gesellschafters ganz oder teilweise nur aus gebundenem Vermögen gezahlt werden kann, wenn dies bei Beschlussfassung schon feststeht und der Beschluss nicht klarstellt, dass die Zahlung nur bei Vorhandensein ungebundenen Vermögens erfolgen darf.[107] Aus Gründen des Gläubigerschutzes für nichtig hält der BGH darüber hinaus Satzungsbestimmungen, nach denen die Einziehung eines GmbH-Anteils im Falle seiner Pfändung oder der Insolvenz des Gesellschafters gegen ein unter dem Verkehrswert liegendes Entgelt zulässig sein soll, wenn für den vergleichbaren Fall der Ausschließung eines Gesellschafters aus wichtigem Grund nicht dieselbe oder gar keine Entschädigungsregelung getroffen wird.[108]

Keine Entschädigung aus gebundenem Vermögen

---

105) BGHZ 116, 359 = ZIP 1992, 237 = NJW 1992, 892 = EWiR § 138 BGB 2/92, 321 (*Wiedemann*); im Anschluss an BGHZ 112, 103 = ZIP 1990, 1057 = NJW 1990, 2622 = EWiR § 16 GmbHG 1/90, 1209 (*Priester*) (dort hatte der BGH – ebenfalls in Anknüpfung an eine parallele Rechtsprechung im Personengesellschaftsrecht – Vereinbarungen in der Satzung einer GmbH, die zum Ausschluss eines Mitgesellschafters nach freiem Ermessen berechtigten, für nichtig erklärt, wenn sie nicht durch besondere sachliche Umstände gerechtfertigt seien). Ebenso für das Personengesellschaftsrecht BGHZ 123, 281 = ZIP 1993, 1611 = NJW 1993, 3193 = EWiR § 738 BGB 2/93, 1179 (*Büttner*) = LM H. 2/1994 § 157 (D) BGB; BGHZ 126, 226 = ZIP 1994, 1173 = NJW 1994, 2536 = EWiR § 723 BGB 1/94, 973 (*Wiedemann*); vgl. zuvor bereits BGH ZIP 1993, 1160 = NJW 1993, 2101 = EWiR § 738 BGB 1/93, 769 (*Westermann*) = LM H. 10/1993 § 242 (Ba) BGB Nr. 90; dazu *Dauner-Lieb*, ZHR 158 (1994), 271; *dies*, GmbHR 1994, 836; *Haack*, GmbHR 1994, 437; *Ulmer/Schäfer*, ZGR 1995, 134.
106) BGH ZIP 1993, 1160 = NJW 1993, 2101 = EWiR § 738 BGB 1/93, 769 (*Westermann*) = LM H. 10/1993 § 242 (Ba) BGB Nr. 90 (OHG); vgl. auch BGH ZIP 1989, 768 = NJW 1989, 3272 (Einsichtsrecht der ausscheidenden Gesellschafters in die Unterlagen der Gesellschaft, wenn Anlass besteht, dass der Abfindungsbetrag erheblich unter dem Nennwert liegt); BGH ZIP 2002, 258 = NZG 2002, 176 = DStR 2002, 461 (*Goette*) = EWiR § 34 GmbHG 1/02, 763 (*Mutter*) (Darlegungspflicht der Gesellschaft für ihre inneren Verhältnisse, soweit der geltend gemachte Abfindungsanspruch davon abhängt und ein ausgeschiedener Gesellschafter in die Verhältnisse der Gesellschaft keinen Einblick mehr hat).
107) BGHZ 144, 365 = ZIP 2000, 1294, 1295 f = NJW 2000, 2819 = DStR 2000, 1443 (*Goette*) = NZG 2000, 1027 = EWiR § 242 AktG 1/2000, 943 (*Casper*).
108) BGHZ 32, 151 = NJW 1960, 1053; BGHZ 65, 22 = NJW 1975, 1835; BGHZ 144, 365 = ZIP 2000, 1294, 1295 f = NJW 2000, 2819 = DStR 2000, 1443 (*Goette*) = NZG 2000, 1027 = EWiR § 242 AktG 1/2000, 943 (*Casper*); dazu *Lange*, NZG 2001, 635; *Uhlenbruck/Hirte*, InsO, § 11 Rz. 54.

§ 5 Finanzverfassung – System des festen Nennkapitals

Literatur: *Altmeppen,* „Dritte" als Adressaten der Kapitalerhaltungs- und Kapitalersatzregeln in der GmbH, in: Festschrift Kropff, 1997, S. 641; *Banerjea,* Haftungsfragen in Fällen materieller Unterkapitalisierung, ZIP 1999, 1153; *Bayer,* Neue und neueste Entwicklungen zur verdeckten GmbH-Sacheinlage, ZIP 1998, 1985; *Frey,* Einlagen in Kapitalgesellschaften, 1991; *Gehrlein,* Kollision zwischen eigenkapitalersetzender Nutzungsüberlassung und Vollstreckungszugriff durch Gesellschafter-Gläubiger, NZG 1998, 845; *Geißler,* Verdeckte Gewinnausschüttungen und Rückforderungsansprüche der GmbH, GmbHR 2003, 394; *v. Gerkan,* Zum Stand der Rechtsentwicklung bei kapitalersetzenden Gesellschafterleistungen, GmbHR 1990, 384; *v. Gerkan/Hommelhoff,* Handbuch des Kapitalersatzrechts, 2. Aufl., 2002; *Habersack,* Eigenkapitalersatz im Gesellschaftsrecht, ZHR 162 (1998), 201; *Joost,* Grundlagen und Rechtsfolgen der Kapitalerhaltungsregeln in der GmbH, ZHR 148 (1984), 27; *Kallmeyer,* Eigenkapitalersetzende Nutzungsüberlassung im Insolvenzverfahren, GmbHR 1999, 59; *Lutter/Gehling,* Verdeckte Sacheinlagen, WM 1989, 1445; *Lieb,* Probleme bei der Heilung der verschleierten Sacheinlage, ZIP 2002, 2013; *Preuß,* Grundsätze der Kapitalaufbringung und Kapitalerhaltung in der GmbH, JuS 1999, 342; *Raiser,* Konzernhaftung und Unterkapitalisierungshaftung, ZGR 1995, 156; *Karsten Schmidt,* Zum Haftungsdurchgriff wegen Sphärenvermischung und zur Haftungsverfassung im GmbH-Konzern, BB 1985, 2074; *ders.,* Zur Durchgriffsfestigkeit der GmbH, ZIP 1994, 837; *ders.,* Summenmäßige Begrenzung der Ausfallhaftung nach § 31 Abs. 3 GmbHG, BB 1995, 529; *ders.,* Die Rechtsfolgen der „eigenkapitalersetzenden Gesellschaftersicherheiten", ZIP 1999, 1821; *Sernetz/Haas,* Kapitalaufbringung und -erhaltung in der GmbH, RWS-Skript 329, 2003; *Ulmer,* Verdeckte Sacheinlagen im Aktien- und GmbH-Recht, ZHR 154 (1990), 128; *Vetter,* Rechtsfolgen existenzvernichtender Eingriffe, ZIP 2003, 601; *Volhard,* Zur Heilung verdeckter Sacheinlagen, ZGR 1995, 286.

I. Eigen- und Fremdkapital

1. Allgemeines

Von zentraler Bedeutung für die Finanzverfassung der Kapitalgesellschaften ist die Unterscheidung von Eigen- und Fremdkapital. Sie lässt sich zunächst in der Weise treffen, dass die von den **Gesellschaftern** als Kapital aufgebrachten Beträge das **Eigenkapital** bilden, während die von **Gläubigern** in Form von Krediten zur Verfügung gestellten Mittel **Fremdkapital** darstellen. Zu den Krediten zählen dabei sowohl die individuell vereinbarten Darlehen (Geld- und Warenkredite) wie die massenweise ausgegebenen Schuldverschreibungen (= Anleihen; § 793 BGB). Eigenkapital hat dabei in den Kapitalgesellschaften vor allem die Aufgabe, eventuelle Risiken für die Gläubiger zu minimieren. Denn es wird bei der Abrechnung des laufenden Erfolgs erst mit Nachrang gegenüber den Gläubigern berücksichtigt, und gleiches gilt für die Endabrechnung, sei es bei der ordentlichen Liquidation oder in der Insolvenz. Das Eigenkapital und seine Aufbringung wird dabei im Gesellschaftsrecht ausführlich geregelt. Gesellschaftsrechtliche Regelungen für die Aufnahme von Fremdkapital finden sich demgegenüber – abgesehen von einigen noch vorzustellenden Mischformen – kaum.

5.1 Eigenkapital

Allerdings findet sich weder im Gesellschaftsrecht noch überhaupt in der Rechtsordnung eine allgemeinverbindliche Definition der beiden Finanzierungsvarianten. Sie variiert vielmehr je nach dem, für welchen Zweck

5.2 Keine allgemeingültige Definition von Eigen- und Fremdkapital

die Abgrenzung vorgenommen wird.¹⁾ Nicht ausreichend ist es daher, allein (formal) darauf abzustellen, welche Positionen in der Bilanz als Eigenkapital auszuweisen sind.²⁾ Denn die Gesellschafter sind nicht daran gehindert, ihrer Gesellschaft zugleich auch als Gläubiger gegenüberzutreten. Würde man allein eine formale Definition ausreichen lassen, hätten sie es daher in der Hand, den Umfang des Gläubigerschutzes selbst zu bestimmen. Dieses Problem wird vor allem im Zusammenhang mit den kapitalersetzenden Gesellschafterdarlehen erörtert (dazu unten Rz. 5.102 ff).

Investitionsfunktion – Haftungsfunktion – Nutzungsfunktion

5.3 Daher ist die formale Abgrenzung der Finanzierung nach der Einordnung durch Geldgeber und Gesellschaft zumindest um eine materielle Abgrenzung zu ergänzen. Ausschlaggebend für die Qualifikation überlassener Mittel als Eigenkapital ist danach

- eine dauerhafte und geplante Vermögensüberlassung durch die Gesellschafter (**Investitionsfunktion**),
- die Verlustbeteiligung (**Haftungsfunktion**) und
- Gewinnabhängigkeit (**Nutzungsfunktion**) – nicht also eine feste Zinsvereinbarung.³⁾

2. Mischformen

a) Wandel- und Optionsanleihen

Mischformen zwischen Eigen- und Fremdkapital

5.4 Zwischen Eigen- und Fremdkapital gibt es zahlreiche Mischformen, die zum größten Teil nicht gesetzlich geregelt sind. Eine – wenn auch sehr knappe – gesetzliche Regelung für derartige Investitionsformen findet sich lediglich in § 221 AktG für die Aktiengesellschaft. Danach bedarf es bei der Ausgabe von „Wandelschuldverschreibungen" eines Hauptversammlungsbeschlusses nach denselben Regeln wie bei einer Kapitalerhöhung. Zudem ist den Aktionären ein Bezugsrecht auf diese Titel einzuräumen (Art. 29 Abs. 6 Zweite Richtlinie, § 221 Abs. 4 AktG) (dazu unten Rz. 5.8, 5.14 ff).

Wandel- und Optionsanleihen –, naked warrants

5.5 Wandelschuldverschreibungen in der Terminologie des Gesetzes umfassen zum einen die **Wandelanleihen** (Wandelschuldverschreibungen i. e. S.), nämlich Schuldverschreibungen, die mit dem Recht ausgestattet sind, innerhalb vorbestimmter Fristen – in der Regel gegen Zuzahlung – aus der Stellung eines Gläubigers in die eines Aktionärs zu wechseln. Erfasst sind zum anderen die heute wichtigeren **Optionsanleihen**, nämlich Schuldverschreibungen, die mit einem Bezugsrecht auf Aktien – ebenfalls regelmäßig gegen Zuzahlung – verbunden sind, dessen Ausübung aber die Stellung als Schuldverschreibungsgläubiger unberührt lässt. Der ursprüngliche Optionsanleihegläubiger ist damit nach Ausübung des Op-

---

1) Dazu *Wiedemann*, Großkomm. AktG, vor § 182 Rz. 2 ff.
2) In diese Richtung jedoch *Grunewald*, GesR, 2.C. Rz. 174 (AG); abw. *Wiedemann*, AktG, vor § 182 Rz. 2.
3) Ausführlich *Wiedemann*, AktG, vor § 182 Rz. 5 ff m. w. N.

tionsrechts sowohl Gläubiger als auch Aktionär der Gesellschaft. Allerdings können die Anleihe und das – regelmäßig auf einem gesonderten Kupon verbriefte – Optionsrecht schon unmittelbar nach der Emission einer Optionsanleihe getrennt werden. Dies hat die Frage aufkommen lassen, ob nicht auch die Emission „isolierter Bezugsrechte" (*naked warrants*, da ohne Anleihekomponente) zulässig ist.[4]

Für den Handel mit solchen **Optionsscheinen**, die von einer Optionsanleihe i. S. v. § 221 Abs. 1 AktG abgetrennt wurden, ist eine Entscheidung des XI. Zivilsenates des Bundesgerichtshofs bedeutsam. Danach stellt der Handel mit diesen Scheinen keine Börsentermingeschäfte i. S. d. §§ 50 ff BörsG a. F. (jetzt §§ 37d ff WpHG: Finanztermingeschäfte) dar, die nur einem beschränkten Teilnehmerkreis offen stehen.[5]

5.6

Im Übrigen können Wandel- und Optionsanleihen wertpapiermäßig ebenso ausgestaltet werden wie Aktien, insbesondere also als Inhaber- oder Namenspapiere.[6]

5.7

Der historische Grund der beiden Mischformen (Wandel- und Optionsanleihen) liegt darin, dass man mit ihnen die Attraktivität einer – bei Einführung der Instrumente nur schwer möglichen – Fremdfinanzierung erhöhen wollte. Die Beteiligung der Hauptversammlung und das Bezugsrecht der Aktionäre finden ihren Grund darin, dass den Schuldverschreibungsgläubigern das Recht zum späteren Aktienerwerb eingeräumt wird. Damit die Aktiengesellschaft diese Zusage nicht widerrufen kann, wird gleichzeitig mit dem Beschluss über die Ausgabe von Wandel- oder Optionsanleihen ein **bedingtes Kapital** geschaffen (§§ 192 ff AktG, insbesondere § 192 Abs. 4 AktG). Es ermöglicht eine sukzessive Kapitalerhöhung in dem Zeitpunkt und in dem Umfang, in dem Wandel- oder Optionsrechte ausgeübt werden.

5.8 Schaffung bedingten Kapitals nach §§ 192 ff AktG

---

4) Dafür *Schäfer*, in: Lutter/Hirte (Hrsg.), Wandel- und Optionsanleihen in Deutschland und Europa. ZGR-Sonderheft 16 (2000), S. 62, 66 f, 78 f; offen lassend *Hirte*, in: ZGR-Sonderheft 16 (2000), S. 1, 4 f; *ders.*, DB 2000, 1949; abw. OLG Stuttgart ZIP 2002, 1807, 1808 f; sowie noch *Hirte*, WM 1993, 2067, 2068 (= Rezension von *Schumann*, Optionsanleihen [1990]); *Lutter*, in: Kölner Komm. z. AktG, § 192 Rz. 9, § 221 Rz. 185; *ders.*, ZIP 1997, 1, 7; *Martens*, AG 1989, 69 ff; *ders.*, in: Festschrift Stimpel, 1985, S. 621, 629 f; *Schumann*, Optionsanleihen (1990), S. 42; offen lassend *Hüffer*, AktG, § 221 Rz. 75 m. w. N. der Gegenstimmen.

5) BGHZ 114, 177 = ZIP 1991, 714 = NJW 1991, 1956 = EWiR § 52 BörsG 1/91, 671 (*Canaris*) = LM H. H. 1/1992 BörsG Nr. 29; ebenso für Anleihen *ausländischer* Aktiengesellschaften, wenn das maßgebende ausländische – hier das (frühere) schweizerische – Recht die Ausgabe von Optionsanleihen nicht gesetzlich regelt (BGHZ 133, 200 = NJW 1996, 2795 = NJW-RR 1996, 1454 (Ls.) = ZIP 1996, 1459 = LM H. 12/1996 BörsG Nr. 42 (*Koller*) = EWiR § 53 BörsG 5/96, 879 (*Tilp*); Vorinstanz OLG Karlsruhe ZIP 1996, 123 = EWiR § 52 BörsG 1/96, 21 (*Jaskulla*)); streitig für *japanische* Gesellschaften, deren Optionsscheine nicht zum Erwerb von Aktien berechtigen, sondern nur zu einem Differenzausgleich in Geld (Notwendigkeit der Börsentermingeschäftsfähigkeit verneinend OLG Karlsruhe ZIP 1996, 122 = NJW-RR 1995, 1515 = EWiR § 53 BörsG 1/96, 65 [*Nassall*] [rkr.], ; abw. *Tilp*, EWiR § 53 BörsG 5/96, 879, 880).

6) Zur Zulässigkeit einer Ermächtigung zur Umwandlung von Namens- in Inhaberoptionsanleihen LG Heidelberg ZIP 1997, 1787 = EWiR § 17 AktG 1/97, 1059 (*Kort*) – SAP (in der Berufungsinstanz vor dem OLG Karlsruhe verglichen).

b) Gewinnschuldverschreibungen und Genussrechte

Gewinnschuldverschreibungen

5.9 Eine Mischform bilden auch die **Gewinnschuldverschreibungen**. Das sind Schuldverschreibungen, „bei denen die Rechte der Gläubiger mit Gewinnanteilen von Aktionären in Verbindung gebracht werden". Bei ihnen sind Gläubigerstellung und aktionärstypische Gewinnbeteiligung miteinander kombiniert; im Gegensatz zu Wandel- und Optionsanleihen, wo die beiden Rechtsstellungen sukzessive aufeinander folgen, sind sie hier aber zeitgleich gegeben. Hauptversammlungsbeteiligung und Bezugsrecht gleichen hier die Gefahr aus, dass der Gewinnanspruch der Aktionäre ausgehöhlt wird.

Genussrechte

5.10 Angesprochen – von Regelung kann kaum eine Rede sein – sind in § 221 AktG schließlich die **Genussrechte**. Genussrechte sind Vermögensrechte aller Art, die die Gesellschaft den Genussrechtsinhabern durch Vertrag mit den ersten Inhabern gewährt. In ihrer verbrieften Form werden sie als **Genussscheine** bezeichnet. In Frage kommt etwa das Recht, Einrichtungen der Gesellschaft zu benutzen (Zoologische Gärten, Theater, früher: Eisenbahnen) oder – so der heutige Regelfall – eine Beteiligung am Gewinn oder Liquidationserlös. Mitgliedschaftsrechtliche Befugnisse wie das Recht auf Teilnahme an der Hauptversammlung, Stimmrecht oder Anfechtungsrecht stehen den Genussrechtsinhabern indes nicht zu.[7]

Zum Teil Einordnung von Genussscheinen als haftendes Eigenkapital (Einheit von Herrschaft und Haftung?)

5.11 Gleichwohl werden Genussscheine, die gegen Geld ausgegeben werden und (nur) eine Beteiligung am Liquidationserlös gewähren, im Bank- und Versicherungsaufsichtsrecht als haftendes Eigenkapital anerkannt (vgl. vor allem § 10 Abs. 5 KWG), obwohl sie andererseits steuerrechtlich wie Fremdkapital behandelt werden mit der Folge, dass die Ausschüttungen auf Genussscheine den Gewinn mindern (§ 8 Abs. 3 KStG). Daran schließt sich die unter dem Stichwort der **Einheit von Herrschaft und Haftung** diskutierte Frage an, ob aus dem Vorliegen (einiger) der für das Vorliegen von Eigenkapital charakteristischen Merkmale auch die Einräumung der mit der Gesellschafterstellung typischerweise verbundenen Rechte folgen muss. Daraus wurde teilweise gefolgert, die Ausgabe solcher Rechte durch Aktiengesellschaften stelle eine unzulässige Umgehung der Vorschriften über die stimmrechtslosen Vorzugsaktien dar.[8]

5.12 Der BGH widersprach dem in einer Entscheidung, die die Herabsetzung des von der Klöckner & Co. KGaA ausgegebenen Genussscheinkapitals auf Null betraf. Darin stellte er fest, dass jedenfalls diese Genussscheine keine unzulässige Umgehung der Vorschriften über die stimmrechtslose Vorzugsaktie darstellten; da sie bei einer Liquidation im Range vor den Ansprüchen der Aktionäre zu befriedigen seien, seien sie nämlich nicht als „aktiengleich" anzusehen. Was bei wirklich „aktiengleichen" Genussscheinen gelte, ließ der BGH offen. Wesentlich ist schließlich die Aussage der Entscheidung, dass die Genussscheinbedingungen einer Inhaltskontrolle nach dem AGB-Recht unterliegen. Dies war im Hinblick darauf in Zweifel gezogen worden, dass das AGB-Gesetz

---

7) RGZ 105, 236, 239; BGHZ 119, 305 = ZIP 1992, 1542 = NJW 1993, 57 = EWiR § 9 AGBG 1/93, 3 (*Hammen*) – Klöckner.

8) So *Hirte*, ZIP 1988, 477 ff; *ders.*, ZBB 1992, 50 ff; *Reuter*, Gutachten B zum 55. Deutscher Juristentag 1984 (1984), S. 21 ff, 26; *ders.*, in: Festschrift Robert Fischer, 1979, S. 605, 617 ff.

nach § 23 Abs. 1 AGBG (jetzt § 310 Abs. 4 Satz 1 BGB) auf gesellschaftsrechtliche Verträge keine Anwendung findet.⁹⁾

Aber die Frage lässt sich auch in umgekehrter Weise stellen: nämlich ob Fremdkapitalgeber, denen vertraglich Einfluss- und Mitspracherechte eingeräumt werden, wie sie für Gesellschafter typisch sind, auch in gleicher Weise wie Gesellschafter haften müssen.¹⁰⁾ Nur für den Fall, dass Gläubiger und Gesellschafter identisch sind, wurde mit der Rechtsprechung zu den kapitalersetzenden Gesellschafterdarlehen und ihrer gesetzlichen Regelung hierauf eine Antwort gegeben (dazu unten Rz. 5.102 ff).

5.13 Haftung der Fremdkapitalgeber bei Einflussnahme?

Auch für Genussrechte gilt das Erfordernis einer Beteiligung der **Hauptversammlung** und der Einräumung eines **Bezugsrechts** entsprechend (§ 221 Abs. 3 und 4 AktG).

5.14 Beteiligung der HV bei der Einräumung von Genussrechten

Daher kann der Vorstand in analoger Anwendung des § 221 Abs. 2 AktG und unter Beachtung seiner einschränkenden Voraussetzungen von der Hauptversammlung zur Gewährung von Genussrechten ermächtigt werden. Der Beschluss muss zwingend den Höchstnennbetrag enthalten, bis zu dem die Genussrechte gewährt werden dürfen. Liegt diese Voraussetzung nicht vor, so hat der BGH allerdings offen gelassen, ob dies den Beschluss wegen der Verletzung von Gläubigern oder die Öffentlichkeit schützenden Normen nichtig (§ 241 Nr. 3 AktG) oder nur anfechtbar (§ 243 AktG) macht. Im gegebenen Fall kam es darauf auch nicht an, da der Kläger den Beschluss fristgerecht angefochten hatte.¹¹⁾

5.15

In einem anderen Fall ging es vor allem um die Frage des Bezugsrechts auf Genussrechte. Der Bankverein Bremen hatte – wohl aus den zuvor skizzierten steuerrechtlichen Gründen – einen „Genussrechtsvertrag" mit seiner belgischen Mehrheitsaktionärin geschlossen. Das Bezugsrecht der übrigen Aktionäre nach § 221 Abs. 4 AktG war ausgeschlossen worden. Der BGH billigte dieses Vorgehen vor allem mit der Begründung, dass durch den Genussrechtsvertrag – in der Sache ein Darlehen – die Beteiligungsrechte der außenstehenden Aktionäre gar nicht beeinträchtigt werden könnten; auch eine Vermögensbeeinträchtigung scheide im Hinblick auf die korrekte Festsetzung der Ausgabebedingungen aus.¹²⁾

5.16

II. Kapitalaufbringung und Kapitalerhaltung

Zentrales Kennzeichen der Kapitalgesellschaften ist das vom Gesetzgeber statuierte Erfordernis, ein bestimmtes Mindest-(Grund- oder Stamm-)Kapital aufzubringen. Es gleicht die fehlende persönliche Haftung der Gesellschafter, wie sie für die Personenhandelsgesellschaften typisch ist (§ 128 HGB), institutionell aus.¹³⁾ Die Verpflichtung zu Kapitalaufbrin-

5.17 Kapitalaufbringung ist zentrales Kennzeichen der Kapitalgesellschaften

---

9) BGHZ 119, 305 = ZIP 1992, 1542 = NJW 1993, 57 = EWiR § 9 AGBG 1/93, 3 (*Hammen*) – Klöckner; dazu Feddersen/Meyer-Landrut, ZGR 1993, 312; *Lutter*, ZGR 1993, 291 ff.
10) Zur möglichen Haftung der Gläubiger wegen qualifizierter faktischer Konzernierung *Hirte*, in: RWS-Dok. 12/I, Einleitung, S. 16 ff; ders., in: RWS-Dok. 12/II, Einleitung, S. 45 f; *Oechsler*, ZGR 1997, 464 ff.
11) BGH ZIP 1994, 1857 = NJW 1995, 260.
12) BGHZ 120, 141 = ZIP 1992, 1728 = NJW 1993, 400 = EWiR § 221 AktG 2/93, 323 (*Martens*) = WuB II A. § 221 AktG 1.93 (*Hirte*) – Bankverein Bremen; dazu *Lutter*, ZGR 1993, 291, 302 ff; *Luttermann*, DB 1993, 1809.
13) Dazu *Wiedemann*, GesR I, S. 557 f.

gung und -erhaltung wird den Gesellschaftern auferlegt; es handelt sich also um Mindestanforderungen an die **Eigenkapitalausstattung** einer Kapitalgesellschaft.

1. Mängel des Systems

System des Garantiekapitals als (gesamt)europäische Entwicklung

5.18 Das System des festen Garantiekapitals stellt – wie *Wiedemann* es ausgedrückt hat – „eine für das europäische Gesellschaftsrecht stilprägende Eigenart dar und ist zugleich eine Kulturleistung ersten Ranges, weil es die persönliche Entlastung der Anlagegesellschafter mit der Sicherung der Kreditwürdigkeit der Unternehmen in idealer Weise verbindet".[14] Das System wurde im letzten Jahrhundert im Wesentlichen zeitgleich in den verschiedenen europäischen Staaten[15] gesetzlich normiert und ist damit zugleich ein Beispiel für die schon sehr frühe Entwicklung eines „gemeineuropäischen" Zivilrechts im Bereich des Gesellschaftsrechts.[16] Es war daher auch eine der Materien, die als eine der ersten im Rahmen des Rechtsangleichungsprogramms der (heute) Europäischen Union europaweit koordiniert wurde, womit teilweise die im letzten Jahrhundert vorhanden gewesene Einheit (wieder-)hergestellt wurde. Zu nennen ist hier insbesondere die allerdings nur für die Aktiengesellschaft geltende Zweite (Kapital-)Richtlinie (dazu oben Rz. 1.41), die aber wegen ihrer starken Orientierung am – wie schon erwähnt – „perfektionistischen" deutschen Recht im europäischen Ausland mancher Kritik ausgesetzt war. Verwiesen sei schon hier auf den auch darin wurzelnden Streit um die Vereinbarkeit der Rechtsprechung zur „verdeckten Sacheinlage" mit europäischem Recht.[17]

Kapitalaufbringung und Verbot des Rückflusses an Gesellschafter

5.19 In inhaltlicher Hinsicht kennzeichnend ist für das System des festen Garantiekapitals

– die Verpflichtung oder das Gebot zur Aufbringung eines bestimmten (Mindest-)Grund- bzw. Stammkapitals entweder in bar oder in Form von Sachwerten (die Einlageverpflichtung),

– zum anderen das **Verbot**, dieses so aufgebrachte Vermögen offen oder verdeckt

  (1) an die Gesellschafter
  (2) zurückfließen zu lassen.[18]

---

14) *Wiedemann*, GesR I, S. 557 f; dazu ausführlich *Hirte*, in: ZIP-Sonderdruck, Einleitung, S. 1; *ders.*, NJW 1995, 1202 f (kürzer); *ders.*, in: Kölner Schrift zur Insolvenzordnung (1997), S. 955; *ders.*, Die vereinfachte Kapitalherabsetzung bei der GmbH (1997), S. 13.

15) Rechtsvergleichender Überblick zu den Kapital*erhöhungs*vorschriften des Aktienrechts bei *Wiedemann*, Großkomm. AktG, § 182 Rz. 17 ff.

16) Dazu auch *Götz*, JZ 1994, 265, 269; ausführlich allgemein *Hirte*, Wege zu einem europäischen Zivilrecht (1996).

17) Dazu BGHZ 110, 47, 68 ff = ZIP 1990, 156, 163 ff = WM 1990, 222, 229 ff = DB 1990, 311, 315 = EWiR § 183 AktG 1/90, 223 (*Lutter*) – IBH/Lemmerz (zur Vorlagepflicht nach Art. 177 Abs. 3 EGV in diesem Fall *Frey*, ZIP 1990, 288, 292; *Joost*, ZIP 1990, 549, 564); ähnlich zur (geplanten) neunten (Konzernrechts-)Richtlinie *Hopt*, ZGR 1992, 265, 273; *Hommelhoff*, in: Müller-Graff (Hrsg.), Gemeinsames Privatrecht in der Europäischen Gemeinschaft (1993), S. 287, 291.

18) *Wiedemann*, GesR I, S. 556 f.

II. Kapitalaufbringung und Kapitalerhaltung

Lediglich die in einem ordnungsgemäßen Verfahren festgestellten Reingewinne sind immer,[19] weitere Leistungen im Rahmen von § 30 Abs. 1 GmbHG bei der GmbH davon ausgenommen, wenn sie nicht zu Lasten des Stammkapitals gehen. Entgegen dem allgemeinen Sprachgebrauch („Kapitalschutz") geht es dabei nicht um den Schutz einer *Kapitalziffer*, denn diese kann ohnehin nicht durch Zahlungen, sondern nur durch Satzungsänderung modifiziert werden, sondern um den Schutz eines dieser Kapitalziffer entsprechenden *Reinvermögens* vor – um es zu wiederholen – Verschiebungen zugunsten der Gesellschafter (deutlich insoweit die Formulierung in § 30 Abs. 1 GmbHG: „Das zur Erhaltung des Stammkapitals erforderliche Vermögen der Gesellschaft [...]").[20]

5.20 Ziel ist Schutz des Reinvermögens

Vielleicht noch anschaulicher vergleicht *Würdinger* das Garantiekapital mit einer Staumauer. So wie die Staumauer den Maßstab des Wasservorrats bildet, gibt das Garantiekapital den Umfang des gebundenen Eigenkapitals an. Nur „Überschuss" darf abfließen.

5.21 Garantiekapital als Staumauer

Doch kann auch eine hohe Staumauer nicht verhindern, dass es nicht regnet. Trocknet das Becken aus, ist lediglich dafür gesorgt, dass erst wieder die Höhe der Mauer erreicht sein muss, bevor das Wasser darüber – an die Gesellschafter – abfließt. Die Staumauer kann ebenso wie das Garantiekapital herauf- oder herabgesetzt werden. Die dafür erforderlichen Baumaßnahmen entsprechen dem formalisierten Verfahren von Kapitalerhöhung und -herabsetzung. Deutlich wird aber auch schon hier, dass die Staumauer das Entstehen von Verlusten nicht einschränkt.[21]

5.22

Keinen Schutz bietet das System des Garantiekapitals gegen einen Vermögensverlust *in anderer Weise* – insbesondere durch schlechten Geschäftsverlauf. Man kann dies nicht oft genug wiederholen, weil sich die Vorstellung eines „Tresors" oder einer „Schatulle", in dem bzw. in der die einmal eingezahlten Werte sozusagen als „Polster" dauerhaft lagern, viel zu weit durchgesetzt hat. Das aufzubringende Mindestkapital dient vielmehr lediglich als „Eintrittskarte" in die Kapitalgesellschaft und stellt insoweit eine „Seriositätsschwelle" auf.[22]

5.23

Damit ist zugleich einer der beiden zentralen *Mängel* des Systems angesprochen: denn entgegen der genannten landläufigen Vorstellung ist gerade nicht das *fortwährende* Vorhandensein einer bestimmten (Sicherheits-) Vermögensmasse gewährleistet. Und zum Zweiten gibt es – jedenfalls nach dem gesetzlichen Leitbild – keinen Zwang der Gesellschafter, das Eigenkapital der Gesellschaft und damit das gegen ihren eigenen Zugriff geschützte Vermögen in einer bestimmten *Höhe* festzulegen. Das Gesetz beschränkt sich vielmehr – von wenigen Ausnahmen etwa im Bereich der Banken und Versicherungen abgesehen – darauf, einen *Mindest*betrag für das zu Beginn der Geschäftstätigkeit aufzubringende Grund- bzw.

5.24 System der Kapitalbindung gewährleistet kein dauerhaftes Vermögen

---

19) Dieser Grundsatz gilt hinsichtlich der formalen Anknüpfung an den Bilanzgewinn nicht für die GmbH (vgl. § 57 Abs. 3 AktG); dazu *Hueck/Fastrich*, in: Baumbach/Hueck, § 30 GmbHG, Rz. 3.
20) *Hueck/Fastrich*, in: Baumbach/Hueck, GmbHG, § 30 Rz. 4 f; *Wiedemann*, GesR I, S. 557.
21) Vgl. *Würdinger*, Aktienrecht und das Recht der verbundenen Unternehmen (4. Aufl., 1981), S. 32; dazu *Wiedemann*, GesR I, S. 557.
22) Erklärungsansätze bei *Wiedemann*, DB 1993, 141, 147.

Stammkapital festzulegen (§ 7 AktG: EUR 50.000 [Art. 6 Abs. 1 Zweite Richtlinie]; § 5 Abs. 1 GmbHG: EUR 25.000). Dies begründet die Gefahr, dass die Kapitalausstattung auch dann auf diese Mindestbeträge beschränkt wird, wenn Art und Umfang des Geschäftsbetriebes eine deutlich höhere Kapitalausstattung erfordern.[23]

Breite Kritik am System der Kapitalaufbringung und -erhaltung

5.25 Dies hat dazu geführt, dass in der jüngeren Zeit das gesamte System von Kapitalaufbringung und -erhaltung zunehmend kritisiert wird – und zwar europaweit.[24] Diese Kritik basiert zu einem erheblichen Teil auf rechtsvergleichenden Untersuchungen insbesondere des US-amerikanischen Rechts, wo sich schon deutlich früher als in Europa Kritik formiert hatte und die für die Gesetzgebung im Gesellschaftsrecht zuständigen Einzelstaaten dieses System sukzessive abgeschafft haben.[25]

5.26 Der breitflächige Widerstand gegen den „europäischen" Ansatz sollte zu denken geben, zumal wir ja einige der Mängel des Systems selbst schon lange erkannt haben. Denn zahlreiche Ansätze in Rechtsprechung und Wissenschaft wollen diese Mängel schon auf der Grundlage der *lex lata* korrigieren:[26] Von seiten der Wissenschaft war eine Verpflichtung zu **materiell angemessener Kapitalausstattung** vorgeschlagen worden; die Nichtbeachtung dieser Pflicht sollte zu einer Haftung wegen materieller Unterkapitalisierung führen (dazu unten Rz. 5. 167).

5.27 Weniger weitreichend – und wahrscheinlich deshalb schneller akzeptiert – war der Vorschlag, die von den Gesellschaftern als Fremdkapital gewährten Mittel unter bestimmten Voraussetzungen in Eigenkapital umzuqualifizieren (**nominelle Unterkapitalisierung**; dazu unten Rz. 5. 103). Sie erweitert zwar den Haftungsrahmen im Interesse der Gläubiger über die von den Gesellschaftern formell als Eigenkapital zur Verfügung gestellte Summe hinaus; doch ist sie nicht in der Lage, neben den tatsächlich zur Verfügung gestellten Beträgen zusätzliche Mittel zur Haftungsmasse der juristischen Person zu ziehen.[27]

Insolvenzantragspflichten sind Spiegelbild von Kapitalaufbringung und -erhaltung

5.28 Von der entgegengesetzten Seite her – als Spiegelbild von Kapitalaufbringung und -erhaltung – wirkt die **Pflicht zu rechtzeitiger Insolvenzantragstellung** und zum **Ersatz von Zahlungen**, die nach Insolvenzreife geleistet werden (dazu oben Rz. 3.60 ff, 3.100 ff). Hier wird nicht mehr gefragt, ob das ursprünglich einmal aufgebrachte Kapital ausreichend war. Gesellschafter und Geschäftsführer werden lediglich an ihrem eigenen Engagement gemessen: wenn das von ihnen tatsächlich zur Verfügung ge-

---

23) Dazu auch *Wiedemann*, EWiR § 64 GmbHG 1/93, 583.
24) Vgl. vor allem *F. Kübler*, Aktie, Unternehmensfinanzierung und Kapitalmarkt (1989), S. 29 ff, 61 f; *ders.*, WM 1990, 1853 ff; *Bauer*, Gläubigerschutz durch eine formelle Nennkapitalziffer – Kapitalgesellschaftsrechtliche Notwendigkeit oder überholtes Konzept? (1995); sowie die Beiträge in AG 1998, Heft 8.
25) Vgl. außer den bereits Genannten etwa *Eisenberg*, Cases and materials on corporations (6. Aufl., 1988), S. 1294 ff, 1349 ff; *Portale*, Riv.soc. 1991, 24 ff (dazu *Hirte*, in: Jahrbuch für Italienisches Recht, Bd. 6 [1993], S. 201, 203 f); *Thompson*, in: The European Private Company? (1995), S. 187, 191.
26) Zusammenfassung bei *Hirte*, in: ZIP-Sonderdruck, Einleitung, S. 2 ff; *ders.*, NJW 1995, 1202 f; *Wiedemann*, AktG, vor § 182 Rz. 11 ff.
27) Deutlich *Honsell*, ZIP 1987, 705, 706.

stellte Kapital ganz bestimmt nicht mehr ausreicht, was sich in Zahlungsunfähigkeit oder Überschuldung zeigt, dann müssen sie jedenfalls schnellstmöglich das dafür vom Gesetz vorgesehene Insolvenzverfahren in die Wege leiten – das Pferd wird sozusagen vom Schwanz aufgezäumt. Die Verpflichtung läuft allerdings leer, wenn ihre Missachtung – wie vor der Grundsatzentscheidung vom 6. Juni 1994 (dazu oben Rz. 3.113 ff) – nicht ausreichend von der Rechtsordnung sanktioniert wird.

Vor der durch diese Entscheidung bewirkten Konsolidierung war von seiten des Gesellschaftsrechts angesichts der unbefriedigenden Lage die Annahme einer Verlustausgleichspflicht des herrschenden Unternehmens im Konzern auch über die gesetzliche Regelung des § 302 AktG hinaus vorgeschlagen worden, wenn es sich um einen „qualifizierten faktischen Konzern" handelt (dazu unten Rz. 5.176). An ihre Stelle ist jetzt die Haftung wegen **existenzvernichtenden Eingriffs** getreten (unten Rz. 5.172 ff).

5.29 Haftung wegen existenzvernichtenden Eingriffs

Die Rechtsprechung anderer Zivilsenate, insbesondere des für das Kaufrecht zuständigen VIII. Zivilsenats, ging einen pragmatischeren Weg, indem sie eine **Eigenhaftung des Geschäftsführers aus culpa in contrahendo** (heute § 311 Abs. 2 und 3 BGB) annahm, wenn dieser an den Vertragsverhandlungen mit einem Geschäftspartner beteiligt war und diesen nicht auf die (drohende) Überschuldung der Gesellschaft hinwies (dazu oben Rz. 3.109 ff). Hinzuweisen ist schließlich auf die zunehmende Tendenz der Rechtsprechung, Geschäftsleiter (oder leitende Angestellte) wegen der **Körper- oder Eigentumsverletzung** eines Dritten nach § 823 Abs. 1 BGB oder wegen **Vermögensschäden** nach § 823 Abs. 2 BGB i. V. m. einem Schutzgesetz persönlich in Anspruch zu nehmen (dazu oben Rz. 3.113 ff, 3.133 ff).

5.30 Ersatzpflichten aus §§ 280 Abs. 1, 311 Abs. 2, 3 BGB und deliktische Haftung

Ungeachtet der genannten Defizite sollen hier aber die gesetzlichen Regelungen vorgestellt werden, mit denen die Kapitalaufbringung und -erhaltung sichergestellt werden sollen.

5.31

2. Kapitalaufbringung

a) Normalfall

Im Mittelpunkt steht die Verpflichtung der Gesellschafter (Aktionäre oder GmbH-Gesellschafter), die übernommene **Einlageverpflichtung** zu erfüllen. Dazu müssen sich die Gesellschafter mindestens zur Leistung des geringsten Ausgabebetrages der Aktie oder des Nominalbetrages des GmbH-Geschäftsanteils verpflichten (Art. 8 Abs. 1 Zweite Richtlinie, § 54 Abs. 1 und 2 AktG, § 19 Abs. 1 und 2 GmbHG). Der auf die einzelne Aktie entfallende geringste Ausgabebetrag und der auf den einzelnen GmbH-Geschäftsanteil entfallende Nennbetrag ist in der Satzung zu bestimmen (Art. 3 b) Zweite Richtlinie, § 23 Abs. 3 Nr. 4 AktG, § 3 Abs. 1 Nr. 4 GmbHG). Die Summe der Nennbeträge der einzelnen Nennbetragsaktien, die Summe der rechnerisch (da nicht offen ausgewiesen; vgl. oben Rz. 2.68) auf die einzelnen Stückaktien entfallenden Teilbeträge des Grundkapitals oder die Summe der einzelnen GmbH-Geschäftsanteile

5.32 Erfüllung der Einlagepflicht

entspricht dabei dem Grundkapital der Aktiengesellschaft bzw. dem Stammkapital der GmbH (§ 1 Abs. 2 AktG, § 5 Abs. 3 Satz 3 GmbHG). Dessen Gesamtumfang ist in die Satzung aufzunehmen (Art. 2 c) Zweite Richtlinie, § 23 Abs. 3 Nr. 3 AktG, § 3 Abs. 1 Nr. 3 GmbHG). Das Gesetz legt insoweit lediglich einen **Mindestbetrag** fest (§ 7 AktG: EUR 50.000 [Art. 6 Abs. 1 Zweite Richtlinie]; Art. 4 Abs. 2 SE-VO: EUR 120.000; § 5 Abs. 1 GmbHG: EUR 25.000). Auf die daraus resultierenden Probleme wurde bereits hingewiesen. Für die **Europäische Aktiengesellschaft** fehlt es an eigenständigen Regelungen über die Kapitalaufbringung; sie ist vielmehr Gegenstand eines Generalverweises auf das nationale Recht des Sitzstaats in Art. 5 SE-VO.[28] Neben die Einlagepflicht tritt inzwischen die Pflicht des Gesellschafters zur Vermeidung existenzvernichtender Eingriffe; darauf wird später ausführlicher einzugehen sein (unten Rz. 5. 172 ff).

Ordnungsgemäße Zahlung von Teilbeträgen (der Einlageverpflichtung vor Handelsregister-Eintragung)

5.33 Sobald die entsprechenden Einlageverpflichtungen seitens der Gründer übernommen wurden, ist die Aktiengesellschaft errichtet (§ 29 AktG). Bei der GmbH erfolgt demgegenüber keine vom Vertragsschluss getrennte „Übernahme" der Anteile; sie erfolgt vielmehr mit Vertragsschluss selbst (§§ 2, 3 GmbHG). Gleichwohl kann eine Gesellschaft in diesem Zeitpunkt noch nicht zum Handelsregister angemeldet werden und damit die Rechtsfähigkeit erlangen. Voraussetzung ist vielmehr zusätzlich, dass ein bestimmter **Teilbetrag** der übernommenen Einlageverpflichtung auch tatsächlich ordnungsgemäß **eingezahlt** wurde (§ 36 Abs. 2 Satz 1 AktG, § 7 Abs. 2 GmbHG).

Höhe der erforderlichen Teilleistung

5.34 Dieser Teilbetrag muss nach § 36a Abs. 1 AktG, Art. 9 Abs. 1 Zweite Richtlinie mindestens ein Viertel des geringsten Ausgabebetrags und bei Ausgabe der Aktien für einen höheren Betrag als diesen auch den Mehrbetrag umfassen. Für die GmbH ergibt sich dies aus § 7 Abs. 2 Satz 1 GmbHG; dessen Satz 2 bestimmt aber ergänzend, dass der Gesamtbetrag der eingezahlten Stammeinlagen EUR 12.500 erreichen muss. Wird eine Gesellschaft durch nur eine Person errichtet, muss diese zudem nach § 36 Abs. 2 Satz 2 AktG, § 7 Abs. 2 Satz 3 GmbHG für den noch offenen Teil der Bareinlagen Sicherheit leisten. Auf der Grundlage der Satzung oder eines entsprechenden Gesellschafterbeschlusses kann aber auch die Einzahlung eines höheren Prozentsatzes der Einlageverpflichtung verlangt werden; wird dies verlangt, so müssen die entsprechenden Zahlungen bei der Aktiengesellschaft ebenfalls vor der Anmeldung geleistet sein (§ 36 Abs. 2 Satz 1 AktG). Vor allem bei Publikumsaktiengesellschaften ist die Volleinzahlung die Regel; denn nicht voll eingezahlte Aktien (sog. teileingezahlte Aktien) sind nur beschränkt verkehrsfähig und können insbesondere nicht Inhaberaktien mit der Möglichkeit der Übertragung nach §§ 929 ff BGB sein (§ 10 Abs. 2 Satz 1 AktG).

---

[28] Dazu *Hirte*, NZG 2002, 1, 9 (mit einigen Folgerungen); sowie (im Zusammenhang mit der genehmigten Kapitalerhöhung) *Hirte*, Großkomm. zum AktG, § 202 Rz. 57 ff.

Die Einzahlung des vom Gesetz geforderten Mindest- oder in Satzung/ Gesellschafterbeschluss festgelegten höheren Betrages muss „endgültig zur freien Verfügung des Vorstands" (§ 36 Abs. 2 Satz 1 AktG) bzw. endgültig zur **freien Verfügung** der Geschäftsführer (arg. § 8 Abs. 2 Satz 1 GmbHG) geschehen. Dies ist bei der Anmeldung nach § 37 Abs. 1 Satz 2 AktG bzw. § 8 Abs. 2 Satz 1 GmbHG nachzuweisen. Das bedeutet, dass die Verwaltung rechtlich in der Lage sein muss, nach der Anmeldung über die eingezahlten Mittel im Sinne der Gesellschaft zu verfügen. Eine „freie Verfügung" scheidet daher aus, wenn bereits *vor* der Anmeldung der Kapitalerhöhung zum Handelsregister über den auf ein Konto eingezahlten Betrag verfügt wurde. Hier ist vor allen Dingen an eine Vorausabtretung zu denken. Andererseits ist der Begriff der „endgültigen freien Verfügung" nicht gegenständlich, sondern wertmäßig zu verstehen; denn sonst wäre die Einlage eines bis zur Eintragung fortzuführenden Unternehmens nicht möglich. Bei Zahlung des Betrages auf das Konto eines Kreditinstituts hat dieses zu bestätigen, dass die Zahlung „zur freien Verfügung" der Verwaltung erfolgt ist; ist diese Bestätigung falsch, haftet die Bank nach § 37 Abs. 1 Satz 5 AktG (im GmbH-Recht analog) den Gläubigern auf ihren dadurch verursachten Schaden; *sie* muss daher unter Umständen die Einlage dann nochmals leisten.[29]

5.35 Zahlung zur freien Verfügung der Geschäftsleitung

Angesichts des Fehlens einer § 37 Abs. 1 Satz 4 AktG entsprechenden ausdrücklichen Regelung im GmbH-Recht kann die Haftung einer Bank wegen unrichtiger Bankbestätigung zum Zwecke der Eintragung einer Kapitalerhöhung dann noch nicht angenommen werden, wenn das Registergericht die Bank lediglich zum Nachweis der Einzahlung des Stammkapitals aufgefordert hat und diese die Gutschrift auf das bei ihr geführte Gesellschaftskonto bestätigt. Denn dieser Aussage sei (noch) nicht zugleich die Bestätigung auch darüber zu entnehmen, dass sich der Betrag endgültig in der freien Verfügung der Gesellschaft befinde, etwa wenn er sofort mit einem Sollsaldo verrechnet worden sein sollte.[30]

5.36

An der „freien Verfügung" fehlt es allerdings dann noch nicht, wenn schon vor der Einlageleistung feststeht (insbesondere bei späteren Kapitalerhöhungen), zu welchem Zweck das frische Kapital verwendet werden soll. Denn dies ist Gegenstand ordentlicher kaufmännischer Finanzpla-

5.37

---

29) BGHZ 113, 335 = ZIP 1991, 511 = NJW 1991, 1754 = EWiR § 57 GmbHG 2/91, 1213 (*Frey*) – Foton (GmbH); BGHZ 119, 177 = ZIP 1992, 1387 = NJW 1992, 3300 (AG); zu diesem Komplex ausführlich *Hüffer*, ZGR 1993, 474; *Ihrig*, Die endgültige freie Verfügung über die Einlage von Kapitalgesellschaften (1991); *Ulmer*, GmbHR 1993, 189; zusammenfassend *Hirte*, NJW 1996, 2827, 2834, 2841; *ders.*, NJW 2000, 3321, 3328; zur Aufklärungspflicht des Notars über den Begriff der „freien Verfügung" BGH NJW 1996, 524 = ZIP 1996, 19 = DStR 1996, 273 (*Goette*) = EWiR § 17 BeurkG 2/96, 439 (*Limmer*) = LM H. 4/1996 BeurkG Nr. 56.
30) BGH NJW 1997, 945 = ZIP 1997, 281 = DStR 1997, 377 (*Goette*) = LM H. 5/1997 § 57 GmbHG Nr. 4 (*G.H. Roth*) = EWiR § 37 AktG 1/97, 243 (*Rawert*); dazu *Spindler*, ZGR 1997, 537; abw. Vorinstanz OLG Stuttgart ZIP 1995, 1595 = EWiR § 57 GmbHG 1/95, 789 (*von Gerkan*) = WiB 1996, 76 (*Edelmann*).

nung, hindert die Verwaltung aber rechtlich nicht an einer anderweitigen Verfügung.[31)]

5.38 Fehlerhafte Erklärungen in diesem Zusammenhang sind nach § 399 Abs. 1 Nr. 1 AktG, § 82 Abs. 1 Nr. 1 GmbHG („Gründungsschwindel") strafbewehrt.[32)] Für die vor der Anmeldung der Gesellschaft zu leistenden Zahlungen findet sich in § 54 Abs. 3 Satz 1 AktG eine ausdrückliche Klarstellung, dass auch die Leistung auf ein Konto als Erfüllung und nicht nur Leistung erfüllungshalber gilt.[33)] § 54 Abs. 3 AktG schließt aber andererseits die Erfüllung der Einlageschuld durch Leistung an Dritte abweichend von § 362 Abs. 2 BGB aus.[34)]

5.39 Die Einlageleistung darf allerdings erst nach Aufforderung durch die Gesellschaft erfolgen. Wird zu früh geleistet, gilt die Zahlung als nicht auf die Einlageschuld erfolgt, und der Gesellschafter riskiert, seine Einlageverbindlichkeit nochmals erbringen zu müssen (zur Parallelproblematik bei Kapitalerhöhungen unten Rz. 6.19).[35)]

Keine Zeichnung eigener Aktien

5.40 Die Gesellschaft selbst kann ihre **eigenen Aktien nicht zeichnen** (Art. 18 Abs. 1 Zweite Richtlinie, § 56 Abs. 1 AktG). Die Gründe entsprechen denen, aus denen auch ein späterer (derivativer) Erwerb eigener Aktien unzulässig ist (dazu unten Rz. 5. 95 ff).

---

31) BGH WM 1990, 1820, 1821 = BGH ZIP 1990, 1400 = NJW 1991, 226 = EWiR § 7 GmbHG 1/90, 1207 (*Crezelius*) (GmbH); BGH ZIP 1991, 445 = NJW 1991, 1294 = EWiR § 8 GmbHG 1/91, 377 (*Roth*) (GmbH) (Einzahlung auf ein debitorisch geführtes Bankkonto mit der Möglichkeit, über Mittel in entsprechender Höhe frei zu verfügen); BGH ZIP 1992, 1303, 1305 = NJW 1992, 2698 = EWiR § 19 GmbHG 5/92, 997 (*Fleck*) (GmbH); BGHZ 119, 177 = ZIP 1992, 1387 = NJW 1992, 3300 = LM H. 1/1993 § 188 AktG 1965 Nr. 2 (*Heidenhain*); BGHZ 122, 180, 184 = ZIP 1993, 667, 668 = EWiR § 186 AktG 4/93, 1045 (*Lutter*) (aber nicht, wenn die Kapitalerhöhung durch die Gesellschaft finanziert wird); BGH ZIP 1996, 1466 = NJW-RR 1996, 1249, 1250 = DStR 1996, 1416 (*Goette*) = EWiR § 55 GmbHG 1/96, 885 (*von Gerkan*) (dort mit falscher Datumsangabe des Urteils); OLG Stuttgart ZIP 1995, 1595 = EWiR § 57 GmbHG 1/95, 789 (*von Gerkan*); *Hirte*, NJW 1996, 2827, 2841; *ders.*, NJW 2000, 3321, 3328; *Wiedemann*, Großkomm. AktG, § 188 Rz. 9, 20; nicht aber bei Berechtigung der Bank zur Verrechnung der Einlagesumme mit eigenen Gegenforderungen: LG Frankenthal WM 1996, 726 = EWiR § 19 GmbHG 3/96, 607 (*Kowalski*).

32) Zur Strafbarkeit auch des bloß faktischen Geschäftsführers in diesem Zusammenhang BGHSt 46, 62 = ZIP 2000, 1390, 1391 = NJW 2000, 2285 = ZInsO 2000, 391.

33) Zur Erfüllungswirkung bei Leistung auf ein Konto des Geschäftsführers BGH ZIP 2001, 513, 514 f = NJW 2001, 1647 = DStR 2001, 631 = NZG 2001, 469 = NZI 2001, 249 = EWiR § 177 BGB 1/01, 361 (*Heckschen*); zur Tilgungswirkung einer Zahlung ohne Tilgungsbestimmung BGH ZIP 2001, 1997, 1998 = NJW 2001, 3781 = NZG 2002, 45 = NZI 2002, 37 = EWiR § 8 GmbHG 1/01, 1149 (*Keil*). – Bei der GmbH dürfte § 54 Abs. 3 AktG sinngemäß gelten: *Grunewald*, GesR, 2.F. Rz. 19; *Hueck/Fastrich*, in: Baumbach/Hueck, GmbHG, § 7 Rz. 5; *Mülbert*, ZHR 154 (1990), 145, 158.

34) *Wiedemann*, Großkomm. zum AktG, § 188 Rz. 12.

35) BGHZ 118, 83 = ZIP 1992, 995 = NJW 1992, 2222 – Beton- und Monierbau AG; BGH ZIP 1995, 28 = NJW 1995, 460 = EWiR § 188 AktG 1/95, 107 (*von Gerkan*) (AG) (dazu *Groß*, GmbHR 1995, 845; OLG Düsseldorf ZIP 2000, 837 = EWiR § 19 GmbHG 1/2000, 495 (*Undritz*) (inzwischen rkr.); dazu und zur Ausnahme bei der vereinfachten Kapitalherabsetzung *Hirte*, in: Kölner Schrift zur Insolvenzordnung (2. Aufl., 1999), S. 1253, 1277 f; *ders.*, Die vereinfachte Kapitalherabsetzung bei der GmbH (1997), S. 49.

Der nicht eingezahlte Teil der Einlageverpflichtungen kann zu einem späteren Zeitpunkt von der Gesellschaft eingefordert werden; innergesellschaftlich setzt dies bei der Aktiengesellschaft eine Aufforderung durch den Vorstand (§ 63 Abs. 1 Satz 1 AktG), bei der GmbH einen Beschluss der Gesellschafterversammlung (§ 46 Nr. 2 GmbHG) voraus. Sofern dies nicht geschieht, bleiben die Einlageansprüche als Sicherheit für die Gläubiger erhalten und können spätestens in der Insolvenz vom Insolvenzverwalter geltend gemacht werden.

5.41

Um ihren Bestand im Interesse der Gläubiger zu gewährleisten, schreibt das Gesetz vor, dass die Gesellschafter von ihrer Leistungspflicht nicht befreit werden können; **Erlass oder Stundung** der Verbindlichkeit seitens der Gesellschaft sind daher unzulässig (Art. 12 Zweite Richtlinie, § 66 Abs. 1 Satz 1 AktG, § 19 Abs. 2 Satz 1 GmbHG). Auch eine **Aufrechnung seitens des Gesellschafters** wird vom Gesetz für unzulässig erklärt (§ 66 Abs. 1 Satz 2 AktG, § 19 Abs. 2 Satz 2 GmbHG).[36] Und bei einem Gesellschafter, der seine Beteiligung von einem anderen Gesellschafter erworben hat, hilft selbst eine Anfechtung des Anteilserwerbs wegen arglistiger Täuschung nicht weiter.[37] Ziel dieser Normen und Regeln ist es, eine **reale Kapitalaufbringung** zu gewährleisten.

5.42 Erlass, Stundung und Aufrechnung durch Gesellschafter

Nicht so eindeutig ist die Lage bezüglich einer **Aufrechnung seitens der Gesellschaft**. Jedenfalls soweit die Leistung nach § 54 Abs. 3 AktG zu erbringen ist, ist eine Aufrechnung in jedem Fall unzulässig. § 19 Abs. 5 Alt. 2 GmbHG erklärt auch eine Aufrechnung gegen Forderungen auf Vergütung wegen Überlassung von Vermögensgegenständen für unzulässig, wenn nicht die Regeln über die Einbringung von Sacheinlagen beachtet wurden. Auch darüber hinaus wird man die Aufrechnung seitens der Gesellschaft nur zulassen können, wenn die Forderung des Aktionärs oder GmbH-Gesellschafters, gegen die die Gesellschaft aufrechnet, vollwertig (= in einer Insolvenz in vollem Umfang und nicht nur mit der Quote bedienbar), fällig und liquide (= nach Grund und Höhe unbestritten sowie keinen Einwendungen ausgesetzt) ist. Denn sonst würde der Aktionär in dem darüber hinaus gehenden Umfang gleichwohl entgegen § 66 AktG, § 19 GmbHG von seiner Einlagepflicht befreit.[38]

5.43 Aufrechnung durch Gesellschaft möglich bei vollwertiger, fälliger und liquider Passivforderung

Im Verhältnis zur Gesellschaft ist der Gesellschafter für die Leistung seiner Einlage **beweispflichtig**, was insbesondere in einem späteren Insolvenzverfahren über das Vermögen der Gesellschaft von Bedeutung sein

5.44 Beweispflicht beim Gesellschafter

---

36) Zur Anwendbarkeit des Aufrechnungsverbots (auch) auf den Erstattungsanspruch des § 31 Abs. 1 GmbHG OLG Düsseldorf ZIP 1995, 1907 = EWiR § 31 GmbHG 1/96, 27 (*von Gerkan*).

37) Zu den Ausnahmen (bei Kenntnis des Geschäftsführers um die Umstände einer von der Einlageverbindlichkeit nicht befreienden verdeckten Sacheinlage) OLG Hamburg NJW-RR 1998, 899 = EWiR § 16 GmbHG 1/98, 317 (*Reiff*) (inzwischen rkr.).

38) BGHZ 15, 52, 57, 60; 42, 89, 93; 90, 370, 372 f = ZIP 1984, 698 = NJW 1984, 1891 (GmbH); BGHZ 125, 141 = ZIP 1994, 701 = NJW 1994, 1477 = EWiR § 19 GmbHG 1/94, 467 (*von Gerkan*) (GmbH); BGHZ 132, 141 = ZIP 1996, 668, 671 = NJW 1996, 1473 = EWiR § 19 GmbHG 2/96, 509 (*Weipert*) = LM H. 6/1996 § 5 GmbHG Nr. 14 (GmbH); BGHZ 152, 37 = ZIP 2002, 2045, 2047 f = NJW 2002, 3774 = NZG 2002, 1172 = NZI 2003, 50 = DStR 2002, 2088; dazu *Müller*, ZGR 1995, 327; *Wiedemann*, Großkomm. zum AktG, § 183 Rz. 88 ff, 111.

kann. Der Beweis wird dabei nicht geführt, wenn der Gesellschafter allein darauf verweisen kann, eine Überweisung mit dem Vermerk „Einlage/Darlehen" getätigt zu haben, die den Betrag der bis dahin noch offenen Einlageforderung übersteigt. Denn dadurch sei der Verwendungszweck nicht eindeutig.[39]

Kaduzierung 5.45 Für den Fall, dass die geschuldeten Einlagen nicht geleistet werden, sieht das Kapitalgesellschaftsrecht in Form der **Kaduzierung** ein besonderes Vollstreckungsverfahren vor (dazu oben Rz. 4.85). Danach ist der Ausschluss des mit seiner Einlagepflicht säumigen Gesellschafters aus der Gesellschaft möglich (§ 64 AktG, § 21 GmbHG). Kann die Zahlung vom säumigen Gesellschafter nicht erlangt werden, können subsidiär zudem die früheren Inhaber der Aktie bzw. des Geschäftsanteils (die „Vormänner") in Anspruch genommen werden (§ 65 Abs. 1 AktG, § 22 Abs. 1 GmbHG). Ist die Einlageschuld auch so nicht beizutreiben, müssen in der GmbH – anders als in der Aktiengesellschaft – die übrigen Gesellschafter den Fehlbetrag nach dem Verhältnis ihrer Geschäftsanteile aufbringen (§ 24 GmbHG). Dafür reicht es, wenn die Gesellschaftereigenschaft der haftenden Gesellschafter noch zum Zeitpunkt der Fälligkeit der Stammeinlage gegeben war. Denn der Anspruch der Gesellschaft auf Zahlung des Fehlbetrages entsteht bereits in diesem Zeitpunkt, wenngleich unter der aufschiebenden Bedingung des Eintritts der Voraussetzungen der §§ 21–23 GmbHG.[40]

b) **Aufgeld und Kapitalrücklage**

Verbot der unter-pari-Emission 5.46 Aktien dürfen nicht zu einem geringeren als dem **geringsten Ausgabebetrag**, GmbH-Stammeinlagen nicht zu einem geringeren als dem **Nennbetrag** ausgegeben werden – das in alter Terminologie so bezeichnete Verbot der unter-*pari*-Emission (Art. 8 Abs. 1 Zweite Richtlinie, § 9 Abs. 1 AktG, arg. § 14 GmbHG).[41] Bei Nennbetragsaktien bildet der Nennbetrag den geringsten Ausgabebetrag, während dies bei Stückaktien der rechnerisch auf die einzelne Aktie entfallende Teil des Grundkapitals ist (§ 9 Abs. 1 AktG). Beide Beträge dürfen den Betrag von EUR 1,– je Aktie nicht unterschreiten (§ 8 Abs. 2 Satz 1, Abs. 3 Satz 3 AktG; dazu oben Rz. 2.71).

Aufgeld 5.47 Zulässig aber ist es, die Anteile zu einem höheren als dem geringsten Ausgabebetrag bzw. Nennbetrag auszugeben. Der Mehrbetrag wird als **Aufgeld** oder „Agio" (Gegensatz Abgeld oder „Disagio") bezeichnet.[42]

---

39) OLG Oldenburg NJW-RR 1997, 1325 = ZIP 1996, 2026 = EWiR § 19 GmbHG 1/97, 115 (*van Zwoll*); dazu auch OLG Köln NJW 1996, 2802 (Ls.) = NJW-RR 1996, 939 = WiB 1996, 631 (*Gummert*).
40) BGH NJW 1996, 2306 = ZIP 1996, 1248 = EWiR § 24 GmbHG 1/96, 743 (*von Gerkan*) = DStR 1996, 1574 (*Goette*) = WuB II C. § 24 GmbHG 1.96 (*Bayer*) = LM H. 10/1996, § 24 GmbHG Nr. 2.
41) Dazu BGHZ 68, 191, 195 sowie in diesem Zusammenhang *Hirte*, DNotZ 1993, 257.
42) Ausführlich hierzu *Herchen*, Diss. Hamburg 2003 (im Erscheinen).

Auch dieses Aufgeld stellt Eigenkapital dar und ist bei der Aktiengesellschaft nach denselben Regeln einzulegen wie der geringste Ausgabebetrag einer Aktie oder der Nennbetrag einer Stammeinlage. In der Bilanz ist es in die „Kapitalrücklage" einzustellen (§§ 266 Abs. 3 Ziffer A.II., 272 Abs. 2 Nr. 1 HGB).[43] Das Pendant dazu bilden die „Gewinnrücklagen", die erst aus späteren Gewinnen gebildet werden (können); ihrer Bildung zieht das Aktienrecht in §§ 58, 254 AktG verschiedene Grenzen, um den Aktionären ein Mindestmaß an Dividende zu garantieren (oben Rz. 4.17 f). Für das Verhältnis der Rechte der Gesellschafter zueinander ist das gezahlte Aufgeld irrelevant. Das GmbH-Recht verlangt für das Aufgeld keine Anwendung der Kapitalaufbringungsregeln.[44] Der **Umfang der Rücklagen** kann deutlich leichter als das Nennkapital nach oben oder unten verändert werden; daher können sie auch ohne formelle Kapitalherabsetzung für Ausschüttungen an die Gesellschafter herangezogen werden. Das Aktienrecht setzt dafür allerdings in § 150 AktG gewisse Schranken, die das GmbH-Recht nicht kennt.

In dem bereits vorgestellten Bild des Nennkapitals als einer Staumauer stellen sich die Rücklagen daher als abnehmbare Palisaden auf der Mauer dar. Sie stellen daher eine Art „optische Sicherheitsmarge" dar und können dazu beitragen, dass der Wert der Anteile im Falle von Verlusten nicht oder weniger schnell unter ihren Nennbetrag sinkt.   5.48

Die Ausgabe von Anteilen mit einem Aufgeld ist vor allem bei Aktiengesellschaften in großem Umfang üblich. Denn dadurch wird der finanzielle Spielraum der Verwaltung deutlich erhöht. Nicht selten übersteigt das Aufgeld den Nennwert der ausgegebenen Aktien beträchtlich.   5.49

> **Beispiel:** Ausgabe der 5-DM-Aktien der Deutschen Telekom AG bei ihrem ersten Börsengang Ende 1996 zum Preis von DM 28,50, also mit einem Aufgeld von DM 23,50.   5.50

Zwingend ist die Erhebung eines Aufgelds bei einer späteren Erhöhung des Kapitals, wenn das Bezugsrecht ausgeschlossen ist (vgl. § 255 Abs. 2 AktG und dazu unten Rz. 6.30 ff); denn dadurch wird sichergestellt, dass die neuen Gesellschafter sich im gleichen Umfang an vorhandenen stillen Reserven beteiligen wie die schon vorhandenen. Umstritten ist, ob auch sonst, also bei bestehendem Bezugsrecht, die Freiheit besteht, anstelle eines formell festgesetzten Aufgelds bloß „schuldrechtliche Zuzahlungen" (die nach § 272 Abs. 2 Nr. 4 HGB ebenfalls als Eigenkapital zu verbuchen sind) zu vereinbaren.[45] Denn dadurch werden die strengen Regeln über die Kapitalaufbringung unterlaufen.   5.51   Erhebung des Aufgeldes bei Kapitalerhöhung unter Bezugsrechtsausschluss zwingend (§ 255 Abs. 2 AktG)

---

43) Dazu *Wiedemann*, AktG, vor § 182 Rz. 86 ff.
44) Kritisch und abw. *Herchen*, Diss. Hamburg 2003 (im Erscheinen).
45) Für einen Zwang, solche in einem *„Investors Agreement"* vereinbarten Zuzahlungen als formelles Aufgeld auszuweisen, BayObLG ZIP 2002, 1484, 1485 f = NJW-RR 2002, 1036; ebenso *Herchen*, Diss. Hamburg 2003 (im Erscheinen).

c) **Sacheinlagen**
aa) **Allgemeines**

Einbringung von Sachwerten als Sacheinlagen

5.52 Das Gesetz geht in Bezug auf die Einlageverpflichtung von Bar- oder (besser:) Geldeinlagen aus.[46] Diese sind allerdings keinesfalls die Regel. Insbesondere bei der Gründung von Gesellschaften werden nämlich anstelle von Geld häufig Sachwerte eingebracht. Dies ist zulässig; das Gesetz spricht insoweit von **Sacheinlagen**. Wegen der damit verbundenen erheblichen Bewertungsschwierigkeiten und des daraus folgenden Manipulationspotentials sieht das Gesetz jedoch zahlreiche Kautelen zum Schutz von Gläubigern und Mitgesellschaftern vor.

Risiko der Überbewertung bei Sacheinlagen

5.53 Die Interessen von Gläubigern sind dann gefährdet, wenn ein Vermögensgegenstand als Sacheinlage eingebracht wird, der nicht den dafür angegebenen Wert erreicht. Zugleich sind in einem solchen Fall aber auch die Interessen der Mitgesellschafter beeinträchtigt: denn diese vertrauen darauf, dass jeder Partner die von ihm übernommenen finanziellen Verpflichtungen erfüllt. Wer dies nicht tut, bereichert sich auf Kosten seiner Kollegen. Beim Fehlen von Mitgesellschaftern, die derartige Manipulationen im eigenen Interesse verhindern wollen, wächst daher die Gefahr von Fehl- (= Über-)Bewertungen zu Lasten der Gläubiger.

5.54 Um diese Risiken zu verringern, bestimmt das Gesetz zunächst, dass Sacheinlagen nur solche Vermögensgegenstände sein können, deren wirtschaftlicher Wert feststellbar ist (Art. 7 Satz 1 Zweite Richtlinie, § 27 Abs. 2 Halbs. 1 AktG, in § 5 Abs. 4 Satz 1 GmbHG nicht definiert). Dies wurde früher gleichgesetzt mit der Bilanzierbarkeit eines Gegenstands.[47]

Einlage ganzer Unternehmen als wichtigster Fall

5.55 Den wichtigsten Fall der Sacheinlage, insbesondere bei der Gründung, bildet die Einlage ganzer Unternehmen. Wirtschaftlich nur schwer feststellbare Werte wie das *know how* oder die Güte der Geschäftsbeziehungen sind aber nicht sacheinlagefähig.[48] Ausdrücklich verboten ist es sogar, die Verpflichtung zu einer Dienstleistung als Sacheinlage einzubringen (Art. 7 Satz 2 Zweite Richtlinie, § 27 Abs. 2 Halbs. 2 AktG; bei der GmbH folgt dies aus § 7 Abs. 3 GmbHG).[49]

5.56 Andererseits gelten als Sacheinlagen nicht nur „Sachen" i. S. d. §§ 90 ff BGB. Vielmehr sieht das Gesetz in allen Fällen, in denen nicht Geldeinlagen nach den allgemeinen Normen geleistet werden, besondere Vorschrif-

---

46) Dezidiert für die Verwendung des Begriffs „Geldeinlagen" *Frey*, Einlagen in Kapitalgesellschaften (1990), S. 43.
47) Dazu *Hueck/Fastrich*, in: Baumbach/Hueck, GmbHG, § 5 Rz. 23; *Wiedemann*, Großkomm. zum AktG, § 183 Rz. 30 ff.
48) Anerkannt wurde aber die Einlagefähigkeit eines obligatorischen Nutzungsrechts betreffend die Verwertung der Namen und Logos von Sponsorvereinen mit feststehender Nutzungsdauer: BGHZ 144, 290 = ZIP 2000, 1162 = NJW 2000, 2356 = NZG 2000, 836 = EWiR § 203 AktG 1/2000, 941 (*Hirte*) = LM H. 10/2000 § 27 AktG 1965 Nr. 6 (*Noack*) = WuB II A. § 27 AktG 1.00 (*Ekkenga/J. Schneider*) – adidas; hierzu *Böhme*, GmbHR 2000, 841.
49) Vom Ansatz her ist es richtig, die Einlagefähigkeit auf solche Gegenstände zu beschränken, deren wirtschaftlicher Wert feststellbar ist. Dass dies aber bei Dienstleistungen *nie* soll der Fall sein können, beruht allerdings auf überholten Vorstellungen vom fehlenden wirtschaftlichen Wert von Dienstleistungen (dazu *Hirte*, Berufshaftung [1996], S. 189 ff, 337 f; *ders.*, in: Grundmann [Hrsg.], Systembildung und Systemlücken in Kerngebieten des Europäischen Privatrechts [2000], S. 211, 228 f).

ten zum Schutz der Gläubiger und Mitgesellschafter vor (§ 27 Abs. 1 AktG: „Einlagen [.], die nicht durch Einzahlung des Ausgabebetrages der Aktien zu leisten sind"; ebenso Art. 10 Abs. 1 Satz 1 Zweite Richtlinie). Daher ist etwa eine Abrede, nach der der Ausgabebetrag erst *später* einzuzahlen ist, als Sacheinlage zu qualifizieren: denn hier hängt der Wert des Einlageversprechens vom Zeitpunkt der Einlageleistung und der Bonität des Gesellschafters ab.[50] Selbst Wertpapiere gehören zu den „Sacheinlagen".[51]

Im Mittelpunkt der Schutzvorschriften steht aber das Gebot zur **Offenlegung** von Sacheinlagen in Form ihres Gegenstandes und des Ausgabebetrages der dafür ausgegebenen Aktien bzw. Stammeinlagen in der Satzung (Art. 3 h) Zweite Richtlinie, § 27 Abs. 1 AktG, § 5 Abs. 4 Satz 1 GmbHG). Die einzulegenden Gegenstände sind konkret zu bezeichnen. Bei der Sacheinlage eines Unternehmens muss der Erhöhungsbeschluss daher etwa angeben, welche Teile des Unternehmens von der Einbringung ausgeschlossen bleiben sollen.[52]

5.57 Gebot zur Offenlegung

Daneben tritt abgesehen von einer Prüfung seitens der Verwaltung (§ 33 Abs. 1 AktG) die externe **Prüfung** der Werthaltigkeit der Sacheinlage (Art. 10 Abs. 1 Zweite Richtlinie, § 33 Abs. 2 Nr. 4 AktG; zum Inhalt der Prüfungen Art. 10 Abs. 2 Zweite Richtlinie, § 34 Abs. 1 Nr. 2 AktG). Diese Prüfungen finden allerdings bei der GmbH keine Parallele, was teilweise dadurch ausgeglichen wird, dass dort bei der Einbringung eines Unternehmens die Jahresergebnisse der beiden letzten Geschäftsjahre anzugeben sind (§ 5 Abs. 4 Satz 2 GmbHG a.E). Zudem muss seitens der Gründer, der Gründungsprüfer und der Verwaltung in einem offen zu legenden **Bericht** zur Angemessenheit der Leistungen für Sacheinlagen und zu den Prüfungen Stellung genommen werden (Art. 10 Abs. 3 Zweite Richtlinie i. V. m. Art. 3 Erste Richtlinie, §§ 32 Abs. 1 und 2, 34 Abs. 2 AktG, § 5 Abs. 4 Satz 2 GmbHG [nur durch die Gründer]). Im Gegensatz zu Bareinlagen sind Sacheinlagen vor der Anmeldung der Gesellschaft vollständig zu leisten (§ 36a Abs. 2 Satz 1 AktG, § 7 Abs. 3 GmbHG).

5.58 Externe Wertprüfung in der AG

Fehlt es an den erforderlichen Festsetzungen in der Satzung, schulden die Aktionäre den Ausgabebetrag in bar (§§ 27 Abs. 3 Sätze 2 und 3, 54 Abs. 2 AktG, § 19 Abs. 5 GmbHG). Dies gilt auch dann, wenn sich später herausstellen sollte, dass der Wert der Sacheinlage den Ausgabebetrag der dafür ausgegebenen Aktien nicht erreicht („Differenzhaftung") (§ 46 AktG, § 9 Abs. 1 GmbHG).[53]

5.59 Differenzhaftung

---

50) Dazu auch *Hueck/Fastrich*, in: Baumbach/Hueck, GmbHG, § 19 Rz. 8, § 20 Rz. 5; *Wiedemann*, Großkomm. zum AktG, § 188 Rz. 11 ff.
51) LG Frankenthal WM 1996, 726 = EWiR § 19 GmbHG 3/96, 607 (*Kowalski*).
52) OLG Düsseldorf NJW-RR 1996, 605.
53) BGHZ 64, 52, 62; dazu *Karsten Schmidt*, GesR, § 20 III 4, S. 584 f, § 34 II 3, S. 1006 f (GmbH), § 29 II 1 b, S. 884 ff (AG); *Wiedemann*, Großkomm. z. AktG, § 183 Rz. 65.

Ablehnung der Handelsregsiter-Eintragung bei Überbewertung

5.60 Unabhängig davon kann das Registergericht nach § 38 Abs. 2 Satz 2 AktG die Eintragung einer Gesellschaft ablehnen, wenn es der Auffassung ist, dass der Wert der Sacheinlagen „nicht unwesentlich hinter dem geringsten Ausgabebetrag der dafür zu gewährenden Aktien" zurückbleibt (etwas schärfer § 9c Abs. 1 Satz 2 GmbHG: „wenn Sacheinlagen überbewertet worden sind"). Im Übrigen sind auf die Erbringung einer Sacheinlage zur Gründung einer Gesellschaft die Vorschriften über den gutgläubigen Erwerb beweglicher Sachen anzuwenden; er scheitert daher erst, wenn der in den Erwerb eingeschaltete Geschäftsleiter oder die übrigen Gründer der Gesellschaft Kenntnis oder grob fahrlässige Unkenntnis der wahren Rechtslage haben.[54]

bb) Sachübernahmen und Nachgründung

Gleichstellung von Sachübernahmen

5.61 Den Sacheinlagen stellt das Gesetz die **Sachübernahmen** gleich. Darunter versteht das Gesetz die Verpflichtung der Gesellschaft, „vorhandene oder herzustellende Anlagen oder andere Vermögensgegenstände [zu] übernehmen" (und zwar gleichgültig, ob von Aktionären *oder* Dritten!), wobei die Gegenleistung hier in Form einer von der Gesellschaft zu „gewährende[n] Vergütung" erfolgt und nicht – wie bei der Sacheinlage – in Aktien (§ 27 Abs. 1 Satz 1 AktG). Das GmbH-Recht kennt diese Differenzierung nicht, sondern erfasst auch Sachübernahmen nur, wenn sie zugleich eine Sacheinlage bilden (§ 19 Abs. 5 GmbHG). Sie sind hier daher nur erfasst, wenn sie mit der Begründung einer neuen oder zusätzlichen Gesellschafterstellung verknüpft sind.

Nachgründung

5.62 Eine zeitliche Ausdehnung dieser Normen findet sich in den Regeln über die **Nachgründung** (Art. 11 Zweite Richtlinie, § 52 AktG). Danach sind „Verträge der Gesellschaft mit Gründern der Gesellschaft oder mit mehr als 10 vom Hundert des Grundkapitals an der Gesellschaft beteiligten Aktionären,[55] nach denen sie vorhandene oder herzustellende Anlagen oder andere Vermögensgegenstände für eine den *zehnten Teil des Grundkapitals* übersteigende Vergütung erwerben soll, und die in den ersten *zwei Jahren seit der Eintragung* der Gesellschaft in das Handelsregister geschlossen werden, [.] nur mit Zustimmung der Hauptversammlung und durch Eintragung in das Handelsregister wirksam."[56] Der Beschluss bedarf nach § 52 Abs. 5 AktG einer qualifizierten Kapitalmehrheit. Zudem bedarf es auch hier einer externen Prüfung und der entsprechenden Berichte (§ 52 Abs. 3 und 4 AktG). Ausgenommen ist in § 52 Abs. 9 AktG n. F., Art. 11 Abs. 2 Zweite Richtlinie ein Erwerb von Vermögensgegenständen im Rahmen der laufenden Geschäfte der Gesellschaft, in der Zwangsvollstreckung oder an der Börse.

---

54) BGH ZIP 2003, 31 = EWiR §264a HGB 1/2003, 67 (*Naujok*); OLG Köln ZIP 2002, 713 = NZG 2002, 679 = EWiR § 5 GmbHG 1/02, 481 (*Thöni*) (n. rkr.).

55) Dabei wird man eine Zurechnung nach dem Vorbild der Rechtsprechung zu den kapitalersetzenden Gesellschafterdarlehen (oben Rz. 5.102) vornehmen können; abw. *Pentz*, ZIP 2001, 1403, 1405.

56) Ausführlich *Reichert*, ZGR 2001, 554 ff.

Die Norm wurde durch das NaStraG insoweit deutlich entschärft, als sie 5.63
jetzt nur noch auf Verträge mit Gründern oder mit wesentlich beteiligten
Aktionären Anwendung findet. Die bislang geltende Fassung vor allem
des § 52 Abs. 1 AktG hatte nämlich vor allem bei frisch an den Neuen
Markt gegangenen Unternehmen zu Schwierigkeiten geführt, zumal die
Regelung nach § 67 Satz 1 UmwG auch für die Verschmelzung durch
Aufnahme entsprechende Anwendung findet.[57] Die Neuregelung wurde
daher sogar mit Rückwirkung zum 1. Januar 2000 in Kraft gesetzt (Art. 7
NaStraG), und zugleich wurde die Geltendmachung der Unwirksamkeit
von Nachgründungsgeschäften auf der Grundlage des alten Rechts nur
noch bis zum 31. Dezember 2001 gestattet (§ 11 EGAktG n. F.).[58] Das
GmbH-Recht kennt keine ausdrückliche Parallelnorm zu den Nachgrün-
dungsvorschriften und muss sich deshalb mit den allgemeinen Grundsätzen der verdeckten Sacheinlagen behelfen.

cc) Verdeckte Sacheinlagen

Die vom Gesetz bei Einbringung von Sacheinlagen aufgestellten Pflichten 5.64 Umgehung der
sind belastend: niemand legt gerne freiwillig offen, welche Sacheinlagen   Sacheinlagevor-
mit welchem Wert er in sein Unternehmen einbringt; hinzu kommt die   schriften: Problem
                                                                                    der verdeckten
unter Umständen kostspielige und langwierige externe Prüfung. Daher   Sacheinlage
liegt die Versuchung nahe, die eigentlich gewollte Sacheinlage nicht offen
zu legen und ihren Wert nicht überprüfen zu lassen und stattdessen vielmehr eine gewöhnliche Bareinlage zu vereinbaren. Nach der Leistung der
Einlage zahlt die Gesellschaft aufgrund eines schon vorher verabredeten
Plans das Geld an den Gesellschafter (oder auf seine Weisung an einen
Dritten) gegen Überlassung des eigentlich zu erbringenden Gegenstandes
zurück („Hin- und Herzahlen").[59] Besonders problematisch sind Fälle,
in denen dem Gesellschafter Darlehensforderungen gegen die Gesellschaft zustehen. Wird hier eine Einlage versprochen, kann die Gesellschaft mit ihrer Einlageforderung gegen die Forderung des Gesellschafters auf Rückzahlung seines Darlehens aufrechnen (§ 66 Abs. 1 Satz 2
AktG, § 19 Abs. 2 Satz 2 GmbHG erfasst nur die Aufrechnung durch den
Gesellschafter). Da hier der Sache nach nicht Geld, sondern die Darlehensforderung des Gesellschafters gegen die Gesellschaft eingelegt wurde,
spricht man von einer **verdeckten oder verschleierten Sacheinlage**. Der

---

57) Zur Kritik an der bislang geltenden Fassung des § 52 AktG und zu den daraus zu
   ziehenden Konsequenzen *Bröcker*, ZIP 1999, 1029; *Lutter/Ziemons*, ZGR 1999, 479;
   Martens, ZGR 1999, 548.
58) Hierzu *Dormann/Fromholzer*, AG 2001, 242; *Eisolt*, DStR 2001, 748; *Pentz*, NZG
   2001, 346; *Reichert*, ZGR 2001, 554; *Werner*, ZIP 2001, 1403.
59) Beispiel: Darlehensgewährung an Gesellschafter zwei Wochen nach Einzahlung des
   Stammkapitals OLG Schleswig ZIP 2000, 1833 = NJW-RR 2001, 175 = ZInsO
   2000, 501 = DB 2000, 2361; kritisch hierzu *Johlke/Bormann*, OLG Schleswig,
   ZInsO 2000, 486; *Bormann/Halaczinsky*, GmbHR 2000, 1022 (Entgegnung durch
   Emde, GmbHR 2000, 1193).

§ 5 Finanzverfassung - System des festen Nennkapitals

BGH sah dies als unzulässige Umgehung der Sacheinlagevorschriften an.[60)]

Folge ist Gesamtnichtigkeit

5.65 Dabei ist davon auszugehen, dass das verdeckte Geschäft jedenfalls bezüglich des schuldrechtlichen Teils insgesamt der Gesellschaft gegenüber unwirksam ist; es kann also nicht in eine unwirksame Verrechnungsabrede und ein unter den Voraussetzungen des § 139 BGB wirksam bleibendes Verkehrsgeschäft aufgespalten werden. Das gilt auch dann, wenn der vereinbarte Wert der Sachleistung im Falle einer „gemischten Sacheinlage" den Betrag der übernommenen Bareinlage erheblich überschreitet.[61)]

„Schütt-aus-Hol-zurück" Verfahren

5.66 Stärker noch als im Aktienrecht wirkte sich die Rechtsprechung zur „verdeckten Sacheinlage" im Bereich der GmbH aus. Hier hatte der BGH die seit vielen Jahren vorwiegend aus steuerlichen Gründen praktizierte Kapitalerhöhung nach dem „Schütt-aus-Hol-zurück"-Verfahren beanstandet. Danach wurde die Ausschüttung von Gewinnen an die Gesellschafter unmittelbar mit einer Barkapitalerhöhung kombiniert. Das Gericht qualifizierte auch dies als eine unzulässige Umgehung der Sacheinlagevorschriften.[62)]

Anwendung der Vorschriften über Kapitalerhöhung aus Gesellschaftsmitteln

5.67 Gerade diese Rechtsprechung relativierte der BGH allerdings inzwischen in einem ganz zentralen Punkt. Wird nämlich *offen gelegt*, dass es sich bei einer (der Form nach) Barkapitalerhöhung in Wirklichkeit um eine Kapitalerhöhung im Schütt-aus-Hol-zurück-Verfahren handelt, so sollen sich Zulässigkeit und Grenzen dieses Vorgehens an den Vorschriften über die Kapitalerhöhung aus Gesellschaftsmitteln messen lassen (§§ 57c ff

---

60) BGHZ 110, 47 = ZIP 1990, 156 = NJW 1990, 982 = EWiR § 183 AktG 1/90, 223 (*Lutter*) = LM § 27 AktG 1965 Nr. 3 – IBH/Lemmerz (AG); verneinend BGHZ 118, 83 = ZIP 1992, 995 = NJW 1992, 2222 – Beton- und Monierbau AG; ebenfalls verneinend BGH ZIP 1995, 1177 = NJW 1995, 2486 – Beton- und Monierbau AG (2. Revisionsentscheidung); OLG Karlsruhe ZIP 1991, 27 = EWiR § 5 GmbHG 1/91, 267 (*Gehling*) (GmbH) (für den Verkauf von Waren durch einen GmbH-Gesellschafter an die GmbH, wenn er mit dem Kaufpreis seine Bareinlage aufbringt); BFHE 183, 187 = ZIP 1998, 471 = NJW 1997, 2837 = BB 1997, 1735 = EWiR § 6 EStG 1/97, 1027 (*Wilken*) = BStBl II 1998, 307 (zum Verzicht auf gegen die Gesellschaft gerichtete Forderungen); zur Abgrenzung von Kapitalaufbringung und Mittelverwendung BGHZ 122, 180 = ZIP 1993, 667 = NJW 1993, 1983 = EWiR § 186 AktG 4/93, 1045 (*Lutter*) – co op AG (dazu *Assmann/Sethe*, ZHR 158 [1994], 646); zusammenfassend *Hirte*, NJW 1996, 2827, 2834, 2841; *ders.*, NJW 2000, 3321, 3328 f.
61) BGH ZIP 1998, 780 = NJW 1998, 1951 = DStR 1998, 730 (*Goette*) = LM H. 8/1998 § 19 GmbHG Nr. 19 (*Noack*) m. teilw. krit. Anm. *Bayer*, EWiR § 19 GmbHG 1/99, 69, 70 – Fassadenbaustoff; ausf. *ders.*, ZIP 1998, 1985, 1990.
62) BGHZ 113, 335 = ZIP 1991, 511 = NJW 1991, 1754 = EWiR § 57 GmbHG 2/91, 1213 (*Frey*) = LM § 57 GmbHG Nr. 3 (Foton) (GmbH); dazu *Crezelius*, ZIP 1991, 499; *von Gerkan*, GmbHR 1992, 433; *Lutter/Zöllner*, ZGR 1996, 164; *Roth*, NJW 1991, 1913; *Sernetz*, ZIP 1993, 1685. Der BGH nahm zudem an, es fehle an der erforderlichen „endgültigen freien Verfügung" (§ 8 Abs. 2 Satz 1 GmbHG); insoweit kritisch *Grunewald*, GesR, 2.C. Rz. 32.

GmbHG). Entschieden wurde dies für die GmbH, doch kann für die Aktiengesellschaft nichts anderes gelten.[63]

Voraussetzung dafür ist damit, dass eine *testierte Bilanz* vorliegt, die *nicht älter als acht Monate* sein darf (§ 210 Abs. 2 AktG, § 57i Abs. 2 GmbHG). Für kleine Kapitalgesellschaften, die an sich nach §§ 316 Abs. 1, 267 Abs. 1 HGB nicht prüfungspflichtig sind, führt dies zur Prüfungspflicht (allerdings nur in Bezug auf die Jahres*bilanz*), wollen sie ihr Kapital im Schütt-aus-Hol-zurück-Verfahren erhöhen. Die Tatsache, dass es sich um eine Kapitalerhöhung im Schütt-aus-Hol-zurück-Verfahren handelt, ist analog § 210 Abs. 4 AktG, § 57i Abs. 4 GmbHG *offen zu legen*. Gerade das für den Gläubigerschutz auch bei der Sachkapitalerhöhung zentrale Transparenzelement bleibt also nach wie vor unverzichtbar. Und schließlich hat der Anmeldende zu *erklären*, dass nach seiner Kenntnis seit dem Stichtag der der Kapitalerhöhung zugrunde gelegten Bilanz keine Vermögensminderungen eingetreten sind, die einer Kapitalerhöhung entgegenstünden, wenn sie am Tag der Anmeldung beschlossen würde (analog § 57i Abs. 1 Satz 1 GmbHG, § 210 Abs. 1 S. 2 AktG). Das Erfordernis, dass die Mindesteinzahlung zur freien Verfügung des Geschäftsleiters eingezahlt werden muss (§ 7 Abs. 2 Satz 1, §§ 56a, 57 Abs. 2 GmbHG, § 36 Abs. 2 Satz 1, § 188 Abs. 2 Satz 1 AktG), ist bei Verwendung tatsächlich erzielten Gewinns zur Einlagenzahlung andererseits nicht berührt.[64]

5.68 Voraussetzungen der (materiellen) Kapitalerhöhung aus Gesellschaftsmitteln

Problematisch ist im Übrigen die Feststellung bzw. der Nachweis von Sachverhalten, bei denen eine verdeckte Sacheinlage anzunehmen ist. Die Rechtsprechung verlangt hier das Vorliegen einer – wenn auch unwirksamen – entsprechenden Abrede zwischen Gesellschafter und Gesellschaft. Der zeitliche und sachliche Zusammenhang zwischen der Bareinlage und dem Gegengeschäft sind dafür Indizien, die allein allerdings nicht ausreichen. Daher steht es der Annahme einer verdeckten Sacheinlage nicht entgegen, wenn das möglicherweise die Bareinlage unterlaufende „Gegen-

5.69 Erfordernis einer Abrede zwischen Gesellschafter und Gesellschaft

---

63) BGHZ 135, 381 = ZIP 1997, 1337 = NJW 1997, 2514 = JZ 1998, 199 (*Hirte*) = DB 1997, 1610 = DStR 1997, 1254 (*Goette*) = EWiR § 57 GmbHG 1/98, 127 (*O. Schultz*) = LM § 57 GmbHG Nr. 5 (*Sailer/Kübler*) = WiB 1997, 916 (*Rosengarten*) = WuB II C. § 57 GmbHG 1.97 (*Fleischer*) (Vorinstanz OLG Köln NJW-RR 1996, 1250); im Anschluss an *Lutter/Zöllner*, ZGR 1996, 164, 178 ff; *Wiedemann*, Großkomm. AktG, § 183 Rz. 112; *ders.*, in: ZGR-Sonderheft 13 (1998), S. 5, 17; ausführlich jetzt auch *Hirte*, Großkomm., § 207 Rz. 8 ff; *Priester*, ZGR 1998, 856; *Sieger/Hasselbach*, GmbHR 1999, 205 ff; zu den Voraussetzungen einer „verdeckten Sacheinlage" beim „Hin- und Herzahlen" auch BGH und OLG Dresden DStR 1997, 1257 (*Goette*).

64) BGHZ 152, 37 = ZIP 2002, 2045, 2047 f = NJW 2002, 3774 = NZG 2002, 1172 = NZI 2003, 50 = DStR 2002, 2088 (GmbH) = EWiR § 7 GmbHG 1/2003, 63 (*Saenger/Scharf*).

geschäft" erst mehr als sechs Monate nach der ursprünglichen Einlageleistung erfolgte.[65)]

Heilung der verdeckten Sacheinlage

5.70 Die – legt man die Rechtsprechung des BGH zugrunde – große Zahl unrichtig durchgeführter Kapitalerhöhungen löste eine Folgedebatte darüber aus, wie derartige Fehler **nachträglich geheilt** werden könnten. Dabei besteht das Hauptrisiko darin, dass ein Gesellschafter im Insolvenzfall die vereinbarte Bareinlage noch leisten muss, die tatsächlich geleistete Sacheinlage aber nur nach den Regeln der ungerechtfertigten Bereicherung als Insolvenzforderung zurückfordern kann. Die Debatte wurde durch einen Beschluss des II. Zivilsenates beendet. Darin erklärte er es für zulässig, die im Rahmen eines Kapitalerhöhungsbeschlusses zu Unrecht festgesetzte Bareinlage auch noch nach Eintragung der Kapitalerhöhung in das Handelsregister durch satzungsändernden Mehrheitsbeschluss der Gesellschafter im Wege der Änderung der Einlagendeckung in eine Sacheinlage umzuwandeln.[66)] Dabei sei ein Bericht zur Änderung der Einlagendeckung von einer Bar- in eine Sacheinlage zu erstatten, der von allen Geschäftsführern und von den von der Änderung betroffenen Gesellschaftern erstattet und unterzeichnet werden müsse. Zudem müsse die Vollwertigkeit der Einlage durch eine von einem Wirtschaftsprüfer testierte Bilanz nachgewiesen werden. Die Prüfung muss sich dabei auf den Zeitpunkt beziehen, der unmittelbar vor der Anmeldung zur Eintragung in das Handelsregister liegt. Die in diesen Fällen regelmäßig auch eingetretene strafrechtliche Haftung wegen fehlerhafter Versicherung (§ 399 Abs. 1 AktG, § 82 Abs. 1 GmbHG), die fingierte Bareinlage stehe zur „freien Verfügung" des Geschäftsleiters (§ 37 Abs. 1 Satz 2 AktG, § 8 Abs. 2 Satz 1 GmbHG), entfällt dadurch allerdings nicht rückwirkend.

Anwendung der „Saldotheorie" bei der Rückabwicklung

5.71 Im Übrigen hat eine bereicherungsrechtliche Rückabwicklung nach den Grundsätzen der „Saldotheorie" zu erfolgen. Eine im Rahmen eines etwaigen „Hin- und Herzahlens" erfolgte Zahlung hat dabei zwar keine Tilgungswirkung; doch kann der Gesellschafter mit seinem Rückforderungsanspruch nach § 812 BGB gegenüber der Bereicherungsforderung

---

65) BGHZ 132, 133 = ZIP 1996, 595 = NJW 1996, 1286 = DZWir 1996, 285 (*von Gerkan*) = DStR 1996, 794 (*Goette*) = LM H. 6/1996 § 5 GmbHG Nr. 14 = EWiR § 19 GmbHG 1/96, 457 (*Trölitzsch*); BGHZ 132, 141 = ZIP 1996, 668, 670 = NJW 1996, 1473 = EWiR § 19 GmbHG 2/96, 509 (*Weipert*) = LM H. 6/1996 § 5 GmbHG Nr. 14; OLG Düsseldorf ZIP 1996, 2109 = NJW-RR 1997, 485 = EWiR § 54 GmbHG 1/97, , 263 (*Bokelmann*); dazu Wiedemann, Großkomm. AktG, § 183 Rz. 92, § 188 Rz. 24.

66) BGHZ 132, 141 = ZIP 1996, 668, 671 ff = NJW 1996, 1473 = JZ 1996, 908 (*Lutter*) = EWiR § 19 GmbHG 2/96, 509 (*Weipert*) = LM H. 7/1996 § 19 GmbHG Nr. 18 (*Noack*) = DStR 1996, 795 (*Goette*); dazu *Bayer*, ZIP 1998, 1985; *Groß*, GmbHR 1996, 721; *Habetha*, ZGR 1998, 305; *Priester*, ZIP 1996, 1025; *Schiessl/Rosengarten*, GmbHR 1997, 772; *Tillmann*, DB 1997, 2509; vorbereitet durch *Butzke*, ZHR 154 (1990), 357, 364 ff; *Joost*, ZIP 1990, 549, 561 ff; *Priester*, DB 1990, 1753, 1758 ff; *Volhard*, ZGR 1995, 286, 292 ff Zu den verfahrensrechtlichen Voraussetzungen einer Anmeldung eines solchen Beschlusses wenig überzeugend OLG Hamburg, EWiR § 19 GmbHG 4/96, 945 m. krit. Anm. *Sernetz*; zur Änderung der Einlagendeckung noch in der Insolvenz (ablehnend) OLG Koblenz, EWiR § 19 GmbHG 2/97, 937 (*Sernetz*) (inzwischen rkr.).

der Gesellschaft aufrechnen, da diese nicht entsprechend § 19 Abs. 5 GmbHG gesichert ist.[67]

d) Kapitalerhöhung

Die hier vorgestellten Regelungen gelten im Wesentlichen gleichermaßen für die spätere Erhöhung des Nennkapitals im Wege der Kapitalerhöhung (§§ 182–191 AktG mit zahlreichen Verweisen auf die Gründungsvorschriften, §§ 55 f GmbHG; dazu unten Rz. 6.13 ff). Dort spielen sie wegen der Längerlebigkeit der Kapitalgesellschaften eine erheblich größere Rolle: es gibt mehr Kapitalerhöhungen vorhandener Gesellschaften als Neugründungen.

5.72 Anwendung der Gründungsvorschriften auf Kapitalerhöhungen

Für Sacheinlagen sei besonders auf Art. 27 Abs. 1 und 2 Zweite Richtlinie, § 183 Abs. 1 und 3 AktG verwiesen. Danach ist über die bei der Gründung vorgesehenen Schutzmechanismen hinaus ein **qualifizierter Mehrheitsbeschluss** erforderlich. Und § 188 Abs. 2 AktG verweist auch für die Kapitalerhöhung auf das Erfordernis der „freien Verfügung" der Einlage.

5.73

3. Kapitalerhaltung

Das Gegenstück zur Kapitalaufbringung bildet die **Kapitalerhaltung**. Sie bedeutet das *Verbot*, das nach Maßgabe der Kapitalaufbringungsvorschriften aufgebrachte Vermögen offen oder verdeckt (1) *an die Gesellschafter* (2) *zurückfließen zu lassen*. Nicht erfasst sind daher – worauf bereits hingewiesen wurde (oben Rz. 5.23) – Vermögensverluste in anderer Weise. Ausreichend ist vielmehr, dass das nach den Kapitalaufbringungsvorschriften aufzubringende Vermögen einmal in Händen der Gesellschaft vorhanden war.

5.74 Kapitalerhaltung als Verbot von Vermögensrückflüssen an die Gesellschafter

Als zentrales Verbot im Rahmen der Kapitalerhaltung statuiert § 57 Abs. 1 Satz 1 AktG, dass den Aktionären nicht die Einlagen zurückgewährt werden dürfen und dass ihnen auch keine Zinsen (also eine vom Vorhandensein eines Gewinns unabhängige Vergütung) auf die Einlagen zugesagt oder ausgezahlt werden dürfen (§ 57 Abs. 2 AktG). Entsprechend ordnet § 30 Abs. 1 GmbHG an, dass das zur Erhaltung des Stammkapitals erforderliche Vermögen nicht an die Gesellschafter ausgezahlt werden darf. Grundsätzlich sind von dem Verbot dabei alle Leistungen erfasst, die mit Bezug auf die Gesellschafterstellung des Empfängers gewährt werden; auch Schadenersatzzahlungen aus Prospekthaftung ge-

5.75 Verbot der Einlagenrückgewähr

---

67) BGH ZIP 1998, 780 = NJW 1998, 1951 = DStR 1998, 730 (*Goette*) = LM H. 8/1998 § 19 GmbHG Nr. 19 (*Noack*) = EWiR § 19 GmbHG 1/99 69, 70 (*Bayer*) – Fassadenbaustoff; ausf. *ders.*, ZIP 1998, 1985, 1990.

hören daher grundsätzlich dazu.[68] Unzulässig sind solche Leistungen dabei nicht nur dann, wenn sie dem Gesellschafter unmittelbar zugute kommen, sondern auch, wenn sie auf Veranlassung des Gesellschafters an Dritte – etwa Familienangehörige oder verbundene Unternehmen – erbracht werden.[69]

Keine Anwendung bei upstream guarantees

5.76 Für Sicherheiten, die eine Tochtergesellschaft zugunsten ihrer Muttergesellschaft gegenüber deren Gläubigern übernimmt (*upstream guarantees*), soll dies nach einem grundsätzlichen Urteil des in erster Linie für das Insolvenzrecht zuständigen IX. Zivilsenats jedoch nicht gelten. Auch sei ein solches Geschäft nicht schon deshalb sittenwidrig, weil und wenn der GmbH danach nicht mehr genügend freies Vermögen bleibt, um ihre Gläubiger zu befriedigen. Ob die Gesellschaft selbst auch das Darlehen (weitergeleitet) erhalte, sei für einen Verstoß gegen die Kapitalerhaltungsvorschriften ohne Bedeutung, zumal hier – im Gegenzug – auch Verbindlichkeiten der besichernden Gesellschaft durch die Muttergesellschaft abgesichert worden seien.[70]

a) Unterschiede zwischen Aktien- und GmbH-Recht

Erhebliche Unterschiede zwischen Aktien- und GmbH-Recht

5.77 Erhebliche **Unterschiede zwischen Aktien- und GmbH-Recht** gibt es allerdings, was die **Reichweite dieses Verbots** angeht. Nach § 57 Abs. 3 AktG darf unter den Aktionären vor Auflösung der Gesellschaft nur der (formell festgestellte) Bilanzgewinn verteilt werden (entsprechend Art. 15 Zweite Richtlinie). Demgegenüber erstreckt sich das Verbot zur Rückgewähr von Einlagen im GmbH-Recht nur auf das zur Erhaltung des Stammkapitals erforderliche Vermögen (§ 30 Abs. 1 GmbHG).[71]

5.78 Das bedeutet für die GmbH einen erheblich weniger weit reichenden Umfang des Kapitalschutzes: denn für die Errechnung des Bilanzgewinnes (§ 58 Abs. 4 AktG) ist der Jahresüberschuss um Zuführungen zu

---

68) Einem Schadenersatzanspruch steht § 57 AktG hier aber nur dann entgegen, wenn die ansonsten ersatzberechtigten Aktionäre ihre Aktien durch *Zeichnung* oder in *Ausübung eines Bezugsrechts* erworben haben: OLG Frankfurt/M. ZIP 1999, 1005 = NZG 1999, 1072 = EWiR § 77 BörsG 1/99, 501 (*Kort*) (inzwischen rkr.) – MHM Mode; Vorinstanz LG Frankfurt/M. ZIP 1998, 641 (*Herwart Huber*); zu dem Problemkreis auch *Hirte*, in: Lutter/Scheffler/Schneider, Handbuch der Konzernfinanzierung (1998), S. 1108, 1111 ff.

69) BGHZ 81, 311, 315 = ZIP 1981, 1200 (GmbH); BGHZ 81, 365, 368 = ZIP 1981, 1332 (GmbH).

70) BGHZ 138, 291 = ZIP 1998, 793 = NJW 1998, 2593 = DStR 1998, 1272 = DZWir 1998, 368 (*Becker-Eberhard*) = EWiR § 30 GmbHG 1/98, 699 (*Eckardt*); ebenso *Abramenko*, GmbHR 1997, 875, 876; *Maier-Reimer*, in: Lutter/Scheffler/Schneider, Handbuch der Konzernfinanzierung (1998), S. 484, 507; *Mülbert*, ZGR 1995, 578, 601 ff (da „Auszahlung" an den Gesellschafter); *Röhricht*, in: VGR, Bd. 1 (1999), S. 1, 12 ff; *Sonnenhol/Groß*, ZHR 159 (1995), 388, 410 ff; abw. *Schön*, ZHR 159 (1995), 351, 366; i.E. ähnlich *Meister*, WM 1980, 390, 395 f; *Peltzer*, GmbHR 1995, 15, 20 ff; *Peltzer/Bell*, ZIP 1993, 1757, 1761 ff (Leistungsverweigerungsrecht gegenüber Sicherungsnehmer); zum Ganzen auch *Hirte*, in: Lutter/Scheffler/Schneider, Handbuch der Konzernfinanzierung (1998), S. 1108, 1111 ff.

71) Besonders deutlich BGHZ 142, 92 = ZIP 1999, 1352 (*Altmeppen*) = NJW 1999, 2817 = DB 1999, 1651 = DStR 1999, 1366 (*Goette*) = EWiR § 823 BGB 3/99, 835 (*Wilhelm*) = LM H. 1/2000 § 823 (B) BGB Nr. 12 (*Roth*).

einer obligatorisch zu bildenden **gesetzlichen Rücklage** (§ 150 AktG) und zu weiteren satzungsmäßig zu bildenden **Gewinnrücklagen** (§ 58 AktG) zu vermindern, bis die gesetzlichen oder satzungsmäßigen Mindestwerte erreicht sind, sofern die Rücklagen nicht – soweit zulässig – wieder aufgelöst wurden. In der GmbH kommt es demgegenüber nur darauf an, dass das Reinvermögen nicht den auf der Passivseite eingestellten Posten Stammkapital unterschreitet. Ist dies einmal der Fall, dürfen selbstverständlich erst recht keine weiteren Auszahlungen getätigt werden.

Beispiel: 5.79

Reichweite der Auszahlungssperre nach § 30 GmbHG

TsdEuro

Aktiva		Passiva	
Vermögen	100	Stammkapital	50
		Verbindlichkeiten	50
	100		100

Bei einer Auszahlung würde das Nettovermögen (= Bruttovermögen abzüglich Verbindlichkeiten) auf unter 50 TsdEuro sinken; eine Auszahlung wäre also unzulässig. Im folgenden Beispiel wäre demgegenüber eine Auszahlung von bis zu EUR 200.000 (= 500.000 abzüglich 250.000 und abzüglich 50.000) unproblematisch.

TsdEuro

Aktiva		Passiva	
Vermögen	500	Stammkapital	50
		Rücklagen/Gewinn	200
		Verbindlichkeiten	250
	500		500

Ein weiterer Unterschied zwischen Aktien- und GmbH-Recht ergibt sich daraus, dass nur § 31 Abs. 3 GmbHG die **Mithaftung der übrigen Gesellschafter** für verbotene Rückzahlungen anordnet (entsprechend § 24 GmbHG für die Kapitalaufbringung); dazu sogleich Rz. 5.93.

5.80 Mithaftung übriger Gesellschafter bei GmbH

b) Verdeckte Gewinnausschüttungen

Das Gebot der Kapitalerhaltung verbietet den Gesellschaftern allerdings nicht, normale Verkehrsgeschäfte mit ihrer Gesellschaft zu tätigen. Solche Geschäfte sind grundsätzlich zulässig: ein Gesellschafter kann also etwa der GmbH, deren Gesellschafter er ist, sein Grundstück verkaufen. Solche Geschäfte bergen allerdings ein erhebliches Risiko in sich, dass sie nicht zu marktüblichen Konditionen (*„at arm's length"*) abgewickelt werden. Dies gilt vor allem bei geschlossenen Gesellschaften und noch ex-

5.81 Verkehrsgeschäfte zwischen Gesellschaft und Gesellschafter nur zu marktüblichen Bedingungen

tremer bei Einpersonen-Gesellschaften. In diesen Fällen wird vor dem Hintergrund der Kapitalerhaltungsvorschriften nur der marktübliche Teil der Gegenleistung als gesellschaftsrechtlich zulässig angesehen; der übersteigende Teil wird als **verdeckte Gewinnausschüttung** wie eine unmittelbare Rückzahlung von zur Kapitalerhaltung erforderlichem Vermögen (§ 30 GmbHG) bzw. als Verstoß gegen § 57 AktG qualifiziert.

5.82 **Beispiele:** GmbH errichtet für Gesellschafter den Rohbau ihres Einfamilienhauses zu einem nicht einmal die Selbstkosten deckenden Preis (BGH ZIP 1987, 575 = NJW 1987, 1194 = EWiR § 30 GmbHG 1/87, 255 (*Westermann*)); Genossenschaft zahlt überhöhte Preise für Milchlieferungen (BGH NJW-RR 1997, 985 = ZIP 1997, 927 = LM H. 9/1997 § 22 GenG Nr. 3).[72]

Geschäftschancenlehre als Sonderfall

5.83 Einen in Voraussetzungen und Rechtsfolgen umstrittenen Sonderfall der verdeckten Gewinnausschüttungen erfasst die **Geschäftschancenlehre**. Sie behandelt gesellschafts- und steuerrechtlich auch solche Fälle als verdeckte Gewinnausschüttungen, in denen eine Gesellschaft auf die Möglichkeit eigener Gewinnerzielung (*„corporate opportunities"*) zugunsten ihrer Gesellschafter verzichtet. Eindeutig gehören dazu etwa die unentgeltliche Überlassung von Gesellschaftseigentum an Gesellschafter zur Nutzung durch diese oder die Abtretung vertraglich gesicherter Rechtspositionen an Gesellschafter.[73]

vGA durch Geschäftsführerbezüge

5.84 Verdeckte Gewinnausschüttungen sind auch darauf zurückzuführen, dass die im Rahmen von Verkehrsgeschäften seitens der Gesellschaft erbrachten Leistungen den steuerpflichtigen Gewinn der Gesellschaft mindern, während Gewinnausschüttungen an die Gesellschafter zunächst der Körperschaftsteuer unterliegen. Besonders häufig waren verdeckte Gewinnausschüttungen daher – jedenfalls bislang – im Bereich der **Geschäftsführer-Bezüge** von GmbH's anzutreffen. Hier spielte daher für den Geschäftsführer, der zugleich (Allein-)Gesellschafter ist, die Höhe der Vergütung auf der Grundlage seines Anstellungsvertrages häufig eine größere Rolle als der Gewinn, den er als Gesellschafter bezieht. Mit der Steuerreform zum 1. Januar 2001 hat sich dies aber geändert: denn seither sind die Kapitalgesellschaften steuerlich deutlich besser gestellt als private Steuerpflichtige; es wird daher attraktiver, Gewinne nicht auszuschütten und nach nur geringer Körperschaftsteuerbelastung zu thesaurieren als sie in Form hoher Drittvergütungen bei deren Empfängern einer hohen Einkommensteuerbelastung zu unterwerfen.[74]

Fremdvergleich als Maßstab bei vGA

5.85 Da verdeckte Gewinnausschüttungen zugleich steuerrechtliche Relevanz haben, werden Verstöße häufig zunächst von den Steuerbehörden aufgedeckt. Sie führen dann dazu, dass der die marktmäßige Vergütung übersteigende Preis der Körperschaftsteuer unterworfen wird. Voraussetzung

---

72) Dazu auch BGH NJW-RR 1997, 984 = LM H. 7/1997 § 157 (d) BGB Nr. 53 (Gen); Überblick bei *Schön*, in: Festgabe Flume, 1998, S. 265 ff.
73) Überblick und Einzelheiten bei *Fleischer*, DStR 1999, 1249 ff.
74) *Rödder*, in: VGR, Bd. 3 (2001), S. 111, 113 f.

dafür ist regelmäßig ein **Fremdvergleich**, wobei am Maßstab des Handelns eines ordentlichen und gewissenhaften Geschäftsleiters zu ermitteln ist, ob die Gesellschaft das Geschäft mit Dritten vernünftigerweise zu anderen Bedingungen getätigt hätte.[75)] Eine Geschäftsführervergütung kann daher etwa darauf hin überprüft werden, ob einem Geschäftsführer, der nicht Gesellschafter ist, die gleiche (hohe) Vergütung gewährt worden wäre. Daraus kann sich in Krisenzeiten für eine Gesellschaft die Verpflichtung ergeben, die Geschäftsführerbezüge zu senken.[76)] Für Aktiengesellschaften gilt dies entsprechend; doch sind verdeckte Gewinnausschüttungen hier seltener anzutreffen, weil und soweit Aktiengesellschaften einen gestreuten Aktionärskreis haben, der nicht mit der Verwaltung „gemeinsame Sache" macht oder machen kann. Auch der Verstoß gegen ein Wettbewerbsverbot durch einen Gesellschafter kann eine verdeckte Gewinnausschüttung darstellen. Darauf und auf die steuerrechtlichen Folgen dieser Qualifikation wurde schon an anderer Stelle eingegangen (dazu oben Rz. 3.70 ff).

Eine **mittelbare verdeckte Gewinnausschüttung** kann auch darin liegen, dass im Rahmen eines Austauschvertrages an eine Gesellschaft gezahlt wird, an der ein Gesellschafter der ausschüttenden Gesellschaft maßgeblich beteiligt ist.[77)]

5.86 Mittelbare vGA

c) Rechtsfolgen

Leistungen, die entgegen Art. 15 Zweite Richtlinie, § 57 AktG, § 30 GmbHG erbracht werden, sind der Gesellschaft von den Gesellschaftern zurückzuerstatten (Art. 16 Zweite Richtlinie, § 62 Abs. 1 AktG, § 31 Abs. 1 GmbHG: Rückeinlageanspruch). Daneben trifft den Geschäftsleiter nach § 93 Abs. 2, 3 Nr. 1 AktG, § 43 Abs. 3 GmbHG gegenüber der Gesellschaft eine persönliche Haftung wegen der unerlaubt zurückgewährten Einlagen.

5.87 Rückgewähransprüche – Haftung der Geschäftsführung

Nach Ansicht des OLG Koblenz sind Erstattungsansprüche nach §§ 30 f GmbHG solche „aus Vertrag" i. S. v. Art. 5 Nr. 1 EuGVÜ, nicht aber solche mit Insolvenzbezug i. S. v. Art. 1 Abs. 2 Nr. 2 EuGVÜ (jetzt durch die EuGVO übernommen).[78)] Die §§ 30, 31 GmbHG sind auf Zuwendungen an die Bundesanstalt für vereinigungsbedingte Sonderaufgaben (früher: Treuhandanstalt) aus dem Vermögen der von ihr gehaltenen Gesellschaften unter Ein-

5.88

---

75) BFH ZIP 1997, 1963 = ZfIR 1997, 675 = NJW 1997, 3190; ebenso bereits BFH NJW 1997, 1806; zum Ganzen *Lawall*, NJW 1997, 1742; *Schön*, in: Festgabe Flume, 1998, S. 265, 282 ff.

76) Zur Pflicht des Geschäftsführers, solchen Herabsetzungen zuzustimmen, BGH ZIP 1992, 1152 = NJW 1992, 2894 = EWiR § 265 ZPO 1/92, 825 (*Fleck*).

77) BGH ZIP 1990, 1593 = NJW 1991, 1057 = EWiR § 32a GmbHG 1/91, 67 (*von Gerkan*) = LM § 41 KO Nr. 15; BGH ZIP 1996, 68 = NJW 1996, 589 = DStR 1996, 271 (*Goette*) = LM H. 4/1996 § 29 GmbHG Nr. 6 = EWiR § 30 GmbHG 1/96, 121 (*Crezelius*)(hinsichtlich der Beteiligung an der begünstigten Gesellschaft entscheidet der Zeitpunkt der Erfüllung des Vertrages); *Schön*, in: Festgabe Flume, 1998, S. 265, 295 ff.

78) OLG Koblenz DStR 2002, 144 (Ls.) m. krit. Anm. *Haas*.

schluss der Gewährung von Sicherheiten nicht anwendbar, sondern werden durch § 25 Abs. 5 und 6 DMBilG verdrängt.[79]

Kein Wegfall der Haftung bei Wiederherstellung des Grundkapitals

5.89 Ein einmal entstandener Erstattungsanspruch nach § 31 Abs. 1 GmbHG entfällt nicht von Gesetzes wegen, wenn das Stammkapital zwischenzeitlich anderweitig bis zur Höhe des Stammkapitals wiederhergestellt wurde.[80] Auch stellt es keinen Verstoß gegen den gesellschaftsrechtlichen Gleichbehandlungsgrundsatz dar, einen Gesellschafter auf Rückzahlung voll in Anspruch zu nehmen, nachdem sich andere über den Anspruch bereits mit der Gesellschaft verglichen haben. Für die entsprechende Anwendung der Grundsätze über die Kapitalerhaltung im Bereich der kapitalersetzenden Gesellschafterdarlehen dürfte diese vom BGH vorgenommene Erweiterung aber nicht gelten.

5.90 Schwieriger liegen die Dinge, wenn die Leistung an die Gesellschafter in ein – der Form nach – gewöhnliches Verkehrsgeschäft gekleidet war. Dann könnte auch ein solches entgegen den Kapitalerhaltungsregeln abgeschlossenes Verkehrsgeschäft ebenso wie das Erfüllungsgeschäft als nach § 134 BGB nichtig angesehen werden; der Aktionär oder GmbH-Gesellschafter hätte dann für die von ihm erbrachte Leistung nur einen Bereicherungsanspruch, mit dem er wegen § 66 Abs. 1 Satz 2 AktG, § 19 Abs. 2 Satz 2 GmbHG nicht gegen den Rückeinlageanspruch der Gesellschaft aufrechnen könnte.

§§ 62 Abs. 1, 31 GmbHG als leges speciales gegenüber §§ 134, 812 ff BGB

5.91 Die Rechtsprechung folgt diesem Ansatz freilich nicht und sieht stattdessen § 62 Abs. 1 AktG, § 31 GmbHG bezüglich der Rechtsfolgen als *leges speciales* gegenüber §§ 134, 812 ff BGB an. Danach richtet sich der Anspruch der Gesellschaft nur auf die Differenz zwischen dem vereinbarten Wert der Einlage und dem tatsächlichen niedrigeren Wert. Daraus folgt zunächst, dass selbst dann, wenn die handelnden Gesellschafter bewusst die Kapitalerhaltungsvorschriften umgehen wollten, kein Raum für die Anwendung des § 134 BGB und daran anknüpfend für einen Rückerstattungsanspruch nach § 812 BGB gegeben ist. Da selbst bei einem bewussten Verstoß gegen § 57 AktG, § 30 GmbHG keine Nichtigkeit des gesamten Verpflichtungs- bzw. Verfügungsgeschäftes eintritt, kann zweitens hinsichtlich des Rückforderungsanspruches der Gesellschaft auf die genaue Feststellung des Bestehens und der Höhe der Unterbilanz bzw. Überschuldung nicht verzichtet werden. Nur wenn der Gesellschafter

---

79) BGHZ 149, 276 = ZIP 2002, 436 = NZG 2002, 237 = NZI 2002, 230 = DStR 2002, 508 = EWiR § 25 DMBilG 1/02, 517 (*Kort*).

80) BGHZ 144, 336 = ZIP 2000, 1251, 1253 = NJW 2000, 2577 = NJW 2000, 2577 = DStR 2000, 1234 (*Goette*) = NZG 2000, 883 = ZInsO 2000, 453 = NZI 2000, 417 = LM H. 11–12/2000 § 30 GmbHG Nr. 69 (*Heidenhain*) – Balsam/Procedo I; BGH ZIP 2000, 1256, 1257 – Balsam/Procedo II; anders noch BGH ZIP 1987, 1113 (*H.P. Westermann*) = NJW 1988, 139 = EWiR § 31 GmbHG 2/87, 1099 (*K. Müller*); zur „Balsam"-Entscheidung *Benecke*, ZIP 2000, 1969; *Kort*, ZGR 2001, 615; *Kurth/Delhaes*, DB 2000, 2577 (mit Erwiderung durch *Bormann*, DB 2001, 907 und *Willemsen*, DB 2001, 910); *Paul*, ZInsO 2000, 583; *Servatius*, GmbHR 2000, 1028; *Wagner/Sperneac-Wolfer*, NZG 2001, 9.

selbst seine Leistung zurückverlangt, muss er seinerseits auch die Einlage (noch bzw. wieder) in vollem Umfang erbringen.[81]

Der Rückgewähranspruch richtet sich grundsätzlich gegen die Gesellschafter, die die verbotene Leistung erhalten haben. Ihnen ist dabei wie bei der originären Kapitalaufbringung eine Aufrechnung untersagt.[82] Die Ersatzpflicht richtet sich dabei auch gegen einen **mittelbaren Gesellschafter**, wenn die verbotene Auszahlung gleichzeitig eine unzulässige Auszahlung der Gesellschaft darstellte, über die er an der Gesellschaft beteiligt ist.[83] Bei Leistungen an **nahe Angehörige** oder dem Gesellschafter **verbundene Unternehmen** kann sich der Rückgewähranspruch auch gegen Nicht-Gesellschafter richten. § 31 Abs. 2 GmbHG schließt eine Rückzahlungsverpflichtung des GmbH-Gesellschafters aus, wenn er die Leistungen der Gesellschaft im guten Glauben erhalten hatte; § 62 Abs. 1 Satz 2 AktG sieht einen solchen Haftungsausschluss nur dann vor, wenn sie ihm „als Gewinnanteile" zugeflossen sind. Die Kapitalerhaltungsvorschriften mit den daraus resultierenden Ansprüchen aus § 62 AktG, § 31 GmbHG richten sich nach einer Grundsatzentscheidung des IX. Zivilsenats des BGH aber nicht an gesellschaftsexterne Dritte (zu diesem Urteil auch oben Rz. 5.76).[84]

5.92 Rückgewähranspruch gegenüber mittelbarem Gesellschafter und Nicht-Gesellschafter

Für verbotene Rückzahlungen ordnet § 31 Abs. 3 GmbHG schließlich die subsidiäre **Mithaftung der übrigen Gesellschafter** an (entsprechend § 24 GmbHG für die Kapitalaufbringung), deren Voraussetzungen die GmbH darzulegen und zu beweisen hat. Die Subsidiarität greift selbst dann, wenn der Gesellschafter an der verbotenen Auszahlung mitgewirkt hat, sofern kein Fall des existenzvernichtenden Eingriffs vorliegt (dazu unten Rz. 5.172 ff). Auch wenn sich diese Haftung nur nach dem Verhältnis der Geschäftsanteile richtet, bedeutet sie doch ein erhebliches Risiko: sie zwingt – dem personalistischeren Charakter der GmbH entsprechend – dazu, sich seine Mitgesellschafter genau anzusehen. Allerdings besteht nach § 31 Abs. 6 GmbHG die Möglichkeit des Regresses beim

5.93 Mithaftung der übrigen Gesellschafter in GmbH

---

81) BGHZ 136, 125 = ZIP 1997, 1450 = NJW 1997, 2599 = DStR 1997, 1216 (*Goette*) = LM H. 2/1998 § 30 GmbHG Nr. 56 = EWiR § 30 GmbHG 1/97, 1089 (*H.P. Westermann*) – Stahltransport; zur Abgrenzung von Einlagenrückgewähr und ungerechtfertigter Bereicherung auch OLG Frankfurt/M. BB 1996, 445 = AG 1996, 324 = DZWir 1996, 244 (*Westermann/Wilhelmi*) = EWiR § 57 AktG 1/96, 197 (*Fleischer*) (inzwischen rkr.) – Küppersbusch; *Karsten Schmidt*, GesR, § 20 III 5, S. 586 f, § 29 II 1 b, S. 884 ff; zweifelnd für die verdeckte Sacheinlage *Wiedemann*, Großkomm. AktG, § 183 Rz. 108.
82) BGHZ 146, 105 = ZIP 2001, 157, 158 = NJW 2001, 830 = DStR 2001, 408 (*Goette*) = NZG 2001, 272 = ZInsO 2001, 264 = GmbHR 2001, 142 (*Müller*) = EWiR § 31 GmbHG 1/01, 327 (*Westermann*); dazu *Paul*, ZInsO 2001, 243; *Peus*, GmbHR 2001, 655.
83) BGH ZIP 1990, 1467 = NJW 1991, 357 = EWiR § 31 GmbHG 2/90, 1211 (*Gerd Müller*) (GmbH).
84) BGHZ 138, 291 = ZIP 1998, 793 = NJW 1998, 2593 = DStR 1998, 1272 = DZWir 1998, 368 (*Becker-Eberhard*) = EWiR § 30 GmbHG 1/98, 699 (*Eckardt*); abw. LG Frankfurt/M. ZIP 1997, 1464 = EWiR § 30 GmbHG 2/97, 1091 (*App*) (inzwischen rkr.) für den Fall, dass der betroffene Dritte (Bank) bei seinem Handeln den Verstoß gegen die Kapitalerhaltungsregeln kannte oder kennen musste (ausführlicher dazu in der 3. Aufl. dieses Werkes Rz. 686).

Geschäftsführer.⁸⁵⁾ Die Ausfallhaftung des § 31 Abs. 3 GmbHG erfasst nicht den gesamten durch Eigenkapital nicht gedeckten Fehlbetrag, sondern ist auf den Betrag der Stammkapitalziffer beschränkt.⁸⁶⁾ Die Haftung ist aber nicht um den Umfang der Beteiligung des nicht zahlenden Gesellschafters zu kürzen.⁸⁷⁾

<small>Keine Anwendung des § 43 Abs. 3 GmbHG über GV hinaus – ggf. pVV des Anstellungsvertrages</small>

5.94 Das Auszahlungsverbot des § 30 GmbHG (und Entsprechendes muss für § 57 AktG gelten) richtet sich nur gegen Geschäftsführer, nicht aber gegen **Prokuristen** und sonstige Mitarbeiter einer Gesellschaft. Diese können aber wegen positiver Vertragsverletzung (§§ 280 Abs. 1, 241 Abs. 2 BGB) ihres Anstellungsvertrages haftbar sein, wenn sie Auszahlungen unter Verstoß gegen die Kapitalerhaltungsvorschriften vornehmen. Sie haften aber – sofern kein vorsätzliches deliktisches Handeln vorliegt – nicht, wenn sie auf Weisung des Geschäftsführers oder mit dessen erklärtem Einverständnis handeln; entsprechend § 43 Abs. 3 Satz 3 GmbHG haften sie auch nicht, wenn sie in zwar ohne Geschäftsführerweisung, aber in Befolgung eines Gesellschafterbeschlusses gehandelt haben.⁸⁸⁾

d) **Erwerb eigener Anteile**

aa) **Grundsätzliches Verbot**

<small>Erwerb eigener Anteile grundsätzlich verboten</small>

5.95 Aus Gründen der Kapitalerhaltung ist schließlich auch der Erwerb eigener Aktien (Art. 19 Zweite Richtlinie, §§ 71 ff AktG) bzw. eigener GmbH-Geschäftsanteile grundsätzlich verboten (§ 33 GmbHG).⁸⁹⁾ Ein solcher Erwerb ist zwar infolge der rechtlichen Selbständigkeit der Aktiengesellschaft bzw. der GmbH ohne weiteres vorstellbar.⁹⁰⁾ Doch würde auch dadurch das Eigenkapital teilweise liquidiert und den begünstigten Aktionären unter Umgehung der dafür sonst bestehenden Schranken (v.a. §§ 57 ff AktG) zurückerstattet. Das US-amerikanische Recht behandelt den Erwerb eigener Anteile daher – konsequent – nur als einen Sonderfall der *distribution*. Zudem treffen spätere Verluste die Gesellschaft doppelt,

---

<small>
85) BGHZ 142, 92 = ZIP 1999, 1352 (*Altmeppen*) = NJW 1999, 2817 = DB 1999, 1651 = DStR 1999, 1366 (*Goette*) = EWiR § 823 BGB 3/99, 835 (*Wilhelm*) = LM H. 1/2000 § 823 (B) BGB Nr. 12 (*Roth*); hinsichtlich der beschränkten Ersatzpflicht der Gesellschafter, die nicht selbst Empfänger der Auszahlung sind, Einschränkung gegenüber BGHZ 93, 146 = ZIP 1985, 279 = NJW 1985, 1030 = EWiR § 30 GmbHG 1/85 (*Priester*).

86) BGHZ 150, 61 = ZIP 2002, 848 = DStR 2002, 1010 = NJW 2002, 1803 = EWiR § 31 GmbHG 1/02, 679 (*Blöse*) = LM H. 9/2002 § 6 GmbHG Nr. 3 (*G.H. Roth*); dazu *Altmeppen*, ZIP 2002, 961.

87) Abw. OLG Oldenburg EWiR § 31 GmbHG 2/01, 761 m. krit. Anm. *von Gerkan*; krit. auch *Hirte*, NJW 2003, 1154, 1156.

88) BGHZ 148, 167 = ZIP 2001, 1458 = DB 2001, 1770 = NJW 2001, 3123 = NZG 2001, 893 = NZI 2002, 38 = EWiR § 30 GmbHG 2/01, 917 (*Keil*); dazu *H.-F. Müller*, ZGR 2003, 441.

89) Zum GmbH-Recht *Kort*, in: Münchener Handbuch GmbH, § 27; *Hueck/Fastrich*, in: Baumbach/Hueck, GmbHG, § 33 Rz. 1; zu früheren Plänen seiner Reform *Wiedemann*, GesR I, S. 564.

90) *Hüffer*, AktG, § 71 Rz. 3; *Lutter*, in: Kölner Komm. z. AktG, § 71 Rz. 17; *Wiedemann*, GesR I, S. 563.
</small>

da der Wert der eigenen Anteile sinkt.[91] Verbandsrechtlich kommt hinzu, dass der Erwerb eigener Anteile einzelne Aktionäre – die Verkäufer – vor anderen bevorzugt und damit der Geschäftsführung die Möglichkeit gibt, die bestehenden Mehrheitsverhältnisse zugunsten oder zu Lasten einzelner Aktionäre zu beeinflussen. Im Extremfall kontrolliert sich daher die Verwaltung selbst.[92] Werden die zu erwerbenden Aktien einer Aktiengesellschaft an der Börse gehandelt, kann durch den Erwerb eigener Aktien auch der Markt manipuliert werden, indem eine nicht vorhandene Nachfrage vorgetäuscht wird.[93]

5.96 *Erwerb eigener Anteile durch verbundene Unternehmen*

Das Verbot des Erwerbs eigener Aktien würde jedoch leicht leer laufen, würde es nur die Fälle eines unmittelbaren Erwerbs eigener Aktien durch eine Aktiengesellschaft erfassen (so der Grundtatbestand des Art. 19 Abs. 1 Zweite Richtlinie, § 71 AktG). Denn dann wäre es ein Leichtes, eine – im Extremfall – 100 %-ige Tochtergesellschaft zu gründen und diese die Aktien der Muttergesellschaft erwerben zu lassen.[94] Aus diesem Grunde erstrecken Art. 19 Abs. 1 Zweite Richtlinie, § 71d AktG das Verbot des Erwerbs eigener Aktien auch auf bestimmte **verbundene Unternehmen** (§§ 15 ff AktG). Für das GmbH-Recht findet sich zwar eine entsprechende Norm nicht. Doch gilt auch hier unter dem Gesichtspunkt des Umgehungsschutzes das Gleiche.

5.97 *Inpfandnahme eigener Anteile*

In ähnlicher Weise verbieten § 71a AktG, Art. 23 Abs. 1 Zweite Richtlinie auch Maßnahmen der Gesellschaft zur „Unterstützung" des Erwerbs eigener Aktien *(„financial assistance")*. Problematisch ist hier vor allem, dass dieses Verbot mit der börsenrechtlichen Haftung bei der Emission von Aktien kollidieren kann.[95] Schließlich ist aus den gleichen Gründen auch die **Inpfandnahme** von eigenen Anteilen als Umgehungstatbestand den gleichen Schranken wie deren Erwerb unterworfen (Art. 24 Abs. 1 Zweite Richtlinie, § 71e Abs. 1 AktG, § 33 Abs. 1 GmbHG).

5.98 *Haftung der Geschäftsleitung – keine Rechte an eigenen Anteilen*

Im Falle eines unerlaubten Erwerbs eigener Anteile trifft den Geschäftsleiter nach § 93 Abs. 2, 3 Nr. 3 AktG, § 43 Abs. 3 GmbHG gegenüber der Gesellschaft eine persönliche Haftung; denn der Sache nach wurden damit unerlaubt Einlagen zurückgewährt. In jedem Fall stehen der Gesellschaft aus eigenen Anteilen keine Rechte zu (Art. 22 Abs. 1 a) Zweite Richtlinie, § 71b AktG). Für die GmbH gilt dies gleichermaßen, auch wenn es insoweit an einer gesetzlichen Anordnung fehlt.[96]

---

91) LG Göttingen AG 1993, 46; *Lutter*, in: Kölner Komm. z. AktG, § 71 Rz. 10 f; *Wiedemann*, GesR I, S. 563.
92) LG Göttingen AG 1993, 46; *Lutter*, in: Kölner Komm. z. AktG, § 71 Rz. 10, 15; *Wiedemann*, GesR I, S. 563 f.
93) *Wiedemann*, GesR I, S. 563.
94) Zu einer solchen Konstellation für die *Zeichnung* eigener Aktien *Hirte*, ZIP 1989, 1233, 1242 f.
95) Dazu *Hirte*, in: Lutter/Scheffler/Schneider, Handbuch der Konzernfinanzierung (1998), S. 1108, 1129 ff.
96) BGH ZIP 1995, 374, 375 = NJW 1995, 1027, 1028 = WiB 1995, 381 (*Eckhardt*) = EWiR § 33 GmbHG 1/95, 369 (W. *Müller*); *Hirte*, NJW 1996, 2827, 2844; *Hueck/Fastrich*, in: Baumbach/Hueck, GmbHG, § 33 Rz. 18.

bb) Ausnahmen

Erwerb eigener Anteile ausnahmsweise zulässig

5.99 § 71 Abs. 1 AktG statuiert allerdings einige Fallgruppen, in denen der Erwerb eigener Aktien **ausnahmsweise erlaubt** ist. Dazu gehört unter anderem der Erwerb mit der Absicht, einen schweren, unmittelbar bevorstehenden Schaden von der Gesellschaft abzuwenden (Art. 19 Abs. 2 Zweite Richtlinie, § 71 Abs. 1 Nr. 1 AktG), oder das Ziel, die Aktien der Belegschaft zum Kauf anzubieten (Art. 19 Abs. 3 Zweite Richtlinie, § 71 Abs. 1 Nr. 2 AktG). Der in diesen Fällen gezahlte Erwerbspreis für die Aktien gilt daher nach § 57 Abs. 1 Satz 2 AktG auch nicht als unerlaubte Einlagenrückgewähr. In den meisten dieser Fälle ist zudem die Obergrenze des Art. 19 Abs. 1 b) Zweite Richtlinie, § 71 Abs. 2 AktG zu beachten und in der Bilanz nach Art. 22 Abs. 1 b) Zweite Richtlinie, § 272 Abs. 4 HGB eine Rücklage für eigene Anteile zu bilden.[97] Das GmbH-Recht ist hier in § 33 Abs. 2 GmbHG deutlich liberaler und verlangt ähnlich § 30 GmbHG im Wesentlichen nur, dass durch den Erwerb nicht das Stammkapital angegriffen wird.[98]

Wichtige Ausnahme: § 71 Abs. 1 Nr. 8 AktG

5.100 Eine besonders bedeutsame Ausnahme wurde durch das KonTraG in § 71 Abs. 1 Nr. 8 AktG (erlaubt durch Art. 19 Abs. 1 a) Zweite Richtlinie) verankert. Danach kann die Hauptversammlung den Vorstand für einen Zeitraum von höchstens 18 Monaten zum Erwerb eigener Aktien ermächtigen; dabei hat sie den niedrigsten und höchsten Gegenwert sowie den zulässigen Umfang des Erwerbsvolumens – höchstens 10 % des Grundkapitals – festzulegen. Der Zweck einer solchen Ermächtigung liegt bei börsennotierten Gesellschaften in erster Linie darin, den Aktionären überschüssige Eigenmittel zurückzugewähren, ohne in einem langwierigen Verfahren das Kapital herabsetzen zu müssen oder mit jedenfalls faktischer Bindung für die Zukunft die Dividende zu erhöhen („Dividendenkontinuität"; dazu unten Rz. 6.53). Der Sache nach handelt es sich in diesen Fällen gleichwohl um eine Art Dividende; da das Vorgehen inzwischen steuerrechtlich aber als normales Umsatzgeschäft qualifiziert wird, ist es attraktiver als eine echte Dividendenzahlung. Mit der Steuerreform zum 1. Januar 2001 und der seither entfallenen Möglichkeit einer Anrechnung des Steuerguthabens der Gesellschaft bei (echten) Gewinnausschüttungen hat es daher noch mehr an Bedeutung gewonnen.[99] Bei ge-

---

97) Zur Anfechtbarkeit eines Beschlusses nach § 71 Abs. 1 Nr. 8 AktG, wenn im Hinblick auf Verluste absehbar ist, dass die im Falle eines Erwerbs eigener Aktien nach § 71 Abs. 2 Satz 2 AktG zu bildende Rücklage nicht gebildet werden kann, OLG München ZIP 2002, 1353, 1354 = NZG 2002, 678 = EWiR § 52 AktG a. F. 1/02, 1029 (*Schwab*).

98) Um dies festzustellen, ist nach Ansicht des BGH in Übereinstimmung mit der h.M. im Schrifttum von fortgeschriebenen Buchwerten auszugehen; nicht aufgelöste stille Reserven dürfen für die Darstellung des Vermögens der Gesellschaft insoweit nicht berücksichtigt werden; BGH ZIP 1996, 1984 = NJW 1997, 196 = LM H. 2/1997 § 33 GmbHG Nr. 2 (*W. Müller*) = EWiR § 33 GmbHG 1/97, 79 (*W. Müller*) = DStR 1996, 1862 (*Goette*). Für die Frage, ob das Stammkapital angegriffen wurde, ist dem freien Vermögen der Gesellschaft der Gesamtbetrag der (auch nicht titulierten) offenen Ansprüche der Gesellschafter gegenüberzustellen; BGHZ 139, 132 = ZIP 1998, 1594 = NJW 1998, 3121 = DStR 1998, 1485 (*Goette*); dazu *Röhricht*, in: VGR, Bd. 1 (1999), S. 1, 3 ff.

99) *Rödder*, in: VGR, Bd. 3 (2001), S. 111, 119 f.

schlossenen Gesellschaften können durch den Erwerb eigener Aktien die Anteile von Gesellschaftern zurückerworben werden, die ihre Aktien etwa wegen einer Vinkulierung nicht auf Dritte übertragen dürfen. Als Zweck ausgeschlossen ist lediglich der (bewusste) Handel in eigenen Aktien als „Maßnahme der Kurspflege" und damit der Marktbeeinflussung.[100]

Um das Risiko von **Gleichbehandlungsverstößen** zu verringern, schreibt § 71 Abs. 1 Nr. 8 Satz 3 AktG ausdrücklich die Anwendbarkeit von § 53a AktG auf Erwerb und Veräußerung der Aktien vor. Das war für die Veräußerung gleich aus welchem Rechtsgrund erworbener eigener Aktien auch früher schon so gesehen worden,[101] allerdings sicher nicht im allgemeinen Bewusstsein. Die Situation ist nicht anders als bei der Ausgabe neuer Aktien im Rahmen einer Erhöhung des Nennkapitals (dazu unten Rz. 6.23 ff). Andererseits verringern Erwerb und Veräußerung eigener Aktien über die Börse das Risiko von Gleichbehandlungsverstößen.[102] Daher legt § 71 Abs. 1 Nr. 8 Satz 4 AktG ausdrücklich fest, dass dieses Vorgehen den Anforderungen des Gleichbehandlungsgrundsatzes genügt. Ob dies auch in extremen Marktsituationen gilt, braucht hier nicht vertieft zu werden. Im Übrigen sind vor allem die Vorschriften über den Ausschluss des Bezugsrechts (unten Rz. 6.23 ff) entsprechend anwendbar (§ 71 Abs. 1 Nr. 8 Satz 5 AktG). Um Insiderhandel im Zusammenhang mit bevorstehenden Erwerben oder Veräußerungen eigener Aktien zu verhindern, schreibt § 71 Abs. 3 Satz 3 AktG eine prophylaktische Meldung der Einräumung einer Ermächtigung nach § 71 Abs. 1 Nr. 8 AktG an die Bundesanstalt für Finanzdienstleistungsaufsicht vor.

5.101 Verringertes Risiko von Gleichbehandlungsverstößen

4. Kapitalersetzende Gesellschafterdarlehen

a) Allgemeines

Gesellschafter dürfen mit ihrer Gesellschaft auch wie normale Dritte in Kontakt treten. Dies gilt auch für die Gewährung von Darlehen. Werden ihnen dabei Vorzugskonditionen eingeräumt, können die in diesem Zusammenhang den Gesellschaftern zugeflossenen Leistungen als verdeckte Gewinnausschüttungen zu qualifizieren sein (dazu oben Rz. 5.81 ff). Problematisch aber ist, ob die Gesellschafter ihren Rückzahlungsanspruch

5.102

---

100) Zusammenfassend jetzt *Bezzenberger*, Erwerb eigener Aktien durch die AG (2002); zur Reform *Hirte*, in: Karsten Schmidt/Riegger, Gesellschaftsrecht 1999 (2000), S. 211, 238 ff; *Jäger*, DStR 1999, 28, 30 ff; *Kindl*, DStR 1999, 1276 ff; *Kleindiek*, in: Hommelhoff/Röhricht, Gesellschaftsrecht 1997 (1998), S. 23 ff, 45 ff; *Martens*, AG 1996, 337 ff; *ders.*, AG 1997, Sonderheft, S. 83, 85 f (mit Kritik an der gesetzlichen Zweckbegrenzung); *Schander*, ZIP 1998, 2087; *Wastl*, DB 1997, 461 ff; *hs*, Wertpapier 23/96, 78 f; *Zimmer*, NJW 1998, 3521, 3528 f; rechtsvergleichend *Benckendorff*, Erwerb eigener Aktien im deutschen und US-amerikanischen Recht (1998); *Pellens/Schremper*, BFuP 2000, 132 ff.
101) So vor allem OLG Hamm ZIP 1983, 1332, 1334 – Westfalia Lünen; OLG Oldenburg AG 1994, 415, 416 f (n. rkr.) – Elsflether Werft; OLG Oldenburg AG 1994, 417, 418 (n. rkr. – Elsflether Werft; dazu *Hirte*, Bezugsrechtsausschluß und Konzernbildung (1986), S. 32; *Timm*, ZHR 153 (1989), 60 ff.
102) So früher schon LG Göttingen AG 1993, 46 f; *Lutter*, in: Kölner Komm. z. AktG, § 71 Rz. 15.

auch in der Insolvenz mit gleichem Rang neben anderen Gläubigern geltend machen dürfen, wenn sie das Darlehen in einem Zeitpunkt gewährt haben, in dem die Gesellschaft zu marktüblichen Bedingungen von Dritten kein Darlehen mehr erhalten hätte.

Behandlung von in der Krise gewährtem Kapital als Eigenkapital

5.103 Der BGH hat dies in mehreren grundlegenden Entscheidungen verneint.[103] Wer einer Kapitalgesellschaft als Gesellschafter in der Krise ein Darlehen gewähre, verhalte sich widersprüchlich, wenn er die überlassenen Gelder später wie ein Drittgläubiger zurückerhalten wolle. Der Sache nach handele es sich vielmehr um Eigenkapital (zum materiellen Eigenkapitalbegriff oben Rz. 5.3). Das Eigenkapital sei nur der Form nach falsch bezeichnet worden, weshalb hier auch von „nomineller Unterkapitalisierung" gesprochen wird. Es wird nicht gefragt, was das tatsächlich „materielle" angemessene Kapital gewesen wäre; vielmehr werden die Gesellschafter an ihrer eigenen Entscheidung zum Umfang der notwendigen Finanzierung festgehalten. Die überlassenen Mittel stellen daher **kapitalersetzende Gesellschafterdarlehen** dar und können in der Krise der Gesellschaft erst mit Nachrang gegenüber den anderen Verbindlichkeiten zurückgefordert werden (so jetzt ausdrücklich § 39 Abs. 1 Nr. 5 InsO). Werden sie gleichwohl zurückgezahlt, ist dies wie eine Rückzahlung von (echtem) Eigenkapital zu behandeln (dazu oben Rz. 5.74 ff). Die Gesellschafter müssen der Gesellschaft also insbesondere nach § 62 Abs. 1 AktG, § 31 Abs. 1 GmbHG die erhaltenen Leistungen zurückgewähren. Zudem dürfen ihnen für ein kapitalersetzendes Gesellschafterdarlehen keine Zinsen gezahlt werden; erhaltene Zinsen sind ebenso wie ein zurückgewährtes Darlehen zurückzuzahlen.[104]

5.104 Bei dieser Lösung wird nicht verkannt, dass es für die Gewährung von Darlehen anstelle einer Zuführung von (als solchem bezeichnetem) Eigenkapital auch gute Gründe geben kann. Zu nennen ist zum einen das kostspielige und zeitraubende Verfahren einer Kapitalerhöhung, zum anderen die in den Grenzen der verdeckten Gewinnausschüttung zulässige Abzugsfähigkeit der von der Gesellschaft gezahlten Darlehenszinsen bei der (steuerlichen) Gewinnermittlung.[105]

Finanzierungsfolgeverantwortung der Gesellschafter

5.105 Nur: diese im gemeinsamen Interesse von Gesellschaft und Gesellschaftern liegenden Gesichtspunkte können nicht den Gläubigern entgegengehalten werden. Denn es wäre widersprüchlich, wenn jemand, der als Gesellschafter in der Krise im Bewusstsein des darin liegenden Risikos Kapi-

---

103) Grundlegend BGHZ 31, 258, 268 ff – Luft-Taxi; BGHZ 76, 326, 328 ff = ZIP 1980, 361; BGHZ 81, 311, 314 ff = ZIP 1981, 1200 = NJW 1982, 383 = LM § 30 GmbHG Nr. 14a (*Fleck*); BGHZ 81, 365 = NJW 1982, 386 = ZIP 1981, 1332 = LM § 30 GmbHG Nr. 30 (*Brandes*); dazu *Habersack*, ZHR 162 (1998), 201; *Hueck/Fastrich*, in: Baumbach/Hueck, GmbHG, § 32a Rz. 73; *Obermüller*, ZInsO 1998, 51; *Wiedemann*, Großkomm. AktG, vor § 182 Rz. 12.

104) BGHZ 109, 55, 66 = ZIP 1989, 1542 = NJW 1990, 516 = EWiR § 32a GmbHG 1/90, 371 (*Fabritius*); *Hueck/Fastrich*, in: Baumbach/Hueck, GmbHG, § 32a Rz. 57.

105) Zum steuerlichen Hintergrund der kapitalersetzenden Gesellschafterdarlehen *Goette*, DStR 1997, 2027 f; *ders.*, ZHR 162 (1998), 223, 225 f; vgl. auch den Diskussionsbericht von *Schäfer*, ZHR 162 (1998), 232, 233.

tal einschießt, das verwirklichte Risiko, dass sich dadurch die Krise nur verlängert und das Eigenkapital weiter verringert hat, auf die (übrigen) Gläubiger verlagern könnte.[106)]

Tatbestandliche Voraussetzung für die Annahme eines solchen kapitalersetzenden Gesellschafterdarlehens ist dabei, dass die Gesellschaft ihren zur Geschäftsfortführung notwendigen Kapitalbedarf im gleichen Zeitpunkt nicht durch entsprechenden Kredit von dritter Seite zu marktüblichen Bedingungen hätte decken können.[107)] Die Formulierung des Gesetzes in § 32a Abs. 1 Satz 1 GmbHG – „Hat der Gesellschafter der Gesellschaft in einem Zeitpunkt, in dem ihr die Gesellschafter als ordentliche Kaufleute Eigenkapital zugeführt hätten (Krise der Gesellschaft), statt dessen ein Darlehen gewährt, [...]" – wurde schon immer in der gleichen Weise verstanden.[108)] Und daher hat der Gesetzgeber durch Art. 10 Nr. 1 des Gesetzes zur Kontrolle und Transparenz im Unternehmensbereich (KonTraG) vom 27. April 1998 (BGBl I, 786) die jetzige Legaldefinition eingeführt.[109)] Im Anschluss an eine Entscheidung des österreichischen Obersten Gerichtshofs wird jetzt sogar mit beachtlichen Argumenten erwogen, nicht nur Darlehen von Gesellschaftern, sondern auch von diesen erbrachte Dienstleistungen als kapitalersetzend zu behandeln, also nicht nur einen etwaigen Vergütungsanspruch, der in jedem Fall kapitalersetzenden Charakter haben kann.[110)]

5.106 Krise der Gesellschaft als Voraussetzung

Inhaltlich hat der BGH betont, dass die Feststellung, ob sich das Unternehmen in der Krise befindet, für jedes Darlehen gesondert zu treffen ist. Hat ein früher gewährtes Darlehen einmal kapitalersetzenden Charakter angenommen, ist diese Entscheidung mithin für weitere Darlehen nicht präjudiziell. Lediglich für nach Eintritt der Überschuldung (§ 19 Abs. 2 InsO; dazu oben Rz. 3.60 ff) gewährte Darlehen ist nach Auffassung der Rechtsprechung immer davon auszugehen, dass es unmöglich ist, Darlehen von Dritten zu erlangen; weitere Darlehen sind daher immer als kapitalersetzend zu qualifizieren.[111)] Mit der Umqualifikation kapitalersetzen-

5.107 Zwingende Vermutung einer Krise bei Überschuldung (§ 19 Abs. 2 InsO)

---

106) BGHZ 109, 55, 57 = ZIP 1989, 1542 = NJW 1990, 516 = EWiR § 32a GmbHG 1/90, 371 (*Fabritius*).
107) BGHZ 76, 326, 330 = ZIP 1980, 361; BGHZ 90, 381, 390 = ZIP 1984, 572 = NJW 1984, 1893 – Beton- und Monierbau; BGHZ 105, 168, 184 f = ZIP 1988, 1248 = NJW-RR 1989, 33; BGH NJW 1996, 722 = ZIP 1996, 273 = WM 1996, 259 = DStR 1996, 555 (*Goette*) = LM H. 5/1996 § 32b GmbHG Nr. 10 = EWiR § 32b GmbHG 1/96, 171 (*von Gerkan*); OLG Celle ZIP 1996, 1994 = EWiR § 32a KO 1/97, 225 (*Wissmann*) (auch bei kurzfristigen Zwischenfinanzierungen); BGH NJW 1997, 3171, 3172 = ZIP 1997, 1648, 1650 = EWiR § 32a GmbHG 3/97, 893 (*Pape*) = LM H. 1/1998 § 32a GmbHG Nr. 28; *Hueck/Fastrich*, in: Baumbach/Hueck, GmbHG, § 32a Rz. 43.
108) *Hueck/Fastrich*, in: Baumbach/Hueck, GmbHG, § 32a Rz. 43.
109) Dazu *Obermüller*, ZInsO 1998, 51, 53; *Seibert*, GmbHR 1998, 309, 310.
110) Dafür *Haas/Dittrich*, DStR 2001, 623, zu öOGH (Urt. v. 24. 2. 2000 – 8 Ob 136/99 d).
111) BGHZ 119, 201 = ZIP 1992, 1382 = NJW 1992, 2891 = EWiR § 32a GmbHG 6/92, 1093 (*Hunecke*) – Dornier. Die Aussagen dieser Entscheidung zum Ausschluss der Insolvenzantragspflicht bei positiver Fortführungsprognose sind freilich durch § 19 Abs. 2 InsO überholt; dazu oben Rz. 3.64.

der Darlehen bereits bei Eintritt der „Krise" soll ein zusätzlicher Gläubigerschutz im Vergleich zum Insolvenzverfahren geschaffen werden, der Gläubigerschutz also ganz bewusst in die Phase vorverlegt werden, in der die Gesellschaft noch nicht insolvent ist.[112]

Keine hohen Anforderungen an Nachweis einer Krise	5.108 An den **Nachweis**, zurückgezahlte Kredite seien im Zeitpunkt ihrer Rückzahlung kapitalersetzend gewesen, sind *keine übertriebenen Anforderungen* zu stellen. Ausreichend für den erforderlichen Vortrag der Kreditunwürdigkeit der Gemeinschuldnerin im Zeitpunkt der Darlehensgewährung bzw. des Stehenlassens ist nach Auffassung des II. Zivilsenates die Behauptung, die Gesellschaft habe die Hälfte ihres Stammkapitals verloren, wenn sie nicht gleichzeitig über noch belastbare Vermögensgegenstände verfüge. Ein weiteres Indiz könne die Tatsache sein, dass die Gesellschaft fällige Verbindlichkeiten in erheblichem Umfang nicht mehr begleichen konnte. Hinzu könne schließlich ein erheblicher Grad von Überschuldung im Zeitpunkt der Eröffnung des Insolvenzverfahrens kommen, wenn die Überschuldung nicht erst kurz vor Stellung des Insolvenzantrags eingetreten sein kann. Zur Widerlegung einer durch Sachverständigenbeweis festgestellten Überschuldung reiche auch nicht die unsubstantiierte Behauptung des höheren Wertes vorhandener Erzeugnisse oder die Behauptung der Erbringung zusätzlicher nicht bilanzierter Leistungen aus; auch lasse sich eine gutachtlich belegte negative Fortführungsprognose nicht durch Verweis auf Aufträge widerlegen, die sich erst zwei Jahre nach Eintritt der Insolvenzsituation auswirken würden.[113]
Nachweis mit Buchwerten nicht per se hinreichend	5.109 Allerdings ist es nicht ausreichend, den Nachweis einer Kreditunwürdigkeit allein unter Hinweis auf das Vorliegen einer Unterbilanz nach fortgeführten Buchwerten zu stützen; ergeben sich in einem solchen Fall greifbare Anhaltspunkte für das Vorhandensein stiller Reserven, die als Sicherheit für externe Kreditgeber in Betracht kommen, hat die Gesellschaft (bzw. deren Insolvenzverwalter) nachzuweisen, dass trotzdem keine Kredite von Dritten mehr hätten erlangt werden können.[114] Eine sich aus der Handelsbilanz ergebende Überschuldung hat daher für die

---

112) BGHZ 109, 55, 59 f = ZIP 1989, 1542 = NJW 1990, 516 = EWiR § 32a GmbHG 1/90, 371 (*Fabritius*); BGHZ 127, 1, 5 f = ZIP 1994, 1261 = NJW 1994, 2349 = LM H. 11/1994 § 177a HGB Nr. 2 (*Heidenhain*) = EWiR § 32a GmbHG 3/94, 1201 (*Timm*) – Lagergrundstück III; BGHZ 127, 17, 32 = ZIP 1994, 1441 = NJW 1994, 2760 = LM H. 1/1995 § 172a HGB (*Heidenhain*) = EWiR § 32a GmbHG 2/94, 1107 (*Fleck*) = WuB II C. §32a GmbHG 1.95 (*Hirte*) – Lagergrundstück IV; *Goette*, DStR 1997, 2027, 2030; *Hueck/Fastrich*, in: Baumbach/Hueck, GmbHG, § 32a Rz. 43.

113) BGH NJW 1996, 720 = ZIP 1996, 275 = WM 1996, 256 = DStR 1996, 553 (*Goette*) = LM H. 5/1996 § 32b GmbHG Nr. 9 = EWiR § 32b GmbHG 2/96, 217 (*Fleck*); BGH NJW 1997, 3171 = ZIP 1997, 1648 = LM H. 1/1998 § 32a GmbHG Nr. 28 = EWiR § 32a GmbHG 3/97, 893 (*Pape*); BGH ZIP 1998, 243 = NJW 1998, 1143 = DStR 1998, 426 (*Goette*) = EWiR § 32a GmbHG 2/98, 179 (*von Gerkan*); ähnlich OLG Düsseldorf GmbHR 1997, 350 = EWiR § 41 KO 1/97, 759 (*Pape*); dazu *Pape*, ZIP 1996, 1409 ff und *von Gerkan/Hommelhoff*, Kapitalersatz im Gesellschafts- und Insolvenzrecht (5. Aufl., 1997), S. 85, Rz. 3.48; w. N. bei *Hirte*, NJW 2000, 3321, 3329 f.

114) BGH ZIP 1999, 1524 = NJW 1999, 3120.

Kreditunwürdigkeit nur indizielle Bedeutung.[115] Indizwirkung für das Vorliegen einer Krise hat aber die Tatsache, dass die Gesellschaft auf Sicherheiten ihres Gesellschafters zur Absicherung von ihr aufgenommener Kredite zurückgreifen muss.[116]

| 5.110 | Maßgeblicher Zeitpunkt |

Für die Beurteilung des kapitalersetzenden Charakters eines Darlehens soll es nach Auffassung des IX. Zivilsenats auf den **Zeitpunkt** der Kreditzusage und nicht auf den der (späteren) Auszahlung bzw. Gewährung ankommen. Das erscheint zweifelhaft: denn das Gesetz spricht vom „Gewähren" und nicht vom „Versprechen". Zum Zeitpunkt des bloßen Versprechens fehlt es aber an jeder Basis für ein Vertrauen, dass die der Gesellschaft zugeführten Mittel noch als Eigenkapital dienen sollten, solange die Mittel nicht auch formal als solches zugeführt wurden. Die bloße Darlehenszusage dürfte zudem wegen der Möglichkeit der Kündigung (§ 490 Abs. 1 BGB [= § 610 BGB a. F.]) kaum selbst als Eigenkapitalersatz in Betracht kommen.[117]

Ein Rückzahlungsverbot kann sich daher etwa in folgender Situation ergeben:

Beispiel: Kapitalersetzende Gesellschafterdarlehen   5.111

TsdEuro

Aktiva		Passiva	
Vermögen	200	Stammkapital	50
		Verbindlichkeiten	
		– gegenüber Ges.	50
		– gegenüber Dritten	100
	200		200

Hat das Darlehen kapitalersetzenden Charakter, weil eine Krise der Gesellschaft vorliegt, ist eine Rückzahlung der Gesellschafterdarlehen unzulässig. Darlehen Dritter dürfen demgegenüber auch jetzt noch bedient werden.   5.112

Haben die Gesellschafter eigenkapitalersetzende Darlehen gewährt, so können sie ihre Rückforderung auch nicht in einem Liquidations- oder Zwangsvergleich geltend machen. Eine solche Annahme ließ sich zwar aus dem Wortlaut des früheren § 32a Abs. 1 Satz 2 GmbHG ableiten, jedoch ist diese Auslegung nicht zwingend. Nach Ansicht des BGH würden aber nicht zu rechtfertigende und dem Sinn der Kapitalerhaltungsregeln widersprechende Ergebnisse erzielt, wenn der Darlehensgeber in diesen Vergleichsformen zuungunsten der übrigen Gläubiger am Vergleich teilnähme und damit besser gestellt wäre, als wenn er der   5.113   Keine Rückforderung bei Liquidations- oder Zwangsvergleich

---

115) BGH ZIP 2001, 242 = NJW 2001, 1136 = DStR 2001, 139 (*Goette*) = NZG 2001, 222 = NZI 2001, 202 = ZInsO 2001, 222; BGH ZIP 2001, 839 = DStR 2001, 860 = ZInsO 2001, 467 = NZI 2001, 300; abw. OLG Karlsruhe DStR 2000, 1529 (Ls.) (*Haas*); LG Kiel ZIP 2001, 978, 979 f = ZInsO 2001, 326 (n. rkr.).
116) OLG Frankfurt/M. NZG 2000, 546 = DStR 2000, 1576 [Ls.] (*Haas*).
117) BGHZ 133, 298 = NJW 1996, 3203 = ZIP 1996, 1829 = WM 1996, 1983 = BB 1996, 2316 = DB 1996, 2271 = GmbHR 1996, 844 = LM H. 1/1997 § 32a GmbHG Nr. 26 = WiB 1996, 1100 (*Wilken*) = DStR 1996, 1779 (*Goette*) = EWiR § 32a GmbHG 2/96, 1087, 1088 m. krit. Anm. *Fleck*.

Gesellschaft haftendes Eigenkapital zugeführt hätte. Ein solches Ergebnis stünde damit im diametralen Widerspruch zum Sinn und Zweck der Kapitalschutzregeln.[118] Für den Insolvenzplan des neuen Insolvenzrechts ist dies explizit in § 264 Abs. 3 i. V. m. § 39 Abs. 1 Nr. 5 InsO festgelegt.

b) Kodifikation in der GmbH-Novelle

5.114 Die Rechtsprechung zu den kapitalersetzenden Gesellschafterdarlehen war so überzeugend, dass sie vom Gesetzgeber im Rahmen der GmbH-Novelle 1980 in Form der §§ 32a, 32b GmbHG (§ 32a KO [heute § 135 InsO], § 3b AnfG [heute § 6 AnfG], § 172a HGB) – allerdings nur für die GmbH – rezipiert wurde.[119]

Nur bruchstückhafte Regelungen in den §§ 32a, 32b GmbHG – Abweichung von Rechtsprechungsregeln

5.115 Allerdings weicht die vom Gesetzgeber gewählte Lösung in mehreren zentralen Punkten – vor allem bei den Rechtsfolgen – von dem bis dahin praktizierten Ansatz der Rechtsprechung ab. Denn zum einen beschränkt § 32a Abs. 1 GmbHG den Rückzahlungsanspruch nur in der Insolvenz bzw. erlaubt seine Geltendmachung durch Gläubigeranfechtung; die analoge Anwendung der §§ 30, 31 GmbHG erlaubt aber auch die Rückforderung von im Vorfeld oder außerhalb der Insolvenz gezahlten Leistungen. Das hat zum Zweiten die Anwendbarkeit unterschiedlicher Fristen zur Folge: denn §§ 32a, 32b GmbHG wirken nur in den kürzeren Anfechtungsfristen (ein Jahr vor dem Antrag auf Eröffnung des Insolvenzverfahrens; § 135 Nr. 2 InsO), während für entgegen §§ 30, 31 GmbHG erbrachte Leistungen die fünfjährige Verjährungsfrist des § 31 Abs. 5 GmbHG, § 62 Abs. 3 AktG gilt. Dann erlauben §§ 32a, 32b GmbHG aber andererseits eine Rückforderung der gesamten in der Krise gewährten Darlehen; analog §§ 30, 31 GmbHG kann demgegenüber nur der Betrag zurückgefordert bzw. insoweit eine Auszahlung verweigert werden, als dadurch das zur Erhaltung des Stammkapitals erforderliche Vermögen i. S. v. § 30 Abs. 1 GmbHG zurückgewährt würde.[120]

Besserstellung des Gesellschafters im Rahmen der Rechtsprechungsregeln

5.116 Schließlich steht der Gesellschafter nach den Rechtsprechungsregeln insoweit besser, als er die Möglichkeit hat darzulegen und zu beweisen, dass eine einmal eingetretene eigenkapitalersetzende Wirkung seiner Leistung

---

118) BGH ZIP 1995, 816 = NJW 1995, 1962 = EWiR § 32a GmbHG 5/95, 891 (*Balz*) = DStR 1995, 1070 (*Goette*); dazu Goette, DStR 1997, 2027, 2028.

119) Dazu *Karsten Schmidt*, GesR, § 18 III 4, S. 530 ff; *ders.*, ZIP 1993, 161; *Wiedemann*, GesR I, S. 568 f; *ders.*, Großkomm. AktG, vor § 182 Rz. 11 ff; zur Erweiterung der Regelungen auf die Nutzungsüberlassung BGHZ 109, 55 = ZIP 1989, 1542 = NJW 1990, 516 = EWiR § 32a GmbHG 1/90, 371 (*Fabritius*); BGHZ 121, 31 = ZIP 1993, 189 = EWiR § 32a GmbHG 5/92, 999 (*von Gerkan*) – Lagergrundstück II; zur Erweiterung auf den Pfandgläubiger BGHZ 119, 191 = ZIP 1992, 1300 = NJW 1992, 3035; zur möglichen Erweiterung auf sonstige Gesellschafterleistungen, insbes. eine Geschäftsführertätigkeit *Goette*, Die GmbH nach der BGH-Rechtsprechung (1997), S. 102; *Claussen*, GmbHR 1996, 316, 318; *Dauner-Lieb*, DStR 1998, 609; kritisch jedoch *Claussen*, GmbHR 1996, 316, 320 ff; *Götz/Hegerl*, DB 1997, 2365 ff; *Grunewald*, GmbHR 1997, 7 ff; *Reiner*, in: Verantwortung und Gestaltung. Festschrift Boujong, 1996, S. 415 ff, 420 ff.

120) BGHZ 76, 326, 332 ff = ZIP 1980, 361; dazu *Hueck/Fastrich*, in: Baumbach/Hueck, GmbHG, § 32a Rz. 77.

nicht mehr ununterbrochen fortbestanden hat,[121] während nach den §§ 32a, 32b GmbHG und den früheren § 32a Satz 2 KO, § 3b Satz 2 AnfG a. F. (entsprechend dem jetzigen § 135 InsO, § 6 AnfG n. F.) insoweit eine unwiderlegliche Vermutung eingreifen soll.[122] Die erneute Umqualifikation eines nach den Rechtsprechungsregeln wieder frei gewordenen Darlehens in einer erneuten Krise bleibt aber möglich. Ein weiterer Unterschied kann sich ergeben, wenn man die Zurechnungsvorschrift des § 138 InsO nicht in Anlehnung an das heutige gesellschaftsrechtliche Verständnis interpretiert.[123]

Um den durch die Rechtsprechung bereits erreichten – und teilweise weitergehenden – Standard nicht aufzugeben, entschied der BGH, dass die §§ 32a, 32b GmbHG (die „Novellenregeln") *neben* den bereits analog §§ 30, 31 GmbHG (die „Rechtsprechungsregeln") entwickelten Schutz treten sollten.[124]

5.117 Fortgeltung der Rechtsprechungsregeln neben §§ 32a, 32b GmbHG

Im Ergebnis existieren daher jetzt zwei in den genannten Punkten unterschiedliche Systeme zur Erfassung kapitalersetzender Gesellschafterdarlehen nebeneinander. Das ist heute nicht mehr streitig.[125] Die „Rechtsprechungslösung" ist dabei mit Abstand und auch nach Inkrafttreten der InsO die wichtigere.

5.118

Daher entschied der BGH etwa, dass auf den Anspruch auf Erstattung des Wertes einer kapitalersetzenden Sicherheit (§ 32b GmbHG) die Ausschlussfrist des § 41 Abs. 1 KO (entsprechend jetzt die Verjährungsfrist des § 146 InsO) analog anwendbar sei.[126] Diese Analogie greift aber nicht, soweit Rückgewähransprüche der Gesellschaft nach der neben den Anfechtungsvorschriften weitergeltenden Rechtsprechung zum Eigenkapitalersatz (§§ 30, 31 GmbHG analog) in Rede stehen.[127]

5.119

Bei allen vorgestellten kapitalersetzenden Leistungen – und das war einer der Gründe für die gleich vorzustellenden Reformforderungen – spielt es keine Rolle, *wann* die Gesellschafterstellung begründet wurde. Schädlich

5.120 Kapitalersetzende Gesellschafterleistung auch bei erst nachträglichem Anteilserwerb

---

121) BGH ZIP 1987, 1113 (*H.P. Westermann*) = NJW 1988, 139 = EWiR § 31 GmbHG 2/87, 1099 (*K. Müller*); Goette, DStR 1997, 2027, 2028.
122) BGHZ 90, 370, 381 = ZIP 1984, 698, 701 = NJW 1984, 1891, 1893; kritisch *Kilger/Karsten Schmidt*, KO, § 32a Anm. 3 c a.E.; zweifelnd auch *von Gerkan* ZGR 1997, 173, 200; abw. für das neue Recht wegen der auf zehn Jahre verlängerten Frist der Nr. 1 *Wilken*, ZIP 1996, 61, 63.
123) Vgl. daher die „gesellschaftsrechtliche" Auslegung durch *Hirte*, ZInsO 1999, 429, 430 ff; sowie *Uhlenbruck/Hirte*, InsO, § 138 Rz. 23 ff.
124) BGHZ 90, 370, 380 = ZIP 1984, 698 = NJW 1984, 1891 (GmbH) (lesenswert dazu *Karsten Schmidt*, JZ 1984, 880 f); BGHZ 90, 381, 385 = ZIP 1984, 572 = NJW 1984, 1893 – Beton- und Monierbau; BGHZ 95, 188, 192 = ZIP 1985, 1198 = NJW 1985, 2947 = EWiR § 171 HGB 2/85, 793 (*Crezelius*); BGH ZIP 1985, 1075, 1076 = NJW 1985, 2719, 2720 = EWiR § 32a GmbHG 3/85, 685 (*Fleck*); BGH NJW 2000, 3278 = ZIP 2000, 1489 f = DStR 2000, 1524 (*Goette*) = ZInsO 2000, 498 = NZI 2000, 528 = NZG 2000, 1029 = EWiR § 30 GmbHG 1/01, 19 (*von Gerkan*); OLG München GmbHR 1991, 530; dazu *Habersack*, ZHR 162 (1998), 201, 202; *Hueck/Fastrich*, in: Baumbach/Hueck, GmbHG, § 32a Rz. 74.
125) Für eine stärker insolvenzrechtliche Erfassung des gesamten Kapitalersatzrechts aber jetzt *Haas* NZI 2001, 1 ff.
126) BGH ZIP 1993, 1614 = NJW 1993, 3265 = EWiR § 41 KO 2/93, 1217 (*Paulus*).
127) BGH ZIP 1994, 31 = EWiR § 41 KO 1/94, 805 (*Paulus*); OLG Düsseldorf, GmbHR 1997, 350 = EWiR § 41 KO 1/97, 759 (*Pape*) (inzwischen rkr.).

ist es daher auch, wenn ein Kreditgeber – etwa eine Bank – nachträglich auch Gesellschaftsanteile übernimmt: sowohl die früher gewährten „Altdarlehen" als auch etwaige „Neudarlehen" können dann grundsätzlich umqualifiziert werden.[128] Und andererseits unterliegt auch ein ausgeschiedener Gesellschafter, dessen Leistung im Zeitpunkt des Ausscheidens kapitalersetzend geworden war, noch der Erstattungshaftung (dazu auch oben Rz. 5.87).[129]

c) Bilanzierung kapitalersetzender Darlehen

Bilanzierung als Passiva

5.121 In der normalen **Handelsbilanz** sind kapitalersetzende Darlehen immer wie echte Darlehen als **Passiva zu bilanzieren**. Dies gilt auch dann, wenn die Bilanz dazu dient, den Umfang einer eventuellen Unterbilanz- bzw. Vorbelastungshaftung analog § 9 Abs. 1 GmbHG (dazu oben Rz. 2.30 f) zu ermitteln. Denn Zweck der Unterbilanzhaftung sei sicherzustellen, dass der Gesellschaft das zugesagte Stammkapital zumindest am Tag der Handelsregistereintragung wertmäßig zur Verfügung steht. Diesem Zweck würde es widersprechen, wenn bilanziell der Eigenkapitalersatz dem Eigenkapital gleichgestellt würde. Denn dies führte unter Umständen dazu, dass das Darlehen bei Gesundung der Gesellschaft wieder abgezogen würde und der Gesellschaft nicht mehr zur Verfügung steht. Damit würde sich für die Gesellschafter die Möglichkeit eröffnen, sich durch das Einbringen von Darlehen, die vorübergehend kapitalersetzenden Charakter annehmen, endgültig der Eigenkapitalzuführung im Rahmen der Unterbilanzhaftung zu entziehen. Denn es entstünde ein positiver Saldo, so dass die benannte Nennkapitalsumme nicht (mehr) auf den Zeitpunkt der Eintragung zur Verfügung gestellt werden muss. Das wäre mit den zwingenden Kapitalaufbringungs- und -erhaltungsvorschriften nicht vereinbar.[130] Steht fest, dass ein Darlehen in der Krise der Gesellschaft kapitalersetzenden Charakter erlangt hat, ist dies besonders mit einem „Davon-Vermerk" in der Bilanz auszuweisen.[131]

Berücksichtigung in der Überschuldungsbilanz – Erfordernis eines Rangrücktritts

5.122 Sehr umstritten war demgegenüber die Behandlung kapitalersetzender Darlehen in der für die Frage einer eventuellen Insolvenzantragstellung maßgeblichen **Überschuldungsbilanz** (§ 19 Abs. 2 InsO). Hier hat der BGH inzwischen klargestellt, dass eine Passivierungspflicht erst dann entfällt, wenn die Gesellschaft und die Gesellschafter bezüglich der Gesellschafterforderung einen *Rangrücktritt* mit der Wirkung vereinbart haben,

---

128) BGHZ 81, 311 = ZIP 1981, 1200 = NJW 1982, 383 = LM § 30 GmbHG Nr. 14a (*Fleck*) – Helaba/Sonnenring; BGHZ 90, 381, 389 = ZIP 1984, 572 = NJW 1984, 1893 – Beton- und Monierbau; BGHZ 105, 168, 175 = ZIP 1988, 1248 = NJW-RR 1989, 33; *Götz/Hegerl*, DB 1997, 2365; *Obermüller*, ZInsO 1998, 51; ebenso für bloß beschlossenen, nicht aber schon vollzogenen Beitritt eines Mitgesellschafters, wenn das Darlehen „im Hinblick" auf die (zukünftige) Gesellschafterstellung gewährt worden war, OLG Hamburg ZIP 1996, 709, 710 = NJW-RR 1997, 416.
129) OLG Düsseldorf ZIP 1995, 1907 = EWiR § 31 GmbHG 1/96, 27 (*von Gerkan*).
130) BGHZ 124, 282 = ZIP 1994, 295 = NJW 1995, 724 = EWiR § 11 GmbHG 1/94, 275 (*von Gerkan*).
131) *Schulze-Osterloh*, in: Baumbach/Hopt, HGB (30. Aufl., 2000), § 266 Rz. 17.

dass die Forderung nur aus Jahresüberschüssen oder aus sonstigem Vermögen der Gesellschaft beglichen werden soll.[132]

Eine andere Auffassung wollte demgegenüber auf eine Passivierung schon dann verzichten, wenn der Geschäftsführer vom Eigenkapital ersetzenden Charakter des Darlehens ausgehen kann. Entscheidend ist dabei vor allem die (teleologische) Überlegung, dass es nicht dem Ziel des Insolvenzverfahrens entspricht, wenn eine Überschuldung durch kapitalersetzende Gesellschafterdarlehen „erzeugt" und ein Insolvenzverfahren eingeleitet wird, die entsprechenden Darlehen aber schon aus Rechtsgründen in der Insolvenz nicht bedient werden dürfen.[133]

5.123 Kritik: Erzeugung der Überschuldung (durch kapitalersetzende Gesellschafterleistung)

Allerdings wird man auch in diesem Fall die Gesellschafter, die eine solche Rangrücktrittserklärung abgeben, nicht als nachrangige i. S. v. § 39 Abs. 2 InsO zu behandeln haben; denn der Wille eines Gesellschafters, der eine Nachrangerklärung abgibt, geht nur dahin, den Rang des § 39 Abs. 1 Nr. 5 InsO festzuschreiben; damit fehlen die „Zweifel", die § 39 Abs. 2 InsO verlangt, um Forderungen mit Nachrangabrede noch hinter die „normalen" nachrangigen Forderungen zurückzustellen.[134]

5.124

d) Erweiterung auf andere Sachverhalte als die Darlehensgewährung

Die hier vorgestellten Grundsätze der kapitalersetzenden Gesellschafterdarlehen sind in den letzten Jahren in vielfältiger Weise konkretisiert und auf andere vergleichbare Sachverhalte ausgedehnt worden. Soweit unmittelbar auf §§ 32a, 32b GmbHG zurückgegriffen wird, wird dies durch § 32a Abs. 3 Satz 1 GmbHG ausdrücklich zugelassen: denn danach gelten die Vorschriften „sinngemäß für andere Rechtshandlungen, eines Gesellschafters oder eines Dritten, die der Darlehensgewährung nach Absatz 1

5.125 Erweiterung auf sämtliche Gesellschafterleistungen, die wirtschaftlich gleichstehen

---

132) BGHZ 146, 264 = ZIP 2001, 235, 235 ff (*Altmeppen*) = NJW 2001, 1280 = NZG 2001, 361 = DStR 2001, 175 (*Goette*) = ZInsO 2001, 260 = NZI 2001, 196 = GmbHR 2001, 190 (*Felleisen*) = EWiR § 32a GmbHG 1/01, 329 (*Priester*) = JZ 2001, 1188 (*Fleischer*) (Vorinstanz OLG Düsseldorf NZG 1999, 884 = DStR 2000, 1833); ebenso zuvor OLG Düsseldorf GmbHR 1999, 615 = DStR 1999, 1708 (Ls.) m. zust. Anm. *UH* = EWiR § 32b GmbHG 1/99, 175 (*Eckardt*); dazu *Bauer*, ZInsO 2001, 486; *Bormann*, Eigenkapitalersetzende Gesellschafterleistungen in der Jahres- und Überschuldungsbilanz (2001); *ders.*, GmbHR 2001, 689; *Dahl*, InVo 2001, 265; *Wittig*, NZI 2001, 169; *Paulus*, ZGR 2002, 320; ebenso zuvor *Altmeppen*, ZHR 164 (2000), 349, 367 ff; *Karsten Schmidt*, GmbHR 1999, 9, 14; abw. *Hirte*, DStR 2000, 1829 ff.

133) Ausführlich *Fleischer*, ZIP 1996, 773, 777 f; *von Gerkan*, ZGR 1997, 173, 199 (mit leichten Vorbehalten); *von Gerkan/Hommelhoff*, Kapitalersatz bei Gesellschafts- und Insolvenzrecht (5. Aufl., 1997), S. 167 ff, Rz. 6.25 ff m. w. N.; *Hirte*, DStR 2000, 1829 ff (ausführlicher auch in der 3. Aufl. dieses Werkes Rz. 730 ff); *ders.*, in: Hommelhoff/Röhricht, Gesellschaftsrecht 1997 (1998), S. 145, 174 f; *Kleindiek*, in: von Gerkan/Hommelhoff, Handbuch des Kapitalersatzrechts (2000), S. 185 ff Rz. 7.42; *Noack*, in: Prütting (Hrsg.), RWS-Forum Insolvenzrecht 1996 (1997), S. 195, 208 f; *Kübler/Prütting/Noack*, InsO, Sonderband 1: Gesellschaftsrecht (1999), Rz. 80.

134) Ebenso *Kübler/Prütting/Noack*, InsO, Sonderband 1: Gesellschaftsrecht (1999), Rz. 197; *Karsten Schmidt*, GmbHR 1999, 9, 12; abw. *Altmeppen*, ZHR 164 (2000), 349, 371.

oder Absatz 2 wirtschaftlich entsprechen." Im Folgenden können nur die wichtigsten dieser Erweiterungen vorgestellt werden.

Kapiatersetzendes selbständiges Schuldversprechen

5.126 Noch sehr nahe am echten Darlehen liegt dabei das selbständige Schuldversprechen, das der BGH als eigenkapitalersetzend angesehen hat, wenn es gerade für den Fall der Krise gegeben und bei Eintritt der Krise nicht widerrufen worden war; auf eine Kenntnis des Gesellschafters vom Vorliegen einer Krise komme es in einem solchen Fall nicht an.[135]

aa) Darlehen Dritter

Darlehnsgewährung durch Dritte

5.127 Einen besonders häufigen Fall der Erweiterung dieser Grundsätze betrifft die **Darlehensgewährung durch Dritte**. Sie entspricht der Darlehensgewährung druch einen Gesellschafter (§ 32a Abs. 3 Satz 1 GmbHG), wenn das Darlehen des Dritten in der Krise gewährt wurde und wenn ein Gesellschafter für die Rückzahlung des Darlehens **Sicherheiten bestellt oder sich verbürgt** hat. Rechtsfolge ist nach § 32a Abs. 2 GmbHG, dass der Dritte zunächst den Gesellschafter in Anspruch nehmen muss und dass er nur den Betrag, für den er von diesem keine Befriedigung erlangen konnte, als normale Darlehensforderung von der Gesellschaft verlangen kann. Der Gesellschafter kann sodann von der Gesellschaft Erstattung verlangen, aber nur, wenn dadurch nicht das Stammkapital angegriffen wird. Wurden die Darlehen innerhalb eines Jahres vor dem Antrag auf Eröffnung des Insolvenzverfahrens oder nach diesem Antrag zurückgezahlt, kann der Insolvenzverwalter (§ 32b GmbHG greift nur bei Eröffnung eines Insolvenzverfahrens!) von dem Gesellschafter, der sich für das Darlehen verbürgt hatte, Erstattung des zurückgezahlten Betrages verlangen (§ 32b Satz 1 GmbHG bzw. § 31 GmbHG analog).[136] Eine Gesellschafterbürgschaft soll auch dann als kapitalersetzend angesehen werden müssen, wenn die Gesellschaft zwar noch neue Kredite erhält, dies aber nur, weil die kreditgebende Bank übersichert war.[137]

5.128 Mehrere weitere Urteile befassen sich in der Sache mit solchen „Dreieckskonstellationen":

Miteinbeziehung von Treuhändern

5.129 So kann auch ein **Treuhänder** Gesellschafter i. S. v. § 32a GmbHG sein; er kann daher nicht auf den Treugeber verweisen. Das gilt sowohl für den eigennützigen wie für den Verwaltungstreuhänder; die Tatsache, dass der Sicherungstreuhänder nur ein pfandähnliches Sicherungsrecht hat, ändert an seiner Gesellschafterstellung i. S. v. § 32a GmbHG nichts.[138]

---

135) BGH ZIP 1992, 616 = NJW 1992, 1763.
136) BGH NJW 1996, 720 = ZIP 1996, 275 = WM 1996, 256 = EWiR § 32b GmbHG 2/96, 217 (*Fleck*) = DStR 1996, 553 (*Goette*) = LM H. 5/1996 § 32b GmbHG Nr. 9; dazu *Pape*, ZIP 1996, 1409 ff und *von Gerkan/Hommelhoff*, Kapitalersatz im Gesellschafts- und Insolvenzrecht (5. Aufl., 1997), S. 85, Rz. 3.48; *Karsten Schmidt*, ZIP 1999, 1821, 1822 ff; *Saenger*, GmbHR 1999, 837.
137) BGH ZIP 1992, 177 = NJW 1992, 1169 = EWiR § 32a GmbHG 2/92, 363 (*von Gerkan*).
138) BGHZ 105, 168 = ZIP 1988, 1248 = NJW-RR 1989, 33 = KTS 1989, 114 = EWiR § 32a GmbHG 1/88, 1095 (*Fleck*); OLG Hamburg ZIP 1987, 977 = NJW-RR 1988, 46 = EWiR § 32a GmbHG 2/87, 989 (*Karsten Schmidt*); dazu *Priester*, ZBB 1989, 30, 33; *Lutter*, ZIP 1989, 477, 482 f; abw. *Rümker*, in: Festschrift Stimpel, 1985, S. 673, 688.

Ganz ähnlich wird die Gewährung eines kapitalersetzenden Darlehens bei Gewährung durch ein dem Gesellschafter oder an ein der Gesellschaft **verbundenes Unternehmen** bejaht.[139] Eine undifferenzierte Erstreckung der Eigenkapitalersatzregeln auf **Angehörige und Verwandte** von Gesellschaftern steht aber, wie der II. Zivilsenat mit großer Deutlichkeit bemerkte, nicht im Einklang mit der Rechtsprechung des BGH.[140]

5.130 Anwendbarkeit bei Finanzierung durch verbundene Unternehmen

Eine ähnliche Konstellation hatte der BGH auch im Jahr 1993 zu beurteilen: hier hatte ein Gesellschafter seinen Anspruch auf Auszahlung eines – in Wirklichkeit nicht bestehenden – Gewinns mit einer Forderung verrechnet, die der GmbH gegen ein dem Gesellschafter wirtschaftlich gehörendes Unternehmen zustand; da die Verrechnung eine Auszahlung zu Lasten des Stammkapitals bedeutete, wurde der Gesellschafter als verpflichtet angesehen, die Forderung wieder aufzufüllen, als das Unternehmen später in Vermögensverfall geriet.[141]

5.131

Der II. Zivilsenat nahm die Möglichkeit der Umqualifizierung eines Darlehens auch für den Fall an, dass es vom Komplementär der Gesellschafterin – einer KG – einer GmbH gewährt wurde. Denn wenn das Darlehen von ihm nicht als „Privatperson" gewährt worden sei, habe er nach §§ 161 Abs. 2, 110 HGB einen Freistellungsanspruch gegen die KG; das wirtschaftliche Risiko des Darlehens würde dann doch von der Gesellschafter-KG getragen.[142]

5.132 Gewährung durch Komplementär-KG

Eine atypische Lage von Gesellschafterbürgschaften *gegenüber Mitgesellschaftern* hatte der IX. Zivilsenat zu beurteilen. Er hatte sich mit Bürgschaften zu befassen, die geschäftsführende GmbH-Gesellschafter einem früheren (mittelbaren) Mitgesellschafter dafür gestellt hatten, dass er seine (kapitalersetzenden) Darlehen in der GmbH beließ und weitere gewährte. Die auf die Bürgschaft gestützte Klage des ausgeschiedenen Gesellschafters gegen die (Noch-)Gesellschafter hatte Erfolg, obwohl dem Bürgen nach §§ 767 Abs. 1, 768 Abs. 1 BGB eigentlich auch die für den Hauptschuldner (die GmbH) bestehenden Einwendungen (hier: des kapitalersetzenden Charakters der Darlehen) zustehen. Überzeugend verneint der BGH dies aber für den hier vorliegenden Fall, dass dem Bürgen die (frühere) Gesellschafterstellung des Gläubigers und die Krisenlage der Gesellschaft bekannt sind und die Bürgschaft damit genau das Risiko der Qualifika-

5.133

---

139) BGHZ 81, 311, 315 = ZIP 1981, 1200, 1202 = NJW 1982, 383, 384 = LM § 30 GmbHG Nr. 14a *(Fleck)* – Helaba/Sonnenring; BGHZ 81, 365, 368 = ZIP 1981, 1332, 1333 = NJW 1982, 386, 387 = LM § 30 GmbHG Nr. 30 *(Brandes)*; BGH ZIP 1983, 1448 = NJW 1984, 1036; BGH ZIP 1987, 169 = NJW 1987, 1080, 1081 = EWiR § 30 GmbHG 2/86, 1209 *(von Gerkan)*; BGH ZIP 1990, 1467, 1468 f = NJW 1991, 357 = EWiR § 31 GmbHG 2/90, 1211 *(Müller)*; BGH ZIP 1990, 1593, 1595 = NJW 1991, 1057 = EWiR § 32a GmbHG 1/91, 67 *(von Gerkan)*; BGH ZIP 1992, 242 = NJW 1992, 1167 = EWiR § 30 GmbHG 2/92, 279 *(Joost)* – Steinhart; BGH ZIP 2001, 115 = NJW 2001, 1490 = EWiR § 32a GmbHG 2/01, 379 *(von Gerkan)*; OLG Hamm NZG 1998, 681; nach BGH ZIP 1999, 1314 = NJW 1999, 2596 = DStR 1999, 1497 reicht für eine Zurechnung grundsätzlich eine 50 %-ige Beteiligung des Gesellschafters an einer anderen Gesellschaft.

140) BGH NJW 1999, 2123 = DStR 1999, 810 *(Goette)* (hier ging es um den als Fremdgeschäftsführer tätigen Ehemann der Alleingesellschafterin); zur differenzierten Rechtsprechung BGH ZIP 1991, 396 = NJW-RR 1991, 746 = DStR 1991, 320 = EWiR § 17 BetrAVG 1/91, 337 *(Blomeyer)*; BGH ZIP 2000, 1489 f = NJW 2000, 3278 = DStR 2000, 1524 *(Goette)* = ZInsO 2000, 498 = NZI 2000, 528 = NZG 2000, 1029 = EWiR § 30 GmbHG 1/01, 19 *(von Gerkan)* (Haftung der Ehefrau nur, weil Mittel aus Vermögen des Gesellschafters stammten).

141) BGHZ 122, 333 = ZIP 1993, 917 = NJW 1993, 1922 = EWiR § 31 GmbHG 1/93, 693 *(Maier-Reimer)*.

142) BGH ZIP 1997, 115 = NJW 1997, 740 = DStR 1997, 172 *(Goette)* = LM H. 5/1997 § 30 GmbHG Nr. 54 (für die Durchführung eines zweiten Revisionsverfahrens wurde durch BGH DStR 1999, 510 *[Goette]* Prozesskostenhilfe mangels Erfolgsaussicht abgelehnt; dazu auch *von Gerkan/Hommelhoff*, Kapitalersatz im Gesellschafts- und Insolvenzrecht (5. Aufl., 1997), S. 113, Rz. 4.8.

tion als Eigenkapitalersatz mit umfassen sollte. Auch *andere Kreditgeber* – nicht aber die Gesellschaft selbst – sollten sich dieses Risikos bewusst sein.[143]

bb) Stehen gelassene Darlehen

Gleichstellung stehen gelassener Darlehen

5.134 Die Rechtsprechung hat insbesondere auch solche Darlehen als kapitalersetzend qualifiziert, die vor der Krise gewährt, bei ihrem Eintreten aber ohne rechtliche Verpflichtung **stehen gelassen und nicht zurückgefordert** wurden. Ein solches Stehenlassen setzt keine „bewusste" Finanzierungsentscheidung des Gesellschafters voraus. Ausreichend ist vielmehr, dass er die Krise der Gesellschaft hätte erkennen können und darauf nicht reagiert hat, obwohl er dazu imstande war.[144] In Betracht kommen etwa die Liquidation oder der Antrag auf Eröffnung eines Insolvenzverfahrens; die Beweislast für die fehlende Möglichkeit der Kenntnisnahme von der Krise liegt beim Gesellschafter.[145] Dabei räumt der BGH dem Gesellschafter nach Eintritt der Krise eine angemessene Zeitspanne für die Entscheidung ein, ob er das Darlehen in der Gesellschaft belassen will (mit der Folge, dass es kapitalersetzend wird) oder er die Liquidation seiner Gesellschaft einleiten will.[146] Den für den Beginn des Fristlaufs (ebenso wie für den der Insolvenzantragspflicht) relevanten „Eintritt der Krise" hat das OLG Düsseldorf etwa beim *endgültigen* Scheitern von Verhandlungen über ein Erfolg versprechendes Sanierungskonzept angenommen.[147]

Anwendung der Regelungen bei sonstigen Forderungen

5.135 Diese Judikatur hat der BGH dahingehend ergänzt, dass auch das Stehenlassen von Forderungen, die einem Gesellschafter aus **Warenlieferungen** gegen die Gesellschaft zustehen, als eine nach Kapitalersatzregeln (§§ 30,

---

143) BGH ZIP 1996, 538 = NJW 1996, 1341 = WM 1996, 588 = NJW 1996, 1341 = DB 1996, 1031 = BB 1996, 708 = GmbHR 1996, 285 = LM H. 6/1996 § 765 BGB Nr. 106 (*Noack*) = DStR 1996, 877 (*Goette*)= EWiR § 767 BGB 2/96, 501 (*von Gerkan*) (Vorinstanz OLG Köln NJW 1994, 2553 = EWiR § 138 BGB 6/94, 743 [*Weipert*]).

144) BGHZ 75, 334, 338 = ZIP 1980, 115 = NJW 1980, 592; BGHZ 105, 168, 185 = ZIP 1988, 1248 (*Lutter*) = NJW-RR 1989, 33 = KTS 1989, 114 = EWiR § 32a GmbHG 1/88, 1095 (*Fleck*); BGH ZIP 1990, 98 = NJW-RR 1990, 290 = KTS 1990, 258 = EWiR § 32a GmbHG 2/90, 373 (*Roeseler*).

145) BGH ZIP 1992, 618 = NJW 1992, 1764 = EWiR § 32a GmbHG 3/92, 481 (*von Gerkan*); BGHZ 127, 336 = ZIP 1994, 1934 (*Altmeppen*) = NJW 1995, 326 = EWiR § 32a GmbHG 1/95, 157 (*H.P. Westermann*) = LM H. 5/1995 § 32b GmbHG Nr. 21 – Früchte-GmbH; BGH ZIP 1996, 273 = NJW 1996, 722 = WM 1996, 259 = DStR 1996, 555 (*Goette*) = LM H. 5/1996 § 32b GmbHG Nr. 10 = EWiR § 32b GmbHG 1/96, 171 (*von Gerkan*); BGH ZIP 1998, 1352 = NJW 1998, 3200 = DStR 1998, 1188; dazu *von Gerkan*, ZGR 1997, 173, 184 f; *Hirte*, in: Hommelhoff/Röhricht, Gesellschaftsrecht 1997 (1998), S. 145, 147 f; *Pape*, ZIP 1996, 1409 ff; anders für den ausgeschiedenen Gesellschafter BGH ZIP 1987, 1101, 1115 (*H.P. Westermann*) = NJW 1988, 139, 140 = EWiR § 31 GmbHG 2/87, 1099 (*K. Müller*): Darlegungslast bei Gesellschaft, Beweislast beim Gesellschafter.

146) BGH ZIP 1990, 1467 = NJW 1991, 357 = EWiR § 31 GmbHG 2/90, 1211 (*Gerd Müller*); BGH ZIP 1992, 177 = NJW 1992, 1169 = EWiR § 32a GmbHG 2/92, 363 (*von Gerkan*); OLG Köln ZIP 2001, 961 (der ursprüngliche Entscheidungsabdruck in ZIP 2001, 337 war fehlerhaft) = NJW-RR 2002, 179 = EWiR § 32a GmbHG 3/01, 533 (*Mätzig*); zusammenfassend *Michalski*, DZWir 1991, 285; kritisch *Götz/Hegerl*, DB 1997, 2365, 2367.

147) OLG Düsseldorf ZIP 2001, 2278, 2281 = EWiR § 32a GmbHG 1/02, 287 (*Spliedt*) (n. rkr.).

31 GmbHG analog bzw. § 32a GmbHG i. V. m. § 32a KO) zu beurteilende Kreditgewährung gewertet werden kann. Die zur Umqualifizierung erforderlichen Voraussetzungen hat er dabei konkretisiert. Zunächst hat er bekräftigt, dass es keiner vertraglichen Stundungsabrede bedarf, sondern faktisches Handeln genügt. Des Weiteren stellt nicht jedes, vor allem nicht schon ein zeitlich geringfügiges Stehenlassen einer Forderung nach Fälligkeit eine Kreditgewährung dar. Bei der im Fall gegebenen Zahlungsverspätung von 8 1/2 Monaten sah das Gericht diese Grenze jedoch als überschritten an. Erforderlich sei aber darüber hinaus eine gewisse Dauerhaftigkeit der faktischen Kreditierung, die bei einmaligem Stehenlassen einer Forderung noch nicht anzunehmen sei. Diese Voraussetzung kann aber dann erfüllt sein, wenn der Gesellschafter *fortlaufend* Forderungen aus dem Geschäftsverkehr mit der Gesellschaft nicht sofort einzieht. Der Höhe nach erfolgt die Umqualifizierung dann in Höhe des durchschnittlich offenen Forderungssaldos, da der Gesellschaft nur dieser Betrag faktisch als Kredit zur Verfügung steht. Letzlich setzt die Umqualifizierung aufseiten des Gesellschafters subjektiv voraus, dass er zumindest die Möglichkeit hatte, die den Eintritt der Krise begründenden Tatsachen zu erkennen und sodann zwischen der Liquidierung der Gesellschaft und dem Risiko der Umqualifizierung seiner Kapitalhilfe zu entscheiden.[148]

Entsprechendes gilt auch für die **Übernahme von Bürgschaften**: verbürgt sich nämlich ein Gesellschafter für das von einem Dritten der Gesellschaft gewährte Darlehen in einem Zeitpunkt, in dem die Gesellschaft kreditunwürdig bzw. nicht unerheblich überschuldet war, oder *hält er* die Bürgschaft nach einer angemessenen Überlegungsfrist von zwei bis drei Wochen noch *aufrecht*, so wird die Bürgschaft in Eigenkapitalersatz umqualifiziert mit der Folge, dass der Gesellschafter der Gesellschaft den von ihr an den Drittgläubiger zurückgezahlten Betrag zu erstatten hat. Will er dies vermeiden, muss er seinen Bürgenbefreiungsanspruch nach § 775 BGB geltend machen und damit die Liquidation der Gesellschaft einleiten.[149]

5.136 Übernahme von Bürgschaften in der Krise

Die Umqualifikation von Darlehen oder – insoweit ergeben sich keine Unterschiede – der Gesellschaft überlassenen Gegenständen setzt voraus, dass diese der Gesellschaft auch tatsächlich überlassen wurden. Solange derartige Kredite nicht tatsächlich gewährt sind, folgt nach Auffassung des BGH jedenfalls allein aus dem Kapitalersatzrecht keine Pflicht, sie der Gesellschaft noch tatsächlich zur Verfügung zu stellen. Damit können vor allem sog. **Finanzplankredite** nicht über das Kapitalersatzrecht zum haftenden Vermögen gezogen werden; unter diesen versteht man bereits im Rahmen der Gründung einer Gesellschaft fest verabredete Leistungen, die aber nicht als formelles Eigenkapital eingebracht werden sollten. Denn

5.137 Keine Anwendung auf Finanzplankredite

---

148) BGH ZIP 1995, 23 (*Altmeppen*) = NJW 1995, 457 = EWiR § 32a GmbHG 3/95, 367 (*Fleck*); OLG Düsseldorf ZIP 1995, 1907 = EWiR § 31 GmbHG 1/96, 27 (*von Gerkan*); zusammenfassend Hirte, NJW 1996, 2827, 2842.

149) BGH ZIP 1995, 646 = EWiR § 32a GmbHG 1/95, 475 (*von Gerkan*); OLG Düsseldorf GmbHR 1997, 350 = EWiR § 41 KO 1/97, 759 (*Pape*) (inzwischen rkr.).

dann handele es sich – so wurde argumentiert – nach der eigenen Auffassung der Gründergesellschafter *de facto* um Eigenkapital („materielles Eigenkapital"), da bzw. wenn die überlassenen Gegenstände nach der internen Finanz- und Investitionsplanung für die Verwirklichung des Gesellschaftszwecks erforderlich, entsprechend dem Umfang der Beteiligung gewährt worden und tatsächlich als Eigenkapital behandelt worden seien. Nach Auffassung der BGH richtet sich die Frage, ob offene Zusagen in der Insolvenz noch zu erfüllen sind, aber allein nach dem Gesellschaftsvertrag oder etwaigen Nebenabreden; war die Leistung vor der Krise noch nicht erbracht, kann der Gesellschafter sich dabei allerdings nicht auf die inzwischen eingetretene Verschlechterung der Vermögensverhältnisse der Gesellschaft (vgl. § 490 Abs. 1 [= § 610 a. F.], § 775 Abs. 1 Nr. 1 BGB) berufen. „Erst recht" begründe eine (noch nicht erfüllte) Darlehenszusage keine Haftung wegen „materieller Unterkapitalisierung" (dazu näher unten Rz. 5.167 ff).[150]

cc) **Kapitalersetzende Gebrauchsüberlassung**

Erweiterung der Kapitalersatz-regeln auf Gebrauchs-überlassungen

5.138 Die wohl wichtigste Erweiterung stellt aber die Erstreckung der Regeln über kapitalersetzende Gesellschafterdarlehen auf die Überlassung von Sachgütern (**kapitalersetzende Gebrauchsüberlassung**) dar.[151] In einem ersten Folge-Urteil bestätigte der BGH diese Rechtsprechung trotz der daran geäußerten Kritik und stellte zugleich klar, dass das Belassen des Vermögensgegenstandes in der Gesellschaft trotz Kenntnis der Krise der haftungsbegründende Tatbestand sei.[152]

---

150) BGHZ 142, 116 = ZIP 1999, 1263 = NJW 1999, 2809 = DStR 1999, 1198 (*Goette*) = EWiR § 32a GmbHG 5/99, 843 (*Dauner-Lieb*); Vorinstanz KG NZG 1999, 71; dazu *Fleischer*, DStR 1999, 1774; *Röhricht*, in: VGR, Bd. 2 (2000), S. 3, 20 ff; *Karsten Schmidt*, ZIP 1999, 1241; *Sieger/Aleth*, GmbHR 2000, 462; *Steinbeck*, ZGR 2000, 503; abw. in der Begründung zuvor – ohne dass dies aber entscheidungserheblich gewesen wäre – OLG Karlsruhe, ZIP 1996, 918 m. Anm. *Altmeppen*, ZIP 1996, 909 = DB 1996, 1073 = DZWir 1997, 116 (*Geimer*) = EWiR § 30 GmbHG 2/96, 553 (*Fleischer*) (rkr. durch Nichtannahme der Revision durch Beschl. v. 26. 5. 1996 – II ZR 129/96, ZIP 1997, 1292); dazu *Drygala*, GmbHR 1996, 481 ff; *Fleischer*, Finanzplankredite und Eigenkapitalersatz im Gesellschaftsrecht (1995) S. 244 ff; *von Gerkan*, ZGR 1997, 173, 196 f; *Habersack*, ZHR 161 (1997), 458, 486 ff; *Wiedemann/Fleischer*, JZ 1994, 206, 207 f; im Ansatz zuvor bereits BGHZ 104, 33 = NJW 1988, 1341 = ZIP 1988, 638; dazu *Wilken*, ZIP 1996, 61 (für „gesplittete" Einlagen).

151) Grundlegend BGHZ 109, 55 = ZIP 1989, 1542 = NJW 1990, 516 = EWiR § 32a GmbHG 1/90 (*Fabritius*) = LM § 32a GmbHG Nr. 6 – Lagergrundstück I; dazu *Büscher/Klusmann*, ZIP 1991, 10; *Drygala*, BB 1992, 80; *Karsten Schmidt*, ZIP 1990, 69; *Priester/Timm* (Hrsg.), Abschied von der Betriebsaufspaltung? (1990); *Vonnemann*, DB 1990, 261; *Ziegler*, Kapitalersetzende Gebrauchsüberlassung und Konzernhaftung bei der GmbH (1988). Vgl. weiter BGH NJW-RR 2000, 925 f = ZIP 2000, 455, 456 = NZI 2000, 211 = KTS 2000, 296; zur Erstreckung auf einen kaufvertraglichen Nutzungsentschädigungsanspruch BGH ZIP 2001, 1366, 1367 = DB 2001, 1604; zur Erstreckung auf die mit dem Grundstück verbundenen Lasten BGH NJW 2000, 3565 = ZIP 2000, 1491 f = DStR 2000, 1401 (*Goette*) = NZG 2000, 982 = NZI 2000, 470 – Energieversorgung.

152) BGHZ 121, 31 = ZIP 1993, 189 = NJW 1993, 392 = LM H. 5/1993 § 30 GmbHG Nr. 41 = EWiR § 32 GmbHG 1/93, 155 (*Fleck*) = JZ 1994, 203 (*Wiedemann/Fleischer* mit Bedenken S. 207 f gegen das Erfordernis der Überlassungsunwürdigkeit) – Lagergrundstück II; dazu *Karsten Schmidt*, ZIP 1993, 161. Zur Anwendbarkeit der Grundsätze auf der Gesellschaft überlassene Gegenstände, die sich nur im

Von *welchem Zeitpunkt* an eine Umqualifizierung vorzunehmen ist, konnte der BGH in der zweiten Revisionsentscheidung in derselben Sache deutlich machen. Das Berufungsgericht hatte in seiner erneuten Entscheidung festgestellt, dass mit der Weitergewährung der Gebrauchsüberlassung bei Eintritt der Insolvenzreife und deren fehlender Erwerbsmöglichkeit die Umqualifizierung in Eigenkapitalersatz stattgefunden habe. Nach Ansicht des BGH hat es dabei aber nicht gebührend berücksichtigt, dass die Gesellschaft schon zwei Wochen nach Zahlungsunfähigkeit die Insolvenzeröffnung beantragt habe. Dies schlösse eine Umqualifizierung aus. Denn diese beruhe auf dem Gedanken, dass der Gesellschafter die wirtschaftlichen Risiken eines Unternehmenszusammenbruchs durch bloße Kreditierung statt erneuter Eigenkapitalzuführung nicht auf die Gläubiger abwälzen darf. Mit der *rechtzeitigen* Insolvenzanmeldung begegnet die Gesellschaft jedoch dieser Risikoverlagerung, da sie als nicht mehr lebensfähig zum gesetzlich vorgegebenen Zeitpunkt liquidiert wird (dazu oben Rz. 3.60 ff). Eine Umqualifizierung von Gesellschafterleistungen in Eigenkapitalersatz scheide in dieser Situation daher aus.[153]

5.139 Zeitpunkt der Umqualifizierung bei Gebrauchsüberlassung

Wie auch bei der Gewährung von Darlehen ist eine kapitalersetzende Nutzungsüberlassung anzunehmen, wenn ein Dritter der Gesellschaft den Gegenstand zu Marktbedingungen nicht mehr überlassen hätte *(Überlassungsunwürdigkeit)*; hier kommt aber hinzu, dass die Gesellschaft nicht in der Lage sein darf, den Gegenstand zu erwerben. Bei Eintritt der Überschuldung ist Überlassungsunwürdigkeit aber selbst dann gegeben, wenn ein Dritter der Gesellschaft den Gegenstand in diesem Zeitpunkt noch überlassen hätte. Während der Dauer des Insolvenzverfahrens ist der Insolvenzverwalter zudem nicht zur Zahlung eines Nutzungsentgelts an den Gesellschafter verpflichtet.[154]

5.140 Maßgeblichkeit des Marktvergleichs

In zwei weiteren Entscheidungen konkretisierte das Gericht die **Rechtsfolgen** der Überlassung von Sachgütern als Eigenkapitalersatz. Zum zeitlichen Rahmen der Nutzungsüberlassung stellte es fest, dass grundsätzlich die im Überlassungsvertrag vereinbarten Grenzen gelten sollen. Im Falle der Insolvenz ist der Insolvenzverwalter nur befugt, das Nutzungsrecht statt durch eigene Nutzung anderweitig zu verwerten, insbesondere durch Nutzungsüberlassung an Dritte. Sofern eine solche Verwertung nicht möglich ist, bestehe seitens der Gesellschaft jedoch grundsätzlich kein Anspruch auf den Ersatz des Nutzungswertes in Geld. Dem Insol-

5.141 Rechtsfolgen der Überlassung in der Insolvenz

Miteigentum des überlassenden Gesellschafters befinden BGH ZIP 1997, 1375 = NJW 1997, 3026 = DStR 1997, 1298 *(Goette)* = EWiR § 32a GmbHG 2/97, 753 *(von Gerkan)* = LM H. 1/1998 § 30 GmbHG Nr. 55 – Lagergrundstück V (Vorinstanz OLG Köln ZIP 1996, 915): keine Anwendung von § 432 Abs. 2 BGB, soweit dies der internen Berechtigung des Gesellschafters am Mietzinsanspruch entspricht; dazu *Hirte,* NJW 1998, 2943, 3459, 3465.

153) BGH ZIP 1995, 280 = NJW 1995, 658 = EWiR § 32a GmbHG 2/95, 261 *(von Gerkan)*.
154) BGH ZIP 1993, 1072 = NJW 1993, 2179 = EWiR § 32a GmbHG 6/93, 1207 *(von Gerkan)*; zum möglichen Verzicht auf das Erfordernis der Überlassungsunwürdigkeit bei speziell auf die Bedürfnisse des in die Krise geratenen Unternehmens zugeschnittenen Gegenständen OLG Hamm GmbHR 1997, 357 = EWiR § 32a GmbHG 1/97, 117 *(von Gerkan)* (dazu *Hirte,* NJW 1998, 2943, 3459, 3463).

venzverwalter ist es aber vor allem versagt, die Sachsubstanz für die Masse zu verwerten.[155]

Umqualifikation nur der Nutzungsmöglichkeit

5.142 Das Gericht geht davon aus, dass der Gesellschafter der Gesellschaft nur die Nutzungsmöglichkeit der Sache als Vermögenswert zuführt und daher auch nur in diesem Umfange eine Umqualifizierung in Kapital eintreten könne. Der Fall sei nicht mit der Einräumung eines Darlehens zu vergleichen, bei der der Gesellschaft das Kapital (Geld oder entsprechende Forderungen) dinglich überlassen werden. Bei der Nutzungsüberlassung ist es daher ausgeschlossen, dass der Gesellschaft statt der bloßen Nutzungsmöglichkeit wertmäßig die Sachsubstanz zufließe. Der BGH trat damit einer in der Literatur verbreiteten Auffassung[156] entgegen, wonach die Gesellschaft zumindest im Falle der Insolvenz die Sache selbst für sich verwerten dürfe. Wird der Gesellschaft ein ihr nach den Kapitalersatzregeln zustehendes Nutzungsrecht entzogen, ist der verbrauchte Wert der Nutzung in Geld auszugleichen, wenn eine Zurückschaffung der dem Nutzungsrecht unterliegenden Gegenstände unmöglich ist.[157]

Konkurrenz der kapitalersetzenden Überlassung mit Grundpfandrechten

5.143 Für den „Umfang" der Haftung bei kapitalersetzender Nutzungsüberlassung und seiner Konkurrenz zu dinglichen Grundsicherheiten schuf der BGH mit Urteil vom 7. Dezember 1998 Klarheit. Danach endet die Wirkung einer eigenkapitalersetzenden Gebrauchsüberlassung bei einem mit Grundpfandrechten belasteten Grundstück in entsprechender Anwendung von §§ 146 ff (§§ 148, 152 Abs. 2) ZVG, §§ 1123, 1124 Abs. 2 BGB mit dem Wirksamwerden des im Wege der Zwangsverwaltung erlassenen Beschlagnahmebeschlusses; eines weiteren Tätigwerdens des Zwangsverwalters bedarf es dabei nicht.[158] Damit stärkt er im Ergebnis die Stellung der Grundpfandrechtsgläubiger und folgt zugleich im Wesentlichen der Auffassung des OLG München als Vorinstanz. Nach Wirksamwerden eines Beschlagnahmebeschlusses kann die Gesellschaft bzw. deren Insolvenzverwalter das belastete Grundstück daher nur noch in den

---

155) BGHZ 127, 1 = ZIP 1994, 1261 = NJW 1994, 2349 = EWiR § 32a GmbHG 3/94, 1201 (*Timm*) = LM H. 11/1994 § 177a HGB Nr. 2 (*Heidenhain*) – Lagergrundstück III; BGHZ 127, 17 = ZIP 1994, 1441 = NJW 1994, 2760 = EWiR § 32a GmbHG 2/94, 1107 (*Fleck*) = LM H. 1/1995 § 172a HGB (*Heidenhain*) = WuB II C. §32a GmbHG 1.95 (*Hirte*) – Lagergrundstück IV; dazu *Bäcker*, GmbHR 1994, 766; *von Gerkan*, ZHR 158 (1994), 668; *Goette*, DStR 1994, 1658; *Kallmeyer*, GmbHR 1994, 290; *Oppenländer*, DStR 1995, 493.

156) *Lutter/Hommelhoff*, ZGR 1979, 31, 50 ff; *Wiedemann*, ZIP 1986, 1293, 1300; *Drygala*, Der Gläubigerschutz bei der typischen Betriebsaufspaltung (1991), S. 67 ff; *ders.*, BB 1992, 80, 81; ebenso *Hirte*, WuB II C. §32a GmbHG 1.95 m. w. N.

157) OLG Dresden ZIP 2002, 1194 = EWiR § 32a GmbHG 2/02, 345 (*Blöse*) (n. rkr.).

158) BGHZ 140, 147 = ZIP 1999, 65, 66 f = NJW 1999, 577 = DStR 1999, 35 (*Goette*) = EWiR § 32a GmbHG 1/2000, 31 (*von Gerkan*) – Druckhaus; BGH ZIP 2000, 455 = ZfIR 2000, 480 = NJW-RR 2000, 925 = DStR 2000, 527 (abw. zuvor als Vorinstanz OLG Düsseldorf, ZIP 1998, 1910 = EWiR § 32a GmbHG 1/99, 23 [*von Gleichenstein*]); dazu *Habersack*, ZGR 1999, 427; *Heublein*, ZIP 1998, 1899; *Jungmann*, ZIP 1999, 601; *Pohlmann*, DStR 1999, 595 ff (mit Lösungsvorschlägen für weitere verwandte Rechtsprobleme); *Röhricht*, in: VGR, Bd. 2 (2000), S. 3, 14 ff; *Welsch*, DZWIR 2000, 139; teilweise kritisch *Wahlers*, GmbHR 1999, 157, 162 f. Ebenso zuvor OLG München ZIP 1998, 1917 = WM 1996, 440 = GmbHR 1997, 356 = WuB II C. § 32a GmbHG 3.97 (*Jedzig*) = WiB 1997, 119 (*Wenzel*) (Vorinstanz LG München II ZIP 1996, 762 = EWiR § 32a GmbHG 1/96, 405 [*Paulus*]); abw. zuvor etwa OLG Karlsruhe ZIP 1997, 1758 m. zust. Anm. *Brandes*, EWiR § 32a GmbHG 4/97, 991; OLG Köln ZIP 1998, 1914 (aber für Kündigungsmöglichkeit des Zwangsverwalters aus wichtigem Grund) (inzwischen rkr.); auch nach dem Urteil des BGH noch teilweise abw. OLG München EWiR § 32a GmbHG 4/99, 263 (*Muth*).

(engen) Grenzen des § 1124 Abs. 2 BGB unentgeltlich nutzen. Will sie bzw. ihr Insolvenzverwalter es weiter nutzen, muss sie bzw. ihr Insolvenzverwalter den Miet-/Pachtzins an den Zwangsverwalter entrichten. Da der Gesellschafter andererseits gegenüber der Gesellschaft verpflichtet ist, das Grundstück für den vereinbarten Überlassungszeitraum unentgeltlich zur Verfügung zu stellen, muss er dem Insolvenzverwalter einen etwa zu zahlenden Miet-/Pachtzins erstatten.

e) Anwendbarkeit auf die Aktiengesellschaft

Entwickelt wurde die Rechtsprechung zu den kapitalersetzenden Gesellschafterdarlehen im Recht der GmbH. Und auch §§ 32a, 32b GmbHG betreffen unmittelbar nur die GmbH. Gleichwohl ist inzwischen anerkannt, dass die dort entwickelten Grundsätze auch für das Aktienrecht Geltung haben müssen, soweit die Problemlage vergleichbar ist. Vergleichbar ist sie aber nur insoweit, als ein Aktionär so wie der typische GmbH-Gesellschafter auf die Geschicke „seiner GmbH" Einfluss nehmen kann und insbesondere deren Finanzierungsentscheidung – echtes Eigenkapital oder Darlehen – beeinflussen kann. Daher hat der BGH die Anwendung der Rechtsprechungsgrundsätze jedenfalls für den Fall bejaht, dass ein Aktionär wegen einer 25 %-igen Beteiligung eine Sperrminorität und damit **unternehmerischen Einfluss** besitzt, mit dem er Kapitalerhöhungen verhindern kann. Aber auch unterhalb dieser Grenze kann ein solcher Einfluss zu bejahen sein, wenn der Aktionär etwa im Aufsichtsrat der Gesellschaft vertreten ist oder die Gesellschaft aufgrund von Austausch- und Lieferbeziehungen in besonderer Weise von dem Gesellschafter abhängig ist.[159] Die neue 10 %-Grenze im Rahmen von § 32a Abs. 3 Satz 2 GmbHG (dazu unten Rz. 5.146, 5.152 ff) bestätigt diesen Ansatz und lässt im Übrigen Zweifel aufkommen, ob – jedenfalls für die nicht börsennotierte Aktiengesellschaft – auch im Übrigen noch an der 25 %-Grenze festgehalten werden sollte.

5.144 Anwendbarkeit auf AG bei unternehmerischen Einfluss

Soweit man sie bei normalen deutschen Aktiengesellschaften für anwendbar hält, dürften die vorgestellten Regeln über kapitalersetzende Gesellschafterdarlehen und ihre Folgen auch auf eine in Deutschland registrierte **Europäische Aktiengesellschaft** anwendbar sein.[160]

5.145 Anwendung auf SE

f) Kleinbeteiligten- und Sanierungsprivileg (§ 32a Abs. 3 Sätze 2 und 3 GmbHG)

Die gesetzlichen Regelungen wie die Rechtsprechungsregeln zum Kapitalersatzrecht wurden seit 1998 in zwei Punkten deutlich relativiert. Zu nennen ist hier zunächst die Einfügung eines § 32a Abs. 3 Satz 2 GmbHG durch Art. 2 Nr. 1 des Kapitalaufnahmeerleichterungsgesetzes (KapAEG) vom 20. April 1998 (BGBl I, 707). Danach gelten „[d]ie Regeln über den Eigenkapitalersatz [.] nicht für den nicht geschäftsführenden Gesellschafter, der mit zehn von Hundert oder weniger am Stammkapital beteiligt

5.146 Kleinbeteiligten-/ Sanierungsprivileg

---

159) BGHZ 90, 381 = ZIP 1984, 572 – Beton- und Monierbau AG.
160) *Hirte*, NZG 2002, 1, 9.

ist."[161] Weiter ist von Bedeutung das durch Art. 10 Nr. 1 KonTraG in § 32a Abs. 3 Satz 3 GmbHG eingeführte „Sanierungsprivileg".[162]

Verkomplizierung statt Deregulierung

5.147 Mit beiden Regelungen sind beträchtliche Unklarheiten verbunden, die das vollmundig verkündete Ziel, die beiden neuen Normen dienten der „Deregulierung", in Frage stellen. Im Gegenteil: das Recht der kapitalersetzenden Leistungen wird durch sie deutlich komplizierter.

5.148 Als Ziel des Kleinbeteiligtenprivilegs („Witwen- und Erbtantenprivileg") in § 32a Abs. 3 Satz 2 GmbHG wurde vom Gesetzgeber in der Begründung des Gesetzentwurfs zunächst genannt, „die Gesellschaft mit beschränkter Haftung [.] für die Zurverfügungstellung von Risikokapital attraktiver" zu machen, was kaum überzeugen kann: denn es ist fraglich, wie die Aufnahme von Risikokapital dadurch und deshalb leichter werden soll, weil Fremdkapital nicht mehr in Eigenkapital soll umqualifiziert werden dürfen. Dass die Dinge eigentlich umgekehrt liegen, und erst mehr Eigenkapital die Aufnahme zusätzlichen Fremdkapitals gestattet, gehörte eigentlich bislang zur gesicherten Erkenntnis der Finanzierungslehre.[163]

5.149 Im Laufe des Gesetzgebungsverfahrens zum KapAEG wurde dann aber mit der Begünstigung von Sanierungen (durch Übernahme von Anteilen) ein anderes Ziel „nachgeschoben", das aber in Form der Kodifikation durch das KonTraG nicht an die Stelle, sondern neben das „Witwen- und Erbtantenprivileg" trat.[164]

aa) Sanierungsprivileg

Unauflösbarer Widerspruch zu § 264 InsO

5.150 Das jetzt in § 32a Abs. 3 Satz 3 GmbHG kodifizierte Sanierungsprivileg steht freilich – so richtig der Ansatz sein mag – in krassem Widerspruch zu dem dasselbe Problem regelnden § 264 InsO. Denn danach können

---

161) Dazu kritisch *Altmeppen*, ZIP 1996, 1455; *Dauner-Lieb*, DStR 1998, 609; *Goette*, Die GmbH nach der BGH-Rechtsprechung. Zivilrechtliche Grundlagen steuerlicher Beratung, 1997, S. 89 Rz. 12; *Hirte*, in: Hommelhoff/Röhricht, Gesellschaftsrecht 1997 (1998), S. 145, 155 ff; *ders.*, ZInsO 1998, 147 ff; *Karollus*, ZIP 1996, 1893; *Pentz*, GmbHR 1999, 437 ff; *Karsten Schmidt*, ZIP 1996, 1586, 1587 ff; befürwortend hingegen *Claussen*, GmbHR 1996, 316; *Grunewald*, GmbHR 1997, 7; etwas differenzierter *Claussen*, in: Rechnungslegung. in: Festschrift Forster, 1992, S. 140; in dieselbe Richtung – freilich auf der Grundlage des alten Rechts – LG Ingolstadt EWiR § 32a GmbHG 4/98, 1135 mit krit. Anm. *von Gerkan* (für stehengelassene Lohnansprüche eines in einer GmbH tätigen Gesellschafters); umfassend *Linde*, Das Kleinbeteiligtenprivileg des § 32a Abs. 3 Satz 2 GmbHG in der GmbH & Co. i. S. d. §§ 172a, 129a HGB (2001).

162) Dazu *Hirte*, ZInsO 1998, 147, 150 ff; *Casper/Ullrich*, GmbHR 2000, 472 ff; *Früh*, GmbHR 1999, 842; *Lehner*, Sanierungsprivileg (§ 32a Abs. 3 Satz 3 GmbHG) für Gesellschaften mit beschränkter Haftung (2001); sowie (auch zum Kleinbeteiligtenprivileg) *Barth*, Der Anwendungsbereich des Eigenkapitalersatzrechts nach § 32a Abs. 3 Satz 2 und Satz 3 GmbHG (2001); *Bieder*, Das Kapitalersatzrecht im Umbruch: die Auswirkungen der KonTraG, des KapAEG und der neuen Insolvenzordnung für das Recht der kapitalersetzenden Gesellschafterleistungen (2000).

163) *Karsten Schmidt*, ZIP 1996, 1586, 1588; dazu auch *Habersack*, ZHR 161 (1997), 458, 459; *ders.*, ZHR 162 (1998), 201, 210; *Hirte*, ZInsO 1998, 147, 152. Selbst *Seibert*, DStR 1997, 35, 36 rechnet das Vorhaben des Gesetzgebers „eher zu den rechtspolitischen Allotria".

164) Zum Ganzen *Hirte*, ZInsO 1998, 147, 150 ff.

Sanierungsdarlehen nur bei entsprechender Offenlegung, in umfangmäßigen Grenzen und nicht von Gesellschaftern gewährt werden, dann aber sogar – anders als jetzt § 32a Abs. 3 Satz 3 GmbHG – mit Vorrang gegenüber den übrigen Insolvenzgläubigern und nicht nur mit ihnen gleichgestellt. Vor allem aber erhält die InsO zwingend den Nachrang von früheren kapitalersetzenden Gesellschafterforderungen aufrecht, selbst wenn alle Beteiligten im Insolvenzplan das Gegenteil verabreden wollen (§ 264 Abs. 3 i. V. m. § 39 Abs. 1 Nr. 5 InsO). Die Gleichstellung kapitalersetzender Forderungen mit anderen Insolvenzforderungen und dies sowohl für Altkredite als auch ohne die Zustimmung der davon betroffenen übrigen Insolvenzgläubiger ist ein unauflöslicher Widerspruch. Die jedenfalls bis zur Neufassung des § 32a Abs. 3 GmbHG daraus abzuleitende Schlussfolgerung war, dass es vor dem Zeitpunkt der Sequestration und außerhalb eines geordneten Verfahrens eine Privilegierung von Sanierungsdarlehen nicht geben soll.[165]

Die notwendige Abstimmung zwingt zunächst dazu, auch im Rahmen einer Sanierung von § 32a Abs. 3 Satz 3 GmbHG eine möglichst unabhängige, wenn auch nicht öffentliche Kontrolle des Sanierungskonzepts zu fordern. Der Sanierungszweck der Norm dürfte zweitens für eine Beschränkung der tauglichen privilegierbaren Darlehensgeber auf Kreditinstitute und der privilegierbaren Leistungen auf Geldkredite (also nicht Sachleistungen) sprechen. Und schließlich ist aus der Formulierung, dass die Übernahme von Geschäftsanteilen „zum Zwecke der Überwindung der Krise" erfolgen muss, zu schließen, dass sie mit einer mindestens signifikanten Mittelzufuhr verbunden sein muss, die eine nachhaltige Überwindung der Krise – freilich aus *ex-ante*-Sicht – ermöglicht.[166]

5.151

bb) Kleinbeteiligtenprivileg

Beim „Witwen- und Erbtantenprivileg" ist demgegenüber zunächst widersprüchlich, dass es eine Privilegierung nicht nur für die mit „weniger als 10 %" beteiligten Gesellschafter schafft, sondern für die mit „zehn vom Hundert oder weniger" beteiligten Gesellschafter.[167] Von der kapitalersatzrechtlichen Haftung ausgenommen werden damit also auch diejenigen Gesellschafter, denen die Minderheitsrechte des § 50 Abs. 1 GmbHG zustehen und die etwa die Entscheidung über eine Liquidation nach § 61 GmbHG herbeiführen könnten.[168] Folge der Neuregelung ist wegen der durch sie bedingten Verringerung der Insolvenzmasse aber vor allem, dass die übrigen Unternehmensgläubiger in der Insolvenz mit einer (deutlich)

5.152 Folge des Kleinbeteiligtenprivilegs ist insbesondere Masseschmälerung in der Insolvenz

---

165) Ausführlich *Hirte*, ZInsO 1998, 147, 150; *von Gerkan*, ZGR 1997, 173, 180 f; *von Gerkan/Hommelhoff*, Kapitalersatz im Gesellschafts- und Insolvenzrecht (5. Aufl., 1997), S. 74 ff, Rz. 3.27; *Hirte*, in: Hommelhoff/Röhricht, Gesellschaftsrecht 1997 (1998), S. 145, 177; dazu auch *Bieder*, ZInsO 2000, 531; allgemein zum Sanierungsprivileg *Dörrie*, ZIP 1999, 12 ff.

166) Ähnlich *Casper/Ullrich*, GmbHR 2000, 472 ff.

167) Deutlich *Dauner-Lieb*, DStR 1998, 609, 612 f: „Mogelpackung".

168) Zu den Schwierigkeiten der entsprechenden Anwendung der Regelung bei der GmbH & Co. KG *Linde*, Das Kleinbeteiligtenprivileg des § 32a Abs. 3 Satz 2 GmbHG in der GmbH & Co. i. S. d. §§ 172a, 129a HGB (2002).

geringeren Quote zu rechnen haben. Dazu gehören übrigens auch diejenigen Banken, die an der maroden Gesellschaft *nicht* beteiligt sind. Damit geht es gar nicht um Mittelstandsförderung, sondern um eine bloße Verlagerung von Risiken: nicht diejenigen, die unternehmerisch versagt haben, sollen dies vertreten müssen, sondern deren (ebenfalls mittelständische) Geschäftspartner – die „kleinen Kreditgeber".[169]

10 %-Beteiligung als willkürlicher Ansatzpunkt

5.153 Nicht einleuchtend sind auch die Willkürlichkeit und der Schematismus, die Anwendbarkeit des Kapitalersatzrechts an einen bestimmten Umfang der Beteiligung am Stammkapital zu knüpfen. Denn der Umfang der gesellschaftsrechtlichen Beteiligung ist für die Finanzierung durch Ersatzkapital nur von untergeordneter Bedeutung.[170]

Umgehung der 10 %-Schwelle

5.154 Ungeachtet dieser grundsätzlichen Überlegungen wird die neue starre Grenze zu **Umgehungsversuchen** geradezu einladen, die mit neuen Zurechnungsregeln beantwortet werden müssten. Nahe liegend wäre insoweit eine entsprechende Anwendung der im Bereich des Aktienrechts bei den Meldepflichten der § 20 AktG, §§ 21 ff WpHG und der Umgehung von Höchststimmrechten (§ 134 Abs. 1 Satz 2 AktG) geltenden Zurechnungsregeln einschließlich der dort bestehenden Nachweismöglichkeiten und -vermutungen. Die gemeinsame Gewährung von Darlehen von jeweils mit 10 % oder weniger beteiligten Gesellschaftern wäre also zusammenzurechnen und als Darlehensgewährung durch eine entsprechend größere Gesellschaftergruppe zu behandeln.[171] Und selbst bei einer Darlehensgewährung durch einen nur geringfügig beteiligten Gesellschafter dürften die Dinge anders zu sehen sein, wenn diese auf Initiative oder jedenfalls mit Zustimmung der Mehrheit der Gesellschafter erfolgen sollte oder ihm die Mittel dazu von höher beteiligten Gesellschaftern zur Verfügung gestellt werden.[172] Wird die privilegierte Beteiligungshöhe schließlich in der Nähe zum Insolvenzverfahren unterschritten, können Gewährung wie Entgegennahme des Darlehens gleichwohl der Insolvenzanfechtung unterliegen.[173]

---

169) *Von Gerkan*, GmbHR 1997, 677, 679 („anstößig"); *Goette*, ZHR 162 (1998), 223, 223 (vgl. auch den Diskussionsbericht von *Schäfer*, ZHR 162 [1998], 232, 233); *Hirte*, ZInsO 1998, 147, 152; ähnlich *Pape/Voigt*, DB 1996, 2113, 2116.

170) *Altmeppen*, ZIP 1996, 1455; *von Gerkan*, ZGR 1997, 173, 179 f; *ders.*, GmbHR 1997, 677; *Habersack*, ZHR 162 (1998), 201, 208, 209; *Hirte*, ZInsO 1998, 147, 153 (mit der Forderung, stattdessen auf den fehlenden Zurechnungszusammenhang bei Kleinstbeteiligungen abzustellen); *Karollus*, ZIP 1996, 1893, 1894; *Pape/Voigt*, DB 1996, 2113, 2116; *Pentz*, BB 1997, 1265, 1269; *Karsten Schmidt*, ZIP 1996, 1586, 1588; *ders.*, GmbHR 1999, 1269, 1276; abw. *Claussen*, GmbHR 1996, 316, 321 (zudem mit Forderung nach Festlegung einer Quote von 25 %).

171) Vgl. *Hirte*, ZInsO 1998, 147, 153; *Karsten Schmidt*, GmbHR 1999, 1269, 1276;sowie auch den Diskussionsbericht von *Schäfer*, ZHR 162 (1998), 232, 234; im Einzelnen ebenso *Dauner-Lieb*, DStR 1998, 609, 613; *Paulus* BB 2001, 425, 428 f.

172) *Dauner-Lieb*, DStR 1998, 609, 614; *Goette*, DStR 1997, 2027, 2035.

173) *Paulus* BB 2001, 425, 428 f.

Andererseits wird man auch in der Aktiengesellschaft das Witwen- und Erbtantenprivileg des § 32a Abs. 3 Satz 2 GmbHG sowie das Sanierungsprivileg des § 32a Abs. 3 Satz 3 GmbHG entsprechend anwenden können.[174]

5.155

g) Gläubigerspezifische Besonderheiten
aa) Unternehmensbeteiligungsgesellschaften

Nach § 24 UBGG findet eine Zurechnung nach den Regeln über den Eigenkapitalersatz nicht statt, wenn ein an der **Unternehmensbeteiligungsgesellschaft** i. S. v. § 1 UBGG beteiligter Gesellschafter einer Gesellschaft, an der die Unternehmensbeteiligungsgesellschaft ihrerseits beteiligt ist, ein Darlehen gewährt oder eine der Darlehensgewährung wirtschaftlich entsprechende Rechtshandlung vornimmt.

5.156 Keine Zurechnung bei Unternehmensbeteiligungsgesellschaften

bb) Kredite von staatlicher Seite

Ein ganz zentrales neues Problem bildet das Verhältnis des Kapitalersatzrechts zum (europäischen) Beihilferecht. Denn nach Auffassung der EU-Kommission können (auch indirekt) von staatlicher Seite gegebene Darlehen (gegebenenfalls verbotene) Beihilfen nach Art. 87 f EG darstellen.[175] In diesem Zusammenhang entschied das LG Erfurt, dass die Rückforderung eines kapitalersetzenden Darlehens, das zugleich eine verbotene Beihilfe darstellt (hier war das Darlehen von einer staatlich geförderten „Auffanggesellschaft" gewährt worden), nach §§ 30 ff GmbHG nicht gänzlich ausgeschlossen sein dürfe. Daher müsse § 32a Abs. 1 Satz 1 GmbHG n. F., nach dem ein kapitalersetzendes Darlehen als nachrangige Insolvenzforderung geltend gemacht werden könne, auch schon auf Insolvenzverfahren Anwendung finden, in denen eigentlich nach der früheren Fassung des § 32a GmbHG die Geltendmachung solcher Darlehen ausgeschlossen war.[176]

5.157 Verhältnis zum EU-Beihilferecht

cc) Bundesanstalt für vereinigungsbedingte Sonderaufgaben (früher: Treuhandanstalt)

Wegen der scharfen Haftungsfolgen erklärte der Gesetzgeber die Regeln über die kapitalersetzenden Gesellschafterdarlehen schon vor der Reform des § 32a Abs. 3 GmbHG in § 56e DM-Bilanzgesetz auch auf kapitalersetzende Leistungen der Treuhandanstalt für unanwendbar. Eine ähnliche, die mögliche Haftung der Bundesrepublik Deutschland begren-

5.158 Keine Anwendung auf Treuhandanstalt

---

174) Gottwald/*Haas*, HdB InsR, § 93 Rz. 13.
175) Vgl. Entscheidung der Kommission v. 21. 6. 2000 – CDA (Thüringen), ABl EG Nr. L 318 v. 16. 12. 2000, S. 62; dazu *Meessen*, DB 2001, 1294.
176) LG Erfurt ZIP 2001, 1673, 1676 ff = EWiR § 32a GmbHG 3/02, 577 (*Blöse*) – Weida Leder GmbH.

§ 5 Finanzverfassung - System des festen Nennkapitals

zende Vorschrift gibt es für den Bereich der Konzernhaftung in § 28a EGAktG.[177]

Unanwendbarkeit der Kapitalersatz- und -aufbringungsregeln auf VEB

5.159 Im Übrigen unterliegen ehemalige VEB, die auf die Treuhandanstalt übergegangen sind (bzw. auf andere in § 24 Abs. 1 Satz 1 DMBilG genannte Vermögensträger) weder der Differenzhaftung nach § 9 GmbHG noch der aus § 11 Abs. 2 GmbHG entwickelten Unterbilanz- oder Vorbelastungshaftung. Auch deren Anwendung wird durch §§ 24 Abs. 1 und 26 Abs. 3 DMBilG ausgeschlossen.[178] Auch die §§ 30, 31 GmbHG sind auf sie nicht anwendbar (oben Rz. 5.74 ff).

5.160 Zu den privilegierten Gesellschafterhilfen gehören auch Forderungen der Treuhandanstalt aus sog. Ausgleichsverbindlichkeiten des Treuhandunternehmens nach § 25 Abs. 1 DMBilG und Rückgriffsansprüche wegen verauslagter Zinsen für Altkredite nach Art. 25 Abs. 7 Einigungsvertrag, wenn sie über den Zeitpunkt der Neufestsetzung der Kapitalverhältnisse hinaus stehen gelassen wurden.[179] Die genannte Regelung gilt aber nicht für Kredite, die die Treuhandanstalt der Gesellschaft nach einer Neufestsetzung der Kapitalverhältnisse gewährt oder für die sie nach diesem Zeitpunkt eine Sicherung bestellt oder sich verbürgt hat.[180]

III. Haftung der Gesellschafter für Verbindlichkeiten der Gesellschaft

Grundsatz: Haftung nur des Gesellschaftsvermögens

5.161 Kapitalgesellschaften sind – worauf bereits hingewiesen wurde (oben Rz. 1.7 f) – juristische Personen, bei denen nach dem Gesetz für die Verbindlichkeiten des Verbandes nur das Gesellschaftsvermögen haftet (§ 1 Abs. 1 Satz 2 AktG, Art. 1 Abs. 2 Satz 2 SE-VO, § 13 Abs. 2 GmbHG). Der Haftungsausschluss der Mitglieder wird zunächst kompensiert durch die (sehr strengen) Regelungen über die Kapitalaufbringung und -erhal-

---

177) Zur Verfassungsmäßigkeit von § 56e Satz 1 DMBilG BGHZ 140, 156 = ZIP 1999, 139 = NJW 1999, 579 = DStR 1999, 247 (*Goette*) = EWiR § 32a GmbHG 3/99, 173 (*W. Müller*); ebenso zuvor OLG Brandenburg ZIP 1996, 1295 = EWiR § 56e DMBilG 1/97, 787 (*von Gerkan*) (freilich – wenig überzeugend – offen lasend für die Rechtsprechungsgrundsätze); OLG Dresden, ZIP 1994, 1393 = DB 1994, 1765 = DtZ 1994, 374 (rkr. nach Nichtannahme der Revision wegen mangelnder grundsätzlicher Bedeutung und mangelnder Erfolgsaussicht [BGH DB 1995, 2518]); *Hirte*, in: RWS-Dok. 12/II, Einleitung, S. 16 ff; abw. (Verfassungswidrigkeit von § 56e DMBilG und § 28a EGAktG wegen Verstoßes gegen Art. 3, 14, 19 Abs. 1 GG sowie das rechtsstaatlich gebotene Rückwirkungsverbot des Art. 20 GG) AG Halle-Saalkreis, ZIP 1993, 961 (Lederdesign Feintäschnerwaren GmbH) = EWiR § 28a EGAktG 1/93, 669 (*Schöne*); offen lassend wegen Unzulässigkeit des Vorlagebeschlusses BVerfG ZIP 1995, 393 = DtZ 1995, 239 = EWiR Art. 100 GG 1/95, 365 (*Trutnau*) (ausführlicher zum Ganzen in der 3. Aufl. dieses Werkes Rz. 770 ff).

178) BGH ZIP 1999, 281 = NJW 1999, 1481 = GmbHR 1999, 229 = DStR 1999, 330 (Vorinstanz OLG Naumburg GmbHR 1998, 385 = EWiR § 11 THG 1/97, 855 [*Knothe*]); zuvor bereits BGH DStR 1998, 461; OLG Dresden ZIP 1994, 1393 = DB 1994, 1765 = DtZ 1994, 374 (rkr. nach Nichtannahme der Revision wegen mangelnder grundsätzlicher Bedeutung und mangelnder Erfolgsaussicht [BGH DB 1995, 2518]).

179) BGH ZIP 1999, 408 = VIZ 1999, 296 = DStR 1999, 465 (*Goette*) = EWiR § 56e DMBilG 1/99, 317 (*Bork*); BGHZ 140, 270 = ZIP 1999, 289 = NJW 1999, 1182 = DStR 1999, 467 = EWiR § 775 BGB 1/99, 1005 (*H. Mohrbutter*); abw. zuvor LG Frankfurt/O. ZIP 1995, 1295 (Vorinstanz zu OLG Brandenburg) für Bürgschaftsleistungen der THA für Fremdkredite *nach* einer Neufestsetzung der Kapitalverhältnisse und für die Prolongation von Bürgschaften.

180) Zum Ganzen *Hommelhoff/Habighorst*, ZIP 1992, 665 ff; *Scholz*, BB 1993, 1953 ff; *Uhlenbruck*, BB 1992, 789 ff; *Weimar*, BB 1993, 1399 ff.

tung (oben Rz. 5.17 ff). Diese werden allerdings in vielen Fällen im Insolvenzfall als unzureichend empfunden. Aus diesem Grunde wird in bestimmten Fällen ausnahmsweise die Berufung der Gesellschafter auf die beschränkte Haftung der Kapitalgesellschaft nicht zugelassen. Dem gleichen Ziel dienen auch einige der schon vorgestellten (oben Rz. 3.108 ff) Ansprüche außenstehender Dritter gegen Geschäftsführer und Vorstandsmitglieder; dies wird besonders deutlich, wenn man bedenkt, dass vor allem in geschlossenen Gesellschaften die Gesellschafter und die Mitglieder der Verwaltung identisch sind.

Im Übrigen ist es in den allgemeinen Grenzen der Privatautonomie zulässig und üblich, neben der Haftung der Gesellschaft eine Haftung der Gesellschafter (oder einzelner Gesellschafter) zu vereinbaren. Klassisches Sicherungsmittel für Kreditgeber ist insoweit die **Bürgschaft** (§ 765 BGB); wird sie durch einen Gesellschafter in der Krise übernommen oder wird bezüglich einer vorher übernommenen Bürgschaft nicht alsbald der Bürgenbefreiungsanspruch des § 775 BGB geltend gemacht, wird sie „kapitalersetzend" mit den in § 32a Abs. 2 GmbHG beschriebenen Folgen (dazu oben Rz. 5.127 ff). Weiter als die Bürgschaft reicht die **Garantie** (§ 311 Abs. 1 BGB); unabhängig von der vertraglichen Ausgestaltung im Einzelfall sind für sie im Unterschied zur Bürgschaft der Verzicht auf die Einrede der Vorausklage (§ 771 BGB) und die fehlende Akzessorietät (§ 767 Abs. 1 BGB) charakteristisch. Kann ein Gläubiger – etwa bei größeren Kapitalgesellschaften – diese Sicherungsmittel nicht durchsetzen, wird er versuchen, jedenfalls eine **Patronatserklärung** des Gesellschafters (dann typischerweise ein Mutterunternehmen) zu erhalten. Hierbei wird zwischen „harten" und „weichen" Patronatserklärungen unterschieden.[181] Kern einer harten Patronatserklärung ist, dass sich das Mutterunternehmen verpflichtet, dafür zu sorgen, dass die Tochtergesellschaft ihre finanziellen Verpflichtungen auch in der Zukunft erfüllen kann. Bei einer weichen Patronatserklärung beschränkt sich die Erklärung demgegenüber darauf, dass man die Beteiligung beibehalten bzw. nicht ohne Anzeige an den Kreditnehmer aufgeben werde; sie kann darüber hinaus auch die Zusage enthalten, auf die Tochtergesellschaft mit dem Ziel „einzuwirken", dass sie ihre Verbindlichkeiten erfüllen solle. Nur harte Patronatserklärungen müssen in der Bilanz des Mutterunternehmens im Hinblick auf das darin liegende Haftungsrisiko nach § 251 HGB „unter dem Strich" ausgewiesen werden.

5.162 Haftungserstreckung auf Gesellschafter durch Bürgschaften, Garantien und Patronatserklärungen

Zu den anerkannten Fallgruppen des **Durchgriffs auf die Gesellschafter**, die auch auf eine Europäische Aktiengesellschaft mit Sitz in Deutschland Anwendung finden,[182] gehören:

5.163 Fallgruppen des Haftungsdurchgriffs

---

181) Ausführlich zu Patronatserklärungen *Michalski*, WM 1994, 1229; *Schäfer*, WM 1999, 153.
182) Dazu *Hirte*, NZG 2002, 1, 9.

1. Missbrauch

Rechtsformmissbrauch

5.164 Ebenso einhellig anerkannt wie wenig fassbar ist der Tatbestand eines **Missbrauchs der juristischen Person**. Diese Konkretisierung von § 826 BGB für den Bereich des Kapitalgesellschaftsrechts hat wegen anderer leichter greifbarer Tatbestände in der jüngeren Vergangenheit keine große Rolle gespielt.[183]

2. Vermögens- oder Sphärenvermischung

Vermögensvermischung bei fehlender Zurechenbarkeit von Vermögensgegenständen

5.165 Eine weitere Fallgruppe der Durchgriffshaftung bildet die **Vermögens- oder Sphärenvermischung**. Gemeint ist, dass derjenige sich nicht auf die auf ihr eigenes Vermögen beschränkte Haftung der juristischen Person berufen kann, der die Sphäre der juristischen Person von seiner eigenen oder derjenigen anderer juristischer Personen nicht korrekt trennt. Dieser Fall kann besonders bei der Einpersonengesellschaft auftreten, wenn sich nicht klären lässt, welche Vermögensgegenstände der Gesellschaft und welche dem Privatvermögen zuzurechnen sind.[184]

5.166 Für einzelne abgrenzbare Entnahmen hat der BGH jedoch eine solche Annahme, die die Haftungstrennung insgesamt aufgeben würde, verneint.[185] Und: sofern bei einer GmbH eine Vermischung von Privat- und Gesellschaftsvermögen eintritt, trifft den pro-forma-Geschäftsführer und *Minderheits*gesellschafter keine persönliche Haftung. Da er keinen maßgebenden Einfluss auf die Gesellschaft ausüben kann und daher für die Vermögensvermischung nicht verantwortlich zu machen ist, sei seine persönliche (Durchgriffs-)Haftung gegenüber den Gläubigern nicht zu rechtfertigen.[186]

3. Unterkapitalisierung

Anforderungen an eine „Unterkapitalisierung"

5.167 Von seiten der Wissenschaft war schließlich eine Verpflichtung zu materiell angemessener Kapitalausstattung vorgeschlagen worden; die Nichtbeachtung dieser Pflicht sollte zu einer Haftung wegen **materieller Unterkapitalisierung** führen.[187] Teilweise wird eine Durchgriffshaftung – eingeschränkt – nur dann befürwortet, wenn es sich um einen besonders

---

183) *Raiser*, KapGesR, § 29 Rz. 32; *Wiedemann*, GesR I, S. 221 ff, 227 f; Haftung nach § 826 BGB ausdrücklich verneinend etwa BAGE 89, 349 = ZIP 1999, 24 = NJW 1999, 740 = NZA 1999, 39.

184) OLG Celle GmbHR 2001, 1042 = EWiR § 13 GmbHG 1/02, 109 (*Meyke*); *Grunewald*, GesR, 2.F. Rz. 151 f (GmbH); *Raiser*, KapGesR, § 29 Rz. 23 f; *Karsten Schmidt*, GesR, § 9 IV 2, S. 234 ff; *Wiedemann*, GesR I, S. 224.

185) BGHZ 95, 330, 333 f = ZIP 1985, 1263, 1264 = EWiR § 13 GmbHG 3/85, 885 (*Hommelhoff*) – Autokran; BGH ZIP 1985, 29, 30 = WM 1985, 54, 55 = EWiR § 171 HGB 1/85, 111 (*Priester*) (schwer durchschaubare Buchführung reicht ebenfalls nicht).

186) BGHZ 125, 366 = ZIP 1994, 867 = NJW 1994, 1801 = EWiR § 13 GmbHG 1/94, 681 (*von Gerkan*) = WiB 1994, 475 (*Gummert*); dazu *Hirte*, NJW 1996, 2827, 2846; *Karsten Schmidt*, ZIP 1994, 837.

187) Vgl. etwa *Lutter*, DB 1994, 129 m. w. N. in Fn. 5; *Raiser*, KapGesR, § 29 Rz. 29 ff; *Karsten Schmidt*, GesR, § 9 IV 4, S. 240 ff; *Wiedemann*, GesR I, S. 224 ff; ausführlich *G.H. Roth*, ZGR 1993, 170 ff.

extremen Fall von Unterkapitalisierung, eine **qualifizierte** materielle Unterkapitalisierung, handelt.[188]

Die Rechtsprechung hat diesen Ansatz über die bereits angesprochenen gesetzlichen Sonderregelungen bei Banken und Versicherungen hinaus bislang nicht allgemein aufgegriffen (dazu auch oben Rz. 5.137).[189] Sie hat aber immer wieder in Einzelfällen die fehlende angemessene Kapitalausstattung als ein Argument dafür angeführt, einer Partei bestimmte prozessuale Rechte vorzuenthalten.[190] Zudem wurde der Ansatz vom BGH auch als Argument gegen die Annahme des Mitverschuldens eines Gläubigers bei der Haftung des Geschäftsführers wegen verspäteter Beantragung des Insolvenzverfahrens herangezogen.[191]

5.168 Zurückhaltung in der Rechtsprechung

Die bisher fehlende allgemeine Akzeptanz der Lösung dürfte ihre Ursache – was möglicherweise übersehen wird – auch in ihrer mittelbaren Verknüpfung mit dem Recht der Rechnungslegung haben. Soweit und solange angemessene Finanzierung nämlich (nur) mit dem Maßstab der §§ 238 ff HGB gemessen wird, ist er für die Beurteilung von Unternehmen ungeeignet, deren Struktur nicht dem Leitbild des Bilanzrechts – Handels- und Industriebetriebe – entspricht. Der Gesetzgeber hat die notwendigen Konsequenzen bislang nur in Teilbereichen, etwa für die Kreditinstitute, gezogen. Was aber ist mit Verlagen, Werbeagenturen, Anwaltskanzleien und Arztpraxen?

5.169

Hinzu kommt, dass gerade die Gläubiger geschlossener Gesellschaften, in denen das Risiko nicht ausreichender Eigenkapitalausstattung besonders virulent ist, dadurch Vorsorge treffen, dass sie sich persönliche Sicherheiten der Gesellschafter für die Verbindlichkeiten der Gesellschaft einräumen lassen (dazu oben Rz. 5.162). Das beweist zum einen das mangelnde Vertrauen des Marktes in die institutionelle Absicherung des Gläubigerschutzes in Kapitalgesellschaften. Zum anderen führt es aber dazu, dass die darin liegenden Risiken nur durch solche (Groß-)Gläubiger abgesichert werden können, die eine entsprechend starke Verhandlungsposition haben.

5.170

Allen bislang genannten Ansätzen ist gemeinsam, dass sie im Falle ihres Vorliegens den Gläubigern der Kapitalgesellschaft einen unmittelbaren **Durchgriff** auf deren Gesellschafter gestatten. Dagegen wurde früher zu Recht eingewandt, dass dies zu einer ungleichmäßigen und von Zufällen abhängigen Gläubigerbefriedigung führe. Um jedenfalls im eröffneten Insolvenzverfahren eine Durchsetzung der Ansprüche durch den Insol-

5.171

---

188) *Brändel*, Großkomm. AktG, § 1 Rz. 109; *Grunewald*, GesR, 2.F. Rz. 147 (GmbH); *Priester*, ZGR 1993, 512, 526; *Raiser*, ZGR 1995, 156, 162 ff; *Stimpel*, in: Festschrift Goerdeler, 1987, S. 601, 608.

189) Ablehnend etwa BGHZ 68, 312 = NJW 1977, 1449 – Typenhaus; BAG ZIP 1999, 878 (*Altmeppen*) = NJW 1999, 2299 = NZA 1999, 653 = DStR 1999, 1668 (Ls.) (*UH*) = EWiR § 13 GmbHG 1/99, 603 (*T. Keil*); dazu *Banerjea*, ZIP 1999, 1153. Die abw. Entscheidung BGHZ 54, 222, 224 (e.V.) stammt nicht vom für das Gesellschaftsrecht zuständigen II. Zivilsenat.

190) Vgl. etwa BGH ZIP 1991, 1026 = EWiR § 13 UWG 1/91, 823 (*Spätgens*) (Klagebefugnis eines Vereins im Rahmen von § 13 Abs. 2 Nr. 2 UWG fehlt, wenn dieser die zur Durchführung der Streitigkeiten notwendige personelle und sachliche Ausstattung nicht besitzt); OLG Karlsruhe EWiR § 247 AktG 1/91 (*Hirte*) (keine Streitwertspaltung nach § 247 AktG zugunsten der klagenden juristischen Person, wenn ihre Kapitalausstattung von vornherein für die Führung der beabsichtigten Rechtsstreitigkeiten unzureichend ist).

191) BGHZ 126, 181, 200 f = ZIP 1994, 1103, 1110 = EWiR § 64 GmbHG 2/94, 791 (*Wilhelm*); dazu *Hirte*, in: ZIP-Sonderdruck, Einleitung, S. 4 ff.

venzverwalter und damit eine Gleichbehandlung der Gläubiger zu ermöglichen, war für die Annahme von **gegenüber der Gesellschaft** bestehenden Finanzierungspflichten plädiert worden.[192] Mit Inkrafttreten des neuen Insolvenzrechts hat sich dieses Problem erledigt, da der **Insolvenzverwalter** nunmehr in jedem Fall für die **Durchsetzung dieser Ansprüche zuständig** ist: bei zur Insolvenzmasse zählenden Ansprüchen der Gesellschaft folgt dieses Recht aus § 80 Abs. 1 InsO, bei anderen, den Gläubigern gemeinschaftlich entstandenen Schäden aus § 92 Satz 1 InsO („Gesamtschadensliquidation"). Das Problem wurde zudem auch früher schon bei der Haftung wegen qualifizierter faktischer Konzernierung (dazu unten Rz. 5.176 ff) vermieden, die aber aus anderen Gründen einer erheblichen Kritik ausgesetzt war.

4. Existenzvernichtender Eingriff

„Bremer-Vulkan"-Urteil

5.172 In seiner Grundsatzentscheidung „Bremer Vulkan" im Jahre 2001 hat der BGH schließlich die Haftung von Gesellschaftern einer Kapitalgesellschaft für den Fall angenommen, dass sie durch einen **existenzvernichtenden Eingriff** deren Bestand gefährden.[193]

Existenzvernichtender Eingriff bei konzerniertem Liquiditätsverbund

5.173 Das wurde zunächst für einen Gesellschafter angenommen, der eine von ihm abhängige GmbH veranlasst, ihre liquiden Mittel in einen von ihm beherrschten kozernierten Liquiditätsverbund („Cash-Management") einzubringen, ohne bei Dispositionen über ihr Vermögen auf ihr Eigeninteresse an der Aufrechterhaltung ihrer Fähigkeit, ihren Verbindlichkeiten nachzukommen, angemessen Rücksicht zu nehmen und der dadurch ihre Existenz gefährdet; letztlich muss also immer noch eine geordnete Liquidation möglich sein. Eine Verletzung der vom BGH entwickelten Rücksichtnahmepflicht kann einen Treubruch i. S. v. § 266 Abs. 1 StGB darstellen. Wer die Pflicht zur Respektierung des Gesellschaftsvermögens zur vorrangigen Befriedigung der Gesellschaftsgläubiger während der Lebensdauer der GmbH missachtet, missbrauche – wie der BGH in der „KBV"-Entscheidung ergänzte – die Rechtsform der GmbH und verliere das Haftungsprivileg des § 13 Abs. 2 GmbHG, soweit nicht der der GmbH durch den Eingriff insgesamt zugeführte Nachteil bereits nach §§ 30, 31 GmbHG ausgeglichen werden kann.[194]

---

192) *Grunewald*, GesR, 2.F. Rz. 148 f (GmbH) m. w. N.; *Karsten Schmidt*, GesR, § 9 IV 5, S. 244 ff (direkte Außenhaftung nur subsidiär); *Wiedemann*, GesR I, S. 222 f.

193) BGHZ 149, 10 = ZIP 2001, 1874 = NJW 2001, 3622 = LM H. 5/2002 § 309 AktG 1965 Nr. 1 (*Schünemann*) – Bremer Vulkan (Vorinstanz OLG Bremen ZIP 1999, 1671 = EWiR § 823 BGB 4/99, 1057 *[W. Müller]*); dazu *Altmeppen*, ZIP 2001, 1837; *ders.*, ZIP 2002, 1553; *ders.*, NJW 2002, 321; *Decher*, ZInsO 2002, 113; *Hoffmann*, NZG 2002, 68; *Keßler*, GmbHR 2001, 1095; *Mödl*, JuS 2003, 14; *Mülbert*, DStR 2001, 1937; *Römermann/Schröder*, GmbHR 2001, 1015; *Karsten Schmidt*, NJW 2001, 3577; *Ulmer*, ZIP 2001, 2021; *Wilhelmi*, DZWIR 2003, 45.

194) BGHZ 151, 181 = ZIP 2002, 1578 = NJW 2002, 3024 = NZG 2002, 914 = NZI 2002, 626 = DStR 2002, 1822 = JZ 2002, 1047 (*Ulmer*) – KBV; dazu *Wiedemann*, ZGR 2003, 283 ff.

Der neue Haftungsgrund schließt in erster Linie (überzeugend) die Lücke des Kapitalschutzsystems, die sich daraus ergibt, dass ein Abzug von Vermögen nach den §§ 30 ff GmbHG zulässig wäre, wenn nur im Zeitpunkt des Vermögensabflusses deren Voraussetzungen eingehalten wurden, weil Verbindlichkeiten etwa aus Arbeitsverträgen erst am Folgetag entstehen.[195] Tatbestandlich erfasst sie vor allem sog. „Sterbehauskonstruktionen", bei denen der Gesellschaft das betriebsnotwendige (abgeschriebene) Vermögen entzogen wird und ihr die Schulden belassen werden. Die Haftung zwingt – anders als etwa die denkbare Pflicht zu materieller Kapitalausstattung – nicht dazu, das vorhandene Haftungsvermögen in Krisenzeiten aktiv zu erweitern. Mit der Entscheidung wurde zugleich ausdrücklich die bislang für möglich gehaltene Haftung des herrschenden Unternehmens wegen qualifizierter faktischer Konzernierung in Anlehnung an die §§ 302 ff AktG (dazu unten Rz. 5.176 ff) aufgegeben.

5.174 Existenzvernichtender Eingriff schließt Lücken im Kapitalschutzsystem

Bei Vorliegen eines existenzvernichtenden Eingriffs können die Gläubiger der Gesellschaft außerhalb des Insolvenzverfahrens ihre Forderungen *unmittelbar* gegen die an den Eingriffen in das Gesellschaftsvermögen mitwirkenden Gesellschafter geltend machen,[196] soweit sie von der Gesellschaft keine Befriedigung erlangen können; bei einem planmäßigen Entzug der Vermögensmasse aus einer GmbH kann eine solche Haftung zudem auf § 826 BGB gestützt werden.[197] Eine Haftung wegen existenzvernichtenden Eingriffs trifft auch die Mitgesellschafter, die durch ihr Einverständnis mit dem Vermögensabzug an der Existenzvernichtung der Gesellschaft mitgewirkt haben, ohne selbst etwas empfangen zu haben.[198]

5.175 Unmittelbare Haftung der eingreifenden beteiligten Gesellschafter

5. Qualifizierter faktischer Konzern

Einen weiteren Ansatz für die Haftung der Gesellschafter bildet die Annahme einer Verlustausgleichspflicht des herrschenden Unternehmens im Konzern, wenn es sich um einen **qualifizierten faktischen Konzern** handelt. Eine solche Haftung des herrschenden Unternehmens sieht das Gesetz in § 302 AktG vor, wenn es mit dem beherrschten Unternehmen einen Beherrschungsvertrag geschlossen hat. (Die zum Konzernrecht gehörenden Einzelheiten dieses Instruments können hier nicht vorgestellt werden.) Die Wissenschaft hatte gefordert, diese Regelung entsprechend

5.176 Haftung im qualifizierten faktischen Konzern (§ 302 AktG analog)

---

195) Dazu ausführlich *Röhricht*, in: Festschrift aus Anlaß des fünfzigjährigen Bestehens von Bundesgerichtshof, Bundesanwaltschaft und Rechtsanwaltschaft beim Bundesgerichtshof, 2000, S. 83, 93.
196) Insoweit bereits zur Entscheidung „Bremer Vulkan" kritisch und für eine Durchgriffshaftung *Bitter*, WM 2001, 2133, 2137 ff (dabei zugleich in Anlehnung an das US-Recht für die Differenzierung nach Gläubigergruppen).
197) BGHZ 151, 181 = ZIP 2002, 1578 = NJW 2002, 3024 = NZG 2002, 914 = NZI 2002, 626 = DStR 2002, 1822 = JZ 2002, 1047 (*Ulmer*) – KBV; dazu *Wiedemann*, ZGR 2003, 283 ff.
198) BGHZ 150, 61 = ZIP 2002, 848 = DStR 2002, 1010 = NJW 2002, 1803 = LM H. 9/2002 § 6 GmbHG Nr. 3 (*G.H. Roth*) = EWiR § 31 GmbHG 1/02, 679 (*Blöse*); dazu *Altmeppen*, ZIP 2002, 961.

auch auf solche „faktischen" Unternehmensverbindungen anzuwenden, die in ihrer Intensität der Situation bei Abschluss eines Beherrschungsvertrages vergleichbar sind – nämlich bei qualifizierter faktischer Konzernierung.[199]

Entwicklung der Rechtsprechung durch „Autokran", „Tiefbau" und „Video"

5.177 Sie führt jedenfalls für die nicht ausreichend finanzierten Unternehmen, die *von anderen Unternehmen abhängig* sind, zu einer Haftung der Gesellschafter. Der für das Gesellschaftsrecht zuständige II. Zivilsenat des BGH griff diesen Ansatz jedoch zunächst nicht auf.[200] Als er sich dann aber in den Grundsatzurteilen „Autokran" – „Tiefbau" – „Video"[201] die Vorschläge der Wissenschaft zur Erstreckung der Verlustausgleichpflicht auf „qualifizierte faktische Konzerne" doch zu Eigen machte, löste dies einen Aufschrei insbesondere bei den Rechtsberatern mittelständischer Unternehmen aus. Es war von einem „Erdbeben" die Rede,[202] das zur „Beseitigung der Haftungsbeschränkung" bei der GmbH führe.[203] Denn die Verlustausgleichshaftung im Konzern betraf vor allem kleinere und mittelständische Unternehmen,[204] was unter anderem darauf zurückzuführen war, dass als herrschendes Unternehmen – als „Konzernspitze" – auch eine **natürliche Person** in Betracht kommt.[205]

Folgen der Kritik – „TBB"

5.178 Die vehemente Kritik in Rechtswissenschaft und Beratungspraxis brachte den BGH daher am 29. März 1993 in „TBB" dazu, die Voraussetzungen einer Verlustausgleichpflicht wegen qualifizierter faktischer Konzernierung deutlich zurückzunehmen.[206] Danach haftete ein herrschendes Unternehmen nur dann analog §§ 302, 303 AktG, wenn es die Konzernleitungsmacht in einer Weise ausübt, die keine angemessene Rücksicht auf die eigenen Belange der abhängigen Gesellschaft nimmt, ohne dass sich der ihr zugefügte Nachteil durch Einzelausgleichsmaßnahmen kompensieren ließe. Die dauernde und umfassende Ausübung der Leitungsmacht allein sollte – anders als noch im „Video"-Urteil formuliert – *nicht die Vermutung* begründen, dass keine angemessene Rücksicht auf die Belange der abhängigen Gesellschaft genommen worden ist. Der *Kläger* musste

---

199) Vgl. vor allem Arbeitskreis GmbH-Reform (*Hueck/Lutter/Mertens/Rehbinder/ Ulmer/Wiedemann/Zöllner*). Thesen und Vorschläge zur GmbH-Reform, Bd. 2, 1972: § 255a E-GmbHG.
200) Vgl. vor allem BGHZ 68, 312 = NJW 1977, 1449 – Typenhaus.
201) BGHZ 95, 330 = ZIP 1985, 1263 = EWiR § 13 GmbHG 3/85, 885 (*Hommelhoff*) – Autokran; BGHZ 107, 7 = ZIP 1989, 440 = EWiR § 302 AktG 1/89, 431 (*Fleck*) – Tiefbau; BGHZ 115, 187 = ZIP 1991, 1354 = EWiR § 302 AktG 1/91, 945 (*Altmeppen*) – Video.
202) So der Titel des Beitrages von *Knobbe-Keuk*, DB 1992, 1461.
203) So *Timm*, GmbHR 1992, 213, 218 f; *ders.*, NJW 1992, 2185, 2188.
204) Vgl. die provokante Frage von *Karsten Schmidt*, ZIP 1991, 1325, 1329: „Qualifizierte faktische GmbH-Konzerne, wohin man sieht?"
205) Vgl. vor allem BGHZ 115, 187, 189 = ZIP 1991, 1354, 1355 = EWiR § 302 AktG 1/91, 945 (*Altmeppen*) – Video; BGHZ 122, 123, 127 = ZIP 1993, 589, 592 = EWiR § 302 AktG 2/93, 327 (*Altmeppen*) – TBB.
206) BGHZ 122, 123, 130 ff = ZIP 1993, 589, 593 f = NJW 1993, 1200 = EWiR § 302 AktG 2/93, 327 (*Altmeppen*) – TBB; dazu *Altmeppen*, DB 1994, 1912; *Drygala*, GmbHR 1993, 317; *Ebenroth/Wilken*, ZIP 1993, 558; *Hommelhoff*, ZGR 1994, 395; *Kleindiek*, DZWir 1993, 177; *Kowalski*, GmbHR 1993, 253; *Krieger*, ZGR 1994, 375; *Karsten Schmidt*, ZIP 1993, 549; *Westermann*, ZIP 1993, 554.

vielmehr Umstände darlegen und beweisen, die für eine solche Annahme sprechen; dabei konnten die Gerichte ihm jedoch Beweiserleichterungen gewähren.[207)]

Die schon angesprochene verschärfte Haftung des Geschäftsführers für die verspätete Beantragung des Insolvenzverfahrens (dazu oben Rz. 3.113 ff) war auch ein Ausgleich für die in Tatbestand und Beweislastverteilung durch die „TBB"-Entscheidung abgemilderte Rechtsprechung desselben Senats zur Verlustausgleichspflicht im qualifizierten faktischen Konzern. Die Änderung der Rechtsprechung zur Geschäftsführerhaftung war nämlich bereits im „TBB"-Urteil angedeutet worden.[208)] 5.179

Diese Rechtsprechung zur Verlustausgleichspflicht im qualifizierten faktischen Konzern wurde zunächst zwar in ihrer Schärfe zurückgenommen, keineswegs aber aufgegeben.[209)] Auch hielt der BGH trotz aller Kritik daran fest, dass eine natürliche Person herrschendes Unternehmen sein könne.[210)] Zudem stellte er fest, dass auch ein Freiberufler – im konkreten Fall ging es um einen Architekten – ein „herrschendes Unternehmen" im konzernrechtlichen Sinne darstellen könne.[211)] Durch die Rechtsprechung zum existenzvernichtenden Eingriff (oben Rz. 5.172 ff) hat der „qualifizierte faktische Konzern" aber seine Bedeutung als Grundlage für Haftungsansprüche gegen Gesellschafter zumindest weitgehend verloren. 5.180 Augabe des „qualifizierten faktischen Konzerns" durch den „existenzvernichtenden Eingriff"

---

207) Dem für einen Fall der Betriebsaufspaltung verbal folgend, aber i. E. deutlich weitergehend als der BGH BAG ZIP 1999, 723 = NZA 1999, 543 = EWiR § 322 AktG 1/99, 537 (*Bork*); kritisch dazu *Henssler*, ZGR 2000, 479; *Windbichler*, RdA 1999, 146.
208) BGHZ 122, 123 = ZIP 1993, 589, 591 = EWiR § 302 AktG 2/93, 327 (*Altmeppen*) – TBB (insoweit nicht in BGHZ 122, 123 abgedruckt): „Es besteht in dieser Sache zur Zeit kein Anlass zur Prüfung, ob an dieser [= der früheren] Rechtsprechung festzuhalten ist. Denn es kommt darauf für die Entscheidung nicht an [...]." Auf diese Perspektive wies bereits *Goette*, DStR 1993, 568, 569 in aller Deutlichkeit hin. Der Hinweis wurde in der nächsten Konzernhaftungsentscheidung BGH ZIP 1994, 207, 209 = NJW 1994, 446 (*Karsten Schmidt*) = EWiR § 302 AktG 1/94, 213 (*Hirte*) – Softec, nochmals wiederholt.
209) Vgl. etwa BGH ZIP 1996, 637 = DZWiR 1996, 242 (*Kowalski*) (GmbH-Stafette); zur früheren Rechtsprechung noch *Cahn*, ZIP 2001, 2159; *Kiethe/Groschke*, NZG 2001, 504; *Ulmer* (Hrsg.), Haftung im qualifizierten faktischen GmbH-Konzern – verbleibende Relevanz nach dem „TBB"-Urteil, ZHR-Beiheft 70 (2002); eine Haftung wegen qualifizierter faktischer Konzernierung bejahte noch OLG Oldenburg EWiR § 302 AktG 1/01, 147 mit zust. Anm. *Reiff*.
210) Vgl. BGH ZIP 1994, 207, 208 = NJW 1994, 446 (*Karsten Schmidt*) = EWiR § 302 AktG 1/94, 213 (*Hirte*) – Softec; dazu *Raiser*, ZGR 1995, 156.
211) BGH ZIP 1994, 1690 = JZ 1995, 519 (*Hirte*) = EWiR § 302 AktG 1/95, 15 (*Westermann*) (Freiberufler-Konzern); BGH ZIP 1995, 733 = NJW 1995, 1544 = EWiR § 302 AktG 2/95, 529 (*Decher*) (Vorinstanz OLG München ZIP 1994, 1776); dazu *Kulka*, DZWir 1995, 45; *Karsten Schmidt*, ZIP 1994, 1741.

§ 6 Satzungs- und Strukturänderungen

Literatur: *Bayer*, Kapitalerhöhung mit Bezugsrechtsausschluß und Vermögensschutz der Aktionäre nach § 255 Abs. 2 AktG, ZHR 163 (1999), 505; *Bärwaldt/Schabacker*, Der Formwechsel als modifizierte Sachgründung, ZIP 1998, 1293; *Bork*, Beschlußverfahren und Beschlußkontrolle nach dem Referentenentwurf eines Gesetzes zur Bereinigung des Umwandlungsrechts, ZGR 1993, 343; *Cahn*, Pflichten des Vorstandes beim genehmigten Kapital mit Bezugsrechtsausschluß, ZHR 163 (1999), 554; *Engelmayer*, Das Spaltungsverfahren bei der Spaltung von Aktiengesellschaften, AG 1996, 817; *Hennrichs*, Zum Formwechsel und zur Spaltung nach dem neuen Umwandlungsgesetz, ZIP 1995, 794; *Hirte*, Bezugsrechtsausschluß und Konzernbildung, 1986; *ders.*, Die Behandlung unbegründeter oder mißbräuchlicher Gesellschafterklagen im Referentenentwurf eines Umwandlungsgesetzes, DB 1993, 77; *Kallmeyer*, Aktienoptionspläne für Führungskräfte im Konzern, AG 1999, 97; *Martens*, Richterliche und gesetzliche Konkretisierungen des Bezugsrechtsausschlusses, ZIP 1994, 669; *Kai Mertens*, Zur Universalsukzession in einem neuen Umwandlungsrecht, AG 1994, 66; *Rieble*, Verschmelzung und Spaltung von Unternehmen und ihre Folgen für Schuldverhältnisse mit Dritten, ZIP 1997, 301; *Riegger/Schockenhoff*, Das Unbedenklichkeitsverfahren zur Eintragung der Umwandlung in das Handelsregister, ZIP 1997, 2105; *Schöne*, Die Spaltung unter Beteiligung von GmbH, 1998; *Ulmer*, Rechtsfragen der Barkapitalerhöhung bei der GmbH, GmbHR 1993, 189; *Veil*, Aktuelle Probleme im Ausgliederungsrecht, ZIP 1998, 361; *Volhard*, „Siemens/Nold": Die Quittung, AG 1998, 397; *Weiß*, Aktienoptionsprogramme nach dem KonTraG, WM 1999, 353; *Wiedemann*, Identität beim Rechtsformwechsel, ZGR 1999, 568; *Wirth*, Vereinfachte Kapitalherabsetzung zur Unternehmenssanierung, DB 1996, 867.

I. Satzungsänderung

1. Allgemeines

Die ursprüngliche Satzung einer Gesellschaft kann aus den verschiedensten Gründen den aktuellen Bedürfnissen nicht mehr angemessen sein. In diesen Fällen besteht die Möglichkeit, sie zu ändern. Da damit die „Geschäftsgrundlage" der Gesellschaft nachträglich geändert wird, bedarf es eines Schutzes derjenigen Gesellschafter, die der Satzungsänderung widersprechen. Dieser Schutz wird im Gesellschaftsrecht in erster Linie dadurch verwirklicht, dass für eine Satzungsänderung eine **besonders hohe Mehrheit** in der Gesellschafterversammlung verlangt wird (§ 179 Abs. 2 Satz 1 AktG: drei Viertel des in der Hauptversammlung vertretenen Kapitals [nach Art. 14 der Zweiten Richtlinie ausdrücklich nicht europarechtlich koordiniert]; § 53 Abs. 2 Satz 1 GmbHG: drei Viertel der in der Gesellschafterversammlung abgegebenen Stimmen). Bei der Aktiengesellschaft tritt die genannte Mehrheit *neben* die für jeden Hauptversammlungsbeschluss erforderliche (einfache) Stimmenmehrheit nach § 133 Abs. 1 AktG, was sich aber nur bei einem Auseinanderfallen von Stimmzahl und Kapitalbeteiligung auswirkt (dazu oben Rz. 3.265). Lediglich in der Aktiengesellschaft kann die (ursprüngliche) Satzung geringere Anforderungen an eine Satzungsänderung stellen, und dies auch nicht für eine Änderung des Unternehmensgegenstandes (§ 179 Abs. 2 Satz 2 AktG). Unter den Voraussetzungen des § 179 Abs. 3 AktG ist ein Sonderbeschluss erforderlich (dazu oben Rz. 3.267). Im Übrigen sind Verschärfungen der gesetzlichen Hürden zulässig und gebräuchlich. In der Aktiengesellschaft ist es zudem zulässig und gebräuchlich, den Aufsichtsrat zu bloßen Fassungsänderungen der Satzung zu ermächtigen (§ 179 Abs. 1 Satz 2 AktG); aktuell ist diese Möglichkeit etwa im Zusammenhang mit der Umrechnung satzungsmäßiger Betragsangaben in Euro von Bedeutung (dazu unten Rz. 6.72 ff).

6.1 Qualifiziertes Mehrheitserfordernis

Eine eigenständige Regelung des Komplexes der Satzungsänderung findet sich in der **SE-Verordnung** aus den Gründen nicht, die bislang auch den Erlass einer Fünften EG-Richtlinie verhindert haben (oben Rz. 1.48). Art. 59 Abs. 1 SE-VO sieht bezüglich der Satzungsänderung lediglich vor, dass die Änderung der Sat-

6.2 Keine eigenständige Regelung bei der SE

zung eines Beschlusses der Hauptversammlung bedarf, der mit einer Mehrheit von mindestens zwei Dritteln der abgegebenen Stimmen gefasst wurde, sofern nicht das nationale Aktienrecht eine höhere Mehrheit vorsieht. Von der Möglichkeit des Art. 59 Abs. 2 SE-VO, die einfache Stimmenmehrheit ausreichen zu lassen, wenn zugleich mindestens die Hälfte des gezeichneten Kapitals vertreten ist, dürfte Deutschland im Hinblick auf seine anders geartete Rechtstradition keinen Gebrauch machen.

HV-Beschluss bei Vermögensübertragung

6.3 Auch wenn es an einer förmlichen Satzungsänderung (etwa des Unternehmensgegenstandes) fehlt, bedarf es doch eines Beschlusses der Hauptversammlung mit satzungsändernder Mehrheit, wenn eine Aktiengesellschaft sich zur Übertragung ihres gesamten Vermögens auf einen Dritten verpflichtet (§ 179a AktG). Der hier erforderliche Zustimmungsbeschluss zu dem abzuschließenden Vertrag soll die Gesellschafter davor schützen, dass – sozusagen „durch die Hintertür" – die Struktur ihrer Gesellschaft durch eine **Vermögensübertragung** geändert wird.[1] Denn solche Übertragungen, die nicht selten auch im Rahmen einer Liquidation vorgenommen werden (dazu unten Rz. 7.1 ff), sind besonders kritisch, wenn sie an den Mehrheitsaktionär erfolgen. Dabei ist umstritten, ob über die aktienrechtlichen Anforderungen hinaus auch die Normen des Umwandlungsgesetzes zu beachten sind (dazu unten Rz. 6.95 ff), das den Sachverhalt im Übrigen nicht direkt erfasst (dazu unten Rz. 6.203 ff). Als gesichert gilt aber, dass von einer zustimmungspflichtigen Übertragung des ganzen Vermögens bereits ausgegangen werden kann, wenn nur noch unwesentliches Restvermögen zurückbleibt.[2]

Inhaltliche Schranken bei Vermögensbeeinträchtigungen

6.4 Von den genannten Mehrheitserfordernissen abgesehen haben Rechtsprechung und Wissenschaft zahlreiche inhaltliche Schranken entwickelt, die gewährleisten sollen, dass sich ein Gesellschafter nicht plötzlich infolge einer Satzungsänderung „in einer anderen Gesellschaft" wiederfindet. Auf diese Instrumente wurde im Zusammenhang mit der Beschlusskontrolle schon hingewiesen (oben Rz. 3.290 ff).

6.5 Für den Bereich **börsennotierter Aktiengesellschaften** wird die Notwendigkeit eines so weitreichenden Kontrollinstrumentariums in der jüngeren Zeit zunehmend in Frage gestellt. Da der Aktionär hier in erster Linie ein nur vermögensmäßig interessierter Anleger sei, bedürfe er keines Bestandsschutzes; ausreichend sei, dass bei Satzungs- und Strukturänderungen der Wert seiner Beteiligung geschützt sei. Sofern dies der Fall

---

1) Zum Umfang der Informationspflichten in einem solchen Fall BGHZ 146, 288 = ZIP 2001, 416 = NJW 2001, 1277 = DStR 2001, 582 = NZG 2001, 405 = LM § 119 AktG Nr. 2 (*Mülbert*) – Altana/Milupa (Vorinstanz OLG Frankfurt/M., ZIP 1999, 842 = NZG 1999, 887 = EWiR § 119 AktG 1/99, 535 *[Schüppen]*); OLG München ZIP 2002, 1353, 1354 = NZG 2002, 678 = EWiR § 52 AktG a. F. 1/02, 1029 (*Schwab*); hierzu Drinkuth, AG 2001, 256; Schockenhoff, NZG 2001, 921; Tröger, ZHR 165 (2001), 593; ders., ZIP 2001, 2029.

2) BGHZ 83, 122, 128 = ZIP 1982, 568 = NJW 1982, 1703 – Holzmüller (AG); ebenso für den Verkauf der einzigen als Beteiligung gehaltenen Gesellschaft OLG Celle ZIP 2001, 613, 615 f = NZG 2001, 409 = EWiR § 119 AktG 2/01, 651 (*Windbichler*) – Allied Signal Deutschland; zu den Rechtsfolgen (Möglichkeit, die Veräußerung einer Beteiligung durch einstweilige Verfügung zu untersagen) LG Duisburg NZG 2002, 643 = EWiR § 119 AktG 1/02, 839 (*Sinewe*) – Babcock Borsig.

sei, könne ihm bei einer von ihm nicht akzeptierten Entscheidung ein Ausscheiden gegen volle Entschädigung zugemutet werden (dazu auch unten Rz. 7.6).[3]

Sicher aber kann man die Börsennotierung als Charakteristikum einer Aktiengesellschaft ansehen, obwohl die Notierung im Verhältnis zur Börse „nur" aufgrund eines Antrages der Vertretungsorgane der Gesellschaft und eines Verwaltungsaktes der Börsenzulassungsstelle herbeigeführt wird. Für den Anleger ist die Börsenzulassung insoweit essentiell, als sie ihm die Möglichkeit bietet, sich jederzeit zu Marktbedingungen von seinem Investment zu trennen; aus der Sicht der Gesellschaft bzw. der Aktionärsmehrheit können die mit der Aufrechterhaltung einer Börsennotierung verbundenen Kosten aber außer Verhältnis zur damit verbundenen Verbesserung der Möglichkeiten der Kapitalaufbringung stehen. Auch mit Blick auf die unterschiedliche rechtliche Behandlung börsennotierter und nicht börsennotierter Gesellschaften (vgl. § 3 Abs. 2 AktG; dazu oben Rz. 1.19) stellt sich aber die Frage, wie man die Herbeiführung der Zulassung und insbesondere die Rücknahme des Zulassungsantrages („**Delisting**") innergesellschaftlich behandeln muss. Der BGH hat im „Macrotron"-Urteil insoweit jetzt überzeugend ausgeführt, dass die Rücknahme der Zulassung eines Beschlusses der Hauptversammlung mindestens einfacher Mehrheit bedarf; denn durch das Delisting wird die Verkehrsfähigkeit der Aktie und dadurch das Aktieneigentum (Art. 14 GG) erheblich beeinträchtigt. Zudem sei ein Pflichtangebot der Gesellschaft oder des Großaktionärs über den Kauf der Aktien der Minderheit erforderlich, dessen Angemessenheit im Spruchverfahren der Freiwilligen Gerichtsbarkeit überprüft werden können müsse. Für den erforderlichen Hauptversammlungsbeschluss bedarf es jedenfalls dann keines schriftlichen Berichts, wenn der Vorstand die Maßnahme in der Hauptversammlung umfassend erläutert; auch scheide eine materielle Beschlusskontrolle aus.[4] Daneben besteht ein öffentlichrechtlicher Schutz: Zur börsenrechtlichen Regelung des Delisting in § 43 BörsG entschied nämlich das VG Frankfurt/M., dass sie drittschützend sei und den von einem Delisting betroffenen Anlegern eine Klagebefugnis nach § 42 Abs. 2 VwGO einräume, aufgrund derer sie die Rechtmäßigkeit eines Delisting überprüfen lassen können. Dabei sei entscheidend darauf abzustellen, ob für die noch

6.6 Voraussetzungen eines Delisting – „Macroton"-Urteil

---

3) Ausführlich *Mülbert*, Aktiengesellschaft, Unternehmensgruppe und Kapitalmarkt (1995), S. 259 ff; dazu *Hirte*, WM 1997, 1001, 1003 ff.

4) BGHZ ZIP 2003, 387 (*Streit*) = DB 2003, 544 (*Heidel*); Berufungsinstanz OLG München ZIP 2001, 700, 703 ff = NZG 2001, 519 = DStR 2001, 950 = EWiR § 119 AktG 1/01, 459 (*Mutter*) – Macrotron (Vorinstanz LG München I ZIP 1999, 2017 = DB 1999, 2458 *[Martinius/Schiffer]* = BB 1999, 2634 = NZG 2000, 273 = EWiR § 43 BörsG 1/2000, 75 *[Kiem]*); für eine (zumindest) Anwendung der Regelungen über Satzungsänderungen (Änderung des Inhalts der Aktienrechte i. S. v. § 11 AktG) zuvor *Hirte*, in: Karsten Schmidt/Riegger, Gesellschaftsrecht 1999 (2000), S. 211, 240 f; *ders*., NJW 2000, 3321, 3325; gegen ein Pflichtangebot und abw. hinsichtlich des Grundrechtsschutzes der Verkehrsfähigkeit der Aktie zuvor *Mülbert*, ZHR 165 (2001), 104, 113 ff, 137 ff.

handelbaren Papiere die Bedingungen eines funktionierenden Marktes erfüllt sind.[5]

Auswirkungen des „Macroton"-Urteils auf das cold delisting

6.7 Diese Rechtsprechung wird auch auf die indirekten Möglichkeiten, die Börsennotierung aufzugeben (*„cold delisting"*), ausstrahlen. Das gleiche Ergebnis eines Entfallens der Börsenzulassung kann nämlich durch Verschmelzung einer börsennotierten Gesellschaft auf eine nicht börsennotierte (§ 2 UmwG) oder durch deren Formwechsel in eine nicht börsenfähige Rechtsform (§ 228 UmwG) erreicht werden (dazu unten Rz. 6.208); auch eine Vermögensübertragung aller Aktiva auf eine nicht börsennotierte Gesellschaft kommt in Frage. Durch die inzwischen eingeführte Möglichkeit des Ausschlusses von Minderheitsaktionären nach §§ 327a ff AktG haben diese Möglichkeiten aber deutlich an Bedeutung verloren.

Beurkundungserfordernis und Handelsregister-Eintragung

6.8 Die Beschlüsse über Satzungsänderungen bedürfen der **Beurkundung** (§ 130 Abs. 1 AktG, § 53 Abs. 2 Satz 1 GmbHG) und sind zur **Eintragung in das Handelsregister** anzumelden (§ 181 Abs. 1 Satz 1 AktG, § 54 Abs. 1 Satz 1 GmbHG). Dabei sind die eintragungspflichtigen Änderungen konkret anzugeben, wobei auch eine schlagwortartige Hervorhebung genügt.[6] Die Eintragung in das Handelsregister ist Wirksamkeitsvoraussetzung für die Satzungsänderung (§ 181 Abs. 3 AktG, § 54 Abs. 3 GmbHG). Dem Registergericht steht dabei eine selbständige Prüfungsbefugnis der Rechtmäßigkeit der Satzungsänderung zu, die neben die Möglichkeit tritt, den satzungsändernden Beschluss durch Anfechtungs- oder Nichtigkeitsklage zu Fall zu bringen (dazu oben Rz. 3.281 ff, 3.300 ff); das Registergericht nimmt damit auch die Funktion einer Rechtsaufsichtsbehörde wahr, in Bezug auf börsennotierte Gesellschaften einer Kapitalmarktaufsicht.[7] Eine bereits erhobene Klage gegen einen Beschluss kann daher – selbst wenn sie unbegründet ist – zur Aussetzung des Eintragungsverfahrens führen. Da eine Eintragung aus diesem Grund häufig nicht vorgenommen wird, solange eine Anfechtungsklage gegen den Satzungsänderungsbeschluss anhängig ist, kann die Durchführung von Satzungsänderungen vor allem bei börsennotierten Aktiengesellschaften schwierig sein. Denn hier werden solche Beschlüsse häufig von Kleinaktionären systematisch – und inhaltlich oft zu Recht – wegen rechtlicher Mängel angegriffen. Die Gesellschaften versuchen die dadurch entstehende zeitliche Drucksituation durch Zahlungen an die klagenden Aktionäre zu „entschärfen" (dazu bereits oben Rz. 3.294 ff). Andererseits hindert die Eintragung einer Satzungsänderung grundsätzlich auch nicht die Erhebung einer Anfechtungsklage; nur im Fall des § 16 Abs. 3 UmwG ist dies anders (dazu unten Rz. 6.147 ff).

---

5) VG Frankfurt/M. ZIP 2002, 1446, 1447 ff = NZG 2002, 830 (Ls.) = EWiR § 43 BörsG a. F. 1/02, 953 (*Wilsing/Kruse*) – Macrotron.

6) Für die GmbH BGH NJW 1987, 3191 = WuB II C. § 54 GmbHG 1.87 (*Messer*); OLG Düsseldorf NJW-RR 1999, 400; OLG Hamm ZIP 2001, 2229, 2230 = NJW-RR 2002, 37 (gilt selbst für völlige Neufassung der Satzung); für die AG *Wiedemann*, Großkomm. AktG, § 181 Rz. 13.

7) *Wiedemann*, Großkomm. AktG, vor § 182 Rz. 82.

2. Satzungsdurchbrechung

Von Satzungsbestimmungen kann nur durch formelle Satzungsänderung abgewichen werden. Deshalb ist zunächst ein Verhalten der Gesellschaftsorgane unzulässig, das tatsächlich zu einer Änderung der Satzung führt, ohne dass das dafür erforderliche Verfahren eingehalten wurde. Als **faktische Satzungsänderung** unzulässig ist aber auch ein Vorgehen, das die Satzung unberührt lässt, in ihrer Wirkung aber mittelbar ändert.[8]

6.9 Verbot faktischer Satzungsänderung

Etwas anders liegen die Dinge, wenn das für die Satzungsänderung zuständige Organ mit den entsprechenden Mehrheiten ein Abweichen von der Satzung beschließt, das für die Satzungsänderung erforderliche Verfahren aber – etwa bezüglich der Eintragung – nur teilweise einhält. Eine solche **Satzungsdurchbrechung** wird teilweise dann für zulässig gehalten, wenn sie nur zu einem einmaligen „punktuellen" Abweichen von der Satzung führt.[9] Unzulässig ist eine Satzungsdurchbrechung aber jedenfalls dann, wenn sie zu einer dauerhaften Abweichung von der Satzung führen soll, und zwar selbst dann, wenn ihr alle Gesellschafter in einer außerhalb der Satzung getroffenen Vereinbarung zustimmen. Damit wird überzeugend der Schutz der (Minderheits-)Gesellschafter durch Verfahren gestärkt. In einem vom BGH entschiedenen Fall hatten die Gesellschafter die in der Satzung festgelegte Dauer der Amtszeit der Aufsichtsratsmitglieder an der Satzung vorbei verlängern wollen.[10]

6.10 Probleme der Satzungsdurchbrechung

II. Kapitalmaßnahmen

Einen Sonderfall der Satzungsänderung bilden die sog. Kapitalmaßnahmen (Art. 25 ff Zweite Richtlinie, §§ 182 ff AktG, §§ 55 ff GmbHG). Dies sind Veränderungen des in der Satzung ausgewiesenen **Nennkapitals** nach oben (Kapitalerhöhung) oder nach unten (Kapitalherabsetzung). Erfasst sind damit nicht Veränderungen im Bereich des Fremdkapitals, also etwa die Aufnahme oder die Rückzahlung von Darlehen, mögen diese auch einen viel größeren Umfang aufweisen. Dies wird in manchen ausländischen Gesellschaftsgesetzen anders gesehen, die auch die Aufnahme von Darlehen durch Ausgabe von Schuldverschreibungen ähnlich einer Kapitalerhöhung behandeln.[11] Sowohl bei der Kapitalerhöhung als auch bei der Kapitalherabsetzung wird weiter danach unterschieden, ob sie mit Einzahlungen durch die Gesellschafter bei der Kapitalerhöhung bzw. mit Rückzahlungen an sie bei der Kapitalherabsetzung verbunden ist oder nicht. Wird bei den Kapitalmaßnahmen Geld ein- bzw. ausgezahlt (bzw. andere Vermögensgegenstände eingebracht oder zurückgewährt), spricht man von einer **effektiven Kapitalerhöhung** bzw. **-herabsetzung**. Im Üb-

6.11 Effektive und nominelle Kapitalerhöhung und -herabsetzung

---

8) *Wiedemann*, Großkomm. AktG, § 179 Rz. 96.
9) BGH ZIP 1981, 1205, 1206 f = WM 1981, 1218, 1219; kritisch aber *Grunewald*, GesR, 2.F. Rz. 92 (GmbH); *Wiedemann*, Großkomm. AktG, § 179 Rz. 99.
10) BGHZ 123, 15 = ZIP 1993, 1074 = NJW 1993, 2246 = EWiR § 53 GmbHG 2/93, 991 (*Scheuch*); dazu *Habersack*, ZGR 1994, 354; *Tieves*, ZIP 1994, 1341.
11) Rechtsvergleichend *Hirte*, ZGR-Sonderheft 16 (2000), S. 1, 9.

rigen handelt es sich um eine **nominelle Kapitalerhöhung bzw. -herabsetzung**.

Keine besondere Regelung für die SE

6.12 Der zentrale Bereich der Kapitalmaßnahmen ist für die **Europäische Aktiengesellschaft** in der SE-Verordnung ebenso wenig geregelt wie die Satzungsänderung. Vor allem hier dürfte sich die bereits angesprochene Norm des Art. 5 SE-VO auswirken, nach der für Kapitalaufbringung und -erhaltung das im Wesentlichen bereits harmonisierte nationale Aktienrecht zum Zuge kommt (oben Rz. 5.32).

1. Kapitalerhöhung
a) Effektive Kapitalerhöhung
aa) Normalfall

Kapitalzuführung von außen bei effektiver Kapitalerhöhung

6.13 Bei der effektiven Kapitalerhöhung oder **Kapitalerhöhung gegen Einlagen** wird der Gesellschaft neues Eigenkapital von außen zugeführt. Es handelt sich daher um eine Maßnahme der Außenfinanzierung – im Gegensatz zur Innenfinanzierung, bei der der Finanzbedarf der Gesellschaft aus nicht ausgeschütteten Gewinnen gedeckt wird.

6.14 Im Bild der Kapitalverfassung als eines Stausees bedeutet die Kapitalerhöhung gegen Einlagen eine Erhöhung oder Aufstockung der Staumauer. Dabei muss der Wasserstand unabhängig von seiner bisherigen Höhe (mindestens) um den Umfang erhöht werden, in dem die Staumauer erhöht wird. Aus der Sicht der Gläubiger steigt der Umfang des Polsters: denn Ausschüttungen dürfen jetzt erst (frühestens) stattfinden, wenn der Wasserspiegel das Niveau der höheren Staumauer erreicht hat.

Beschluss und Handelsregister-Eintrag

6.15 Die effektive Kapitalerhöhung vollzieht sich bei der Aktiengesellschaft in zwei Schritten. Zunächst wird die Erhöhung des Kapitals von der Hauptversammlung beschlossen (§ 182 Abs. 1 AktG; Art. 25 Abs. 1 Satz 1 Zweite Richtlinie) und zur Eintragung in das Handelsregister angemeldet (§ 184 Abs. 1 AktG); bei Vorhandensein mehrerer Aktiengattungen ist nach § 182 Abs. 2 AktG, Art. 25 Abs. 3 Zweite Richtlinie ein Sonderbeschluss jeder Gattung erforderlich (dazu oben Rz. 3.267 f). Die Beschlusskompetenz (bzw. im Fall genehmigten Kapitals „Ermächtigungskompetenz") der Hauptversammlung in diesem Punkt ergibt sich dabei auch (zwingend) aus Art. 25 Abs. 1 der Zweiten Richtlinie. Das wurde vom Europäischen Gerichtshof im Zusammenhang mit griechischen Rechtsvorschriften, die die Anordnung einer Kapitalerhöhung durch „Verwaltungsakt" gestatten, mehrfach entschieden; das gilt selbst in Sanierungssituationen und auch für Kreditinstitute.[12]

---

12) EuGH Slg. 1991-I, 2691, 2710 = ZIP 1991, 1488 = EuZW 1991, 604 – Karella und Karellas; EuGH Slg. 1992-I, 2111, 2134 = DB 1992, 1039 – Evangeliki Ekklesia; EuGH Rs. Slg. 1992-I, 5699, 5713 – Kerafina; EuGH Slg. 1996-I, 1347 = ZIP 1996, 1543 = IStR 1996, 188 = EWiR Art. 25 RL 77/91/EWG 1/96, 1073 (*Hirte*) – Panagis Pafitis u. a./Trapeza Kentrikis Ellados AE u. a.; dazu *Klinke*, ZGR 1993, 1, 22; *Tellis*, EuZW 1992, 657; *Wiedemann*, Großkomm. AktG, § 182 Rz. 14 f.

Ergänzend stellte der EuGH zwischenzeitlich klar, dass einem Aktionär die Berufung auf die Gemeinschaftsrechtswidrigkeit einer Kapitalerhöhung nicht deshalb versagt ist, weil die Kapitalerhöhung die finanziellen Schwierigkeiten der Gesellschaft beseitigen würde und ihm die Ausübung seiner Rechte wirtschaftliche Vorteile verschafft oder er sein Bezugsrecht hätte ausüben können.[13] Das hat er auch in einem weiteren Urteil noch einmal betont; dabei hat er aber andererseits darauf hingewiesen, dass die Gerichte der Geltendmachung gemeinschaftsrechtlicher Rechte den Einwand des Rechtsmissbrauchs nach nationalem Recht entgegenhalten dürfen. Das gilt insbesondere dann, wenn ein Aktionär unter den zur Verfügung stehenden Rechtsbehelfen denjenigen wählt, der den berechtigten Interessen Dritter einen unverhältnismäßigen Schaden zufügt.[14]

6.16 Berücksichtigung von Gemeinschaftsrechtswidrigkeit einer Kapitalmaßnahme

Sodann haben die Gesellschafter oder auch Dritte die Möglichkeit, die neuen Aktien zu zeichnen, also sich zur Übernahme der neuen Aktien gegen Zahlung der Einlagen zu verpflichten (§ 185 AktG). Aus der **Zeichnung** folgt aber kein Erfüllungsanspruch des Zeichners auf Verschaffung der Mitgliedschaft; diese entsteht vielmehr erst mit Eintragung der Kapitalerhöhung in das Handelsregister, und bis zu diesem Zeitpunkt steht die Kapitalerhöhung zur Disposition der (bisherigen) Gesellschafter.[15] Sind die Leistungen in dem vom Gesetz oder vom Kapitalerhöhungsbeschluss festgelegten Mindestumfang erbracht, kann die Durchführung der Kapitalerhöhung zur Eintragung in das Handelsregister angemeldet werden (§ 188 AktG, Art. 25 Abs. 1 Satz 2 Zweite Richtlinie).

6.17 Zeichnung neuer Einlagen

Bei der GmbH sind ebenfalls der Kapitalerhöhungsbeschluss und die Durchführungsphase zu unterscheiden (§ 55 GmbHG). Allerdings wird nur dieser Beschluss, und zwar erst nach der Durchführung der Kapitalerhöhung, zum Handelsregister angemeldet (§ 57 Abs. 1 GmbHG). Obwohl bei der GmbH im Hinblick auf den Erhöhungsbetrag die Ausfallhaftung des § 24 GmbHG droht, wird in der Kapitalerhöhung keine Pflichtenvermehrung i. S. d. § 53 Abs. 3 GmbHG gesehen mit der Folge, dass ihr jeder Gesellschafter individuell zustimmen müsste (dazu im Übrigen oben Rz. 3.267); denn die mögliche Ausfallhaftung ist bloße Nebenfolge der Kapitalerhöhung.[16]

6.18 Keine Pflichtverletzung i. S. V. § 53 Abs. 3 GmbHG

Grundsätzlich unzulässig ist dabei im Hinblick auf die Ordnungsmäßigkeit der Kapitalaufbringung eine **Voreinzahlung auf künftige Einlagepflichten**, also die Leistung der Einlage, ohne dass ein Kapitalerhöhungsbeschluss vorliegt. Folge dieser theoretisch auch bei der Gründung (dazu oben Rz. 5.39), typischerweise aber nur bei Kapitalerhöhungen auftauchenden Problematik ist, dass die Einlage nach späterem ordnungsgemäßen Erhöhungsbeschluss nochmals zu leisten ist. Lediglich für den Fall

6.19 Keine Voreinzahlung auf künftige Einlagepflichten

---

13) EuGH Slg. 1998, I-2843 = ZIP 1999, 1672 = EuZW 1999, 56 = EWiR Art. 25 RL 77/91/EWG 1/98, 907 (*G. Roth*) – Kefalas/OAE.
14) EuGH Slg. 2000, I-1705 = ZIP 2000, 663 = NZG 2000, 534.
15) Für das Aktienrecht *Wiedemann*, Großkomm. AktG, § 185 Rz. 35; ebenso für den mit einer GmbH geschlossenen Vertrag zur Übernahme einer Stammeinlage auf erhöhtes Kapital BGHZ 140, 258 = ZIP 1999, 310 = NJW 1999, 1252 = DStR 1999, 382 = EWiR § 55 GmbHG 1/99, 323 (*Wilhelm*).
16) *Zöllner*, in: Baumbach/Hueck, GmbHG, § 53 Rz. 17; *Hueck/Fastrich*, in: Baumbach/Hueck, GmbHG, § 24 Rz. 5 (die allerdings zum Ausgleich ein Austrittsrecht aus wichtigem Grund im Zeitpunkt der Kapitalerhöhung einräumen wollen).

Vollziehung der Leistungserbringung ähnlich dem Gründungsrecht

der Sanierung der Gesellschaft ist davon im Hinblick auf die Langwierigkeit des Kapitalerhöhungsverfahrens eine Ausnahme zuzulassen.[17)]

6.20 Für die **Art und Weise der Leistungserbringung** und die Prüfung von eventuell vereinbarten Sacheinlagen gelten ähnliche Regelungen wie bei der Gründung (dazu oben Rz. 5.52 ff); auf deren Regelungen wird daher vom Gesetz weitgehend verwiesen (Art. 26, 27 Zweite Richtlinie, §§ 183, 188 Abs. 2 AktG, §§ 56 ff GmbHG). Der BGH hat die Regelungen in der jüngeren Zeit für Kapitalerhöhungen aber etwas anders als bei der Gründung gehandhabt. In Abweichung von seiner bislang vertretenen Auffassung[18)] nahm der II. Zivilsenat etwa an, dass eine Bareinlage bei einer *Kapitalerhöhung* (anders als bei der Gründung) schon dann zur (endgültig) freien Verfügung der Geschäftsführung geleistet worden ist, wenn sie nach dem Kapitalerhöhungsbeschluss in ihren uneingeschränkten Verfügungsbereich gelangt ist und nicht an den Einleger zurückgeflossen ist. Entsprechend kann die Leistung einer Bareinlage aus einer Kapitalerhöhung, durch die der Debetsaldo eines Bankkontos zurückgeführt wird, auch dann noch zur freien Verfügung erfolgt sein, wenn das Kreditinstitut der Gesellschaft mit Rücksicht auf die Kapitalerhöhung auf einem anderen Bankkonto einen Kredit zur Verfügung stellt, der den Einlagebetrag erreicht oder übersteigt.[19)] Zudem erfasst etwa das Umgehungsverbot des § 19 Abs. 5 Alt. 2 GmbHG die (einvernehmliche) Verrechnung einer Einlageschuld mit einer nach dem Kapitalerhöhungsbeschluss entstandenen Forderung sowie eine Abwicklung im Ausschüttungs-Rückhol-Verfahren nur dann, wenn dieses Vorgehen spätestens bei Fassung des Kapitalerhöhungsbeschlusses definitiv besprochen worden ist.[20)] Schließlich hat der BGH es bei einer Kapitalerhöhung für möglich gehalten, Gegenstände und Sachwerte als Sacheinlage einzubringen, deren Besitz einer GmbH bereits vor dem Kapitalerhöhungsbeschluss überlassen worden ist, wenn sie zumindest im Zeitpunkt des Kapitalerhöhungsbeschlusses noch gegenständlich im Gesellschaftsvermögen vorhanden sind.[21)] Hintergrund

---

17) BGHZ 118, 83, 86 ff = ZIP 1992, 995 = NJW 1992, 2222 = LM H. 11/1992 § 328 BGB Nr. 87 – Beton- und Monierbau AG; BGH ZIP 1995, 28 = NJW 1995, 460 = WiB 1995, 204 (*von Gierke*)= EWiR § 188 AktG 1/95, 107 (*von Gerkan*); BGH ZIP 1996, 1466 = DStR 1996, 1416 (*Goette*) = EWiR § 55 GmbHG 1/96, 885 (*von Gerkan*) (dort mit falscher Datumsangabe des Urteils; dazu *Hirte*, in: Kölner Schrift zur Insolvenzordnung (1997), S. 955, 974; *ders.*, Die vereinfachte Kapitalherabsetzung bei der GmbH (1997), S. 49; *Lutter*, in: Kölner Komm. z. AktG, § 235 Rz. 10; *Zöllner*, in: Baumbach/Hueck, GmbHG, § 56a Rz. 6a.

18) BGHZ 119, 177 = ZIP 1992, 1387; dazu oben Rz. 5.35.

19) BGHZ 150, 197 = ZIP 2002, 799 = NJW 2002, 1716 = NZG 2002, 522 = NZI 2002, 339 = DStR 2002, 1538 (hier wurde das im Wesentlichen wortgleiche Parallelurteil II ZR 11/01 abgedruckt); hierzu *Hallweger*, DStR 2002, 2131; *Henze*, BB 2002, 955; *Kort*, DStR 2002, 1223; *Werner*, GmbHR 2002, 530.

20) BGHZ 152, 37 = ZIP 2002, 2045, 2047 f = NJW 2002, 3774 = NZG 2002, 1172 = NZI 2003, 50 = DStR 2002, 2088.

21) BGHZ 145, 150 = ZIP 2000, 2021, 2023 f = NJW 2001, 67 = NZG 2001, 27 = ZInsO 2001, 37 = DStR 2000, 1963 (*Goette*) = EWiR § 5 GmbHG 1/01, 325 (*Rawert*) = LM H. 3/2001 § 5 GmbHG Nr. 16 (*Roth*) (andernfalls nur Einlage einer dem Gesellschafter zustehenden Ersatz- oder Erstattungsforderung [im Anschluss an BGHZ 51, 157]); zur Zulässigkeit der Vorauszahlung vor einem Kapitalerhöhungsbeschluss, wenn die Mittel in der Gesellschaft im Zeitpunkt des Erhöhungs-

dieser Überlegungen ist, dass bei einer Kapitalerhöhung typischerweise in einen bereits laufenden Geschäftsbetrieb investiert wird und deshalb die Gläubiger vor Manipulationen (etwas) weniger schutzbedürftig sind.

Wichtig ist die Prüfung der korrekten Kapitalaufbringung bei einer Kapitalerhöhung vor allem auch, weil man nicht weiß, wieviel vom ursprünglich einmal eingezahlten Kapital noch vorhanden ist; die Gläubiger haben dann zumindest bezüglich eines zeitnah aufgebrachten Erhöhungsbetrages ein gewisses Maß an Sicherheit.[22] Mit der Eintragung der Durchführung der Kapitalerhöhung wird die Kapitalerhöhung wirksam (§ 189 AktG, § 54 Abs. 3 GmbHG). Zugleich ist eine Anfechtung des Zeichnungsvertrages entgegen der Grundregel der §§ 119, 123 BGB im Hinblick auf den vorrangigen Gläubigerschutz ausgeschlossen; das gilt auch für andere **Formfehler und Nichtigkeitsgründe** mit Ausnahme des Minderjährigen- und Geschäftsunfähigenschutzes (zur parallelen Lage bei der Gründung oben Rz. 2.15).[23] Für bestimmte weitere Nichtigkeitsgründe des Zeichnungsscheins regelt § 185 Abs. 3 AktG im Aktienrecht dieselbe Rechtsfolge ausdrücklich.

6.21 Behandlung des Zeichnungsvertrages nach den Grundsätzen der fehlerhaften Gesellschaft

Einen Sonderfall der Leistungserbringung bildet der Umtausch von Wandelanleihen (= Fremdkapital) in Eigenkapital oder die Ausübung eines Optionsrechts auf Aktien, für dessen Erwerb eine Optionsprämie entrichtet wurde (dazu oben Rz. 5.4 ff). Sie stehen im Mittelpunkt der Regelungen über das **bedingte Kapital** (§§ 192 ff AktG; dazu unten Rz. 6.44 ff).

6.22 Umtausch von Wandelanleihen als Sonderfall

bb) Bezugsrecht und Bezugsrechtsausschluss

aaa) Bei einer Kapitalerhöhung können neue Gesellschafter zu den vorhandenen treten. Das bedeutet, dass sich der relative Einfluss der Altgesellschafter in dem Umfang verringert, wie neue Gesellschafter hinzutreten. Wird also etwa das Grundkapital einer Aktiengesellschaft mit zehn in gleichem Umfang beteiligten Aktionären von EUR 1 Mio. auf EUR 2 Mio. erhöht, sinkt der Beteiligungsumfang jedes einzelnen Aktionärs von 10 % auf 5 %. Um diese Verwässerung der Beteiligung auszugleichen, gewähren Art. 29 Abs. 1 Zweite Richtlinie, § 186 Abs. 1 AktG allen Aktionären ein **Bezugsrecht**. Darunter versteht man das Recht, die jungen Aktien aus der Kapitalerhöhung selbst in dem Umfang zu zeichnen, wie die Aktionäre zuvor bereits an der Gesellschaft beteiligt waren. Das Be-

6.23 Bezugsrecht bedeutet Anspruch auf potentielle Beteiligung

---

beschlusses noch vorhanden sind, auch OLG Köln ZIP 2001, 1243, 1244 = NJW-RR 2002, 394 = EWiR § 19 GmbHG 1/01, 1093 (*von Gerkan*).
22) Plastisch *Frey*, Einlagen in Kapitalgesellschaften (1990), S. 125, 127; *ders.*, in: Festschrift Wiedemann, 2002, S. 851, 852 ff.
23) Allgemein *Kort*, Bestandsschutz fehlerhafter Strukturänderungen im Kapitalgesellschaftsrecht (1998), S. 193 ff. 211 ff; *ders.*, ZGR 1994, 291, 314; *Zöllner*, AG 1993, 68, 72 ff; zur Aktiengesellschaft *Lutter*, in: Kölner Komm. z. AktG, § 185 Rz. 13 ff; *Wiedemann*, Großkomm. AktG, § 185 Rz. 58 ff; zur GmbH *Lutter/Hommelhoff*, GmbHG, § 55 Rz. 36; *Zöllner*, in: Baumbach/Hueck, GmbHG, § 57 Rz. 16.

zugsrecht wird vom BVerfG als eine von Art. 14 GG erfasste Rechtsposition angesehen.[24)]

Fristen für die Ausübung des Bezugsrechts

6.24 Für die Ausübung des Bezugsrechts schreiben Art. 29 Abs. 3 Satz 4 Zweite Richtlinie, § 186 Abs. 1 Satz 2 AktG zwingend eine **Frist von mindestens zwei Wochen** vor; diese gilt nach § 203 Abs. 1 Satz 1 AktG bei einer Kapitalerhöhung im Rahmen genehmigten Kapitals sinngemäß. Von der Praxis wurde sie wie das gesamte Verfahren der Kapitalerhöhung unter Wahrung des Bezugsrechts bei börsennotierten Aktiengesellschaften als zu lang empfunden.[25)] Dies war Grund für den Gesetzgeber, die Regelung durch das „Gesetz zur weiteren Reform des Aktien- und Bilanzrechts, zu Transparenz und Publizität (Transparenz- und Publizitätsgesetz)" (TransPuG) vom 19. Juli 2002 (BGBl I, 2681), das in seinen wesentlichen Teilen am 26. Juli 2002 in Kraft getreten ist, zu reformieren. Im Fall bestehenden Bezugsrechts muss der Vorstand jetzt nicht mehr zwingend den Ausgabebetrag der neuen Aktien (mindestens) zwei Wochen vorher veröffentlichen (§ 186 Abs. 2 a. F. i. V. m. § 186 Abs. 1 Satz 1 AktG); ausreichend ist es, wenn er die „Grundlagen für seine Festlegung" bekannt macht. In diesem Fall muss er nach § 186 Abs. 2 Satz 2 AktG n. F. „spätestens drei Tage vor Ablauf der Bezugsfrist den Ausgabebetrag in den Gesellschaftsblättern und über ein elektronisches Informationsmedium bekannt [.] machen". Damit wird auch bei bestehendem Bezugsrecht das Risiko der Gesellschaft (und damit aller Aktionäre) verringert, dass sich der Aktienkurs vom Zeitpunkt der Bekanntmachung bis zum Ende der Bezugsfrist verringert, was seitens der emittierenden Gesellschaft aus Sicherheitsgründen durch einen Abschlag auf den Ausgabekurs beücksichtigt werden muss, soll die Platzierbarkeit der jungen Aktien nicht gefährdet werden.[26)] Die Regelung entspricht im Ergebnis den schon vor längerer Zeit vom Verfasser dieser Zeilen entwickelten Vorschlägen, vom bezugswilligen Aktionär bei bzw. vor Beginn der Bezugsfrist des § 186 Abs. 1 Satz 2 AktG nur eine Art „Grundsatzerklärung" zu erwarten, ob er das Bezugsrecht ausüben wolle, dessen Konditionen in den Einzelheiten aber erst später festzulegen. Die darin liegende Schlechterstellung gegenüber der Entscheidungslage, wie sie § 186 Abs. 1 Satz 2 i. V. m. § 186 Abs. 2 AktG a. F. ermöglichte, wäre immer noch gegenüber dem (vollständigen) Ausschluss des Bezugsrechts (§ 186 Abs. 3 AktG) unter Hinweis auf das Risiko kurzfristiger Kursänderungen, was sonst eine mög-

---

24) BVerfGE 100, 289, 302 = ZIP 1999, 1436 (*Wilken*) = NJW 1999, 3769 = AG 1999, 566 (*Vetter*) = DStRE 1999, 689 = DStR 1999, 1408 (*Hergeth*) = JZ 1999, 942 (*Luttermann*) = EWiR Art. 14 GG 2/99, 751 (*Neye*) – DAT/Altana; w. N. zu dieser Entscheidung bei *Hirte* NJW 2000, 3321, 3531, 3540 Fn. 147.
25) Vgl. vor allem *Heinsius*, in: Festschrift Alfred Kellermann. ZGR-Sonderheft 10 (1991), S. 115; allgemein *Hirte*, NJW 1996, 2827, 2835.
26) Begr RegE zu § 186 Abs. 2 AktG n. F., BT-Drucks. 14/8769 = NZG 2002, 213, 226.

lichst hochpreisige Emission unmöglich machen würde, vorzugswürdig.[27] Ein Konflikt der neuen Regelung mit der Zweiten Richtlinie ist zu verneinen. Entgegen der eher formalen Begründung der Bundesregierung, die nur darauf abstellt, dass auch nach der jetzigen Regelung die europarechtlich vorgeschriebene Zwei-Wochen-Frist (Art. 29 Abs. 3 Satz 4 der Zweiten Richtlinie) gewahrt sei,[28] wird man aber darauf abzustellen haben, dass eine Bezugsmöglichkeit mit wenn auch äußerst kurzer Vorab-Mitteilung des Ausgabebetrages immer noch mehr den Aktionärsinteressen dient als der vollständige Ausschluss des Bezugsrechts; denn sie dient dazu, einen Ausschluss des Bezugsrechts zu vermeiden. Die Regelung dient mithin der Verwirklichung des in Art. 29 Abs. 1 der Zweiten Richtlinie formulierten Grundsatzes, nicht seiner Verkürzung.[29] Die frühere Regelung hat im Übrigen entscheidend dazu beigetragen, dass Rechtsprechung und Gesetzgeber den Ausschluss des Bezugsrechts für börsennotierte Aktiengesellschaften erleichtert haben (dazu unten Rz. 6.33 f).

Eine **Pflicht zur Zeichnung** der jungen Aktien hat der Aktionär nicht; denn dies würde der Sache nach eine Nachschusspflicht darstellen, die dem Grundsatz der auf die geleisteten Einlagen beschränkten Haftung der Aktionäre widerspräche (§ 54 Abs. 1 AktG).

6.25 Fehlen einer Zeichnungspflicht

Das GmbH-Recht kennt im Gegensatz zum Aktienrecht kein ausdrückliches Bezugsrecht; der Wortlaut von § 55 Abs. 2 GmbHG, der für die Teilnahme an einer Kapitalerhöhung einen **Zulassungsbeschluss** verlangt, könnte sogar den Schluss zulassen, es stehe allein zur Disposition der die Kapitalerhöhung beschließenden Gesellschaftermehrheit, wen sie zur Kapitalerhöhung „zulassen". Gleichwohl wird heute zu Recht auch und gerade für das GmbH-Recht von einem Bezugsrecht der Altgesellschafter auf die aus einer Kapitalerhöhung resultierenden Geschäftsanteile ausgegangen.[30] Die Bedeutung des vom Gesetz vorgesehenen Zulassungsbeschlusses reduziert sich daher auf den Fall, dass die neuen Geschäftsanteile in Abweichung von den bisherigen Beteiligungsverhältnissen zugeteilt werden sollen.

6.26

bbb) Für das Aktienrecht erlauben allerdings § 186 Abs. 3 AktG, Art. 29 Abs. 4 Zweite Richtlinie den **Ausschluss dieses Bezugsrechts** durch einen mit qualifizierter Mehrheit gefassten Beschluss der Hauptversammlung. Dies hat zur Folge, dass die Altaktionäre – selbst wenn sie wollten – den

6.27 Voraussetzungen eines Bezugsrechtsausschlusses – Änderung der Herrschaftsverhältnisse

---

27) *Frey/Hirte*, ZIP 1991, 697, 702 ff; *Hirte*, Großkomm. AktG, § 202 Rz. 49; hierzu *Wiedemann*, Großkomm. AktG, § 186 Rz. 42, 52 m. w. N.; ähnlich auch *Korthals*, Kapitalerhöhung zu höchsten Kursen – Eine Untersuchung unter Berücksichtigung des Aktionärsschutzes bei der Ausgabe von Aktien im US-amerikanischen Recht (1995), S. 158 ff; *Schumann*, Optionsanleihen. Rechtliche Grundlagen und aktuelle Probleme (1990), S. 206 ff, 211.

28) Begr RegE zu § 186 Abs. 2 AktG n. F., BT-Drucks. 14/8769 = NZG 2002, 213, 226; Zweifel an der Vereinbarkeit mit der Richtlinie demgegenüber in der DAV-Stellungnahme, NZG 2002, 115, 118; *Hoffmann-Becking*, in: Peter Hommelhoff/Marcus Lutter/Karsten Schmidt/Wolfgang Schön/Peter Ulmer (Hrsg.), Corporate Governance. Gemeinschaftssymposion der Zeitschriften ZHR/ZGR, ZHR-Beiheft 71 (2002), S. 215, 227 f.

29) Ausführlich *Hirte*, Das Transparenz- und Publizitätsgesetz (2003), Rz. I 95.

30) Dazu *Priester*, DB 1980, 1925; *Hommelhoff/Freytag*, DStR 1996, 1367, 1370; *Zöllner*, AG 1994, 336, 341; zu einem Fall des (faktischen) Bezugsrechtsausschlusses OLG Stuttgart NZG 2000, 156 = BB 2000, 1155 (*Gätsch*) = DB 2000, 135 = GmbHR 2000, 333.

relativen Umfang ihrer Beteiligung bei einer Kapitalerhöhung nicht aufrechterhalten können. Würde also etwa in dem gerade gebrachten Beispiel das Bezugsrecht von zwei Aktionären ausgeschlossen, so könnte die Kapitalerhöhung von den übrigen acht Aktionären vollständig gezeichnet werden. Jeder dieser Aktionäre könnte daher EUR 125.000 des neuen Kapitals übernehmen, so dass im Ergebnis acht Aktionäre mit jeweils EUR 225.000 beteiligt wären, die beiden übrigen aber nach wie vor nur mit EUR 100.000.

Verwässerungs-
effekt – Verlust
des inneren Werts
der Beteiligung

6.28 Neben diesem Verwässerungseffekt bezüglich der Herrschaftsverhältnisse können sich aber im Falle ausgeschlossenen Bezugsrechts auch noch Vermögensbeeinträchtigungen für den vom Bezugsrecht ausgeschlossenen Aktionär ergeben. Dies ist dann der Fall, wenn der Ausgabekurs der jungen Aktien unter ihrem „inneren Wert" liegt. „Innerer Wert" ist dabei der auf die einzelne Aktie entfallende Anteil des im Wege einer Unternehmensbewertung zu ermittelnden Wertes der Gesellschaft; bei einer börsennotierten Gesellschaft sollte er bei funktionierendem Markt dem Börsenkurs der Aktie entsprechen. Auch dies sei an einem Beispiel erläutert: Nehmen wir an, die zehn Aktien im gerade gebrachten Beispiel hätten jeweils einen inneren Wert von 300.000 Euro, und es wird eine Kapitalerhöhung auf das Doppelte durchgeführt. Werden die jungen Aktien nunmehr zum geringsten Ausgabebetrag ausgegeben (also ohne Agio), muss ein Aktionär, der sein Bezugsrecht ausübt, EUR 100.000 aufwenden, um eine neue Aktie beziehen zu können. Nach Durchführung der Kapitalerhöhung verteilt sich der bisherige Wert der Gesellschaft zuzüglich der Einlagen aus der Kapitalerhöhung auf die doppelte Zahl von Aktien. Für den einzelnen Aktionär heißt dies, dass er dann im Besitz von zwei Aktien ist, deren Durchschnittswert nur noch jeweils EUR 200.000 beträgt (300.000 + 100.000 = 400.000 : 2). Die alte Aktie erleidet zugunsten der neuen Aktie einen Wertverlust von 100.000 Euro. Solange der Aktionär ein Bezugsrecht hat, ist diese Wertverlagerung ohne Bedeutung: denn er kann durch Zeichnung neuer Aktien dafür sorgen, dass er an der Wertverlagerung partizipiert. Will er dies nicht, kann er sein Bezugsrecht verkaufen und damit den Wertverlust zumindest vermögensmäßig kompensieren; rechnerisch würde der Wert des Bezugsrechts dem Umfang der Wertverlagerung von EUR 100.000 entsprechen.

Ankündigung und
Bericht über den
Bezugsrechts-
ausschluss

6.29 Wird das Bezugsrecht nach Art. 29 Abs. 4 Zweite Richtlinie, § 186 Abs. 3 AktG ausgeschlossen, tritt daher neben den beschriebenen Verlust an quotaler Stimmrechtsmacht ein Vermögensverlust. Das Gesetz schützt davor – abgesehen von den besonderen Mehrheitsanforderungen – durch die Notwendigkeit besonderer Ankündigung des geplanten Bezugsrechtsausschlusses in der Tagesordnung (Art. 29 Abs. 4 Satz 5 Zweite Richtlinie, § 186 Abs. 4 Satz 1 AktG) und eines Berichts, in dem (auch) der vorgeschlagene Ausgabebetrag zu begründen ist (Art. 29 Abs. 4 Sätze 2 und 3 Zweite Richtlinie, § 186 Abs. 4 Satz 2 AktG). Dieser Bericht hat „ausführlich" zu sein; insbesondere reicht die Benutzung von Schlagworten oder die Wiederholung des Gesetzestexts nicht aus.[31)] Zudem ermöglicht § 187 AktG die Zusicherung von Rechten auf den Bezug neuer Aktien nur unter dem Vorbehalt des Bezugsrechts der Aktionäre.

Zudem hat das Gesetz in § 255 Abs. 2 AktG einen besonderen Anfechtungstatbestand für den Fall geschaffen, dass der Ausgabebetrag der neuen Aktien „unangemessen niedrig" ist.[32)] Wann dies der Fall ist, und ob das Verbot eines „unangemessen niedrig[en]" Ausgabebetrages das Gleiche ist wie das Gebot eines angemessenen, ist allerdings umstritten.[33)] Dies und die Tatsache, dass der Verlust an relativer Herrschaftsmacht nie durch § 255 Abs. 2 AktG kompensiert werden kann, waren Anlass für die Rechtsprechung, die Zulässigkeit eines Bezugsrechtsausschlusses über den Wortlaut des Gesetzes hinaus an zusätzliche Schranken zu knüpfen. In der Leitentscheidung „Kali und Salz"[34)] verlangte der BGH daher, dass der Auschluss des Bezugsrechts durch einen **im Gesellschaftsinteresse liegenden sachlichen Grund gerechtfertigt** sein müsse. Dies entspricht der gesetzlichen Regelung etwa in Italien, wo das Erfordernis eines im Gesellschaftsinteresse liegenden sachlichen Grundes für den Ausschluss des Bezugsrechts im Gesetz verankert ist (Art. 2441 Abs. 5 Codice civile.[35)] Ein solcher sachlicher Grund wird typischerweise dann vorliegen, wenn die Kapitalerhöhung mittels Sacheinlagen (vor allem Unternehmensbeteiligungen, aber auch sonstige Vermögensgegenstände) durchge-

6.30 Anfechtungsrecht nach § 255 Abs. 2 AktG – Erfordernis einer sachlichen Rechtfertigung

---

31) OLG München ZIP 2002, 1580, 1582 f = NZG 2002, 113 = RNotZ 2002, 581 (*Terbrack*) – MHM Mode Holding München AG (Vorinstanz LG München I BB 2001, 748); hierzu *Natterer*, ZIP 2002, 1672, sowie ausführlich *Hirte*, Großkomm. AktG, § 203 Rz. 108 ff; LG München I ZIP 1996, 76 = EWiR § 186 AktG 1/96, 199 (*Kowalski*) (im Rahmen genehmigten Kapitals); w. N. bei *Martens*, ZIP 1992, 1677.

32) Zur Verallgemeinerungsfähigkeit dieses Ansatzes *Mülbert*, Aktiengesellschaft, Unternehmensgruppe und Kapitalmarkt (1995), S. 259 ff (dazu *Hirte*, WM 1997, 1001, 1003 ff); für die GmbH OLG Stuttgart NZG 2000, 156 = BB 2000, 1155 (*Gätsch*) = DB 2000, 135 = GmbHR 2000, 333.

33) Dazu *Hirte*, Großkomm. AktG, § 203 Rz. 97 ff, 101; *ders.*, WM 1994, 321, 324 bei Fn. 37.

34) BGHZ 71, 40 = NJW 1978, 1316 – Kali und Salz; dem folgend BGHZ 83, 319 = ZIP 1982, 689 = NJW 1982, 2444 – Holzmann; zuvor bereits (allerdings nicht so weit reichend) BGHZ 21, 354 – Minimax I; BGHZ 33, 175 – Minimax II; zum Ganzen ausführlich *Hirte*, Bezugsrechtsausschluß und Konzernbildung (1986), S. 58 ff; *ders.*, Großkomm. AktG, § 203 Rz. 63 ff.

35) Ähnliche Regelungen finden sich heute in den EG-Ländern Belgien (Art. 34 bis § 4 der *Lois coordonnées sur les sociétés commerciales*), Spanien (Art. 96 Abs. 1 [= Art. 159 Abs. 1 n. F.] der *Ley de sociedades anónimas*) und Portugal (Art. 460 Abs. 2 des Gesetzes über die Handelsgesellschaften); rechtsvergleichender Überblick bei *Bagel*, Der Ausschluss des Bezugsrechts in Europa (1999); *Hirte*, Großkomm. AktG, § 202 Rz. 66 ff; *Wiedemann*, Großkomm. AktG, § 186 Rz. 23 ff.

führt werden soll, die nur von einer bestimmten Person erbracht werden können.[36]

Übereinstimmung dieser Forderungen mit dem Europarecht

6.31 Der EuGH hat – wohl auch vor dem Hintergrund entsprechender gesetzlicher Regelungen im Ausland – vor einiger Zeit entschieden, dass die von der deutschen Rechtsprechung aufgestellten zusätzlichen Anforderungen an die Zulässigkeit eines Bezugsrechtsausschlusses und insbesondere die (grundsätzliche) Erstreckung der gesetzlichen Regelungen über den Bezugsrechtsausschluss auch auf den Fall der Kapitalerhöhung durch Sacheinlage nicht gegen europäisches Recht verstoßen.[37] Im Zusammenhang mit einem den Ausschluss des Bezugsrechts zur Einbringung einer Sacheinlage betreffenden Fall hatte der BGH nämlich die Frage gestellt, ob die beschriebene Inhaltskontrolle des Bezugsrechtsausschlusses gegen Art. 29 Abs. 4 Satz 2 der Zweiten Richtlinie verstoße. Dieser verlangt nämlich für die Zulässigkeit eines Bezugsrechtsausschlusses lediglich einen mit qualifizierter Mehrheit gefassten Hauptversammlungsbeschluss (zum anderen Lösungsansatz des BGH im Anschluss an die Zurückverweisung durch den EuGH unten Rz. 6.38 f).[38]

Entsprechende Anwendung auf die GmbH

6.32 Im GmbH-Recht werden die vorgestellten Grundsätze entsprechend angewandt, auch wenn es an einer gesetzlichen Grundlage für ein Bezugsrecht fehlt (oben Rz. 6.26). Auch dort bedarf daher der Ausschluss der Altgesellschafter vom Bezugsrecht eines im Gesellschaftsinteresse liegenden sachlichen Grundes.[39]

Schaffung von Handelsvolumen im Ausland als Rechtfertigungsgrund

6.33 ccc) Da die fehlende sachliche Rechtfertigung bei börsennotierten Aktiengesellschaften regelmäßig von Kleinaktionären gerügt wurde (häufig inzident durch Rüge nicht ausreichender Berichterstattung nach Art. 29 Abs. 4 Satz 3 Zweite Richtlinie, § 186 Abs. 4 Satz 2 AktG),[40] hatten diese Gesellschaften große Schwierigkeiten, die aus einer Kapitalerhöhung hervorgehenden jungen Aktien unter Ausschluss des Bezugsrechts zu platzieren. Das aber sei – so wurde behauptet – notwendig, um an aus-

---

36) BGHZ 144, 290, 292 = ZIP 2000, 1162, 1164 = NJW 2000, 2356 = NZG 2000, 836 = LM H. 10/2000 § 27 AktG 1965 Nr. 6 (*Noack*) = WuB II A. § 27 AktG 1.00 (*Ekkenga/J. Schneider*) = EWiR § 203 AktG 1/2000, 941 (*Hirte*) – adidas (zulässig zur Einlage von Nutzungsrechten und zur Ausgabe von Belegschaftsaktien); BGHZ 136, 133, 140 = ZIP 1997, 1499 = EWiR § 203 AktG 1/97, 1013 (*Hirte*) – Siemens; BGHZ 83, 319, 323 – Holzmann; LG Bochum ZIP 1991, 730 = WM 1991, 1261, 1265 = EWiR § 186 AktG 1/91, 423 (*Hirte*) – GEA; *Hirte*, Großkomm. AktG, § 203 Rz. 91 m. w. N. (auch zu weiteren Fällen möglicher sachlicher Gründe).

37) EuGH Slg. 1996-I, 6017 = ZIP 1996, 2015 = NJW 1997, 721 = EuZW 1997, 52 = DStR 1997, 37 (*Schüppen*) = WiB 1997, 188 (*Jasper*) (Schlussanträge von Generalanwalt *Tesauro*, ZIP 1996, 1825) – Siemens; dazu *Drinkuth*, IStR 1997, 312; *Hirte*, Großkomm. AktG, § 202 Rz. 50.

38) BGH ZIP 1995, 372 (m. Anm. *Lutter*, ZIP 1995, 648) = EuZW 1995, 351 = DB 1995, 465 = EWiR Art. 29 RL 77/91/EWG 1/95, 360 (*Hirte*) – Siemens; in der Sache gingen die Zweifel des Gerichts vor allem auf *Kindler*, ZHR 158 (1994), 339, 361 f zurück; abw. – und wie der EuGH – *Hirte*, DB 1995, 1113, 1114; *ders.*, Großkomm. AktG, § 202 Rz. 51.

39) *Hirte*, Großkomm. AktG, § 202 Rz. 18; *Priester*, DB 1980, 1925, 1932; *Zöllner*, in: Baumbach/Hueck, GmbHG, § 55 Rz. 15; für die Festsetzung des Ausgabekurses OLG Stuttgart NZG 2000, 156 = BB 2000, 1155 (*Gätsch*) = DB 2000, 135 = GmbHR 2000, 333.

40) Eine Übersicht über die gegen Bezugsrechtsausschlüsse erhobenen Anfechtungsklagen findet sich bei *Hirte*, WM 1994, 321, und *Martens*, ZIP 1992, 1677.

ländischen Börsenplätzen ein ausreichend großes Handelsvolumen zu schaffen. Der BGH folgte dieser Argumentation und sah darin einen sachlichen Grund für den Ausschluss des Bezugsrechts, sofern der Ausgabekurs der jungen Aktien am Börsenkurs orientiert sei. Denn der Machtverlust sei bei einer großen börsennotierten Publikumsaktiengesellschaft nur minimal, und ein Vermögensverlust trete bei einer Ausgabe der jungen Aktien zum Börsenkurs nicht ein.[41]

Der Gesetzgeber übernahm diesen Ansatz im „Gesetz für kleine Aktiengesellschaften und zur Deregulierung des Aktienrechts" vom 2. August 1994 durch Einfügung von § 186 Abs. 3 Satz 4 AktG. Danach ist ein „Ausschluss des Bezugsrechts [.] insbesondere dann zulässig, wenn die Kapitalerhöhung gegen Bareinlagen zehn vom Hundert des Grundkapitals nicht übersteigt und der Ausgabebetrag den Börsenpreis nicht wesentlich unterschreitet" (**vereinfachter Bezugsrechtsausschluss**). Als unwesentlich wird dabei, wie sich aus der Gesetzesgeschichte ergibt, eine Unterschreitung des Börsenpreises von 3–5% angesehen.[42] Damit macht sich das Gesetz zugleich die von *F. Kübler* und *Martens* unter Verweis auf das amerikanische Recht aufgestellte Behauptung zu Eigen, das Bezugsrecht der Aktionäre führe für Gesellschaft und Aktionäre zu überflüssigen Kosten.[43]

6.34 Vereinfachter Bezugsrechtsausschluss

Der entscheidende Kritikpunkt an dieser Regelung liegt aber darin, dass die Kontrolle des Ausgabekurses nicht dem im internationalen Vergleich üblichen Maßstab entspricht.[44] Das erschwert es auch, den im Übrigen folgerichtigen Schritt zu tun, die Möglichkeit des vereinfachten Bezugsrechtsausschlusses auch auf den Fall zu erweitern, dass nicht Bar-, sondern Sacheinlagen geleistet werden. So stellt die Leistung einer Sacheinlage zwar jetzt einen Fall dar, in dem typischerweise vom Vorliegen eines den Bezugsrechtsausschluss rechtfertigenden sachlichen Grundes ausgegangen werden kann (oben Rz. 6.30); gleichwohl bleibt die Anfechtungsklage nach §§ 243, 255 Abs. 2 AktG in vollem Umfang auch dann möglich, wenn der Umfang der für die Einlage ausgegebenen Aktien ge-

6.35 Kritik: widerspricht internationalen Maßstäben

---

41) BGHZ 125, 239 = ZIP 1994, 529 = NJW 1994, 1410 = LM H. 9/1994 § 186 AktG 1965 Nr. 6 = EWiR § 186 AktG 1/94, 425 (*Wiedemann*) – Deutsche Bank; vgl. zuvor *Hirte*, WM 1994, 321 (teilweise kritisch); *Martens*, ZIP 1994, 669 (im Sinne der Rechtsprechung); ebenso LG München I WM 1990, 984, 987 – PWA (für Ermächtigung zum Ausschluss des Bezugsrechts auf Optionsanleihen); abw. OLG München WM 1991, 539, 544 – PWA (für Ermächtigung zum Ausschluss des Bezugsrechts auf Optionsanleihen); zusammenfassend auch *Hirte*, NJW 1996, 2827, 2835.

42) BGBl I, 1961 (Entwurf: BT-Drucks. 12/6721, wiedergegeben auch in ZIP 1994, 247 mit Einführung durch *Seibert*); dazu *Groß*, DB 1994, 2431; *Harrer/Grabowski*, DZWir 1995, 10; *F. Kübler*, WM 1994, 1970; *Lutter*, AG 1994, 429; *Marsch-Barner*, AG 1994, 532; zur Kritik am Gesetzentwurf *Hirte*, ZIP 1994, 356.

43) *F. Kübler*, Aktie, Unternehmensfinanzierung und Kapitalmarkt (1989), S. 49 f; *ders.*, WuB II A. § 203 AktG, 1.93; *ders.*, ZBB 1993, 1 ff; *F. Kübler/Mendelson/Mundheim*, AG 1990, 461 ff; *Martens*, ZIP 1992, 1677 ff; vgl. auch *Heinsius*, in: Festschrift Kellermann, 1991, S. 115, 119 ff; *Kallmeyer*, AG 1993, 249 ff; kritisch dazu *Ekkenga*, AG 1994, 59, 60 ff; *Frey/Hirte*, ZIP 1991, 697, 698 ff; *Hirte*, AG 1991, 166 ff; *ders.*, WM 1994, 321 ff.

44) Für eine Kontrolle (auch) durch das Bundesaufsichtsamt für Wertpapierhandel (jetzt: Bundesanstalt für Finanzdienstleistungsaufsicht) daher *Hirte*, ZIP 1994, 356, 359.

ring war und die Sacheinlage wertmäßig dem Börsenkurs der ausgegebenen Aktien entsprach.

Kein Ausschluss der Anfechtungsklage

6.36 Hinzu kommt, dass § 255 Abs. 2 AktG im Gegensatz zu § 14 Abs. 2 UmwG keinen Ausschluss der Anfechtungsklage festschreibt (dazu unten Rz. 6.143, 6.150 ff), obwohl er wie dieser nur die Korrektur von vermögensmäßigen Nachteilen oder zumindest von vermögensmäßig kompensierbaren Nachteilen bezweckt. Eine analoge Anwendung von § 14 Abs. 2 UmwG erscheint aber dann möglich, wenn sich die beklagte Gesellschaft verpflichtet, freiwillig ein Spruchverfahren nach umwandlungsrechtlichem Vorbild (jetzt im SpruchG geregelt; früher §§ 305–312 UmwG) durchzuführen; einer Anfechtungsklage, mit der im Spruchverfahren kompensierbare Nachteile gerügt werden, könnte dann das Rechtsschutzbedürfnis fehlen.[45]

b) Sonderformen bei der Aktiengesellschaft: Emissionskonsortium, genehmigtes und bedingtes Kapital

aa) Genehmigtes Kapital

Genehmigtes Kapital als flexibles Finanzierungsinstrument

6.37 Die Schwerfälligkeit des normalen Kapitalerhöhungsverfahrens insbesondere bei großen und börsennotierten Aktiengesellschaften – es bedarf einer Hauptversammlung – hat schon in den dreißiger Jahren des letzten Jahrhunderts zu Forderungen nach größerer Flexibilität bei der Finanzierung geführt. Dem wurde dadurch nachgekommen, dass die Hauptversammlung die Verwaltung ermächtigen kann, selbst über eine Kapitalerhöhung zu entscheiden (Art. 25 Abs. 3 Zweite Richtlinie, §§ 202 ff AktG).[46]

Inhalt und Grenzen der Ermächtigung

6.38 Mit diesem „genehmigten Kapital" kann der Vorstand höchstens ermächtigt werden, eine Kapitalerhöhung um die Hälfte des zurzeit der Ermächtigung vorhandenen Grundkapitals zu beschließen (§ 202 Abs. 3 Satz 1 AktG). Die Ermächtigung kann höchstens für einen Zeitraum von fünf Jahren erteilt werden (Art. 25 Abs. 2 Satz 3 Zweite Richtlinie, § 202 Abs. 1 und 2 AktG). Der Vorstand kann auch ermächtigt werden, das Bezugsrecht der Aktionäre auszuschließen (Art. 29 Abs. 5 Zweite Richtlinie, § 203 Abs. 2 Satz 1 AktG). Wird eine solche besondere Ermächtigung erteilt, muss schon hier über die Gründe für einen möglichen späteren Ausschluss des Bezugsrechts berichtet werden (§ 203 Abs. 2 Satz 2 i. V. m. § 186 Abs. 4 Satz 2 AktG, Art. 29 Abs. 4 Satz 3 Zweite Richtlinie). Gleiches gilt, wenn die Hauptversammlung selbst bereits im Ermächtigungsbeschluss das Bezugsrecht ausschließt (§ 203 *Abs. 1 Satz 1* i. V. m. § 186 Abs. 3 AktG). Während der BGH hierbei früher die Angabe möglichst *konkreter* Tatsachen verlangte und damit den Ausschluss des Bezugsrechts im genehmigten Kapital nach einer vielfach vertretenen

---

45) Ausführlich *Hirte*, Großkomm. AktG, § 203 Rz. 31.
46) Ausführlich *Hirte*, Bezugsrechtsausschluß und Konzernbildung (1986), S. 101 ff.

Ansicht übermäßig behinderte,[47] reicht nach seiner neueren Auffassung im bereits erwähnten (oben Rz. 6.31) „Siemens-Nold"-Urteil ein *allgemein* gehaltener Bericht aus.[48]

Nach Auffassung des BGH sind zum Ausgleich strengere Verhaltenspflichten an den tatsächlichen Ausschluss des Bezugsrechts durch die Verwaltung anzulegen, was dem Ansatz insbesondere im anglo-amerikanischen Ausland und jetzt auch im „ARAG"-Urteil (oben Rz. 3.90) entspricht. Umstritten ist aber nach wie vor, ob – und wenn wie – bei einem tatsächlichen späteren Ausschluss des Bezugsrechts durch die Verwaltung dann noch einmal zu berichten ist.[49] Ebenso ist noch ungeklärt, ein wie großer Spielraum der Verwaltung für die Festsetzung des Ausgabekurses der neuen Aktien eingeräumt werden darf.[50]

6.39 Berichtspflicht bei tatsächlicher Durchführung eines Bezugsrechtsausschlusses

Eine Folgefrage des neuen „vereinfachten Bezugsrechtsausschlusses" (§ 186 Abs. 3 Satz 4 AktG) ist die Übertragung der 10 %-Grenze, bis zu der das Bezugsrecht bei einer Kapitalerhöhung „vereinfacht" ausgeschlossen werden darf, auf das genehmigte Kapital. Sieht man das genehmigte Kapital als eine vom Gesetz eröffnete Möglichkeit, die Stellung der Verwaltung nach US-amerikanischem Vorbild zu Lasten der Hauptversammlung zu stärken, gilt die Grenze im Zweifel in jedem Jahr neu, so dass im Ergebnis der gesamte Ermächtigungsrahmen innerhalb von fünf Jahren im Wege des vereinfachten Bezugsrechtsausschlusses platziert werden kann.[51]

6.40 Übertragung der 10 %-Grenze auf das genehmigte Kapital

---

47) BGHZ 83, 319, 321 ff = ZIP 1982, 689 = NJW 1982, 2444 – Holzmann; insoweit krit. *Hirte*, Bezugsrechtsausschluß und Konzernbildung (1986), S. 112 ff (dazu auch *Fleck*, RdA 1988, 120 f); *Marsch*, AG 1981, 211, 215.

48) BGHZ 136, 133 = NJW 1997, 2815 = ZIP 1997, 1499 = EWiR § 203 AktG 1/97, 1013 (*Hirte*) = JZ 1998, 47 (*Lutter*) = DStR 1997, 1460 (*Goette*) = LM H. 1/1998 § 186 AktG 1965 Nr. 9 (*Schwark*) = DZWir 1998, 324 (*Kerber*); dazu *Bungert*, NJW 1998, 488 ff; *Cahn*, ZHR 163 (1999), 554 ff; *ders.*, ZHR 164 (2000), 113 ff; *Hirte*, Blick durch die Wirtschaft v. 11. 12. 1997, Nr. 239, S. 5; *Hofmeister*, NZG 2000, 713 ff; *Ihrig*, WiB 1997, S. 1181 f; *Kindler*, ZGR 1998, 35; *Volhard*, AG 1998, S. 397 ff; dem folgend BGHZ 144, 290 = ZIP 2000, 1162 = NJW 2000, 2356 = NZG 2000, 836 = EWiR § 203 AktG 1/2000, 941 (*Hirte*) = LM H. 10/2000 § 27 AktG 1965 Nr. 6 (*Noack*) = WuB II A. § 27 AktG 1.00 (*Ekkenga/J. Schneider*) – adidas; LG Darmstadt NJW-RR 1999, 1122; ebenso zuvor bereits KG WM 1996, 1454 = EWiR § 45 AktG 1/96, 721 (*Dreher*) – VIAG (inzwischen rkr.).

49) Dafür *Hirte*, Bezugsrechtsausschluß und Konzernbildung (1986), S. 120 ff; *ders.*, Großkomm. AktG, § 203 Rz. 86 m. w. N.; *ders.*, EWiR § 203 AktG 1/97, 1013, 1014; *ders.*, FAZ v. 20. 12. 2000 Nr. 296, S. 30; *ders.*, ZIP 1989, 1233, 1239; *Lutter*, JZ 1998, 47, 50 ff; *Meilicke/Heidel*, DB 2000, 2358, 2359; abw. LG Frankfurt/M. WM 2000, 2159, 2160 = NJW-RR 2001, 1046 = ZIP 2001, 117 – Commerzbank; *Bosse*, ZIP 2001, 104 ff. *Sinewe*, ZIP 2001, 403, 404.

50) Für Unzulässigkeit der Ermächtigung des Vorstands zu einer Kapitalerhöhung mit Mehrzuteilungsoption („Greenshoe") wegen des weiten der Verwaltung eingeräumten Spielraums KG ZIP 2001, 2178, 2179 = DStR 2002, 1681 – Senator Entertainment (n. rkr.); dazu *Busch*, AG 2002, 230; *Groß*, ZIP 2002, 160; *Schanz*, BKR 2002, 439; i. E. abw. *Hirte*, Großkomm. AktG, § 203 Rz. 93 m. w. N., § 204 Rz. 13, 16; *Meyer*, WM 2002, 1106.

51) Ausführlich jetzt *Hirte*, Großkomm. AktG, § 203 Rz. 115; abw. LG München I ZIP 1996, 76 = EWiR § 186 AktG 1/96, 199 (*Kowalski*); bestätigt im Rahmen einer Entscheidung nach § 91a ZPO durch OLG München NJW-RR 1997, 871 = DZWir 1997, 26 (*Kindler*) = DStR 1997, 254 (*Harrer*) (Hypobank); sowie früher *Hirte*, ZIP 1994, 356, 362; *ders.*, Großkomm. AktG, § 207 Rz. 35 (für die Kapitalerhöhung aus Gesellschaftsmitteln); *Lutter*, in: Kölner Komm. z. AktG, Nachtrag § 186 Rz. 9.

Ausnutzung bei Übernahmeangebot

6.41 Während der Laufzeit eines **Übernahmeangebots** kann der Vorstand ein genehmigtes Kapital nur ausnutzen, wenn er zugleich eine besondere Ermächtigung nach § 33 Abs. 2 WpÜG erteilt bekommen hat.[52]

6.42 Bei der GmbH werden in engen Grenzen Ersatzlösungen für das dort nicht vorhandene genehmigte Kapital diskutiert.[53]

bb) Mittelbares Bezugsrecht

Unmittelbares Bezugsrecht bei Einschaltung eines Emissionskonsortiums

6.43 Der Beschleunigung einer Kapitalerhöhung dient bei großen, insbesondere börsennotierten Aktiengesellschaften auch die Einschaltung eines aus Banken bestehenden Emissionskonsortiums, das sämtliche aus einer Kapitalerhöhung hervorgehenden Aktien (zunächst) selbst übernimmt. Die Zeichnung und insbesondere die Kapitalaufbringung vollzieht sich dann ausschließlich im Verhältnis zwischen den Banken und der Aktiengesellschaft. Dabei ist es üblich, dass die Kreditinstitute die jungen Aktien nur zum Nennbetrag übernehmen und ein etwa bei deren Weiterveräußerung erzieltes Aufgeld nur auf der Grundlage des Emissionsvertrages an die Gesellschaft weiterreichen.[54] Erst in einem zweiten Schritt werden die jungen Aktien dann, soweit das Bezugsrecht nicht ausgeschlossen ist, den Altaktionären angeboten; sie erhalten ein mittelbares Bezugsrecht. Art. 29 Abs. 7 Zweite Richtlinie, § 186 Abs. 5 Satz 1 AktG stellen ausdrücklich klar, dass diese Gewährung eines indirekten (gegen ein Kreditinstitut gerichteten) Bezugsrechts nicht als Ausschluss des Bezugsrechts i. S. v. Art. 29 Abs. 4 Satz 1 Zweite Richtlinie, § 186 Abs. 3 AktG anzusehen ist. Ob dies auch bei Einräumung des Bezugsrechts durch ein Nicht-Kreditinstitut gilt, ist umstritten.[55]

cc) Bedingtes Kapital

6.44 Das bedingte Kapital (§§ 192 ff AktG) dient in erster Linie dazu, die Wandel- oder Optionsrechte der Inhaber von **Wandel- und Optionsanleihen** abzusichern: der Gesellschaft wird es unmöglich gemacht, den Gläubigern von Wandel- und Optionsanleihen das Recht zu entziehen,

---

52) Vgl. *Hirte*, in: Kölner Komm. z. WpÜG, § 33 Rz. 92, 101; *ders.*, Großkomm. AktG, § 202 Rz. 139; ebenso *Bayer*, ZGR 2002, 588, 610 ff; *Hopt*, in: Festschrift Lutter, 2000, S. 1361, 1391; *T. Bezzenberger*, Erwerb eigener Aktien durch die AG (2001), S. 42 f Rz. 53 (für den Erwerb eigener Aktien); abw. *Krause*, AG 2002, 705, 712 (da er von geringer Bedeutung des § 33 Abs. 2 WpÜG ausgeht); *ders.*, AG 2002, 133, 137 (wenngleich die systematische Stimmigkeit der hier vertretenen Auffassung konstatierend); *ders.*, BB 2002, 1053, 1054; *Winter/Harbarth*, ZIP 2002, 1, 7, 12; *Zschocke*, DB 2002, 79, 83.

53) *Grunewald*, GesR, 2.F. Rz. 125; *Zöllner*, in: Baumbach/Hueck, GmbHG, § 55 Rz. 6.

54) Zur Vereinbarkeit dieses Vorgehens mit den Kapitalaufbringungsregeln und zu den Voraussetzungen, unter denen es mit § 255 Abs. 2 AktG vereinbar ist, ausführlich *Hirte*, Großkomm. AktG, § 203 Rz. 102 m. w. N.; *Herchen*, Diss. Hamburg 2003 (im Erscheinen); *Wiedemann*, Großkomm. AktG, § 186 Rz. 201 f.

55) Dagegen OLG Koblenz EWiR § 186 AktG 2/98, 433 (*Wilhelm*); offen gelassen in der Revision durch BGHZ 142, 167 = ZIP 1999, 1444 = NJW 1999, 3197 = DStR 1999, 1449 (*Goette*) = LM § 8 AktG Nr. 1 (*Noack*) = WuB II A. § 229 AktG 1.00 (*Hirte*) – Hilgers.

bei Ausübung ihres Wandel- oder Optionsrechts im Wege der Kapitalerhöhung Aktionär zu werden (§ 192 Abs. 4 AktG; vgl. auch oben Rz. 5.8).

6.45 Voraussetzung der Einräumung von stock options

Problematisch war dabei in jüngerer Zeit vor allem, ob und unter welchen Voraussetzungen nach vor allem anglo-amerikanischem Vorbild solche Wandel- oder Optionsrechte auch den Organmitgliedern und leitenden Angestellten einer Gesellschaft eingeräumt werden konnten, um sie durch Beteiligung am Unternehmenserfolg in Form einer Steigerung des Aktienkurses stärker zu einer weiteren Wertsteigerung des Unternehmens und damit mittelbar auch einer Vermögensmehrung der Aktionäre *(shareholder value)* zu motivieren. Derartige **Optionsrechte** *(stock options)* waren in der Vergangenheit in der Form geschaffen worden, dass Optionsanleihen auf der Grundlage von § 221 AktG ausgegeben wurden, die unmittelbar nach ihrer Ausgabe in die Anleihe und das (dann „reine" oder „nackte") Optionsrecht getrennt wurden. Das war allerdings zunächst im Hinblick darauf problematisch, dass die Ausgabe isolierter Bezugsrechte und deren Absicherung durch bedingtes Kapital nach überwiegender Meinung zum bislang geltenden Aktiengesetz als unzulässig angesehen wurden (dazu oben Rz. 5.5). Umstritten war zweitens der Umfang der Information, der der Hauptversammlung zu geben ist, und drittens die Frage, ob die Gewährung von Aktienoptionsrechten an Vorstandsmitglieder und leitende Angestellte, die notwendig einen Ausschluss des Bezugsrechts der anderen Aktionäre voraussetzt, einen sachlichen Grund für den Ausschluss des Bezugsrechts dieser anderen Aktionäre darstellt.[56]

6.46 Regelungen durch das KonTraG

Der Gesetzgeber des KonTraG hat diese Fragen nunmehr zumindest teilweise einer gesetzlichen Lösung zugeführt. Nach § 192 Abs. 2 Nr. 3 AktG n. F. wird daher ausdrücklich zugelassen, ein bedingtes Kapital zur Gewährung von Bezugsrechten an Arbeitnehmer und Mitglieder der Geschäftsführung der Gesellschaft (nicht also Aufsichtsratsmitglieder) oder eines verbundenen Unternehmens zu schaffen, wenn diese aufgrund eines Zustimmungs- oder Ermächtigungsbeschlusses nach § 192 Abs. 2 Nr. 3 AktG ausgegeben werden. Um den Verwässerungseffekt für die Altaktionäre in Grenzen zu halten, dürfen sich diese Optionsrechte allerdings nur auf höchstens 10 % des Grundkapitals richten (§ 192 Abs. 3 AktG). Zugleich sind in § 193 Abs. 2 Nr. 4 AktG n. F. zwingende (Mindest-)Voraussetzungen für den Inhalt eines solchen Beschlusses vorgegeben worden; dazu gehören neben den schon bislang erforderlichen Angaben zum Ausgabebetrag bzw. seinen Berechnungsgrundlagen (§ 193 Abs. 2 Nr. 3 AktG) Angaben zur Aufteilung der Bezugsrechte auf die Mitglieder der Geschäftsleitung und Arbeitnehmer, auf die Voraussetzungen, unter de-

---

56) Für Rechtswidrigkeit bislang aber nur LG Braunschweig ZIP 1998, 914 – VW; abw. OLG Braunschweig ZIP 1998, 1585 – VW; LG Frankfurt/M. ZIP 1997, 1030 (inzwischen rkr.) – Deutsche Bank; LG Stuttgart ZIP 1998, 422 = EWiR § 186 AktG 1/98, 385 (*Hirte*); bestätigt durch OLG Stuttgart ZIP 1998, 1482 = EWiR § 221 AktG 1/98, 1013 (*Bayer/Ernst*) – Daimler Benz; dazu *Zeidler*, NZG 1998, 789.

nen sie ausgeübt werden können („Erfolgsziele"[57]), und die Zeiträume, in denen sie erworben und ausgeübt werden können. Festzulegen ist schließlich eine (mindestens zweijährige) Wartezeit für die erstmalige Ausübung der Optionsrechte; dabei handelt es sich der Sache nach ebenfalls um ein Erfolgsziel, da vor Ablauf einer bestimmten Mindestzeit Kurssteigerungen kaum auf Leistungen der aktuellen Unternehmensführung zurückgeführt werden können.[58]

| Hinweis auf Bezugsrechte im Anhang zum Jahresabschluss | 6.47 | Auf den Umfang der Bezugsrechte ist schließlich nach § 285 Nr. 9 a) HGB n. F. im Anhang zum Jahresabschluss hinzuweisen. Weitere Anforderungen an die Offenlegung stellen Empfehlungen 4.2.3 DCGK sowie für den Konzernabschluss 7.1.3 DCGK. Nicht sicher ist allerdings, ob die genannten Vorgaben in §§ 192, 193 AktG abschließend sind. So ist insbesondere offen, ob und unter welchen Voraussetzungen neben dem Beschluss über die bedingte Kapitalerhöhung ein formeller Ausschluss des Bezugsrechts nach § 186 AktG nebst entsprechendem Bericht erforderlich ist.[59] Unsicher ist auch, wie weit die Vorgaben zum Beschlussinhalt nach § 193 Abs. 2 AktG abschließend sind;[60] und ungeklärt ist auch, ob das bislang übliche Verfahren zur Ausgabe von *stock options* auch neben dem nach neuem Recht zugelassenen Vorgehen noch zulässig ist. Das ist insbesondere für die Frage von Bedeutung, ob auch Aufsichtsratsmitglieder – die in der Neuregelung nicht erfasst sind – in den Genuss der Optionen gelangen können.[61] |

---

57) Zur (bedenklichen) Zulässigkeit, für den Leistungsbezug allein an den eigenen Börsenkurs der Gesellschaft anzuknüpfen, OLG Stuttgart ZIP 2001, 1367, 1370 ff = NZG 2001, 1089 = DB 2001, 1604 = EWiR § 192 AktG 1/01, 793 (*Leuering*) – DaimlerChrysler (Vorinstanz LG Stuttgart ZIP 2000, 2110 = EWiR § 192 AktG 1/2000, 1087 *[Luttermann]*). Zur (ebenfalls bedenklichen) Zulässigkeit der Festlegung eines gesunkenen Aktienkurses als Erfolgsziel, wenn ein negativer Börsentrend gestoppt werden soll, OLG Koblenz ZIP 2002, 1845, 1847 (n. rkr.). Zur Börseneinführung als zulässigem Erfolgsziel LG München I ZIP 2001, 287 = AG 2001, 376 – AAFORTUNA (aufgehoben aus anderen Gründen durch OLG München ZIP 2002, 1150, 1151 f = NJW-RR 2002, 1117).

58) Zur Reform *Feddersen*, ZHR 161 (1997), 269 ff; *Hirte*, in: Karsten Schmidt/Riegger, Gesellschaftsrecht 1999 (2000), S. 211, 213 ff; *Hüffer*, ZHR 161 (1997), 214 ff; *Kleindiek*, in: Hommelhoff/Röhricht, Gesellschaftsrecht 1997 (1998), S. 23 ff; *Kohler*, ZHR 161 (1997), 246 ff; *Lutter*, ZIP 1997, 1 ff; *Martens*, AG 1997, Sonderheft, S. 83, 87 ff; *Zimmer*, NJW 1998, 3521, 3529 f.

59) So *Lutter*, ZIP 1997, 1, 3 ff; abw. OLG Stuttgart ZIP 2001, 1367, 1370 ff = NZG 2001, 1089 = DB 2001, 1604 = EWiR § 192 AktG 1/01, 793 (*Leuering*) – DaimlerChrysler (Vorinstanz LG Stuttgart ZIP 2000, 2110 = EWiR § 192 AktG 1/2000, 1087 *[Luttermann]*); *Martens*, AG 1997, Sonderheft, S. 83, 88 ff.

60) Dafür (sehr zweifelhaft) OLG Stuttgart ZIP 2001, 1367, 1370 ff = NZG 2001, 1089 = DB 2001, 1604 = EWiR § 192 AktG 1/01, 793 (*Leuering*) – DaimlerChrysler (Vorinstanz LG Stuttgart ZIP 2000, 2110 = EWiR § 192 AktG 1/2000, 1087 *[Luttermann]*).

61) Ablehnend LG Memmingen AG 2001, 375 = DB 2001, 1190 = EWiR § 221 AktG 1/01, 405 (*Kort*) – Schneider Rundfunkwerke; für Wandelanleihe (n. rkr.); abw. OLG Schleswig EWiR § 71 AktG 1/02, 1031 (*Luttermann*) – MobilCom; für Erwerb eigener Aktien zu diesem Zweck (n. rkr.); LG München I ZIP 2001, 287 = AG 2001, 376 – AAFORTUNA; für Optionsanleihe (aufgehoben aus anderen Gründen durch OLG München ZIP 2002, 1150, 1151 f = NJW-RR 2002, 1117).

c) **Kapitalerhöhung aus Gesellschaftsmitteln**

Statt durch Zuführung neuer Mittel von außen kann eine Kapitalerhöhung auch in der Weise vorgenommen werden, dass die Kapitalziffer entsprechend dem schon in der Gesellschaft vorhandenen Reinvermögen nach oben angepasst wird. Man spricht von einer **Kapitalerhöhung aus Gesellschaftsmitteln** oder **nominellen Kapitalerhöhung** (§§ 207 ff AktG, §§ 57c ff GmbHG). Auch sie ist echte Kapitalerhöhung; denn sie führt zu einer Erhöhung des Umfangs des gebundenen Vermögens. Sie ist nur möglich, wenn zuvor bereits bestimmte Rücklagen in der Bilanz der Gesellschaft vorhanden sind und diese durch Vermögen gedeckt sind (dazu oben Rz. 5.47 ff). — 6.48 Kapitalerhöhung aus Gesellschaftsmitteln ist echte Kapitalmaßnahme

Führt man das Bild der Staumauer fort, tritt also an die Stelle der zunächst nur auf der Mauer aufgestellten Palisaden (der Rücklagen) eine Erhöhung der soliden Staumauer. Die Gesellschafter haben es jetzt nicht mehr in der Hand, durch Abbau der Palisaden einen früheren Abfluss des Wassers zu ermöglichen. — 6.49

Wird die Kapitalerhöhung aus Gesellschaftsmitteln wie im gesetzlichen Regelfall (§ 207 Abs. 2 Satz 1 i. V. m. § 182 Abs. 1 AktG, § 57h Abs. 1 GmbHG) durch Ausgabe neuer Anteile ausgeführt, stehen diese zwingend den Altgesellschaftern zu, da die aus der Kapitalerhöhung hervorgehenden Aktien bzw. Geschäftsanteile nur das Reinvermögen repräsentieren, das bereits vorher in der Gesellschaft vorhanden war (§ 212 AktG, § 57j GmbHG). Nach Ausführung der Kapitalerhöhung aus Gesellschaftsmitteln verteilt es sich lediglich auf eine größere Zahl Aktien bzw. Geschäftsanteile, so dass der Wert der einzelnen Anteile rechnerisch zurückgeht.[62] — 6.50 Kein Bezugsrechtsausschluss möglich

Dies sei nochmals unter Fortführung des bereits bekannten Beispiels erläutert: Nehmen wir an, eine Aktiengesellschaft verfüge über ein Grundkapital von EUR 1 Mio., das mit einem in die Kapitalrücklage eingestellten Aufgeld von EUR 500.000 ausgegeben worden war. Der Börsen- oder Kurswert der zehn Aktien soll wieder jeweils EUR 300.000 betragen. Wird nun das Kapital durch Umwandlung der vorhandenen Rücklagen – deren Umwandlungsfähigkeit unterstellt – um fünf Aktien mit einem geringsten Ausgabebetrag von jeweils EUR 100.000 erhöht, verteilt sich der Unternehmenswert von EUR 3 Mio. nunmehr auf 15 statt auf bislang zehn Aktien. Der Wert der einzelnen Aktie sinkt auf EUR 200.000. — 6.51 Rechenbeispiel

Hat eine Aktiengesellschaft **Stückaktien** ausgegeben, erlaubt § 207 Abs. 2 Satz 2 AktG jetzt auch eine Kapitalerhöhung ohne Ausgabe von Aktien und aufgrund des Prinzips der Stückaktie – darüber hinaus – ohne Vermerk der Erhöhung auf der einzelnen Aktie. Der Erhöhungsbetrag verteilt sich in einem solchen Fall sozusagen verdeckt auf alle vorhandenen Aktien. Das ist eine deutliche Erleichterung vor allem für Kapitalerhöhungen aus Gesellschaftsmitteln zwecks Anhebung „ungerader" Beträge des Gesamt-Grundkapitals auf glatte Euro-Beträge. Gleiches gilt, wenn – was bei der GmbH uneingeschränkt zulässig ist – der **Nennwert der Ge-** — 6.52 Nominelle Kapitalerhöhung bei Stückaktien

---

62) *Hirte*, Großkomm. AktG, § 207 Rz. 33.

schäftsanteile erhöht** wird (§ 57h Satz 1 GmbHG); auch hier kommt die Steigerung des Nominalwerts der alten Anteile automatisch allen Altgesellschaftern zu.

<small>Faktische Auswirkungen aufgrund Dividendenkontinuität</small>

6.53 Der bei Aktiengesellschaften für die Ausgabe neuer Aktien bei einer Kapitalerhöhung aus Gesellschaftsmitteln gebräuchliche Begriff **Gratisaktien** ist in diesem Zusammenhang irreführend: denn die Aktionäre erhalten nichts „umsonst". Art. 15 Abs. 3 Zweite Richtlinie stellt daher ausdrücklich klar, dass es sich hierbei nicht um eine Ausschüttung handelt. Der Ausdruck „Gratisaktien" hat aber wegen der bei den börsennotierten Aktiengesellschaften üblichen **Dividendenkontinuität** einen richtigen Kern: denn die Gesellschaften lassen üblicherweise trotz des erhöhten Kapitals die auf die einzelne Aktie entfallende Dividende unverändert und verringern nicht – was rechnerisch konsequent wäre – die auf die einzelne Aktie entfallende Dividende im prozentualen Umfang der Kapitalerhöhung aus Gesellschaftsmitteln. Eine Kapitalerhöhung aus Gesellschaftmitteln wirkt daher im Ergebnis – aber nicht zwingend – wie eine Erhöhung des Dividendensatzes im Umfang der Kapitalerhöhung.[63]

6.54 Da bei der Kapitalerhöhung aus Gesellschaftsmitteln keine Einlage zu leisten ist, bedarf es auch keiner Vorschriften, die die Korrektheit ihrer Erbringung sicherstellen. Vielmehr ist umgekehrt zu gewährleisten, dass die Beträge, die für die Kapitalerhöhung herangezogen werden, auch tatsächlich bereits im Gesellschaftsvermögen vorhanden sind. Das geschieht dadurch, dass dem Beschluss über die Kapitalerhöhung aus Gesellschaftsmitteln eine geprüfte Bilanz zugrunde zu legen ist (§§ 207 Abs. 4, 209 AktG, §§ 57c Abs. 3, 57e, 57f GmbHG).[64]

2. Kapitalherabsetzung

<small>Differenzierung zwischen effektiver und nomineller Kapitalherabsetzung</small>

6.55 Das Gegenstück zur Kapitalerhöhung bildet die Kapitalherabsetzung. Hier wird entsprechend danach unterschieden, ob Mittel aus dem Vermögen der Gesellschaft an die Gesellschafter zurückfließen oder nicht. Im ersten Fall spricht man von einer **effektiven (oder ordentlichen) Kapitalherabsetzung**, sonst von einer bloß **nominellen (oder vereinfachten) Kapitalherabsetzung**. Da die effektive Kapitalherabsetzung zur Rückzahlung eines Teils des Gesellschaftsvermögens an die Gesellschafter führt, wird sie auch als „Teilliquidation" bezeichnet. In der Aktiengesellschaft stellte sie den neben der Dividendenzahlung einzigen legalen Weg zur Ausschüttung von Vermögen an die Geslischafter dar; das wurde erst kürzlich durch die Liberalisierung der Möglichkeiten eines Erwerbs eigener Aktien (dazu oben Rz. 5.99 ff) ergänzt. Im US-amerikanischen Recht werden alle diese Formen der Mittelverteilung an die Gesellschafter gleichermaßen als *distribution* behandelt, was ihre wirtschaftliche Verwandtschaft deutlicher macht. Eine effektive Kapitalherabsetzung ist dabei auch dann erforderlich, wenn den Gesellschaftern offene Einlageforderungen

---

63) *Hirte*, Großkomm. AktG, § 207 Rz. 37 m. w. N.
64) *Hirte*, Großkomm. AktG, § 207 Rz. 92.

erlassen werden sollen; denn auch hier erhalten die Gesellschafter in Form der Befreiung von ihrer Einlageverbindlichkeit etwas zurück.

Für beide Arten der Kapitalherabsetzung bedarf es eines mit satzungsändernder Mehrheit gefassten Beschlusses der Haupt- bzw. Gesellschafterversammlung (Art. 30 Abs. 1 Satz 1 Zweite Richtlinie, § 222 AktG, § 58 GmbHG). Die Aktien bzw. Geschäftsanteile können sodann entweder zusammengelegt werden („aus zwei mach' eins"), oder es kann der Nennwert der einzelnen Aktien oder Geschäftsanteile herabgesetzt werden (§ 222 Abs. 4 AktG, bei der GmbH ist dies nicht ausdrücklich in § 58 GmbHG geregelt). In Betracht kommt aber auch die Einziehung einzelner Aktien nach Art. 37 Abs. 1 Zweite Richtlinie, §§ 237 ff AktG; dabei ist jedoch der Gleichbehandlungsgrundsatz des Art. 42 Zweite Richtlinie, § 53a AktG zu beachten. Eine ähnliche Regelung findet sich in § 34 GmbHG für die GmbH.

6.56 Beschluss mit satzungsändernder Mehrheit erforderlich

a) Effektive Kapitalherabsetzung

Bei der effektiven Kapitalherabsetzung bedarf es vor allem eines Schutzes der Gläubiger. Denn deren Interessen wären beeinträchtigt, wenn die Gesellschafter die Kapitalziffer ohne Rücksicht auf die Gläubiger nach unten verändern könnten. Dadurch wird nämlich der Umfang des geschützten Vermögens kleiner, Ausschüttungen an die Gesellschafter werden mithin (wieder) zulässig.

6.57 Besonderer Gläubigerschutz bei effektiver Kapitalherabsetzung nötig

Im Bild der Staumauer würde dies einen Teilabriss der Mauer bedeuten: ist die Talsperre gefüllt, läuft das Wasser nunmehr über.

6.58

Für dieses Vorgehen kann es gute Gründe geben: zu denken ist an die schlichte Verkleinerung des Geschäftsvolumens aufgrund geänderter Verhältnisse oder an die Notwendigkeit einer Abfindung ausscheidender Gesellschafter.[65)] Gleichwohl ist die effektive Kapitalherabsetzung sehr selten. Zum **Schutz der Gläubiger** wäre insoweit an ein individuelles oder kollektives Zustimmungserfordernis aller im Zeitpunkt der Kapitalherabsetzung vorhandenen Gläubiger zu denken. Das Gesetz geht jedoch statt dieses unpraktikablen Ansatzes einen anderen Weg: es lässt den Gesellschaftern die Freiheit der Kapitalherabsetzung, sieht aber einen (zwingenden) Schutz der Gläubiger durch andere Mechanismen als ein Zustimmungserfordernis vor. Im Mittelpunkt stehen hier bei Aktiengesellschaft und GmbH gleichermaßen der Gläubigeraufruf (§ 225 Abs. 1 Satz 2 AktG, § 58 Abs. 1 Nr. 1 GmbHG), die Meldung der Gläubiger bei der Gesellschaft und deren Anspruch auf Befriedigung oder Sicherheitsleistung (Art. 32 Abs. 1 Satz 1 Zweite Richtlinie, § 225 Abs. 1 Satz 1 AktG, § 58 Abs. 1 Nr. 2 GmbHG) sowie die Jahresfrist des § 58 Abs. 1 Nr. 3 GmbHG vor Anmeldung des Beschlusses zur Eintragung in das Handelsregister bzw. die Halbjahresfrist nach § 225 Abs. 1 Satz 2 AktG (Art. 32 Abs. 2 Zweite Richtlinie) nach Eintragung und Bekanntmachung des Be-

6.59 Schutzmechanismus neu: Gläubigeraufruf, Befriedigungsanspruch, Sperrjahr

---

65) *Lutter/Hommelhoff*, GmbHG, § 58 Rz. 1 mit weiteren Beispielen.

schlusses, vor deren Ablauf keine Zahlungen an die Gesellschafter bzw. Aktionäre geleistet werden dürfen („Sperrjahr" bzw. „Sperrhalbjahr").

b) Nominelle (oder vereinfachte) Kapitalherabsetzung

Geringerer Gläubigerschutz bei nomineller Kapitalherabsetzung

6.60 Anders sieht es aber aus, wenn das Grund- oder Stammkapital (teilweise) durch **Wertminderungen oder Verluste** aufgezehrt ist. Dann bedarf es des Gläubigerschutzes durch Befriedigung oder Sicherheitsleistung nicht mehr (Art. 33 Abs. 1 Satz 1 Zweite Richtlinie, §§ 229 ff AktG, §§ 58a ff GmbHG). Dies gilt natürlich nur dann, wenn keine Leistungen an die Gesellschafter abfließen (ausdrücklich § 230 Satz 1 AktG; Art. 33 Abs. 2 Zweite Richtlinie). Das durch die Kapitalherabsetzung frei werdende Kapital darf daher nur zum Ausgleich eben dieser Wertminderungen bzw. zur Deckung von Verlusten sowie in gewissem Umfang zur Bildung neuer Rücklagen verwendet werden (Art. 33 Abs. 1 Satz 1 Zweite Richtlinie, § 230 Satz 2 AktG, § 58b Abs. 1 GmbHG) (*Zweckbindung*).

6.61 Im Bild der Staumauer geht es also hier darum, die Staumauer bis auf die Höhe eines „durch Austrocknen" (= Verluste) niedrigeren Wasserspiegels abzusenken.

6.62 Dies sei ebenfalls unter Fortführung des bereits bekannten Beispiels erläutert: Nehmen wir wieder an, eine Aktiengesellschaft verfüge über ein Grundkapital von EUR 1 Mio., das aus zehn Stückaktien oder zehn Aktien zu nominal je EUR 100.000 besteht. Infolge von Verlusten ist das Grundkapital wirtschaftlich auf EUR 800.000 gesunken (rechtlich sind solche Verluste – zunächst – irrelevant). Der Preis der einzelnen Aktie liegt jetzt typischerweise unter dem rechnerisch auf die einzelne Aktie entfallenden Teilbetrag des Grundkapitals bzw. unter ihrem Nominalbetrag; eine Kapitalerhöhung ist in dieser Situation nicht möglich, da neue Aktien mindestens zum geringsten Ausgabebetrag ausgegeben werden müssten. Wird nun das Kapital um 20 % auf EUR 800.000 herabgesetzt, wird der rechnerische Teilbetrag bzw. der Nominalbetrag der Aktien dem gesunkenen inneren Wert angepasst. Der Börsenwert der einzelnen Aktie bleibt dadurch unverändert. Aber eine Kapitalerhöhung wird wieder möglich.

Keine materielle Beschlusskontrolle bei nomineller Kapitalherabsetzung

6.63 Voraussetzung ist aber, dass die behaupteten Verluste wirklich vorliegen. Diese Feststellung kann, insbesondere wenn die Verluste auf die Bildung von Rückstellungen zurückgehen, gewisse Schwierigkeiten bereiten.[66] Vor allem aus diesem Grunde war gefordert worden, den Beschluss über die vereinfachte Kapitalherabsetzung als erheblichen Eingriff in die mitgliedschaftliche und vermögensrechtliche Stellung der Aktionäre einer

---

66) BGHZ 119, 305, 320 = WM 1992, 1902, 1907 = ZIP 1992, 1542, 1547 = NJW 1993, 57, 60 = EWiR § 9 AGBG 1/93, 3 (*Hammen*) – Klöckner (AG); OLG Frankfurt/M. WM 1989, 1688, 1690 = EWiR § 229 AktG 1/89, 737 (*Weipert*) (AG); *Hirte*, in: Kölner Schrift zur Insolvenzordnung (1997), S. 955, 965; *Lutter/Hommelhoff*, GmbHG, § 58a Rz. 9, 16 f; *Scholz/Priester*, GmbHG, § 58a Rz. 10; *Hefermehl*, in: Geßler/Hefermehl/Eckardt/Kropff, AktG, § 229 Rz. 6 (AG); *Hüffer*, AktG, § 229 Rz. 8 (AG); *Lutter*, in: Kölner Komm. z. AktG, § 229 Rz. 14 (AG); *Wirth*, DB 1996, 867, 868 f (AG).

„materiellen Beschlusskontrolle" nach dem Vorbild des Bezugsrechtsausschlusses zu unterwerfen. Der BGH lehnte dies allerdings im Hinblick auf den gesetzlich ausgestalteten verfahrensmäßigen Schutz der Aktionäre in §§ 222 Abs. 4, 229 AktG bei der im Anschluss an die Kapitalherabsetzung erfolgenden Zusammenlegung der Aktien ab.[67]

Dem ist freilich auch dann zu folgen, wenn man grundsätzlich am Erfordernis eines „sachlichen Grundes" festhält. Denn die Absenkung des Nennwerts der einzelnen Anteile als erster Schritt einer Kapitalherabsetzungsmaßnahme bedurfte wegen ihrer Neutralität in Bezug auf die Beteiligungsverhältnisse auch nach der vom Verfasser entwickelten Differenzierung keiner sachlichen Rechtfertigung. Für die dann folgende Zusammenlegung liegen die Dinge zwar insofern anders, als dissentierende Aktionäre hier unfreiwillig ausscheiden (können). Durch die Möglichkeit des Zukaufs wird diese Benachteiligung allerdings – worauf der BGH zu Recht hinweist – kompensiert. Ein sachlicher Grund – so er denn nach hier vertretener Auffassung erforderlich wäre – hätte daher im Sachsenmilch-Verfahren in diesem Punkt (wohl) vorgelegen. Das gilt allerdings nur unter zwei weiteren unausgesprochenen Voraussetzungen: zum einen bedarf es eines (noch) funktionierenden Marktes in Aktien bzw. Teilrechten, und zum anderen dürfen für einen zum Beteiligungserhalt erforderlich werdenden Zukauf keine oder jedenfalls keine unverhältnismäßigen Transaktionskosten entstehen. Für den nach hier vertretener Auffassung wichtigsten Fall einer Inhaltskontrolle, nämlich den Fall, dass die zur Begründung einer vereinfachten Kapitalherabsetzung angeführten Verluste nicht (oder in der behaupteten Höhe nicht) mit Sicherheit endgültig feststehen, enthält das Urteil daher keine Aussage. Das gilt insbesondere für auf die Bildung von Rückstellungen zurückzuführende Verluste. Hier erlaubt die Inhaltskontrolle einen flexiblen Schutz der überstimmten Minderheitsgesellschafter in Abhängigkeit vom Grad der Sicherheit, mit dem die behaupteten Verluste eingetreten sind, und dem Maß, in dem die Beteiligungsrechte (typischerweise zugunsten neuer Gesellschafter) verkürzt werden (bzw. nur durch Zuerwerb weiterer Teilrechte erhalten werden können).[68]

6.64

Zu Recht bejahte der II. Zivilsenat des BGH daher eine Verletzung der gesellschaftsrechtlichen Treupflicht für den Fall einer Kapitalherabsetzung auf Null und gleichzeitiger Kapitalerhöhung, wenn unverhältnismäßig hohe Spitzen dadurch entstehen, dass der Nennwert der neuen Aktien höher als der gesetzliche Mindestbetrag (DM 50,– statt im Beschlusszeitpunkt bereits zulässiger DM 5,–) festgelegt wird. Das gilt erst recht, wenn die neuen Aktien und die zu ihrem Bezug berechtigenden Bezugsrechte nicht zum Börsenhandel zugelassen sind bzw. werden.[69]

6.65

Der Beschluss über die Kapitalherabsetzung bedarf einer Angabe des **Zweckes**, zu dem die Kapitalherabsetzung erfolgen soll. Dies ergibt sich

6.66 Angabe des Herabsetzungszweckes

---

67) BGHZ 138, 71 = NJW 1998, 2054 = ZIP 1998, 692 = LM H. 7/1998 § 222 AktG 1965 Nr. 3 (*Heidenhain*) = NZG 1998, 422 = DStR 1998, 690 = BB 1998, 810 (m. Anm. *Thümmel* BB 1998, 911) = EWiR § 222 AktG 1/99, 49 (*Dreher*); abw. die Vorinstanz OLG Dresden ZIP 1996, 1780 = WiB 1997, 358 (*Pfeifer*) = EWiR § 229 AktG 1/97, 195 (*Hirte*) – Sachsenmilch; für eine Kapitalherabsetzung im Verhältnis 750:1; im Grundsatz dem OLG zustimmend *Hirte*, in: Festschrift Claussen, 1997, S. 115, 122 f; *ders.*, in: Kölner Schrift zur Insolvenzordnung (1997), S. 955, 967; *ders.*, Die vereinfachte Kapitalherabsetzung bei der GmbH (1997), S. 38 f; ausführlich *Röhricht*, in: VGR, Bd. 1 (1999), S. 1, 16 ff.

68) Ausführlich *Hirte*, ZInsO 1999, 616 ff; *Röhricht*, in: VGR, Bd. 2 (2000), S. 3, 13 f.

69) BGHZ 142, 167 = ZIP 1999, 1444 = NJW 1999, 3197 = DStR 1999, 1449 (*Goette*) = LM § 8 AktG Nr. 1 (*Noack*) = WuB II A. § 229 AktG 1.00 (*Hirte*) – Hilgers; dazu *Röhricht*, in: VGR, Bd. 2 (2000), S. 3, 13 f.

im GmbH-Recht – anders als bei § 229 Abs. 1 Satz 2 AktG – nicht aus dem Gesetz, ist aber auch dort erforderlich, weil damit gegenüber Registergericht und Gläubigern klargestellt wird, dass die Gläubigerschutzregeln der regulären Kapitalherabsetzung nicht gelten.[70] Die Gläubiger sind aber durch eine vereinfachte Kapitalherabsetzung insoweit betroffen, als zukünftige Gewinne schneller an die Gesellschafter ausgekehrt werden könnten.

6.67 Im Bild der Staumauer formuliert: über die niedrigere Staumauer schwappt es bei Regen oder Eintritt der Schneeschmelze schneller.

Ergänzung durch Gewinnausschüttungsbeschränkungen

6.68 Deshalb werden die Regelungen über die Zweckbindung des frei werdenden Kapitals ergänzt durch **Gewinnausschüttungsbeschränkungen** im Anschluss an die Kapitalherabsetzung: eine *absolute Beschränkung* ergibt sich dadurch, dass eine Ausschüttung erst zulässig ist, sobald Rücklagen in Höhe von 10 % des Grund- bzw. Stammkapitals gebildet wurden (Art. 33 Abs. 1 Satz 1 Zweite Richtlinie, § 233 Abs. 1 Satz 1 AktG, § 58d Abs. 1 Satz 1 GmbHG); eine *relative Begrenzung* verbietet darüber hinaus die Zahlung von Gewinnanteilen über 4 %, soweit die Gläubiger nicht anderweitig gesichert werden (§ 233 Abs. 2 Satz 1 AktG, § 58d Abs. 2 Satz 1 GmbHG). Rücksichtnahme auf die Gläubiger wird damit bei der vereinfachten Kapitalherabsetzung (nur) durch die Einhaltung der besonderen Vorschriften gewährleistet; ihrer „Zustimmung", auf die die Regelung der ordentlichen Kapitalherabsetzung im Ergebnis hinauslaufen kann, bedarf es nicht.

Keine Ausschüttungen an die Gesellschafter

6.69 Diese Regelungen werden ergänzt durch Art. 33 Abs. 1 Satz 2 Zweite Richtlinie, § 232 AktG, § 58c GmbHG. So wie die frei gewordenen Beträge nicht ausgeschüttet werden dürfen, sichert diese Vorschrift, dass auch Beträge, die *wider Erwarten* im Jahr der Kapitalherabsetzung oder den beiden folgenden Geschäftsjahren frei bleiben, nicht an die Gesellschafter ausgeschüttet werden dürfen. Das *nachträgliche* Entfallen der Voraussetzungen führt also nicht etwa zu einer irgendwie gearteten Unwirksamkeit der vereinfachten Kapitalherabsetzung oder zu ihrer nachträglichen Umqualifikation in eine reguläre Kapitalherabsetzung. Solche überschüssigen Beträge können dann entstehen, wenn die zum Zeitpunkt der vereinfachten Kapitalherabsetzung angenommenen Verluste sich nicht (bilanziell) realisieren. Wichtigster Fall sind Abschreibungen, die sich als nicht erforderlich erweisen, oder Rückstellungen, die später aufgelöst werden können.[71]

---

70) Begründung RegE EGInsO zu § 58a GmbHG, BT-Drucks. 12/3808 (abgedruckt in: Kübler/Prütting [Hrsg.], Das neue Insolvenzrecht. RWS-Dok. 18, Bd. II [1994], S. 196); *Hirte*, in: Kölner Schrift zur Insolvenzordnung (1997), S. 955, 964; *Lutter/Hommelhoff*, GmbHG, § 58a Rz. 18 (mit Formulierungsvorschlägen); *Maser/Sommer*, GmbHR 1996, 22, 28 f; *Wegmann*, in: Münchener Handbuch GmbH, § 54 Rz. 37; *Scholz/Priester*, GmbHG, § 58a Rz. 23; differenzierend *Zöllner*, in: Baumbach/Hueck, GmbHG, § 58a Rz. 12; a. A. *Uhlenbruck*, GmbHR 1995, 81, 85; zum Aktienrecht *Hefermehl*, in: Geßler/Hefermehl/Eckardt/Kropff, AktG, § 229 Rz. 7.

71) BGHZ 119, 305, 320 f = ZIP 1992, 1542, 1547 = WM 1992, 1902, 1907 = NJW 1993, 57, 61 = EWiR § 9 AGBG 1/93, 3 (*Hammen*) – Klöckner (AG); *Lutter*, in: Kölner Komm. z. AktG, § 232 Rz. 3; *Scholz/Priester*, GmbHG, § 58c Rz. 3.

Die hier frei werdenden Beträge sind vielmehr ebenso wie die schon bei der Kapitalherabsetzung nicht in Form von Stammkapital gebundenen Mittel in die Kapitalrücklage einzustellen und unterliegen dort auch der Bindung der §§ 150, 231 AktG, § 58b Abs. 3 GmbHG. Wenig geklärt ist, welche Rechte den Gesellschaftern zustehen, wenn sich eine vereinfachte Kapitalherabsetzung wegen zu hoch angenommener Verluste im Nachhinein als nicht (in diesem Umfang) erforderlich erweist.[72]

6.70 Einstellung in Kapitalrücklage

Die vereinfachte und damit schnellere Kapitalherabsetzung bildet schließlich die Voraussetzung für eine gleichzeitig durchzuführende **Kapitalerhöhung** und damit für die Zufuhr neuen, frischen Eigenkapitals. Zu diesem Zweck kann – im Aktienrecht auch bei der ordentlichen Kapitalherabsetzung – zuvor das Kapital auch unter den Mindestnennbetrag bis auf Null herabgesetzt werden (Art. 34 Satz 2 Zweite Richtlinie, § 229 Abs. 3 i. V. m. § 228 AktG, § 58a Abs. 4 Satz 1 GmbHG). Die beiden Kapitalmaßnahmen sind dann allerdings in ihrer Wirksamkeit voneinander abhängig (§ 228 Abs. 2 AktG, § 58a Abs. 4 Satz 2 GmbHG).

6.71 Gleichlaufende Kapitalerhöhung

III. Anpassung der Satzung an den Euro

Für Neugründungen bis zum 31. Dezember 2001 bestand ein Wahlrecht, ob Nennkapitalziffer, Nennwerte der Anteile und andere satzungsmäßige Betragsangaben in Euro oder DM ausgedrückt werden. Seit diesem Zeitpunkt sind Neugründungen aber nur noch in Euro möglich (dazu oben Rz. 2.67). Vor diesem Zeitpunkt gegründete Kapitalgesellschaften können ihre Satzung anpassen, sie müssen dies aber – auch seit dem 31. Dezember 2001 – nicht (§ 3 Abs. 2 Satz 1 EGAktG, § 86 Abs. 1 Satz 1 GmbHG). Eine Anpassung kann allerdings nur einheitlich erfolgen (für die AG § 3 Abs. 2 Satz 2 EGAktG). Wird nicht angepasst, bleiben die alten Beträge und Regelungen für den Mindestbetrag des Nennkapitals, die Nennbeträge der Anteile und die Einteilung des Kapitals weiter maßgeblich (§§ 1 Abs. 2 Satz 1, 2 Satz 1, 3 Abs. 2 EGAktG, § 86 Abs. 1 Satz 2 GmbHG). Auch Kapitalerhöhungen in DM waren bis zum Ablauf der Übergangsfrist noch möglich (§ 3 Abs. 2 Satz 2 EGAktG).

6.72 Anpassung an den Euro

Die Nichtanpassung der Satzung einer Kapitalgesellschaft an die seit 1. Januar 1999 geltenden Fassungen des AktG bzw. GmbHG führt seit dem 31. Dezember 2001 aber zu einer beschränkten **Registersperre**: eine Änderung des Nennkapitals der Gesellschaft – aber nur diese – darf seit diesem Zeitpunkt nur noch eingetragen werden, wenn zugleich eine Satzungsänderung über die Anpassung der Nennbeträge der Gesellschaft und ihrer Staffelung an § 8 AktG n. F., § 5 GmbHG n. F. eingetragen wird (§ 3 Abs. 5 EGAktG, § 86 Abs. 1 Satz 4 GmbHG).

6.73 Registersperre bei fehlener Anpassung

---

72) Dazu *Hirte*, in: Festschrift Claussen, 1997, S. 115, 122 ff; *ders.*, EWiR § 229 AktG 1/97, 195 (zu OLG Dresden ZIP 1996, 1780).

1. Aktienrecht

a) Stückaktie

Vereinfachtes Anpassungsverfahren bei Stückaktien

6.74 Im Mittelpunkt stehen hier für die Aktiengesellschaft zunächst die, indirekt durch die Einführung des Euro bedingten, Änderungen anlässlich der Einführung der **Stückaktie** durch das Stückaktiengesetz (dazu oben Rz. 2.68 ff). Durch die neu neben die herkömmlichen Nennbetragsaktien (§ 8 Abs. 2 AktG) getretenen Stückaktien (§ 8 Abs. 3 AktG) wurden zahlreiche der ansonsten durch die Umstellung auf den Euro erforderlichen Anpassungsmaßnahmen (dazu unten Rz. 6.75 ff) entbehrlich. Da der Anteil am Grundkapital, den die einzelne Aktie verbrieft, nicht mehr aus dieser selbst und der Gesamt-Grundkapitalziffer ersichtlich ist, ist vor allem die Anpassung oder Glättung des Nennbetrages der einzelnen Aktien entbehrlich.[73] Das ist insbesondere bei der Kapitalerhöhung aus Gesellschaftsmitteln ein erheblicher Vorteil (dazu oben Rz. 6.52).

b) Euro-Einführungsgesetz

Verfahrensvereinfachungen durch Euro-Einführungsgesetz

6.75 Darüber hinaus ist für Aktiengesellschaften, die nicht die Stückaktie eingeführt haben, der mit Wirkung vom 1. Januar 1999 durch Art. 3 § 2 Nr. 4 des Gesetzes zur Einführung des Euro (Euro-Einführungsgesetz [EuroEG] vom 9. Juni 1998, BGBl I, 1242) wieder eingefügte § 4 EGAktG von Bedeutung. Er regelt das Verfahren der **Umstellung auf den Euro** und enthält für die im Zusammenhang damit sinnvollen Kapitalmaßnahmen einschließlich der Kapitalerhöhung aus Gesellschaftsmitteln einige Verfahrensvereinfachungen.

aa) Umstellung durch reine Umrechnung

Bloße Umstellung der Nennbeträge ist reine Fassungsänderung

6.76 § 4 Abs. 1 EGAktG betrifft dabei ausschließlich die **bloße Umrechnung der Grundkapitalziffer, der Aktiennennwerte und anderer satzungsmäßiger Betragsangaben** auf den Euro. Er belässt es bei den sich aufgrund der Umrechnung zum festgelegten Kurs ergebenden „krummen" Beträgen von Grundkapital, Aktiennennbeträgen und anderer satzungsmäßiger Betragsangaben. Die bloße Anpassung der Satzung *nach* Ablauf der Übergangsfrist wird dabei zu Recht (klarstellend) als bloße Fassungsänderung (dazu oben Rz. 6.1) qualifiziert; anders als sonst im Falle des § 179 Abs. 1 Satz 2 AktG ist die Ermächtigung zur Fassungsänderung hier aber kraft Gesetzes erteilt (§ 4 Abs. 1 Satz 2 EGAktG). Erleichterungen für die Satzungsänderung ergeben sich vor allem in formeller Hinsicht: denn § 4 Abs. 1 Satz 3 EGAktG verzichtet auf das sonst übliche Erfordernis, einen neuen vollständigen Wortlaut der Satzung nebst notarieller Bescheinigung zum Handelsregister einzureichen (§ 181 Abs. 1 Satz 2 AktG); eine etwa nach § 181 Abs. 1 Satz 3 AktG erforder-

---

[73] Zu den gesellschaftsrechtlichen Fragen der Umstellung auf den Euro *Hirte*, Großkomm. AktG, § 207 Rz. 16 ff; *Kopp*, BB 1998, 701; *Schürmann*, DB 1997, 1381; *Schröer*, ZIP 1997, 221; *ders.*, ZIP 1998, 306; *ders.*, ZIP 1998, 529; *Seibert*, ZGR 1998, 1; *Steffan/Schmidt*, DB 1998, 559; *Heider*, AG 1998, 1 (zur Beschlussfassung vor Inkrafttreten der Gesetzesänderungen 5 ff).

liche Genehmigung ist nicht mit einzureichen; schließlich entfällt die sonst bei Änderungen der Grundkapitalziffer erforderliche Eintragung der Satzungsänderung nach ihrem Inhalt (§ 181 Abs. 2 AktG) sowie deren Bekanntmachung (§ 10 HGB i. V. m. Art. 45 Abs. 1 Satz 2 EGHGB). Die Anmeldung zum Handelsregister erfolgt schließlich formlos (§ 12 HGB i. V. m. Art. 45 Abs. 1 Satz 1 EGHGB). § 181 Abs. 2 Satz 1 AktG ist demgegenüber bewusst nicht ausgenommen, so dass auch hier auf bereits beim Gericht befindliche Urkunden Bezug genommen werden kann. Eine *vor* Ablauf der Übergangsfrist vorgenommene Anpassung dagegen blieb im Hinblick auf ihre „wichtige unternehmenspolitische Bedeutung" auch materiell Satzungsänderung.[74]

Eine solche bloße Umstellung von Grundkapital und Aktiennennbeträgen ist aber in vielen Fällen wenig attraktiv. Denn sie führt lediglich dazu, dass – bei einem Umrechnungskurs von DM 1,95583 – an die Stelle eines Grundkapitals von etwa DM 100.000 ein solches von EUR 51.129,19 bzw. an die Stelle eines Nennbetrages einer einzelnen Nennbetragsaktie von DM 5,– ein solcher von EUR 2,56 tritt. Die sich daraus ergebenden Beträge können zwar auf zwei Stellen hinter dem Komma gerundet werden; doch hat eine solche Rundung keine rechtliche Wirkung (§ 3 Abs. 4 EGAktG). Vor allem aber sind derartige Beträge optisch wenig überzeugend. Muster für die entsprechenden Beschlüsse finden sich im Internet (siehe Vorwort).	**6.77** Reine Umstellung meist nicht hinreichend

bb) Umstellung durch Umrechnung und gleichzeitige Glättung

Aus diesem Grund ist es nahe liegend, die – materielle oder bloß die Fassung betreffende – Satzungsänderung **mit einer Kapitalmaßnahme zu verbinden**, die diese ungeraden Werte beseitigt (gleichwohl hat die Praxis diesen Schritt bislang offensichtlich nur ausnahmsweise getan). Dafür kommen sowohl die Kapitalerhöhung, vor allem aus Gesellschaftsmitteln, als auch die Kapitalherabsetzung in Betracht. Bei einer vereinfachten Kapitalherabsetzung kann zunächst – insoweit wie immer – auf das aufwendige Aufgebotsverfahren des § 225 AktG verzichtet werden. Daneben erlaubt § 4 Abs. 5 Satz 2 EGAktG, anders als nach dem sonst für die vereinfachte Kapitalherabsetzung geltenden § 229 Abs. 2 AktG, auf die vorherige Auflösung der gesetzlichen Rücklage und der Kapitalrücklage zu verzichten, soweit diese zusammen 10 % des nach der Herabsetzung verbleibenden Grundkapitals übersteigen; auch eine Gewinnrücklage braucht nicht aufgelöst zu werden, und ein etwaiger Gewinnvortrag steht einer vereinfachten Kapitalherabsetzung hier nicht entgegen. Beide Kapitalmaßnahmen – Kapitalerhöhung und Kapitalherabsetzung – können im Übrigen auf zwei Wegen durchgeführt werden: zum einen dadurch, dass (lediglich) das *Gesamt*grundkapital auf eine gerade Ziffer angehoben oder abgesenkt wird; zum anderen dadurch, dass jede *einzelne Aktie* auf einen	**6.78** Verbindung mit Kapitalmaßnahme zur Glättung der Kapitalziffer und/oder des Nennbetrags

---

74) Vgl. Begr RegE BT-Drucks. 13/9347, S. 35; Begr RefE ZIP 1997, 1259, 1264; ausführlicher hierzu und zu den auch hier seinerzeit greifenden Privilegierungen in der 3. Aufl. dieses Werkes Rz. 873.

glatten Euro-Betrag angehoben oder gesenkt wird. Da sich im zweiten Fall das Erhöhungs- (oder Herabsetzungs-)Volumen aus der Zahl der ausgegebenen Aktien multipliziert mit dem Erhöhungs- (oder Herabsetzungs-)Betrag der einzelnen Aktie ergibt, liegt er typischerweise deutlich höher als bei einer Anpassung lediglich des Gesamtgrundkapitals.

Erleichterungen für Kapitalmaßnahmen nach § 4 EGAktG

6.79 Vor allem für diese Kapitalmaßnahmen sieht § 4 EGAktG **Erleichterungen** gegenüber dem normalerweise bei Kapitalerhöhungen oder -herabsetzungen vorgeschriebenen Verfahren vor. Sein Abs. 2 Satz 1 lässt daher für eine Kapitalerhöhung aus Gesellschaftsmitteln (nicht aber für eine effektive Kapitalerhöhung) sowie für eine Kapitalherabsetzung ebenso wie schon bei Satzungsänderungen nach § 4 Abs. 1 EGAktG, soweit ihnen materielle Wirkung zukommt, eine **einfache Mehrheit** des bei der Beschlussfassung vertretenen Kapitals genügen. Unberührt bleiben allerdings auch hier etwaige satzungsmäßig festgelegte Mehrheitsanforderungen für Kapitalerhöhungen. Gleichwohl bleibt es in allen diesen Fällen auch bei kleinen Aktiengesellschaften beim Erfordernis notarieller Beurkundung, da es sich der Sache nach um Grundlagenbeschlüsse handelt.[75] § 130 Abs. 1 Satz 3 AktG wird daher durch § 4 Abs. 2 Satz 3 EGAktG ausdrücklich für unanwendbar erklärt. Anders als bei schlichten Fassungsänderungen im Zusammenhang mit der Umstellung auf den Euro finden auch die durch § 4 Abs. 1 Satz 3 EGAktG normierten verfahrensmäßigen Erleichterungen für etwaige Kapitalmaßnahmen keine Anwendung; dies ergibt sich aus § 4 Abs. 6 Satz 2 EGAktG. Die Privilegierung hinsichtlich des Mehrheitserfordernisses greift allerdings nur bei einer Kapitalmaßnahme zum Erreichen des nächstmöglichen glatten Euro-Betrags; gemeint ist damit der nächsthöhere (bzw. bei einer Kapitalherabsetzung nächstniedrigere) glatte Euro-Betrag der einzelnen Aktie, was in der Summe schon eine erhebliche Kapitalerhöhung (bzw. -herabsetzung) bedeuten kann.[76]

6.80 Nach § 4 Abs. 2 Satz 2 EGAktG gelten diese Erleichterungen entsprechend für die Anpassung eines etwa vorhandenen genehmigten Kapitals sowie – was vor allem im Anschluss an eine Kapitalerhöhung aus Gesellschaftsmitteln in Betracht kommen dürfte – für eine **Teilung** der auf volle Euro gestellten Aktien. Eine Aktie von EUR 2,56, die durch Kapitalerhöhung aus Gesellschaftsmitteln von EUR 0,44 auf EUR 3,– aufgefüllt wurde, kann daher anschließend in drei Aktien à EUR 1,– zerlegt werden. Die (weitere) Herabsetzung des Nennbetrags der einzelnen Aktien wird damit im Zusammenhang mit der Umstellung auf den Euro noch einfacher (und billiger) als nach Herabsetzung des gesetzlichen Mindestnennbetrages der Aktien von DM 50,– auf DM 5,– durch Art. 5 Nr. 1 des Zweiten Finanzmarktförderungsgesetzes. Die Privilegierung umfasst schließlich die aus einer solchen Kapitaländerung resultierenden Anpas-

---

75) Begr RegE BT-Drucks 13/9347, S. 36.
76) Für eine noch weitergehende Privilegierung dieser Kapitalmaßnahmen *de lege lata* *Hirte*, Großkomm. AktG, § 207 Rz. 21.

sungen der Satzungsfassung einschließlich der Ermächtigung des Aufsichtsrats zu solchen Anpassungen (§ 4 Abs. 2 Satz 2 EGAktG a.E.).

Nach § 4 Abs. 3 Satz 1 EGAktG kann die Kapitalerhöhung aus Gesellschaftsmitteln durch **Erhöhung des Nennwerts** ausgeführt werden. Grund sei, dass „nur" auf diese Weise auf volle Euro lautende glatte Nennbeträge herbeigeführt werden könnten.[77] Anders als die Privilegierung bezüglich der Mehrheitserfordernisse durch § 4 Abs. 2 EGAktG ist die Erhöhung des Nennbetrags nicht nur bei einer Kapitalerhöhung aus Gesellschaftsmitteln auf den nächstmöglichen glatten Euro-Betrag privilegiert möglich; ausreichend ist, dass die Maßnahme im Zusammenhang mit der Umstellung auf Euro und der Schaffung glatter Nennbeträge steht.[78] Abgesehen von der (unwahrscheinlichen) Möglichkeit einer sehr umfangreichen Kapitalerhöhung aus Gesellschaftsmitteln sind aber auch Fälle denkbar, in denen eine Nennwerterhöhung mit einer Ausgabe neuer Aktien *kombiniert* wird. Diese auszuschließen kann nicht Anliegen des auf möglichst große Flexibilität angelegten Umstellungs-Gesetzes sein. Das „kann" in § 4 Abs. 3 Satz 1 EGAktG ist daher wörtlich zu nehmen.[79]

6.81 Erhöhung des Nennwertes gemäß § 4 Abs. 3 EGAktG

Werden nicht die einzelnen Aktien, sondern wird nur das Grundkapital auf einen vollen Euro-Betrag aufgefüllt, bleiben die „krummen" Nennbeträge bei den einzelnen Aktien zunächst erhalten. Um sie zu beseitigen, gestattet § 4 Abs. 3 Satz 1 EGAktG eine **Neueinteilung des Grundkapitals**; hier ist nicht erforderlich, dass nur die nächstmöglichen glatten Nennbeträge der einzelnen Aktie erreicht werden. Hatte etwa eine Aktiengesellschaft mit einem Grundkapital von DM 100.000 insgesamt 100 Nennbetragsaktien à DM 1.000 ausgegeben, führt die Umstellung auf den Euro bei einem Kurs von DM 1,95583 zunächst zu einer Grundkapitalziffer von EUR 51.129,19. Wird dieses Grundkapital durch eine (minimale) Kapitalerhöhung aus Gesellschaftsmitteln auf einen Betrag von EUR 51.130,– gebracht, ist es nicht möglich, daraus 100 gleiche Aktien mit einem glatten Euro-Nennbetrag zu schneiden. Im Wege der Neueinteilung des Grundkapitals können aber gleichwohl die von § 8 Abs. 2 Satz 4 AktG für Nennbetragsaktien vom AktG verlangten glatten Euro-Nennbeträge erreicht werden: in Betracht käme hier etwa eine Neustückelung in eine andere Zahl Aktien (Extremfall: 51.130 Aktien à EUR 1–), aber auch eine Festlegung unterschiedlicher Nennbeträge für die einzelnen Aktien. Das bedeutet aber, dass der Erhöhungs- (oder Herabsetzungs-) Betrag unterschiedlich auf die einzelnen Aktionäre verteilt wird: im ersten Fall wäre eine Verteilung der neuen Aktien an 100 Altaktionäre nur in der Weise möglich, dass einige 511 Aktien, andere aber 512 Aktien à EUR 1,– bekommen; im zweiten Fall könnten zwar 100 neue Aktien gebildet werden, doch müssten diese zwangsläufig (geringfügig) unterschiedliche Nennbeträge haben. Wegen dieser Verschiebung der Beteiligungsquoten

6.82 Neueinteilung des Grundkapitals

---

77) Vgl. Begr RegE BT-Drucks. 13/9347, S. 36; Begr RefE ZIP 1997, 1259, 1264.
78) Bericht des Rechtsausschusses zu § 4 EGAktG, BT-Drucks. 13/10334, S. 46 = ZIP 1998, 757, 758.
79) Vgl. *Hirte*, Großkomm. AktG, § 207 Rz. 23 sowie § 215 Rz. 20, 31.

verlangt § 4 Abs. 3 Satz 2 EGAktG für diese Maßnahme die Zustimmung *aller* Aktionäre, auf die nicht ihrem Teil entsprechend volle Aktien oder nur eine geringere Zahl Aktien als zuvor entfallen; für teileingezahlte Aktien wird dieses Verfahren vollständig ausgeschlossen. Die Formulierung „aller" wurde gewählt, um deutlich zu machen, dass ein mehrheitlicher Sonderbeschluss der betroffenen Aktionäre nicht ausreicht. Damit werden die Aktionäre gezwungen, wollen sie von der Möglichkeit einer Neueinteilung des Grundkapitals Gebrauch machen, vertraglich – etwa durch Ausgleichszahlungen – etwaige sich ergebende Differenzen ihrer Beteiligung zu korrigieren. Dies ist allerdings häufig dann nicht erforderlich, wenn die Gesellschaft nur über eine kleine Zahl von Aktionären verfügt (Extremfall: Einpersonen-Aktiengesellschaft).[80]

2. GmbH-Recht

6.83 Für die Anpassung der GmbH-Satzung ist demgegenüber in erster Linie der durch Art. 3 § 3 des Gesetzes zur Einführung des Euro (Euro-Einführungsgesetz [EuroEG]) eingefügte § 86 GmbHG – insbesondere sein Absatz 3 – von Bedeutung. Er entspricht in seinem Regelungskonzept im Wesentlichen § 4 EGAktG.[81]

a) Umstellung durch reine Umrechnung

Einfache Stimmrechtsmehrheit bei reiner Umrechnung (§ 86 Abs. 3 GmbHG)

6.84 § 86 Abs. 3 GmbHG betrifft hier ausschließlich die **bloße Umrechnung der Stammkapitalziffer, der Geschäftsanteile und anderer satzungsmäßiger Betragsangaben** auf den Euro. Er belässt es bei den sich aufgrund der Umrechnung zum festgelegten Kurs ergebenden „krummen" Beträgen. Die bloße Anpassung der Satzung stellt in der GmbH keine materielle Satzungsänderung dar; das gilt in der GmbH für derartige Anpassungsmaßnahmen *nach wie vor* Ablauf der Übergangsfrist. § 86 Abs. 3 Satz 1 Halbs. 1 GmbHG verweist daher auf § 47 GmbHG (nicht § 53 GmbHG) mit der Folge, dass die einfache Stimmenmehrheit für die Satzungsänderung ausreicht. Wie § 86 Abs. 3 Satz 1 Halbs. 2 GmbHG ausdrücklich klarstellt, bedarf der Beschluss auch keiner notariellen Beurkundung nach § 53 Abs. 2 Satz 1 GmbHG.

Vereinfachtes Registerverfahren

6.85 Verzichtet wird auch hier auf das sonst übliche Erfordernis, einen neuen vollständigen Wortlaut der Satzung nebst notarieller Bescheinigung zum Handelsregister einzureichen (§ 54 Abs. 1 Satz 2 GmbHG); schließlich

---

80) Sonderregelungen enthält § 4 EGAktG im Übrigen für die Auswirkung außerhalb des Handelsregisters wirksam werdender Kapitalerhöhungen aufgrund eines *bedingten Kapitals* (§ 4 Abs. 4 Satz 1 EGAktG), für den Umfang der *umwandelbaren Rücklagen* (§ 4 Abs. 5 Satz 1 EGAktG) sowie für die *Kraftloserklärung* unrichtig gewordener Aktien (§ 4 Abs. 6 Satz 1 EGAktG); dazu *Hirte*, Großkomm. AktG, § 208 Rz. 15, § 211 Rz. 7 und § 214 Rz. 23.

81) Zu den gesellschaftsrechtlichen Fragen der Umstellung auf den Euro im GmbH-Recht *Frank/Wachter*, GmbHR 2001, 898; *Geyrhalter*, ZIP 1998, 1608 ff (mit Beschlussvorschlägen); *Ihrig*, NZG 1998, 201; *Kallmeyer*, GmbHR 1998, 963 ff; *U.H. Schneider*, NJW 1998, 3158 ff; *Theile/Köhler*, GmbHR 1999, 526 ff (mit Berechnungsbeispielen); *Wachter*, NotBZ 1999, 137.

entfällt die sonst bei Änderungen der Stammkapitalziffer erforderliche Eintragung der Satzungsänderung nach ihrem Inhalt (§ 54 Abs. 2 Satz 2 GmbHG) sowie deren Bekanntmachung (§ 10 HGB i. V. m. Art. 45 Abs. 1 Satz 2 EGHGB). Die Anmeldung zum Handelsregister erfolgt schließlich formlos (§ 12 HGB i. V. m. Art. 45 Abs. 1 Satz 1 EGHGB). § 54 Abs. 2 Satz 1 GmbHG ist demgegenüber bewusst nicht ausgenommen, so dass auch hier auf bereits beim Gericht befindliche Urkunden Bezug genommen werden kann.

b) Umstellung durch Umrechnung und gleichzeitige Glättung

Auch bei der GmbH ist es nahe liegend, die bloß formelle Satzungsänderung **mit einer Kapitalmaßnahme zu verbinden**, die die durch bloße Umrechnung entstehenden ungeraden Werte beseitigt. Dafür kommen auch hier sowohl die Kapitalerhöhung, vor allem aus Gesellschaftsmitteln, als auch die Kapitalherabsetzung in Betracht. Bei einer Kapitalerhöhung dürfte häufig eine (einstimmig zu beschließende) nicht verhältniswahrende Kapitalerhöhung in Betracht kommen, um den Gesamt-Erhöhungsbedarf gering zu halten.[82]

6.86   Ergänzende Kapitalmaßnahme

Die in Euro berechneten Nennbeträge der einzelnen Geschäftsanteile müssen hier – anders als bei der Gründung, aber wie auch bei anderen Kapitalerhöhungen – nur auf einen durch zehn teilbaren Betrag, mindestens jedoch auf EUR 50,- gestellt werden (§ 86 Abs. 1 Satz 4 GmbHG). Im Gegensatz zum Aktienrecht lässt § 86 Abs. 3 Satz 3 Halbs. 1 GmbHG die hierfür geltenden Vorschriften jedoch unberührt. Das wird damit begründet, dass zum einen ein Zwang zur Anpassung nicht besteht und dass derartige Beschlüsse in der Mehrzahl der GmbH typischerweise einstimmig gefasst werden.[83]

6.87

Für den wichtigen Fall der Kapitalerhöhung aus Gesellschaftsmitteln durch Erhöhung des Nennwerts bedurfte es hier zudem deshalb keiner Regelung, da dieses Vorgehen im GmbH-Recht ohnehin zulässig ist (§ 57h Abs. 1 Satz 1 GmbHG). Lediglich für den Fall einer Herabsetzung des Stammkapitals, mit der die Nennbeträge der Geschäftsanteile auf die neu vorgeschriebenen Beträge nach § 86 Abs. 1 Satz 4 GmbHG gestellt werden, gilt § 58 Abs. 1 GmbHG mit den Vorschriften über Aufgebot und Sperrjahr nicht, wenn zugleich eine Erhöhung des Stammkapitals gegen Bareinlagen beschlossen wird und diese in voller Höhe vor der Anmeldung zum Handelsregister geleistet werden (§ 86 Abs. 3 Satz 3 Halbs. 2 GmbHG). Für diesen Fall einer nur geringfügigen Kapitalherabsetzung, die mit einer mindestens diesem Betrag entsprechenden bar übernommenen Kapitalerhöhung verknüpft wird, ist eine Gefährdung der Gläubiger nicht zu befürchten.

6.88   Besonderheiten für die Kapitalherabsetzung

---

82) Dazu auch *Kallmeyer*, GmbHR 1998, 963, 964 f mit Berechnungsbeispielen.
83) *Seibert*, ZGR 1998, 1, 7.

IV. Umwandlung

1. Einleitung

a) Begriff

6.89 Einen Sonderfall der Strukturänderung bildet die **Umwandlung** einer Kapitalgesellschaft. Der Begriff der Umwandlung erfasst dabei nur die körperschaftliche Seite der Gesellschaft, nicht also etwa ihre Vermögensstruktur: „Umstrukturierungen" durch Kauf oder Verkauf von Anlagevermögen, auch wenn es sich um Beteiligungen handelt, stellen keine „Umwandlung" im Sinne des UmwG dar (in solchen Fällen kann sich aber gleichwohl eine Zuständigkeit der Haupt- oder Gesellschafterversammlung ergeben; dazu oben Rz. 3.224 ff, 6.3). Bezüglich der Beteiligten wird von der Umwandlung der **Rechtsträger** gesprochen, zu denen neben den Kapitalgesellschaften auch die sonstigen privatrechtlichen Verbände sowie in einigen Sonderfällen natürliche Personen und öffentlich-rechtliche Gebietskörperschaften zählen.

6.90 Die Bezeichnung „*Rechtsträger*" ist damit Oberbegriff für die beteiligungsfähigen Verbände und reicht weiter als der sonst im Gesellschaftsrecht übliche Begriff des „*Unternehmensträgers*".[84] Auch *aufgelöste* Rechtsträger können sich an einer Umwandlung beteiligen (§ 3 Abs. 3 UmwG; Art. 3 Abs. 2 Dritte Richtlinie). Voraussetzung ist allerdings, dass ihre Fortsetzung beschlossen wurde (was unter Umständen auch konkludent durch einen Umwandlungsbeschluss geschehen kann)[85] oder zumindest ein solcher Beschluss möglich ist. Voraussetzung dafür ist nicht, dass das Grund- oder Stammkapital der Gesellschaft unversehrt geblieben ist oder wieder eingezahlt wurde, sondern – mit der herrschenden Meinung – dass es an einer Überschuldung fehlt, die eine Pflicht zur Insolvenzantragstellung begründen würde.[86]

6.91 Inhaltlich versteht man unter einer Umwandlung alle die Strukturänderungen, bei denen es entweder zum Vermögensübergang von einem Rechtsträger auf einen anderen mittels zumindest partieller Gesamtrechtsnachfolge kommt bzw. der Rechtsträger seine rechtliche Form wechselt. Nach dem wesentlichen Erscheinungsbild der jeweiligen Umwandlungsform unterscheidet man zwischen **Verschmelzung, Spaltung, Vermögensübertragung und dem Formwechsel** (vgl. die abschließende Aufzählung in § 1 Abs. 1 UmwG).

6.92 Alle Umwandlungsvorgänge sind wirtschaftlich auch nach allgemeinen Rechtsgrundsätzen zu erreichen. So können zum Beispiel zwei Gesellschaften wirtschaftlich verschmolzen werden, indem die eine liquidiert und ihr Vermögen nach allgemeinen Grundsätzen (§§ 398, 873, 929 ff BGB) auf die andere Gesellschaft übertragen wird. Dies ist jedoch ein kompliziertes Verfahren, das zudem erhebliche steuerliche Nachteile (Auflösung und Versteuerung stiller Reserven) aufweist. Das grundsätzliche wirtschaftliche Bedürfnis geht daher vielfach da-

---

84) Dazu *Neye*, Kölner UmwR-Tage, S. 7; *Lutter*, UmwG, § 1 Rz. 4.
85) So OLG Naumburg, NJW-RR 1998, 178 = EWiR § 4 UmwG 1/97, 807 (*Bayer*) (auch zur entsprechenden Prüfungspflicht des Registergerichts).
86) BayObLG ZIP 1998, 739 = EWiR § 3 UmwG 2/98, 515 (*Kiem*) (GmbH); anders noch RGZ 118, 337, 340.

hin, diese Umstrukturierungen *ohne Liquidation* in einem (einfacheren) Verfahren der Universalsukzession realisieren zu können.⁸⁷⁾

Als Alternative zur Verschmelzung kommen auch ein schlichter Erwerb der Anteile (oder nur ihrer Mehrheit) an der zu übernehmenden Gesellschaft (*„share deal"*) oder ihres unternehmerischen Vermögens (*„asset deal"*) in Betracht. Schließlich kann das wirtschaftliche Ziel einer Unternehmensverbindung auch erreicht werden, indem bei der aufnehmenden Gesellschaft eine Kapitalerhöhung unter Ausschluss des Bezugsrechts (§ 203 Abs. 2 AktG) durchgeführt wird und die Beteiligung an der anderen Gesellschaft als Sacheinlage eingebracht wird.⁸⁸⁾ Bei der letzten Variante stellt sich – umgekehrt – die Frage, ob die verfahrensrechtlichen Vorgaben des Verschmelzungsrechts (insbesondere die Prüfung der Angemessenheit des Ausgabekurses) durch die Wahl des Wegs der Kapitalerhöhung unterlaufen werden.

6.93 Umstrukturierung duch Anteilserwerb oder Vermögensübertragung/-erwerb

Das Gegenstück der Verschmelzung – die Spaltung – kann nach allgemeinem Gesellschaftsrecht etwa durch eine Kapitalherabsetzung und anschließende Ausschüttung der Vermögensgegenstände an die Gesellschafter erreicht werden; neuerdings kommt auch der Weg der Sachdividende in Betracht.

6.94

b) Historische Entwicklung und Rechtsquellen

Rechtsgrundlage für alle Umwandlungsfälle ist (heute) das Umwandlungsgesetz, das seit dem 1. Januar 1995 in Kraft ist (Art. 20 UmwBerG). Dieses Gesetz enthält keine völlige Neuregelung von Umstrukturierungsfällen; vielmehr waren auch nach altem Recht schon einige der jetzt geregelten Umwandlungsformen bekannt. Den früheren gesetzlichen Sonderregelungen der Umwandlung lag indes keine einheitliche Systematik zugrunde, so dass sich Lücken hinsichtlich der Umwandlungsmöglichkeiten wie auch hinsichtlich des Schutzes der Beteiligten zeigten. Das frühere Recht der Umstrukturierung war daher unübersichtlich und nur noch schwer handhabbar.⁸⁹⁾

6.95 UmwG schafft seit 1995 einheitliche Systematik

Mit der Neuregelung verfolgte der Gesetzgeber ausdrücklich das Ziel, die bestehenden Umstrukturierungsmöglichkeiten zusammenzufassen und zu systematisieren sowie bestehende Lücken in den Möglichkeiten zu schließen.⁹⁰⁾ Das Umwandlungsgesetz enthält damit nunmehr **alle Regelungen zur (umwandelnden) Umstrukturierung von Rechtsträgern**. Andere Umstrukturierungsprozesse von Gesellschaften, insbesondere schuldvertragliche oder faktische Konzernierungsmaßnahmen, werden vom Umwandlungsgesetz nicht erfasst (ausdrücklich § 1 Abs. 1 UmwG),

6.96 UmwG enthält abschließende Regelung der Umstrukturierung von Rechtsträgern

---

87) Dazu *F. Kübler*, GesR, § 26 S. 339 ff (zur Verschmelzung), § 27 S. 347 ff (zur formwechselnden und übertragenden Umwandlung nach UmwG 1969). Zu den Möglichkeiten wirtschaftlicher Umstrukturierungen nach allgemeinem Recht *Kallmeyer*, ZIP 1994, 1746 ff.

88) Zur Austauschbarkeit der beiden Vorgehensweisen *Baums*, DJT-Gutachten 2000, S. F 124; *Bayer*, ZHR 163 (1999), 505, 527; *Hennerkes/Binge*, AG 1996, 119; *Hirte*, Bezugsrechtsausschluß und Konzernbildung, S. 68 ff, 147 ff; *ders.*, AG 1990, 373 ff; *ders.*, Großkomm. AktG, § 203 Rz. 98; ähnlich auch *Lutter*, JZ 1998, 50, 52; abw. *Martens*, ZIP 1992, 1677, 1686.

89) *Neye*, ZIP 1994, 165 f; das Recht der Umstrukturierungen fand sich zuvor im UmwG i.d.F. v. 6. November 1969 (BGBl I, 2081), im AktG, im KapErhG v. 23. Dezember 1959 (BGBl I, 789), im GenG sowie im VAG.

90) BegrRegE (BT-Drucks. 12/6699, S. 71 ff) bei *Neye*, UmwG/UmwStG, S. 87. Zum Gang der Gesetzgebung *Neye*, DB 1994, 2069; *ders.*, ZIP 1994, 165.

sondern bleiben auch weiterhin einer eigenständigen Regelung etwa im AktG vorbehalten.

Anwendung des UmwG auf Maßnahmen nach dem AktG?

6.97 Gleichwohl ist streitig, ob wegen der gleichartigen Interessenbeeinträchtigung durch Maßnahmen nach „gewöhnlichem" Aktienrecht auch dort die umwandlungsrechtlichen Normen angewandt werden sollten; so wird insbesondere vorgeschlagen, auf eine im Wege der Singularsukzession vorgenommene Ausgliederung die Vorschriften des Umwandlungsgesetzes über die Ausgliederung (teilweise) entsprechend anzuwenden.[91] Das ist trotz der nicht so weit reichenden Aussage des Gesetzgebers in § 1 Abs. 2, nach der das UmwG nur für Umwandlungen „im Sinne des Absatzes 1 [des § 1 UmwG]" eine im Wesentlichen abschließende Regelung ist, überzeugend.[92]

6.98 Das Umwandlungsrecht ist in gleicher Weise **zwingendes Recht** wie das Aktienrecht (§ 1 Abs. 3 UmwG; zum Aktienrecht oben Rz. 2.48 ff).

c) Aufbau des Umwandlungsgesetzes

6.99 Systematisch ist das Umwandlungsgesetz in sieben Bücher unterteilt. Das erste Buch, das nur aus einer Vorschrift besteht (§ 1 UmwG), umreißt die grundlegenden Möglichkeiten der Umwandlungen, indem es zunächst die Umwandlungsarten abschließend benennt und sie zugleich auf Rechtsträger mit Sitz im Inland beschränkt (§ 1 Abs. 1 UmwG).

6.100 Die folgenden vier Bücher behandeln jeweils eine der genannten Umwandlungsarten:

– Zweites Buch. Verschmelzung (§§ 2–122 UmwG);

– Drittes Buch. Spaltung (§§ 123–173 UmwG);

– Viertes Buch. Vermögensübertragung (§§ 174–189 UmwG);

– Fünftes Buch. Formwechsel (§§ 190–304 UmwG).

Differenzierte Regelung je nach beteiligten Rechtsträgern

6.101 Dabei sind diese Bücher jeweils in einen allgemeinen und einen besonderen Teil gegliedert. Im ersten Teil sind diejenigen Vorschriften zusammengefasst, die für alle Fälle der jeweiligen Umwandlungsart unabhängig von der Rechtsform der beteiligten Rechtsträger gelten. Im besonderen Teil hingegen sind Sonderregelungen getroffen worden, die nur bei der Beteiligung bestimmter Rechtsträger bzw. in bestimmten Umwandlungsfällen zur Anwendung kommen. Erforderlich wurde eine solche differenzierte Regelung, um den strukturellen Unterschieden, die bei den ver-

---

91) So LG Karlsruhe ZIP 1998, 385 = EWiR § 125 UmwG 1/97, 1147 (*Bork*) = DZWiR 1998, 207 (*Mutter*) – Badenwerk AG (inzwischen rkr.); verneinend LG Hamburg AG 1997, 238 = EWiR § 119 AktG 3/97, 1111 (*Veil*) – Wünsche AG (inzwischen rkr. durch Vergleich); BayObLG NJW-RR 1999, 1559 = ZIP 1998, 2002 = EWiR § 179a AktG 1/98, 1057 (*Windbichler*) (für Anwendbarkeit des Spruchverfahrens auf Vermögensübertragung nach § 179a AktG); ebenso *Wilde*, ZGR 1998, 423, 450 ff; differenzierend *Reichert*, ZHR-Beiheft Nr. 68 (1999), S. 25 ff; dazu *Veil*, ZIP 1998, 361.

92) Zum ausdrücklich in diese Richtung zielenden § 1 Abs. 2 UmwG-RefE *Hirte*, AG 1990, 373 f.

schiedenen umwandlungsfähigen Rechtsträgern bestehen, gerecht werden zu können. So können nach § 3 UmwG an einer Verschmelzung beteiligt sein: offene Handelsgesellschaft, Kommanditgesellschaft, Partnerschaftsgesellschaft, Aktiengesellschaft, GmbH, Kommanditgesellschaft auf Aktien, die eingetragene Genossenschaft, der eingetragene Verein, genossenschaftliche Prüfungsverbände, Versicherungsverein auf Gegenseitigkeit, wirtschaftliche Vereine und natürliche Personen. Es versteht sich von selbst, dass hier allgemein gültige Regelungen nur in beschränktem Umfang möglich sind und auf Differenzierungen nicht verzichtet werden konnte.

Diese vier Bücher stehen indes nicht berührungslos nebeneinander. Das Gesetz bedient sich vielmehr einer diffizilen **Verweisungstechnik**, nach der zum Beispiel viele Vorschriften zur Verschmelzung auch auf die übrigen Umwandlungsarten anwendbar sind (vgl. etwa die Verweisungen in §§ 125, 176, 177 UmwG). Mit Hilfe dieser Verweisungen hat der Gesetzgeber zwar den Umfang des Gesetzes reduzieren können,[93] jedoch die Arbeit mit dem Gesetz für den Rechtsanwender eher erschwert.[94]	6.102 Verweisungstechnik
Die sich an die Regelungen der Umwandlungsarten anschließenden Bücher betreffen Straf-, Übergangs- und Schlussvorschriften (Sechstes Buch. Strafvorschriften und Zwangsgelder [§§ 313–316 UmwG]; Siebtes Buch. Übergangs- und Schlussvorschriften [§§ 317–325 UmwG]). Daneben tritt das Spruchverfahrensgesetz; es regelt vor allen Dingen das (früher im Sechsten Buch des Umwandlungsgesetzes geregelte) Verfahren für die Bestimmung der Zuzahlung an Anteilsinhaber oder der Barabfindung von Anteilsinhabern anlässlich der Umwandlung von Rechtsträgern (§ 1 Nr. 4 SpruchG) sowie – im Zusammenhang des Konzernrechts von Interesse – für die Festsetzung des Ausgleichs und der Abfindung außenstehender Aktionäre bei Abschluss von Beherrschungs- und Gewinnabführungsverträgen (§ 1 Nr. 1 SpruchG; dazu näher unten Rz. 6.150 ff).	6.103 Straf- und Übergangsvorschriften – Spruchverfahren

d) Europäische Aktiengesellschaft

Die SE-Verordnung enthält für die Europäische Aktiengesellschaft – wie bereits erwähnt (dazu oben Rz. 2.35 ff) – in erheblichem Umfang Umwandlungsvorschriften für die Umwandlung nationaler Gesellschaften **in eine Europäische Aktiengesellschaft**. Mit Verschmelzung und Formwechsel bietet sie zwei Umwandlungsvorgänge als Gründungsvarianten an. Damit wird zugleich erstmals die grenzüberschreitende Verschmelzung mehrerer Gesellschaften geregelt (dazu auch oben Rz. 2.35).	6.104 Verschmelzung und Formwechsel zur Gründung der SE
Für die **Umwandlung der errichteten SE** enthält die SE-Verordnung demgegenüber kaum Regelungen. Lediglich Art. 66 SE-VO erklärt die formwechselnde und identitätswahrende (Rück-)Umwandlung einer SE in eine nationale Aktiengesellschaft für zulässig, allerdings erst nach Ablauf	6.105 Kaum Regelungen für die Umwandlung der errichteten SE

---

93) Hierzu *Neye*, Kölner UmwR-Tage, S. 10.
94) Zur „Pfadsuche im Verweisungsdschungel des neuen Umwandlungsrechts" exemplarisch *Bayer/Wirth*, ZIP 1996, 817 ff; kritisch auch *Zöllner*, AG 1994, 336 ff.

von etwa zwei Jahren nach Eintragung der SE. Warum die eigentlich nahe liegende Frage einer Verschmelzung mehrerer SE zu einer neuen SE sowie die der Spaltung einer SE ungeregelt blieb, lässt sich nur vermuten: wahrscheinlich standen die Fragen des Zugangs zur SE so im Mittelpunkt der Diskussion, dass man die möglichen Rechtsfolgen einer langlebigen SE verdrängt hat. Auch die „Ausgliederung" einer Tochter-SE aus einer Mutter-SE im Wege der Gesamtrechtsnachfolge ist nicht möglich (dazu oben Rz. 2.43).

2. Verschmelzung

Verschmelzung d.h. Vereinigung durch Gesamtrechtsnachfolge

6.106 Unter einer Verschmelzung im rechtstechnischen Sinne versteht man die **juristische Vereinigung** von mindestens zwei Rechtsträgern **im Wege der Gesamtrechtsnachfolge**, wobei den Mitgliedern des dabei untergehenden Rechtsträgers ein Ausgleich in Form von Anteilsrechten an dem übernehmenden bzw. aus der Verschmelzung neu hervorgegangenen Rechtsträger zu gewähren ist (§ 2 UmwG; Art. 3 Abs. 1, 4 Abs. 1 Dritte Richtlinie). Der englische Begriff *merger* wird demgegenüber in aller Regel in einem weiteren Sinne gebraucht: er umfasst auch den bloßen Erwerb der (Mehrheit oder aller) Anteile, ohne dass dies den Bestand der erworbenen Gesellschaft als Rechtspersönlichkeit berühren muss. Die Verschmelzung in unserem Sinne bildet daher als *legal merger* oder *statutory merger* nur einen Ausschnitt der möglichen *mergers*.

Vielschichtige Motive denkbar

6.107 Die Verschmelzung in unserem Sprachgebrauch stellt somit immer einen Konzentrationsvorgang dar. Die Motive dazu können vielschichtig sein.[95] So kommt etwa die Bündelung von personellen, sachlichen, organisatorischen oder vertriebstechnischen Ressourcen in Betracht, die durch die Verschmelzung zu positiven Synergieeffekten führen soll. Desweiteren kann eine Stärkung der Finanzkraft sowie eine Erhöhung der Kreditwürdigkeit beabsichtigt sein. Soweit es sich um konzerninterne Umstrukturierungen handelt, können sie auch der Vereinfachung der Unternehmensstruktur dienen, etwa, um einen Gang an die Börse vorzubereiten.[96]

Konzernverschmelzung

6.108 Den praktisch wohl häufigsten Fall stellt die sog. **Konzernverschmelzung** dar, bei der zwei Rechtsträger miteinander verschmolzen werden, von denen einer bereits am anderen beteiligt ist. Sie bildet häufig den Schlusspunkt eines mehraktigen Konzentrationsprozesses über eine faktische und vertragliche Konzernierung. Dagegen stellt der vom Gesetz vorgestellte Grundfall der Verschmelzung von bislang unabhängigen Rechtsträgern eher die Ausnahme dar.[97]

---

95) Hierzu *Semler/Stengel/Stengel*, UmwG, § 2 Rz. 19 ff.
96) *Heckschen*, Verschmelzung von Kapitalgesellschaften (1989), S. 8; *Kallmeyer*, ZIP 1994, 1746, 1747; *Lutter*, UmwG, § 2 Rz. 11; *WP-Handbuch 1992*, Bd. II (1992), Abschnitt F, Rz. 25.
97) *Heckschen*, Verschmelzung von Kapitalgesellschaften (1989), S. 3, 8, 51 ff (dazu *Hirte*, WM 1990, 530 ff); *Lutter*, UmwG, § 2 Rz. 12; ebenso für den Unternehmensvertrag *Bayer*, Der grenzüberschreitende Beherrschungsvertrag (1988), S. 9, 65; *Hirte*, Bezugsrechtsausschluß und Konzernbildung (1986), S. 144; *ders.*, in: Der Vertragskonzern im Gesellschaftsrecht, Einleitung, S. 15; *ders.*, ZGR 1994, 644, 648.

Eine derartige Verschmelzung ist in verschiedener Weise privilegiert. Bei einer 100 %-igen Tochtergesellschaft kann zum einen auf die Gewährung von Anteilen der übernehmenden Gesellschaft verzichtet werden (§ 5 Abs. 2 UmwG; Art. 19 Abs. 3 Dritte Richtlinie). Ob diese Regelung auch auf die Verschmelzung von Schwestergesellschaften Anwendung findet, an denen eine andere Gesellschaft als Alleingesellschafterin beteiligt ist, ist umstritten.[98] Zudem kann nach § 62 Abs. 1 UmwG (Art. 27 Dritte Richtlinie) auf einen Verschmelzungsbeschluss bei der aufnehmenden Aktiengesellschaft verzichtet werden, wenn diese mehr als 90 % des Grund- oder Stammkapitals der übertragenden Gesellschaft hält. Ein Verschmelzungsbeschluss ist nur erforderlich, wenn eine 5 %-ige Aktionärsminderheit dies ausdrücklich beantragt (§ 62 Abs. 2 UmwG; Art. 27c i. V. m. Art. 8c Dritte Richtlinie).

6.109 Vorteile der Verschmelzung

a) Verschmelzung unter Beteiligung von Aktiengesellschaften und/oder GmbH

Eine Verschmelzung von Rechtsträgern ist nach dem UmwG in zweierlei Weise möglich. Zum einen kann bei der **Verschmelzung zur Aufnahme** das Vermögen eines (übertragenden) Rechtsträgers auf einen anderen (übernehmenden) Rechtsträger im Wege der Gesamtrechtsnachfolge übertragen werden. Dabei wird der Überträger ohne Abwicklung aufgelöst, hingegen bleibt der Übernehmer als solcher bestehen (§ 2 Nr. 1 UmwG; Art. 3 Abs. 1 Dritte Richtlinie). Eine solche Verschmelzung ist auch auf den einzelkaufmännischen Alleingesellschafter möglich, und zwar auch dann, wenn es sich um einen Kleingewerbetreibenden handelt, bei dem eine Registereintragung nicht in Betracht kommt (vgl. jetzt ausdrücklich § 122 Abs. 2 UmwG n. F.). Seit Einführung der Eintragungsoption des § 2 HGB n. F. dürfte dies ohnehin selbstverständlich sein.[99]

6.110 Verschmelzung zur Aufnahme

Andererseits ist es aber bei der **Verschmelzung zur Neugründung** auch möglich, dass das Vermögen zweier Rechtsträger auf einen von ihnen *neu gegründeten* Rechtsträger übertragen wird, so dass sie beide ohne Abwicklung aufgelöst werden und im Ergebnis der neu gegründete Rechtsträger entsteht (§ 2 Nr. 2 UmwG; Art. 4 Abs. 1 Dritte Richtlinie). Die Verschmelzung zur Neugründung ist freilich steuerrechtlich im Hinblick darauf wenig attraktiv, dass sie zwei Übertragungsvorgänge erforderlich macht. Sowohl bei der Verschmelzung zur Aufnahme wie bei der Ver-

6.111 Verschmelzung zur Neugründung

---

98) Dafür LG München I NJW-RR 1999, 398; dagegen OLG Frankfurt/M. ZIP 1998, 1191 = NJW-RR 1999, 185 (sogar gesonderter Ausweis der Kapitalerhöhung für jede einzelne zu verschmelzende Gesellschaft) mit teilw. krit. Anm. *Neye*, EWiR § 46 UmwG 1/98, 517 (kein gesonderter Ausweis der Kapitalerhöhungsbeträge erforderlich); KG NJW-RR 1999, 186 = DB 1998, 2511 = EWiR § 5 UmwG 2/98, 1145 (*Rottnauer*).

99) BGH NJW 1998, 2536 = ZIP 1998, 1225 = DStR 1998, 1230 = LM H. 11/1998 UmwG Nr. 6 (*Heidenhain*); *Hirte*, NJW 1999, 179, 185; abw. für den Minderkaufmann alten Rechts (§ 4 HGB a. F.) OLG Zweibrücken NJW 1996, 3282 = ZIP 1996, 460 = EWiR § 122 UmwG 1/96, 277 (*Neye*); krit. dazu *Priester*, DB 1996, 413; *Heckschen*, ZIP 1996, 450; sowie *Neye*, ebda.; vgl. auch *Bärwaldt/Schabacker*, NJW 1997, 93.

schmelzung zur Neugründung können als übertragende Rechtsträger auch mehr als einer bzw. zwei beteiligt sein (§ 2 Nrn. 1, 2 UmwG; Art. 3 Abs. 1, 4 Abs. 1 Dritte Richtlinie). Charakteristisch für die Verschmelzung ist dabei, dass als Ausgleich für die Vermögensübertragung den Anteilseignern der übertragenden Rechtsträger im Verhältnis ihrer bisherigen Beteiligung Anteile an dem übernehmenden bzw. neuen Rechtsträger gewährt werden. Sie werden damit automatisch zu Anteilseignern dieses Rechtsträgers (§§ 2, 20 Abs. 1 Nr. 3 UmwG; Art. 3 Abs. 1, 4 Abs. 1, 19 Abs. 1a Dritte Richtlinie).

6.112 Da auf beiden Seiten Rechtsträger unterschiedlicher Rechtsform und auch auf jeder Seite jeweils mehrere Rechtsträger unterschiedlicher Rechtsform beteiligt sein können (§ 3 Abs. 4 UmwG), sind die verschiedensten Kombinationen möglich:

– Die Verschmelzung zur Aufnahme oder zur Neugründung unter Beteiligung von zwei oder mehr Gesellschaften *eines* Gesellschaftstyps aufseiten der übertragenden wie der übernehmenden Gesellschaft.

– Die Verschmelzung zur Aufnahme oder zur Neugründung unter Beteiligung von zwei oder mehr Gesellschaften, wobei die aufnehmende Gesellschaft einem anderen Gesellschaftstyp angehört als die übertragende(n) Gesellschaft(en). Diese Verschmelzung beinhaltet dabei zugleich einen Rechtsformwechsel.

– Die Verschmelzung zur Aufnahme oder zur Neugründung unter Beteiligung mehrerer übertragender Gesellschaften, die ihrerseits verschiedenen Rechtsformen angehören.

6.113 In allen Fällen können – was die Kapitalgesellschaften angeht – heute unbeschränkt auf beiden Seiten sowohl Aktiengesellschaft wie GmbH beteiligt sein.

b) Ablauf des Verschmelzungsverfahrens

6.114 Dem Charakter der Verschmelzung als strukturändernder Maßnahme entsprechend ist der Vorgang mehrstufig ausgestaltet, um vor allem die Interessen der Anteilseigner der beteiligten Gesellschaften optimal zu schützen. Eine Checkliste der verschiedenen hierbei relevant werdenden Punkte – auch außerhalb des Gesellschaftsrechts – findet sich im Internet (siehe Vorwort).

aa) Verschmelzungsvertrag

Notariell beurkundeter Verschmelzungsvertrag

6.115 Grundlage der Verschmelzung, die das Gesetz zunächst in Form der Verschmelzung zur Aufnahme regelt, ist ein notariell zu beurkundender Verschmelzungsvertrag, der von den Vertretungsorganen der beteiligten Rechtsträger abgeschlossen wird (§§ 4, 6 UmwG; Art. 5 Abs. 1 Dritte Richtlinie [„Verschmelzungsplan"]). Muster eines solchen Vertrages finden sich ebenfalls im Internet (siehe Vorwort). Er bildet die schuld- und organisationsrechtliche Basis des gesamten Vorganges und wird daher nur mit Zustimmung der Haupt- bzw. Gesellschafterversammlung der beteiligten Rechtsträger wirksam (§ 13 Abs. 1 UmwG; Art. 7 Dritte Richtlinie). Bis zu deren Beschluss ist er daher schwebend unwirksam. Im Interesse einer ausreichenden Information der Anteilseigner muss er einen gesetzlich fixierten Mindestinhalt haben (§ 5 UmwG; Art. 5 Abs. 2 Dritte Richtlinie), der die wesentlichen Daten der Verschmelzung umfasst.[100]

6.116 Mindestinhalt des Vertrages

So hat er vor allem Name bzw. Firma und Sitz der beteiligten Rechtsträger zu bezeichnen (§ 5 Abs. 1 Nr. 1 UmwG) und die eigentliche Vereinbarung über den Anteilstausch (§ 5 Abs. 1 Nr. 2 UmwG) einschließlich des Umtauschverhältnisses sowie Angaben zur Höhe etwaiger barer Zuzahlungen zu enthalten (§ 5 Abs. 1 Nr. 3 UmwG). Weiter erforderlich ist die Angabe des Zeitpunkts, von dem an die Gesellschafter am Bilanzgewinn des übernehmenden Rechtsträgers beteiligt sein sollen (§ 5 Abs. 1 Nr. 6 UmwG). Nach § 5 Abs. 1 Nr. 9, § 126 Abs. 1 Nr. 11 UmwG muss ein Verschmelzungs- (bzw. allgemein Umwandlungs-)Vertrag auch detaillierte Angaben zu den **arbeitsrechtlichen Folgen** einer Umwandlung enthalten. Das OLG Düsseldorf stellte sich dazu auf den Standpunkt, dass davon auch bloß mittelbare Folgen wie Umgruppierungen erfasst seien und hielt sich – vor allem – für berechtigt, bei Fehlen der geforderten Angaben die Eintragung der begehrten Umwandlung zu verweigern. Das geht in der Schärfe der Sanktion deutlich über das hinaus, die bei Verletzung gesellschafterschützender Rechte eingreifen.[101]

6.117 Business Combination Agreement – break fees

Nach dem Gesetz ist es auch möglich, dass der Verschmelzungsvertrag erst nach der Beschlussfassung der Anteilseigner geschlossen wird. Das kann vor allem dann sinnvoll sein, wenn die Zustimmung der Anteilseigner ungewiss ist, da somit die bei Scheitern der Verschmelzung unnötigen Kosten der notariellen Beurkundung gespart werden können (zur Zulässigkeit der Beurkundung im Ausland oben Rz. 4.56). Gegenstand der Beschlussfassung sowie der vorhergehenden Verfahrensschritte ist in diesem Falle ein Vertragsentwurf (§ 4 Abs. 2 UmwG); der später zu schließende Vertrag muss mit diesem allerdings identisch sein, da er sonst nicht von den Zustimmungsbeschlüssen getragen würde.[102] In der Praxis wird häufig vor bzw. neben dem Verschmelzungsvertrag noch ein gesondertes *Business Combination Agreement* abgeschlossen. Problematisch ist insoweit vor allem, ob die Gesellschaften hierdurch bereits rechtswirksam – und sei es auch nur in Form von „*break fees*" für den Fall eines Scheiterns der Fusionsverhandlungen – zu Leistungen verpflichtet werden können und ob die Vereinbarung wie der Verschmelzungsvertrag selbst den Aktionären offen zu legen ist.[103]

6.118 Verschmelzung zur Neugründung

Bei der **Verschmelzung zur Neugründung** müssen neben den allgemeinen Vorschriften (§ 36 Abs. 1 UmwG; Art. 23 Abs. 1 Dritte Richtlinie) die Gründungsvorschriften des neuen Rechtsträgers beachtet werden (§ 36 Abs. 2 UmwG). Der Verschmelzungsvertrag hat daher Gesell-

---

100) Zur Funktion des Verschmelzungsvertrages BegrRegE zu § 340 AktG a. F., BT-Drucks. 9/1065, S. 14.
101) OLG Düsseldorf ZIP 1998, 1190 = NJW-RR 1999, 188 = EWiR § 5 UmwG 1/98, 855 (*Willemsen/Müller*).
102) Dazu BGHZ 82, 188 = ZIP 1982, 172 – Hoesch/Hoogovens.
103) Zum *Business Combination Agreement* bei der Kapitalerhöhung gegen Sacheinlage *Aha*, BB 2001, 2225.

schaftsvertrag, Satzung oder Statut des neuen Rechtsträgers zu enthalten (§ 37 UmwG; Art. 23 Abs. 2 Dritte Richtlinie). Gründungsbericht bei AG und GmbH (§§ 58 Abs. 1, 75 Abs. 1 UmwG) bzw. Gründungprüfung bei der AG haben sich auch auf die Lage beim übertragenden Rechtsträger zu erstrecken. Schließlich können auch die Vorschriften über die Nachgründung (§ 52 AktG) anwendbar sein (dazu oben Rz. 5.62 f).

bb) Verschmelzungsbericht

6.119 Die Vertretungsorgane jeder der beteiligten Gesellschaften haben weiter einen ausführlichen Verschmelzungsbericht über die Verschmelzung zu erstellen (§ 8 UmwG; Art. 9 Dritte Richtlinie). Auch dieser Bericht dient dem Schutz der Anteilseigner und soll diesen – ergänzend zum Verschmelzungsvertrag bzw. -entwurf – die notwendigen Informationen liefern, aufgrund derer sie eine sachgerechte Entscheidung über die Verschmelzung fällen können. Er kann von den beteiligten Gesellschaften gemeinsam erstattet werden (§ 8 Abs. 1 Satz 1 Halbs. 2 UmwG).[104]

Erläuterung des Umtauschverhältnisses

6.120 Im Mittelpunkt steht dabei die Erläuterung des **Umtauschverhältnisses** der Anteile. Dieses Verhältnis spiegelt die Wertrelation der beteiligten Gesellschaften wider und bildet die Grundlage dafür, wieviele Anteile an der aufnehmenden bzw. der neuen Gesellschaft den Gesellschaftern der übertragenden Gesellschaft(en) als Ausgleich für den Verlust ihrer ursprünglichen Mitgliedschaft zu gewähren sind.

6.121 **Beispiel:** Eine GmbH mit einem Stammkapital von EUR 25.000 und einem Unternehmenswert von EUR 50.000 wird auf eine Aktiengesellschaft mit EUR 50.000 Grundkapital und einem Unternehmenswert von EUR 500.000 verschmolzen. Da zunächst das Verhältnis der Unternehmenswerte beider Gesellschaften zueinander 10:1 beträgt, müssen die Gesellschafter der früheren GmbH an der neuen Gesellschaft ein Zehntel des Wertes erhalten, den die Aktionäre der früheren AG erhalten. Da sodann das Verhältnis Unternehmenswert zu Grundkapital bei der AG 10:1 beträgt, sind den Gesellschaftern der GmbH *zusammen* für ihr eingebrachtes Vermögen Aktien im gleichen Verhältnis zu gewähren, also im Nennwert von EUR 5.000. Unter Berücksichtigung des bisherigen Stammkapitals von EUR 25.000 ergibt sich damit ein Umtauschverhältnis von 5:1, d. h. für einen Geschäftsanteil im Nennwert von EUR 250 sind Aktien im Nennwert von EUR 50 zu gewähren.

6.122 Da von diesem Umtauschverhältnis der Erhalt des durch die Mitgliedschaft vermittelten Vermögenswertes der Beteiligung abhängt, werden von seiner Festlegung die Interessen der Anteilseigner am intensivsten berührt. Ist es nämlich nicht angemessen festgelegt worden, drohen den Anteilseignern durch die Verschmelzung möglicherweise einschneidende

---

104) Zum Erfordernis eines „ausführlichen Berichts" (zum alten Recht) BGHZ 107, 296 = ZIP 1989, 980 = NJW 1989, 2689 = EWiR § 246 AktG 1/89, 843 (*Hirte*) – Kochs Adler; BGH ZIP 1990, 1560 = NJW-RR 1991, 358 (SEN); dazu *Keil/Wagner*, ZIP 1989, 214; *Keil*, Der Verschmelzungsbericht nach § 340a AktG (1990), S. 36 ff.

Vermögenseinbußen. Das gilt sowohl für die Gesellschafter der übertragenden Gesellschaft, wenn für das eingebrachte Vermögen zu wenige Anteile an der aufnehmenden Gesellschaft gewährt werden, wie auch umgekehrt für die Gesellschafter der übernehmenden Gesellschaft, wenn den aufgenommenen Gesellschaftern mehr Anteile gewährt werden, als dem eingebrachten Vermögen entspricht.[105]

Die Berichtspflicht entfällt, wenn die Gefahr einer Vermögensverschiebung nicht besteht. Das ist nur der Fall, wenn es sich bei der übertragenden Gesellschaft um eine 100 %-ige Tochtergesellschaft handelt (§ 8 Abs. 3 Satz 1 Alt. 2 UmwG; dazu auch oben Rz. 6.108 f). Ein Bericht ist aber andererseits auch dann entbehrlich, wenn alle Anteilseigner, deren Schutz der Bericht dient, darauf verzichten (§ 8 Abs. 3 Satz 1 Alt. 1 UmwG). 6.123

cc) Verschmelzungsprüfung

Dem selben Anliegen wie der Verschmelzungsbericht – dem Schutz der Anteilseigner – dient die Verschmelzungsprüfung. Sie ist zwingend vorgeschrieben, soweit Aktiengesellschaften an der Verschmelzung beteiligt sind (§ 60 Abs. 1 i. V. m. §§ 9–12 UmwG; Art. 10 Dritte Richtlinie). Bei GmbH ist sie nur durchzuführen, wenn mindestens ein Gesellschafter dies verlangt (§ 48 i. V. m. §§ 9–12 UmwG). Die Prüfung ist unter denselben Voraussetzungen entbehrlich wie der Verschmelzungsbericht (§ 9 Abs. 2 und Abs. 3 i. V. m. § 8 Abs. 3 UmwG). 6.124 Verschmelzungsprüfung zum Schutz der Anteilseigner

Die Besonderheit der Verschmelzungsprüfung liegt darin, dass sie durch unabhängige und sachverständige Prüfer durchgeführt werden muss, was eine gewisse Neutralität ihrer Bewertung verbürgt. Möglich ist aber die Bestellung eines gemeinsamen Prüfers für die zu verschmelzenden Gesellschaften (§ 10 Abs. 1 Satz 2 UmwG). Bei der Aktiengesellschaft ist für jede Gesellschaft grundsätzlich ein besonderer Prüfer zu bestellen (§ 60 Abs. 2 Satz 1 UmwG; Art. 10 Abs. 1 Satz 1 Dritte Richtlinie), es sei denn, der/die Prüfer wird/werden auf gemeinsamen Antrag der Vorstände mehrerer Aktiengesellschaften durch das Gericht bestellt (§ 60 Abs. 3 UmwG; Art. 10 Abs. 1 Satz 2 Dritte Richtlinie). Inhaltlich betrifft die Verschmelzungsprüfung den gesamten Inhalt des Verschmelzungsvertrages bzw. -entwurfes, wobei freilich der Schwerpunkt auch hier an der sensibelsten Stelle, nämlich dem Umtauschverhältnis, liegt.[106] Der von den Verschmelzungsprüfern erstattete Bericht (§ 12 UmwG; Art. 10 6.125 Prüfung durch unabhängige und sachverständige Prüfer

---

105) Für den Parallelfall der Festsetzung der Barabfindung nach § 305 AktG hat das BVerfG festgestellt, dass im Hinblick auf Art. 14 GG der Börsenkurs bei der Feststellung des Unternehmenswertes nicht völlig unberücksichtigt bleiben dürfe (BVerfGE 100, 289 = ZIP 1999, 1436 [Wilken] = NJW 1999, 3769 = AG 1999, 566 [Vetter] = DStRE 1999, 689 = DStR 1999, 1408 [Hergeth] = JZ 1999, 942 [Luttermann] = EWiR Art. 14 GG 2/99, 751 [Neye] – DAT/Altana. Das gilt auch hier. Wenn der nach der Ertragswertmethode errechnete Unternehmenswert über dem auf Grundlage des Börsenkurses berechneten liegt, soll dies allerdings nicht gelten: LG München I ZIP 2000, 1055 = EWiR § 15 UmwG 1/2000, 595 (Vetter) – Hypotheken- und Vereinsbank AG (n. rkr.).
106) Zum Prüfungsumfang im Einzelnen Semler/Stengel/Zeidler, UmwG, § 9 Rz. 14 ff.

Abs. 2 Dritte Richtlinie) ist von der Einberufung zur Hauptversammlung an, die über die Zustimmung zum Verschmelzungsvertrag beschließen soll, in den Geschäftsräumen der Gesellschaft zur Einsicht auszulegen (§ 63 Abs. 1 Nr. 5 UmwG); auf Verlangen ist er jedem Aktionär unverzüglich und kostenlos zuzusenden (§ 63 Abs. 3 AktG; Art. 11 Dritte Richtlinie). Der Bericht ist unter denselben Voraussetzungen entbehrlich bzw. verzichtbar wie die Prüfung selbst (§ 12 Abs. 3 UmwG).

dd) Verschmelzungsbeschluss

<small>Beschlussfassung über Grundlagenentscheidung</small>

6.126 Der so erläuterte und geprüfte Verschmelzungsvertrag bzw. -entwurf wird nunmehr Gegenstand einer notariell zu beurkundenden (§ 13 Abs. 3 Satz 1 UmwG; Art. 16 Abs. 2 Dritte Richtlinie) Beschlussfassung der Haupt- bzw. Gesellschafterversammlung jeder der beteiligten Gesellschaften. Damit wird den Anteilseignern die letzte Entscheidungskompetenz über die Verschmelzung zugewiesen. Denn bei der Verschmelzung handelt es sich um eine *Grundlagenentscheidung*, die nur von den Anteilseignern selbst und nicht von den Verwaltungsorganen getroffen werden kann (zur ungeschriebenen Kompetenz der Gesellschafter in Grundlagenangelegenheiten oben Rz. 3.224 f, 3.229). Schließlich hat die Verschmelzung für die Gesellschafter einer übertragenden Gesellschaft die Wirkung, dass ihre bisherige Gesellschaft wegfällt und sie nunmehr an einer neuen Gesellschaft beteiligt werden. Das gilt zwar nicht für die Gesellschafter einer übernehmenden Gesellschaft – die als solche ja fortbesteht; doch bedeutet es auch für sie eine grundlegende Änderung ihrer Beteiligung. Am deutlichsten wird dies daran, dass durch die hinzukommenden Gesellschafter ihre relative Beteiligung an der Gesellschaft und damit ihr Einfluss zwingend sinkt.

6.127 Für die Einladung zur entsprechenden Haupt- bzw. Gesellschafterversammlung sind neben den Normen des UmwG auch die allgemeinen Vorschriften, für die AG insbesondere § 124 AktG, anzuwenden (Art. 6 Dritte Richtlinie i. V. m. Art. 3 Erste Richtlinie). Danach ist der Einladung auch der Wortlaut des beabsichtigten Umwandlungsbeschlusses und die Satzung der Gesellschaft neuer Rechtsform beizufügen.[107] Bei einer AG sind vor allem Vertrag bzw. Vertragsentwurf und Verschmelzungsbericht in den Räumen der Gesellschaft auszulegen (§ 63 Abs. 1 Nrn. 1 und 4 UmwG) und auf Verlangen jedem Aktionär zuzusenden (§ 63 Abs. 3 UmwG; Art. 11 Dritte Richtlinie). Für die GmbH statuiert § 49 UmwG einen ähnlichen Informationsstandard. Bei der AG ist der Vertrag bzw. sein Entwurf zudem vorab zum Handelsregister einzureichen, was auch bekannt zu machen ist (§ 61 UmwG); in der Hauptversammlung besteht eine mündliche Erläuterungspflicht, die auch die anderen beteiligten Rechtsträger umfasst (§ 64 UmwG).

---

107) LG Hanau ZIP 1996, 422 = EWiR § 124 AktG 1/96, 533 (*Dreher*) – Schwab/Otto (inzwischen rkr.); kritisch und enger *Wilde*, ZGR 1998, 423, 437 Fn. 47.

Die Zustimmung aller Haupt- bzw. Gesellschafterversammlungen mit den entsprechenden Mehrheiten (dazu unten Rz. 6.140 f) hat nunmehr zur Folge, dass der Verschmelzungsvertrag als schuldrechtlicher Vertrag zwischen den Rechtsträgern wirksam wird. Wurde nur über einen Entwurf abgestimmt, so sind die Vertretungsorgane nunmehr verpflichtet, den Vertrag entsprechend dem Entwurf abzuschließen.[108]

6.128 Wirksamwerden des Vertrages durch Zustimmung

Mit den Zustimmungsbeschlüssen ist das innergesellschaftliche Verfahren abgeschlossen. Allerdings ist die Verschmelzung damit noch nicht vollzogen. Gleichwohl wird man es als zulässig ansehen können, wenn die Verschmelzung jetzt schon in die Tat umgesetzt wird; das gilt jedenfalls insoweit, als keine irreversiblen Maßnahmen geschaffen werden (arg. § 20 Abs. 2 UmwG) und keine Klage gegen den Zustimmungsbeschluss erhoben oder angekündigt ist.[109]

6.129

ee) Eintragung in das Handelsregister

Wie die „Geburtsstunde" einer Kapitalgesellschaft im Moment der Eintragung ins Handelsregister liegt (dazu oben Rz. 2.2), knüpft das UmwG auch die Verschmelzungswirkungen an die Eintragung in das Handelsregister (§ 19 UmwG; Art. 17, 18 Dritte Richtlinie). Dieses Vorgehen ist daraus zu erklären, dass bei der Verschmelzung mindestens eine beteiligte Gesellschaft erlischt und – im Falle der Verschmelzung zur Neugründung – eine neue Gesellschaft entsteht. Diese grundlegenden Änderungen sollen im Interesse des Rechtsverkehrs jederzeit registeröffentlich sein; bei der Anknüpfung an einen anderen Zeitpunkt – etwa die letzte Beschlussfassung – stimmte zumindest für einen Übergangszeitraum der Inhalt des Registers nicht mehr mit der Wirklichkeit überein, was aus Gründen der Rechtssicherheit vermieden werden soll.

6.130 Verschmelzungswirkung mit Handelsregister-Eintragung

Ohne Eintragung kommt es nicht zu den Wirkungen der Verschmelzung, und auch die Umdeutung einer mangels Eintragung fehlgeschlagenen Verschmelzung in eine Vermögensübernahme (früher § 419 BGB) kommt nicht in Betracht, da es insoweit am entsprechenden Willen der Beteiligten fehlt.[110]

6.131

Demgemäß müssen die Vertretungsorgane bei ihrem jeweils zuständigen Registergericht die Eintragung der Verschmelzung beantragen (§ 16 Abs. 1 UmwG; für Verschmelzung zur Neugründung § 38 UmwG). Die Eintragung erfolgt dann in der Weise, dass die Verschmelzung zunächst in den Registern der übertragenden und anschließend im Register der

6.132 Vollzug durch Eintragung bei der übernehmenden Gesellschaft

---

108) *Dehmer*, UmwG, § 4 Rz. 20; zur alten Rechtslage ebenso schon *Grunewald*, in: Geßler/Hefermehl/Eckardt/Kropff, AktG, § 340c Rz. 23 ff.
109) Zur grundsätzlichen Stand-still-Pflicht der Verwaltung nach Klageerhebung (als Gegenstück zur vom Verfasser angenommenen grundsätzlichen Rückabwicklungsverpflichtung bei Erfolg einer Klage) bereits *Hirte*, DB 1993, 77, 79 im Anschluss an *Hirte*, Bezugsrechtsausschluß und Konzernbildung (1986), S. 233 ff.
110) BGH NJW 1996, 659 = ZIP 1996, 225 = DStR 1996, 1056 (*Goette*) = LM H. 5/1996 KapErhG Nr. 2 = EWiR § 25 KapErhG 1/96, 267 (*Grunewald*) (zum alten Verschmelzungsrecht).

übernehmenden Gesellschaft vorgenommen wird (§ 19 Abs. 1 UmwG). Durch diese zweite Eintragung wird die Verschmelzung vollzogen.

Kapitalerhöhung bei Verschmelzung

6.133 Wird wie regelmäßig (§§ 68, 54 UmwG) bei der übertragenden Verschmelzung zur Durchführung der Verschmelzung das **Kapital des aufnehmenden Rechtsträgers erhöht**, darf die Verschmelzung erst nach der Kapitalerhöhung eingetragen werden (§ 66 UmwG für die AG; § 53 UmwG für die GmbH). Das Verschmelzungsrecht geht dann im Wesentlichen dem Kapitalerhöhungsrecht vor (§§ 69, 55 UmwG); insbesondere gibt es kein Bezugsrecht und in der Regel keine Sacheinlageprüfung (§ 69 Abs. 1 UmwG). Einzutragen ist dann nach §§ 53 bzw. 66 UmwG zunächst die Kapitalerhöhung, dann die Verschmelzung, und zwar erst beim übertragenden Rechtsträger und schließlich – womit sie wirksam wird – beim übernehmenden Rechtsträger.

ff) Wirkung der Eintragung

Universalsukzession

6.134 Die Eintragung bewirkt, dass das Vermögen der übertragenden Gesellschaft(en) im Wege der **Gesamtrechtsnachfolge** auf die übernehmende bzw. neue Gesellschaft übergeht, wobei die übertragende(n) Gesellschaft(en) ohne Abwicklung erlischt bzw. erlöschen (§ 20 Abs. 1 Nrn. 1 und 2 UmwG; Art. 19 Abs. 1 Dritte Richtlinie). Die Firma des übertragenden Rechtsträgers kann nach § 18 UmwG fortgeführt werden.

§ 613a BGB

6.135 Auch ein Firmentarifvertrag gehört zu den nach § 20 Abs. 1 Satz 1 UmwG durch Verschmelzung auf einen neuen Rechtsträger übergehenden Verbindlichkeiten, so dass für eine Anwendung von § 324 UmwG, § 613a Abs. 1 Satz 2 BGB kein Raum ist.[111] Andererseits ist das Umwandlungsrecht nicht gegenüber dem Betriebsübergang spezieller (arg. § 324 UmwG), so dass ein Arbeitnehmer dem umwandlungsbedingten Übergang seines Arbeitsverhältnisses auf einen neuen Rechtsträger nach § 613a BGB widersprechen kann.[112] Anders ist dies (selbstverständlich) im Falle des Formwechsels.

6.136 Für den Fall, dass sich durch die Gesamtrechtsnachfolge eine Kollision von Rechten und Pflichten ergeben würde, ordnet § 21 UmwG eine Vertragsanpassung nach Billigkeit an. Die Gesamtrechtsnachfolge erfasst auch anhängige Rechtsstreitigkeiten. Problematisch ist freilich, wie mit Auseinandersetzungen zu verfahren ist, die den untergehenden Rechtsträger selbst betreffen. § 28 UmwG ordnet für einen Sonderfall, nämlich dass die Unwirksamkeit der Verschmelzung geltend gemacht wird, an, dass auch eine solche Klage gegen den übernehmenden Rechtsträger zu richten ist. Das muss aber auch für vergleichbare Sachverhalte gelten.[113]

Heilungswirkung der Eintragung

6.137 Mit Eintragung der Verschmelzung werden die Gesellschafter der übertragenden Gesellschaft nach Maßgabe des im Verschmelzungsvertrag fest-

---

111) BAGE 89, 193 = ZIP 1998, 2180 = NZA 1998, 1346.
112) BAGE 95, 1 = ZIP 2000, 1630, 1633 ff (*Bauer/Mengel*) = NZA 2000, 1115 = ZInsO 2001, 46 = EWiR § 613a BGB 8/2000, 1009 (*Joost*); dazu auch *Zerres*, ZIP 2001, 359 ff.
113) Überzeugend daher für ein ursprünglich gegen eine übertragene Gesellschaft gerichtetes Auskunftserzwingungsverfahren LG München I EWiR § 131 AktG 1/99, 241 (*Kort*) – Hypo-Vereinsbank: kein Entfallen des Rechtsschutzbedürfnisses der antragstellenden Aktionäre durch die Verschmelzung; dazu *Mayrhofer/Dohm*, DB 2000.

gelegten Umtauschverhältnisses Gesellschafter der übernehmenden oder neuen Gesellschaft (§ 20 Abs. 1 Nr. 3 UmwG; Art. 19 Abs. 1b Dritte Richtlinie). Inhabern von Sonderrechten sind gleichwertige Rechte im übernehmenden bzw. neuen Rechtsträger einzuräumen (§ 23 UmwG; Art. 15 Dritte Richtlinie). Die mit der Eintragung verbundenen Wirkungen der Verschmelzung treten dabei auch trotz vorhergehender Mängel des Verschmelzungsverfahrens ein: soweit ein Mangel der notariellen Beurkundung vorliegt, kommt der Eintragung **Heilungswirkung** zu (§ 20 Abs. 1 Nr. 4 UmwG); bedeutsamer ist indes, dass auch andere Mängel die Wirksamkeit der Verschmelzung unberührt lassen (§ 20 Abs. 2 UmwG; Art. 22 Dritte Richtlinie). Damit scheidet nach dem Willen des Gesetzgebers eine Rückgängigmachung der Verschmelzung (sog. Entschmelzung) ausnahmslos aus, selbst wenn sie unter schwersten Mängeln, etwa der Nichtigkeit des Verschmelzungsbeschlusses, leidet.[114]

Begründet wird diese Unumkehrbarkeit mit den großen rechtlichen wie tatsächlichen Schwierigkeiten, die mit einer Entschmelzung verbunden wären. Dennoch ist diese Regelung nicht unproblematisch (dazu unten Rz. 6.149).   6.138

c) Minderheitenschutz

Ein besonderes Augenmerk richtet das UmwG auf den Schutz der Minderheitsgesellschafter der beteiligten Gesellschaften. Die Notwendigkeit eines solchen Schutzes ergibt sich daraus, dass Minderheitsbeteiligte im Gegensatz zu beherrschenden Gesellschaftern oder solchen, die über eine sog. Sperrminorität verfügen, wegen ihres zu geringen Stimmgewichts regelmäßig nicht in der Lage sind, die Verschmelzung zu verhindern oder zumindest ihre Interessen in der Beschlussfassung über die Verschmelzung durchzusetzen. Das gilt insbesondere, wenn ein einziger Gesellschafter bzw. eine homogene Gesellschaftergruppe – wie häufig bei Konzernverschmelzungen – über eine ausreichende Mehrheit verfügt, um die Strukturänderung zu beschließen. In diesem Falle bildet die Mehrheitsentscheidung nur noch eine Formalie, hinter der sich tatsächlich die auf einer Individualentscheidung beruhende Weisung der Mehrheit verbirgt. Den so gefassten Beschlüssen kann daher auch nicht dasselbe Maß an Richtigkeitsgewähr wie sonst bei Mehrheitsentscheidungen zukommen; daher bedarf es anderer Mechanismen zum Schutze der Minderheit.   6.139

aa) Mehrheitsanforderungen an die Beschlüsse

Ein erstes Instrument sachlichen Minderheitenschutzes stellt das Erfordernis einer **qualifizierten Abstimmungsmehrheit** bei den Zustimmungsbeschlüssen dar. So muss bei der Aktiengesellschaft mindestens eine Mehrheit von drei Vierteln des vertretenen Grundkapitals sowie eine   6.140   Qualifizierte Mehrheitserfordernisse

---

114) BegrRegE zu § 20 Abs. 2 UmwG bei *Neye*, UmwG/UmwStG, S. 151.

einfache Stimmenmehrheit erreicht werden (§ 65 Abs. 1 Satz 1 UmwG, § 133 Abs. 1 AktG;[115]) Art. 7 Abs. 1 Satz 2 Dritte Richtlinie).

Weitere Erfordernisse

6.141 Ebenso bedarf der Zustimmungsbeschluss einer GmbH mindestens einer 3/4-Mehrheit (§ 50 Abs. 1 S. 1 UmwG). In beiden Fällen kann die Satzung noch höhere Mehrheiten und weitere Erfordernisse bestimmen; die Festlegung niedrigerer Mehrheiten ist hingegen ausgeschlossen (§ 65 Abs. 1 Satz 2, § 50 Abs. 1 Satz 2 UmwG). Diese Mehrheitserfordernisse entsprechen damit denen, die auch für andere Grundlagenentscheidungen mit ähnlich schweren Konsequenzen für die Mitgliedschaft erforderlich sind (dazu oben Rz. 3.265, 6.1). Führt die Verschmelzung in der GmbH zum Verlust von Sonderrechten, bedarf es einer Zustimmung der betreffenden Gesellschafter (§ 50 Abs. 2 UmwG).

bb) Anfechtungs- bzw. Nichtigkeitsklage

Anfechtungs- und Nichtigkeitsklage

6.142 Als wesentliches Element des Minderheitenschutzes steht dem einzelnen Gesellschafter weiter das Recht zu, gegen den Zustimmungsbeschluss Anfechtungs- bzw. Nichtigkeitsklage zu erheben und damit eine gerichtliche Kontrolle herbeizuführen. Da das UmwG insoweit keine Sonderregelungen enthält, gelten grundsätzlich die Vorschriften des allgemeinen Gesellschaftsrechts (dazu oben Rz. 3.280 ff).

Überprüfung des Umtauschverhältnisses nur im Spruchverfahren

6.143 Allerdings findet sich in § 14 Abs. 2 UmwG eine wichtige Ausnahme. Danach kann eine Klage gegen den Verschmelzungsbeschluss eines *übertragenden* Rechtsträgers nicht darauf gestützt werden, dass das Umtauschverhältnis der Anteile zu niedrig bemessen ist (eine Parallelregelung für den Abschluss von Beherrschungs- und Gewinnabführungsverträgen findet sich in § 305 Abs. 5 AktG). Hinsichtlich dieser sensiblen Frage hat der Gesetzgeber vielmehr ein besonderes **Spruchverfahren** vorgesehen (dazu unten Rz. 6.150 ff).

Volle Nachprüfung bei übernehmendem Rechtsträger

6.144 Im Übrigen können alle Nichtigkeitsgründe sowie Gesetzes- oder Satzungsverstöße im üblichen Klageverfahren gerügt werden. Dies gilt bei den Gesellschaftern der *übernehmenden* Gesellschaft auch hinsichtlich der Unangemessenheit des Umtauschverhältnisses, da der Ausschluss des § 14 Abs. 2 UmwG (und damit der Verweis auf das besondere Spruchverfahren) nur die Gesellschafter der übertragenden Gesellschaft betrifft.[116] Ansonsten stünden diese Gesellschafter ohne Rechtsschutz da, obwohl sie bei einer zu hohen Bemessung des Umtauschverhältnisses ebenso hinsichtlich des Erhalts ihres Vermögenswertes gefährdet sind wie die Gesellschafter der übertragenden Gesellschaft bei einer zu niedrigen Bewertung.

---

115) Zur Anwendbarkeit von § 133 Abs. 1 AktG *Dehmer*, UmwG, § 65 Rz. 9.
116) BGHZ 112, 9, 19 = ZIP 1990, 985 = NJW 1990, 2747, 2749 = EWiR § 345 AktG 2/90, 851 (*Lutter*) – Hypothekenbank-Schwestern; *Lutter/Bork*, § 14 UmwG, Rz. 14; *Dehmer*, UmwG, § 14 Rz. 20; *Grunewald*, in: Geßler/Hefermehl/Eckardt/Kropff, AktG, § 352c Rz. 8; zur Spaltung ebenso *Engelmeyer*, Die Spaltung von Aktiengesellschaften nach dem neuen Umwandlungsrecht (1995), S. 425 f; abw. *Mertens*, AG 1990, 20, 23 f.

Diese kaum erklärliche Differenzierung des Gesetzes ist daher auch überwiegend auf Kritik gestoßen.[117]

Bedeutsamkeit innerhalb des Verschmelzungsverfahrens erlangen Anfechtungs- und Nichtigkeitsfeststellungsklagen gegen die Verschmelzungsbeschlüsse dadurch, dass sie – wie schon nach altem Recht[118] – grundsätzlich die Eintragung ins Handelsregister und damit den Vollzug der Verschmelzung hemmen (§ 16 Abs. 2 UmwG). Das kann zu einer nicht unwesentlichen Verzögerung und im Extremfall sogar völlig zum Scheitern der Verschmelzung führen.[119]

6.145

Das damit in solchen Klagen liegende Erpressungspotential gegenüber den an einer schnellen Abwicklung interessierten Gesellschaften hatten sich in der Vergangenheit einige Aktionäre dadurch zunutze gemacht, dass sie die Rücknahme erhobener Anfechtungsklagen von der Zahlung hoher Geldsummen abhängig machten, sie sich also von den Gesellschaften „abkaufen" lassen wollten (zur Parallele im allgemeinen Gesellschaftsrecht oben Rz. 3.294 ff). Eine Entschärfung dieser missbräuchlichen Anfechtungsklagen ist zunächst der Rechtsprechung teilweise dadurch gelungen, dass sie eine Registereintragung trotz schwebenden Verfahrens zuließ, wenn die Klage unzulässig war bzw. offensichtlich keine Aussicht auf Erfolg hatte.[120]

6.146 Missbräuchliche Anfechtungsklage

Diesen Ansatz hat der Gesetzgeber weitergeführt und in § 16 Abs. 3 UmwG zu einem selbständigen **Unbedenklichkeitsverfahren** ausgestaltet. Diese Norm wurde inzwischen schon als Zentralnorm des neuen Umwandlungsrechts bezeichnet. Danach kann das Prozessgericht die Eintragung einer angefochtenen Umwandlung zulassen

6.147 Unbedenklichkeitsverfahren nach § 16 Abs. 3 UmwG

– bei einer unzulässigen oder offensichtlich unbegründeten Anfechtungsklage oder

– „wenn das alsbaldige Wirksamwerden der Verschmelzung nach freier Überzeugung des Gerichts unter Berücksichtigung der Schwere der mit der Klage geltend gemachten Rechtsverletzungen zur Abwendung der vom Antragsteller [= der Gesellschaft] dargelegten wesentlichen Nachteile für die an der Verschmelzung beteiligten Rechtsträger und ihre Anteilsinhaber vorrangig erscheint" (Satz 2).

---

117) *Bork*, ZGR 1993, 343, 354 m. w. N.; *Hirte*, in: Reform des Umwandlungsrechts (1993), S. 87; zur Spaltung *Engelmeyer*, Die Spaltung von Aktiengesellschaften nach dem neuen Umwandlungsrecht (1995), S. 425 f; gegen eine Gleichbehandlung aber *Grunewald*, in: Geßler/Hefermehl/Eckardt/Kropff, AktG, § 352c Rz. 8; w. N. bei *Semler/Stengel/Gehling*, UmwG, § 14 Rz. 31.

118) § 345 Abs. 2 Satz 1 AktG a. F., § 24 Abs. 2 Satz 1 KapErhG. Zur Auslegung der aktienrechtlichen Vorschrift als zwingende Registersperre BGHZ 112, 9 = ZIP 1990, 985 = NJW 1990, 2747 = EWiR § 345 AktG 2/90, 851 (*Lutter*) – Hypothekenbank-Schwestern.

119) Zur Bedeutung einstweiliger Blockaden durch Rechtsstreitigkeiten BGHZ 107, 296 = ZIP 1989, 980, 983 = NJW 1989, 2689 = EWiR § 246 AktG 1/89, 843 (*Hirte*) – Kochs Adler; *Hirte*, BB 1988, 1469, 1471; *ders.*, DB 1993, 77, 78; *ders.*, NJW 1996, 2827, 2833 f. Zur Problematik bei der Verschmelzung auch *Heckschen*, ZIP 1989, 1168 f.

120) BGHZ 112, 9 = ZIP 1990, 985 = NJW 1990, 2747 = EWiR § 345 AktG 2/90, 851 (*Lutter*) – Hypothekenbank-Schwestern; dazu *Hirte*, NJW 1996, 2827, 2836.

6.148 Auf der Grundlage dieser Norm haben die Oberlandesgerichte Hamm und Düsseldorf die Entscheidungen der Landgerichte Essen und Duisburg, mit denen diese ihrerseits nach § 16 Abs. 3 UmwG die Eintragung der Verschmelzung von Krupp und Thyssen trotz anhängiger Anfechtungsklagen gestattet hatten, bestätigt. Das OLG Hamm betonte dabei, dass eine offensichtliche Unbegründetheit nur dann anzunehmen sei, wenn sich ohne weitere Sachaufklärung die Überzeugung gewinnen lasse, die erhobenen Klagen böten keine Erfolgsaussicht. In der Sache hielt es das Gericht für ausreichend, wenn der Verschmelzungsbericht den Aktionären nur eine Plausibilitätskontrolle der Verschmelzung bietet. Insbesondere brauche er keine Angaben zur Höhe möglicher Ausgleichszahlungen nach einem Spruchverfahren zu enthalten. Nicht erforderlich sei auch, dass die Führungspositionen in der neuen Gesellschaft dem Wertverhältnis der verschmolzenen Gesellschaften entsprechen. Unter den Einwänden der Anfechtungskläger hielt das OLG Düsseldorf allein den Einwand für möglicherweise stichhaltig, das Umtauschverhältnis sei möglicherweise nicht ausreichend erläutert und begründet worden. Dessen Geltendmachung sei zwar nicht nach § 14 Abs. 2 UmwG ausgeschlossen, doch habe er gegenüber den Nachteilen, die die beteiligten Rechtsträger bei einem Aufschub der Fusion erleiden würden, ein geringeres Gewicht.[121])

Probleme der Verfahren nach § 16 Abs. 3 UmwG

6.149 Ob mit § 16 Abs. 3 UmwG das Problem der missbräuchlichen Anfechtungsklagen tatsächlich gelöst wurde, darf bezweifelt werden. Denn manche Anwendungsfälle der Gerichte haben große Zurückhaltung beim Rückgriff auf die Regelung erkennen lassen.[122]) Das dürfte nicht zuletzt daran liegen, dass der Gesetzgeber ausdrücklich an der Irreversibilität der vollzogenen Verschmelzung festgehalten hat (§ 20 Abs. 2 UmwG), so dass eine Verschmelzung trotz eines späteren obsiegenden Anfechtungsurteils nicht rückabgewickelt werden darf, sondern nur noch Schadenersatzansprüche auslösen kann.[123]) Die in diese Richtung zielenden Vor-

---

121) OLG Düsseldorf ZIP 1999, 793 = EWiR § 8 UmwG 1/99, 1185 (*T. Keil*); OLG Hamm NJW-RR 1999, 973 = ZIP 1999, 798 = EWiR § 16 UmwG 1/99, 521 (*Veil*).

122) OLG Karlsruhe EWiR § 16 UmwG 1/98, 469 (*Bayer*): höchstrichterliche Rechtslage noch nicht hinreichend geklärt; LG Hanau ZIP 1995, 1820 = EWiR § 16 UmwG 1/95, 1219 (*Bayer*) – Schwab/Otto (n. rkr.; später verglichen); OLG Frankfurt/M. ZIP 1997, 1291 = EWiR § 16 UmwG 3/97, 1039 (*Kiem*) – Chemische Werke Brockhues: pauschale Behauptung hoher Kosten oder hohen Arbeitsaufwandes im Falle der Verzögerung reicht nicht; LG Heidelberg EWiR § 16 UmwG 1/97, 43 (*Bayer/Schmitz-Riol*); OLG Frankfurt/M. ZIP 2000, 1928 = EWiR § 8 UmwG 1/2000, 1125 (*Keil*) – Piper Generalvertretung Deutschland: nicht bei Notwendigkeit eingehender Überprüfung der Sach- und Rechtslage; abw. OLG Frankfurt/M. NJW-RR 1996, 417 = ZIP 1996, 379 = EWiR § 16 UmwG 1/96, 187 (*Bork*) = WuB II N. § 16 UmwG 1.96 (*Schaal*): Missbrauch der Anfechtungsklage und damit Eintragbarkeit der Verschmelzung, wenn Anfechtungskläger die Gesellschaft unter Druck setzen will, um sie in einem von ihm geführten Schadensersatzprozess in anderer Sache zum Nachgeben zu zwingen; OLG Frankfurt/M. NJW-RR 1999, 334 = DB 1998, 1222 = EWiR § 16 UmwG 2/98, 665 (*Bayer*): „offensichtlich" i. S. v. § 16 Abs. 3 UmwG ist bei formwechselnder Umwandlung zweifelsfreie Unbegründetheit der Anfechtungsklage, ohne dass es auf deren leichte Erkennbarkeit ankommt; OLG Stuttgart ZIP 1997, 75 = EWiR § 16 UmwG 2/97, 131 (*Bork*) – Kolbenschmidt: in der nächsten Hauptversammlung behebbarer Formmangel (Vorinstanz LG Heilbronn EWiR § 16 UmwG 1/97, 43 *[Bayer/Schmitz-Riol]*); OLG Düsseldorf ZIP 2001, 1717, 1719 = NZG 2002, 191 = EWiR § 16 UmwG 1/01, 1161 (*Bayer/Riedel*) – Stora: Nachteile (hier: steuerlicher Art) allein für Mehrheitsgesellschaftern reichen aus; zum Ganzen *Bayer*, ZGR 1995, 613; *Heermann*, ZIP 1999, 1861; *Christoph Schmid*, ZGR 1997, 493 (zur Möglichkeit der Analogie von § 16 Abs. 3 UmwG auf Konstellationen außerhalb des UmwG *ders.*, ZIP 1998, 1057).

123) Für eine Unzulässigkeit der Amtslöschung bei Eintragung trotz erhobener Anfechtungsklagen OLG Hamm ZIP 2001, 569 = DB 2001, 85 (*Grohe*).

schläge aus der Literatur, die Verschmelzung zumindest bei schweren Rechtsverletzungen *ex nunc* rückabzuwickeln, wurden trotz der sachgerechten Ergebnisse, die damit hätten erreicht werden können, nicht aufgegriffen.[124]

cc) **Spruchverfahren**

Mit der (teilweisen) Herausnahme des Umtauschverhältnisses aus der Überprüfbarkeit durch eine Anfechtungs- oder Nichtigkeitsklage hat der Gesetzgeber diesen sensiblen Bereich aber nicht etwa einer rechtlichen Überprüfung entziehen wollen. Vielmehr hat er hierfür ein besonderes Verfahren zur Verfügung gestellt, das sog. Spruchverfahren, das zunächst einheitlich im früheren Sechsten Buch des UmwG geregelt worden war (§§ 305–312 UmwG). Durch das **Spruchverfahrensneuordnungsgesetz** vom 12. Juni 2003 (BGBl I, 838) wurden diese Regelungen zum 1. September 2003 gemeinsam mit den aktienrechtlichen Parallelfragen dieses Komplexes reformiert und im neuen Spruchverfahrensgesetz (SpruchG) zusammengefasst.[125]

6.150 Spruchverfahrensneuordnungsgesetz

Mit diesem nach diesem Gesetz und hilfsweise nach dem FGG abzuwickelnden (§ 17 Abs. 1 SpruchG) Verfahren werden mehrere Zwecke verfolgt. Zum einen ist mit dem Umtauschverhältnis der praktisch wesentlichste Streitpunkt der Anfechtungsklage und damit der mit ihr verbundenen Hemmniswirkung von vornherein entzogen. Zum anderen hat der Gesetzgeber mit dem Spruchverfahren ein Verfahren zur Verfügung gestellt, das in besonderer Weise zur Interessenwahrung der Gesellschafter hinsichtlich des Umtauschverhältnisses ausgestaltet ist und einen umfangreicheren Schutz als das allgemeine Anfechtungsverfahren bietet. So ist regelmäßig auch für die Anteilseigner, die nicht selbst Antragsteller des Verfahrens und damit unbeteiligt sind, von Amts wegen ein gemeinsamer Vertreter zu bestellen, der die Interessen dieser außenstehenden Gesellschafter wahrnimmt (§ 6 Abs. 1 SpruchG [= § 308 Abs. 1 UmwG a. F.]); er kann das Verfahren auch weiterführen, wenn der Antrag seitens der eigentlichen Antragsteller zurückgenommen wurde (§ 6 Abs. 3 SpruchG [= § 308 Abs. 3 UmwG]). Hier kommt hinzu, dass mit der umfassenden Annahme eines Barabfindungsgebots anlässlich einer rechtsformübergreifenden Verschmelzung und dem damit einhergehenden Ausscheiden aus der Gesellschaft die Befugnis eines Gesellschafters erlöschen soll, ein Spruchverfahren zu beantragen.[126] Weiter wirkt die Entscheidung im Spruchverfahren für und gegen alle (§ 11 SpruchG [= § 311 S. 2 UmwG a. F.]), das heißt insbesondere, dass auch am Verfahren selbst nicht beteiligte bzw. durch den gemeinsamen Vertreter vertretene Gesellschafter einen Anspruch auf Nachbesserung des Umtauschverhältnisses erlangen

6.151 Einzelheiten des Spruchverfahrens

---

124) *Hirte*, DB 1993, 77, 78 f; *Martens*, AG 1986, 57, 63 ff; *Karsten Schmidt*, AG 1991, 131.
125) RegE abgedruckt in: ZIP 2002, 2097 m. Einf. *Neye*; zuvor *Neye*, DStR 2002, 178.
126) OLG Düsseldorf ZIP 2001, 158, 159 = EWiR § 29 UmwG 1/01, 291 (*Luttermann*) (Vorinstanz LG Dortmund ZIP 2000, 1110 = EWiR § 276 BGB 6/2000, 661 [*Marly*]) – Peipers AG).

können, wenn dieses als zu niedrig befunden wird. Insoweit stellt das Verfahren einen Anwendungsfall der dem allgemeinen deutschen Zivilprozessrecht sonst fremden Sammelklage (*class action*) dar. Allerdings geht der Nachbesserungsanspruch immer nur auf bare Zuzahlung und nicht auf Anpassung des Umtauschverhältnisses (§ 15 Abs. 1 UmwG). Er hat damit Schadenersatzcharakter (vgl. auch § 15 Abs. 2 Satz 2 UmwG). Dem Umfang nach ist er auf 10 % des auf die zu gewährenden Anteile entfallenden Nennkapitals begrenzt (§ 15 Abs. 1 Halbs. 2 UmwG); er ist vom Zeitpunkt der Bekanntmachung der Verschmelzung an zu verzinsen (§ 15 Abs. 2 Satz 1 UmwG). Die Gesellschaft ist primäre Kostenschuldnerin des Verfahrens (§ 15 Abs. 2 Satz 1 SpruchG [= § 312 Abs. 4 Satz 1 UmwG a. F.]). Die Anforderung eines Kostenvorschusses von einem Aktionär ist daher nur im Rahmen einer gerichtlichen Entscheidung nach § 15 Abs. 2 Satz 2 SpruchG (= § 312 Abs. 4 Satz 2 UmwG a. F.) möglich.[127]

Keine Anwendung bei „übertragender Auflösung"

6.152 Trotz dieser überzeugenden Zielsetzung des Spruchverfahrens lehnte das BayObLG eine Analogie der Regeln über das umwandlungsrechtliche Spruchverfahren auf Fälle „übertragender Auflösung" nach § 179a AktG ab (dazu oben Rz. 3.225). Das hat die missliche, dem Gesetzgeber aber bekannte Folge, dass Bewertungsmängel in solchen Fällen nur mit der viel zu einschneidend wirkenden Anfechtungsklage gerügt und den allgemeinen Auskunftsrechten der §§ 131, 179a AktG festgestellt werden können.[128] Auch der neue § 1 SpruchG eröffnet nicht die Anwendung des Spruchverfahrens auf die Fälle der übertragenden Auflösung.

6.153 Dem Risiko von die Verschmelzung langfristig blockierenden Klagen beim übernehmenden Rechtsträger, bei dem der Klageausschluss nebst Zuweisung in das Spruchverfahren nicht greifen (oben Rz. 6.144), wird im Anschluss an die Verschmelzung Daimler-Chrysler dadurch vorgebeugt, dass die Verschmelzung auf eine eigens zu diesem Zweck gegründete Gesellschaft („NewCo") durchgeführt wird, jedenfalls aber eine nicht börsennotierte Gesellschaft als aufnehmender Rechtsträger fungiert.

dd) Sonstige Schadenersatzansprüche

Schadenersatz nach UmwG und allgemeinen Vorschriften

6.154 Im Übrigen können sich die Anteilseigner auch bei den Organen ihrer Gesellschaft schadlos halten, falls ihnen durch ein schuldhaftes, pflichtwidriges Verhalten dieser Organe ein Schaden entstanden ist (§ 25 Abs. 1 UmwG; Art. 20 Dritte Richtlinie). Der Ersatzanspruch kann aber nur durch einen besonderen Vertreter geltend gemacht werden, der auf Antrag eines Anteilsinhabers oder Gläubigers zu bestellen ist (§ 26 UmwG; für die AG gilt zusätzlich § 70 UmwG). Die Sonderregelung des § 25

---

[127] OLG Düsseldorf ZIP 1998, 1109, 1110 – EVA.
[128] BayObLG NJW-RR 1999, 1559 = ZIP 1998, 2002 = EWiR § 179a AktG 1/98, 1057 (*Windbichler*) – Magna Media; zu Recht kritisch *Lutter/Leinekugel*, ZIP 1999, 261; *Wiedemann*, ZGR 1999, 857; vgl. auch *Bungert*, NZG 1998, 367. Für das Gebot einer Überprüfung der Bewertung – wenngleich nicht notwendig im Spruchverfahren – jetzt BVerfG ZIP 2000, 1670 = NJW 2001, 279 = NZG 2000, 1117 = DStR 2000, 1659 = EWiR Art. 14 GG 1/2000, 913 (*Neye*) – Moto Meter.

UmwG gilt dabei nur für die Gesellschafter der übertragenden Gesellschaft; das ist genauso unbefriedigend wie die parallele Regelung zum Klageausschluss gegen den Verschmelzungsbeschluss (oben Rz. 6.144). Für die Gesellschafter der übernehmenden Gesellschaft greifen damit die allgemeinen Vorschriften ein, insbesondere § 93 Abs. 1 AktG, § 43 Abs. 1 GmbHG; danach ergeben sich nur Ersatzansprüche der Gesellschaft, die nur ausnahmsweise von deren Gesellschaftern zugunsten der Gesellschaft geltend gemacht werden können (dazu oben Rz. 3.90 ff). Unter den gleichen Voraussetzungen können auch Schadenersatzansprüche gegen die bzw. den Verschmelzungsprüfer erhoben werden (§ 11 Abs. 2 UmwG i. V. m. § 323 HGB; Art. 21 Dritte Richtlinie).

ee) Austrittsrecht

Die Verschmelzung stellt für jeden davon betroffenen Gesellschafter eine tief greifende Änderung seiner Position dar. Am schwersten betroffen sind dabei die Gesellschafter der übertragenden Gesellschaft, da mit der Maßnahme ihre ursprüngliche Mitgliedschaft erlischt und sie sich unvermittelt in einer anderen Gesellschaft wieder finden, die möglicherweise sogar einem anderen Statut unterworfen ist. Nach allgemeinen gesellschaftsrechtlichen Grundsätzen wäre hier häufig ein Austrittsrecht aus wichtigem Grund begründet (dazu oben Rz. 4.83). **6.155**

Unter Berücksichtigung dieses allgemeinen Rechtsprinzips hat der Gesetzgeber zwei Situationen formuliert, in denen er den Gesellschaftern grundsätzlich ein Austrittsrecht zuerkennt. Dies ist zum einen der Fall, wenn mit der Verschmelzung zwingend ein **Wechsel der Rechtsform** verbunden ist. Bei den Kapitalgesellschaften liegt ein solcher Fall dann vor, wenn eine GmbH auf eine Aktiengesellschaft bzw. umgekehrt eine Aktiengesellschaft auf eine GmbH verschmolzen wird. Zum Zweiten besteht ein Austrittsrecht auch dann, wenn die im Zuge der Verschmelzung gewährten Anteile der übernehmenden Gesellschaft gleicher Rechtsform (strengeren) **Verfügungsbeschränkungen** unterliegen als die bei der übertragenden Gesellschaft (§ 29 Abs. 1 UmwG). **6.156** Austritt bei Wechsel der Rechtsform mit Folge strengerer Verfügungsbeschränkungen

Obwohl das Austrittsrecht jedem Gesellschafter unabhängig von seiner Beteiligung zusteht, kommt es praktisch nur zugunsten von Minderheitsgesellschaftern zum Zuge. Da es als widersprüchliches Verhalten gewertet werden müsste, wenn ein Gesellschafter zum einen der Verschmelzung zustimmt, zum anderen aber aufgrund der Unzumutbarkeit dieses Vorganges aus der Gesellschaft austreten will, räumt die herrschende Ansicht zu Recht nur dem Gesellschafter ein Austrittsrecht ein, der gegen eine Verschmelzung gestimmt hat,[129] obwohl das Gesetz selbst nur einen Widerspruch zur Niederschrift verlangt (§ 29 Abs. 1 S. 1 UmwG). **6.157**

---

129) *Dehmer*, UmwG, § 29 Rz. 13; *Lutter/Grunewald*, UmwG, § 29 Rz. 10; *Bermel*, in: Goutier/Knopf/Tulloch, UmwG, § 29 Rz. 18. Zur früheren Rechtslage ebenso schon *Semler/Grunewald*, in: Geßler/Hefermehl/Eckardt/Kropff, AktG, § 375 Rz. 4; *Zöllner*, in: Kölner Komm. z. AktG, § 375 Rz. 5.

Angemessene Barabfindung

6.158 Das Austrittsrecht wird in der Weise durchgeführt, dass der übernehmende oder neue Rechtsträger den Anteilsinhabern des übertragenden Rechtsträgers eine angemessene **Barabfindung** anzubieten hat, gegen die er die Anteile der ausscheidenden Gesellschafter erwirbt (§ 29 Abs. 1 Satz 1 UmwG). Für den Umfang der Barabfindung ist nach § 30 Abs. 1 UmwG auf die Verhältnisse im Zeitpunkt der Beschlussfassung abzustellen (§ 30 Abs. 1 Satz 1 UmwG), und sie ist nach § 30 Abs. 2 UmwG durch den Verschmelzungsprüfer zu prüfen. Auch hier ist eine Klage gegen den Beschluss mit der Begründung, die Barabfindung sei zu niedrig festgesetzt, ausgeschlossen (§ 32 UmwG). Die Korrektur einer etwa zu niedrig festgesetzten Barabfindung erfolgt dann im Spruchverfahren durch das Gericht (§ 34 UmwG).

ff) Inhaltskontrolle des Verschmelzungsbeschlusses

6.159 Problematisch und umstritten ist, ob neben diesem gesetzlichen Schutzinstrumentarium noch Raum für eine Inhaltskontrolle des Verschmelzungsbeschlusses auf das Vorliegen eines **sachlichen Grundes** ist (dazu oben Rz. 3.293, 6.30 ff). Von der überwiegenden Meinung wird dies im Hinblick auf das gesetzliche Instrumentarium zum Schutz der Minderheitsinteressen verneint.[130]

d) Gläubigerschutz
aa) Gläubiger der beteiligten Gesellschaften

Befriedigung gefährdeter Gläubiger

6.160 Besonderen Schutz gegen die mit der Verschmelzung einhergehenden Risiken haben auch die Gläubiger der beteiligten Gesellschaften erfahren. Ihnen ist, soweit sie nicht sofortige Befriedigung verlangen können bzw. anderweitig gesichert sind, Sicherheit zu leisten, wenn sie glaubhaft machen können, dass die Erfüllung ihrer Forderung durch die Verschmelzung gefährdet ist (§ 22 UmwG; Art. 13 Dritte Richtlinie).

6.161 Grund dieses umfangreichen Schutzes ist, dass die Gläubiger zwar an der Verschmelzung selbst nicht beteiligt sind, ihnen insbesondere kein Mitwirkungsrecht etwa in Form eines Zustimmungsvorbehaltes zukommt, ihre Interessen von dieser Strukturänderung jedoch massiv betroffen werden können. So verlieren die Gläubiger der übertragenden Gesellschaft ihre Schuldnerin und haben es nunmehr mit einer Gesellschaft zu tun, die sie sich nicht ausgesucht haben. Aber auch die Gläubiger einer übernehmenden Gesellschaft werden von einer Verschmelzung betroffen, da sie sich einer inhaltlich möglicherweise gewandelten Gesellschaft gegenübersehen und zudem mit den hinzukommenden Gläubigern der übertragenden Gesellschaft konkurrieren müssen.[131]

---

[130] So etwa *Lutter*, UmwG, § 13 Rz. 31 ff; *ders.*, ZGR 1981, 171, 176; *Bermel*, in: Goutier/Knopf/Tulloch, UmwG, § 13 Rz. 24; *Dehmer*, UmwG, § 13 Rz. 21; *Kallmeyer/Zimmermann*, UmwG, § 13 Rz. 12; abw. *Hirte*, Bezugsrechtsausschluß und Konzernbildung (1986), S. 70 ff.

[131] *Lutter/Grunewald*, UmwG, § 22 Rz. 3 f.

In der Tat rechtfertigen es die genannten grundsätzlichen Veränderungen, auch den Gläubigern einen angemessenen Schutz zukommen zu lassen. Es ist ein Gebot des Vertrauensschutzes, dass die Gläubiger durch die Verschmelzung nicht schlechter gestellt werden dürfen, als wenn sie ihre Schuldnerin unverändert behalten hätten. Allerdings hätten sie auch in dieser Situation deren wirtschaftliches Risiko zumindest zum Teil mitzutragen gehabt. Unter diesem Aspekt erscheint die vom Gesetzgeber gewählte Regelung als relativ weitgehend, zumal die Gläubiger die Gefährdung nur noch glaubhaft zu machen haben und nicht mehr wie nach altem Recht den Nachweis der Gefährdung führen müssen.[132]   6.162

Kritisch ist darüber hinaus anzumerken, dass sich der Gesetzgeber einer Äußerung zu der Frage enthalten hat, in welchen Fällen eine Gefährdung überhaupt vorliegt. Der BGH hat dies in einer noch zum alten Recht ergangenen Entscheidung dahingehend konkretisiert, dass das im Einzelfall zu ermittelnde konkrete Sicherheitsinteresse des Gläubigers entscheide.[133]   6.163   Konkretisierung des Schutzbedürfnisses

Das BAG hat zudem analog § 347 AktG a. F. (= § 22 UmwG) i. V. m. § 225 Abs. 1 Satz 3, §§ 303 Abs. 2, 321 Abs. 1 AktG auch einen Anspruch von Betriebsrentnern auf Sicherheitsleistung verneint, da deren Forderungen im Insolvenzfalle vorzugsweise aus einer gesetzlich zu ihrem Schutze errichteten und staatlich überwachten Deckungsmasse zu befriedigen seien.[134]   6.164

Geht man im Übrigen von einer eher gläubigerfreundlichen Handhabung dieser Vorschrift aus,[135] werden die Gläubiger durch die Verschmelzung möglicherweise weit über das erforderliche Maß begünstigt, was zu Lasten der Gesellschaften geht und sich als Verschmelzungshemmnis auswirken kann.[136]   6.165   Unnötige Begünstigung der Gläubiger

bb) Gläubiger von Gesellschaftern

Gläubiger von Gesellschaftern, deren Gesellschaften an der Verschmelzung beteiligt sind, werden durch die (klarstellende) Regelung der § 20 Abs. 1 Nr. 3 Satz 2 UmwG geschützt. Danach bestehen Rechte Dritter an Mitgliedschaften des übertragenden Rechtsträgers an denen des übernehmenden oder neuen (§ 36 Abs. 1 UmwG) Rechtsträgers fort.   6.166

---

132) Zu dieser Änderung etwa *Dehmer*, UmwG, § 22 Rz. 13.
133) BGH NJW 1996, 1539 = ZIP 1996, 705 = DB 1996, 930 = EWiR § 26 KapErhG 1/96, 517 (*Rittner*) = DStR 1996, 633 (*Goette*) = LM H. 7/1996 KapErhG Nr. 3; dazu *Jaeger*, DB 1996, 1069: Sicherung eines Mietvertrages mit einer Restlaufzeit von mehr als 15 Jahren (nur) mit mindestens der dreifachen Jahresmiete; weitere Beispiele bei *Dehmer*, UmwG, § 22 Rz. 13; *Lutter/Grunewald*, UmwG, § 22 Rz. 13, 15.
134) BAGE 83, 356 = NJW 1997, 1526 = NZA 1997, 436 = ZIP 1997, 289 = EWiR § 7 BetrAVG 2/97, 729 (*Reichert*); ebenso *Dehmer*, UmwG, § 22 Rz. 19; *Lutter/Grunewald*, UmwG, § 22 Rz. 23.
135) Dies fordert etwa *Lutter/Grunewald*, UmwG, § 22 Rz. 14.
136) Kritisch zu einem zu weit reichenden Gläubigerschutz auch *Lutter*, ZGR 1990, 392, 410 f.

3. Spaltung

6.167 Als zweite große Umwandlungsform regelt das UmwG die Spaltung von Rechtsträgern, wobei zwischen drei Spaltungsmöglichkeiten unterschieden wird: der Aufspaltung, der Abspaltung und der Ausgliederung. Allen gemeinsam ist, dass ein übertragender Rechtsträger sein Vermögen in mindestens zwei Teile spaltet, von denen mindestens ein Teil auf einen übernehmenden bzw. neuen Rechtsräger im Wege sog. **partieller Gesamtrechtsnachfolge**[137] übertragen wird. Im Gegenzug werden – wie bei der Verschmelzung – als Ausgleich Anteile an dem aufnehmenden Rechtsträger gewährt. Der Gesetzgeber hat mit der Regelung der Spaltung gesellschaftsrechtliches Neuland betreten, da ein diesen Strukturmaßnahmen vergleichbares Rechtsinstitut zuvor in Deutschland nicht bestanden hatte, obwohl dafür seit langem ein praktisches wie auch rechtspolitisches Bedürfnis vorhanden war.[138]

6.168 Die Gründe, die eine Spaltung als sinnvoll erscheinen lassen, sind – wie bei der Verschmelzung – mannigfaltig. Hier kommen etwa konzerninterne Umstrukturierungsvorgänge in Betracht wie etwa auch die Bildung eines selbständigen Gemeinschaftsunternehmens durch zwei Gesellschaften. Mit einer Spaltung kann ein besonders haftungsgefährdeter Betriebsteil verselbständigt werden, um so das Haftungsrisiko – etwa aus der Produkthaftung – von dem Mutterunternehmen auf die Tochter zu begrenzen. Eine Konzern- oder Durchgriffshaftung kann den Effekt allerdings wieder konterkarieren (dazu oben Rz. 5.161 ff). Nicht zuletzt kann die Spaltung dazu dienen, bei Familienunternehmen eine aus erbrechtlichen oder ähnlichen Gründen notwendige Aufteilung auf einzelne Familienstämme zu erreichen.[139]

„Spaltung" nach allgemeinem Gesellschaftsrecht

6.169 Sofern das wirtschaftliche Ergebnis einer Spaltung aus den beispielhaft genannten Gründen schon bisher erreicht werden sollte, musste auf das allgemeine Gesellschaftsrecht zurückgegriffen werden, das vor allem keine Möglichkeit der Gesamt- bzw. Teilrechtsnachfolge bot (dazu bereits oben Rz. 6.92 f). So kam (und kommt noch heute als Alternative) die Sachgründung einer neuen Gesellschaft oder die Sachkapitalerhöhung bei einer vorhandenen Gesellschaft in Betracht, verbunden mit einer Liquidation oder Kapitalherabsetzung der sich „spaltenden" übertragenden Gesellschaft.[140]

Völlige Neuregelung

6.170 Im Gegensatz zur Verschmelzung und zum – noch zu behandelnden – Formwechsel handelt es sich daher bei der Spaltung tatsächlich um eine völlige Neuregelung. Gesetzliche Vorläufer hatten einige Spaltungsmöglichkeiten des UmwG allerdings im „Gesetz über die Spaltung der von der

---

137) Zum Begriff der partiellen Gesamtrechtsnachfolge *Hennrichs*, ZIP 1995, 794, 797. Ausführlich zur Dogmatik *Teichmann*, ZGR 1993, 396, 401 ff.
138) Vgl. etwa *Duden/Schilling*, AG 1974, 202; *Teichmann*, AG 1980, 85.
139) Dazu BegrRegE zu § 128, bei *Neye*, UmwG/UmwStG, S. 257 f sowie auch *Kallmeyer*, DB 1996, 28 ff.
140) Zu den Möglichkeiten einer „wirtschaftlichen" Spaltung nach allgemeinem Gesellschaftsrecht *Hirte*, Bezugsrechtsausschluß und Konzernbildung (1986), S. 197 ff; *Kallmeyer*, ZIP 1994, 1746, 1749 f.

Treuhandanstalt verwalteten Unternehmen" (SpTrUG v. 5. April 1991 (BGBl I, 845) sowie im Landwirtschaftsanpassungsgesetz (LwAnpG i. d. F. der Bekanntmachung v. 3. Juli 1991, BGBl I, 1418), die jedoch selbst auf den Diskussionsentwurf zum UmwG zurückgingen.[141] Die Einführung der Spaltung ist deshalb nicht zu Unrecht als „Filetstück" des neuen Umwandlungsgesetzes bezeichnet worden.[142]

a) Spaltung unter Beteiligung von Aktiengesellschaften und/oder GmbH

aa) Aufspaltung

Bei einer Aufspaltung wird das gesamte Vermögen einer übertragenden Gesellschaft geteilt und ohne Abwicklung im Wege der partiellen Gesamtrechtsnachfolge auf mehrere andere Gesellschaften übertragen, wobei es sich um bereits bestehende Gesellschaften (**Aufspaltung zur Aufnahme**) bzw. eigens neu gegründete Gesellschaften (**Aufspaltung zur Neugründung**) handeln kann (§ 123 Abs. 1 Nr. 1 [Aufnahme], Nr. 2 [Neugründung] UmwG; Art. 2 Abs. 1 Sechste Richtlinie, für Neugründung i. V. m. Art. 21). Beide Alternativen sind zudem untereinander kombinierbar (§ 123 Abs. 4 UmwG). Als Gegenleistung für die Übertragung ihres – zusammen genommen – gesamten Vermögens erhalten ihre vormaligen Anteilseigner Anteile der übernehmenden bzw. neuen Gesellschaften.

6.171 Aufspaltung zur Aufnahme und Neugründung

Als beteiligte Rechtsträger kommen sämtliche Rechtsträger des § 3 Abs. 1 UmwG in Betracht (§ 124 Abs. 1 UmwG). Auch an der Spaltung können aufgelöste und verschiedene Rechtsträger beteiligt sein (§ 124 Abs. 2 i. V. m. § 3 Abs. 3 und 4 UmwG; Art. 2 Abs. 2 Sechste Richtlinie i. V. m. Art. 3 Abs. 2 Dritte Richtlinie). Für die hier in Betracht kommenden Gesellschaften bedeutet das, dass sich beispielsweise eine Aktiengesellschaft aufspalten und einen Vermögensteil auf eine (bestehende oder neu gegründete) GmbH übertragen darf. Die Möglichkeiten der Aufspaltung unter Beteiligung von Aktiengesellschaft und GmbH stellen damit ein Spiegelbild der Verschmelzungsmöglichkeiten zur Neugründung nach dem UmwG dar.[143]

6.172 Beteiligte Rechtsträger

Aber es handelt sich hierbei nicht immer nur um eine „umgekehrte" Verschmelzung. So beinhaltet eine Aufspaltung zur Aufnahme inhaltlich zugleich selbst eine Verschmelzung des (gespaltenen) Vermögensteiles mit der bestehenden, aufnehmenden Gesellschaft, also eine Verschmelzung zur Aufnahme.[144]

6.173

---

141) Dazu *Engelmeyer*, Die Spaltung von Aktiengesellschaften nach dem neuen Umwandlungsrecht (1995), S. 5 f; zur Umwandlung nach Landwirtschaftsanpassungsrecht ausführlich Gesellschafts- und Umwandlungsrecht in der Bewährung. Brandenburger ZGR-Symposion, ZGR-Sonderheft 14 (1998).
142) *Ganske*, WM 1993, 1117; *Engelmeyer*, AG 1996, 193, 194.
143) *Teichmann*, ZGR 1993, 396; *Dehmer*, UmwG, § 123 Rz. 3 f.
144) *Teichmann*, Kölner UmwR-Tage, 1995, S. 98.

Schutz des Gesellschafters wie bei Verschmelzung

6.174 Diese beiden Verknüpfungen mit der Verschmelzung lassen bereits erkennen, dass auch die Beeinträchtigungen der Rechtsstellung der Beteiligten, vor allem der Gesellschafter, miteinander vergleichbar sind und daher auch analogen Schutz verlangen.[145]

bb) Abspaltung

Abspaltung durch Teil-Aufspaltung

6.175 Bei der zweiten Form der Spaltung, der Abspaltung, werden von dem Vermögen eines übertragenden Rechtsträgers ein oder mehrere Teile abgespalten, die ebenfalls auf einen oder mehrere bestehende bzw. neue Rechtsträger gleicher oder anderer Rechtsform übertragen werden. Im Gegenzug werden den Anteilseignern der übertragenden Gesellschaft wiederum Anteile der Zielgesellschaft(en) gewährt (§ 123 Abs. 2, 4 UmwG). Der entscheidende Unterschied zur Aufspaltung besteht dabei darin, dass die übertragende Gesellschaft als solche mit vermindertem Vermögen bestehen bleibt. Bei der Aufspaltung werden alle Vermögensteile auf andere Gesellschaften übertragen, hingegen verbleibt bei der Abspaltung ein Teil bei der „alten" Gesellschaft. Es handelt sich also um eine Teil-Aufspaltung, die ansonsten keine inhaltlichen Unterschiede zu dieser aufweist.

6.176 Im Verhältnis zur Verschmelzung stellt die Abspaltung das Spiegelbild zur Verschmelzung zur Aufnahme dar.[146] Wird ein abgespaltener Vermögensteil auf eine bestehende Gesellschaft übertragen, ist zudem inzident eine Verschmelzung zur Aufnahme gegeben.

cc) Ausgliederung

Ausgliederung zur Bildung von Tochter-Gesellschaften

6.177 Die dritte Spaltungsform – die Ausgliederung – entspricht hinsichtlich der Vermögensteilung und der Möglichkeiten der Vermögensübertragung voll und ganz der Abspaltung; insbesondere bleibt auch die übertragende Gesellschaft weiter bestehen. Der einzige und zugleich wesentliche Unterschied liegt in der Person, die die Anteile der übernehmenden bzw. neuen Gesellschaft als Gegenleistung für die Vermögensübertragung erhält. Sind dies bei der Abspaltung die Anteilseigner der Überträgerin, so ist dies bei der Ausgliederung die übertragende Gesellschaft selbst (§ 123 Abs. 3, 4 UmwG).

6.178 Demgemäß hat die Ausgliederung auch kein spiegelbildliches Pendant bei der Verschmelzung, da es dort eine Anteilsgewährung an beteiligte Gesellschaften nicht gibt. Die Ausgliederung zur Aufnahme stellt deshalb ebenfalls keine inzidente Verschmelzung zur Aufnahme dar.

---

145) Ähnlich *Teichmann*, Kölner UmwR-Tage, 1995, S. 98.
146) *Dehmer*, UmwG, § 123 Rz. 4.

b) Ablauf des Spaltungsverfahrens

Wie die Darstellung der Möglichkeiten der Spaltung gezeigt hat, sind die Spaltungsarten zum einen Spiegelbild der Verschmelzung und enthalten zum Teil selbst Elemente der Verschmelzung. Daher entsprechen die für Anteilseigner der beteiligten Gesellschaften wie auch deren Gläubiger eintretenden Gefahren und die daraus resultierenden Schutzbedürfnisse weitgehend denen bei der Verschmelzung. Dieser Umstand sowie das Bestreben nach Rechtsvereinheitlichung haben den Gesetzgeber daher veranlasst, das Spaltungsverfahren im Grundsatz wie das Verschmelzungsverfahren auszugestalten und nur dort besondere Regelungen vorzunehmen, wo dies wegen der Besonderheiten der Spaltung erforderlich erschien. Ausgangspunkt der gesetzlichen Regelung der Spaltung ist daher eine Generalverweisung auf das Verschmelzungsrecht (§ 125 UmwG). Abweichende Vorschriften finden sich zunächst allgemein in den §§ 126 ff UmwG, bezogen auf bestimmte Rechtsträger in den §§ 138 ff UmwG. Bei den allgemeinen Spaltungsnormen wird auch hier zunächst die Spaltung zur Aufnahme (§§ 126 ff UmwG) und sodann die Spaltung zur Neugründung behandelt (§§ 135 ff UmwG).[147]

6.179 Verfahrensablauf

aa) Spaltungs- und Übernahmevertrag bzw. Spaltungsplan

Rechtsgeschäftliche Grundlage der Spaltung ist in allen Fällen zur Aufnahme ein **Spaltungs- und Übernahmevertrag** zwischen den beteiligten Gesellschaften, das heißt der sich spaltenden, übertragenden Gesellschaft und der bzw. den aufnehmenden Gesellschaften, auf die die gespaltenen Vermögensteile übertragen werden (§ 126 UmwG; Art. 3 Sechste Richtlinie). In den Fällen der Spaltung zur Neugründung tritt an die Stelle des Vertrages ein **Spaltungsplan**, da nur die übertragende Gesellschaft an dem Vorgang beteiligt ist, ein mehrere Partner voraussetzender Vertrag also nicht in Betracht kommt (§ 136 UmwG; Art. 3 Sechste Richtlinie). Der Spaltungsvertrag bzw. -plan muss einen bestimmten Inhalt haben, der alle wesentlichen Elemente der beabsichtigten Spaltung enthält (§ 126 Abs. 1 UmwG [Spaltung zur Aufnahme]; §§ 136, 135 Abs. 1 i. V. m. § 126 Abs. 1 UmwG [Spaltung zur Neugründung]; Art. 3 Abs. 2 Sechste Richtlinie). Von besonderer Bedeutung ist das Erfordernis, das Umtauschverhältnis und – insbesondere bei nicht verhältniswahrender Spaltung – die Aufteilung der Anteile am neuen Rechtsträger festzulegen (§ 126 Abs. 1 Nrn. 3 und 10 UmwG). Zudem müssen die genaue Aufteilung des gesamten Gesellschaftsvermögens und der Schulden sowie die Zuordnung der Betriebe und Betriebsteile festgelegt werden (§ 126 Abs. 1 Nr. 9 UmwG); dabei bedarf es einer exakten Bezeichnung, wenn und soweit das Sachenrecht dies im Hinblick auf den sachenrechtlichen Bestimmtheitsgrundsatz verlangt (§ 126 Abs. 2 Satz 1 UmwG).[148] Vertrag

6.180 Spaltungs- und Übernahmevertrag – Spaltungsplan

---

[147] Ausführlich zum Spaltungsverfahren *Engelmeyer*, Die Spaltung von Aktiengesellschaften nach dem neuen Umwandlungsrecht (1995), *passim*; *dies.*, AG 1996, 193 ff.
[148] Zu den hierbei auftretenden Fragestellungen *Semler/Stengel/Schröer*, UmwG, § 126 Rz. 54.

bzw. Plan müssen notariell beurkundet werden (§ 125 Abs. 1 i. V. m. § 6 UmwG). Da ihre Wirksamkeit von der Zustimmung der Anteilseigner abhängt, ist es auch hier möglich, zunächst einen Entwurf zu erstellen, der den Gesellschaftern zur Abstimmung gestellt wird (§ 125 Abs. 1 i. V. m. § 4 Abs. 2 UmwG). Der Vertrag, der mit dem Entwurf identisch sein muss, muss dann nach erfolgter Zustimmung formgerecht abgeschlossen werden.

6.181 Wurde ein Aktivum keinem Rechtsträger zugeordnet, ist seine Zuordnung durch Auslegung zu ermitteln; gelingt dies nicht, ist es verhältnismäßig den übernehmenden Rechtsträgern zuzuordnen, bei Unteilbarkeit durch verhältnismäßige Aufteilung des Gegenwerts (§ 131 Abs. 3 UmwG). Für unübertragbare Gegenstände gilt bei Abspaltung und Ausgliederung § 131 Abs. 1 Nr. 1 Satz 2 UmwG.

bb) Spaltungsbericht

Spaltungsbericht der Geschäftsleitungen

6.182 Erforderlich ist in jedem Falle der Spaltung ein Spaltungsbericht der vertretungsberechtigten Organe der beteiligten Gesellschaften (§ 127 UmwG; § 135 Abs. 1 i. V. m. § 127 UmwG; Art. 7 Abs. 1 Sechste Richtlinie). Im Falle einer Spaltung zur Aufnahme muss er insbesondere nähere Angaben zur Begründung des hier – wie bei der Verschmelzung – festzulegenden Umtauschverhältnisses der Anteile beinhalten, von dessen Angemessenheit der Erhalt des Vermögenswertes der einzelnen Gesellschafter abhängt. Insgesamt dient der Bericht der umfassenden Vorab-Information der Gesellschafter, auf deren Grundlage sie über die Spaltung zu beschließen haben.[149] Auf ihn kann unter denselben Voraussetzungen wie beim Verschmelzungsbericht verzichtet werden (§ 127 Satz 2 i. V. m. § 8 Abs. 3 UmwG; Art. 10 Sechste Richtlinie). Ein gemeinsamer Bericht der beteiligten Rechtsträger ist nach § 127 Satz 1 Halbs. 2 UmwG möglich.

cc) Spaltungsprüfung

Spaltungsprüfung durch unabhängige Prüfer

6.183 In allen Fällen der Auf- und Abspaltung wird der Schutz der Anteilseigner vor einer vermögensmäßigen Verwässerung ihrer Beteiligung dadurch verstärkt, dass – bei Aktiengesellschaften zwingend, bei GmbH auf Antrag eines Gesellschafters – eine Prüfung des Spaltungsvertrages bzw. -plans durch unabhängige Spaltungsprüfer zu erfolgen hat, wobei das Hauptaugenmerk wiederum auf der Angemessenheit des Umtausch- bzw. Aufteilungsverhältnisses liegt (§§ 135 Abs. 1, 125 Abs. 1 Satz 1 i. V. m. §§ 60, 48, 9–12 UmwG; Art. 8 Abs. 1 Sechste Richtlinie). Die Ausnahme des § 9 Abs. 2 UmwG greift hier nicht, da es bei Auf- und Abspaltung *immer* zu einem Anteilstausch kommt (§ 125 Satz 1 UmwG verweist daher nicht). Auf die Prüfung kann unter denselben Voraussetzungen wie bei der Verschmelzungsprüfung verzichtet werden (§§ 135 Abs. 1, 125 Abs. 1 Satz 1 i. V. m. § 9 Abs. 3 UmwG; Art. 10 Sechste Richtlinie).

---

149) Hierzu *Engelmeyer*, AG 1996, 193, 198 ff.

Keiner Spaltungsprüfung bedarf es zudem bei einer Ausgliederung zur Aufnahme bzw. zur Neugründung (§ 125 Satz 2 UmwG; § 135 Abs. 1 i. V. m. § 125 Satz 2 UmwG). Begründet wird dies damit, dass es bei diesem Vorgang nicht zu einem Anteilstausch kommt.[150]

6.184 Keine Prüfung bei Ausgliederung zur Aufnahme bzw. Neugründung

Das ist freilich nur insoweit zutreffend, als den Anteilseignern keine Anteile gewährt werden. Dagegen erhält die ausgliedernde Gesellschaft sehr wohl Anteile, so dass schon die Begründung dieses Ausschlusses „schief" ist. Im Ergebnis zeigt sich denn auch, dass diese Regelung zumindest für die Ausgliederung zur Aufnahme nicht gerechtfertigt ist. Zwar scheidet eine unmittelbare Beeinträchtigung des Vermögenswertes des einzelnen Gesellschafters aus, da er selbst keine Anteile als Gegenwert für das übertragende Vermögen erhält. In Betracht kommt jedoch eine gleich schwerwiegende mittelbare Vermögensminderung: entsprechen nämlich die der Gesellschaft gewährten Anteile wertmäßig nicht dem dafür übertragenen Vermögen, so sinkt im Zuge der Ausgliederung der Wert der übertragenden Gesellschaft und damit auch der Wert der einzelnen Anteile. Die Gesellschafter sind daher bei einer Ausgliederung zur Aufnahme von einem zu niedrigen Umtauschverhältnis genauso betroffen wie bei einer Verschmelzung oder Auf- bzw. Abspaltung zur Aufnahme. Der Ausschluss der Prüfung ist daher sachlich nicht zu begründen.[151]

6.185

Anders liegt es nur bei einer Ausgliederung zur Neugründung. Da die übertragende Gesellschaft hier alle Anteile an der neu gegründeten Gesellschaft erhält, liegt lediglich eine interne Vermögensumstrukturierung vor, die den Vermögenswert der Überträgerin als solchen unberührt lässt. Im Zuge dieser Umstrukturierung scheidet eine Vermögensminderung daher auch mittelbar aus.

6.186

dd) Spaltungsbeschluss

Aufgrund des grundlegenden, die Struktur der beteiligten Gesellschaften betreffenden Charakters der Spaltung ist auch bei ihr in jeder Form die letzte Entscheidungskompetenz den Anteilseignern zugewiesen, die dem Spaltungs- und Übernahmevertrag bzw. Spaltungsplan oder deren Entwurf mit einer qualifizierten Mehrheit von mindestens drei Vierteln des bei der Abstimmung vertretenen Grundkapitals (so bei der Aktiengesellschaft) zuzüglich einer Stimmenmehrheit nach § 133 Abs. 1 AktG bzw. drei Vierteln der abgegebenen Stimmen (GmbH) im Spaltungsbeschluss zustimmen müssen (§§ 125, 135 Abs. 1 i. V. m. §§ 13, 65 Abs. 1 UmwG, Art. 5 Abs. 1 Sechste Richtlinie [AG], § 50 Abs. 1 UmwG [GmbH]). Der Beschluss bedarf wie bei der Verschmelzung der notariellen Beurkundung (§ 125 i. V. m. § 13 Abs. 3 Satz 1 UmwG; Art. 14 Sechste Richtlinie i. V. m. Art. 16 Dritte Richtlinie); zudem sind bei Beteiligung

6.187 Qualifizierte Mehrheitserfordernisse

---

150) BegrRegE zu § 125 Satz 2 bei *Neye*, UmwG/UmwStG, S. 252. Zustimmend *Kallmeyer*, GmbHR 1993, 461, 465; *Engelmeyer*, Die Spaltung von Aktiengesellschaften nach dem neuen Umwandlungsrecht (1995), S. 101.
151) Im Ergebnis ebenso *Dehmer*, UmwG, § 125 Rz. 11; *Hirte*, Bezugsrechtsausschluß und Konzernbildung (1986), S. 162 ff, 182 ff.

einer Aktiengesellschaft Spaltungsplan bzw. -entwurf wie bei der Verschmelzung (oben Rz. 6.125) zuvor offen zu legen (§ 125 i. V. m. § 63 UmwG [AG]; Art. 9 Sechste Richtlinie).

Anfechtungs- und Nichtigkeitsklage – Spruchverfahren

6.188 Gegen den bzw. die Spaltungsbeschlüsse kann die überstimmte Minderheit wie bei der Verschmelzung prozessual vorgehen. Das heißt insbesondere, dass ein dissentierender Minderheitsgesellschafter Anfechtungs- bzw. Nichtigkeitsklage erheben kann. Handelt es sich um eine Auf- oder Abspaltung zur Aufnahme, so sind diese Rechtsmittel für die Gesellschafter der übertragenden Gesellschaft wiederum ausgeschlossen (§ 125 i. V. m. § 14 Abs. 2 UmwG; zur Kritik an der Ausnahme der Gesellschafter der übernehmenden Gesellschaft vom Spruchverfahren oben Rz. 6.144). Stattdessen steht den Minderheitsgesellschaftern auch hier das Spruchverfahren zur Verfügung, in dem sie eine bare Zuzahlung als Ausgleich für das zu niedrig bemessene Umtauschverhältnis fordern können (§ 125 i. V. m. §§ 15, 305–312 UmwG). Bemerkenswert ist hierbei, dass diese Ausnahme für die Ausgliederung zur Aufnahme nicht gilt. Nach Ansicht des Gesetzgebers ist dies nicht möglich, da es zu keinem Anteilstausch kommt.[152]

6.189 Diese Begründung ist hier – wie auch in Bezug auf die einer Spaltungsprüfung (dazu oben Rz. 6.184 f) – nicht zutreffend, da es ja zumindest auf der Ebene der Gesellschaften zu einem Anteilstausch kommt, der in gleicher Schwere wie ein Anteilstausch mit den Gesellschaftern selbst zu einer mittelbaren Vermögensbeeinträchtigung der Gesellschafter führen kann. Konsequenz dieser verfehlten Regelung ist damit, dass die Minderheitsgesellschafter im Wege der Anfechtungsklage auch die Unangemessenheit des Umtauschverhältnisses rügen können mit der Folge, dass dieser – praktisch häufige – Streitpunkt zunächst einmal den Vollzug der Ausgliederung hemmt, da die konstitutive Eintragung ins Handelsregister bei schwebenden Anfechtungsverfahren grundsätzlich nicht erfolgen darf (§ 125 i. V. m. § 16 Abs. 2 UmwG). Angesichts dieser Konsequenzen wäre eine Anwendung des Spruchverfahrens auch auf die Ausgliederung zur Aufnahme interessengerechter für alle Beteiligten gewesen.[153]

6.190 Der Gesellschaft steht freilich hiergegen wie in allen anderen Fällen eines Klageausschlusses die Möglichkeit eines Antrags nach § 125 i. V. m. § 16 Abs. 3 UmwG offen (dazu oben Rz. 6.147 ff).

ee) Austrittsrecht

Austrittsrecht wie bei der Verschmelzung

6.191 Für die auch bei der Verschmelzung geregelten Fälle, in denen es einem (Minderheits-)Gesellschafter unzumutbar ist, aufgrund der Umwandlung in der Gesellschaft zu verbleiben, sieht das Gesetz auch bei der Auf- und Abspaltung ein Austrittsrecht gegen angemessene Barabfindung vor. Dies betrifft auch hier den Fall, dass die Spaltung zur Aufnahme auf eine Gesellschaft anderer Rechtsform erfolgt (§ 125 i. V. m. § 29 Abs. 1 Satz 1

---

152) BegrRegE zu § 125, bei *Neye*, UmwG/UmwStG, S. 251.
153) Im Ergebnis ebenso *Dehmer*, UmwG, § 125 Rz. 15 f.

UmwG) sowie den Fall, dass zwar die Aufnahme durch eine Gesellschaft gleicher Rechtsform erfolgt, jedoch die Anteile an dieser Gesellschaft stärkeren Verfügungsbeschränkungen unterworfen sind als die der übertragenden Gesellschaft (§ 125 i. V. m. § 29 Abs. 1 Satz 2 UmwG).

ff) Eintragung in das Handelsregister

Den Abschluss des Spaltungsverfahrens bildet die Eintragung des Vorgangs ins Handelsregister, wobei sie zunächst im Register der aufnehmenden bzw. neuen Gesellschaft und sodann – konstitutiv – in dem Register der übertragenden Gesellschaft zu erfolgen hat (§ 130 Abs. 1, § 135 Abs. 1 UmwG; Art. 15, 16 Sechste Richtlinie). Mit dieser zweiten Eintragung wird die Spaltung vollzogen, insbesondere gehen der gespaltene Vermögensteil bzw. die gespaltenen Vermögensteile auf die aufnehmenden bzw. neuen Gesellschaften über (§ 131 Abs. 1 Nr. 1 UmwG; Art. 17 Abs. 1a Sechste Richtlinie), und die Anteilseigner der übertragenden Gesellschaft – bzw. die übertragende Gesellschaft im Falle der Ausgliederung selbst – werden Anteilseigner der übernehmenden bzw. neuen Gesellschaft (im Einzelnen § 131 Abs. 1 Nr. 3 UmwG; Art. 17 Abs. 1b Sechste Richtlinie). Die Überträgerin selbst **erlischt** im Falle der Spaltung bei dem Vorgang (§ 131 Abs. 1 Nr. 2 UmwG; Art. 17 Abs. 1c Sechste Richtlinie).

6.192 Vollzug durch Handelsregister-Eintragung

Ist zur Durchführung beim übertragenden Rechtsträger eine **Kapitalherabsetzung** erforderlich, kann diese in vereinfachter Form (dazu oben Rz. 6.60 ff) durchgeführt werden (§§ 145 Satz 1, 139 Satz 1 UmwG), und sie ist – ähnlich einer Kapitalerhöhung im Verschmelzungsrecht (oben 6.133) – vorab einzutragen (§§ 145 Satz 2, 139 Satz 2 UmwG). Im Hinblick auf die **ausreichende Kapitalausstattung** der abspaltenden oder ausgliedernden Gesellschaft ist bei der Anmeldung der Spaltung oder Ausgliederung in deren Handelsregister zudem eine Erklärung abzugeben, nach der die für die Gründung erforderlichen Voraussetzungen – insbesondere also ein das Kapital deckendes Vermögen – nach Durchführung der Maßnahme noch vorhanden ist (§§ 140 [GmbH], 146 [AG] UmwG).

6.193 Kapitalherabsetzung

c) Sonderfall der nicht verhältniswahrenden Spaltung

Alle bisherigen Ausführungen betrafen Fälle einer verhältniswahrenden Spaltung. Damit ist für den Fall der Auf- bzw. Abspaltung gemeint, dass die den Gesellschaftern der übertragenden Gesellschaft für die Hingabe des Vermögensteiles gewährten Anteile diesen in genau dem prozentualen Umfang zugeteilt werden, wie es ihrer vorherigen Beteiligung an der übertragenden Gesellschaft entspricht. Obwohl das Umwandlungsgesetz diese Verhältniswahrung weder bei der Spaltung noch bei den anderen Umwandlungsarten ausdrücklich nennt, geht es von ihr als selbstver-

6.194

ständlich aus (vgl. § 126 Abs. 1 Nr. 10 UmwG).[154] Das Prinzip ergibt sich nicht zuletzt aus dem verfassungsrechtlich geschützten Eigentumsrecht des einzelnen Gesellschafters, das eine (willkürliche) Vermögensverschiebung bei Umstrukturierungen nicht zulässt.

6.195 Neben der somit als Grundform einzustufenden verhältniswahrenden Spaltung ist es als Ausnahme nach § 128 UmwG auch möglich, eine Auf- oder Abspaltung in allen denkbaren Varianten (v.a. zur Aufnahme oder zur Neugründung) in einer **nicht verhältniswahrenden** Weise durchzuführen. Die Einführung der Möglichkeit einer nicht verhältniswahrenden Spaltung geht bezüglich der Spaltung von Aktiengesellschaften auf die europarechtliche Vorgabe in Art. 3 Abs. 2i, 17 Abs. 1b der Sechsten Richtlinie zurück.[155] Eine nicht verhältniswahrende Ausgliederung scheidet demgegenüber von vornherein aus, da es bei der Ausgliederung gar nicht zu einer Verteilung von Anteilen kommt, sondern *per definitionem* zur Gewährung an den übertragenden Rechtsträger.[156]

Nicht verhältniswahrende Spaltung zur Trennung von Gesellschafterstämmen

6.196 Das bedeutet für die Auf- oder Abspaltung, dass die für den übertragenen Vermögensteil gewährten Anteile zwar ebenfalls in der Summe dessen Wert entsprechen, jedoch abweichend von den Beteiligungsverhältnissen bei der übertragenden Gesellschaft auf die Gesellschafter aufgeteilt werden können; dies ist nach § 126 Abs. 1 Nr. 10 UmwG im Spaltungs- und Übernahmevertrag bzw. im Spaltungsplan festzulegen. Praktisch ist damit eine Vielzahl von Möglichkeiten gegeben, mittels Spaltung die Beteiligungsverhältnisse der Gesellschafter der übertragenden Gesellschaft zu verändern. So ist es etwa – gleichsam als Grundform – möglich, die Beteiligungen der Gesellschafter an den aufnehmenden bzw. neuen Gesellschaften frei zu bestimmen und damit zu verschieben. Darüber hinaus kann etwa eine Aufspaltung zur Neugründung in der Weise erfolgen, dass einzelne Gesellschafter nur an einer neuen Gesellschaft beteiligt werden und damit wirtschaftlich das frühere einheitliche Unternehmen unter die Gesellschafter „aufgeteilt" wird.[157] Ein solches Vorgehen kann etwa dann sinnvoll sein, wenn bei einem Familienunternehmen die Aufteilung auf mehrere Familienmitglieder oder -stämme beabsichtigt ist.[158]

6.197 Charakteristisch für die nicht verhältniswahrende Spaltung ist also, dass die Verteilung der für den übertragenden Vermögensteil gewährten Anteile losgelöst von den bestehenden Beteiligungsverhältnissen festgelegt werden kann. Damit besteht aber die Gefahr für die einzelnen Gesell-

---

154) *Schwedhelm/Streck/Mack*, GmbHR 1995, 7, 11. Anders die ausdrückliche gesetzliche Regelung des § 212 AktG zur vergleichbaren (verhältniswahrenden) Aktienzuteilung bei einer Kapitalerhöhung aus Gesellschaftsmitteln. Da auch hier das Prinzip der Verhältniswahrung nur Selbstverständliches ausspricht, hat die Norm nur deklaratorischen Charakter; dazu *Hirte*, Großkomm. AktG, § 212 Rz. 2.
155) Zu deren Umsetzung in deutsches Recht *Heidenhain*, EuZW 1995, 327 ff.
156) Vgl. etwa *Lutter/Priester*, UmwG, § 128 Rz. 3; *Semler/Stengel/Schröer*, UmwG, § 128 Rz. 2.
157) Beispiele bei *Dehmer*, UmwG, § 128 Rz. 7 ff.
158) Diesen Fall hatte der Gesetzgeber bei der Zulassung der nicht verhältniswahrenden Spaltung vor allen Dingen im Auge; vgl. BegrRegE zu § 128, bei *Neye*, UmwG/UmwStG, S. 257 f; ausführlich hierzu *Kallmeyer*, DB 1996, 28 ff.

schafter, dass sich ihr Vermögenswert sowie die daran anknüpfende mitgliedschaftliche Herrschaftsmacht im Vergleich zur Ausgangslage vermindert. Offensichtlich ist dies, wenn die Verteilungsquote zu Ungunsten einzelner Gesellschafter verschoben wird (Beispiel: Es werden einem mit 20 % am übertragenden Rechtsträger Beteiligten nur 10 % der aufgrund einer Abspaltung erhaltenen Anteile zugeteilt). Die Gefahr besteht aber ebenso, wenn bei einer Aufspaltung die neuen Gesellschaften einzelnen Anteilseignern allein zukommen sollen, wenn die neue Gesellschaft wertmäßig nicht der Beteiligung an der übertragenden Gesellschaft entspricht.[159]

Wegen dieser schwerwiegenden Beeinträchtigung hat der Gesetzgeber die Wirksamkeit einer nicht verhältniswahrenden Spaltung an die Zustimmung eines jeden Gesellschafters der übertragenden Gesellschaft geknüpft (§ 128 Satz 1 UmwG).[160] Dann aber soll nicht nur eine „quotenabweichende Spaltung", sondern sogar eine „Spaltung zu Null" zulässig sein, bei der einem oder mehreren Gesellschaftern der übertragenden Gesellschaft kein neuer Anteil gewährt wird.[161]

6.198 Zustimmung aller Gesellschafter bei nicht verhältniswahrender Spaltung

d) Gläubigerschutz

Der großzügige Schutz, den die Gläubiger von verschmelzenden Gesellschaften erfahren haben, greift auch zugunsten der Gläubiger von Gesellschaften ein, die an einer Spaltung beteiligt sind. Danach können sie **Sicherheit** verlangen, soweit sie glaubhaft machen, dass die Erfüllung ihrer Forderung durch die Spaltung gefährdet wird (§§ 125, 135 Abs. 1 i. V. m. § 22 UmwG sowie § 133 Abs. 1 Satz 2 Halbs. 1 UmwG; Art. 12 Abs. 1 und 2 Sechste Richtlinie).

6.199 Sicherheitsleistung zugunsten gefährdeter Gläubiger

Darüber hinaus weist die Spaltung für die Gläubiger der übertragenden Gesellschaft eine spezifische Gefährdungslage auf, die eines noch weitergehenden Schutzes bedurfte. Typischerweise wird den Gläubigern dieser Gesellschaft durch die Spaltung nämlich ein Teil des ihnen haftenden Vermögens entzogen, da dieses auf verschiedene Gesellschaften aufgeteilt wird. Insbesondere wenn sie ihre Schuldnerin, die übertragende Gesellschaft, behalten, sehen sie sich nach der Spaltung einer verringerten Haftungsmasse gegenüber, als vor dieser Maßnahme. Zu ihrem Schutz hat der Gesetzgeber daher nach dem Vorbild von §§ 26, 160 HGB eine auf fünf Jahre begrenzte, **gesamtschuldnerische Haftung** aller an der Spaltung beteiligten Gesellschaften angeordnet (§ 133 Abs. 1 Satz 1 UmwG; Art. 12 Abs. 6 Sechste Richtlinie). Die Gläubiger werden damit wirtschaftlich für fünf Jahre so gestellt, als ob die Spaltung noch nicht vollzogen wäre.[162]

6.200 Gesamtschuldnerische Haftung aller beteiligten Gesellschaften § 133 UmwG

---

159) BegrRegE zu § 128, bei *Neye*, UmwG/UmwStG, S. 258.
160) Siehe auch die BegrRegE zu § 128, bei *Neye*, UmwG/UmwStG, S. 258; zustimmend zu dieser Regelung *Lutter/Priester*, UmwG, § 128 Rz. 2; abw. *Heidenhain*, EuZW 1995, 327 ff, der diese Regelung für europarechtswidrig hält.
161) Dafür etwa LG Konstanz ZIP 1998, 1226 (*Katschinski*); LG Essen ZIP 2002, 893 = NZG 2002, 736 = EWiR § 128 UmwG 1/02, 637 (*Kiem*).
162) *Lutter/Hommelhoff*, UmwG, § 133 Rz. 14.

6.201 Das soll allerdings nach (zweifelhafter) Auffassung des LG Halle zum SpTrUG, das insoweit Vorbildcharakter für das UmwG hat, nur für Gläubiger der Gesellschaften gelten, die *unmittelbar* aus der Spaltung hervorgegangen sind; deren Tochtergesellschaften sind danach zumindest dann nicht erfasst, wenn diese nicht durch (weitere) Spaltung entstanden sind, sondern durch Neugründung. Dies ermöglicht bei geschickter Gestaltung eine Aushöhlung der gläubigerschützenden Gesamtschuldanordnung.[163)]

Betriebsaufspaltung

6.202 Eine weitergehende Forthaftung von spaltenden Rechtsträgern ordnet § 134 UmwG im Fall der **Betriebsaufspaltung** gegenüber Arbeitnehmern und Betriebsrentnern an. Hier reicht es für die Forthaftung, dass Forderungen innerhalb von fünf Jahren nach der Spaltung *begründet* wurden, während sie nach der allgemeinen Regel des § 133 Abs. 3 UmwG innerhalb dieser Frist fällig sein und geltend gemacht werden müssen.

4. Vermögensübertragung

Vermögensübertragung als praktisch unbedeutende Umwandlungsart

6.203 Als dritte Form der Umwandlung regelt das Umwandlungsgesetz die Vermögensübertragung. Ihr kommt praktisch die geringste Bedeutung zu, da sie nur in wenigen Fällen möglich ist. Grundsätzlich ist sie in zwei Arten zulässig, zum einen als Vollübertragung, bei der das gesamte Vermögen eines Rechtsträgers auf einen anderen übertragen wird, und zum Zweiten als Teilübertragung, bei der nur ein abgespaltener Vermögensteil übertragen wird (im Einzelnen § 174 UmwG). Die Vollübertragung ähnelt damit der Verschmelzung, die Teilübertragung der Spaltung; deren Regeln das Gesetz jeweils für entsprechend anwendbar erklärt (§§ 176 Abs. 1, 177 Abs. 1 UmwG). Der entscheidende Unterschied besteht indes darin, dass den Anteilseignern der übertragenden Gesellschaft für die Übertragung keine Anteile, sondern eine andere Gegenleistung – regelmäßig Geld – gewährt wird; eine Anteilsgewährung würde nämlich aufgrund der Struktur des übernehmenden Rechtsträgers ausscheiden.

6.204 Eine Vermögensübertragung in einer der beiden vom UmwG geregelten Arten ist unter Beteiligung von Kapitalgesellschaften nämlich nur möglich als Übertragung auf den Bund, ein Land, eine Gebietskörperschaft oder einen Zusammenschluss solcher Körperschaften (§ 175 Nr. 1 UmwG). Handelt es sich um eine Versicherungs-Aktiengesellschaft, so kann diese ihr Vermögen auch auf einen Versicherungsverein auf Gegenseitigkeit bzw. ein öffentlich-rechtliches Versicherungsunternehmen übertragen (§ 175 Nr. 2 a) UmwG). Diese umwandlungsgesetzlichen Möglichkeiten sind aber als Möglichkeiten der Vermögensübertragung nicht abschließend: Kapitalgesellschaften können grundsätzlich mit den Mitteln des allgemeinen Vertragsrechts Teile ihres Vermögens an Dritte übertragen, dann aber nicht im Wege der Universalsukzession; erst wenn auf diese Weise praktisch das ganze Vermögen auf Dritte übertragen wird, kann (im Aktienrecht) die Sonderregelung des § 179a AktG zum Tragen kommen (dazu oben Rz. 3.225).

6.205 Wegen der inhaltlichen Verwandtschaft von Vermögensübertragung zu Verschmelzung und Spaltung verweist das UmwG für die dort geregelten Fälle in weitem Umfange auf die Vorschriften über diese Umwandlungsarten (vgl. die Generalverweise in § 176 UmwG [Anwendung der Verschmelzungsvorschriften auf die Vollübertragung] und in § 177 UmwG [Anwendung der Spaltungsvorschriften auf die Teilübertragung]). Deshalb kann auch hier hinsichtlich des Verfahrens sowie bezüglich des Schutzes der Anteilseigner und Gläubiger auf die oben zu Verschmelzung und Spaltung gemachten Ausführungen verwiesen werden (oben Rz. 6.106 ff, 6.167 ff).

---

163) LG Halle, ZIP 1996, 432; kritisch *Hirte*, NJW 1999, 179, 186.

5. Formwechsel

Als vierte Umwandlungsform regelt das Umwandlungsgesetz in den §§ 190 ff UmwG den Formwechsel (dazu auch den Überblick im Internet). Die Besonderheit dieser Umwandlungsart liegt darin, dass die wirtschaftliche Identität der betroffenen Gesellschaft trotz des Umstrukturierungsvorganges voll erhalten bleibt und es lediglich zu einem Wechsel des Rechtskleides kommt.[164] Dabei darf nicht verkannt werden, dass das Rechtskleid von einer Gesellschaft nicht abgelöst werden kann, sondern für diese konstitutiv ist. Die vom Gesetzgeber gewollte Identität kann sich daher nicht auf die konkret strukturierte Gesellschaft selbst beziehen, sondern nur auf den beteiligten Personenkreis sowie das Vermögen der Gesellschaft.[165] Der daraus abzuleitende wesentliche Unterschied zu allen anderen Umwandlungsarten besteht darin, dass es zu **keiner Übertragung von Vermögen** auf andere oder neue Gesellschaften kommt, sondern ein rein interner Umstrukturierungsprozess stattfindet, an dem nur eine Gesellschaft beteiligt ist.[166]

6.206 Wahrung der wirtschaftlichen Identität beim Formwechsel – keine Vermögensübertragung

Für die hier im Mittelpunkt stehenden Formwechsel einer GmbH in eine Aktiengesellschaft sowie umgekehrt ist die Möglichkeit einer solchen identitätswahrenden Umwandlung nicht neu. Die wesentliche Neuerung des UmwG bzgl. des Formwechsels besteht in einem hier nicht näher zu betrachtenden Bereich, nämlich darin, dass nunmehr auch der Wechsel zwischen juristischen Personen und Gesamthandsgemeinschaften identitätswahrend möglich ist (§§ 226, 228 ff UmwG), was der Gesetzgeber bislang nur in Form des übertragenden Formwechsels zuließ (vgl. die früheren Regelungen im UmwG i. d. F. vom 6. November 1969 [BGBl I, 2081]). Dem trägt – nach anfänglichen Unsicherheiten – inzwischen auch das Steuerrecht Rechnung mit der Folge, dass etwa ein Formwechsel von einer Kapitalgesellschaft in eine Personengesellschaft nach den Regeln des Umwandlungsgesetzes keine Grunderwerbsteuerpflicht (mehr) auslöst, wenn die Gesellschaft über Grundeigentum verfügt.[167]

6.207 Identitätswahrender Formwechsel zwischen juristischen Personen und Personengesellschaftern möglich

Die Motive für einen Formwechsel können sehr vielgestaltig sein. Er wird jedoch immer dann als sinnvoll erscheinen, wenn die jeweils andere Gesellschaftsform besser geeignet erscheint, das Unternehmen unter möglicherweise geänderten Bedingungen weiterzuführen. So kann ein Formwechsel zur Aktiengesellschaft notwendig sein, wenn das als GmbH gegründete Unternehmen expandiert und sich nunmehr den Zugang zum

6.208

---

164) BegrRegE bei *Neye*, UmwG/UmwStG, S. 321 f; dazu auch *Bärwaldt/Schabacker*, ZIP 1998, 1293; *Decher*, Kölner UmwR-Tage, S. 205; *Meyer-Landrut/Kiem*, WM 1997, 1361 ff, 1413 ff; *Raiser*, KapGesR, S. 511 Rz. 7.
165) Ebenso *Hennrichs*, ZIP 1995, 794, 795 f („Kontinuität des Unternehmens bei gleichzeitigem Wechsel lediglich seiner Rechtsform"); *Karsten Schmidt*, AcP 191 (1991), 495, 506 („Kontinuität des Rechtsträgers bei gleichzeitiger Diskontinuität seiner Verfassung"); *ders.*, AG 1995, 150, 152.
166) *Decher*, Kölner UmwR-Tage, S. 201 f.
167) BFHE 181, 349 = BStBl II 1996, 661 = ZIP 1997, 144 = EWiR § 190 UmwG 1/97, 87 (*Neye*); kritisch zur Unterscheidung von formwechselnder und übertragender Umwandlung nach altem Recht *Raiser*, KapGesR, § 46 Rz. 22.

Kapitalmarkt verschaffen will (sog. *going public*).[168)] Umgekehrt kann es sinnvoll sein, eine Aktiengesellschaft bei verminderter Geschäftstätigkeit bzw. verkleinerter Gesellschafterzahl in eine GmbH umzuwandeln, die hinsichtlich ihrer Organisation beweglicher ist und einen weiteren Gestaltungsspielraum aufweist.[169)] Der Formwechsel kann schließlich auch genutzt werden, um eine Börsennotierung aufzugeben („kaltes Delisting"; dazu oben Rz. 2.29).

6.209 Die einzelnen Umwandlungsmöglichkeiten nach dem UmwG sind in § 191 Abs. 1 und 2 UmwG abschließend aufgelistet. Daneben können Umwandlungen nur durch (sonstiges) Bundes- oder durch Landesgesetz zugelassen werden; die Vorschriften des UmwG gelten für diese Umwandlungen normalerweise nicht (§ 190 Abs. 2 UmwG). Die mit ihrer Eintragung erfolgende „Umwandlung" einer Vor-Gesellschaft in die „fertige" Kapitalgesellschaft gehört allerdings nicht dazu, da hier der Rechtsträger identisch bleibt (oben Rz. 2.29). Auch beim Formwechsel können aufgelöste Rechtsträger unter den Voraussetzungen des § 191 Abs. 3 UmwG umgewandelt werden.

a) Ablauf des Formwechsels

Verfahrensablauf beim Formwechsel

6.210 Da der Formwechsel im Gegensatz zu den meisten Spaltungsfällen und der Verschmelzung ein rein gesellschaftsinterner Umstrukturierungsvorgang ist, gehen von ihm vor allem bezüglich der Stellung der Anteilseigner geringere Gefahren aus. Insbesondere besteht, da der Kreis der Beteiligten wie auch das konkrete Vermögen konstant bleiben, keine Gefahr einer Verwässerung der Vermögenswerte der Beteiligten. Demgemäß ist auch das Verfahren gegenüber den anderen Umwandlungsformen vereinfacht, wenngleich es sich in Ablauf und insbesondere im Wirksamwerden an diese anlehnt.

aa) Umwandlungsbericht

Umfassender Umwandlungsbericht

6.211 Zunächst muss das vertretungsberechtigte Organ der Gesellschaft zu dem ins Auge gefassten Formwechsel einen ausführlichen Umwandlungsbericht erstellen, in dem es den Anteilseignern diese Maßnahme ausführlich rechtlich und wirtschaftlich erläutert (§ 192 Abs. 1 Satz 1 UmwG). Er ist entbehrlich, wenn am umzuwandelnden Rechtsträger nur ein Anteilseigner beteiligt ist oder alle Anteilseigner in notariell beurkundeter Form darauf verzichten (§ 192 Abs. 3 UmwG). Der Bericht dient – wie die Berichterstattung bei den anderen Umwandlungsarten – der Information der Gesellschafter und soll ihnen eine sachliche Entscheidung ermöglichen. Geringere Anforderungen an den Bericht sind dabei fehl am Platze, weil er (auch) den Interessen der austrittswilligen Gesellschafter daran Rech-

---

168) Dazu *Decher*, in: Kölner UmwR-Tage, 1995, S. 202; *Kallmeyer*, DB 1996, 28, 29.
169) Zu den Motiven der Umwandlung einer AG in eine GmbH ausführlich *Meyer-Landrut/Kiem*, WM 1997, 1361, 1363 f; *Veil*, Umwandlung einer AG in eine GmbH (1996), S. 6 ff.

nung tragen soll, ob die Höhe der Barabfindung im Verhältnis zum gesamten Unternehmenswert angemessen festgelegt wurde.[170] Allerdings ist bei fehlerhafter oder ungenügender Berichterstattung die Anfechtungsklage nicht zwingend der richtige Rechtsbehelf (dazu näher unten Rz. 6.214).

Da es einen Vertrag mit einem anderen Rechtsträger bzw. Plan wie bei Verschmelzung oder Spaltung nicht gibt bzw. geben kann, sondern allein der Beschluss der Gesellschafter die Basis des Formwechsels bietet, muss der Bericht zugleich einen Entwurf des Umwandlungsbeschlusses enthalten (§ 192 Abs. 1 Satz 3 UmwG). Dem Bericht ist nach § 192 Abs. 2 UmwG eine Vermögensaufstellung beizufügen, in der die Gegenstände und Verbindlichkeiten des formwechselnden Rechtsträgers mit ihrem wirklichen Wert anzusetzen sind; eine handelsrechtliche Schlussbilanz reicht also nicht. Nach § 239 Abs. 1 UmwG ist der Bericht in der Haupt- bzw. Gesellschafterversammlung auszulegen; bei er einer formwechselnden Aktiengesellschaft ist er zudem vom Vorstand zu erläutern (§ 239 Abs. 2 UmwG).

6.212 Beifügung des Umwandlungsbeschlusses

bb) Umwandlungsbeschluss

Auf der Grundlage des Berichtes erfolgt der Umwandlungsbeschluss (§ 193 UmwG), der die wesentlichen Punkte des Formwechsels (§ 194 Abs. 1 UmwG) und die Satzung bzw. den Gesellschaftsvertrag der neuen Gesellschaft (§ 243 Abs. 1 i. V. m. § 218 UmwG) enthalten muss sowie der notariellen Beurkundung bedarf (§ 193 Abs. 3 Satz 1 UmwG). Eine vorherige Prüfung des beabsichtigten Beschlussinhaltes ist nicht erforderlich. Auf den Formwechsel sind grundsätzlich die für die neue Rechtsform geltenden Gründungsvorschriften anzuwenden (§ 197 Satz 1 UmwG), weshalb bei einem Wechsel in die Aktiengesellschaft auch die Vorschriften über die Nachgründung (§ 52 AktG) anwendbar sein können (dazu oben Rz. 5.62 f); anders ist dies nur in Bezug auf eine etwaige Mindestzahl der Gründer und die Bildung und Zusammensetzung des ersten Aufsichtsrats (§ 197 Satz 2 UmwG).

6.213 Anwendung von Gründungsrecht der neuen Rechtsform

Da es sich auch beim Formwechsel um eine Grundlagenentscheidung handelt, bedarf der Beschluss wiederum einer qualifizierten Mehrheit von drei Vierteln des vertretenen Grundkapitals einer AG bzw. drei Vierteln der in der GmbH-Gesellschafterversammlung abgegebenen Stimmen (§ 240 Abs. 1 UmwG). Bei Änderung der Nennbeträge bedarf es einer Zustimmung der Betroffenen (§§ 241 Abs. 1, 242 UmwG). Eine Rechtmäßigkeitskontrolle des Mehrheitsbeschlusses ist aufgrund der allgemeinen Anfechtungs- und Nichtigkeitsregelungen möglich. Allerdings können sich die Kläger hier für die Begründung ihrer Klage ebenfalls nicht darauf berufen, dass ihre Anteile zu niedrig bemessen sind bzw. die neue

6.214 Qualifizierte Mehrheitserfordernisse

---

170) LG Heidelberg DB 1996, 1768 = EWiR § 207 UmwG 1/96, 901 (*Veil*); *Hirte*, NJW 1999, 179, 186; abw. *Meyer-Landrut/Kiem*, WM 1997, 1413, 1416 f.

Mitgliedschaft keinen ausreichenden Ausgleich für die Mitgliedschaft im alten Rechtsträger darstellt (§ 195 Abs. 2 UmwG). Jedoch kommt beim Formwechsel von einer Kapitalgesellschaft zu einer anderen eine solche Beeinträchtigung – von der Frage der Börsennotierung abgesehen – kaum in Betracht; vielmehr liegt der Anwendungsbereich in Fällen des Formwechsels, in denen größere strukturelle Unterschiede zwischen dem Rechtsträger alter und neuer Rechtsform bestehen.[171]

Spruchverfahren

6.215 Soweit der Ausschluss in Ausnahmefällen dennoch eingreift, steht den betroffenen Gesellschaftern wiederum ein Anspruch auf bare Zuzahlung zu, der im Spruchverfahren eingefordert werden kann (§ 196 i. V. m. §§ 1 ff SpruchG [= §§ 305–312 UmwG a. F.]).

Registersperre und Unbedenklichkeitsverfahren

6.216 Wie bei den anderen Umwandlungsarten auch hemmt eine erhobene Anfechtungs- oder Nichtigkeitsklage gegen den Beschluss grundsätzlich die konstitutive Eintragung ins Handelsregister (§ 198 Abs. 3 i. V. m. § 16 Abs. 2 UmwG). Diese Sperrwirkung kann jedoch in einem Verfahren nach § 16 Abs. 3 UmwG möglicherweise beseitigt werden, wenn die Klage unzulässig oder offensichtlich unbegründet ist bzw. die Interessen der Gesellschaft am Vollzug des Formwechsels die des Klägers überwiegen (§ 198 Abs. 3 i. V. m. § 16 Abs. 3 UmwG).

cc) Austrittsrecht

Austrittsrecht für alle dissentierenden Gesellschafter

6.217 Das Gesetz mutet es keinem Gesellschafter zu, sich an einer Gesellschaft weiter zu beteiligen, die er sich in dieser Rechtsform nicht ausgewählt hat. Es gewährt daher dissentierenden Gesellschaftern die Möglichkeit, anlässlich des Formwechsels gegen angemessene Barabfindung aus der Gesellschaft auszutreten (§ 207 UmwG). Das gilt unabhängig davon, ob der Formwechsel aus der Aktiengesellschaft oder der GmbH heraus erfolgt. Denn beim Wechsel von der AG in die GmbH ist der Gesellschafter stärkeren Verfügungsbeschränkungen in Bezug auf seine Mitgliedschaft unterworfen (§ 15 GmbHG), im umgekehrten Fall hat er demgegenüber eine Verkürzung seiner Mitgliedschaftsrechte zu gewärtigen. Die Barabfindung bedarf der Prüfung nach § 208 i. V. m. § 30 Abs. 2 UmwG. Ist die Barabfindung zu niedrig bemessen oder nicht (ordnungsgemäß) angeboten worden, berechtigt dies nicht zur Klage (§ 210 UmwG); eine Überprüfung erfolgt vielmehr auch hier ausschließlich im Spruchverfahren (§ 212 UmwG). Das erfasst nach überzeugender neuerer Rechtsprechung des BGH auch die Verletzung von Informations-, Auskunfts-[172] oder Berichtspflichten im Zusammenhang mit der nach § 207 UmwG anzubietenden Barabfindung; diese Informationsmängel können daher aus-

---

171) Ausführlich *Veil*, Umwandlung einer AG in eine GmbH (1996), S. 177 ff.
172) Zur Abtretbarkeit eines Auskunftsanspruchs zur Vorbereitung eines Abfindungsanspruchs nach § 44 Abs. 1 LwAnpG (oder eines Barabfindungsanspruchs) BGH ZIP 2000, 1444 = EWiR § 44 LwAnpG 1/01, 131 (*Bayer/Rzesnitzek*).

schließlich im Spruchverfahren nach §§ 305 ff UmwG gerügt werden.[173]
Ob und wie weit diese Rechtsprechung auch auf Informationsmängel bei
anderen vergleichbaren Strukturmaßnahmen zu erstrecken ist, ist noch
ungewiss.[174] Im Hinblick auf die Möglichkeit, ein unangemessenes Barabfindungsgebot im Spruchverfahren überprüfen zu lassen, soll Aktionären auch kein Anspruch auf Vorlage des (besonderen) Prüfberichts zur
Überprüfung der Angemessenheit eines Barabfindungsgebots (§§ 208, 30
Abs. 2 Satz 2, § 12 UmwG) zustehen.[175]

dd) Eintragung in das Handelsregister

Durch die nach der Beschlussfassung auf Antrag der Vertretungsorgane erfolgende Eintragung ins Handelsregister (§ 198 Abs. 1 UmwG) wird der Formwechsel wirksam (§ 202 UmwG). Damit wandeln sich die bisherigen Mitgliedschaften in solche der neuen Rechtsform um (§ 202 Abs. 1 Nr. 2 Halbs. 1 UmwG); aus dem bisherigen Stammkapital einer GmbH wird das Grundkapital der Aktiengesellschaft und umgekehrt (§ 247 Abs. 1 UmwG). Mit dem Eintragungsantrag müssen zugleich auch die Geschäftsleiter der Gesellschaft neuer Rechtsform zum Handelsregister angemeldet werden (§ 246 Abs. 2 UmwG). Der Umtausch der Beteiligungsrechte erfolgt nach § 248 UmwG. **6.218** Vollzug durch Handelsregister-Eintragung

Aufsichtsratsmitglieder bleiben für den Rest ihrer Wahlperiode im Amt, wenn der Aufsichtsrat beim Rechtsträger neuer Rechtsform in gleicher Weise wie bisher gebildet wird (§ 203 Satz 1 UmwG). **Anstellungsverträge** mit Geschäftsleitern gelten im Zweifel mit dem Inhalt des mit der früheren Gesellschaft geschlossenen Anstellungsvertrages fort.[176] Offen ist allerdings, ob beim Formwechsel allgemein § 625 BGB mit der Folge einer möglichen unbefristeten Verlängerung eines Anstellungsvertrages anzuwenden ist oder ob der Anwendung dieser Norm die Kompetenzregeln hinsichtlich der Bestellung von Organmitgliedern entgegenstehen. **6.219** Fortgeltung der Anstellungsverträge

---

173) BGHZ 146, 179 = ZIP 2001, 199 = NJW 2001, 1425 = DStR 2001, 220 = NZG 2001, 574 = EWiR § 210 UmwG 1/01, 331 (*Wenger*) = LM UmwG Nr. 9 (*Marsch-Barner*) = BB 2001, 382 (Ls.) (*Luttermann*) = WuB II N. § 210 UmwG 1.01 (*Witt*) (ebenso die Vorinstanz OLG Karlsruhe NZG 1999, 604 = AG 1999, 470) – MEZ; BGH ZIP 2001, 412 = NJW 2001, 1428 = WuB II N. § 210 UmwG 2.01 (*Witt*) (abw. die Vorinstanz KG NZG 1999, 508 = AG 1999, 126) – Aqua-Butzke; anders noch OLG Koblenz ZIP 2001, 1093, 1094 – Diebels/Reginaris I (Rückläufer hinter BGH ZIP 1999, 580 = NJW 1999, 1638 = DStR 1999, 643 *[Goette]*); OLG Koblenz ZIP 2001, 1095, 1097 f = EWiR § 131 AktG 1/01, 205 (*Hasselbach*) – Diebels/Reginaris II (bezogen auf den Zustimmungsbeschluss zu einem Beherrschungs- und Gewinnabführungsvertrag); dazu *Henze*, ZIP 2002, 97, 103; *Hirte*, ZHR 167 (2003), 8; *Kleindiek*, NZG 2001, 552; *Sinewe*, DB 2001, 690 f; *Vetter*, in: Festschrift Wiedemann, 2002, S. 1323.

174) Hierzu *Henze*, ZIP 2002, 97, 103; *Hirte*, ZHR 167 (2003), 8; *Kleindiek*, NZG 2001, 552; *Sinewe*, DB 2001, 690 f; *Vetter*, in: Festschrift Wiedemann, 2002, S. 1323.

175) BGH ZIP 2001, 412 = NJW 2001, 1428 = WuB II N. § 210 UmwG 2.01 (*Witt*) (abw. die Vorinstanz KG NZG 1999, 508 = AG 1999, 126; wie hier die Eingangsinstanz LG Berlin ZIP 1997, 1065 = EWiR § 192 UmwG 1/97, 421 *[Kiem]*) – Aqua Butzke-Werke AG; kritisch *Hirte*, ZHR 167 (2003), 8, 13.

176) BGH ZIP 1997, 1106 = NJW 1997, 2319 = DStR 1997, 932 (*Goette*) = LM H. 11/1997 § 622 BGB Nr. 7 (für Formwechsel einer AG in eine GmbH).

b) Gläubigerschutz

Nur geringe Gläubigergefährdung beim Formwechsel

6.220 Die bei der Verschmelzung oder Spaltung auftretenden Gefährdungen der Gläubiger finden sich beim Formwechsel nicht; weder müssen sie mit hinzu kommenden anderen Gläubigern konkurrieren, noch wird ihnen durch den Vorgang ein Teil ihrer Haftungsmasse entzogen. Eine Gefährdung der Gläubiger kann sich indes aus der unterschiedlichen Vermögensbindung bei den verschiedenen Gesellschaftstypen ergeben (dazu oben Rz. 5.77). Bei einem Formwechsel von der Aktiengesellschaft in die GmbH kann das mithin dazu führen, dass die Vermögensbindung gelockert und dazu genutzt wird, das bislang gebundene Gesellschaftsvermögen an die Gesellschafter auszuschütten. Die darin liegende Gefährdung der Gläubigerinteressen rechtfertigt eine besondere Sicherung. Unter Verweis auf die verschmelzungsrechtlichen Vorschriften können die Gläubiger daher Sicherheit verlangen (§ 204 i. V. m. § 22 UmwG).[177]

6.221 Im umgekehrten Fall des Formwechsels von der GmbH in die Aktiengesellschaft wird hingegen eine Gläubigergefährdung regelmäßig nicht vorliegen, zumal sich die Vermögensbindung zugunsten der Gläubiger verstärkt. Denkbar ist im Einzelfall aber eine Gefährdung durch den Wegfall der Ausfallhaftung nach § 24 GmbHG bei nicht voll eingezahlten Geschäftsanteilen bzw. nach § 31 Abs. 6 GmbHG bei unerlaubten Ausschüttungen.

---

[177] Zur hier geschilderten Gefährdung beim Formwechsel von der Aktiengesellschaft in die GmbH zustimmend *Veil*, Umwandlung einer AG in eine GmbH (1996), S. 242 f; *Dehmer*, UmwG, § 204; *Semler/Stengel/Kalss*, UmwG, § 204 Rz. 3.

§ 7 Auflösung und Nichtigkeit der Kapitalgesellschaft

Literatur: *Grziwotz*, Die Liquidation von Kapitalgesellschaften, Genossenschaften und Vereinen, DStR 1992, 1404; *Hennrichs*, Fortsetzung einer mangels Masse aufgelösten GmbH, ZHR 159 (1995), 593; *Henze*, Auflösung einer Aktiengesellschaft und Erwerb ihres Vermögens durch den Mehrheitsgesellschafter, ZIP 1995, 1473; *Hüffer*, Löschung und Beendigung einer GmbH, GmbHR 1988, 209; *Karsten Schmidt*, Zur Ablösung des Löschungsgesetzes, GmbHR 1994, 829; *Vallender*, Auflösung und Löschung der GmbH, NZG 1998, 249; *Wilhelm/Dreier*, Beseitigung von Minderheitsbeteiligungen auch durch übertragende Auflösung einer AG?, ZIP 2003, 1369.

I. Auflösung

1. Allgemeines

Eine Kapitalgesellschaft kann unter bestimmten Voraussetzungen aufgelöst werden. „Auflösung" bedeutet dabei die Änderung des Gesellschaftszwecks: aus der „werbenden" Gesellschaft, deren Zweck regelmäßig die Gewinnerzielung ist, wird eine **Abwicklungs- oder Liquidationsgesellschaft**, deren Zweck auf Beendigung des Geschäftsbetriebs gerichtet ist. Das heißt andererseits, dass mit der „Auflösung" nicht etwa die Kapitalgesellschaft schon „entfallen" oder ihre Existenz als Rechtssubjekt einbüßen würde. Das ist erst mit der „Beendigung" der Fall, regelmäßig nach Abschluss der Liquidation (dazu unten Rz. 4.24 ff, 7.43). **7.1** *Auflösung führt zu Liquidationsverfahren*

Für Auflösung, Zahlungsunfähigkeit und ähnliche Verfahren bei einer **Europäischen Aktiengesellschaft** verweist Art. 63 SE-VO auf das nationale Recht (zum Insolvenzrecht bereits oben Rz. 1.32). Nach nationalem Recht richtet sich daher auch die Frage, unter welchen Voraussetzungen und mit welchen Folgen die Nichtigkeit einer SE eintreten kann. Bemerkenswert ist, dass das Entfallen der Grenzüberschreitung – soweit überhaupt möglich – anders als bei der EWIV (vgl. Art. 31 Abs. 3 i. V. m. Art. 4 Abs. 2 EWIV-VO) nicht zur Auflösung einer SE führt. **7.2**

2. Auflösungsgründe

Die Voraussetzungen, unter denen eine Kapitalgesellschaft aufgelöst wird oder werden kann, ergeben sich in erster Linie aus dem Gesetz (§ 262 Abs. 1 AktG, § 60 Abs. 1 GmbHG). Danach ist zwischen zwei Arten von Auflösungsgründen zu unterscheiden: solchen, die auf einem **freiwilligen Willensakt** ihrer Gesellschafter beruhen, und solchen, die im **öffentlichen Interesse** liegen und daher zwingend sind. Der Gesellschaftsvertrag kann darüber hinaus jedenfalls in der GmbH weitere Auflösungsgründe festlegen (§ 60 Abs. 2 GmbHG); hier ist etwa an die Insolvenz eines Gesellschafters zu denken (dazu oben Rz. 4.85) oder an die Einräumung eines Kündigungsrechts an einen Gesellschafter. Für die Aktiengesellschaft ist die Zulässigkeit einer Erweiterung der gesetzlich normierten Kündigungsgründe im Hinblick auf § 23 Abs. 5 AktG umstritten.[1] **7.3** *Zwei Arten von Auflösungsgründen*

---

1) Gegen eine satzungsmäßige Erweiterung aus diesem Grunde *Hüffer*, AktG, § 262 Rz. 7 (AG) m. w. N.; zur Satzungsautonomie in der Liquidation umfassend *Sethe*, ZIP 1998, 770.

§ 7 Auflösung und Nichtigkeit der Kapitalgesellschaft

a) Gründe für eine freiwillige Auflösung

Auflösungsbeschluss

7.4 Den systematisch wichtigsten gesetzlichen, auf einer Entscheidung der Gesellschafter beruhenden Auflösungsgrund bildet der **Auflösungsbeschluss** der Haupt- bzw. Gesellschafterversammlung (§ 262 Abs. 1 Nr. 2 AktG, § 60 Abs. 1 Nr. 2 GmbHG). Er ist in der Aktiengesellschaft mit einer Mehrheit von mindestens drei Vierteln des bei der Beschlussfassung vertretenen Kapitals bzw. in der GmbH der abgegebenen Stimmen zu fassen. Praktische Bedeutung erlangt er vor allem dann, wenn die Gesellschafter rechtzeitig (!) zu der Erkenntnis gelangen, dass das von der Gesellschaft betriebene Unternehmen auf Dauer nicht mehr Gewinn bringend betrieben werden kann.

Keine materielle Kontrolle des Auflösungsbeschlusses

7.5 Gegenstand einer intensiven wissenschaftlichen Debatte war die Frage, ob der Auflösungsbeschluss neben den formellen (Mehrheits-)Anforderungen auch noch sachlichen Kriterien nach dem Vorbild der Rechtsprechung zum Bezugsrechtsausschluss (dazu oben Rz. 6.30 ff) genügen muss. Der BGH verneinte dies unter Hinweis darauf, dass den Gesellschaftern jederzeit die Möglichkeit verbleiben müsse, ihr Engagement in der Gesellschaft durch „Desinvestition" zu beenden.[2]

„MotorMeter"-Entscheidung des BVerfG

7.6 Auf der anderen Seite darf nicht übersehen werden, dass die Auflösung auch ge- bzw. missbraucht werden kann, um Vermögenswerte – insbesondere auch das ganze von der Gesellschaft betriebene Unternehmen – im Rahmen der Vermögensverteilung einzelnen Gesellschaftern zukommen zu lassen.[3] Damit können auch die für Vermögensübertragungen oder Umwandlungen sonst eingreifenden Schutzvorschriften zugunsten der (Minderheits-)Gesellschafter unterlaufen werden. Das BVerfG hat daher für eine solche „übertragende Auflösung", also die Auflösung mit anschließender Übertragung der Aktiva auf einen der Gesellschafter, zunächst mit ungewöhnlicher Deutlichkeit festgestellt, dass dies sowohl die mitgliedschaftliche Stellung als auch die vermögensrechtliche Position der dabei faktisch auszuschließenden Minderheitsaktionäre berühre. Soweit der Gesetzgeber ein solches Vorgehen ermögliche (was er dürfe), müsse er daher – so das BVerfG – entsprechende Schutzvorkehrungen zugunsten der Minderheit vorsehen. Die Eigentumsgarantie gebietet dabei nach Ansicht des BVerfG im Falle einer Hinausdrängung aus der Gesellschaft eine wirtschaftlich volle Entschädigung, deren Höhe von den Gerichten

---

2) BGHZ 76, 352, 354 f = ZIP 1980, 275 (GmbH).
3) Unbedenklich nach OLG Stuttgart ZIP 1995, 1515 – MotoMeter (Vorinstanz: LG Stuttgart ZIP 1993, 514). Nach OLG Stuttgart, ZIP 1997, 362 = EWiR § 361 AktG 1/97, 197 (*Dreher/Neumann*) – Moto Meter II kommt im Hinblick auf die zugleich erfolgte Vermögensübertragung nach § 179a AktG (früher § 361 AktG a. F.) auch kein Anspruch auf angemessene Abfindung im Spruchverfahren wie bei den Ausgleichsansprüchen anlässlich Eingliederung und Umwandlung in Betracht.

zu überprüfen ist, aber nicht notwendigerweise im Rahmen eines Spruchverfahrens.[4)]

Der BGH hat in solchen Fällen zudem schon früher verlangt, dass alle Gesellschafter die gleiche Chance haben müssen, solche Vermögensgegenstände im Rahmen der Vermögensverteilung aus der Liquidationsmasse zu erwerben. Daran fehlt es bei einem Auflösungsbeschluss, wenn der Mehrheitsgesellschafter schon vor dem Beschluss Absprachen über eine Übernahme wesentlicher Teile des Gesellschaftsvermögens getroffen hat.[5)] Vor allem für nur geringfügig beteiligte Gesellschafter dürfte diese aus der Treuepflicht abgeleitete Forderung nach Chancengleichheit jedoch reine Theorie bleiben.[6)]   7.7

Aufgelöst auf der Grundlage des Willens der Gesellschafter wird eine Kapitalgesellschaft auch mit **Ablauf der in der Satzung bestimmten Zeit** (§ 262 Abs. 1 Nr. 1 AktG, § 60 Abs. 1 Nr. 1 GmbHG). Das setzt voraus, dass die Gesellschafter ihrer Gesellschaft in der ursprünglichen Satzung (oder später durch Satzungsänderung) eine von vornherein beschränkte Lebensdauer zugestanden haben. Praktisch wird dies vor allem bei Projektgesellschaften, etwa zur Durchführung von Olympischen Spielen, einer Weltausstellung oder der Organisation des Kulturbetriebs einer Kulturhauptstadt („Weimar 1999 – Kulturhauptstadt Europas GmbH").   7.8   Auflösung durch Zeitablauf

Zur **sofortigen Beendigung** (ohne vorhergehende Liquidation!) führt die **Verschmelzung** einer Kapitalgesellschaft nach den Vorschriften des UmwG, wenn es sich um eine Verschmelzung zur Neugründung handelt oder um eine Verschmelzung durch Aufnahme, bei der die Gesellschaft übertragender Rechtsträger ist (§ 20 Abs. 1 Nr. 2 UmwG; dazu oben Rz. 6.110). Ebenso wird eine übertragende Gesellschaft im Falle einer Aufspaltung beendet (§ 131 Abs. 1 Nr. 2 UmwG). Auch diese Beendigungstatbestände beruhen auf dem Willen der Gesellschafter; sie dürften unter den „freiwilligen" Auflösungsgründen die größte Bedeutung haben. Beim **Formwechsel** besteht die Gesellschaft demgegenüber nach § 202 Abs. 1 Nr. 1 UmwG in der anderen Rechtsform weiter, selbst wenn es sich bei der Zielrechtsform um eine Personengesellschaft handelt.   7.9   Sofortige Beendigung durch Verschmelzung

b) Insolvenzrechtliche Auflösungsgründe

Neben diese freiwilligen Auflösungstatbestände treten drei im öffentlichen Interesse statuierte Auflösungsgründe. Aufgelöst wird eine Kapitalgesellschaft nämlich nach § 262 Abs. 1 Nr. 3 AktG, § 60 Abs. 1 Nr. 4   7.10

---

4) BVerfG ZIP 2000, 1670 = NJW 2001, 279 = NZG 2000, 1117 = DStR 2000, 1659 = EWiR Art. 14 GG 1/2000, 913 (*Neye*) – Moto Meter (Vorinstanz OLG Stuttgart ZIP 1997, 362 = EWiR § 361 AktG 1/97, 197 *[Dreher/Neumann]*); zuvor *Lutter/Drygala*, in: Festschrift Kropff, 1997, S. 191 ff; im Ergebnis ebenso für die Eingliederung OLG Karlsruhe NJW-RR 2001, 1326.

5) BGHZ 103, 184 = ZIP 1988, 301 = NJW 1988, 1579 = EWiR § 262 AktG 1/88, 529 (*Dreher*) – Linotype; dazu *Lutter*, ZHR 153 (1989), 446.

6) Für eine Missbrauchskontrolle durch „Zweckanalyse" in solchen Fällen daher *Hirte*, Bezugsrechtsausschluß und Konzernbildung (1986), S. 143 f, 150 ff.

§ 7 Auflösung und Nichtigkeit der Kapitalgesellschaft

GmbHG auch durch die **Eröffnung des Insolvenzverfahrens über ihr Vermögen** (nicht das eines Gesellschafters) oder mit Rechtskraft eines Beschlusses, durch den die **Eröffnung des Insolvenzverfahrens** mangels einer die Kosten des Verfahrens deckenden Masse (§ 26 InsO) abgelehnt wird (§ 262 Abs. 1 Nr. 4 AktG, § 60 Abs. 1 Nr. 5 GmbHG). Sie wird auch aufgelöst durch **Löschung wegen Vermögenslosigkeit** nach § 141a FGG (§ 262 Abs. 1 Nr. 6 AktG, § 60 Abs. 1 Nr. 7; früher § 2 Abs. 1 LöschG). Die beiden letzten Gründe werden nach § 131 Abs. 2 HGB auch auf solche Handelsgesellschaften erstreckt, bei denen kein persönlich haftender Gesellschafter – auch mittelbar nicht – eine natürliche Person ist, insbesondere also die GmbH & Co. KG. In allen diesen Fällen richtet sich das weitere Verfahren nur sehr begrenzt nach den gesellschaftsrechtlichen Regeln, sondern nach dem Insolvenzrecht; es kann daher im Rahmen dieser Darstellung nur in Ansätzen vorgestellt werden (unten Rz. 7.44 ff).[7]

c) Sonstige Auflösungsgründe

Satzungs- und Vertragsmängel – Auflösungsklage

7.11 Aufgelöst wird die Kapitalgesellschaft schließlich mit der Rechtskraft einer Verfügung des Registergerichts, durch die nach § 144a FGG ein **Mangel der Satzung** festgestellt wurde (§ 262 Abs. 1 Nr. 5 AktG, § 60 Abs. 1 Nr. 6 GmbHG). Bei der GmbH kommen bestimmte Verstöße gegen die **Kapitalaufbringungsregeln** (Verstoß gegen § 19 Abs. 4 GmbHG) hinzu (§ 60 Abs. 1 Nr. 6 GmbHG); das Registergericht kann hier nach § 144b FGG die Auflösung der Gesellschaft verfügen, wenn der Mangel nicht beseitigt wird. Ausdrücklich statuiert ist auch die Möglichkeit einer Auflösung im Verwaltungsrechtsweg wegen Gemeinwohlgefährdung nach § 396 AktG, § 62 GmbHG. Schließlich kann in der GmbH nach § 61 GmbHG eine **Auflösungsklage** vor allem dann erhoben werden, wenn ein wichtiger Grund in den Verhältnissen der Gesellschaft (oder auch der Gesellschafter) vorliegt. Hierzu kann auch ein unauflösbares Zerwürfnis zwischen den Gesellschaftern gehören.[8] Das Schweizerische Bundesgericht hat für die Parallelfrage im Schweizer Recht auch mangelnde Rentabilität der Gesellschaft als Auflösungsgrund angesehen.[9] Nach § 61 Abs. 2 Satz 2 GmbHG kann die Klage aber nur von Gesellschaftern erhoben werden, die über mindestens 10 % des Stammkapitals verfügen.[10] Auch bei der geschlossenen Aktiengesellschaft wird man die Möglichkeit einer Auflösungsklage analog § 61 GmbHG zulassen müssen.[11]

---

7) Überblick auch bei *Vallender*, NZG 1998, 249.
8) Zum Ganzen jetzt *Reher*, Diss. Hamburg 2003 (im Erscheinen).
9) BGE 126 III 266 f; dazu *Wohlmann*, SZW/RSDA 2001, 154 f.
10) Für Subsidiarität der Auflösungsklage gegenüber der Möglichkeit des Austritts oder Ausschlusses BGHZ 80, 346, 348 = ZIP 1981, 985 (für den Fall einer möglichen Ausschließung); *Grunewald*, GesR, 2.F. Rz. 187; enger (nur bei Austrittsmöglichkeit zu akzeptablen Bedingungen) *Karsten Schmidt*, GesR, § 38 IV 2 b, bb, S. 1198 f.
11) Überzeugend *Becker*, ZGR 1986, 383 (für den *Ausschluss* aus der Aktiengesellschaft).

I. Auflösung

Aufgelöst wird eine Kapitalgesellschaft schließlich auch noch in einigen weiteren, zumeist außerhalb der Gesellschaftsgesetze gesetzlich normierten Fällen, vor allem im Zusammenhang mit wirtschaftsaufsichtsrechtlichen Maßnahmen (allgemein auch § 3 Abs. 1 Satz 1 VereinsG a.E.).[12] Hierzu soll nach überwiegender Ansicht auch das Entstehen einer „Kein-Personen-Gesellschaft", einer Gesellschaft ohne Gesellschafter, gehören. Auch in diesen Fällen richten sich die Rechtsfolgen und das weitere Verfahren nach den gesellschaftsrechtlichen Bestimmungen (ausdrücklich § 262 Abs. 2 AktG).

7.12

Einen praktisch besonders wichtigen Fall der nicht gesetzlich geregelten Auflösungsgründe bildet schließlich die **Verlegung des „effektiven Verwaltungssitzes"** einer Kapitalgesellschaft **in das Ausland**. Denn nach der bislang herrschenden Auffassung zum deutschen internationalen Gesellschaftsrecht (dem Internationalen Privatrecht der Gesellschaften) ist unausgesprochene Voraussetzung für die Existenz einer deutschem Recht unterliegenden Kapitalgesellschaft, dass ihre tatsächliche Geschäftsleitung den Sitz im Inland hat. Eine Verlegung dieses Sitzes in das Ausland ist daher bei Beibehaltung ihrer „Identität" als juristischer Person nicht möglich; sie führt daher zur Auflösung der Gesellschaft.[13]

7.13 Auflösung durch Verlegung des Verwaltungssitzes ins Ausland

Nach bislang herrschender Auffassung steht dieses Ergebnis auch im Einklang mit den durch den EG-Vertrag eingeräumten Grundfreiheiten.[14] Seit der EuGH-Entscheidung in der Sache „Centros"[15] ist allerdings möglicherweise eine abweichende Betrachtungsweise geboten. Das Gericht ließ die Eintragung der Niederlassung einer in England gegründeten, dort aber nicht agierenden Gesellschaft in Dänemark unter Hinweis auf die Niederlassungsfreiheit zu. Der österreichische OGH gab darauf

7.14 „Centros"- und „Überseering"- Entscheidung

---

12) Vgl. dazu *Hüffer*, § 262 AktG, Rz. 21; *Schulze-Osterloh*, in: Baumbach/Hueck, GmbHG, § 60 Rz. 31 ff.
13) BGHZ 78, 318, 334 = NJW 1981, 522, 525; BGHZ 97, 269, 271 f; BayObLGZ 1992, 113 = ZIP 1992, 842 = EWiR § 3 GmbHG 1/92, 785 (*Thode*) (Verlegung von München nach London); OLG Hamm ZIP 1997, 1696 = NJW-RR 1998, 615 = WiB 1997, 1242 = GmbHR 1997, 848 = EWiR § 13h HGB 1/97, 1031 (*Großfeld*) (für Verlegung nach Luxemburg); OLG Düsseldorf ZIP 2001, 790 = NJW 2001, 2184 = NZG 2001, 506 = EWiR § 4a GmbHG 1/01, 581 (*Niesert*) (für Verlegung in die Niederlande); OLG Hamm ZIP 2001, 791, 792 f = NJW 2001, 2183 = NZG 2001, 562 (für Verlegung nach England); abw. KG JW 1934, 996 (Gründungstheorie [in einer Strafsache]); offen lassend BayObLGZ 1986, 61 = NJW 1986, 3029 – Landshuter Druckhaus Ltd. & Co. KG.
14) EuGH Slg. 1988, 5483 = NJW 1989, 2186 – Daily-Mail.
15) EuGH Slg. 1999, I-1459 = ZIP 1999, 438 = NJW 1999, 2027 = DB 1999, 625 (*Meilicke*) = BB 1999, 809 (*Sedemund*) = NZG 1999, 298 (*Leible*) = IStR 1999, 253 = EWiR Art. 52 EGV 1/99, 259 (*Neye*) = DStR 1999, 772 (Ls.) – Centros; dazu *Ebke*, JZ 1999, 656; *Göttsche*, DStR 1999, 1403 ff; *Kindler, Merkt, Kiem, Hemeling, Hillmann*, in: VGR, Bd. 2 (2000), S. 88 ff; *Kindler*, NJW 1999, 1993; *Kieninger*, ZGR 1999, 724; *G.H. Roth*, ZIP 1999, 861; *W.-H. Roth*, ZGR 2000, 311; *Steindorff*, JZ 1999, 1140; *Werlauff*, ZIP 1999, 867; *Zimmer*, ZHR 164 (2000), 23; ebenso OLG Frankfurt/M. ZIP 1999, 1710 = NJW-RR 2000, 1226 = EWiR § 50 ZPO 2/99, 1081 (*Kindler*) (n. rkr.) – Nixtecs; abw. zuvor noch BayObLG NJW-RR 1999, 401 = DB 1998, 2318 = EWiR § 13e HGB 1/99, 563 (*Haack*); zur (angeblich fehlenden) internationalen Zuständigkeit bei mitgliedschaftlicher Klage eines Gesellschafters gegen englische Gesellschaft mit tatsächlichem Verwaltungssitz im Inland LG München I NJW-RR 2000, 567.

hin zwischenzeitlich ausdrücklich die auch dort bislang geltende Sitztheorie unter Hinweis auf das europäische Recht auf.[16] Mit der Entscheidung in der Sache „Überseering" hat der EuGH nunmehr einen weiteren Schritt in diese Richtung getan (zu dieser Entscheidung ausführlich oben Rz. 1.36).

Keine Auflösung der SE

7.15 Die Auflösungsfolge dürfte sich aber auch – zumindest teilweise – durch den am 22. April 1998 vorgelegten Vorentwurf der EU einer „Vierzehnten Richtlinie des Europäischen Parlaments und des Rates über die Verlegung des Sitzes einer Gesellschaft in einen anderen Mitgliedstaat mit Wechsel des für die Gesellschaft maßgebenden Rechts" erledigen.[17] Jedenfalls für die **Europäische Aktiengesellschaft** erlaubt die SE-Verordnung – wie schon Art. 13, 14 EWIV-VO – jetzt schon die Verlegung des Gesellschaftssitzes in einen anderen Mitgliedstaat, ohne dass dies zur Auflösung der SE im Wegzugsstaat oder zur Neugründung einer juristischen Person im Zuzugsstaat führen würde (Art. 8 Abs. 1 SE-VO; zu den Einzelheiten Art. 8 Abs. 2–16 SE-VO).[18]

3. Liquidationsverfahren

Durchführung des Liquidationsverfahrens

7.16 Eine aufgelöste Gesellschaft ist nach §§ 264 ff AktG, §§ 70 ff GmbHG abzuwickeln (zu „liquidieren"), sofern nicht über ihr Vermögen ein Insolvenzverfahren eröffnet wurde (§ 264 Abs. 1 AktG a.E., § 66 Abs. 1 GmbHG). Dann nämlich richtet sich die Abwicklung nach den insolvenzrechtlichen Vorschriften, deren primäres Ziel die Befriedigung der Gläubiger ist (§ 1 Satz 1 InsO). Auch während der Zeit der Abwicklung gelten für die Gesellschaft grundsätzlich die Vorschriften für werbende Gesellschaften weiter; nur soweit in den §§ 264 ff AktG, §§ 70 ff GmbHG ausdrücklich etwas anderes angeordnet ist, werden die allgemeinen Regelungen durch die speziellen Vorschriften über die Abwicklung verdrängt (§ 264 Abs. 3 AktG, § 69 Abs. 1 GmbHG). Daher bleibt insbesondere die Rechtsfähigkeit der Gesellschaft unberührt; und auch die Firma der Gesellschaft bleibt grundsätzlich unverändert, ihr ist aber nunmehr ein auf die Abwicklung hinweisender Zusatz hinzuzufügen, etwa „i.L." für „in Liquidation" (für Angaben auf Geschäftsbriefen § 268 Abs. 4 Satz 1 AktG, § 71 Abs. 5 Satz 1 GmbHG; für die Zeichnung § 269 Abs. 6 AktG, § 68 Abs. 2 GmbHG). Auch auf eine etwaige Börsennotierung hat die Auflösung einer Aktiengesellschaft keinen Einfluss;[19] anstelle der Aktien werden nunmehr lediglich die *ex lege* aus den Aktien entstandenen Liquidationsanteilscheine („Liquis") gehandelt.

---

16) OGH GesRZ 1999, 248 (*Bachner*) = öRdW 1999, 719 f; dazu *Nowotny*, öRdW 1999, 697 f.
17) Abgedruckt in: ZIP 1997, 1721; dazu auch das 10. Bonner Europa-Symposion am 24. 4 1998 (Wiedergabe der Beiträge in ZGR 1999, 3 ff); *Meilicke*, GmbHR 1998, 1053.
18) *Hirte*, NZG 2002, 1, 3; *Schulz/Geismar*, DStR 2001, 1078, 1079; *Ulmer*, FAZ v. 21. 3. 2001, Nr. 68 S. 30; ders., FAZ v. 28. 4. 2001, Nr. 99 S. 23.
19) Dazu ausführlich *Schander/Schinogl*, ZInsO 1999, 202 ff.

I. Auflösung

a) Abwicklungspflicht

Im Mittelpunkt der Abwicklung steht die Verpflichtung der Abwickler (zur Person der Abwickler sogleich Rz. 7.36), „die laufenden Geschäfte zu beenden, die Forderungen einzuziehen, das übrige Vermögen in Geld umzusetzen und die Gläubiger zu befriedigen" (§ 268 Abs. 1 Satz 1 AktG, ähnlich § 70 Satz 1 Halbs. 1 GmbHG). Gleichwohl dürfen die Abwickler auch neue Geschäfte eingehen, soweit dies mit dem Zweck der Abwicklung vereinbar ist (§ 268 Abs. 1 Satz 1 AktG, § 70 Satz 2 GmbHG). Das kann dazu führen, dass die Abwicklung einer großen Gesellschaft viele Jahre, manchmal sogar Jahrzehnte in Anspruch nimmt. Ein Extrembeispiel hierfür bildet die Liquidation der IG Farben, die 1950 durch Gesetz Nr. 53 der Alliierten Hohen Kommission aufgelöst wurde und deren Liquidation bis heute nicht beendet ist.[20] — 7.17 Abwicklungspflicht der Liquidatoren

Auch die Satzung kann während der Abwicklung grundsätzlich noch geändert werden; allerdings können sich hier Grenzen aus dem Abwicklungszweck ergeben, zumal die Gesellschafter es in der Hand haben, die Abwicklung durch einen Fortsetzungsbeschluss zu beenden.[21] — 7.18

Um das Abwicklungsverfahren für Gesellschafter und Gläubiger transparent zu gestalten, statuiert § 270 Abs. 1 AktG, § 71 Abs. 1 GmbHG die Pflicht, auf den Zeitpunkt des Beginns der Abwicklung eine besondere „**Eröffnungsbilanz**" aufzustellen. Auf diese sind die Vorschriften über den Jahresabschluss entsprechend anzuwenden, soweit sich nicht aus der beabsichtigten Veräußerung von Vermögensgegenständen des Anlagevermögens ein anderer Wertansatz ergibt (§ 270 Abs. 2 Sätze 2 und 3 AktG, § 71 Abs. 2 Sätze 2 und 3 GmbHG). Da die Abwicklung – wie angedeutet – längere Zeit in Anspruch nehmen kann, legen § 270 Abs. 1 AktG, § 71 Abs. 1 GmbHG ausdrücklich fest, dass auch für den Schluss der folgenden (Abwicklungs- bzw. Geschäfts-)Jahre jeweils Jahresabschlüsse aufzustellen sind. Diese sind ebenso wie die Eröffnungsbilanz allein von der Hauptversammlung (§ 270 Abs. 2 AktG; anders nach § 172 AktG für die werbende Gesellschaft) bzw. zwingend von der Gesellschafterversammlung (§ 71 Abs. 2 Satz 1 GmbHG; anders nach § 46 Nr. 1 GmbHG für die werbende Gesellschaft: dispositiv) festzustellen. Mit Beendigung der Abwicklung haben die Abwickler nach § 259 Abs. 1 BGB eine **Schlussrechnung** zu legen; diese bildet keinen Jahresabschluss mehr. Die entsprechende Pflicht wird in § 273 Abs. 1 Satz 1 AktG, § 74 Abs. 1 Satz 1 GmbHG vorausgesetzt. — 7.19 Rechnungslegung der Gesellschaft in Liquidation

Im Übrigen obliegen den Abwicklern dieselben Pflichten wie anderen Geschäftsleitern. Das gilt insbesondere für die Verpflichtung, bei Verlust der Hälfte des Grund- oder Stammkapitals die Haupt- oder Gesellschafterversammlung einzuberufen und bei Überschuldung oder Zahlungsun- — 7.20 Insolvenz der Gesellschaft in Liquidation

---

20) Dazu und zum historischen Hintergrund *Plumpe*, Die I.G. Farbenindustrie AG (1990), S. 756 ff.
21) LG Berlin ZIP 1999, 1050: *Sitzverlegung* einer nach § 1 Abs. 1 LöschG (jetzt § 60 Abs. 1 Nr. 5 GmbHG) aufgelösten GmbH ist nur aus besonderen, im Interesse der Abwicklung liegenden Gründen möglich.

fähigkeit **Insolvenzantrag** zu stellen; auch die Rechtsfolgen bei Verletzung dieser Pflichten entsprechen denen der Geschäftsleiter einer werbenden Gesellschaft (dazu oben Rz. 3.78 ff). Im Hinblick auf ihre Pflichten unterliegen die Abwickler einer Aktiengesellschaft der Entlastung durch die Hauptversammlung (§ 270 Abs. 2 AktG) bzw. in der GmbH zwingend durch die Gesellschafterversammlung (§ 71 Abs. 2 Satz 1 GmbHG).

7.21 Das nach Berichtigung der Verbindlichkeiten verbleibende Vermögen ist nach § 271 Abs. 1 AktG, § 72 Satz 1 GmbHG an die Gesellschafter zu verteilen. Diese „Liquidationsdividende" bemisst sich grundsätzlich nach dem Verhältnis der Anteile am Grund- bzw. Stammkapital (§ 271 Abs. 2 AktG, § 72 Satz 2 GmbHG).

b) Gläubigerschutz

7.22 Durch die Vermögensverteilung im Rahmen der Abwicklung wird das den Gläubigern haftende Vermögen zugunsten der Gesellschafter „desinvestiert". Der für die werbende Gesellschaft geltende Grundsatz der Kapitalerhaltung wird daher hier aufgegeben und durch andere Schutzmechanismen zugunsten der Gläubiger ersetzt. Die Abwicklung bildet insoweit das Spiegelbild zur Kapitalaufbringung.

Gläubigerschutz durch mehrfache Aufforderung und Sperrjahr zur Anspruchsanmeldung

7.23 Aus diesem Grunde haben die Abwickler zunächst die **Gläubiger** unter Hinweis auf die Auflösung aufzufordern, ihre Ansprüche bei der Gesellschaft anzumelden. Diese Aufforderung ist dreimal in den Gesellschaftsblättern bekannt zu machen (§ 267 AktG, § 65 Abs. 2 Satz 2 GmbHG). Zudem darf die Vermögensverteilung erst stattfinden, wenn seit der dritten Bekanntmachung ein Jahr vergangen ist („Sperrjahr"; § 272 Abs. 1, § 73 Abs. 1 GmbHG); dadurch entsteht eine totale Ausschüttungssperre, auch bezüglich etwaiger im Liquidationsverfahren entstehender Gewinne.[22] Meldet sich ein bekannter Gläubiger nicht, sind die ihm zustehenden Beträge nach Möglichkeit zu hinterlegen (§ 272 Abs. 2, § 73 Abs. 2 GmbHG). Darüber hinaus sind bis zum Ablauf des Sperrjahrs die Kapitalerhaltungsvorschriften für die werbende Gesellschaft auch noch im Auflösungsstadium anwendbar.

c) Beendigung der Gesellschaft

Lehre vom Doppeltatbestand

7.24 Ist das Vermögen verteilt und die Schlussrechnung (dazu oben Rz. 7.19) gelegt, ist die Beendigung der Gesellschaft zum Handelsregister anzumelden und die Gesellschaft zu löschen (dazu unten Rz. 7.42 f). Ihre Existenz als juristische Person endet aber nach der Lehre vom **Doppeltatbe-**

---

[22] Zur Möglichkeit des Verzichts auf das Sperrjahr, wenn kein Vermögen mehr vorhanden ist, und die Gesellschaft daher auch von Amts wegen wegen Vermögenslosigkeit nach § 60 Abs. 1 Nr. 7 GmbHG i. V. m. § 141a FGG gelöscht werden könnte, OLG Naumburg ZIP 2002, 1529 = DZWIR 2002, 435 (*Keil*).

stand nur, wenn die Gesellschaft sowohl im Register gelöscht wurde *als auch* kein Vermögen mehr besitzt.[23]

Erst dann verliert eine Kapitalgesellschaft auch ihre **Parteifähigkeit im Prozess**.[24] Ihre Löschung allein führt daher nicht zwingend dazu, dass eine von ihr oder gegen sie erhobene Klage unzulässig wird. Die (Aktiv-) Klage, mit der vermögenswerte Rechte geltend gemacht werden, ist daher keinesfalls unzulässig.[25] Auch die Klage einer durch einen Prozessbevollmächtigten vertretenen GmbH wird aus verfahrensrechtlichen Gründen nicht dadurch unzulässig, dass die GmbH während des Rechtsstreits von Amts wegen gelöscht wird.[26]

7.25 Verlust der Parteifähigkeit

Da der Kläger bei einem *gegen* eine Kapitalgesellschaft (im „Passivprozess") geführten Rechtsstreit ohne sein Zutun um das bisherige Prozessergebnis gebracht werden könnte, ist der Prozess bei Löschung der beklagten Kapitalgesellschaft mindestens dann fortzusetzen, wenn der Kläger behauptet, dass die Gesellschaft noch über Vermögenswerte verfügt, die sich etwa aus Insolvenzverschleppung ergeben können. Richtigerweise wird man aber auch den bloßen Antrag auf Verfahrensfortsetzung ausreichen lassen müssen, da entsprechende Behauptungen notwendig „ins Blaue" hinein gehen müssten, andererseits aber der Kläger am Löschungsverfahren nicht beteiligt ist und ihm daher dort kein rechtliches Gehör zustand.[27] Für eine automatische Vermutung noch vorhandener Vermögenswerte ist andererseits auch kein Raum. Der Kläger kann daher auch eine Erledigungserklärung (gegebenenfalls mit der Folge des § 91a ZPO)

7.26 Folgen für Passivprozesse

---

23) BGH ZIP 1988, 247 = NJW-RR 1988, 477 = KTS 1988, 326 = EWiR § 50 ZPO 1/88, 409 (*Weipert*); BGH ZIP 2000, 1896, 1897 f = NJW 2001, 304 = DStR 2000, 1831 = NZG 2000, 1222 = EWiR § 64 GmbHG 3/2000, 1159 [*Keil*] = LM § 64 GmbHG Nr. 19 [*Noack/Bunke*]; BAG NJW 1988, 2637 = KTS 1988, 531; OLG Stuttgart ZIP 1986, 647, 648 = EWiR § 70 GmbHG 1/86, 593 (*Günther*); OLG Brandenburg NJW-RR 2001, 176 (für behauptete Forderung der Gesellschaft, gegen die deren Schuldner mit übersteigender Forderung aufrechnet); LG Meiningen ZIP 1999, 453 = EWiR § 2 LöschG 1/99, 1073 (*von Gerkan*) (für eine unangemeldet gelöschte GmbH); *Erle*, GmbHR 1997, 973, 981; *Heller*, Die vermögenslose GmbH (1989), S. 84 f, 128, 156; *Hönn*, ZHR 138 (1974), 50, 69; *Karsten Schmidt*, GesR, § 11 V 6, S. 324 ff; *ders.*, GmbHR 1988, 209, 211; *Uhlenbruck/Hirte*, InsO, § 11 Rz. 46; abw. RGZ 149, 293, 296; RGZ 155, 42, 43 f; RGZ 156, 23, 26 f; BGH WM 1957, 975; BGHZ 48, 303, 307 = NJW 1968, 297; BGHZ 74, 212, 213 = NJW 1979, 1592; BGH NJW-RR 1994, 542 re.Sp. = KTS 1994, 359 (implizit); *Bokelmann*, NJW 1977, 1130 (Ende der juristischen Person allein durch Vermögenslosigkeit; *deklaratorische* Wirkung des Registereintrags); BGH WM 1986, 145 (*obiter* für Gen); *Ulmer*, in: Hachenburg, GmbHG, § 63 Rz. 5, § 60 Rz. 18, Anh. § 60 Rz. 37; *Hüffer*, AktG, Anh. § 262 Rz. 4, § 273 Rz. 6 f.
24) OLG Rostock ZIP 2001, 1590, 1592 = NJW-RR 2002, 828 = NZG 2002, 94 = EWiR § 50 ZPO 1/02, 171 (*Vollkommer*) (Vorinstanz LG Rostock ZIP 1999, 1852).
25) Für das Erfordernis der Bestellung eines Nachtragsliquidators in diesem Fall BayObLG ZIP 2002, 1845.
26) BFH NJW-RR 2001, 244; OLG Hamburg NJW-RR 1997, 1400; im Anschluss an BGH NJW-RR 1994, 542 = GmbHR 1994, 260.
27) So für Österreich OGH NZG 1999, 663, 665 f.

abgeben, um das Verfahren zu beenden und keine weitere eigene Kostenbelastung zu riskieren.[28]

Nachrangigkeitsliquidation

7.27 Stellt sich nachträglich heraus, dass weitere Abwicklungsmaßnahmen nötig sind, so hat das Gericht auf Antrag eines Beteiligten die bisherigen Abwickler neu zu bestellen oder andere Abwickler zu berufen (§ 273 Abs. 4 AktG, für GmbH analog). Eine solche **Nachtragsliquidation** wird vor allem dann erforderlich, wenn sich neue Vermögensgegenstände finden, die vor der Beendigung der Abwicklung unbekannt waren; sie geht der – theoretisch denkbaren – Möglichkeit einer Amtslöschung der vom Abwickler zuvor angemeldeten Löschung vor.[29] Erhebliche Bedeutung haben diese Bestimmungen für aufgelöste Gesellschaften in den alten (und neuen!) Bundesländern erlangt, zu deren Gunsten im Zusammenhang mit der Wiedervereinigung (mögliche) Ansprüche auf Rückgabe von oder Entschädigung für früheres Vermögen in den jetzigen neuen Bundesländern entstanden waren.

d) Fortsetzung der Gesellschaft
aa) Freiwillige Auflösung

Fortsetzungsbeschluss

7.28 Eine durch Gesellschafterbeschluss oder wegen Zeitablaufs aufgelöste Gesellschaft kann nach § 274 Abs. 1 Satz 1 AktG (für GmbH analog) fortgesetzt werden, solange noch nicht mit der Verteilung des Vermögens an die Gesellschafter begonnen wurde (zur Fortsetzung bei Auflösung im öffentlichen Interesse unten Rz. 7.31 ff). Der Beschluss bedarf mindestens einer qualifizierten Mehrheit des vertretenen Grund- oder Stammkapitals (§ 274 Abs. 1 Satz 2 AktG, bei GmbH analog).

Probleme bei Fortsetzung nach Beginn der Vermögensverteilung

7.29 Wurde bereits mit der Vermögensverteilung begonnen, kann bei der GmbH die Fortsetzung beschlossen werden, wenn die Gesellschafter entweder nur Vermögen verteilt haben, das oberhalb der Ziffer des Stammkapitals liegt, oder das Vermögen wieder in Höhe des Stammkapitals aufgefüllt haben. Andernfalls ließen sich die Kapitalerhaltungsvorschriften auf dem Weg über die Auflösung umgehen. Die Dinge liegen insoweit ähnlich wie bei der Mantelgründung (dazu oben Rz. 2.46 f). Das Vorliegen dieser Voraussetzungen hat der Registerrichter bei Eintragung des Fortsetzungsbeschlusses zu überprüfen.[30]

---

28) BGH ZIP 1981, 1268 = NJW 1982, 238 (für KG und Komplementär-GmbH: Löschung = erledigendes Ereignis); LG Mainz NJW-RR 1999, 1716; LG Braunschweig NJW-RR 1999, 1265 (Behauptung vorhandenen Vermögens reicht im Verfahren über eidesstattliche Versicherung); enger noch BGHZ 74, 212 = JZ 1979, 566 (*Theil*) (e.V.); abw. OLG Hamm NJW-RR 1988, 1307 (gesamter Rechtsstreit mangels Kostenschuldners erledigt); weitergehend OLG Koblenz ZIP 1998, 967 = NJW-RR 1999, 39; *Bork*, JZ 1991, 841, 848 ff unter Hinweis auf den immer erst mit Abschluss des Verfahrens entstehenden Kostenerstattungsanspruch der beklagten Gesellschaft.

29) OLG Hamm NJW-RR 2002, 324.

30) RGZ 118, 337, 340 f; *Erle*, GmbHR 1997, 973, 975 f, 979 f; *Hennrichs*, ZHR 159 (1995), 593, 607; beide m. N. der wohl noch herrschenden Gegenansicht.

Vor Beginn der Vermögensverteilung ist ein Fortsetzungsbeschluss demgegenüber unproblematisch; entscheidend ist hier nur, dass es an einer Überschuldung fehlt, die eine Pflicht zur Insolvenzantragstellung begründen würde. Unter dieser Voraussetzung kann die aufgelöste Gesellschaft auch auf eine andere Gesellschaft verschmolzen werden (§ 3 Abs. 3 UmwG).[31]

7.30

bb) Sonstige Auflösungsgründe

Ob und unter welchen Voraussetzungen auch in den Fällen einer Auflösung im öffentlichen Interesse eine Fortsetzung beschlossen werden kann, ist teilweise ungeklärt.[32]

7.31

Ausdrücklich vorgesehen ist die Möglichkeit der Fortsetzung dabei nur für den Fall einer **Auflösung durch Eröffnung des Insolvenzverfahrens**, wenn das Verfahren auf Antrag des Schuldners eingestellt oder nach der Bestätigung eines Insolvenzplans, der den Fortbestand der Gesellschaft vorsieht, aufgehoben worden ist (§ 274 Abs. 2 Nr. 1 AktG, § 60 Abs. 1 Nr. 4 Halbs. 2 GmbHG).[33] Gleiches gilt für den Fall der gerichtlichen Feststellung eines Mangels der Satzung (§ 274 Abs. 2 Nr. 2 AktG).[34]

7.32 Fortsetzung bei Auflösung durch Eröffnung des Insolvenzverfahrens

Umstritten ist, ob eine Fortsetzung auch in anderen Fällen insolvenzrechtlicher Verfahrensbeendigung möglich ist, nämlich bei **Aufhebung** nach § 200 InsO nach Abhaltung des Schlusstermins oder bei **Einstellung** des Verfahrens mangels Masse nach § 207 InsO.[35] Entscheidend ist hier (nur), dass im insolvenzrechtlichen Sinne mindestens ein die Schulden deckendes Vermögen vorhanden sein muss. Denn dagegen, dass darüber hinaus auch das Stammkapital angegriffen wird, werden die Gläubiger, wenn keine Vermögensverteilung an die Gesellschafter im Rahmen eines Liquidationsverfahrens stattfindet, nur durch das Verbot von (weiteren) Auszahlungen, nicht aber durch Wiedereinlagepflichten geschützt.[36] Wird ein die Schulden deckendes Vermögen – von den Mitgliedern oder von Dritten – zugeführt, steht der Möglichkeit einer Fortsetzung nichts entgegen. Ansonsten ist das Restvermögen zu versilbern, um seinen Gegenwert unter die Gläubiger zu verteilen.

7.33 Fortsetzung auch bei Aufhebung oder Einstellung mangels Masse

---

31) BayObLG NJW-RR 1998, 902 = ZIP 1998, 739 = EWiR § 3 UmwG 2/98, 515 (*Kiem*); abw. für den Fall, dass eine Fortsetzung nicht mehr beschlossen werden kann KG NJW-RR 1999, 475.
32) Überblick über den Streitstand bei *Uhlenbruck/Hirte*, InsO, § 11 Rz. 153 ff.
33) Dazu *Halm/Linder*, DStR 1999, 379 f.
34) Zur entsprechenden Lage im GmbH-Recht *Halm/Linder*, DStR 1999, 379, 381.
35) Ablehnend OLG Köln NJW 1959, 198, 199 = KTS 1958, 175; *Hofmann* GmbHR 1975, 217, 226; *Schulze-Osterloh*, in: Baumbach/Hueck, GmbHG, § 60 Rz. 55; für eine Fortsetzungsmöglichkeit *Ulmer*, in: Hachenburg, GmbHG, § 60 Rz. 102 (bei Beseitigung der rechnerischen Überschuldung); *Scholz/Karsten Schmidt*, GmbHG, vor § 64 Rz. 88 f (sofern noch ausreichendes Vermögen vorhanden ist).
36) *Erle*, GmbHR 1997, 973, 978 f; abw. RGZ 118, 337, 340, das zusätzlich noch die Unversehrtheit des satzungsmäßigen Stammkapitals gefordert hatte (aber für den Fall einer Auflösung durch Gesellschafterbeschluss).

7.34 Ebenso umstritten ist, ob eine Fortsetzung durch Gesellschafterbeschluss möglich ist, wenn die juristische Person nach **rechtskräftigem Abweisungsbeschluss** nach § 26 InsO aufgelöst worden ist (§ 141a Abs. 1 Satz 2 FGG).[37] Entscheidend ist auch hier, dass die aufgelöste Kapitalgesellschaft für die Fortsetzung mindestens den Insolvenzgrund beseitigt. Eine Fortsetzung soll nach überwiegender Ansicht schließlich dann ausscheiden, wenn die **juristische Person wegen Vermögenslosigkeit** nach § 141a Abs. 1 Satz 1 FGG im Register gelöscht worden ist.[38]

7.35 Auch hier kann nichts anderes gelten. Ein ausreichender Vermögensbestand wird allerdings in der Praxis nur dann anzutreffen sein, wenn sich nach Durchführung des Löschungsverfahrens bislang unbekannte Vermögenswerte finden. Verneint man die Fortführungsmöglichkeit, ist es den Mitgliedern (Gesellschaftern) auch in jedem Fall unbenommen, noch während des Insolvenzverfahrens bzw. vor Rechtskraft des Beschlusses über die Ablehnung der Eröffnung des Verfahrens mangels Masse (§ 26 InsO) der juristischen Person neues Kapital zuzuführen, um damit den Insolvenzgrund oder die Vermögenslosigkeit zu beseitigen.

4. Abwickler

Abwicklung im Regelfall durch vormalige Geschäftsleitung

7.36 Durchgeführt wird die Liquidation von den Abwicklern (oder Liquidatoren). Diese Rolle wird regelmäßig von den **Vorstandsmitgliedern** bzw. **Geschäftsführern** als „geborenen" Liquidatoren eingenommen (§ 265 Abs. 1 AktG, § 66 Abs. 1 GmbHG). Durch Satzung, Haupt- oder Gesellschafterversammlungsbeschluss können aber auch andere Personen zu Abwicklern bestellt werden; im Gegensatz zum Insolvenzverfahren (§ 56 Abs. 1 InsO) kommen dabei auch juristische Personen in Betracht (§ 265 Abs. 2 AktG, arg. § 66 Abs. 1 GmbHG: „andere Personen", nicht nur natürliche). Auf Antrag des Aufsichtsrats (sofern vorhanden) oder einer Gesellschafterminderheit können die Abwickler bei Vorliegen eines wichtigen Grundes auch durch das Gericht bestellt werden (§ 265 Abs. 3 und 4 AktG, § 66 Abs. 2 GmbHG). Mit Ausnahme der gerichtlich bestellten Abwickler steht der Haupt- oder Gesellschafterversammlung das jederzeitige Abberufungsrecht zu (§ 265 Abs. 5 Satz 1 AktG, § 66 Abs. 3 Satz 2 GmbHG). Das Gericht kann demgegenüber unter den in § 265 Abs. 3 AktG, § 66 Abs. 3 Satz 1 GmbHG normierten Voraussetzungen jeden Liquidator abberufen.

---

[37] Gegen Fortsetzungmöglichkeit BGHZ 75, 178, 180 = NJW 1980, 233 (AG); KG ZIP 1993, 1476 = EWiR 1/93, 893 (*Winkler*); BayObLGZ 94, 341 = NJW 1994, 594 = KTS 1994, 193; *Halm/Linder*, DStR 1999, 379, 380; *Hennrichs*, ZHR 159 (1995), 593, 608 (bei analoger Anwendung der Gründungsvorschriften und registergerichtlicher Überprüfung); *Schulze-Osterloh*, in: Baumbach/Hueck, GmbHG, § 60 Rz. 56, Anh. § 77 Rz. 12 ff; abw. LG Berlin BB 1971, 759, 760; *Kübler/Prütting/Noack*, InsO, Sonderband 1: Gesellschaftsrecht, Rz. 99.

[38] Gegen Fortsetzungmöglichkeit OLG Düsseldorf GmbHR 1979, 227; *Halm/Linder*, DStR 1999, 379, 381 f; *Schulze-Osterloh*, in: Baumbach/Hueck, GmbHG, § 60 Rz. 58; *Ulmer*, in: Hachenburg, GmbHG, § 60 Anh. Rz. 38; abw. RGZ 156, 23, 27; *Erle*, GmbHR 1997, 973, 981.

I. Auflösung

Liquidatoren für eine im Handelsregister bereits gelöschte GmbH können immer nur durch das Gericht bestellt werden. Das gilt nach Auffassung des BayObLG unabhängig davon, ob die Gesellschaft vermögenslos ist bzw. war und damit nach der – heute wohl herrschenden – Auffassung tatsächlich vollbeendigt wurde.[39] Wird ein durch Gesellschafterbeschluss bestellter Liquidator gerichtlich abberufen (oben Rz. 7.36), steht neben der Gesellschaft auch dem einzelnen Gesellschafter, der an der Bestellung mitgewirkt hatte, ein Beschwerderecht zu.[40]

7.37

Vom geänderten Gesellschaftszweck abgesehen, entspricht die Rechtsstellung der Abwickler hinsichtlich der **Geschäftsführungsbefugnis** derjenigen der Vorstandsmitglieder; wie diese unterliegen sie auch der Überwachung durch den Aufsichtsrat (§ 268 Abs. 2 AktG). Lediglich das Wettbewerbsverbot des § 88 AktG greift für die Abwickler nicht (§ 268 Abs. 3 AktG); doch kann (selbstverständlich) im Anstellungsvertrag anderes vereinbart werden.

7.38 Geschäftsführungsbefugnis

Den Abwicklern obliegt auch die **Vertretung** der Gesellschaft (§ 269 Abs. 1 AktG, § 70 Satz 1 Halbs. 2 GmbHG). Dabei ist von Gesamtvertretungsbefugnis auszugehen, wenn nicht die Satzung „oder die sonst zuständige Stelle" etwas anderes bestimmt (§ 269 Abs. 2 Satz 1 AktG, in der Sache ebenso § 68 Abs. 1 Satz 2 GmbHG). In Betracht kommen hier insbesondere Einzelvertretung oder auch unechte Gesamtvertretung (§ 269 Abs. 2 und 3 AktG, nicht ausdrücklich im GmbHG geregelt). „Sonst zuständige Stellen" sind im Aktienrecht in den Fällen der § 265 Abs. 2 und 3 AktG die Hauptversammlung oder das Gericht; in der GmbH kommt alternativ nur das Gericht in Betracht.

7.39 Vertretungsbefugnis

Ist in der Satzung einer Kapitalgesellschaft die stete Einzelvertretungsbefugnis mehrerer Geschäftsführer niedergelegt, so wird überwiegend angenommen, dass diese auch beim (geborenen) Liquidator gegeben ist. Nach Ansicht des BayObLG gilt dies jedoch nicht, wenn die Satzung nur eine Ermächtigung für die Gesellschafterversammlung enthält, eine solche Befugnis zu erteilen. Aufgrund dieser Abhängigkeit von der Gesellschafterentscheidung könne nicht davon ausgegangen werden, dass eine einmal erteilte Einzelvertretungsbefugnis auch nach einem so tief greifenden Ereignis wie der Auflösung der Gesellschaft weitergelten solle; vielmehr bedürfe es hierzu dann einer erneuten Beschlussfassung der Gesellschafter.[41] Für die Befreiung vom Verbot des Selbstkontrahierens entschied dasselbe Gericht jedoch, dass dieses im Zweifel auch für die Liquidatoren gelten solle.[42]

7.40

Im Übrigen ist die Vertretungsmacht der Abwickler **unbeschränkt und unbeschränkbar** (§ 269 Abs. 5 AktG, § 71 Abs. 4 i. V. m. § 37 Abs. 2 GmbHG). Eine Beschränkung auf den Abwicklungszweck ist daher weder von Gesetzes wegen vorgesehen noch durch Satzungsgestaltung möglich.

7.41 Keine Beschränkung der Vertretungsbefugnis

---

39) BayObLG ZIP 1998, 421 = NJW-RR 1998, 1333; OLG Frankfurt/M. NJW-RR 2000, 491.
40) OLG Düsseldorf NJW-RR 1999, 37 = ZIP 1998, 1534 = EWiR § 66 GmbHG 1/98, 1091 (*Bokelmann*).
41) BayObLG ZIP 1996, 2110 (GmbH); ebenso für die BGB-Gesellschaft OLG Köln NJW-RR 1996, 27.
42) BayObLG NJW-RR 1996, 611; ebenso OLG Zweibrücken NJW-RR 1999, 38; abw. OLG Hamm NJW-RR 1998, 1044.

§ 7 Auflösung und Nichtigkeit der Kapitalgesellschaft

5. Eintragungen

Keine Anwendung von § 15 HGB

7.42 Die **Auflösung** der Gesellschaft ist vom Vorstand zur Eintragung in das **Handelsregister** anzumelden. Das gilt nur dann nicht, wenn die Auflösung aus einem der genannten, im öffentlichen Interesse liegenden Gründe erfolgt, insbesondere also bei den insolvenzbezogenen Gründen; denn in diesen Fällen teilt das Insolvenzgericht dem Registergericht den Auflösungstatbestand von Amts wegen mit (§ 31 InsO), so dass es einer Anmeldung der Auflösung nicht mehr bedarf (§ 263 AktG, § 65 Abs. 1 GmbHG). Zwar gilt für die Eintragung der Auflösung grundsätzlich auch § 15 HGB; doch bleibt die Norm regelmäßig ohne Wirkung, da die Rechtsfolgen der Auflösung für Dritte ohne Belang sind, insbesondere keine Beschränkung der Vertretungsmacht auf Abwicklungsgeschäfte eintritt (oben Rz. 7.41). Für die Eintragung einer insolvenzbedingten Auflösung gilt § 15 HGB zudem kraft Gesetzes nicht (§ 32 Abs. 2 Satz 2 HGB). Anzumelden zum Handelsregister sind auch die **Abwickler** einschließlich ihrer Vertretungsbefugnis sowie Änderungen dieser Umstände (§ 266 Abs. 1 AktG, § 67 Abs. 1 GmbHG).

Löschung der Gesellschaft

7.43 Anzumelden ist schließlich die **Beendigung** der Abwicklung nach Vorlage der Schlussrechnung (§ 273 Abs. 1 Satz 1 AktG, § 74 Abs. 1 Satz 1 GmbHG). Als deren Folge ist die Gesellschaft im Handelsregister zu **löschen** (§ 273 Abs. 1 Satz 2 AktG, § 74 Abs. 1 Satz 2 GmbHG). Im Falle eines **Fortsetzungsbeschlusses** ist auch dieser zur Eintragung in das Handelsregister anzumelden (§ 274 Abs. 3 Satz 1 AktG, im GmbH-Recht analog). Dabei haben die Abwickler bei der Aktiengesellschaft im Interesse der Gläubiger zusätzlich zu versichern, dass noch nicht mit der Vermögensverteilung an die Gesellschafter begonnen wurde; zudem wird dort der Beschluss anders als die anderen Entscheidungen im Zusammenhang mit der Abwicklung erst mit der Eintragung in das Handelsregister wirksam (§ 274 Abs. 3 Satz 2 und Abs. 4 Satz 1 AktG).

II. Insolvenzrechtliche Auflösung

7.44 Die Auflösung aus einem der vorgestellten insolvenzbezogenen Gründe bildet rechtstatsächlich den Schwerpunkt der Auflösungsgründe. Wie bereits angesprochen, richtet sich in diesen Fällen das weitere Verfahren aber nur sehr begrenzt nach den gesellschaftsrechtlichen Regeln, sondern vielmehr nach dem Insolvenzrecht. Das soll hier nicht vertieft werden.[43]

1. Gesellschaftsrechtliche Vollabwicklungspflicht nach Aufhebung oder Einstellung des Insolvenzverfahrens

Vollabwicklung

7.45 Wichtig in diesem Zusammenhang ist aber das Vorgehen *nach* Beendigung des Insolvenzverfahrens. Das Insolvenzverfahren ist nämlich nach neuem Insolvenzrecht auf eine (auch gesellschaftsrechtliche) **Vollabwicklung** ausgerichtet. Die dies ursprünglich statuierende Norm des § 1

---

[43] Umfassend *Braun/Uhlenbruck*, Unternehmensinsolvenz (1997); *Kübler/Prütting/Noack*, InsO, Sonderband 1: Gesellschaftsrecht; *Uhlenbruck/Hirte*, InsO, § 11.

Abs. 2 Satz 3 RegE InsO wurde im Gesetzgebungverfahren zwar gestrichen; gleichwohl leitet die ganz herrschende Meinung dieses Ziel auch aus der Gesetz gewordenen Fassung der InsO ab.[44]

Verwiesen wird dabei insbesondere auf § 199 Satz 2 InsO, nach dem *der Verwalter* jeder am Schuldner beteiligten Person den Teil des Überschusses herauszugeben hat, der ihr bei einer Abwicklung außerhalb des Insolvenzverfahrens zustünde. Das bedeutet zunächst, dass mit Aufhebung oder Einstellung des Insolvenzverfahrens die zuvor beschriebene gesellschaftsrechtliche Abwicklung einzuleiten ist und die Geschäftsleiter nunmehr auch zu Abwicklern werden; sie sind daher grundsätzlich auch zur Eintragung ins Handelsregister anzumelden (§ 265 Abs. 1 AktG, § 67 Abs. 1 GmbHG).

7.46

Die handelsrechtlichen Buchführungspflichten obliegen für die Dauer des Insolvenzverfahrens nicht dem Geschäftsführer, sondern dem Insolvenzverwalter, gegen den deshalb auch ein etwaiges Zwangsgeld festzusetzen ist.[45]

7.47

Der Insolvenzverwalter, der während des Insolvenzverfahrens sämtliche Geschäftsunterlagen und Geschäftsbücher der Schuldner-AG in Besitz zu nehmen und die Bücher zu verwalten hat, hat die Geschäftsbücher nach Aufhebung des Insolvenzverfahrens grundsätzlich wieder an die Verfahrensschuldnerin zurückzugeben, soweit sie nicht für eine Nachtragsverteilung benötigt werden. Nach Beendigung eines Insolvenzverfahrens einer Handelsgesellschaft trifft die gesetzliche Aufbewahrungspflicht (§ 273 Abs. 2 AktG, § 74 Abs. 2 GmbHG) hinsichtlich der Geschäftsbücher den Vorstand oder Geschäftsführer bzw. die Abwickler; das gilt jedenfalls dann, wenn die Gesellschaft mit dem Insolvenzverfahren noch nicht voll abgewickelt wurde.[46] Gesellschafter und ihre Rechtsnachfolger sind bei der GmbH zur Einsicht in die Bücher und Schriften berechtigt (§ 74 Abs. 3 GmbHG), so dass es zur Durchsetzung eines vor der Löschung erstrittenen (selbst titulierten) Auskunftsanspruchs keiner Bestellung eines Nachtragsliquidators für die Gesellschaft bedarf;[47] bei der Aktiengesellschaft *kann* das Gericht eine solche Einsicht gestatten (§ 273 Abs. 3 AktG).

7.48 Aufbewahrung der Geschäftsbücher

Eine Abwicklung kommt allerdings praktisch nur dann in Betracht, wenn nach der Schluss- oder gegebenenfalls Nachtragsverteilung (§§ 196, 203 InsO) noch Mittel übrig sind. Dabei sind auch kapitalersetzende Gesellschafterdarlehen zuvor zu bedienen (§ 39 Abs. 1 Nr. 5 InsO).[48] Ist – wie im Regelfall – kein Vermögen mehr vorhanden, wird man auf die Bestellung von Abwicklern aber verzichten und dem Insolvenzverwalter gestatten können, das Registergericht auf die Vermögenslosigkeit der Gesellschaft hinzuweisen.[49] Dieses kann dann nach § 141a Abs. 1 *Satz 2* FGG die Gesellschaft im entsprechenden Register löschen und damit ihre Vollbeendigung herbeiführen.

7.49 Abwicklung nur bei Restvermögen

---

44) *Kübler/Prütting/Noack*, InsO, Sonderband 1: Gesellschaftsrecht, Rz. 85 ff; *Karsten Schmidt*, in: Kölner Schrift zur Insolvenzordnung (1997), S. 911, 919; *Uhlenbruck/Hirte*, InsO, § 11 Rz. 148 ff.
45) KG NJW-RR 1998, 472.
46) OLG Stuttgart ZIP 1998, 1880 = NZG 1999, 31 = EWiR § 207 KO 1/98, 987 (*Eckardt*).
47) OLG Hamm NJW-RR 2002, 324.
48) Dazu *Noack*, in: Festschrift Claussen, 1997, S. 307, 312.
49) *Kübler/Prütting/Noack*, InsO, Sonderband 1: Gesellschaftsrecht, Rz. 413.

Verteilung von Restvermögen	**7.50** Ist – ausnahmsweise – noch Vermögen vorhanden, ist dieses Restvermögen und etwaiges insolvenzfreies Vermögen vom Insolvenzverwalter nach Maßgabe der §§ 264 ff AktG, §§ 66 ff GmbHG zu liquidieren. Es ist sodann nach den gesetzlichen und satzungsmäßigen Vorschriften unter den Mitgliedern oder an die in der Satzung bestimmten Dritten zu verteilen (§ 271 AktG, § 72 GmbHG). Die Kosten dieser Verteilung gehen vorbehaltlich abweichender vertraglicher Regelung zu Lasten des Restvermögens der Gesellschaft.[50] Auf die (teuren) Bekanntmachungen nach den gesellschaftsrechtlichen Vorschriften (§ 267 AktG, § 65 Abs. 2 Satz 2 GmbHG) kann dabei im Hinblick auf die vorgängigen insolvenzrechtlichen Bekanntmachungen verzichtet werden.[51] Das der Vermögensverteilung vorgeschaltete Sperrjahr (§ 272 Abs. 1 AktG, § 73 Abs. 1 GmbHG; dazu oben Rz. 7.23) sollte im Hinblick auf die Publizität des Eröffnungsbeschlusses und die mit ihm ebenfalls verbundene Aufforderung zur Gläubigeranmeldung (§ 28 InsO) mit dem Eröffnungsbeschluss (§ 27 InsO) beginnen.[52]

2. Auflösung wegen Vermögenslosigkeit

Löschung nach § 141a FGG bei Vermögenslosigkeit	**7.51** Im Verfahren nach dem Löschungsgesetz (jetzt § 141a FGG) hat das Gericht wegen der besonders schwerwiegenden Folgen einer Amtslöschung das Vorliegen von Vermögen entsprechend § 12 FGG mit besonderer Sorgfalt zu ermitteln. Allein auf eine unterbliebene Offenbarung der Vermögensverhältnisse durch den Geschäftsführer kann eine Löschung nicht gestützt werden; sie bedarf vielmehr einer positiven Feststellung der Vermögenslosigkeit.[53]
Nachtragsabwicklung	**7.52** Bei Auflösung wegen Vermögenslosigkeit findet eine Abwicklung nur statt, wenn sich *nach* der Löschung herausstellt, dass Vermögen vorhanden ist, das der Verteilung unterliegt (§ 264 Abs. 2 AktG, § 66 Abs. 5 Satz 1 GmbHG); es kann also ausschließlich eine Nachtragsabwicklung stattfinden.

III. Nichtigkeit

Nichtigkeitsklage bei gravierenden Satzungsmängeln	**7.53** Bei bestimmten besonders schwerwiegenden **Mängeln der Satzung** kann jeder Gesellschafter, jeder Geschäftsleiter oder – falls ein Aufsichtsrat bestellt ist – jedes Aufsichtsratsmitglied Klage auf Nichtigkeit der Gesellschaft erheben (§ 275 Abs. 1 AktG, § 75 Abs. 1 GmbHG). Für die Klage gelten die Bestimmungen über die aktienrechtliche Nichtigkeitsklage entsprechend (§ 275 Abs. 4 AktG, § 75 Abs. 2 GmbHG). Ist ein rechtskräf-

---

50) Überzeugend *Kübler/Prütting/Noack*, InsO, Sonderband 1: Gesellschaftsrecht, Rz. 89.
51) *Kübler/Prütting/Noack*, InsO, Sonderband 1: Gesellschaftsrecht, Rz. 414.
52) Etwas weitergehend *Noack*, ebda.
53) OLG Düsseldorf NJW-RR 1997, 870 = ZIP 1997, 201 im Anschluss an BayObLG GmbHR 1985, 53 = ZIP 1984, 175; OLG Karlsruhe NJW-RR 2000, 630; zur Pflicht, die zu löschende Gesellschaft am Verfahren zu beteiligen, KG NJW-RR 2000, 488.

tiges Nichtigkeitsurteil in das Handelsregister eingetragen, ist die Gesellschaft wie im Falle der Auflösung zu liquidieren (§ 277 Abs. 1 AktG, § 77 Abs. 1 GmbHG). Die Wirksamkeit der im Namen der Gesellschaft vorgenommenen Rechtsgeschäfte wird durch die Nichtigkeit nicht berührt (klarstellend § 277 Abs. 2 AktG, § 77 Abs. 2 GmbHG). Auch ausstehende Einlagen sind noch zu leisten, nach Nichtigerklärung allerdings nur noch, soweit dies zur Erfüllung der eingegangenen Verbindlichkeiten erforderlich ist (§ 277 Abs. 3 AktG, § 77 Abs. 3 GmbHG). Mängel, die die Bestimmungen über den Gegenstand des Unternehmens betreffen, können durch satzungsändernden (bei der GmbH einstimmigen) Beschluss der Gesellschafter geheilt werden (§ 276 AktG, § 76 GmbHG); nach Rechtskraft eines Urteils bedarf es dazu zusätzlich noch eines Fortsetzungsbeschlusses nach § 274 Abs. 1 AktG.

Die Möglichkeit zur Löschung einer Gesellschaft bei Vorliegen von Nichtigkeitsgründen steht nach § 144 Abs. 1 FGG auch dem **Registergericht** zu (bei der Aktiengesellschaft, bei der die Möglichkeit der Nichtigkeitsklage auf drei Jahre befristet ist, auch noch nach Ablauf dieser Frist; § 275 Abs. 3 AktG). Bei einigen weniger weit reichenden Satzungsmängeln stehen dem Registergericht die Befugnisse nach § 144a FGG zu, als deren letzte Konsequenz ebenfalls eine Nichtigerklärung der Gesellschaft in Betracht kommt. 7.54

Sachregister

(Die Zahlenangaben verweisen auf Randzahlen;
Hauptfundstellen sind kursiv wiedergeben)

A

Abfindung 4.86 ff
Abschlussprüfer 4.9 ff
– Prüferbefähigungsrichtlinie 1.44
– Prüfungsauftrag 3.196
Abspaltung 6.175 f
Abstimmungsmehrheit
siehe Mehrheit
Abwickler
siehe Auflösung
Abwicklung
siehe Auflösung
actio pro societate 3.94
Ad-hoc-Publizität 3.54
Agio 5.47 ff
Aktie
– Einziehung 4.85 ff
– Gattung 2.74, 3.267
– Inhaberaktie 4.52
– Kaduzierung
siehe dort
– Namensaktie 4.53
– Nennbetrag 2.66 ff
– Nennwert 2.72
– Quotenaktie 2.69 ff
– Sammelurkunde 4.52
– Stimmberechtigung 3.257 ff
– Stimmrecht
siehe dort
– stimmrechtslose Vorzugsaktie 3.259
– Stückaktie 2.68 ff
– Übertragung 4.52 ff
– Vinkulierung 4.53
– Vorzugsaktie 3.259
– Wertpapier 4.1
– Zeichnung 6.17 ff
– Zwangseinziehung 4.85 ff
Aktiengesellschaft
– Aufsichtsrat
siehe dort
– Bedeutung 1.58 ff
– Europäische Aktiengesellschaft
siehe dort
– Freie Berufe 2.64
– Hauptversammlung
siehe dort
– Gestaltungsfreiheit 2.48 ff
– Satzungsstrenge 2.48 f
– Vorstand
siehe dort

Aktienregister 4.76 f
Amtslöschung 3.282, 7.27
Anfechtbarkeit von Beschlüssen 3.279 ff
– Aktienrecht 3.283 ff
– Europäische Aktiengesellschaft 3.299
– fehlerhafte Gesellschaft 3.298
– Gewinnverwendungsbeschluss 3.289, 4.16
– Gleichbehandlungsgrundsatz 3.291
– GmbH-Recht 3.300 ff
– Informationsrechte 4.29
– Inhaltsfehler 3.289
– *Inter-omnes*-Wirkung 3.285
– Missbrauch 3.295 ff
– positive Beschlussfeststellungsklage 3.288
– Rechtsfolgen 3.298
– Rücklagenbildung 4.17 f
– sachlicher Grund 3.294 f
– Streitwert 3.286, 3.303
– Treuepflicht 3.292
– Verfahrensfehler 3.287
– Verschmelzung 6.142 ff
ARAG-Entscheidung 3.90, 6.39
Arbeitsdirektor 3.5
audit committee 3.185 f
Aufgeld
siehe Agio
Auflösung 7.16 ff
– Abwickler 7.36 ff
– Abwicklungspflicht 7.17
– Auflösungsgründe 7.3 ff
– Beendigung der Gesellschaft 7.24 ff
– Doppeltatbestandslehre 7.24
– Eintragung 7.42 f
– Eröffnungsbilanz 7.19
– Fortsetzung 7.28
– freiwillige Auflösung 7.28 ff
– Gläubigerschutz 7.22 f
– insolvenzrechtliche Auflösung 7.32 ff
– Liquidationsdividende 7.21
– Nachtragsliquidation 7.27
– Parteifähigkeit 7.25 f
– Schlussrechnung 7.19
– sonstige Auflösungsgründe 7.31 ff
– Verfahren 7.16 ff
– Vermögenslosigkeit 7.51 f

Aufsichtsrat 3.154 ff
- Abberufung 3.191
- Abschlussprüfer 3.196
- Abstimmungsverfahren 3.175
- Anzahl der Mandate 3.155
- *audit committee* 3.185 f
- Aufgaben und Pflichten 3.192 ff
- Ausschluss von Mitgliedern 3.181
- Ausschüsse 3.184 ff
- Beschlussfassung 3.174 ff
- Bestellung 3.189 ff
- Bestellung des Vorstandes 3.11
- Diskriminierungsverbot 3.186
- Doppelmandate 3.204
- Einberufung 3.176
- Entsenderechte 3.158
- Europäische Aktiengesellschaft 3.198, *3.201 f*
- Fähigkeiten 3.157
- Geschäftsordnungskompetenz 3.179
- Haftung 3.206 f
- Informationspflichten des Aufsichtsrates 3.195
- Interessenkonflikte 3.204
- Kenntnisse 3.157
- Kontrollaufgabe 3.194 ff
- Kreditgewährung 3.190
- Leitung 3.174 ff
- Mitbestimmung
  siehe dort
- Organisation 3.174 ff
- Organklagen 3.182 f
- Pflichten 3.192 ff
- rechtswidrige Beschlüsse 3.180
- Tagungsfrequenzen 3.177
- Telefon- und Videokonferenz 3.177
- Überwachung der Geschäftsführung 3.194
- Vergütung 3.190
- Verschwiegenheitspflicht 3.203 f
- Vertretung der Gesellschaft 3.200
- Verwaltungsaufgaben 3.199 ff
- Vorsitzender 3.174
- Wahl 3.157
- Zusammensetzung 3.156 f
- zustimmungspflichtige Geschäfte 3.178, 3.197

Abspaltung
siehe Spaltung

Auflösung 7.1 ff
- Auflösungsbeschluss 7.4 ff
- Auflösungsgründe 7.3 ff
- Auflösungsklage 7.11
- Europäische Aktiengesellschaft 7.2
- Formwechsel 7.9
- Insolvenzrecht 7.44 ff
- Kapitalaufbringung 7.11
- Liquidationsverfahren
  siehe dort
- Löschung wegen Vermögenslosigkeit 7.10
- Nichtigkeit 7.53 f
- Satzungsmängel 7.11
- Sitzverlegung ins Ausland 7.13 ff
- Verschmelzung 7.9
- Zeitablauf 7.8

Aufspaltung 6.171

Ausgliederung 6.177 f

Auskunftspflichten
siehe Berichtspflichten

Auslandsbeurkundung 4.56

Außengesellschaft 1.13 f

Ausschluss 4.88 ff

Ausschüttungsverbot 3.96

Austritt 4.82 ff

Austrittsrecht bei Umwandlungen *6.155 ff*, 6.191

Autokran-Entscheidung 5.177

B

Bedingtes Kapital 5.8, *6.44 ff*

Beendigung der Gesellschaft
siehe Auflösung

Beirat
siehe Aufsichtsrat

Berichtspflichten
siehe auch Informationsrechte
- börsennotierte AG 3.54
- *follow-up*-Berichterstattung 3.53
- Geschäftsleiter 3.53
- Gründung 2.11
- Hauptversammlung 3.53
- Vorstandes gegenüber dem Aufsichtsrat 3.195

Bestätigungsvermerk 4.11

Bezugsrecht 4.19, *6.23 ff*
- Ausschluss
  siehe Bezugsrechtsausschluss
- Frist 6.24
- Zeichnungspflicht 6.25

Bezugsrechtsausschluss 6.27 ff
- Bericht 6.29
- sachliche Rechtfertigung 6.30 ff
- vereinfachter Bezugsrechtsausschluss 6.34 ff

BGB-Gesellschaft
siehe Gesellschaft bürgerlichen Rechts

Bilanzrichtlinie 1.43

Börsennotierung 6.5 ff

Buchführung 3.51 ff

Bürgschaft
- Haftung der Gesellschafter 5.162
- kapitalersetzende Gesellschafterdarlehen 5.127

Business judgment rule 3.83

C

Cash-Management 5.173
Centros-Entscheidung 7.14
Cold delisting 6.7
Controlling system 3.52
Corporate Governance Kodex 1.54 ff
- Ad-hoc-Publizität 3.54
- Altersgrenze für Vorstandsmitglieder 3.12
- Anforderungen an Aufsichtsratsmitglieder 3.157
- *audit committee* 3.185
- Aufgaben und Pflichten des Aufsichtsrates 3.192
- Aufsichtsratsausschüsse 3.184
- Aufsichtsratsmandate 3.155
- Berichtspflicht des Abschlussprüfers 4.10
- D&O-Police 3.152 f
- Erstbestellung eines Vorstandsmitgliedes 3.13
- gemeinsame Tagung von Vorstand und Aufsichtsrat 3.181
- Geschäftsordnung des Aufsichtrates 3.179
- Informations- und Berichtspflichten des Aufsichtsrates 3.195
- Informationsrechte 4.27 f
- Interessenkonflikte 3.73
- Kreditgewährung an Aufsichtsratsmitglieder 3.190
- Nebentätigkeiten des Vorstandes 3.67
- Nachfolge des Vorstandes 3.199
- Tagungsfrequenz des Aufsichtsrates 3.177
- Vergütung des Aufsichtsrates 3.190
- Vergütung des Vorstandes 3.24
- Vorstandsvorsitzender 3.8
- Zusammensetzung des Vorstandes 3.5
- Zwischenberichte 3.51

Corporate opportunities 3.38, 5.83
Culpa in contrahendo 3.109 ff, 5.30

D

Delisting 6.6 f
Depotstimmrecht 3.242
Differenzhaftung 2.30 f

Directors' dealings 3.54
Doppeltatbestandslehre
siehe Auflösung
Due-diligence-Prüfung 3.47 ff

E

Eigene Anteile
siehe Erwerb eigener Anteile
Eigenkapital 1.1, 5.1 ff
Eingetragener Verein 1.5
Einlagenrückgewähr
siehe Kapitalerhaltung
Einlagepflicht 5.32 ff
- Aufrechnung durch den Gesellschafter 5.42
- Aufrechnung durch die Gesellschaft 5.42
- Beweislast 5.44
- Erlass 5.42
- Europäische Aktiengesellschaft 5.32
- freie Verfügung der Geschäftsführer 5.35 ff
- Kaduzierung 5.45
- Stundung 5.42
- Teilbetrag 5.33 f

Einpersonengesellschaft 1.45, 2.4
Eintragung
siehe Gründung
Enthaftung 3.75, 3.97
Entsprechenserklärung 3.54
Erbtantenprivileg
siehe Kapitalersetzende Gesellschafterdarlehen
Erwerb eigener Anteile 5.95 ff
- Ausnahmen 5.99 ff
- *financial assistance* 5.97
- Gleichbehandlungsgrundsatz 5.101
- Grundsatz 5.95 ff
- Inpfandnahme 5.97
- verbundene Unternehmen 5.96

Europäische Aktiengesellschaft
- Abschlussprüfer 3.201
- Anfechtbarkeit von Beschlüssen 3.299
- Aufsichtsrat 3.198 ff
- Ausgründung 2.43
- Ausschluss von Aktionären 4.84
- Beschlussfassung 3.268
- Bestellung des Vorstandes 3.11
- formwechselnde Umwandlung 2.40
- Geschäftsführung 3.43
- Gestaltungsfreiheit 2.50
- Grenzüberschreitung 2.42 f
- Gründung 2.35 ff

363

- Haftung der Organe 3.79, 3.144
- Hauptversammlung 3.227, *3.249 f*
- historische Entwicklung 1.29
- Holding-SE 2.38
- *inside directors* 3.211
- Kapitalmaßnahmen 6.12
- Mitbestimmung 3.168 ff
- Mitgliedschaft 4.50 f
- monistisches System 3.208 ff
- Nicht-EU-Gesellschaften 2.41
- *outside directors* 3.211
- Rechtsquellenhierachie 1.30 ff
- Satzungsänderung 6.2
- schuldrechtliche Gesellschaftervereinbarungen 3.278
- Sitz 2.59
- Sitzverlegung 7.15
- Steuerrecht 1.34
- Tochter-SE 2.39
- Verhaltenszurechnung 3.319
- Verschmelzung 2.36 f
- Vorgesellschaft 2.45
- Vorstand 3.5
- Wettbewerbsrecht 1.34
- Wissenszurechnung 3.319
- zustimmungspflichtige Geschäfte 3.178

Europäisches Recht
- Bedeutung 1.62
- Bilanzrichtlinie 1.43
- Einpersonen-GmbH-Richtlinie 1.45
- Europäische Aktiengesellschaft siehe dort
- Europäische Privatgesellschaft 1.53
- EWIV 1.17, 7.2
- finanzmarktbezogene Richtlinien 1.46 f
- GmbH-&-Co.-KG-Richtlinie 1.43
- IFRS-Verordnung 1.44
- kapitalmarktorientierte Richtlinien 1.46 f
- Kapitalschutzrichtlinie 1.41
- Kapitalverkehrsfreiheit 1.37
- Konzernbilanzrichtlinie 1.43
- Konzernrichtlinie 1.49 f
- Liquidationsrichtlinie 1.52
- Mittelstandsrichtlinie 1.43
- Niederlassungsfreiheit 1.36
- Prüferbefähigungsrichtlinie 1.44
- Publizitätsrichtlinie 1.39
- Richtlinien 1.38 ff
- Scheinauslandsgesellschaften 1.35 ff
- Sitzverlegungsrichtlinie 1.51
- Spaltungsrichtlinie 1.42
- Strukturrichtlinie 1.48
- Übernahmerichtlinie 1.49 f
- Verschmelzungsrichtlinie 1.42
- Zweigniederlassungsrichtlinie 1.40

EWIV 1.17
Existenzvernichtender Eingriff 5.29, *5.172 ff*

F

Feststellung der Satzung 2.7
Finanzplankredite 5.137
Firma 2.56
Formwechsel 6.206 ff
- Austrittsrecht 6.217
- Bericht 6.211
- Beschluss 6.213 ff
- Gläubigerschutz 6.220 f
- Handelsregistereintragung 6.218 f
- Verfahren 6.210

Freie Berufe 2.61 ff
Fremdkapital 5.1 ff
Fremdorganschaft 1.4

G

Garantie 5.162
Garantiekapital
siehe Kapitalschutz
GbR mbH 1.10 ff
Genehmigtes Kapital 6.37 ff
Genossenschaft 1.6
Genussrecht 5.10 ff
- Bezugsrecht 5.14
- Hauptversammlung 5.14
- Inhaltskontrolle der Genussscheinbedingungen 5.12

Genussschein
siehe Genussrecht
Gesamthandsprinzip 1.9
Geschäftsanteil
siehe GmbH-Anteil
Geschäftschancen 3.38, 5.83
Geschäftsführer
- Abberufung 3.16 f
- Altersgrenze 3.12
- Anstellung 3.21 ff
- Arbeitsvertrag 3.22 ff
- Aufklärung über die Krise 3.77
- Ausländer 3.12
- Berichtspflichten 3.53
- Bestellung 3.11 ff
- Binnenorganisation 3.9
- Buchführung 3.51 ff
- *Due-diligence*-Prüfung 3.47 f
- Enthaftung 3.75
- Geschäftsführung 3.42 f

- Gründerhaftung 2.32 f
- Haftung
  siehe Haftung der Geschäftsleiter
- Handelsregistereintragung 3.14
- Insolvenzantragspflicht 3.60 ff
- Interessenkonflikte 3.73
- Kapitalerhaltung 3.55
- Kreditgewährung 3.40
- Kündigung 3.28 ff
- Niederlegung 3.18
- Notgeschäftsführer 3.19
- öffentlich-rechtliche Verantwortlichkeit 3.145 f
- persönliche Voraussetzungen 3.12
- Pflichten gegenüber der Gesellschaft 3.38 ff
- Prozesspfleger 3.19
- Ruhegeldzusage 3.24
- Satzungs- und Strukturänderungen 3.40
- Selbstkontrahieren 3.15
- Sozialversicherungspflicht 3.23
- Strafbarkeit 3.147 ff
- Treuepflicht 3.46
- Verbotsgesetze 3.77
- Vergütung 3.24
- Verlustanzeige 3.57 ff
- Verschwiegenheitspflicht 3.46 f
- Vertretung der Gesellschaft 3.40 f
- Vorgesellschaft 2.20
- Vorstrafen 3.12
- Wettbewerbsverbot 3.50, *3.68 ff*
- Widerruf der Bestellung 3.16 ff
- Zeitraum 3.13
- Zustimmungsvorbehalte 3.44 f

Gesellschaft bürgerlichen Rechts
- Einbringung von GmbH-Anteilen 4.60
- Gesellschaftervereinbarungen 3.271 ff
- unechte Vorgesellschaft 2.34

Gesellschafter
  Kapitalerhaltung 5.87 ff
- Struktur 1.21

Gesellschafterdarlehen
  siehe Kapitalersetzendes Gesellschafterdarlehen

Gesellschafterhaftung
  siehe Haftung der Gesellschafter

Gesellschafterklage 4.20 f

Gesellschafterversammlung 3.228 ff
- Abschlussprüferwahl 3.231
- Anfechtbarkeit von Beschlüssen
  siehe dort
- Beschlussfassung 3.265 ff
- Bestellung des Geschäftsführer 3.11, 3.230
- Beurkundung 3.255
- Einberufung 3.251 ff
- Entlastung der Geschäftsführer 3.230
- Ergebnisverwendung 3.231
- Ersatzansprüche 3.230
- Feststellung des Jahresabschlusses 3.231
- Grundlagenentscheidungen 3.232
- Handlungsvollmacht 3.230
- Leitung 3.255
- Mehrheit
  siehe dort
- Nichtigkeit von Beschlüssen
  siehe dort
- Niederschrift 3.255
- Prokura 3.230
- Rechtsanwalts- und Patentanwaltsgesellschaften 3.229
- Rederecht 4.21
- schriftliche Stimmabgabe 3.256
- Stimmrecht 4.21
- Teilnahme 3.254, 4.21
- Überwachung der Geschäftsführung 3.230
- Verschmelzung 6.126 ff
- Vertretung auf der Gesellschafterversammlung 3.254
- Weisungsrecht 3.228

Gewinnanspruch 4.7 ff
- Aktienrecht 4.13 ff
- GmbH-Recht 4.12

Gewinnausschüttung
- Ausschüttungsverbot
  siehe Kapitalerhaltung
- Gewinnanspruch 4.8 ff
- verdeckte
  siehe Kapitalerhaltung

Gewinnrücklagen
- Aktienrecht 4.12
- GmbH-Recht 4.13 ff

Gewinnschuldverschreibung 5.9 ff

Girmes-Entscheidung 3.307

Gläubigerschutz
- Auflösung 7.22 f
- Formwechsel 6.220 f
- Kapitalherabsetzung 6.59
- Spaltung 6.199 ff
- Verschmelzung 6.160 ff

Gleichbehandlungsgrundsatz 3.291, 4.5

GmbH
- Aufsichtsrat
  siehe dort
- Bedeutung 1.58 ff
- Binnenorganisation 3.9
- Geschäftsführer
  siehe dort
- Gesellschafterversammlung
  siehe dort
- Gestaltungsfreiheit 2.51 f

365

– Umfang der Gestaltungsfreiheit
2.51 f
GmbH-Anteil
– Auslandsbeurkundung 4.56
– Einziehung 4.85 ff
– Euro-Umstellung 6.84 ff
– Genehmigung des Vormund-
schaftsgerichts 4.61
– Gesellschaft bürgerlichen Rechts
4.60
– Kaduzierung
siehe dort
– Nennbetrag 2.66
– Nennwert 2.72
– Ortsform 4.56
– Stimmberechtigung 3.258
– Stimmrecht
siehe dort
– stimmrechtsloser GmbH-Anteil
3.259
– Übernahme 6.18
– Übertragung 4.55 ff
– Vinkulierung
siehe dort
– Zwangseinziehung 4.85 ff
GmbH & Co. KG 1.16
– europäische Rechtsangleichung
1.43
– KapCoRiLiG 1.43
GmbH & Co. KGaA 1.16
Going public 6.208
Golden shares 1.37
Gratisaktie 6.53
Gründung 2.1 ff
– Anfechtung 2.15
– Bekanntmachung 2.2
– Einpersonengesellschaft 2.4
– Eintragung 2.12 ff
– Europäische Aktiengesellschaft
2.35 ff
– Formfehler 2.15
– Gestaltungsfreiheit 2.48 ff
– Gründerhaftung 2.24 ff
– Gründungsbericht 2.11
– Mantelkauf 2.46
– Nachgründung 2.2
– Nichtigkeitsgründe 2.15
– Sachgründungsbericht 2.11
– Satzungsprüfung 2.14
– Strafbarkeit 3.150
– Vorgesellschaft 2.2
– Vorgründungsgesellschaft
siehe dort
– Vorratsgründung 2.46
Gründungsbericht 2.11
Gründungstheorie 7.13 ff
Grundkapital 1.1

H

Haftung der Aufsichtsratsmitglieder
siehe Aufsichtsrat
Haftung der Geschäftsleiter 3.78 ff
– Ausschüttungsregeln 3.96
– Betrug 3.122 ff
– Beweislast 3.89
– Buchführungspflicht 3.132
– Business judgment rule 3.83
– culpa in contrahendo 3.109 ff
– deliktische Ansprüche 3.106,
3.133 ff
– Enthaftung 3.75, *3.97 f*
– Europäische Aktiengesellschaft
3.79, 3.144
– gegenüber der Gesellschaft 3.79 ff
– Geltendmachung 3.90 ff
– gesamtschuldnerische Haftung
3.88
– Gläubiger der Gesellschaft 3.95
– Insolvenzverschleppungshaftung
3.61 ff, 3.100 ff, 3.113 ff
– objektivierter Standard 3.83
– Produkthaftung 3.143
– Rechtsschein 3.108
– Schutzgesetzverletzung 3.106 ff
– selbständiges Garantieversprechen
3.112
– Sozialversicherungsbeiträge
3.124 ff
– Verjährung 3.99
– Vorenthalten von Arbeitsentgelt
3.124 ff
– Wettbewerbsverbot 3.86
Haftung der Gesellschafter 5.161 ff
– Bürgschaft 5.162
– Durchgriff 5.163 ff
– existenzvernichtender Eingriff
5.172 ff
– Garantie 5.162
– Gründerhaftung
siehe Gründung
– Missbrauch 5.164
– Patronatserklärung 5.162
– Personengesellschaften 1.9 f
– qualifizierter faktischer Konzern
5.176 ff
– Unterkapitalisierung 5.167 ff
– verbotene Rückzahlungen
siehe Kapitalerhaltung
– Vermögensvermischung 5.165 ff
Haftungsdurchgriff
siehe Haftung der Gesellschafter
Handelndenhaftung 2.17, *2.32 ff*
Hauptversammlung 3.217 ff
– Anfechtbarkeit von Beschlüssen
siehe dort
– Abschlussprüferwahl 3.223
– Beschlussfassung 3.257 ff

- Beschlussvorschläge 3.234
- Beurkundung 3.246
- Bilanzgewinnverwendung 3.223
- Depotvollmacht 3.242 ff
- Einberufung 3.233 ff
- Entlastung des Aufsichtsrates 3.220 f
- Ersatzansprüche 3.223
- Europäische Aktiengesellschaft 3.227, 3.249 f
- Gegenanträge 3.236
- Grundlagenentscheidungen 3.222
- Holzmüller-Entscheidung 3.224
- Informationsrechte 4.25 ff
- Jahresabschluss 3.223
- Konzernabschluss 3.223
- Kreditinstitute 3.237
- Legitimationszession 3.240
- Leitung 3.245 ff
- Mehrheit
  siehe dort
- Nichtigkeit von Beschlüssen
  siehe dort
- Rederecht 4.21
- Redezeit 3.245
- Sonderprüfer 3.223
- Stimmrecht 4.21
- Stimmrechtsvertreter 3.241
- Teilnahme 3.238 ff, 4.21
- Ton- und Bildübertragung 3.239
- Übernahmeabwehr 3.226
- Universalversammlung 3.247
- Vermögensübertragung 3.225
- Verschmelzung 6.126 ff
- Vertretung 3.240 ff
- Wahl des Aufsichtsrates 3.220
- Zuständigkeit 3.218 ff

Hinterlegungsbescheinigung 4.80
Höchststimmrecht 3.261
Holding-SE 2.38
Holzmann-Entscheidung 6.30 f
Holzmüller-Entscheidung 3.224 ff
Hypothekenbank-Schwestern-Entscheidung 6.144

I

Informationsrechte 4.24 ff
- Aktienrecht 4.25 ff
- Anfechtungsklage 4.29
- Auskunftsverweigerung 4.26
- GmbH-Recht 4.37 ff
- Informationserzwingungsverfahren 4.29
- verbundene Unternehmen 4.34
- Vergütung von Organmitgliedern 4.33

Inhaberaktie 4.52, *4.80 f*

Inhaltskontrolle
  siehe Schranken der Mehrheitsmacht
Insolvenzantragspflicht 3.60 ff
- Gesellschafter 3.65
- Kapitalschutzsystem 5.28
- Mitgeschäftsleiter 3.65
- Strafbarkeit 3.147
- Überschuldung 3.62 ff
- Zahlungsunfähigkeit 3.61

Insolvenzverschleppung 3.113 ff
- Arbeitnehmer 3.121
- Aufsichtsratsmitglieder 3.120
- Dritte 3.120
- Gesellschafter 3.119
- Mitgeschäftsleiter 3.119
- Quotenschaden 3.114 ff

Insolvenzantragsrecht 3.60
International Accounting Standards 1.44
International Financial Reporting Standards 1.44
Internationales Gesellschaftsrecht 7.13 ff

J

Jahresabschluss
- Erstellung 3.51
- Prüfung 4.9 ff

Juristische Person
- Abgrenzung zur Gesamthand 1.9
- Kapitalgesellschaft 1.7 ff
- Missbrauch der Juristischen Person
  siehe Haftung der Gesellschafter
- Rechtsfähigkeit 1.8

K

Kaduzierung 4.85 ff
Kali-und-Salz-Entscheidung 6.30
KapCoRiLiG 1.43
Kapitalaufbringung 5.32 ff
- Aufgeld 5.46 ff
- Einlageverpflichtung
  siehe dort
- Europäische Aktiengesellschaft 5.32
- Grundsatz 5.32 ff
- Kapitalerhöhung 5.72 f
- Kapitalrücklage 5.46 ff
- Sacheinlagen
  siehe dort
- Zeichnung eigener Aktien 5.40

Kapitalerhaltung 5.74 ff
- Erwerb eigener Anteile 5.95 ff
- *financial assistance* 5.97
- Haftung 5.87 ff
- Geschäftsleiter 3.55

- Mithaftung der übrigen Gesellschafter 5.93
- mittelbare Gesellschafter 5.92
- Prokuristen 5.94
- Rechtsfolgen 5.87 ff
- Reichweite 5.77
- Schütt-aus-Hol-zurück-Verfahren siehe dort
- *upstream guarantees* 5.76
- verbundene Unternehmen 5.92
- Verbot des Erwerbs eigener Anteile siehe Erwerb eigener Anteile
- verdeckte Gewinnausschüttung 5.81 ff

Kapitalerhöhung 6.13 ff
- bedingtes Kapital 6.22
- Bezugsrecht siehe dort
- Kapitalerhöhung gegen Einlagen 6.13 ff
- aus Gesellschaftsmitteln 6.48 ff
- Formfehler 6.21
- Nichtigkeitsgründe 6.21
- Sacheinlagen 5.72
- Voreinzahlung auf künftige Einlagepflichten 6.19

Kapitalersetzende Gebrauchsüberlassung 5.138 ff

Kapitalersetzende Gesellschafterdarlehen 5.102 ff
- Aktiengesellschaft 5.144
- Angehörige 5.130
- Bilanzierung 5.121 ff
- Bundesanstalt für vereinigungsbedingte Sonderaufgaben 5.158 ff
- Bürgschaften 5.127
- Dritter 5.127 ff
- Erbtantenprivileg 5.148
- Erweiterung 5.125 ff
- Europäische Aktiengesellschaft 5.145
- Finanzplankredite 5.137
- Gebrauchsüberlassung 5.138 ff
- GmbH-Recht 5.114 ff
- Kleinbeteiligtenprivileg 5.152 ff
- Nachweis der Kreditrückzahlung 5.108
- Sanierungsprivileg 5.150 ff
- Sicherheiten 5.127
- staatliche Kredite 5.157
- stehengelassene Darlehen 5.134 ff
- Treuhänder 5.129
- Überschuldungsbilanz 5.122 ff
- Unternehmensbeteiligungsgesellschaften 5.156
- Verbundene Unternehmen 5.130
- Verwandte 5.130
- Witwen- und Erbtantenprivileg 5.152 ff

- Zeitpunkt der Kreditzusage 5.110

Kapitalgesellschaft
- Außengesellschaft 1.13 f
- Bedeutung 1.57 ff
- Begriff 1.1 ff
- Formkaufmann 2.65
- Freie Berufe 2.61 ff
- Gründung siehe dort
- Handelsgesellschaften 1.14
- juristische Person 1.7 ff
- Kapitalmarktorientierung 1.19 f
- Körperschaft 1.3 ff
- Mitbestimmung 1.22
- Mitunternehmergemeinschaft 1.18
- Personengesellschaft 1.15 ff
- Publikumsgesellschaft 1.18
- Realtypen 1.18 ff
- Rechtsformwahl 1.63
- Rechtsquellen 1.23 ff
- Struktur des Gesellschafterkreises 1.21
- Typenvermischung 1.16

Kapitalherabsetzung 6.55 ff
- effektive Kapitalherabsetzung 6.57 ff
- Gläubigerschutz siehe dort
- vereinfachte Kapitalherabsetzung 6.60 ff
- Kapitalmarkt- und Gesellschaftsrecht 1.19 f

Kapitalschutz
siehe auch Kapitalerhaltung
siehe auch Kapitalaufbringung
- angemessene Kapitalausstattung 5.26
- culpa in contrahendo 5.30
- deliktische Haftung 5.40
- existenzvernichtender Eingriff 5.29
- Insolvenzantragspflicht 5.28
- Mängel 5.18 ff
- qualifizierter faktischer Konzern 5.29
- Seriositätsschwelle 5.23
- Unterkapitalisierung 5.27
- Unter-pari-Emission 5.46

Kapitalschutzrichtlinie 1.41
Kapitalverkehrsfreiheit 1.37
Kaufmannseigenschaft 2.65
Know-how 5.55
Kochs-Adler-Entscheidung 6.119
Körperschaft 1.3 ff
Kommanditgesellschaft auf Aktien 1.8
Konkursantrag
siehe Insolvenzantrag

Konzernabschluss 3.51
Konzernrecht
– Informationsrechte 4.34
– Konzernrichtlinie 1.49
Konzernbilanzrichtlinie 1.43
Konzessionssystem 2.1
Kreditgewährung 3.40, 3.190
Kupons 4.80

L

Lagergrundstück-Entscheidungen 5.107
Legitimationszession
– AG 3.240
– GmbH 3.254
Linotype-Entscheidung 3.287
Liquidation
siehe Auflösung
Liquidationserlös 4.19
Liquidatoren
siehe Auflösung
Liquidationsrichtlinie 1.52
Löschung wegen Vermögenslosigkeit 7.10
Luft-Taxi-Entscheidung 5.103

M

Mannesmann-Entscheidung 3.226
Mantelkauf 2.46 f
Materielle Beschlusskontrolle
siehe Schranken der Mehrheitsmacht
Materielle Unterkapitalisierung 5.167
Mehrheit
– einfache Mehrheit 3.265
– qualifizierte Mehrheit 3.265
– Schranken der Mehrheitsmacht
siehe dort
– Sperrminorität 3.265
– Vorgesellschaft 2.19
Mehrheitsprinzip 1.4
Mehrstimmrecht 3.260
missbräuchliche Anfechtungsklage 3.265 ff
Mitbestimmung 1.22
– Betriebsverfassungsgesetz 3.163 f
– Europäische Aktiengesellschaft 3.168 ff
– Mitbestimmungsgesetz 1976 3.160 f
– Montan-Mitbestimmung 3.162
– Tendenzunternehmen 3.165
Mitgliedschaft 4.1 ff
– absolutes Recht 4.6
– Abtretung 4.54

– Bezugsrecht 4.19
– Erwerb 4.48 ff
– Europäische Aktiengesellschaft 4.50 f
– Gewinnanspruch 4.8 ff
– Gleichbehandlung 4.5
– Individualrechte 4.3
– Informationsrechte 4.24 ff, 4.3
– Kollektive Rechte 4.3
– Pflichten 4.40 ff
– Rechte 4.3 ff
– Rücksichtnahme 4.5
– Sonderrechte 4.4
– Treuepflicht 4.5
– Übertragbarkeit 4.52 ff
– Übertragung
siehe GmbH-Anteil
– Vererblichkeit 4.48
– Verlust 4.82 ff
– Vermögensrechte 4.7 ff
– Verwaltungsrechte 4.21 ff
Mittelbares Bezugsrecht 6.43
Mitunternehmergemeinschaft 1.18

N

Nachgründung 5.62 f
Nachschusspflicht 4.42
Nachtragsliquidation
siehe Auflösung
Namensaktie 4.53, *4.73 ff*
NaStraG 3.234 ff
Nebenleistungspflichten 4.41 ff
Nennbetragsaktien 2.68 ff
Nennkapital 2.66 f
Neutralitätspflicht 3.145
Nichtigkeit von Beschlüssen
– Aktienrecht 3.279 ff
– Gesellschaft 7.53 f
– Verschmelzung 6.142 ff
Nichtverhältniswahrende Spaltung
siehe Spaltung
Nicht-rechtsfähiger Verein 1.8
Niederlassungsfreiheit 1.36
Nominelle Unterkapitalisierung
siehe Unterkapitalisierung
Notgeschäftsführer 3.19

O

Offene Handelsgesellschaft 1.2, 2.2, 2.34
Optionsanleihe 5.4 ff
Optionsschein 5.6 f
Organisationsverfassung 3.1 ff

P

Partnerschaft 2.57
Patronatserklärung 5.162
Personengesellschaft 1.2;
- Haftung der Gesellschafter 1.9 ff
- Kapitalgesellschaft 1.15 ff
- Typenvermischung 1.16

Poolvertrag 3.270
Prozesspfleger 3.19
Publikumsgesellschaft 1.18
Publizitätsrichtlinie 1.39

Q

Qualifizierter faktischer Konzern 5.29, 5.176 ff
Quotenaktie 2.69 ff
Quotenschaden 3.113 ff

R

Realtypen der Kapitalgesellschaften
- Publikumsgesellschaft 1.18
- Mitunternehmergesellschaft 1.18

Rechtsanwaltsgesellschaft 2.56 f
Rechtsfähigkeit 1.8
Feststellung der Satzung 2.7, 2.22
Rechtsquellen
- Aktiengesetz 1.23
- Bürgerliches Gesetzbuch 1.24
- Corporate Governance Kodex 1.54 ff
- Europarecht 1.29 ff
- GmbH-Gesetz 1.23
- Grundgesetz 1.28
- Handelsgesetzbuch 1.25 f
- Selbstregulierung 1.54 ff
- Übernahmekodex 1.54 ff
- Wertpapiererwerbs- und Übernahmegesetz 1.27
- Wertpapierhandelsgesetz 1.27

Rechtsscheinhaftung 3.108
Reflexschaden 4.6
Registergerichtliche Prüfung 2.12 ff
Repräsentantenhaftung 3.315
Ruhegeldzusage 3.24
Rücklagen
- Anfechtung 4.17 f
- gesetzliche Rücklagen 4.15
- Gewinnrücklagen 4.12 ff
- Rechtsschutz gegen Rücklagenbildung 4.17 f
- Sonderprüfung 4.17 f

S

Sachdividende 4.16
Sacheinlage 5.52 ff
- Bericht 5.58
- Kapitalerhöhung 5.73
- Know-how 5.55
- Nachgründung 5.62 f
- Offenlegung 5.57
- Prüfung 5.58
- Sachübernahmen 5.61
- verdeckte Sacheinlage 5.64 ff

Sachliche Rechtfertigung von Beschlüssen
siehe Schranken der Mehrheitsmacht
Sachsenmilch-Entscheidung 6.64
Sachübernahme 5.61
Sammelurkunde 4.52
Satzung
- Aktiengattungen 2.74
- Auslegung 2.75
- Durchbrechung
siehe Satzungsänderung
- Europäische Aktiengesellschaft 2.59
- Firma 2.56
- Gesamtnennkapital 2.66 f
- Gestaltungsfreiheit 2.48 ff
- Inhaltskontrolle 2.52
- Mängel
siehe Satzungsmängel
- materielle Überprüfung der Satzung 2.14
- Mindestinhalt 2.53 ff
- Nennbetragsaktien 2.68 ff
- nichtkorporative Bestandteile 2.54
- Quotenaktien 2.69 ff
- Rechtsformangabe 2.56
- Satzungsänderung
siehe dort
- Sitz 2.59
- Sprache 2.55
- Stückaktien 2.68 ff
- Unternehmensgegenstand 2.60

Satzungsänderung 6.1 ff
- Beurkundung 6.8
- Delisting 6.6 f
- Euro-Anpassung 6.72 ff
- Europäische Aktiengesellschaft 6.2
- faktische Satzungsänderung 6.9 f
- Handelsregistereintragung 6.8
- inhaltliche Schranken 6.4 ff
- Kapitalmaßnahmen
siehe Kapitalerhöhung/-herabsetzung
- Satzungsdurchbrechung 6.9 f

- Verfahren 6.1 ff
- Vermögensübertragung 6.3

Satzungsmängel 7.11, 7.53 f
Scheinauslandsgesellschaften 1.35 ff
Schiedsgericht 3.304
Schlussrechnung
 siehe Auflösung
Schranken der Mehrheitsmacht
- Genussscheinbedingungen 5.12
- Gleichbehandlungsgrundsatz 3.291 ff
- Inhaltskontrolle 2.52, 3.305, 6.31, 6.159
- Treuepflicht 4.5

Schuldrechtliche
 Gesellschaftervereinbarung *3.269 ff*, 4.43
Schütt-aus-Hol-zurück-Verfahren 5.66 ff
shareholder value 3.43
Siemens/Nold-Entscheidung 6.38
Sitz 2.59
Sitztheorie 7.13 ff
Sitzverlegung 7.13 ff
Sitzverlegungsrichtlinie 1.51
Societas Europaea
 siehe Europäische Aktiengesellschaft
Sonderbeschluss 3.267
Sonderprüfung
- Bestellung des Sonderprüfers 3.223
- Rücklagenbildung 4.17 f

Sonderrechte 3.267, 4.4, 6.138
Sondervorteil 3.289
Sozialversicherungsbeiträge 3.124 ff
Spaltung 6.167 ff
- Abspaltung 6.175 f
- Aufspaltung 6.171 ff
- Ausgliederung 6.177 f
- Austrittsrecht 6.191
- Formen 6.171 ff
- Gläubigerschutz 6.199 ff
- Handelsregistereintragung 6.192 f
- nicht verhältniswahrende Spaltung 6.194 ff
- Spaltungsbericht 6.182
- Spaltungsbeschluss 6.187 ff
- Spaltungsplan 6.180 f
- Spaltungsprüfung 6.183 ff
- Verfahren 6.180 f

Spaltungsrichtlinie 1.42
Sperrminorität 3.265
Spruchverfahren 6.150 ff
squeeze out 4.93
Stammkapital 1.1

Stiftung 1.8
Stille Reserven 3.63
Stimmbindungsvertrag 3.270
Stimmpflicht 3.305 ff
Stimmrecht 3.257 ff
- Ausschluss 3.262 f
- Depotvollmacht 3.242
- Europäische Aktiengesellschaft 3.268
- Höchststimmrecht 3.261
- Mehrheit 3.265
- Mehrstimmrecht 3.260
- *proxy voting* 3.241
- Sonderbeschluss 3.267
- Sperrminorität 3.265
- Stimmpflicht 3.305 ff
- stimmrechtslose Vorzugsaktien 3.259
- Stimmrechtsvertretung 3.241
- Umfang 3.258 f
- Vertreter 3.241

Stimmrechtsausschluss
 siehe Stimmrecht
Stimmrechtslose Vorzugsaktie 3.259
Stock options 6.45 ff
Streitwertspaltung
 siehe Anfechtbarkeit von Beschlüssen
Stückaktie 2.68 ff
- Quotenaktien 2.69
- Euro-Einführung 6.74 ff

T

TBB-Entscheidung 5.178 ff
Telefon- und Videokonferenzen 3.177
Tendenzunternehmen 3.46
Tiefbau-Entscheidung 5.177
Trennungsprinzip 1.7
Treuhänder
- Gründung einer Vor-GmbH 2.27
- kapitalersetzende Gesellschafterdarlehen 5.129

Treuepflichten 4.44 ff
- Anfechtbarkeit von Beschlüssen 3.292
- Geschäftsleiter 3.46
- Gesellschafter untereinander 3.292, 4.5

U

Übernahmerecht 4.70 ff
- genehmigtes Kapital 6.41 f
- Hauptversammlung 3.226
- Mitteilungspflichten 4.71
- Neutralitätspflicht 3.145
- Übernahmeangebot 4.72

- Übernahmekodex 1.54
- Übernahmerichtlinie 1.49

Überschuldung 3.62 ff, 5.122 ff

Überseering-Entscheidung 1.36, 7.14

Umwandlung 6.89 ff
- Austrittsrecht bei Umwandlung 6.155 ff, 6.191
- Begriff, Arten 6.89 ff
- Europäische Aktiengesellschaft 6.104 f
- Formwechsel siehe dort
- Gläubigerschutz siehe dort
- Historische Entwicklung 6.95 ff
- missbräuchliche Anfechtungsklage siehe Anfechtung
- Rechtsquellen 6.95 ff
- Spaltung siehe dort
- Spruchverfahren 6.150 ff
- Unbedenklichkeitsverfahren 6.147
- Vermögensübertragung siehe dort
- Verschmelzung siehe dort

Unechte Vorgesellschaft 2.34

Universalversammlung 3.247

Unterbilanzhaftung 2.24, 5.121

Unterkapitalisierung
- materielle Unterkapitalisierung 5.167 ff
- nominelle Unterkapitalisierung 5.27

Unternehmensbeteiligungsgesellschaften 5.156

Unternehmensgegenstand
- freiberufliche Tätigkeit 2.61
- Satzungsgegenstand 2.60 ff

Unter-pari-Emission siehe Kapitalaufbringung

V

Verdeckte Gewinnausschüttung 5.81 ff

Verdeckte Sacheinlage 5.64 ff

Verein 1.5

Vergütung von Organmitgliedern
- Aufsichtsrat 3.190
- Geschäftsführer 3.24
- Informationsrecht 4.33
- Vorstand 3.24

Verlustanzeige 3.57 ff

Vermögenslosigkeit siehe Auflösung

Vermögensübertragung 3.225, 6.3, 6.203 ff

Vermögens- und Sphärenvermischung 5.165 f

Verschmelzung 6.106 ff
- Anfechtungsklage 6.142 ff
- Auflösung 7.9
- Aufnahme 6.110
- Austrittsrecht 6.155 ff
- Bericht 6.119 ff
- Beschlussfassung der Haupt- bzw. Gesellschafterversammlung 6.126 ff
- Europäische Aktiengesellschaft 2.36 f
- Gesamtrechtsnachfolge 6.134
- Gläubigerschutz 6.160 ff
- Handelsregistereintragung 6.130 ff
- Inhaltskontrolle des Verschmelzungsberichtes 6.159
- Konzernverschmelzung 6.108 f
- Minderheitenschutz 6.139 ff
- Neugründung 6.111
- Nichtigkeitsklage 6.142 ff
- Prüfung 6.124 f
- Schadenersatzansprüche 6.154
- Spruchverfahren 6.150 ff
- Unbedenklichkeitsverfahren 6.147
- Verfahren 6.114 ff
- Vertrag 6.115 ff

Verschmelzungsrichtlinie 1.42

Verschwiegenheitpflicht
- Aufsichtsrat 3.203 f
- Geschäftsleiter 3.46 f

Versicherungsverein auf Gegenseitigkeit 1.6

Vertretungsmacht
- Aktiengesellschaft 3.40
- GmbH 3.40
- Vorgesellschaft 2.23

Video-Entscheidung 5.177

Vinkulierung 4.64 ff
- Andienungspflicht 4.65
- Due-diligence-Prüfung 4.69
- Verweigerung der Zustimmung 4.67 f

Vollabwicklung 7.45 ff

Vorbelastungsverbot 2.28 ff

Vorgesellschaft 2.7 ff
- Außenverhältnis 2.22 f
- Binnenorganisation 2.18 ff
- Differenzhaftung 2.30 f
- Europäische Aktiengesellschaft 2.45
- Feststellung der Satzung 2.7
- Geschäftsführungsbefugnis 2.20

- Gesellschaftsvertragsänderungen 2.21
- Gründerhaftung 2.24 ff
- Gründungsbericht 2.11
- Handelndenhaftung 2.32 f
- Mehrheitsprinzip 2.19
- Mitgliedschaft 4.62 f
- Rechtsfähigkeit 2.22
- Rechtsverhältnisse 2.16 ff
- Sachgründungsbericht 2.11
- Treuhänder 2.27
- Unechte Vorgesellschaft 2.34
- Vertretungsmacht 2.23
- Vorbelastungsverbot 2.28 ff

Vorgründungsgesellschaft 2.5 f
Vorratsgründung 2.46 f
Vorstand 3.5 ff
- Abberufung 3.16 f
- Ad-hoc-Publizität 3.54
- Altersgrenze 3.12
- Anstellung 3.21 ff
- Anzahl 3.5
- Arbeitsdirektor 3.5
- Arbeitsteilung 3.7
- Arbeitsvertrag 3.22 ff
- Aufklärung über die Krise 3.77
- Ausländer 3.12
- Berichtspflichten 3.53 f
- Bestellung 3.11 ff
- Binnenorganisation 3.6 ff
- Buchführung 3.51 ff
- D&O-Police 3.152 f
- Directors' dealings 3.54
- Due-diligence-Prüfung 3.47
- Enthaftung 3.75
- Entsprechungserklärung 3.54
- Europäische Aktiengesellschaft 3.5
- Geschäftsführung 3.42 ff
- Geschäftsordnung 3.6
- Gleichberechtigung der Mitglieder 3.8
- Haftung
  siehe Haftung der Geschäftsleiter
- Handelsregistereintragung 3.14
- Insolvenzantragspflicht 3.60 ff
- Interessenkonflikte 3.73
- Kapitalerhaltung 3.55
- Kreditgewährung an Geschäftsleiter 3.40
- Kündigung 3.27 ff
- Nebentätigkeit 3.67
- Neutralitätspflicht 3.145
- Niederlegung 3.18
- Notgeschäftsführer 3.19
- öffentlich-rechtliche Verantwortlichkeit 3.145 f
- persönliche Voraussetzungen 3.12
- Pflichten 3.38 ff, 3.66 ff
- Prozesspfleger 3.19
- Ruhegeldzusage 3.24
- Satzungs- und Strukturänderungen 3.40
- Selbstkontrahieren 3.15
- Strafbarkeit 3.147 ff
- Strukturmöglichkeiten 3.6
- Treuepflichten 3.46 ff
- Überwachungssystem 3.52
- Verbotsgesetze 3.77
- Vergütung 3.24
- Verlustanzeige 3.57 ff
- Verschwiegenheitspflicht 3.46
- Versicherung 3.152 f
- Vertretung der Gesellschaft 3.40 f
- Vorstandsvorsitzender 3.8
- Vorstrafen 3.12
- Wettbewerbsverbot 3.50, *3.68 ff*
- Widerruf der Bestellung 3.16 f
- Zeitraum 3.13
- Zusammensetzung 3.5 ff

Vorzugsaktie 3.259

W

Wandel- und Optionsanleihen 5.4 ff
Wertpapier 4.1
Wertpapierhandelsgesetz 1.27
Wettbewerbsverbot
- Geschäftsleiter 3.50, 3.68 ff
- Gesellschafter 3.69
- nachvertragliches Wettbewerbsverbot 3.74
- Schadensersatz 3.86

Witwen- und Erbtantenprivileg
siehe Kapitalersetzende Gesellschafterdarlehen

Z

Zahlungsunfähigkeit 3.61
Zeichnung
siehe Aktie
Zurechnung zur Gesellschaft 3.308 ff
- § 31 BGB 3.312 ff
- Europäische Aktiengesellschaft 3.319
- Wissenszurechnung 3.316 ff

Zwangseinziehung 4.85 ff
Zweigniederlassungsrichtlinie 1.40